清丰年鉴
2016

清丰县人民政府主办
清丰县地方志办公室编

中州古籍出版社

图书在版编目（CIP）数据

清丰年鉴 . 2016 / 清丰县人民政府主办；清丰县地方史志办公室编 . -- 郑州 : 中州古籍出版社 , 2016.7
ISBN 978-7-5348-6539-8

Ⅰ . ①清… Ⅱ . ①清… ②清… Ⅲ . ①清丰县—2016 —年鉴 Ⅳ . ① Z522.24

中国版本图书馆 CIP 数据核字（2016）第 190535 号

《清丰年鉴》2016 卷

责任编辑：王小方
责任校对：毛艳丽
出 版 社：中州古籍出版社
（地址：郑州市经五路 66 号　邮政编码：450002）
发行单位：新华书店
承印单位：安阳市长顺印务广告有限责任公司
开　　本：889mm × 1194mm　1/16　　**印　张**：23
字　　数：554 千字　　**印　数**：500 册
版　　次：2016 年 10 月第 1 版　　**印　次**：2016 年 10 月第 1 次印刷

定价：268.00 元

《清丰年鉴》编审人员

监　　审　杨理宏

主　　编　朱卫国

副 主 编　吴丽江　毛艳丽

编　　辑　（按姓氏笔画排序）

毛艳丽　付艳涛　任金凤

吴丽江　李培业　杨　丽

唐国栋　高　静　贾艳红

戴俊彩

打印校对　张晓丽

工作人员　王青霞　陈丽红　秦冲霄

徐喜华　潘梅阁

本卷年鉴供稿单位及撰稿人名单

（排名不分先后）

县委办　楚亚娟

县纪委监察局　刘万玺　董跃广　王君萍　赵耀军　王治理　王全兵　李国涛　史媛媛

县督查局　白雪霏

县委组织部　翟瑞锋

县委宣传部　王志豪

县委统战部　魏国增

县委政法委　岳耀习　彭　天

县委群工部（信访局）　梅惠惠

县编办　胡利伟

县委老干部局　张芳博

县保密局　孔令虎

县委党校　胡晓薇

县党史研究室　任得波

县档案局　李玉淑

县委农办　魏建省

县人大办　刘利伟

县政府办　张志强　闫晓飞　刘信磊　许运杰

县法制办　李　剑

县机关事务管理局　谢洪水

县人社局　南志奇　张景山

县行政服务中心　孙　文

县油区办　史慧娟

县宗教局　韩　强

县志办　付艳涛

县政协办　姬召华

县工商联　徐志伟　郝晓楠

县总工会　聂庆林

县妇联　郝彩红

团县委　王　丹

县科协　于进喜

县文联　王　慧

县人武部　高志伟

县消防大队　王庆华

县人防办　刘圣勇

县公安局　李建伟　娄景习　秦天剑

县检察院　刘灿仕

县法院　张国瑞

县司法局　孙传稳

县发改委　孙雨辰

县产业集聚区　刘宗博

县工信委　李跃东

县统计局　殷守常

县地调队　陈慧娟

县审计局　崔利宽

县工商局　白换着

县财政局　钤　勇

县国税局　刘　璐

县地税局　李晓敏　程瑞铭
县价格办　贾胜军
县质监局　曹小利
县国土局　徐瑞婷
县食药监局　杜丽英
县安监局　韩艳娟
县食安办　常　青
人行清丰县支行　王鹏飞
中行清丰支行　贾学建
建行清丰支行　尹志远
工行清丰支行　张小涛
农行清丰县支行　司马钦
农发行清丰县支行　韩红丽
中原银行　杨　楠
邮储银行清丰县支行　陈国强
县农信社　雷鹏飞
人寿清丰支公司　张绍勋
财险清丰支公司　杨建伟
县住建局　刘　妍
县综合执法局　高晓林
县环保局　郭瑞英
县市政园林局　鲁成栋
县房产局　高国旗　赵树俭
县住房公积金管理部　张红亮
县自来水公司　黄俊国
县农业局　洪　慧
县农场　刘慧广
县蔬菜办　于美娟
县畜牧局　史立鹏
县农机局　杜彦杰　徐小星
县农开办　张秀秀

县农技中心　吕玉锋
县林业局　张增军
县林技中心　柳晓艳
县水利局　韩　静
县河务局　韩彦美
县气象局　李金刚　谢若梅
县交通局　吕建敏　高彦勇
县公路局　王东雷
县邮政局　张玉红
移动清丰分公司　王慧丽
联通清丰分公司　刑佳佳
电信清丰分公司　杨伟娜
县商务局　李红波
县招商局　武祥濮
县商业贸易总公司　孟德江
县物资局　卢丽娟
县集体工业联社　纪国恩
县粮食局　张海强
县供销社　申晓艳
县盐业局　马志广
县烟草局（分公司）　牛立琪
县供电公司　郝　鑫　聂洪雷
濮阳石油分公司清丰片区　张莉敏
县农机修理制造厂　任志武
县家具办　孙平周
县菌办　王运杰
县教育局　李宏才
县教师进修学校　樊玉娟
县第一高级中学　解书亭　多素芳
县实验初级中学　彭殿卿　宋志刚
县科技局　谭艳伟

县地震局 韩九英

县文化广电旅游局 赵淑丹

县新华书店 刘建芳

县广播电视台 张亚娟

县卫生局 李社强

县疾控中心 邓 荣

县爱卫办 王瑞芳

县人民医院 侯庆海

县第二人民医院 高培志

县第三人民医院 李广川

县中医院 张随庄 葛国帅

县妇幼保健院 张亚民

县体育运动中心 张芳玉

县计生委 张自力 张艳婷

县民政局 李 伟

县残联 杨 勇

县扶贫办 陈志勇

城关镇 李梦唐

韩村乡 张小莉

固城乡 张新丽

马庄桥镇 李孟栓

柳格镇 逯檬檬

双庙乡 项淑颖

纸房乡 宋 林

六塔乡 朱守彪

瓦屋头镇 唐延岭

仙庄镇 白令显

巩营乡 谢彦坤

马村乡 董道宾

高堡乡 李金平

大流乡 张志杰

古城乡 焦素丽

阳邵乡 王友丽

大屯乡 杨鸿举

编辑说明

一、《清丰年鉴》（2016）（以下简称《年鉴》）是地方综合性年度资料文献，是记载清丰县发展进程的编年史。它以丰富的内容、翔实可靠的资料，为各级领导决策提供依据，为社会各行业的发展提供借鉴，为中外人士了解、研究清丰县提供参考，为续修《清丰县志》积累资料。

二、《年鉴》由清丰县人民政府主办、清丰县地方志办公室编纂。其宗旨是以邓小平理论、“三个代表”重要思想和科学发展观为指导，按照国家《地方志工作条例》和《河南省地方志工作规定》要求，全面、客观、准确地记载2015年全县政治、经济、文化、社会等方面发展与建设的基本情况。

三、《年鉴》设特载、“一创双优”活动、大事记、县情概览、人物、中共地方组织、立法监督、政务、政治协商、社会团体、人民武装、治安司法、经济管理、财税·金融、城建环保、农业、工业、交通·信息、商业贸易、产业集聚区、教育·科学、文化·卫生·体育、社会民生、乡（镇）概况、统计资料、附录和索引共27个类目。全卷内容精练，规模适中，在记述上更加注重资料的信息价值和实用价值。

四、《年鉴》采用分类编辑法，主体内容一般设类目、分目、条目三个层次。类目、分目、标题使用不同字体、字号，类目标明于页眉。条目为主要信息载体和基本撰稿形式，其标题统一用黑体。特载、“一创双优”活动、大事记、专业技术人员和文件选编等类目尊重原文。

五、本年鉴“人物”类目中，“县级领导人物”介绍限于中共清丰县委、县人大、县人民政府、县政协和其他副县（团）级以上在职人物。乡（科）级领导干部和享受正（副）科技干部收录当年的情况。各单位领导名单放在有关部类中，领导姓名、职务、排序以有关单位提供的名单为准，凡年内调动的领导干部，均注明离任时间（特殊情况除外）。

六、《年鉴》所用统计数据，均经各供稿单位审核。因统计口径、计算方法不同等原因，个别数据可能在不同数目中不尽一致，使用时须注意出处，计量单位采用现行的国家公制标准。县情概览类目历史部分的计量单位采用现行制。

七、《年鉴》稿件由各乡（镇）、县直各单位提供，并经供稿单位负责人审阅，加盖单位公章。

八、《年鉴》的编纂工作得到全县各级领导、各有关部门的支持、协助，在此深表谢意。卷中错讹之处，敬请指正。

目　录

特　载

在全县经济工作会议上的讲话……………………1
政府工作报告　………………………………6

“一创双优”活动

在全县“一创双优”集中活动动员大会
上的讲话……………………………………13
全县2015年度“一创双优”集中活动
实施方案……………………………………17
全县2015年度“一创双优”集中活动
督导工作方案………………………………22

大事记

1月……………………………………………25
2月……………………………………………25
3月……………………………………………26
4月……………………………………………26
5月……………………………………………27
6月……………………………………………28
7月……………………………………………29
8月……………………………………………30
9月……………………………………………30
10月　…………………………………………31
11月　…………………………………………31
12月　…………………………………………31

县情概览

位置与面积……………………………………32
地　质…………………………………………32
地　貌…………………………………………32
气　候…………………………………………32
水　文…………………………………………33
土地土壤………………………………………33
动植物资源……………………………………33
建置沿革………………………………………34
行政区划………………………………………36
名胜古迹………………………………………37
清丰亭…………………………………………37
普照寺大雄宝典………………………………37
单拐革命旧址…………………………………38
人口民族………………………………………39
国民经济和社会发展…………………………39
经济问题………………………………………39
财税收支………………………………………39
固定资产投资…………………………………39
农业……………………………………………39
工业和建设业…………………………………40
国内外贸易……………………………………40
社会事业………………………………………40

人　物

县委领导………………………………………41

县人大领导……43
县政府领导……46
县政协领导……48
县委群工部领导……51
县人武部领导……51
县法院领导……52
县检察院领导……53
县总工会领导……53
县产业集聚区领导……53

中共地方组织

县委办公室工作……56
概况……56
事务服务……56
综合协调……57
自身建设……57
纪检监察……57
概况……57
纪检队伍建设……57
惩防体系及宣传教育……57
案件查办及管理……57
党风政风监督……58
案件审理及信访……58
巡察工作……58
督查工作……58
概况……58
专题督查……58
专项查办……58
建议提案办理……58
组织实施考核……59
组织工作……59
概况……59
基层党组织……59
党员队伍建设……59
党员救济……59
干部状况……59
干部人事制度改革……60
干部教育培训……61
干部监督管理……61
人才队伍建设……61
农村党建……61
驻村任职帮扶……62
大学生村干部管理……62
组工调研信息宣传……62
党员电化教育……62
组工信访……62
组织建设……63
宣传思想工作……63
概况……63
理论武装……63
社会宣传……63
文化建设……64
精神文明创建……64
统战工作……65
概况……65
组织开展统战工作活动……65
经济统战……65
民族宗教……65
统战队伍建设……66
政法工作……66
概况……66
维护稳定……66
打防管控……66
治安防控体系建设……67
政法基层基础建设……67
防范邪教……67
政法宣传……68
政法纪工工作……68
政法队伍建设……68

信访工作……68
概况……68
信访工作不断加强……68
信访工作机制完善……69
机构编制……69
概况……69
政府职能转变……69
政府机构改革……69
事业单位管理……70
提升工作水平……70
老干部工作……70
概况……70
政治待遇落实……70
生活待遇提高……71
思想政治建设加强……71
老干部作用发挥……71
队伍素质提升……71
保密工作……71
概况……71
保密工作宣传……72
保密知识培训……72
保密工作督导……72
党校教育……72
概况……72
干部教育培训……72
科研工作……73
制度建设……73
队伍建设……73
党史研究……73
概况……73
党史宣传……74
纪念抗战胜利70周年系列宣传……74
档案管理……74
概况……74
档案资源……74
馆舍建设……75
信息化建设……75
档案开发利用……75
档案宣传……75
业务指导……75
农村工作……75
概况……75
农业农村工作……76
美丽乡村建设……76
村民中心建设……76
农村专业合作社建设……76

立法监督

主要会议……77
清丰县十四届人民代表大会共举行一次会议……77
清丰县人大常委会共举行十二次会议……78
主要工作……80
概况……80
把握方向……80
监督工作……80
重大事项……81
人事任免……81
代表工作……81

政　　务

政府办公室工作……83
概况……83
政务信息……83
政府文书……83
政府文秘……83
政府金融……83
法制工作……83

概况……83
规范性文件审核备案……84
行政复议应诉……84
政府性投资合同审查……84
行政执法监督……84
政府法制宣传……84
服务型行政执法建设……84
仲裁工作……85
机关事务管理……85
概况……85
节能管理……85
安全保卫……85
采购管理……85
卫生绿化管理……85
后勤服务……85
人事劳动保障……86
概况……86
就业再就业……86
事业单位人事制度改革……86
公务员管理……87
社会保障……87
人才工作……87
军转干部和信访维稳……87
人事代理……88
事业单位绩效工资改革……88
任免工作……88
表彰奖励……88
职称评定……88
退休人员管理……88
构建和谐劳动关系……89
基层平台标准化建设……89
行政服务……89
概况……89
规范行政行为……89
党务政务公开……89
党风廉政建设……90
油区工作……90
概况……90
综合治理……90
管道保护……90
民族宗教……90
概况……90
民族工作……91
宗教工作……91
史志工作……91
概况……91
《清丰县志》（1986～2000）出版发行……91
《清丰年鉴》编纂出版……91
乡镇志工作……92
杂技志编纂……92
月报工作……92

政治协商

政协清丰县委员会……94
县政协九届四次全体会议……94
县政协九届十二次常委会议……94
县政协九届十三次常委会议……94
县政协九届十四次常委会议……94
县政协九届十五次常委会议……94
委员提案办理……95
优化金融发展环境……95
关爱“三留守”群体……95
关注民生热点问题……95
监督评议……95
积极反映社情民意……95
工商业联合会……96
概况……96
参政议政……96
参与新农村建设……96

思想政治工作……96
加强对外联络……96
特色民企服务……96
组织建设……96

社会团体

总工会……97
概况……97
职工“读书建功”活动……97
基层工会组织建设……97
和谐职工之家建设……98
困难职工帮扶救助……98
职工网络服务平台……98
服务全县经济发展……98
职工教育和文体活动……99
女职工特殊权益维护……99
妇 联……99
概况……99
巾帼成才支持行动……99
巾帼创业建功行动……99
巾帼文明建功行动……100
维权关爱服务行动……100
未成年人思想教育……101
活力提升行动……101
团县委……102
概况……102
构筑青少年精神支柱……102
提升“青”字号活动价值……102
贴近青少年需求……103
夯实基层基础……103
科 协……104
概况……104
组织建设……104
“三服务一加强”……104
学术交流……105
文 联……105
概况……105
书画艺术活动……105
文学艺术活动……105

人民武装

人民武装……107
概况……107
干部队伍建设……108
“四部五员”建设……108
正规化建设和后勤保障能力……108
消 防……109
概况……109
推进防火重点工作……109
加大火隐患排查整治工作力度……109
强化全民消防意识……109
人民防空……109
概况……109
人防工程质量监督……110
人防工程安全管理……110
县政府应急平台建设……110
警报试鸣和演练活动……110
人防宣传……110

治安·司法

公 安……113
概况……113
反恐维稳成效显著……114
打击效能不断提升……114
基层基础建设……114
执法规范化建设……114
立体化防控……115

安全管理…………………………115
服务发展…………………………115
队伍建设…………………………116
检　察…………………………116
概况…………………………116
打击刑事犯罪…………………………116
查办和预防职务犯罪…………………………116
诉讼监督…………………………117
队伍建设…………………………117
审　判…………………………117
概况…………………………117
依法履职…………………………117
服务发展…………………………118
司法为民…………………………118
司法改革…………………………118
队伍建设…………………………118
司法监督…………………………118
司　法…………………………118
概况…………………………118
普法依法治理…………………………119
法律服务…………………………119
特殊人群管理…………………………119
基层基础…………………………119
人民调解…………………………119
队伍建设…………………………119

城建·环保

城乡建设…………………………120
概况…………………………120
城市规划…………………………120
市政基础设施建设…………………………121
房地产开发…………………………121
棚户区改造…………………………121
重点公共建筑项目…………………………121
危房改造…………………………121
施工管理…………………………121
安全生产…………………………122
建筑工程质量监督…………………………122
建筑工程设计…………………………122
路灯管理…………………………122
墙体材料改革…………………………122
室内装饰装修管理…………………………122
污水处理费征收管理…………………………122
城市管理…………………………122
职责调整…………………………122
概况…………………………123
服务重点项目…………………………123
依法拆除违法建设…………………………123
市容市貌维护管理…………………………123
数字化城市管理…………………………123
队伍建设…………………………123
环境保护…………………………124
概况…………………………124
总量减排工作有序推进…………………………124
优化建设…………………………124
环境监察不断强化…………………………124
严厉打击环境违法企业…………………………124
处理环境投诉举报…………………………125
环境监测…………………………125
环境应急…………………………125
环保宣传…………………………125
市政园林…………………………125
概况…………………………125
国家园林县城创建…………………………125
园林绿化…………………………125
市政公用事业发展…………………………126
市容管理…………………………126
垃圾处理…………………………126
房地产管理…………………………126

概况…………………………………… 126
住房保障………………………………… 126
房地产市场管理………………………… 127
服务全县中心工作……………………… 127
农村产权制度改革……………………… 127
住房安监与维修管理…………………… 127
住房公积金管理……………………… 128
概况…………………………………… 128
公积金归集……………………………… 128
公积金提取……………………………… 128
公积金贷款与增值……………………… 128
供水建设……………………………… 128
概况…………………………………… 128
供水设施建设…………………………… 128
供水服务………………………………… 129

交通·信息

交通运输……………………………… 130
概况…………………………………… 130
农村公路建设…………………………… 130
道路运输管理…………………………… 131
路政管理………………………………… 132
交通安全管理…………………………… 132
公路管理……………………………… 132
概况…………………………………… 132
公路建设………………………………… 132
养护工作………………………………… 132
路政管理………………………………… 132
邮　政………………………………… 133
概况…………………………………… 133
加快推进基础能力建设………………… 133
积蓄新资源 共建“暖民心工程” …… 133
举办“邮缘相聚·乐享收藏”首届高端
集藏文化品鉴会……………………… 133
举办抗战胜利 70 周年邮票发行式 …… 133
开展“亲子爱·邮政情”温暖微行动… 133
召开农村电商培训会…………………… 133
员工幸福指数显著提升………………… 133
移动通信……………………………… 133
概况…………………………………… 133
4G 建设与发展 ………………………… 133
企业责任………………………………… 133
联通通信……………………………… 134
概况…………………………………… 134
网络建设………………………………… 134
网络维护………………………………… 134
安全生产………………………………… 134
服务质量提升…………………………… 134
电信通信……………………………… 134
概况…………………………………… 134
完善通信网络…………………………… 135
提升服务质量…………………………… 135
关怀企业员工…………………………… 135

农　业

种植业………………………………… 137
概况…………………………………… 137
落实惠农政策…………………………… 137
粮油高产创建…………………………… 137
高标准粮田建设………………………… 137
现代农业………………………………… 137
农业产业化……………………………… 137
农村产权交易平台……………………… 138
土地流转………………………………… 138
农村土地承包经营权确权登记颁证…… 138
服务农业生产…………………………… 138
农技推广区域站建设…………………… 138
农产品质量安全………………………… 138

一事一议财政奖补…………………………138
农场发展………………………………………138
概况……………………………………………138
农场农业发展…………………………………138
繁荣农场经济…………………………………139
蔬菜研发………………………………………139
概况……………………………………………139
设施农业建设…………………………………139
国道106线现代农业示范区…………………139
阳子现代农业示范区…………………………140
省道209线现代农业示范区…………………140
农残检测………………………………………140
新品种新技术利用……………………………140
科技宣传………………………………………140
畜牧业…………………………………………140
概况……………………………………………140
动物疫病防控…………………………………141
畜产品质量监管………………………………141
加强“瘦肉精”排查…………………………141
农业机械管理…………………………………141
概况……………………………………………141
农机购置补贴…………………………………142
强化措施和服务保障…………………………142
争取农机建设补助资金10万元 ………………142
实施深松整地项目……………………………142
农机专业合作社规范发展……………………142
巩固发展农机示范区…………………………142
农机新技术新机具推广………………………142
农机安全监理与科教培训……………………142
农业综合开发…………………………………143
概况……………………………………………143
高标准农田建设工程项目……………………143
农业产业化财政补助项目……………………143
粮食增产行动计划……………………………143
农业技术推广…………………………………144
概况……………………………………………144
测土配方施肥…………………………………144
耕地保护与质量提升…………………………144
农作物绿色防控………………………………144
农业高产创建…………………………………144
农村能源建设…………………………………145
农业市场执法…………………………………145
土地经营管理…………………………………145
农民技术培训…………………………………145
农产品质量检查………………………………145
农业信息化建设………………………………145
林　业…………………………………………146
概况……………………………………………146
林区建设与管理………………………………146
林业技术推广…………………………………146
概况……………………………………………146
快速通道绿化…………………………………146
林业有害生物防治及检疫……………………146
水　利…………………………………………147
概况……………………………………………147
农田水利建设…………………………………147
水利工程建设…………………………………147
水政水资源宣传………………………………148
防汛抗旱………………………………………148
卫河水务………………………………………148
概况……………………………………………148
防汛工作………………………………………148
工程建设与维护………………………………148
水政水资源管理………………………………148

工　业

工业和信息化…………………………………149
概况……………………………………………149
工业运行监测分析……………………………149

推动工业项目建设…… 149
举办濮阳家博会…… 149
丰富企业服务内涵…… 150
申报装备制造资金…… 150
帮助企业融资…… 150
电力工业…… 150
概况…… 150
电网安全运行…… 150
电网建设…… 150
电业安全生产…… 151
供电企业管理…… 151
供电服务…… 151
电业队伍建设…… 152
党建政工工作…… 152
集体工业…… 152
概况…… 152
构建稳定和谐单位…… 152
企业转型改制…… 152
农机修造…… 153
概况…… 153
企业管理…… 153
降本增效…… 153

商业贸易

商　务…… 154
概况…… 154
重点项目…… 155
商务招商…… 155
外贸工作…… 155
内贸工作…… 155
商务执法…… 155
招商引资…… 156
概况…… 156
招商引资活动…… 156
部分招商项目…… 156
商贸工作…… 156
概况…… 156
企业管理…… 157
扶贫救助…… 157
服务中心工作…… 157
安全生产…… 157
物资供应…… 157
概况…… 157
服务重点项目建设…… 157
组织建设…… 157
服务职工…… 157
粮　食…… 158
概况…… 158
小麦最低价收购…… 158
粮食经营…… 158
主食产业化工程…… 158
粮食流通监督检查…… 159
粮安工程建成…… 159
安全生产…… 159
供销合作…… 159
概况…… 159
新网工程建设…… 159
专业合作社发展…… 159
服务农业生产…… 160
安全生产…… 160
信访稳定…… 160
农村经纪人管理…… 160
食盐专营…… 160
概况…… 160
盐业宣传…… 160
盐业市场监管…… 160
盐业优质服务…… 161
盐业资金管理…… 161
烟草专卖…… 161

概况…………………………………… 161
卷烟销售………………………………… 161
专卖管理………………………………… 162
企业管理………………………………… 162
烟草队伍建设…………………………… 162
石油经营………………………………… 162
概况…………………………………… 162
石油安全生产…………………………… 162

产业集聚区

产业集聚区建设…………………………… 164
概况…………………………………… 164
基础设施建设…………………………… 164
企业环境提升…………………………… 164
项目建设………………………………… 164
产业集聚………………………………… 165
产城融合………………………………… 165
家具产业………………………………… 165
概况…………………………………… 165
招商引资………………………………… 165
产业宣传………………………………… 166
扩大影响………………………………… 166
食用菌产业……………………………… 166
概况…………………………………… 166
基地建设………………………………… 166
科技创新………………………………… 166
招商引资………………………………… 166
产学研对接……………………………… 167
产业服务………………………………… 167

财税·金融

财　政…………………………………… 169
概况…………………………………… 169
发挥财政职能…………………………… 169
财政支农………………………………… 169
健全民生保障机制……………………… 169
财税体制改革…………………………… 170
依法理财………………………………… 170
国家税务………………………………… 170
概况…………………………………… 170
税源管理………………………………… 171
优化税收服务…………………………… 171
国税队伍建设…………………………… 171
地方税务………………………………… 172
概况…………………………………… 172
提升征管质量…………………………… 172
人民银行………………………………… 173
概况…………………………………… 173
货币政策………………………………… 173
基础工作………………………………… 173
农业发展银行…………………………… 174
概况…………………………………… 174
中长期贷款业务………………………… 174
信贷基础管理…………………………… 174
财务会计管理…………………………… 174
工商银行………………………………… 174
概况…………………………………… 174
树立市场意识…………………………… 175
完善考核机制…………………………… 175
实施公关战略…………………………… 175
农业银行………………………………… 175
概况…………………………………… 175
清收处置委托资产……………………… 175
财务状况………………………………… 175
内控管理………………………………… 175
中国银行………………………………… 175
概况…………………………………… 175
重点支持项目…………………………… 175

监察保卫工作…………………………… 176
建设银行………………………………… 176
概况………………………………………… 176
队伍建设…………………………………… 176
业务拓展…………………………………… 176
业务创新…………………………………… 176
邮政储蓄银行…………………………… 176
概况………………………………………… 176
服务设施改善……………………………… 177
金融服务创新……………………………… 177
破解金融服务难题………………………… 177
中原银行………………………………… 177
概况………………………………………… 177
农村信用合作联社……………………… 177
概况………………………………………… 177
经营管理创新……………………………… 178
经营渠道创新……………………………… 178
信贷业务创新……………………………… 178
营销业务拓展……………………………… 178
不良贷款清收……………………………… 178
人寿保险………………………………… 178
概况………………………………………… 178
期交业务…………………………………… 178
短险业务…………………………………… 178
银保业务…………………………………… 179
窗口服务…………………………………… 179
财产保险………………………………… 179
概况………………………………………… 179
业务发展…………………………………… 179
安全防范…………………………………… 179

经济管理

宏观调控………………………………… 181
概况………………………………………… 181
主要指标完成情况………………………… 181
强力推进重点项目建设…………………… 181
加强项目谋划储备………………………… 181
依法依规项目审批………………………… 181
争取上级投资项目………………………… 182
节水灌溉和千亿斤粮食工程项目建设…… 182
服务产业集聚区建设……………………… 182
大力发展现代服务业……………………… 182
推进节能减排……………………………… 182
加强诚信体系建设………………………… 182
推进医改和公务用车制度改革…………… 182
统 计……………………………………… 182
概况………………………………………… 182
统计方法制度改革………………………… 183
人口抽样调查……………………………… 183
《河南省统计管理条例》宣传…………… 183
统计数据质量提升………………………… 183
地方经济社会调查……………………… 183
概况………………………………………… 183
创新工作模式……………………………… 183
专项调查…………………………………… 183
农业生产和农村经济调查………………… 184
审 计……………………………………… 184
概况………………………………………… 184
预算执行审计……………………………… 184
政府投资审计……………………………… 184
行政事业审计……………………………… 184
经济责任审计……………………………… 185
审计质量管理……………………………… 185
审计信息化建设…………………………… 185
审计结果运用……………………………… 185
服务领导决策……………………………… 185
工商行政管理…………………………… 185
概况………………………………………… 185
注册登记…………………………………… 186

市场监督管理…… 186
案件查处…… 186
商标广告整治…… 186
“12315”工作创新 …… 187
工商服务…… 187
提高消费者维权意识…… 187
物　价…… 187
概况…… 187
诚信建设…… 187
价格监测…… 188
价格监督检查…… 188
价格举报…… 188
收费管理…… 188
价格认证…… 188
依法行政…… 188
质量技术监督…… 188
概况…… 188
质量管理…… 189
计量监管…… 189
标准化管理…… 189
组织机构代码管理…… 189
特种设备安全监察…… 189
质量监督和行政执法…… 190
质监能力提升…… 190
国土资源管理…… 190
概况…… 190
土地资源…… 190
耕地保护…… 190
土地利用…… 190
地籍管理…… 190
建设用地管理…… 191
土地整理…… 191
执法监察…… 191
信访工作…… 191
地质灾害防治…… 191
矿产资源管理…… 191
基层所建设…… 192
食品药品监督管理…… 192
概况…… 192
依法行政规范…… 192
餐饮服务食品安全监管…… 192
保健食品化妆品专项整治…… 193
医疗器械监管…… 193
药品安全监管…… 193
药品流通监管…… 193
药品稽查…… 193
食品安全…… 193
概况…… 193
机构改革…… 193
完善基层监管网络…… 193
食品安全宣传…… 194
食品安全监管…… 194
安全生产监督管理…… 194
概况…… 194
加强组织领导…… 194
强化责任意识…… 194
依法治安…… 195
责任落实…… 195
职业卫生督查…… 195
安全教育培训…… 195
应急救援…… 195

教育·科技

教　育…… 196
概况…… 196
基础教育…… 196
职业与民办教育…… 197
改善办学条件…… 198
依法治教…… 199

高招工作…………………………………… 199
安全教育…………………………………… 199
教师进修学校…………………………………… 199
概况…………………………………… 199
队伍建设…………………………………… 199
培训创新…………………………………… 200
师德师风建设…………………………………… 200
教师培训机构…………………………………… 200
第一高级中学…………………………………… 200
概况…………………………………… 200
教师队伍建设…………………………………… 200
课堂教学改革…………………………………… 201
素质教育提升…………………………………… 201
校园硬件建设…………………………………… 201
校园安全管理…………………………………… 201
实验初级中学…………………………………… 201
概况…………………………………… 201
工作成效…………………………………… 202
领导班子建设…………………………………… 202
师德师风建设…………………………………… 202
教学质量提升…………………………………… 202
校园安全管理…………………………………… 203
德育工作加强…………………………………… 203
办学条件改善…………………………………… 204
依法治教…………………………………… 204
科　技…………………………………… 204
概况…………………………………… 204
知识产权…………………………………… 204
工业科技…………………………………… 204
农业科技…………………………………… 205
科普宣传…………………………………… 206
实验区建设…………………………………… 206
防震减灾…………………………………… 206
概况…………………………………… 206
震情监视…………………………………… 206
地震小区划项目…………………………………… 206
相关链接：地震小区划项目………… 206
抗震设防监管…………………………………… 207
防震减灾宣传…………………………………… 207
应急队伍建设…………………………………… 207
地震紧急应对…………………………………… 207
地震应急避难场所建设…………………………………… 207
应急装备配备…………………………………… 207
应急数据收集…………………………………… 207
气象服务…………………………………… 207
气候状况评价…………………………………… 207
降水概况…………………………………… 208
日照概况…………………………………… 209
主要天气气候事件分析…………………………………… 209
气候影响评价…………………………………… 210

文 化 · 卫 生 · 体 育

文化　旅游…………………………………… 212
概况…………………………………… 212
文化场馆建设…………………………………… 212
社会文化与文艺创作…………………………………… 212
文物勘探与保护…………………………………… 213
文化市场管理…………………………………… 213
非物质文化遗产保护…………………………………… 213
文化礼堂建设…………………………………… 213
图书发行…………………………………… 213
概况…………………………………… 213
教材教辅发行…………………………………… 213
图书销售…………………………………… 213
新农家书屋建设…………………………………… 213
电子商务…………………………………… 214
开展全民阅读活动…………………………………… 214
广播　电视…………………………………… 214
概况…………………………………… 214

广播宣传……………………………… 214
电视宣传……………………………… 214
有线宣传……………………………… 215
事业建设……………………………… 215
卫　生……………………………… 215
概况……………………………… 215
项目建设……………………………… 215
新农合工作……………………………… 215
公共卫生……………………………… 215
妇幼保健……………………………… 215
医政管理……………………………… 216
平安医院建设……………………………… 216
疾病控制……………………………… 216
卫生监督……………………………… 216
行风建设……………………………… 216
其他工作……………………………… 216
疾病防控……………………………… 216
概况……………………………… 216
免疫规划……………………………… 217
地方病防治……………………………… 217
慢性病防治……………………………… 217
卫生监测……………………………… 217
健康教育……………………………… 217
爱国卫生……………………………… 217
概况……………………………… 217
国家卫生县城创建……………………………… 217
“爱国卫生月”宣传活动……………………………… 217
病媒生物防治……………………………… 217
城乡环境卫生整洁……………………………… 217
健康教育……………………………… 218
控烟禁烟……………………………… 218
人民医院……………………………… 218
概况……………………………… 218
医护队伍建设……………………………… 218
医疗质量提升……………………………… 218
服务水平提高……………………………… 219
基础设施建设……………………………… 219
公共卫生服务……………………………… 219
评先创优活动……………………………… 220
第二人民医院……………………………… 220
概况……………………………… 220
队伍建设……………………………… 220
内涵建设……………………………… 220
社会服务……………………………… 221
第三人民医院……………………………… 221
概况……………………………… 221
医疗设备……………………………… 221
学科建设……………………………… 222
人才培养……………………………… 222
医疗管理……………………………… 222
护理管理……………………………… 222
体检工作……………………………… 222
对外协作……………………………… 222
医疗对口帮扶……………………………… 222
文明医院创建……………………………… 222
中医院……………………………… 223
概况……………………………… 223
基础设施建设……………………………… 223
医疗科室建设……………………………… 223
开展系列创建活动……………………………… 223
妇幼保健院……………………………… 223
概况……………………………… 223
重点项目建设……………………………… 224
内涵建设……………………………… 224
妇幼卫生保健……………………………… 224
医疗队伍建设……………………………… 225
公益活动……………………………… 226
体　育……………………………… 226
概况……………………………… 226
健身技能培训……………………………… 226
群众体育……………………………… 226
竞技体育……………………………… 227

业余训练…………………………………… 227
场地建设…………………………………… 227

社会民生

人口和计划生育…………………………… 228
概况……………………………………… 228
优质服务…………………………………… 228
孕前优生…………………………………… 229
补贴发放…………………………………… 229
依法行政…………………………………… 229
综合治理…………………………………… 229
宣传倡导…………………………………… 229
民　政……………………………………… 230
概况……………………………………… 230
社会救助标准提高………………………… 230
农村五保供养……………………………… 230
救灾救济…………………………………… 230
孤儿及特殊群体救助……………………… 230
老龄工作…………………………………… 230
城乡医疗救助……………………………… 231
优抚工作…………………………………… 231
复员退伍军人安置………………………… 231
涉军稳控和化解…………………………… 232
乡（镇）敬老院综合提升工程…………… 232
农村幸福院建设项目……………………… 232
重点社会福利项目………………………… 232
康复养老中心养护楼建设项目…………… 232
社会事务管理……………………………… 233
基层政权工作……………………………… 233
区划地名管理……………………………… 233
残疾人事业………………………………… 233
概况……………………………………… 233
助残维权…………………………………… 233
重点工作…………………………………… 234
残疾人康复………………………………… 234
教育扶贫…………………………………… 234
按比例就业………………………………… 234
服务残疾人活动…………………………… 234
组织建设…………………………………… 235
法制建设…………………………………… 235
扶贫开发…………………………………… 235
概况……………………………………… 235
扶贫开发建档立卡………………………… 235
整村推进…………………………………… 235
雨露计划…………………………………… 235

乡镇概况

城关镇……………………………………… 236
概况……………………………………… 236
招商引资…………………………………… 236
项目建设…………………………………… 236
城市综合服务……………………………… 236
服务“三城”创建………………………… 236
基层党风廉政建设………………………… 237
农业农村工作……………………………… 237
“三产”培育……………………………… 237
社会事业…………………………………… 237
韩村乡……………………………………… 237
概况……………………………………… 238
工业……………………………………… 238
农业……………………………………… 238
美丽乡村建设……………………………… 238
小城镇建设………………………………… 238
党建工作…………………………………… 239
信访工作…………………………………… 239
平安建设…………………………………… 239
安全生产…………………………………… 239
计划生育…………………………………… 240
科教文卫…………………………………… 240
其他工作…………………………………… 240

固城乡…………………………………………… 240

概况…………………………………………… 241

农村集体土地确权………………………… 241

美丽乡村建设……………………………… 241

招商引资…………………………………… 242

服务重点项目……………………………… 242

社会事业…………………………………… 242

平安建设…………………………………… 242

党建工作…………………………………… 243

马庄桥镇…………………………………… 243

概况…………………………………………… 244

招商引资…………………………………… 244

重点项目建设……………………………… 244

造林绿化…………………………………… 244

民生改善…………………………………… 244

信访稳定…………………………………… 245

环境治理…………………………………… 245

保障措施…………………………………… 245

柳格镇……………………………………… 245

概况…………………………………………… 245

农业…………………………………………… 246

招商引资…………………………………… 246

党建工作…………………………………… 246

服务产业集聚区建设……………………… 246

新农村建设………………………………… 247

社会各项事业……………………………… 247

双庙乡……………………………………… 247

概况…………………………………………… 248

党建工作…………………………………… 248

农业…………………………………………… 248

畜牧园区…………………………………… 248

招商引资…………………………………… 248

单拐革命纪念馆…………………………… 249

重点项目…………………………………… 249

基础设施建设……………………………… 249

教育卫生…………………………………… 249

平安建设…………………………………… 250

农村土地确权……………………………… 250

社会事业…………………………………… 250

纸房乡……………………………………… 250

概况…………………………………………… 250

招商引资…………………………………… 250

农业农村重点工作………………………… 251

民生工程…………………………………… 251

组织建设…………………………………… 251

计划生育…………………………………… 251

城镇建设…………………………………… 251

安全生产…………………………………… 251

医疗卫生…………………………………… 252

教育事业…………………………………… 252

六塔乡……………………………………… 252

概况…………………………………………… 252

招商引资…………………………………… 252

安全生产…………………………………… 252

重点项目…………………………………… 253

水利工作…………………………………… 253

农业工作…………………………………… 253

林业工作…………………………………… 253

武装工作…………………………………… 254

美丽乡村建设……………………………… 254

民生改善…………………………………… 254

文化建设…………………………………… 254

平安建设…………………………………… 254

党建工作…………………………………… 254

纪检监察…………………………………… 255

瓦屋头镇…………………………………… 255

概况…………………………………………… 256

工业…………………………………………… 256

招商引资…………………………………… 256

农业…………………………………………… 256

党建工作…………………………………… 257

三地携手发展……………………………… 257

纪检监察…………………………………… 257
法制建设…………………………………… 258
安全生产…………………………………… 258
教育工作…………………………………… 258
计生卫生…………………………………… 258
民生工程建设……………………………… 258
社会保障…………………………………… 259
美丽乡村建设……………………………… 259
城镇建设…………………………………… 259
环境保护…………………………………… 260
仙庄镇……………………………………… 260
概况………………………………………… 260
党建工作…………………………………… 260
廉政建设…………………………………… 261
农村经济…………………………………… 262
林业生产…………………………………… 262
水利建设…………………………………… 262
养殖业……………………………………… 262
招商引资…………………………………… 262
城镇建设…………………………………… 263
社会保障…………………………………… 263
文化教育…………………………………… 263
计划生育…………………………………… 263
平安建设…………………………………… 263
安全生产…………………………………… 264
卫生事业…………………………………… 264
土地确权…………………………………… 264
精神文明…………………………………… 264
巩营乡……………………………………… 264
概况………………………………………… 265
主要企业…………………………………… 265
现代农业…………………………………… 265
招商引资…………………………………… 265
党风廉政建设……………………………… 265
美丽乡村建设……………………………… 265
社会管理…………………………………… 266
文教卫生…………………………………… 266
马村乡……………………………………… 266
概况………………………………………… 266
农业生产…………………………………… 266
工业经济…………………………………… 266
发展环境…………………………………… 267
民生工作…………………………………… 267
社会事业…………………………………… 267
党建工作…………………………………… 267
廉政建设…………………………………… 268
高堡乡……………………………………… 268
概况………………………………………… 268
经济建设…………………………………… 268
小城镇建设………………………………… 268
民生工程…………………………………… 269
平安建设…………………………………… 269
群众文化…………………………………… 269
社会事业…………………………………… 269
大流乡……………………………………… 270
概况………………………………………… 270
党建工作…………………………………… 270
基层组织建设……………………………… 270
经济发展…………………………………… 271
民营经济…………………………………… 272
新农村建设………………………………… 272
社会事业…………………………………… 272
古城乡……………………………………… 273
概况………………………………………… 273
招商引资…………………………………… 273
农业农村重点项目………………………… 273
民生工作…………………………………… 274
社会事业…………………………………… 274
阳邵乡……………………………………… 274
概况………………………………………… 274
现代农业…………………………………… 274
非公有制经济……………………………… 275

林业…………………………………………… 275
新型城镇化建设………………………………… 275
民生项目………………………………………… 276
基层组织建设…………………………………… 276
社会治安综合治理……………………………… 276
精神文明………………………………………… 276
计划生育………………………………………… 276
大屯乡…………………………………………… 276
概况…………………………………………… 277
经济建设………………………………………… 277
城乡建设………………………………………… 277
思想建设………………………………………… 278
重点项目………………………………………… 278
民生事业………………………………………… 278
平安建设………………………………………… 278

统计资料

GDP 运行态势良好 ………………………… 280
农业生产稳步发展……………………………… 280
工业生产稳步增长……………………………… 280
固定资产投资增长放缓………………………… 280
消费品市场健康发展…………………………… 280
外贸出口总额继续回升………………………… 280
财政收支保持平稳……………………………… 280
金融机构存贷款规模继续扩大………………… 282
城乡居民收入稳定增长………………………… 282

附　　录

一、文献选编……………………………………… 283
中共清丰县委关于建立县委巡察制度的实施意见…………………………… 283
中共清丰县委 清丰县人民政府 关于进一步加强和改进新时期群众信访工作的意见…………………………… 287
中共清丰县委 清丰县人民政府 关于建立企业服务中心的意见……………… 290
中共清丰县委 关于印发《全县 2015 年度“一创双优”集中活动实施方案》的通知…………………………… 293
中共清丰县委关于再废止和宣布失效一批党的规范性文件的决定…………… 299
2015 年中共清丰县委文件目录 ……… 303
清丰县人民政府 关于印发清丰县城乡医疗救助实施意见的通知 …………… 304
清丰县人民政府关于印发清丰县城乡居民基本养老保险实施办法的通知…… 306
清丰县人民政府关于表彰 2015 年全县优秀教师和优秀教育工作者的决定 … 310
清丰县人民政府关于公布第五批清丰县县级非物质 文化遗产名录的通知 … 312
清丰县人民政府办公室关于印发清丰县乡镇敬老院综合提升工程实施方案的通知…………………………………… 314
2015 年清丰县人民政府文件目录 …… 317
二、专　文……………………………………… 318
见义勇为楷模——孟瑞鹏……………… 318
三、光荣榜 ………………………………… 319
2015 年清丰县荣获市（厅）级以上表彰先进个人………………………………… 319
四、专业技术人员…………………………… 325
2015 年清丰县具备中高级专业技术职务任职资格人员 ………………………… 325

索　　引

…………………………………………………… 335

特　　载

在全县经济工作会议上的讲话

（2016 年 2 月 14 日）

县委书记　鲁彦峰

同志们：

今天是正月初七，今年全县经济工作会比往年开得都早，主要有两点原因：一是明天要召开市纪委全会，后天要召开全市“两会”。我们把会议提前到上班第一天召开，目的就是继续贯彻落实早干、快干、多干、大干、实干、苦干精神，尽早安排部署 2016 年工作。二是今天上午 10:00 召开全省电视电话会议，谢伏瞻省长作重要讲话，冯县长和几位副县长、有关局委“一把手”要到县联通四楼多媒体会议室参加电视电话会。基于以上两点考虑，今天的会议时间进行了整体前移。日期的提前、时间点的提前这“两个”提前，都体现了新的一年我们工作的新气象——早安排、早部署、早动员。今天的会议完全可以到全市“两会”后再开，但兄弟县区的经济工作会议春节前都开过了，他们的重点项目建设工地，春节以后都掀起了高潮，如果我县的经济工作会议在正月十五以后召开，我们在新一年的竞争中、在第一季度的竞争中就会慢半拍、慢一步，所以我们要抢占时间先机。刚才，冯县长代表县委、县政府作了一个很好的报告，对 2015 年工作进行了全面总结，对 2016 年工作进行了总体部署；会上表彰了先进单位，这些先进单位都是经县委县政府督查局和县综合考评委员会认真考评，经县政府全会、县委常委会研究确定的，都是在 2015 年工作中作出突出贡献的先进单位和个人。比如：争先创优先进单位都是 2015 年获得了省级以上荣誉的单位。通过县市政园林局的工作，我县获得了“国家园林县城”荣誉称号；通过县科协的工作，我县获得了“全国科普示范县”荣誉称号；通过县林业局的工作，我县获得了“全国绿化模范县”荣誉称号。这些称号都是国家级荣誉，为清丰增了光、添了彩。另外，会上还表彰了 18 个市级先进村，市级先进村是市委在全市总结表彰大会上进行命名表彰的；县委还评出了 17 个先进村。每个授奖单位都发奖牌、奖金，既有政治荣誉，又有经济奖励。通过表彰，在全县上下进一步倡导争先进、当先进，向先进看齐、向先进学习，赶超先进、挑战先进、超越先进的氛围。下面，在冯县长讲话的基础上，我就 2016 年工作“怎么干”讲三点意见：

一、树立三种思维

当前，宏观经济形势不好，经济下行压力很大。用习近平总书记的一句话说，就是中国经济发展进入新常态，正从高速增长转向中高速增长。面对经济新常态，我们在座的每一个人，每一个老百姓都感同身受，大家都普遍感到现在生意不好做了，钱难挣了，项目不像以前那么多了，前几年那种大干、快干项目的劲头没那么高涨了。面对这样的形势，我们怎么看待，抱着什么样的态度，对做好2016年工作非常重要。一种看法是悲观消极，看到经济形势不好，就袖手旁观、无所作为、顺水漂流。另一种看法是积极主动，笑迎挑战。心态不一样，就会带来不一样的结局。有一句话叫“性格决定命运”，那些悲观消极的人，他的一生也不会精彩；那些积极应对挑战，迎接挑战，笑对人生的人，就会有一个精彩的人生。今天，县级干部、科级干部、村支部书记都来了，我们一定要有一个积极的思维。

（一）辩证思维。辩证思维就是辩证法，就是看问题不能非黑即白，要一分为二地看问题。比如，现在全国号召产业转型升级，广东、上海等沿海发达地区都在把资源消耗型、环境污染型产业加快向高新技术产业转移，沿海发达地区的经济增速由20%多转为百分之几，有的调整到5%。但是，清丰作为一个内陆农业县，有自己独特的县情，在贯彻中央精神上，我们必须和党中央保持一致。在具体实践中，我们要根据现实县情，辩证看待。目前，全国城镇化率50%，我们的城镇化率不到30%。沿海发达地区像一个跑得很累的长跑运动员，他需要休息、调整，而我们像一个刚刚起跑的少年，必须坚定不移地往前跑，强壮筋骨，锻炼身体。我县的家居、食品、装备机械产业都还处于培育阶段，因为整个产业链条还不完善，产业集群没有形成，只能说是集聚。就像养小孩一样，现在还处在养育的阶段，长到25岁以后，上了班就该给家里作贡献、交工资了。现在，我们作为“父母”，得给他倒贴钱，得养着他。所以看待经济形势，具体到清丰的实际，我们要有辩证思维，把中央的精神、先进地区的经验和清丰的实际结合起来。同时，这两年国家投资的项目少了，原来有“铁公基”（铁路、公路、基础设施），大家都感到整个国家大的项目相对较少。但是作为清丰来讲，我们面临着一个大的发展机遇，河南省谋划建设的“米”字形高铁，从郑州到济南的郑济高铁，高铁站就在马庄桥，这对清丰发展是一个千载难逢的机遇。谢伏瞻省长在濮阳团报告中讲到，2016年要全力推动郑济高铁开工建设。这个机遇带来的经济效益是几百亿、上千亿的经济含量。另一个机遇，是濮阳市推进开州路北延，濮阳市开州路是濮阳市的中轴线。何书记表态，2016年开州路要北延到固双线，一直到固城集东，接下来我们县委、县政府决定把开州线一直打通到盛丰路，这样濮阳和清丰又多了第二条濮清快速通道。还有，今年我们投资5亿元，开工建设县固城水厂，县城居民从2017年开始，将饮用到丹江口水库的水；单拐今年要开工建设通用机场，就是航空小镇，总投资4亿元。这些机遇对清丰来说都是千载难逢的，所以我希望在座的同志们，一定要树立辩证思维，在看到宏观经济下行的同时，也要看到我们面临很多发展机遇，要坚定发展信心。

（二）逆向思维。逆向思维就是大家都往东想的时候，我们有一部分人要往西想。有一句俗话叫“有同行没有同利”。举个例子，家居产业是清丰的支柱产业，柳格、仙庄有很多家具厂，大家都知道，近两年整个家具行业受城镇化、房地产影响很大，家具行业销售略有下滑，包括我们县城这几家大的家具厂。但是，我县产业集聚区引进的美松爱家家具，销售始终保持产销两旺，产品始终保持供不应求，这说明在整体经济形势不好的情况下，只要产业对路、产品对路、销售对路，同样可以赚钱。再比如招商引资，何书记在强调招商引资的时候，部分干部在私下议论，说现在整个经济都下降，这么多企业都面临着关停运转，不是招商的时候。但是，如果很多人这样想，很多市这样想，很多县这样想的时候，我们没这样想。大家都认为招商不好招的时候，我们还在坚定不移地、满怀热情地招商，那么我们篮子里就会挖到菜。因为产业转移这个大趋势是持续不变的，因为发展经济、兴办企业这个趋势是永恒的。所以在都想着招商不好招的时候，我们自己主动出击，还是满怀热情地出去招商，那么我们招的商就会更多，这就叫逆向思维。

（三）发散思维。发散思维就是考虑问题要多元化，不要一根筋。这几年，我们的经济发展战略从“以工兴县”（抓工业），到“两轮驱动”（城镇化、工业化），再到“三化协调”（新型工业化、新型城镇化、农业现代化），再到“四化同步”（新型工业化、新型信息化、新型城镇化、农业现代化），这就体现了发散思维。发散思维说白一点，就是不要把鸡蛋都装到一个篮子里。所以我们现在抓县域经济，把清丰建设好、发展好，不能单抓工业，也不能单抓城建，更不能单抓农业，我们要统筹兼顾，工业、农业、城建、民生一起抓，这样我们就会找到新的增长点。比如，清丰的城市建设已经打下了很好的基础，站到了一个新的历史起点上，现在已经是国家文明县城、国家园林县城，马上我们又要拿到国家卫生县城这个牌子。我们以前是五线、六线城市，现在已经跻身国家级，在全省也是典型。下一步，县委、县政府决定把发展重点转移到马庄桥建设上。前几年全县整个精力、注意力都在产业集聚区上，近两年我们又转移到城建上，修路、管网改造、绿化等，建设旧城片区、新城小区，同时建设了一大批学校、医院等，这样把我们的发展重点、发展战略不断扩大，体现的就是发散思维。当前，在整个制造业形势不好的情况下，养老、现代医疗这些产业势头都很好，马庄桥镇马上要新上一个投资10亿元的医疗养老产业园，现在主动跟我们对接的医疗养老项目，投资在5亿元以上的，至少有5家，并且表示只要有土地立即就能开工。所以，我们要有发散思维，要抓新的经济增长点，工业、城建等现有的优势不能丢，做到扬长补短。

这是我讲的辩证思维、逆向思维、发散思维。思维调活了，思路理清了，我们干活就有了动力，否则就会悲观失望、消极无为，最终一事无成。就像乘车一样，车要启动了，我们才挤到车门口，车门一关，我们还是会掉下来，别人开始新一轮的发展，我们又落后了。所以大家不能死搬教条，一定要牢固树立这“三个思维”，全县上下要以积极进取、主动出击的姿态，做好2016年工作。只有这样，清丰才会继续兴旺发达，我们每一个家庭、每一个村、每一个乡才会发展好。

二、打好“三大战役”

（一）对抗战。我们要保持积极向上的态势，抵御经济下行这个不利因素。困难像弹簧，你强它就弱，你弱它就强。好比天气越冷，我们要把空调的温度调得越高。打对抗战，就要把2016年的项目所有能干的都开工、所有能投产的尽早投产、所有能进地的早进地，持续抓好项目建设，以新一轮的项目大建设对抗经济下行压力。

（二）攻坚战。现在我们很多项目，包括清丰的发展，都到了爬坡过坎的关键时期，在这个困难时期，我们得咬紧牙、鼓足劲，坚决拼全力顶上去，像省委郭庚茂书记讲的，全力拼上去。有一个词叫“滚石上山”，就是迎着坡，滚着石头上山，我们打对抗战就要有这种毅力，不打对抗战就是浑水摸鱼，就会被经济下行的压力吓倒，就会在别人的发展中落伍。去年，刘万英书记带队到浙江德清、嘉兴几个县进行考察，他说光看清丰，我们觉得干得还不错，到德清一看，又觉得我们啥也没干。沿海这些县已经发展到了现代化阶段，我们才刚刚踏入现代化的门槛，因为这些沿海发达地区，实事求是，扎扎实实，抢抓中央机遇，发展了30多年，悄悄地发展起来了。我们考察参观后，如梦初醒、恍然大悟，感到震惊、震撼。所以打好攻坚战，就是一定要把项目建设抓好，不要被眼前困难、消极情绪、悲观失望吓倒，以坚定的毅力把各项工作推向前进。打好攻坚战，就是对土地、资金、发展环境、政务环境等进行攻坚。一是攻坚深化改革。当前，农村土地产权制度改革要强力推进。农民、农村之所以穷，除了历史上、机制上形成的城乡二元结构外，更主要的是农民没有产权。现在我们搞农村产权制度改革，赋予农民宅基地、土地、林地以资产权，拿到土地证、宅基地就可以租赁转让、抵押贷款，为农民从土地上转移出来到城市居住、打工，为农村大规模搞经营、搞农业现代化提供了空间，这样就把整个城镇化、工业化、农业现代化带动起来了，所以我们农村产权制度改革要攻坚。二是攻坚资金、土地瓶颈。近两年，我们的财政资金不宽裕，银行资金不好贷，但是我们一定要想方设法破解资金瓶颈，全县干部要广开财源，多措并举组织财政收入，保证县委、县政府的意图实现。金融部门要想法提供更多的利润产品，为县域经济发展提供支持。今天，表彰的信用社，2015 年为我县几个工业项目、城建项目、农业项目，提供了及时必要的资金支持。比如金鸿美景项目，房子销售不错，但是开发商资金不足，信用社为这个项目提供了1000 多万元的贷款，立即使这个项目起死回生；美松爱家项目，信用社也提供了资金支持。希望新的一年，其他银行要向信用社学习，为县域经济发展提供贷款，降低门槛，优化服务。国土部门要为项目落地报批土地指标，城关镇、马庄桥镇、柳格镇要为项目进地搞好服务。三是攻坚发展环境。今天，第一个表态发言的是公安局局长，安排公安局第一个发言，就是清丰现在依然存在强装强卸、封门堵路、乱搭乱建等阻扰发展环境的现象和个人。新的一年，我和冯县长研究，我们要以新一轮攻坚战开始，掀开新一年的工作高潮。近期，我们要对重点项目工地搞大兵团作战，集中治理进地难、恶意阻工、强买强卖、强装强卸等现象。四是攻坚政务环境。个别部门、局委服务意识不到位，有些局长、股长认为拿着单位的印章不是为别人服务的，这是他们的小特权，故意刁难，等着别人请他吃点、喝点、送点才盖章，这都是发展中面临的困难。清文〔2016〕20 号文件中，评选出的 10 个税收贡献先进单位，98% 以上的都是市派驻单位和外来企业，所以清丰一定要树立开放意识。第一名濮阳市烟草公司是市派驻单位；第二名清丰县农村信用合作联社也是市派驻单位；国网清丰县供电公司是市派驻单位；亿洲是温州企业，交了 1000 多万元的税；博源天然气是濮阳县柳屯的企业、交了 1300 万元的税；宜兴陶都是江苏宜兴的企业，交了不到1000 万元的税；清丰县建投公司是我县的，属于财政局；中石化集团是央企，外来企业；远达建安是外来投资；阳光花园是市建设工程。所以，清丰的税收都是以这 10 个部门为引领交的税，人家交了税，我们才领了工资、建了学校和医院，我们没有理由不为人家搞好服务。我们一定要树立开放包容的理念，在政务环境、发展环境、商务环境方面，为外来企业提供便利。

（三）团体战。团体战就是全县上下要紧密团结在县委、县政府周围，书记、县长要团结，县四大班子要团结，书记、乡长要团结，局长、副局长要团结，支书、村长要团结。团结才能出干部，团结才能出生产力。现在，县四大班子、县委常委、人大副主任、政府副县长、政协副主席，每个人都分包了一二十个项目，每个项目投资都在亿元以上，这就是我们的人和优势。近几年，清丰几任县委书记、县长都是这样，不分一线二线，没有分内分外，现在是谁没事干谁受孤立，因为大家都在忙，如果就你没事干，就说明你要么态度不好，要么能力不行。所以，在新的一年，县委、县政府带头，人大政协全力配合，各局委、各部门相互支持，我们一定要打好团体战。2015 年督导时发现，规划、住建、房产、土地等几个部门，在项目推进中存在着互相不说话的现象，有效衔接不够，对接不足。打团体战，就是全县各级各部门一定要搞好密切配合，全县上下 70 万人民都要积极响应县委、县政府的统一号召，步调一致才能胜利，全县上下都要大干，才能应对经济下行压力。

三、怎么干

（一）要干。“干”是毋庸置疑的，清丰有这样的发展变化，大家都看在眼里，从村里修路、安全饮水到村卫生室、学校改造，到县城道路建设、县城绿化、县城水系、县城学校医院及县城这么多的高楼大厦，这都是干出来的。2014年我们争取资金12亿元，2015年争取资金14亿元，这就体现了县直各局委积极进取，在都认为跑资金难、跑项目难的情况下，努力把资金拿到手，为清丰发展注入了动力。所以我们一定要确立要“干”思想。

（二）早干。县固城水厂投资4亿多元，在固城乡和潘省村南，目前已开工，2017年我们将喝上丹江口的水，水质达到矿泉水的水质。这些项目，我们得到的信息早，第一时间向省、市发改委对接，才把项目争取到手里。一个市只有一个县的指标，其他县知道后，再联系已经晚了，因为已经确定清丰了，这就体现了早干，信息早知道，我们早行动，对上早对接。

（三）敢干。敢干对清丰的干部尤其重要，我们的干部在干活精细化、干活技巧上能力很强，但是在敢干上还需要提高。许多干部遇到问题、矛盾，不是积极主动地对接问题、研究问题、分析问题、解决问题，而是在困难面前发憷、发怯，往后撤。一方面，是我们把困难放大了，杯弓蛇影，自己把自己吓住了。另外一方面，是缺乏克难攻坚的勇气和信心。希望大家在新的一年，要确立敢干的思想，县委、县政府也会在各方面保护大家。纪检委、检察院要保护大家，不能让我们的干部干了事、流了汗，再流泪；公检法司这些国家机器，要有效打击，为我们的项目建设提供支持，有些工作讲一百个大道理不如采取一个坚决的行动。所以，希望大家放下顾虑、放下包袱，相信县委、县政府，一定为大家从制度上、法律上、干部导向上提供保障，为大家创造敢干的环境保护。

（四）会干。会干是一门艺术，很关键。林彪打仗都是以少胜多，打的又猛、又刁。但有的打死的敌人多，自己的战士伤的也多，伤敌一千自伤八百。会干是清丰干部的长处，但是我认为还需要提升。会干就是每个项目的设计，都要有拉动性，要有点石成金的作用，建设一条路、带动一片开发、实施一个项目，带动周边项目，一花引得百花开，栽下梧桐树引得凤凰来。以前资金不紧张的时候，我们强调要发挥财政资金四两拨千斤的作用。现在我们一定要强调，资金要精准投放，项目要精准定位，所有的项目谋划要体现精准性，这是经营技巧。经营一个县和经营一个乡、一个村、一个家庭一样，要有经营意识。“一把手”就是一个单位的第一经营人，一个家庭过好过不好，关键看家长；一个村过好过不好，关键看村长，比如西辛庄全靠李连成；一个乡（镇）过好过不好，关键看乡（镇）党委书记；一个县能不能发展好，那就看县委书记。所以我们各级干部，特别是各单位“一把手”，一定要强化经营意识，用经营的理念，经营好我们的村、我们的乡、我们的县。经营就意味着低成本，精准投入，有大的收益，所以我们一定要会干。今年我们项目的大盘子已经列出来了，冯县长的报告谋划得很到位，会后，我们还要对这些项目进行梳理，对项目节点进行重新核定。比如在建的医院，原则上7月1日前都要搬家开业；在建的学校，除了文化路初级中学，9月1日都要确保招生开学。

当前，清丰的发展已经站在一个新的历史起点上，清丰已经获得了“国家文明县城”“国家园林县城”荣誉称号，城市建设走在了全省、全国的前列；清丰在全市四项评比中，拿了三个第一，一个第三；全市综合评比，根据我们的掌握，不是第一就是第二。清丰用自己的发展赢得了尊重，春节期间，在北京、郑州、深圳的老乡回来之后，对家乡的变化纷纷赞不绝口，有的说感到振奋，有的甚至感到震撼。清丰这种可喜的发展变化，只要我们在座一班人继续努力，这种可喜的变化就会继续持续下去。为了清丰的精彩发展，让我们主席台上的同志，和主席台下的所有同志，引领全县70万人民，万众一心、众志成城，奔向充满希望和胜利的2017年，干好我们的2016年工作。

政府工作报告

——2015 年 4 月 23 日在清丰县第十四届人民代表大会第五次会议上

县人民政府县长　冯向军

各位代表：

现在，我代表县人民政府，向大会报告工作，请予审议，并请各位政协委员和其他列席人士提出意见。

一、2015 年及“十二五”工作回顾

2015 年，在市委、市政府和县委的坚强领导下，在县人大和县政协的监督支持下，我们紧紧围绕“稳增长、强投资、保态势、惠民生”的工作主线，团结带领全县上下攻坚克难、砥砺奋进，全县经济社会保持良好发展态势。

（一）发展活力持续增强。主要经济指标稳中有升。2015 年全县生产总值完成 204.5 亿元，增长 11.7%；500 万元以上固定资产投资完成 228 亿元，增长 15.4%；规模以上工业增加值完成 113.7 亿元，增长 14.4%；一般公共预算收入完成 5.75 亿元，增长 14.7%；社会消费品零售总额完成 67.7 亿元，增长 13%；城镇居民人均可支配收入 2.02 万元，增长 9.3%；农民人均纯收入 1.12 万元，增长 9.1%；金融机构各项存款、贷款余额分别较年初增加 10.5 亿元、2.5 亿元; 全县粮食总产 57.6 万吨,实现“十二连增”。一大批项目集中签约落地。北京卡卡门业等 12 个家居项目、雨辰汽车电子配件等 5 个环保装备项目落地建设，三净食品等 11 个食品项目推进顺利并将陆续投产，为县域经济发展注入强大活力。荣获多项国家级荣誉。被评为国家园林县城、中国中部（清丰）家具产业基地、全国食品工业强县、全国绿化模范县、全国平安农机示范县、全国科普示范县，阳子森林公园被命名为“国家级生态公园”，单拐革命旧址纪念馆被确定为第二批国家级抗战设施及遗址，国家卫生县城创建通过省专家组评审。

（二）发展优势持续积累。一批重大基础设施项目顺利推进。南水北调清丰供水工程、县固城水厂、引黄入冀补淀工程清丰段、市开州路北延清丰段等项目顺利施工。资源能源支撑能力提升。县城集中供暖工程一期竣工，冶都中央公园小区等实现地热集中供暖。“气化清丰”项目快速推进，16 个乡（镇）3 万户农民家庭用上天然气。产业发展基础更加坚实。企业服务中心、家具质量检测中心、人才培训中心即将投用, 110 千伏孟德输变电站快速建设, 产业集聚区生产性和生活性综合服务功能得到提升。土地整治等农田水利项目高标准竣工，为清丰赶超发展奠定坚实基础。

（三）产业结构持续优化。工业企业集聚发展。实施工业项目 36 个。美松爱家、大汉食品等 13 个项目建成投产，县产业集聚区被评为“河南省最具竞争力产业集群金星奖”。现代农业蓬勃发展。全县新建高标准粮田 7.92 万亩，新流转土地 3 万余亩。新建提升辰希缘、绿海圆梦等高效农业示范园区 8 个，改扩建标准化养殖场 7 个；新建扩建经济林、苗木基地 8 个。农民专业合作社达到 577 家。现代服务业提速发展。县电子商务产业园投入运营；亿洲乐活城市广场一期、天润城购物广场竣工投用；小火车站旧址综合开发、北欧小镇等项目快速推进。2015 年全县第三产业增加值完成

48.6亿元，同比增长14.3%。

（四）城乡建设持续提升。中心城区承载能力增强。新建提升启明路等10条城区道路。高标准完成叠翠园等“一园十八路”绿化及固城沟综合提升工程。银河花都等9个商住小区、水木清华等8个旧城片区、孙庄等3个城中村改造项目快速推进。县妇幼保健院等6家城区医院顺利建设；县诚睦路小学等4所学校建成投用。小城镇综合提升成效明显。马庄桥镇“活力新城”建设步伐加快，柳格镇等5个卫星乡（镇）综合提升成效明显，古城乡等6个区域性商业集镇建设态势良好。仙庄镇被确定为河南省生态镇，韩村乡、阳邵乡被评为省级卫生乡。美丽乡村建设扎实推进。综合整治61个重点村，硬化道路60公里，新建村民中心26个，全县村容村貌明显改观。双庙乡单拐村入选河南最美乡村。

（五）民生社会事业持续改善。2015年全县民生项目支出21.6亿元，占公共财政支出总量的85.7%。民生实事办实办好。大力实施精准扶贫，实现稳定脱贫7500人。新修改造农村公路79.5公里。创建标准化学校32所。3家乡（镇）卫生院、90所标准化村卫生室建成投用。完成17所乡（镇）敬老院综合提升工程，建成农村幸福院50所。社会保障更加有力。兑现惠农资金9726万元；发放小额担保贷款8503万元；城镇新增就业1.25万人，农村劳动力转移就业16.8万人次。城乡居民社会养老保险参保率、新农合参合率分别达到97.66%、99.98%。社会事业全面进步。国家可持续发展实验区项目顺利推进，申报实施省市科技项目29项。圆满承办了2015濮阳清丰中国中部家居之都——乒乓球世界冠军挑战赛。切实加强环保和生态文明建设，节能减排任务圆满完成。积极做好群众来信来访工作，狠抓安全生产和食品药品监管；深入推进平安清丰建设，严厉打击各类违法犯罪行为，社会大局保持和谐稳定。

（六）政府自身建设持续加强。扎实开展“三严三实”专题教育，持续改进工作作风。加快转变政府职能，进一步减少和规范行政审批事项。坚持运用法治思维和方式推动工作，依法依规按程序办事。自觉服从县委集体领导，做到令行禁止，政令畅通。认真执行人大及其常委会决议和决定，支持政协参政议政，全年共办理人大代表建议63件、政协委员提案89件。广泛听取党外人士、工商联意见，支持工会、共青团、妇联等人民团体开展工作。强化行政监察和审计监督，着力营造了为民、务实、清廉的政务环境。

同时，国防教育、双拥工作扎实开展，驻清解放军和武警部队在支持地方发展、维护稳定方面作出了积极贡献。审计、民族宗教、法制、统计、金融、支油、人防、广播电视、史志编纂、防震减灾、气象测报等工作都取得了新成绩。

各位代表！

2015年目标任务的完成，标志着我县“十二五”规划任务圆满完成，清丰的发展又站在了新的起点。五年来，我们顺应形势，拼搏进取，在抢抓机遇中乘势而上，在爬坡过坎中克难前行，干成了一批打基础利长远的大事，办妥了一批见实效惠民生的实事，清丰赶超发展的势能在加速积蓄。

过去的五年，是清丰综合实力明显增强的五年。全县主要经济指标基本实现“五年翻番”。生产总值是“十一五”末的1.9倍；社会固定资产投资较2010年翻了一番多；一般公共预算收入是2010年的3.2倍，年均增长26%；金融机构各项存款、贷款余额均较2010年翻了一番。累计实施省市重点项目148个，完成投资444亿元。

过去的五年，是清丰发展质量明显提升的五年。三次产业结构日趋合理，由26.2 ∶ 55 ∶ 18.8调整为19.6 ∶ 56.6 ∶ 23.8。全县规模以上工业增加值是2010年的2.4倍，高新技术产业占工业增加值比重达26%。产业集聚区累计入驻企业

120家，主营业务收入是2010年的3.5倍，培育形成了家居、食品、环保装备三大主导产业。全县设施农业面积达到12万亩，较2010年翻了一番多，初步形成了“一区两带”现代农业发展格局。服务业成为新的增长点，第三产业增加值是2010年的2.4倍。全县累计签约项目221个，实际利用市外资金209.5亿元。

过去的五年，是清丰城乡面貌明显改观的五年。濮清快速通道等42条城区道路竣工通车，形成了“十纵十横”道路网格，县城区面积较2010年扩大了2.2倍。实施供水、供气、供热、污水处理、垃圾处理等10余项市政工程，县城区强弱电全部入地、雨污水管网全部覆盖，全面推行了数字化城管。新建提升明月湖公园等游园38处，打造了马颊河滨河景观带。开发建设商住小区22个，启动15个旧城片区和5个城中村改造，县城“三城联创”由省级向国家级成功迈进。马庄桥镇综合开发加快推进，一批卫星镇、中心集镇竞相发展，美丽乡村建设扎实有效，城乡环境明显改善。

过去的五年，是清丰民生事业明显改善的五年。每年民生项目支出占全县公共财政支出总量的80%以上。改扩建农村公路600多公里，全县群众告别出行难。实施农村安全饮水工程，在全省率先解决农村群众安全饮水问题。实现乡乡通天然气。新建扩建明月湖小学等城区学校15所，建成标准化学校116所。新建扩建城区医院7家，改造提升乡（镇）卫生院10家，建成标准化村卫生室183所。城乡居民社会养老保险、新农合基本实现全覆盖。2015年城镇居民人均可支配收入、农民人均纯收入分别是2010年的1.7倍、1.9倍，全县人民生活更加殷实，幸福指数逐年提升。

各位代表！

五年来，我们先后获得首届全国县级文明城市提名城市、全省安全生产先进县等40多项国家级、省级荣誉。我们深切感受到，这些成绩得益于市委市政府和县委的正确领导，得益于县人大、县政协的监督支持，凝聚着全体代表的智慧和力量，更倾注了全县人民的心血和汗水。在此，我代表县人民政府，向各位人大代表、政协委员，向全县各条战线的干部群众，向解放军指战员、武警官兵、政法干警，向所有来清投资者和关心支持清丰发展的各界人士，表示衷心的感谢并致以崇高的敬意！

在肯定成绩的同时，我们也要清醒地认识到，我县经济社会发展存在的问题和不足：一是经济增长动力不足，缺乏支撑县域经济发展的大项目，开放招商力度仍需加大。二是中心城区辐射带动能力不足，城镇化水平亟待提升。三是农业产业结构不够优化，农民增收难、农村环境脏乱差问题没有得到有效解决。四是“懒政怠政为官不为”等现象仍不同程度的存在，个别干部的执行力和工作能力有待提升，等等。对此，我们要高度重视，认真加以解决。

二、“十三五”发展总体思路和目标任务

“十三五”时期，是我县全面建成小康社会的关键时期。中原经济区建设、濮阳赶超发展的要求，为我县经济社会全面发展带来了机遇和挑战，增大了压力和困难。但是发展的机遇大于面临的挑战，我们的干劲大于面对的压力，全县人民的信心大于发展道路上的困难。我们要以敢闯敢试的勇气破解发展难题，以敢为人先的精神谋求新的跨越，努力把“十三五”的宏伟蓝图变成美好现实！

我县“十三五”发展的指导思想是：深入贯彻落实党的十八大和十八届三中、四中、五中全会精神，牢固树立“创新、协调、绿色、开放、共享”的发展理念，坚持“保持态势、创新优势、转型升级、赶超发展”的总基调，突出开放招商和项目带动，聚焦“两城”（县城、马庄桥镇）两区（产业集聚区、阳子现代农业示范区），推动“四化”（新型工业化、新型城镇化、农业现代化、信息化）协调发展，稳增长、强投资、调结构、增实力、惠民生，确保如期全面建成小康社会。

我县“十三五”发展的蓝图和愿景是：

经济保持中高速度增长。全县生产总值年均增速达到9%以上，工业增加值占地区生产总值的60%以上，服务业占生产总值的30%以上，一般公共预算收入年均增长10%以上。主要经济指标年均增速高于全市平均水平。

着力打造特色产业强县。推动农业向现代高效发展、工业向中高端迈进、服务业向新型业态拓展，工业经济对财政贡献大幅提高，消费对经济增长拉动加大。到2020年，将清丰县打造成名副其实的中国中部家居之都、全国特色食品工业强县、国家现代农业示范区、全省重要的环保装备产业基地。

新型城镇化迈出坚实步伐。推进以人为核心的城镇化，按照“以产兴城、产城融合、特色鲜明、内涵丰厚”的原则，着力构建以“两城”为中心、卫星镇为组团、中心乡（镇）为节点、带动美丽乡村建设的新型城镇化体系。到2020年，全县城镇化率达到42%左右。

人民群众更加安居乐业。城乡居民可支配收入年均增长10.5%以上。贫困人口全部脱贫，社会就业更加充分，社会保障更加健全，百姓生活更加殷实，公共服务体系更加完善，社会事业全面进步，民主法治、精神文明建设全面加强，和谐清丰建设迈上新台阶。

《清丰县国民经济和社会发展第十三个五年规划纲要（草案）》及说明已印发会议，提请审议。

三、2016年发展目标和重点工作

2016年是“十三五”规划开局之年，做好今年的政府工作责任重大、影响深远。今年，我县经济社会发展主要预期目标是：生产总值增长10%以上；规模以上工业增加值增长15%以上；一般公共预算收入增长10%以上；固定资产投资增长20%以上；社会消费品零售总额增长13%以上；城镇居民人均可支配收入和农民人均纯收入分别增长9%、11%以上。城镇化率提高2.1个百分点，节能减排实现市定目标。

围绕上述目标，重点抓好以下七个方面：

（一）加快产业集聚区建设，实现产业更强。围绕“产业优势集聚、财政贡献增加”的目标，强化项目带动，做大做强主导产业，推动产业发展实现强中显优。

家居产业显现集聚效应。坚持市场导向，扩大板材、实木、门业、沙发等生产规模，推动家居产业集群集聚发展。艺戈尔等3个在建项目投产达产，北京皇甫世佳等17个项目开工建设，晓月家具等20个项目签约落地；启动美松爱家家具生产性服务业综合体建设。同时，加大对本土家具企业的引导和支持力度，培育本地家具品牌。

食品产业名牌带动。发挥食用菌、辣椒、林果、畜产品资源优势，积极对接国内外龙头食品企业，名牌带动，倾力打造休闲食品产业园。年内春韵食品、三净食品等13个项目投产达效。

环保装备产业增速增效。坚持招大引强，促进环保装备产业向中高端智能制造发展迈进。上半年中石产业园二期等在建项目投产，北京万世明科技、为民机械制造等5个项目开工建设。

新兴产业加速培育。坚持培育和引进并重，积极发展新能源、新材料、生物医药等产业，形成清丰未来发展的战略支撑。

（二）加快推进“两城”建设，实现城市更靓。牢固树立“抓城市建设就是抓发展”的理念，立足建设生态宜居的濮阳市副中心城市，做水做绿做文化，推动城市发展靓中显特。

打造独具特色的县域中心城市。突出建管并重，着力做好完善功能、提升品位、精细管理三篇文章。完善功能。加快推进南水北调清丰供水工程和固城水厂建设，12月底前竣工；强力推进县城集中供暖工程，阳光花园等小区实现集中供暖，新增供暖面积40万平方米。17条城区道路修建、马颊河文化路桥拓宽项目10月底前竣工。开工建设县汽车客运总站，开通两条县城公交线路，结束县城区没有公交车的历史。提升品位。按照“一园一景、一路一景”

的原则，突出清丰历史文化元素，开工建设文体中心等3个公园，实施南环路等“十路两河”绿化工程。启动程园沟等5条沟渠综合治理，打造“一纵五横”六河绕城水系。水木清华等8个旧城片区改造年内全部完工，孙庄城中村改造安置房竣工，五眼井村5栋安置房达到入住条件，李家庄村改造安置房建设全部启动。精细管理。扎实开展城市精细管理集中整治行动，对县城区道路及公园游园绿化全部改造提升。加强城区“十乱”综合治理，狠抓小区物业规范化管理，巩固国家级“三城联创”成果，争创国家卫生县城。

建设濮清一体化亮点城镇。把马庄桥镇作为濮清一体化的亮点城镇，科学规划，大力发展高端养老、医疗、教育等现代服务业项目。申新泰富国际商贸城17栋商业楼12月底前全部竣工；濮阳国际医疗养老产业园、清丰骨科医院开工建设，扩建提升马庄桥镇初级中学；持续推进海容花园等商住小区建设。新修提升金濮路等5条道路，实施濮清快速通道镇区段西侧综合提升工程，打造宜居宜业“活力新城”。

加快推进以人为核心的城镇化。一是住房拉动。强力推进晓月路东片区、行知学校北片区、孙庄西片区综合开发，鼓励引导农村居民到县城居住。年内银河花都等5个在建商住小区竣工投用，冶都世外桃源等9个商住小区全部开工建设。二是教育医疗拉动。加大教育、医疗等基础设施建设力度，增强中心城区承载力、吸引力。县和义路小学、行知学校三期8月底前投用，开工建设县文化路初级中学、盛丰路幼儿园。县妇幼保健院等5家医院年内全部建成，中心医院医养中心、中医院门诊楼启动建设。三是产业拉动。加快推进产业集聚区企业投产达产，提供更多就业岗位，吸纳农民进城就业。

（三）加快转变农业农村发展方式，实现乡村更美。以农村产权制度改革为载体，加快农村土地流转，大力发展特色高效农业和休闲都市农业，千方百计增加农民收入，让农业农村发展富中显美。

提高粮食生产能力。持续推进高标准粮田“百千万”工程，确保粮食总产稳定在56万吨以上。加强农业基础设施建设，重点抓好土地整治项目二期、国家千亿斤粮食工程等农业基础设施项目。积极推广先进农业生产技术，提高农业生产机械化水平，提高单产、稳定总产。

调整农业产业结构。抓住市开州路北延、引黄入冀补淀工程、阳子国家级生态公园建设的重大机遇，以国家阳子现代农业示范区建设为载体，围绕市城区半小时生态农业生活圈，大力发展都市农业、体验农业，把清丰西部建成濮阳市的“后花园”。同时，积极抓好国道106、省道209和101线现代农业示范带建设。推进农村土地适度规模经营，全年新流转土地3万亩以上。

培育新型经营主体。扎实推进农村产权制度改革，基本完成农村土地承包经营权、宅基地使用权、集体建设用地使用权的确权颁证。积极培育种养大户、家庭农场、农民专业合作社和农业产业化龙头企业等新型经营主体。实施“互联网+现代农业”行动计划，提高农民在产业链、价值链中的利益分享。

加快建设美丽乡村。深入实施15个乡（镇）政府驻地综合提升工程，狠抓乡村环境卫生改善。重点抓好106国道绿化提升、单拐至东北庄绿化等管护工作，确保新植树木成活率在95%以上。深入推进“一把扫帚扫到底”工程，新建28座垃圾中转站，年内120个村实现生活垃圾统一收集、统一处理。对69个市级美丽乡村示范村进行综合提升，建设42个村民中心。重点抓好单拐、古城集、樊堡等美丽乡村建设。

（四）加快发展特色商业，实现服务业更活。积极顺应消费趋势，跟进消费热点，释放消费潜力和活力，让服务业发展活中显快。

大力发展商贸物流业。以旗舰型商业综合体为龙头，品牌引领，丰富业态，聚集人气。亿洲商务楼、小站风情项目6月底前竣工，北欧小镇20栋单体楼12月底前竣工，玉都贵园3栋商住楼年内主体完工。推动新天地商业广场、东方城市广场商业综合体项目。

大力发展文化旅游产业。充分挖掘清丰历史文化资源，规划建设历史文化传承区，增强文化软实力。重点抓好普照寺建设、老爷庙遗址开发、唐塔遗址考古及保护开发等项目；搞好单拐革命旧址保护、开发和宣传，促进红色旅游产业发展。

大力发展金融服务业。12月底前农信社改制达到组建标准；在全市率先设立中原证券清丰营业部，丰富金融业态。支持互联网金融、金融租赁业发展，完善金融体系，助推县域经济发展。

大力发展电子商务业。深入实施“互联网+”行动计划，提升完善电商产业园，围绕我县主导产业、特色产品，强力推进电商产业发展，确保年内入驻阿里巴巴、诚信通等电商30家以上。

（五）加快厚植发展优势，实现后劲更足。充分发挥资源区位优势，抢抓机遇，主动对接，实施一批重大基础设施项目，拉动投资，增添后劲。

完善综合交通体系。积极做好通用机场项目开工前的准备工作。加快干线公路建设，投资7000万元实施G341阳邵至南乐段公路升级工程；投资1663万元新修农村公路24.9公里，完成农村公路建设“最后一公里”。启动县城至单拐的快速通道建设；谋划市开州路北延至县城工程，打造第二条濮清快速通道。

提升产业集聚区承载能力。新修人民路东延等5条道路，完善区内路网。强力推进家居、食品产业孵化园建设，年内新建标准化厂房16.5万平方米。110千伏孟德输变电站、县特勤消防站项目10月底前竣工投用。实施高学历人才引进工程，强化职业技术培训，打造一支高素质人才队伍，为清丰经济社会发展提供人才保障和智力支持。

大力发展新能源产业。实施中广核风电、北京宣力风力发电、北京润清风电场项目。持续推进“气化清丰”项目，年底前400个行政村通天然气。统筹抓好220千伏清丰东输变电工程和110千伏仙庄、马庄桥输变电工程及农网配网改造升级项目，提高用电保障能力。

（六）加快推进改革开放，实现发展空间更广。围绕供给侧结构性改革，突出问题导向，扭住关键，精准发力，以改革的思维和手段破解瓶颈、激发活力、推动发展、造福百姓。

深化行政财税体制改革。加大简政放权力度，加强事中事后监管。落实营改增扩围等税费改革政策，推进国税、地税征管体制综合改革。深化医药卫生体制改革，统筹推进教育、科技、环境保护等领域改革。

深化投融资体制改革。强化政府投融资平台建设，提高投融资能力，吸引社会资本参与基础设施和公共服务项目建设。充分发挥助保贷、过桥资金作用，破解企业融资难题。做好国家专项建设基金和国家专项债券的申报争取工作。强化银政银企合作，年内新增银行贷款5亿元以上。

深化开放招商工作。扩大招商队伍，突出招商重点，明确招商方向，实施精准招商，要在全县进一步营造浓厚招商氛围。在抓好家居、食品、环保装备产业招商的同时，要在现代物流、金融、文化旅游、信息服务、健康养老、商贸服务、都市农业等领域有新突破。

（七）加快发展社会事业，实现民生更实。以保障改善民生为重点，持续增加基本民生支出，完善基本公共服务，让民生事业发展实中显广，让全县人民在发展过程中享受发展成果。

打好脱贫攻坚战。按照“精准扶贫、精准脱贫”的要求，坚持“转、扶、保、救、教”五措并举，突出转移就业和产业扶贫，年内完成6个村整村推进项目，对19个贫困村实施到户增收产业扶贫，实现稳定脱贫11487人。

强化基本民生保障。实施全民技能振兴工程，支持以创业带动就业，动态消除“零就业家庭”，年内城镇新增就业8000人，农村劳动力转移就业14万人次。推进机关事业单位养老保险制度改革，建立统一的城乡居民基本医疗保险制度，全面实施城镇居民大病保险，加快社会保障一卡通应用。认真做好城乡低保、农村五保等弱势群体的优抚救助工作。年内民政福利中心投用，康复医院养老中心主体竣工，清丰城北中心敬老院启动建设。建成各类保障性住房1492套。

统筹发展社会事业。推动义务教育均衡发展。完成马村乡初级中学、仙庄镇马庄小学等43个农村中小学校建设项目。实施“健康清丰”工程，完成2家乡（镇）卫生院、50所标准化村卫生室建设。实施二孩生育政策，提高生殖健康、妇幼保健等公共服务水平。扎实开展全民健身活动和群众性精神文明创建活动，实施文化惠民工程，健全公共文化服务体系。

加强和创新社会管理。落实属地管理责任和监管部门责任，积极防范和化解各类风险隐患。加强安全生产和食品药品安全监管，坚决遏制重特大事故发生。落实最严格的环境保护制度，加大大气污染治理力度，实施蓝天碧水、乡村清洁工程。完善社会信用体系，打造诚信清丰。加强对农村留守儿童和妇女、老人的关爱服务。强化应急管理和社会治安综合治理，依法惩治违法犯罪行为，深入推进平安清丰建设。改进信访、人民调解工作，有效化解矛盾纠纷，确保社会大局和谐稳定。

同时，继续加强国防教育和国防后备力量建设，深入开展双拥共建，巩固军政军民团结。支持工会、共青团、妇联、统战、信访、民族宗教、统计、支油、人防、广播电视、史志编纂、防震减灾、气象测报等开展工作。

四、加强政府自身建设

面对异常艰巨复杂的赶超发展任务，我们要深入贯彻落实新的发展理念，统筹推进服务型政府和法治政府、廉洁政府建设，不断提高施政能力和服务水平。

坚持依法履职。严格遵守宪法和法律，健全依法决策机制，做到法定职责必须为，法无授权不可为。加强行政执法监督，促进规范公正文明执法；启动“七五”普法工作。严格执行县人大及其常委会的决议、决定，自觉接受人大监督、政协监督、社会监督和舆论监督，让行政权力在法治轨道和阳光下运行。

坚持勤勉履职。积极践行“三严三实”，恪尽职守、主动作为，提高政府执行力和公信力。加快转变政府职能，推行权责清单制度并实行动态管理。深入推进政务公开，及时回应社会关切。开展“懒政怠政为官不为”问责活动，聚焦监督执纪问责。健全并严格执行工作责任制，确保各项政策和任务落到实处。

坚持廉洁履职。坚持纪严于法、纪在法前，严明政治纪律和政治规矩，履行廉政主体责任和“一岗双责”，认真执行中央八项规定。加强行政监察，推进审计全覆盖。推动党风廉政建设向基层延伸，坚决纠正侵害群众利益的不正之风，以反腐倡廉实效保障发展、取信于民！

各位代表！

当前的清丰，团结和谐干事、风清气正劲足。全县上下要在县委的坚强领导下，以更强的家园意识和责任意识，务实重干、奋力争先，为实现“十三五”精彩开局、为加快建设富裕和谐美丽新清丰而努力奋斗！

"一创双优"活动

在全县"一创双优"集中活动动员大会上的讲话

（2015年10月9日）

县人民政府县长　冯向军

同志们：

今天这次会议的主要内容是，动员全县上下坚持以"一创双优"集中活动为动力，结合"三严三实"专题教育，认真贯彻落实省委"三准三专三聚三提"和市委"保持态势、创新优势、转型升级、赶超发展"的总要求，突出"三个一批"，做到"三个着力"，实现"三个确保"，努力推动清丰新一轮赶超发展。稍后，鲁书记还要作重要讲话，我们要深刻领会，抓好落实。下面，按照会议安排，我讲几点意见。

今年以来，面对复杂严峻的经济形势，全县上下在县委县政府的正确领导下，以推进"三化"协调发展为中心，以开放招商和项目建设为抓手，务实重干，奋勇争先，经济社会持续快速健康发展。上半年，全县GDP完成88.3亿元，增长10.2%；城镇居民人均可支配收入10082元，增长8.1%；农民人均现金收入4142元，增长10.1%。1至8月，500万元以上固定资产投资完成118.7亿元，增长2.6%；社会消费品零售总额完成43.5亿元，增长12.6%；规模以上工业增加值71.16亿元，增长14.2%；全县公共财政预算收入完成3.84亿元，增长5.71%；全县金融机构存贷比达36.2%。在全市两次综合考评中，县产业集聚区、重点项目建设、开放招商等工作荣登英雄榜，两次均为最高奖，共获奖金60万元。

成绩值得肯定，但完成全年目标，实现赶超发展任务艰巨。一是完成全年目标任务的压力较大。受宏观经济环境影响，元至8月，我县规模以上工业增加值、固定资产投资、公共财政预算收入等指标增速尽管有了增长，但与年初目标差距较大；虽然绝对值仍处于靠前位置，但增幅较小，次序下滑，完成全年目标任务，困难重重，压力很大。二是经济运行仍然存在一些突出问题。工业经济增长支撑不够、投资增长后劲不足、三产发展滞后、财政收支矛盾加大等。对这些问题，县委、县政府多次召开专题推进会议进行了分析研究，提出了针对性措施和解决办法，关键要落实到位。

形势越是复杂严峻，任务越是艰巨繁重，就越要保持清醒头脑，坚定必胜信心，焕发昂扬斗志，攻坚克难，积极应对，务求突破。现在离年底只有两个多月，时间十分紧迫。各乡（镇）、各部门要切实增强责任感和紧迫感，把稳增长保态势作为全局工作的突出任务，紧盯目标，盘点台账，重点突破，统筹推进，突出"三个一批"，做到"三个着力"，实现"三个确保"，牢牢把握科学发展、赶超发展的主动权。下一步，要突出抓好以下六个方面的重点工作：

一、抓好经济运行保增长

一要全力扩大投资。第一，要加快推进项目建设。抓住当前项目施工黄金期，加强组织调度，按照攻坚一批、启动一批、提速一批重大项目动员会要求，严格时间节点，加快工程施工进度，形成新的施工高潮。第四季度全县集中开工项目28个。第二，要推进实施PPP项目。县文体中心、县固城水厂、县污水处理厂提升、县汽车站迁建、马庄桥镇综合学校5个项目，要积极对接，加紧和项目投资方沟通洽谈，加快项目推进，争取早日开工，形成有效投资。第三，要抓好城建及房地产投资。抓好南水北调供水配套工程建设。今冬冶都中央公园、人民路沿线部分单位实现集中供热。加快推进银河花都等14个商住小区，水木清华等12个旧城片区改造，孙庄、李家庄、五眼井等6个城中村改造项目。第四，要积极争取上级支持。县发改、财政等部门要认真做好项目筛选、申报工作，积极争取申请项目资金。同时，各有关部门要切实抓好项目入库工作。

二要抓好企业服务。创新服务举措，强化产销、银企、用工、产学研“四项对接”。要对全县重点企业进行摸底排查，制定针对性帮扶措施。要积极开展产销对接活动，拓宽市场，扩大销售额，帮助生产困难企业渡过难关。要坚持县级干部分包重点企业和项目机制，及时帮助协调解决企业生产经营或项目建设中的困难和问题。对于市场行情好的企业要抓好要素保障，确保满负荷生产。要建立企业融资需求台账，充分发挥“助保贷”“过桥资金”支持中小企业发展作用，搞好银企对接，防止资金链断裂，促进企业正常生产经营。

三要着力促进消费。落实好国家、省和我市促进房地产市场健康发展的系列政策措施，继续抓好住房销售工作，落实契税、住房公积金优惠政策，充分发挥金融机构对个人住房消费的助购作用，鼓励住房消费。大力实施大型商业综合体项目，积极发展“互联网+”项目，推进“万村千乡”市场工程建设，保障城乡居民购物需求，扩大消费。借力濮阳城乡一体化示范区建设，沿106国道、101省道、濮清快速通道、开州路和阳子现代农业示范区，大力发展现代高效农业、休闲观光农业和现代都市农业，吸引投资，拉动消费。依托地热等资源优势大力发展养老服务业。要大力整顿市场秩序，加强诚信体系建设，严厉打击制售假冒伪劣商品行为，着力营造安全、放心的消费环境，提高群众消费信心。

二、抓好产业集聚区和特色商业区建设

一是产业集聚区建设方面。要进一步优化产业空间布局，加快区内生产性和生活性服务项目建设，提升综合承载能力。重点抓好综合服务平台建设，年内河南省家具检测中心、企业服务中心竣工投用，加快推进110千伏孟德输变电站项目建设。三净食品、慷达食品、华硕食品、业丰食品、物华食品、东源家具等项目11月底前开工建设；中石集团、中坤电器、晟达建安、春韵食品、平原食品等一批项目年底前投产。二是特色商业区建设方面。加快特色商业区规划建设步伐，进一步完善区内基础设施。围绕我县特色商业区产业定位、发展目标和发展重点，着力引进一批大型商贸公司、专业商场公司、连锁巨头、休闲娱乐巨商等企业入驻清丰，着力打造豫北最具竞争力、潜力和活力的特色商业综合体，引领和带动我县商贸业转型升级、竞相发展。当前，要重点推进亿洲乐活城市广场二期、图书大厦及电子商务产业园等项目建设。最近，省委、省政府重新修订了《河南省产业集聚区考核评价办法》和服务业考核办法。年底，省、市将组织开展产业集聚区和商业区“两区”建设观摩点评活动。发改委、产业集聚区、商务局等有关部门要认真研究新的考核评价机制，按照目标任务和考核条件，扎实推进产业集聚区和特色商业区建设，全面展示我县工作成效。

三、抓好经济增长点培育

一要大力发展现代服务业。各领导小组、各有关部门要按照8月全县服务业大会的统一部署，对现代物流、金融、文化旅游、信息服务、健康养老、商贸服务、都市农业等七大领域，按照年度目标，梳理工作台账，加大工作力度，切实推进现代服务业快速发展。对在建项目，要强化督导，力促尽快建成投用。对具备开工条件的项目，要做好服务，创造环境，督促其要尽快开工；对已开工建设的要搞好对接服务，确保项目顺利推进。当前，要重点抓好特色风情商业街、东方城市广场、玉都贵园、县文体中心、小火车站旧址综合开发、润清风电、濮阳国际医疗中心等项目。

二要积极发展电子商务等新业态。要积极实施“互联网+”行动计划，制定好我县《关于加快电子商务发展的实施意见》。要围绕“工业品下乡、农产品进城”的目标，大力发展“互联网+”项目。加快推进清丰县电子产业园、新华书店“云书网”建设，实现线上订单、线下配送新模式。充分发挥“邮乐网”及“邮掌柜”系统，推进县、乡、村网上代购服务。积极抓好各项政策落实，加大土地、税收、金融、工商等方面的扶持力度，打造良好的产业生态。

三要着力培育新兴产业。按照集群引进和自主创新双轮驱动的思路，结合我县资源优势和三大产业基础，重点发展新能源、高端装备制造、节能环保等产业，通过实施集群招商、产业链招商，形成专业配套、特色突出的新兴产业集群。鼓励企业加强自主创新，支持企业建立工程技术研究中心和重点实验室，以技术创新提升产业发展层次。

四、抓好开放招商和改革创新

一要持续开放招商良好态势。各产业招商小组要再接再厉，乘势而上，切实负起责任，加大招商引资工作力度，确保完成全年目标任务。家居产业招商方面，22支专业招商小分队要发扬锲而不舍、连续作战的工作作风，继续实施精准招商、驻地招商。尤其是对在谈的100多家家具企业项目，要盯紧不放，持续对接，确保年底前签约落地一批项目。食品产业招商方面，重点是对在建项目的协调服务，要创造条件快速推进，按台账要求完成形象进度。同时，要确保完成全年至少招引一家名牌食品企业的任务。环保装备产业招商，要加快在谈项目的推进进度，确保10月底前签约3家企业。

二要推进重点领域改革。加快投融资体制改革，依托政府性资源，创新投融资体制，增强投融资能力。深化行政审批制度改革，进一步简政放权，提高我县行政审批效能。落实户籍制度、公共服务、社会保障等政策，加快推进农村土地承包经营权、宅基地使用权确权登记颁证，有序推进农村人口转移，充分释放新型城镇化拉动内需潜力。

三要实施创新驱动。优化发展环境，出台扶持政策，扶持高新技术企业做大做强；鼓励支持本土知名企业创建国家、省级、市级研发中心、重点实验室、企业技术中心等，壮大高新技术产业规模。家居企业要积极对接南京林业大学，食品企业要对接河南农业大学，成立产学研发中心，年底前挂牌运行。在招商引资工作中注重对高新技术产业企业的引进，提高我县高新技术产业的比重。

五、抓好民生工程实施

对于重点民生工程，要对照台账进行盘点，细化明确责任，确保圆满完成工作任务，兑现承诺，向全县人民交一份满意答卷。这里，我重点强调以下几项工作。

一要加快教育卫生项目建设。加快推进幸福路小学、第二初级中学学校建设，完成12所中小学校校安工程，创建标准化中小学校25所。加快推进县人民医院、县妇幼保健院等项目建设；新开工建设50所标准化村卫生室和马村乡、柳格镇两所乡（镇）卫生院，进一步提高全县医疗诊疗水平。

二要实施好保障性安居工程。对于已建成

的公租房，要切实做好分配工作；对于在建保障性住房项目，要按照既定目标和时间节点扎实推进，确保完成年度计划任务。

三要做好食品安全、安全生产工作。强化食品药品安全监管，落实生产经营者主体责任，严惩各类食品安全违法行为。开展安全生产隐患专项整治行动，强化安全生产监管，坚决遏制重特大事故发生。

四要加快推进扶贫开发工作。积极落实各项扶贫政策，按照“转、扶、保、救”四项工作要求，统筹协调，突出重点，扎实推进全县扶贫开发工作，促进贫困人口精准脱贫。年内完成减贫任务4680人。同时，倾听社情民意，回应群众关切，着力解决涉及群众切身利益的具体问题。切实抓好平安清丰建设，确保社会大局和谐稳定。

六、抓好明年工作谋划和“十三五”规划编制

我们要立足当前、着眼长远，科学谋划明年工作，编制好“十三五”规划，着力谋划推进一批事关全局的大事、要事和重大项目。工作中要切实把握好以下几点：

一要围绕提升产业层次进行谋划。研究吃透国家产业政策，把握产业规律，立足产业禀赋和产业定位，突出战略性新兴产业和现代服务业，谋划储备包装一批优质项目，促进产业升级。

二要围绕增创发展优势进行谋划。着力将区位特点转化为区位优势，将资源汇聚优势转化为产业优势，将城市品牌优势转化为区域竞争优势，谋划推进高铁、高速、能源资源物流交易、总部经济、优势产业基地等一批重大基础设施和产业项目，集聚发展新动能，强化战略支撑点。

三要围绕建设区域性中心城市进行谋划。完善城市服务功能，在城市地下综合管廊、绿系水系、垃圾处理等方面谋划推进一批项目，切实增强城市承载能力；提升城市辐射力，在商贸物流、教育培训、体育产业、生态休闲、文化旅游、健康养老等领域谋划一批项目，提升城市品位。

四要围绕改善保障民生进行谋划。在抓好今年重点民生工程的同时，着力谋划实施一批民生项目，使全县人民群众有更多的获得感。各乡（镇）、各有关部门在做好项目谋划的同时，要着力做好项目包装工作，注重加强与国家、省、市有关部门的沟通对接，争取更多项目纳入国家、省、市计划盘子，赢得更多政策和资金支持。对于落地项目，要着力抓好前期手续办理，为明年一季度项目集中开工奠定基础。

同志们，“一创双优”集中活动再一次吹响了务实重干、奋力赶超的号角。全县上下要按照县委的统一部署，进一步振奋精神、克难攻坚、加压奋进，为加快建设富裕和谐美丽新清丰作出新的更大的贡献！

全县2015年度“一创双优”集中活动实施方案

为推动清丰新一轮科学发展、赶超发展，落实好市委2015年度“一创双优”集中活动实施方案要求，县委决定在全县范围内开展“一创双优”集中活动，结合我县实际，特制定本方案。

一、总体要求

以习近平总书记系列重要讲话精神为指导，紧密结合“三严三实”专题教育活动，认真贯彻落实省委“三准三专三聚三提”、市委“保持态势、创新优势、转型升级、赶超发展”和县委“稳中求进、持续赶超、科学发展”总要求，以推进“三化”协调发展为中心，以开放招商和项目建设为抓手，突出“三个着力”，强力推进“两城两区”建设，做到产业更强、城市更靓、乡村更美、民生更实，顺应新常态，培植新亮点，实现新跨越，努力实现“三个确保”。

二、时间安排

本次集中活动从今天开始，至2016年1月20日结束。整个活动不划分阶段，围绕梳理出的突出问题，制定对策方案，进行强力攻坚，以解决问题推动重点工作任务落实，确保活动取得实效。

三、目标任务

（一）突出“三个着力”

1. 创新服务举措，着力推动企业经营和效益取得新成效。解决项目在建设过程中恶意阻工等周边社会环境问题；帮助企业解决融资难等问题；支持和扶持民营企业、中小微企业发展，培植发展潜力，增强经营活力，提升经济效益。

2. 提高行政效率，着力推动项目建设和招商引资取得新进展。解决企业在建设用地、安评、环评、开工许可等行政审批过程中政务环境问题；选择一批影响清丰经济社会发展全局、事关稳增长保态势的落地难、推进慢项目，查找根源，因企施策，促开工、督进度、见成效，以点带面，重点突破，推动项目落地见效。

3. 提升干部精气神，着力使干部懒政怠政问题得到有效遏制。当前在一些干部身上仍存在出工不出力、不担当、不敬业，推诿扯皮，服务效率低等现象。结合重点项目推进，发现纠正一批干部的懒政怠政问题，扭转广大干部为官不为、为官不易的思想误区。加大督查力度，着力解决懒政怠政问题，严厉查处，绝不手软，绝不姑息，回应群众关切，提升群众满意度。

（二）实现“三个确保”

1. 确保年度赶超目标圆满完成。在全市经济社会发展目标考核评价、项目英雄榜评比、产业集聚区观摩评比中保持先进位次；全县各项经济社会发展指标增速在全市位次前移。

2. 确保高标准谋划明年工作、编制好“十三五”规划。谋划推进一批事关我县发展的大事要事，确保2016年纳入省重点项目的数量、投资规模继续保持在全市前列。准确把握发展趋势，立足清丰实际，强化项目支撑，科学编制“十三五”规划，指导全县经济社会发展。

3. 确保重点项目建设顺利推进。把省市县重点项目和“三个一批”攻坚项目分类建立台账，重点督导推进，对个别项目实行挂牌，确保重点项目建设取得新突破。

四、工作内容

（一）加强学习教育，炒热“大干”思想

组织党员干部集中学习党的十八大以来，特

别是十八届三中、四中全会提出的新理论、新方针、新政策、新要求，学习省委、省政府和市委、市政府和县委主要领导讲话精神，引导广大党员干部认识新常态、把握新常态、引领新常态，认清发展形势，提振发展信心，在全县形成“早干、快干、多干”“干实、干好、干出效果”的浓厚氛围。采取举办李万升、孟瑞鹏事迹报告会、邀请专家学者讲课、创业典型现身说法等形式，开展“讲、问、查、比”活动。“讲”，每名党员干部谈体会、讲收获、论发展、表决心。“问”，围绕“是否具有担当精神”，开展系列自问自省活动。“查”，围绕“是否能担当、敢创新”，查找自身存在的问题和差距，切实抓好整改提升。“比”，在乡（镇）之间、单位之间、科室之间、岗位之间开展比担当、比敬业、比创新、比服务系列活动，树立工作标杆，提升工作标准，把各项工作做到极致，争先创优，晋位升级。在县广播电视台、清丰网开辟“炒热干群思想、奋力赶超发展”专栏，结合组织开展“汇聚新优势、应对新常态、促进新发展”大讨论活动，大力宣传在“一创双优”活动中涌现出的敬业典型和创业先锋，报道他们的先进事迹，弘扬社会正能量，为赶超发展提供强大精神动力。利用县广播电视台、清丰网等主流新闻媒体，曝光“不作为、乱作为、吃拿卡要”和“三强四霸”违纪人员，为全县营造良好发展环境。组织党员干部和职工深入学习《“一创双优”集中活动学习手册》，促进党员干部全面、系统、深入了解掌握党和国家的方针政策，抓好各项工作措施落实。

（二）改进工作作风，优化政务环境

1. 切实优化干部作风，破解懒政怠政难题。探索建立“法有规定必须为”的责任清单，明确责任主体，强化责任意识，督促党员干部尽心尽力履职尽责。扎实开展懒政怠政为官不为问题专项治理活动，切实解决服务企业发展、推进重点项目建设过程中的“重审批、轻管理，重处罚、轻监管”等问题，解决处理涉及群众切身利益具体问题过程中的“踢皮球”“中梗阻”等问题，解决不敢担当、不善创新、“不想为、不敢为、不会为”问题，建立健全懒政怠政、为官不为问题的追究问责机制。创新行政管理方式，加强市场监管，依法规范企业、社会组织和个人的行为，维护市场经济运行秩序，保障各类市场主体合法权益，提升政府公信力、执行力和权威性。

2. 提高行政审批效率，破解手续办理难题。探索建立“法无授权不可为”的权力清单，进一步清理规范行政审批事项、前置条件，把该放的权力放到位。强化服务意识，优化审批流程，实行联审联批，压缩审批环节，缩短审批时限，提升行政效率，实现所有事项网上集中管理和“一站式”办理。全面推行“网上审批”，提升网上审批服务平台，充分运用电子和网络等科技手段，提升服务和管理水平，改善政务环境。

3. 支持民营经济发展，破解市场准入难题。探索建立“法无禁止皆可为”的负面清单，清除投资壁垒，降低市场准入门槛，真正消除对民营企业的歧视、偏见。落实促进中小微企业发展和民间投资鼓励政策，推动公共基础设施、金融、环保、教育、卫生等领域向民间资本开放。加大对中小微企业扶持力度，制定切实可行的扶持政策，在证照办理、信贷资金、财政扶持、税收优惠、建立应急互助基金等方面给予帮助和扶持；推进中小微企业产品平等进入政府采购领域，提高政府采购中小微企业产品的份额比重。引导民营企业练好内功，完善内部治理结构，提高员工素质，加快自主创新和技术进步，提高产品和服务质量，增强市场竞争力。加快推进农村产权制度改革，建好投用县乡两级的产权交易场所和网络交易平台，扩大产权抵押贷款规模，促进资产向资本转化，拓展民营经济发展空间和领域。

（三）依法治理周边环境，严厉打击违法行为

1. 排查化解影响重点项目建设、企业发展环境突出问题。重点排查化解项目建设涉及土地征用、房屋拆迁引发的矛盾和问题，项目建设过程中的矛盾纠纷，企业生产经营与周边群众产生的矛盾和问题，切实做到早预见、早发现、早预防、早处理，及时消除影响项目建设、企业经营的不利因素。

2. 严厉打击危害重点项目、企业生产经营秩序的违法犯罪活动。严厉打击强揽工程、强装强卸、强拉强运、强买强卖以及寻衅滋事、封门堵路、阻碍施工、敲诈勒索等违法犯罪行为，为害一方、作恶多端的地痞、村霸和黑恶势力，危害客商或企业经营者人身、财产安全的违法犯罪行为，盗窃企业资产、哄抢企业财物、破坏企业生产设备等违法犯罪活动。

3. 依法处理城市发展和重点项目建设过程中的私搭乱建、乱栽乱种行为。依法处理城区已征土地、新修道路两侧、城中村内未经规划部门审批许可和城市管理部门备案的违法建筑；严重影响市容环境的违规建筑、到期的临时建筑和改变原批准使用性质的建筑；在拟征、待征的群众现有承包土地上出现的乱栽乱种现象；恶意改变土地用途，随意增加地面附着物，以此索取不合理收入、谋取不正当利益的单位和个人。

（四）帮助企业融资，解决企业难题

1. 加大企业信贷支持力度。加强银企沟通联系，强化金融机构服务本地企业的理念，加大信贷力度，提高存贷比。引导金融机构深入企业调查，摸清企业家底，搞好金融营销。鼓励金融机构用足用活国家信贷政策，提高审批效率，扩大贷款规模，做到不惜贷、不压贷、不抽贷，切实帮助企业走出困境，实现银企“双赢”。组织金融机构举办企业金融知识培训班，让企业了解金融政策，掌握金融知识，不断提高融资能力。

2. 加强信用环境建设。大力推进企业信用评级制度，督促企业加强内部财务制度管理，规范经营，依法经营，提升信誉度。强化信用保障效力，建立完善信用档案，加强授权与授信分级额度管理。加强政府与社会联合制裁，惩罚失信行为，打击恶意逃废债务行为。加大金融债权案件执行力度，集中清收盘活一批不良贷款。建立金融贷款协调机制，督促政府有关部门及时办理企业有关手续，为银行授信创造条件，着力解决“企业贷款难、银行难贷款”问题。

3. 拓宽企业融资渠道。积极争取技术改造项目资金、中小微企业发展扶持资金等各种政策性专项扶持资金，落实企业发展奖励政策，缓解企业资金困难。发挥“助保贷”“过桥资金”作用，放大资金效应，解决企业短期应急资金等问题。强化上市后备企业培育，助推企业直接上市融资。

（五）推进重点项目建设，狠抓招商项目落地

1. 推进重点项目建设。对照全年建设目标任务，重排项目建设节点，倒排工期，加压推进。充分利用秋收土地腾空时机，集中开工 10 个项目。强化服务协调，特别是加强对省重点项目的协调服务工作，有针对性地对全县项目分类施策，对启动类项目、提速类项目、攻坚类项目建设情况进行严格督导、考核、奖惩，确保启动类项目尽早开工，提速类项目快速推进，攻坚类项目有效突破。抓好产业集聚区建设，突出主导产业，推动集群发展。同步完善基础设施配套建设，提升服务功能，促进集约发展，推动产城互动发展。

2. 狠抓招商引资项目落地。围绕年度招商引资目标，强化招商引资台账管理，确保按时间节点完成任务。重点考核赴北京及周边地区集中招商情况，严格考核奖惩。狠抓项目落地，按照“谁签约、谁负责、谁跟踪”的原则，逐个建立项目台账，强化督导督查，主动靠前服务，优化环境，提高效率，全力为项目开工建设提供要素保障，确保签约项目尽快落地。

3. 继续推进三项重点工作。继续推进“学校建设、保障性住房建设、农村改革”等三项重点工作，围绕工作台账，紧盯时间节点，确保完成年度目标任务。小学、初中新生抓紧完善学籍档案；加快概算投资1500万元的幸福路小学8800平方米综合楼建设；概算投资2200万元的第二初级中学学生餐厅和宿舍楼建设；概算投资2363万元的农村中小学16148平方米教学楼、餐厅和周转房建设；概算投资1073万元的农村6248平方米幼儿园建设和概算投资2281万元的农村薄弱学校改造等项目。城关镇孙庄村棚户区项目今年新建单体楼2栋125户，新建建筑面积13750平方米，完成投资3400万元；柳格镇五眼井村棚户区项目新建单体楼2栋200户，新建建筑面积2.3万平方米，完成投资3000万元。农村承包土地确权登记颁证工作，12月底前，完成47万亩确权登记颁证任务；农村集体建设用地使用权及宅基地使用权确权登记发证工作，年底前全部完成任务。农村金融改革工作，年底前，加快对接引进一家村镇银行，完成设立规划批复。

（六）解决信访问题，促进和谐稳定

1. 切实解决涉及群众利益的具体问题。县“一创双优”办公室、县委县政府督查局、县信访局要进一步畅通信访渠道，构建工作网络，受理信访群众反映的涉及利益的具体问题。要加强县乡两级领导定期接访制度，乡（镇）党委书记或乡（镇）长每周至少一天接访，其他工作日安排其他科级干部接访。县级领导接访加大解决问题力度，能现场解决的现场解决，不能现场解决的要落实专人进行跟踪处理。要继续实行领导包案责任制，重点案件由包乡县领导包案，责任单位主要领导要分包信访案件。要坚持矛盾纠纷排查化解制度，乡（镇）每半月、县直单位每月开展一次矛盾纠纷排查活动，县委群工部（信访局）每月召开信访工作例会，对重点矛盾纠纷进行集中研判。要加强驻京值班工作，对发生赴京上访的做到随接随返，确保北京不发生来自清丰的干扰。

2. 切实维护社会和谐稳定。按照“属地管理、分级负责，谁主管、谁负责，谁包乡（镇）、谁负责”的原则，集中交办一批疑难信访案件，加强督查督办，确保“诉求合理的解决问题到位、诉求无理的思想教育到位、生活困难的帮扶救助到位、行为违法的依法处理”。认真开展行业系统信访突出问题专项治理，加大非法集资、房产物业、劳动社保、土地征用等重点领域信访突出问题的治理力度，尽快改变这些领域信访问题多发高发的被动局面。

（七）抓好经济运行，完成或超额完成全年目标任务

抓好促进经济平稳健康发展30条、稳增长保态势27个重大专项等政策措施的贯彻落实，密切关注国家政策导向和市场变化，加强监测分析，做好企业服务，强化要素保障，及时发现、解决苗头性、倾向性问题，努力保障经济平稳健康运行，力争主要经济指标增速位次前移。各乡（镇）、各职能部门要对照工作台账，全力抓好全年各项经济社会指标的落实。对难以完成的，要深入分析原因，研究对策，倒排工期，加压紧逼，快速推进。对难度大、推进慢、影响年度目标实现的重大事项，实行挂牌推进、强力攻坚，确保全面完成全年赶超目标。

（八）搞好明年各项工作和“十三五”规划的谋划编制

1. 高标准谋划明年各项工作。各乡（镇）和承担市、县重点工作的部门要围绕重点工作、重点项目进行高标准谋划。要组织系统分析评价，对各乡（镇）、县直有关单位谋划的2016年度的主要目标和重点工作进行对比讨论。没有体现赶超要求的，要重新制定。

2. 高起点编制“十三五”规划。全面总结“十二五”经济社会发展成绩，精准分析今后五年清丰面临的形势，科学提出“十三五”发展思路、目标和主要任务，编制好《清丰县经济和社会发展第十三个五年规划纲要》。积极

融入国家“一带一路”战略，加强与国家、省、市“十三五”规划的对接，力争更多事关清丰全局的重大事项和重大项目纳入国家、省、市“十三五”规划。

五、保障措施

（一）加强组织领导，强化责任落实

县“一创双优”活动领导小组要切实加强对“一创双优”集中活动的领导。领导小组成员单位要各负其责、各尽其职，做好相关工作。县“一创双优”活动办公室要充分发挥好参谋助手作用，搞好整体谋划、统筹协调、督导检查，提高工作效率。各级各单位一把手要负总责，亲自抓，分管领导要具体抓，建立组织，强化措施，夯实责任，全力抓好各项工作任务的落实。

（二）搞好任务分解，建好工作台账

县“一创双优”活动办公室、县委督导领导小组办公室要对各项工作任务进行细化分解，建立工作台账，明确责任单位、责任人和时间节点，加强对项目的跟踪督查，确保各项工作顺利推进。各级各有关单位要根据本方案要求，紧密结合各自实际，认真梳理问题，研究制定本地本单位《“一创双优”集中活动实施方案》，逐项工作建立台账，细化到科室、量化到人，落实责任，明确时限，实行“时间倒排、任务倒逼、责任倒追”，盯人、盯事、盯结果并举，抢时间、赶进度，抓落实、求突破，确保各项工作取得实效。

（三）采取超常措施，精心组织实施

县“一创双优”活动办公室、县委组织部、县委督导领导小组办公室对各项工作任务要抓住不放、盯紧盯死，建立健全工作例会、信息通报、指挥部推进等工作制度，及时通报各项工作进展情况。特别是对难度大、进展慢、问题多的项目，要挂牌督办、重点突破。各级各单位也要采取强有力措施，综合运用早餐会、晚餐会和各种督导机制，加大工作力度，把重点工作抓紧抓好，抓出成效。

（四）搞好督促指导，严格效能问责

县委督导领导小组办公室和县派督导组要明确分工，相互协作，形成强大督导合力。县委督导领导小组办公室和县派督导组要为县委、县“一创双优”活动领导小组当好参谋助手，当好宣传员、信息员、督查员，深入了解工作情况，掌握工作进度，把握活动质量，对在督导中发现的问题，要认真督办；县委督导领导小组办公室和县派督导组督办仍难以解决的，交“一创双优”办公室挂牌督办；经挂牌督办还不能解决的，上交县委研究处理。通过这次活动，对思想不重视、开展活动不力、推进工作成效不明显或不敢担当、为官不为以及不作为、乱作为的单位主要领导和相关责任人，发现一批、处理一批、曝光一批懒政怠政的负面典型，以儆效尤。

（五）狠抓舆论宣传，营造浓厚氛围

县委宣传部要组织精干力量，撰写系列评论文章；要针对重点工作任务，组织电视、广播、网络等新闻媒体开辟专题专栏，大力宣传“一创双优”集中活动，营造声势，炒热思想，努力形成推进新一轮赶超发展的良好舆论氛围。要注重宣传工作创新，加强对外宣传，多作深度报道，多出重头精品，进一步树立清丰良好形象。

（六）认真总结考核，严格奖惩兑现

各级各单位要认真总结挖掘“一创双优”集中活动中好的工作做法、典型经验，为下一步活动开展提供有益借鉴。要制定“一创双优”集中活动考核办法，对各级各单位开展活动情况进行考核，考核结果与全县年度综合考评挂钩，与干部任用、评先评优挂钩，对实绩突出的单位和个人，进行表彰奖励；对活动组织不力、工作不到位、目标完不成的进行责任追究，问题突出的进行组织处理和纪律处分。

全县2015年度“一创双优”集中活动督导工作方案

为切实搞好督导工作，确保“一创双优”集中活动取得实效，按照县委《全县2015年度“一创双优”集中活动实施方案》（清发〔2015〕4号）要求，特制定本方案。

一、目的和意义

督导工作是促进决策落实的重要手段，是强化决策执行、推动作风转变、提高工作效率、确保政令畅通的重要工作环节和工作方法。通过派驻督导组，加强对“一创双优”集中活动各项工作的监督、检查、指导和评估，可以有效推动解决影响赶超发展的突出问题，推动重点项目建设和招商引资取得新进展，推动解决涉及群众利益的具体问题，发现纠正解决干部懒政怠政问题，扭转广大干部为官不为、为官不易的思想误区，确保“一创双优”集中活动取得扎实成效。

二、时间和范围

本次督导自今天开始启动，至2016年1月20日结束。

县派督导组督导的范围：各乡（镇）、县直各单位。

三、内容和任务

围绕突出“三个着力”，实现“三个确保”等重点工作、目标任务和工作要求，明确督导任务。

（一）落实动员大会精神

督导各乡（镇）、县直各单位及时传达动员会领导讲话及有关文件精神。督导各乡（镇）、县直各单位在认真学习、深刻领会本轮集中活动总体要求、活动重点、目标任务的基础上，研究制定具有针对性的活动方案。各单位的实施方案和工作台账，要在10月12日前报各督导组，由组长亲自把关审核。督导各乡（镇）、县直各单位于10月14日前，召开2015年度“一创双优”集中活动动员会，并向县“一创双优”活动办和督导领导小组办公室上报对全县动员大会学习贯彻落实情况。10月15日下午5点前，各单位实施方案和工作台账经单位负责人签字并加盖公章，由各督导组组长签字后统一报送，实施方案和工作台账要一式两份，一份报活动办，一份报督导领导小组办公室。

（二）学习教育

督导各乡（镇）、县直各单位按照集中活动要求的学习内容，自行安排时间，创新学习方法，开展多种形式的学习活动；对照“担当、敬业、服务”要求，找问题、查不足，强化担当意识，提升工作标准，实现晋位升级。

（三）优化政务环境

1.督导具有行政审批职能的县直有关单位和部门，积极探索建立“法有规定必须为”的责任清单，督导解决重点项目建设中的“重审批、轻管理、重处罚、轻监管”“踢皮球”“中梗阻”等问题。

2.督导具有行政审批职能的县直有关单位和部门，积极探索建立“法无授权不可为”的权力清单，厘清职责，优化审批流程，缩短审批时限，大力推行“网上审批”，提升行政效率，提升服务和管理水平。

3.督导具有行政审批职能的县直有关单位和部门，制定切实可行的扶持政策，加大对中小微企业的扶持力度，引导民营企业练好内功，拓展民营经济发展空间和领域。

（四）治理周边社会环境

1. 督导各乡（镇）、县直有关部门排查化解重点项目、企业周边环境突出矛盾和问题，重点排查化解项目建设涉及土地征用、房屋拆迁引发的矛盾和问题，项目建设、企业生产经营过程中与周边群众产生的矛盾和问题。

2. 督导各乡（镇）、县直有关部门严厉打击危害重点项目、企业生产经营秩序的违法犯罪活动，严厉打击强揽工程、强买强卖、敲诈勒索、封门堵路、恶意阻工等违法犯罪行为。

3. 督导各乡（镇）、县直有关部门依法处理城市发展和重点项目建设过程中的私搭乱建、乱栽乱种行为。

（五）帮助企业融资

1. 督导金融部门加强银企沟通联系，加大信贷力度，提高存贷比。督导有关部门引导金融机构深入企业调研，摸清企业家底，搞好金融营销。督导金融机构用足用活国家信贷政策，提高审批效率，扩大贷款规模。

2. 督导相关部门加强信用环境建设，大力推进企业信用评级制度，督促企业加强内部财务制度管理，提升信誉度。督促有关部门及时办理企业有关手续，为银行授信创造条件，着力解决“企业贷款难、银行难贷款”问题。

3. 督导有关部门积极争取技术改造项目资金、中小微企业发展扶持资金等各种政策性专项扶持资金，落实企业发展奖励政策，缓解企业资金困难。

（六）重点项目建设和招商引资

督导各重点项目责任单位，对照分包项目年度建设目标任务和台账要求，强化协调服务，加快施工进度，掀起新的建设高潮。督导各乡（镇）、县直各招商主体单位围绕年度招商引资目标，重点做好赴京及周边地区集中招商工作，并且按照“谁签约、谁负责、谁跟踪”的原则，狠抓签约项目落地。督导各乡（镇）、各有关单位，继续推进“学校建设、保障性住房建设、农村改革”等三项重点工作，确保完成年度目标任务。

（七）完成或超额完成全年目标任务

督导各乡（镇）、各职能部门对照年初确定的目标任务，加强监测分析，查找影响目标完成的原因，研究对策，倒排工期，强力攻坚，确保完成或超额完成全年赶超目标，力争主要经济指标增速位次前移。

（八）高标准谋划2016年工作和高起点编制好“十三五”规划

督导各乡（镇）、县直各单位围绕重点工作、重点项目，对照新一轮赶超目标，高标准谋划明年各项工作；全面总结“十二五”经济社会发展成绩，精准分析今后五年清丰面临的形势，高起点编制“十三五”规划。

四、方法和措施

县派各督导组要按照经济管理部门、社会管理部门和其他部门的分类标准，注重对象的差异性，加强分类指导，使“一创双优”活动贴近工作实际，增强可操作性，确保实效。

（一）把握基本要求，实行全程督导。各督导组要明确督导工作任务，制定督导方案，建立督导台账，把握好时间节点，有计划、有步骤地全程督导。各督导组组长要确保工作时间，每天到所督导单位分包项目一线督导，定期向总督导组汇报工作进度、存在的问题及下步工作意见。各督导组组长因事需请假的，要向督导领导小组主管领导和组长写请假条，经签字批准后方可离开。

（二）围绕重点任务，实行重点督导。要紧紧围绕我县攻坚类、启动类、提速类项目的年度建设目标任务，集中力量，强化措施，进行重点督导。督导各分包项目第一责任人带好头、真负责，一线抓、抓一线，少说多做、少看多干，定期召开专题会议，真正把“一创双优”作为做好工作、推动发展的抓手和载体，推动各项工作深入开展。督导挂牌推进项目落实，分包项目责任单位的主要负责人，就是挂牌推进责任人。

（三）针对工作实际，实行分类督导。要根据党群、宣教、政府、城建、发改、政法等不同系统和部门主要职责、重点工作、重要问题等实际情况，采取相应的要求和方法，有针对性地进行分类督导。督导组要胸装软指标，对十天半月难见成效的，要经常过问；手抓硬任务，如城建攻坚项目，要对照台账任务，盯紧盯死，穷追不舍。

（四）注重解决问题，深入一线督导。各督导组组长要深入了解掌握重点任务进展情况，做到情况明、底数清，深入被督导单位一起研究、一块办公、并肩作战、合力攻坚，务实求效地推动工作。

（五）统筹活动节点，实行讲评督导。督导组要根据集中活动整体安排，结合督导工作实际，一天一小结、三天一总结、一周一汇总、十天一排序，定期听取所督导单位“一创双优”集中活动汇报，及时发现、树立、宣传、推荐先进典型，通报落后单位，充分发挥典型引领和导向作用。

（六）确保活动实效，领导把关督导。县督导工作领导小组将定期调研了解督导工作进展，尤其是对重点工作，要详细过问、认真审核、严格把关，确保问题找准、查透、解决好，推动活动扎实开展。

五、纪律和要求

（一）要履职尽责，不辱使命。县派督导组是事关“一创双优”集中活动取得实效的关键。各督导组要充分认识深入开展“一创双优”集中活动的重要性和必要性，切实增强做好督导工作的责任感和使命感，明确督导任务和督导职责，强化督导措施，严格督导过程，提高督导质量，及时发现和推动解决苗头性、倾向性、潜在性的问题，确保各项重点工作扎实推进，取得明显成效。

（二）要修炼内功，准确定位。督导工作人员要先学一步，深学一层，不断提高自身素质，在督导中服务，在服务中督导，从而更好地适应集中活动工作需要。要深入一线，了解情况，熟悉业务，做到有的放矢，突出督导的针对性、实效性。要善于发现问题、解决问题，及时总结督导经验，不断创新和完善督导方式方法，增强督导能力。

（三）要完善机制，严格奖惩。要完善沟通协调机制，建立县派督导组与县活动办及相关部门的沟通机制，畅通与各督导单位联系渠道，定期不定期召开工作联席会议，协同解决疑难问题。要完善考核反馈机制，定期反馈督导情况，实行科学考核，严格奖惩。

（四）要严守纪律，树立形象。督导组工作人员在集中活动期间，由县委组织部统一办理借调手续，脱离原单位本职工作，实行集中办公，集中精力抓督导，认真履职促活动。在督导工作中，要认真细致，敢于负责，严格按照督导要求，严明纪律，严守规矩，以督导组自身的良好形象带动、促进所督导单位“一创双优”集中活动扎实有效开展。

2015 年 10 月 9 日

大 事 记

1月

5日，市四大班子领导段喜中、徐兰峰、阮金泉、李刚、王载文、贾祖贫、吴新普、郭奎立等带领各县区委书记、市直有关单位负责人来清丰县参观调研美丽乡村、重点项目和城市建设情况。先后到高堡乡唐庄村、大汉食品有限公司、县公安局高清视频监控中心等进行参观调研。市委书记段喜中对全县美丽乡村建设、重点项目建设和城市建设工作给予充分肯定。

6日，全县“一创双优”工作推进会召开。会上传达学习了全县“一创双优”活动日常推进情况及有关文件精神，宣读了《关于组织收看学习“一创双优”；在持续中提升等三集电视专题片的通知》。

13日，市“一创双优”集中教育活动督导组组长张天和一行就“一创双优”活动开展情况进行调研。认为清丰县认真贯彻落实全市“一创双优”会议精神，积极开展“担当具体化，敬业标准化，服务模式化”等活动。

19日，省纪委党风政风监督室副主任拜玉宝一行3人来清丰县调研党风廉政建设和反腐败工作。先后察看了全县示范村——韩村乡西赵楼村、城关镇便民服务大厅纪检监察室、龙丰实业、南方家私、单拐村冀鲁豫军区纪念馆和纪检监察机关，详细了解了全县农村廉政文化、党务村务公开、便民服务、基层纪检监察组织建设等情况，对清丰县“律风行”电脑监控系统治理机关干部作风问题的创新做法给予充分肯定。

是日，县委书记鲁彦峰带领有关部门负责人对全县城建工作进行专题调研。先后到图书大厦、第二初级中学、东环路、文化路、惠丰路、凤鸣路、建设路、将军路整治、朝阳路进行实地调研。

20日，市文明办副主任李亚丽一行到清丰县检查验收文明创建工作。先后深入固城乡、阳邵乡、韩村乡西赵楼村、城关镇黄庄村等地检查验收。

23日，市政协考察团对清丰县“十项民生工程”进展情况进行考察。考察组一行先后深入明月湖小学、中心医院进行实地察看，委员们对全县十项民生工程取得的显著成效给予充分肯定，并对下一步工作提出了指导性意见和建议。

2月

4日，市长赵瑞东、市人大常委会副主任成定伟在县委书记鲁彦峰、副县长聂培彦的陪同下，来清丰县看望、慰问老党员、劳模和困难群众。先后到城关镇阎石庄村、韩村乡西赵楼村，对五保户、低保户、百岁老人、建国前老党员、独生子女、优抚对象、残疾人、劳模、敬老院等地进行走访慰问。

6日，清丰县召开2015年开放招商会议。县委书记鲁彦峰、县长冯向军、县人大主任冯海民等县四大班子领导出席会议。副县长常利强宣读了《中共清丰县委清丰县人民政府关于

2014年度开放招商工作奖惩的决定》，县领导为2014年度开放招商工作成绩突出的单位和个人颁奖。

9日，中共清丰县第十二届纪律检查委员会第五次全体会议在县法院二楼会议室召开。会议听取了县委常委、纪委书记蔡洪峰所作的《坚持依法依规 持续高压震慑 坚定不移推进党风廉政建设和反腐败斗争》的工作报告。

是日，市纪委副书记傅家云、县委书记鲁彦峰为全县党员领导干部上廉政党课。与学员共同回顾了近年来我国反腐倡廉历程，阐述、解读了中央和省委、市委关于领导干部廉洁从政的有关要求。

15日，市委书记何雄，市委常委、秘书长王保华来清丰县高堡乡、城关镇等地，看望和慰问老党员、劳模以及困难群众，为他们送去了慰问金和棉被、食用油、面粉等慰问品，并致以节日的问候。

3月

3日，清丰县见义勇为大学生孟瑞鹏遗体告别仪式在清丰县韩村乡孟焦夫村小学举行。市委宣传部、市综治办、市公安局、濮阳军分区政治部、市总工会、团市委、市妇联、河南省见义勇为基金会濮阳分会联合下文，授予孟瑞鹏“濮阳市见义勇为模范”称号。当日，华北水利水电大学党委书记朱海风，副市长王天阳，河南省见义勇为基金会秘书长郑献春，市政府党组成员、市公安局党委书记、局长李军信，县领导鲁彦峰、冯向军、刘万英、惠晓杰、李志华、戚士杰等为英雄送行，向孟瑞鹏父母表示慰问，并向孟瑞鹏家人送去了荣誉证书和慰问金。孟瑞鹏生前的老师、同学，各大新闻媒体及本村、周边村民千余人自发来到现场，为他送上最后一程。

10日，清丰县召开2015年重点项目动员大会。会议明确目标，确定责任。全面动员各指挥部、各乡（镇）、各单位迅速推进项目建设，掀起施工高潮。

是日，在河南省家具协会第四次会员代表大会上，清丰县产业集聚区被评为优秀工业园区。

13日，清丰县召开创建国家园林县城誓师大会。县领导及各乡（镇）、县直各单位、企业负责人等共计300余人参加会议。

27日下午，全县重点项目施工环境整治会议在公安局会议室召开。县领导出席会议。各指挥部指挥长、副指挥长，相关单位、企业负责人，环境保障工作队全体成员，共计160人参加了会议。

31日，县委书记鲁彦峰赴上海参加主题为“做强中国，持续发展”的中国家具产业集群升级推进大会。本次活动由中国家具协会主办，旨在搭建产业集群交流平台，促进产业健康有序发展。会上，县委书记鲁彦峰作了题为《中国家具集群新高地——河南清丰》的大会发言，就清丰县情和产业发展情况向与会人员进行推介，中国家具协会理事长朱长岭、副理事长陈宝光对清丰县高度重视家具产业、多措并举推动产业发展等给予高度评价。

4月

7～8日，杭州富铭科技有限公司考察团来清丰县参观考察。先后到县产业集聚区展览馆、南方家私、龙丰实业等地进行考察，详细了解清丰县经济发展情况。

10日，出席市七届人大二次会议的清丰代表团团长、市人大代表鲁彦峰就清丰县环境污染提出，必须把建立完善农村生活垃圾处理作为发展农村经济的重点，加大政府支持基础设施建设力度，解决好农村项目建设资金问题，为全县建成“村村通生活污水治理模式”作基础，试点先行、一带面形成清丰县污染治理长效机制。

16日，副市长郭奎立一行莅临清丰县检查

市定重点项目入库情况。县委书记鲁彦峰介绍了全县在推进重点项目建设中所采取的一些措施和做法；县委常委、常务副县长杨理宏汇报了全县省市重点项目入库情况。郭奎立一行到龙丰实业公司、企业服务中心项目工地、南方家居进行督导检查。

是日，市委副书记申延平等市领导一行，在县委书记鲁彦峰、副县长聂培彦等陪同下，到阳邵乡绿海圆梦农业有限公司现代农业示范园区调研，全面了解阳邵乡农业发展情况。

18 日，濮阳市首家农村产权服务中心在清丰县揭牌成立，标志着全市农村产权制度改革迈出了新步伐。

20 日，县政协召开第九届第十二次常委会议。县政协副主席谭自安、赵怀欣、韩富鹏、刘磊，县政协党组副书记郝林考、县政协秘书长徐文卿参加会议，县委常委、常务副县长杨理宏应邀参加会议。会议听取和审议了有关报告。县委常委、常务副县长杨理宏回顾总结了县政府一年来的工作。希望政协委员们继续参政议政，积极参与到清丰县经济社会发展上来，为全县的赶超发展献言献策。

是日，清丰县第十四届人大常委会举行第三十四次会议，县人大常委会主任冯海民主持会议。会议听取了关于县十四届人大五次会议筹备情况的汇报；审议并通过有关草案和报告。

22 ~ 24 日，政协第九届清丰县委员会第四次会议召开。会议审议通过了县政协副主席所作的政协第九届清丰县委员会第四次会提案审查情况的报告，通过了关于第九届清丰县委员会常务委员会工作报告的决议。

23 ~ 24 日，清丰县第十四届人民代表大会胜利召开。县第十四届人民代表大会五次会议实有代表 247 名。会议讨论通过了关于《政府工作报告》的决议；通过了清丰县 2014 年国民经济和社会发展计划执行与 2015 年计划的决议；通过了关于清丰县 2014 年财政预算执行情况和 2015 年财政预算的决议；通过了关于《清丰县人民代表大会常务委员会工作报告》的决议；通过了《清丰县人民法院工作报告》的决议；通过了关于《清丰县人民检察院工作报告》的决议。

23 日，省政协常委、省政协社会和法治委员会主任杨国功带领省政协考察团来清丰县调研民营企业法治环境。市政协主席、党组书记郑大文，市政协副主席张怀玺，副市长徐慧前和县领导鲁彦峰、冯向军、常利强、谭自安、王相俊等陪同调研。考察团一行先后深入双虎家居、南方家居、桃园建民、龙丰实业等公司进行实地察看，详细了解了企业发展和经营状况。

25 日，市委书记何雄、市人大常委会主任徐兰峰等四大班子领导带领观摩团来清丰县进行 2015 年度第一次集中观摩。观摩团一行先后到宏康钢构、龙丰实业、产业集聚区综合服务平台、亿洲乐活城市广场二期、叠翠园及县城路网绿化、申新泰富国际商贸城二期等调研项目建设进展情况。

5月

1 ~ 3 日，中国中部家具之都清丰 2015 濮阳家具博览会举办。该家博会由濮阳市家具协会主办，濮阳市广播电视台承办，并得到了濮阳市工信局和清丰县政府的大力支持。濮阳市政府副市长王天阳、濮阳市政协副主席施留峰、河南省家具协会会长唐吉玉和清丰县四大班子领导出席开幕式并参观了展览。来自清丰县产业集聚区的全友、南方、双虎、好风景等全国知名家具品牌和优迪、金冠、双狮等清丰本土家具 15 家企业在博览会参展。崛起装饰、憨婆婆、七点半食品、九仁和汽车经销商等也参加了本次活动。会展期间销售额达 1000 余万元。成为全市历年来参展品牌较多的一次家具博览盛会。

15 日，河南省小麦病虫害专业化统防统治观摩会在清丰县高堡乡王庄村小麦示范方（清丰示范区）举行。省农业厅植保植检站副站长李好海、药械科科长楚桂芬及全省各地市植保站站长，市农业局总农艺师查剑敏，副县长聂培彦，县玉地农民专业合作社、种地大户和部分群众等300余人参加了观摩会。

15～26日，全县分4期举办农村党支部书记轮训班，503名农村党支部书记分别接受了为期2天的集中培训。培训采取集中县城食宿、分期培训的办法，通过课堂学、实地看、夜间谈等形式，增强培训的灵活性、针对性和实效性，帮助农村党支部书记拓宽眼界、理清思路、激发干劲，有效提升了履职能力。

22～23日，上海江桥镇党委书记袁航，副镇长姚铁力、钱伟勤，人大主席团副主席、工会主席陈刚等一行6人来清丰县参观考察。在市迎宾馆举行座谈会，并签署缔结友好关系协议。县领导鲁彦峰、冯向军、刘万英、冯海民、蔡洪峰、杨理宏、祁炳杰、惠晓杰、李志华、戚士杰等出席会议。县委常委、县纪委书记蔡洪峰主持会议。

23～25日，中国家具协会副理事长陈宝光、河南省家具协会会长唐吉玉、南京林业大学家具与工业设计学院院长吴智慧、中南林业科技大学家具与艺术设计学院院长刘文金、中国家具协会副秘书长吴国栋专家组一行莅临清丰，对清丰县家具产业发展情况及新兴产业区申报进行考评。24日，在市迎宾馆召开县情及家具产业汇报会。县领导出席会议。专家组到产业集聚区家具产业展厅、申新泰富、双虎家私、新南方家具、省家具检测中心、全友家私、龙乡金冠等家具企业进行考察，实地了解清丰县家具产业集群发展情况。通过参观、问答、考评、反馈等环节。专家组一致认为清丰县家具产业发展已形成规模，龙头企业带动作用明显，政府扶持力度大，行业影响不断扩大，符合中国家具新兴产业园区授牌条件。

23日，省群艺馆馆长姚向东带领各市级群艺馆馆长一行40余人来清丰县文化馆参观。首先参观了县文化馆的非遗展厅、小剧场、多功能厅、图书阅览室、舞蹈培训室等场地设施，对清丰县文化馆的经验和做法给予高度肯定。

6月

5日，《清丰县志》（1986～2000）由中州古籍出版社出版发行。全书设41章、196节，共170余万字，有图片458幅，表格264张。该志书为1990年版《清丰县志》的续修，采用章节目体，全面记述了清丰县1986～2000年经济社会发展状况和改革开放事业取得的成就。对上部志书遗漏或记述过简的内容进行了补记。该志为彰显地方特色、弘扬传统文化，还设立《孝道之乡》《忠勇之地》《革命老区》等专章。

7日，顺德家具品牌联盟主席、佛山市华伦蒂诗家具有限公司董事长周振扬一行莅临清丰，先后到申新泰富、县产业集聚区家具展厅参观，深入艺戈尔家具、南方家居、美松爱家等家具企业实地考察。考察团对清丰县家居产业规划、发展定位给予高度认可，认为清丰县整体环境“宜商宜居”，将考虑把清丰当作顺德家具产业向中部转移的承接地之一。

8日，市委书记何雄带领市直相关部门负责人到清丰县调研“三夏”生产工作。市委副书记申延平，市委常委、市委秘书长王保华一同调研。何雄强调，“三夏”生产直接关系农民增收、农业增效、农村稳定和国家粮食安全，不能有丝毫懈怠。当前，要把“三夏”生产当作一项阶段性中心工作，切实抓细抓实抓好。一要全力以赴抢收抢种；二要形成服务“三夏”生产合力；三要做好夏粮收购工作。要落实好收购政策，严格收购标准，切实维护农民利益。

19日，全国驻豫人大代表一行30余人，在市人大常委会主任徐兰峰、副市长孙永振、市人大副主任张礼杰及市教育局有关负责任人陪同下，对清丰县城镇教育资源扩容和标准化学校建设工作进行视察。视察组实地察看了县明月湖小学、县诚睦路小学和行知学校的基础设施建设。学习生活环境及校园文化建设，现场听取了县教育局局长关于全县城镇教育资源扩容和标准化学校建设工作的情况汇报。

是日，清丰县第十四届人大常委会举行第三十五次会议，县人大常委会副主任程清彰主持会议。会议听取审议了县人民政府关于出生人口性别比专项治理工作情况的报告和县人民法院关于民事审判工作情况的报告，表决通过了相应的审议意见；会议还表决通过了县法院提请的人事任免案。

27日，省住房城乡建设厅副厅长巩魁生一行到清丰县检查指导国家级园林县城创建工作。先后到香澜河畔、公安局数据化监控大厅、叠翠园、迎宾大道绿化、马颊河绿化亮化、明月湖公园等地进行实地考察。

7月

2日，清丰县与上海奎科医院投资管理有限公司达成濮阳医疗养老产业园项目投资协议。该项目计划投资13亿元，选址清丰县马庄桥镇，占地450亩，建筑面积50万平方米。主要建设三甲综合医院、老年颐养中心、高端康复中心、健康管理中心、老年大学等。项目分两期建设，一期工程预计2015年10月开工建设，主要建设三甲综合医院，3年内投入使用；5年内完成二期工程建设，主要建设老年颐养中心、高端康复中心、健康管理中心、老年大学。项目建成后，可提供医疗卫生服务就业岗位2000余个。

8日，省农机安全监理站站长高立带领“平安农机”示范县考评组到清丰县就创建国家级“平安农机”示范县工作进行检查考评。考评组先后到县农机安全监理大厅、河山农机合作社、韩村乡、大屯乡贺庄村等地察看了“平安农机”创建工作开展情况。考评组通过听取汇报、查阅档案资料、详细询问等方式，对全县创建全国“平安农机”示范县工作开展情况进行了详细考评。

是日，伊利集团公司副总裁侯继东一行来清丰县参观考察畜牧产业发展情况。副市长吴新普，县领导鲁彦峰、刘万英、赵怀欣陪同考察。侯继东一行先后参观了龙丰实业股份有限公司农林生态示范园、清丰县三餐源养殖场、利群农牧科技有限公司。

9日，县政协召开第九届十三次常委会议。县政协副主席谭自安、赵怀欣、韩富鹏、刘磊及28名政协常委出席会议。县委副书记刘万英、副县长聂培彦应邀参加会议，县农业、农机、蔬菜、菌办、水利、林业等部门主要负责人列席会议。会议传达了《县政协关于清丰县现代化农业发展情况的调研报告（讨论稿）》。刘万英介绍了南方县区在推动城乡一体化发展、美丽乡村建设、文化整合等方面的主要做法，并提出了具体要求。

12日，国家粮食局监督检查司副巡视员刘平一行5人，在省粮食局副局长李国范、市粮食局局长王孟合陪同下，来清丰县开展夏粮收购专项监督检查工作。县长冯向军、副县长聂培彦陪同检查。 检查组一行听取了清丰县开展夏粮收购专项监督检查工作汇报，深入清丰0803河南省粮食储备库检查夏粮收购情况。重点检查了小麦收购预案执行、收购标准价格、粮款支付、收购进度及涉粮案件查处情况。检查组还听取了县领导对夏粮收购工作的情况介绍。

7月中旬，清丰县召开南水北调水厂建设专题会议，安排部署前期工作。组织人员开展征迁勘测定界，建立征迁围挡，公开征迁安置补偿，及时足额兑现补偿金，维护被占地群众的合法权益。项目将在12月正式开工，预计建设周期3年。项目建成后，日供水10万立方米，可供34.4万人饮水。

22日，市长赵瑞东带领市直有关部门负责人到“三严三实”教育联系点清丰县进行调研。赵瑞东一行先后到桃园健民、春韵食品、县人民医院等企业生产车间或项目建设现场实地察看，认真了解企业生产经营和项目建设进度，协调解决存在的困难和问题。在随后召开的座谈会上，赵瑞东认真听取分管联系点负责人的工作汇报，了解“三严三实”专题教育开展情况，以及上半年重点工作完成和下半年工作安排情况。

8月

4日，省人大常委会副主任段喜中率领兰考改革发展和加强党建综合实验示范县督导组及兰考县城建工作考察团莅临清丰，就城市规划建设进行考察。省人大常委会办公厅副主任李经超，省直管办副主任、省直管县工委副书记任丰金，开封市委常委、兰考县委书记王新军参加考察。

5日，全县领导干部大会在县综合楼会议室召开。会议总结表彰上半年工作，研判形势、分析问题，安排部署下半年工作任务，动员全县上下进一步提振精神，真抓实干，持续求进，圆满完成全年目标任务。

10日，省教育厅副厅长刁玉华一行来清丰县就“全面改薄”及扩充城镇义务教育资源五年规划实施情况，深入县文化路幼儿园、行知学校、诚睦路小学、县明月湖小学进行实地调研。刁玉华一行通过与学校负责人交谈，详细了解每个学校的发展现状，并就全县“全面改薄”及扩充城镇义务教育资源五年规划实施情况。听取了有关负责人的详细汇报。

19日，市委书记何雄到清丰县就重点项目建设、小城镇改造提升、扶贫开发等工作进行调研。市县其他有关领导陪同调研。

27日，河南省发改委原主任林景顺、省旅游局原局长苏福功到清丰县冀鲁豫边区革命根据地旧址纪念馆参观调研。

28日，省消防总队参谋长杨修栋带领省政府第九安全生产督导组莅临清丰县，实地督导检查该县近期的安全生产工作。

31日，县委常委扩大会议在县综合楼会议室召开。会议主要任务是安排部署信访稳定工作，按照省委要求在“三严三实”专题教育中联系反面典型深入开展研讨，通报全县重点项目攻坚会议筹备情况。

是日，清丰县第十四届人大常委会举行第三十七次会议，县人大常委会主任冯海民主持会议。会议听取了县政府关于标准化建设情况的报告和《中华人民共和国治安管理处罚法》贯彻执行情况的报告。经过认真审议，表决通过了相应的审议意见；会议还表决通过了县人大常委会主任会议和县政府分别提请的人事任免案。

9月

8日，市人大常委会副主任成定伟带领市人大执法检查组一行15人来清丰县检查《食品安全法》贯彻实施情况。

9日，县委常委、统战部部长朱腾强赴上海，参加在世博展览馆举行的第二十一届中国国际家具展览会暨中国家具产业集群群英展示会。有关家具企业负责人一同与会。

是日，中国科协农机中心培训处副处长陈立一行到清丰县进行专项调研。

10日，住建部稽查办一处处长徐汉鑫一行在濮阳市住建局副局长颜群增及县领导的陪同下，察看棚户区城关镇孙庄、柳格镇五眼井、越秀国际项目改造进展情况，并召开现场推动会。

10～11日，国家农业综合开发办公室处长石践一行4人到清丰县调研指导农业综合开发工作。

12日，上海市金山区纪委副书记朱巷滨率领金山区纪检监察系统考察团到清丰县参观考察。

17日，清丰县召开全县选派机关干部到村任职工作会议。

24日，濮阳市观摩团到清丰县观摩城镇基础设施建设项目。

29 日，清丰县戏曲艺术家杨香玉荣获“国家级柳子戏艺术代表性传承人”称号。

10 月

10 日，省政府质量工作考核组一行 7 人，在濮阳市政府副秘书长、市食安办主任、市食品药品管理局局长郭严峻，市质监局局长管红光等陪同下，来清丰县检查考核 2014 ~ 2015 年度质量工作开展情况。

是日，市委常委、市纪委书记阮金泉，副市长吴新普来清丰县调研引黄入冀补淀工程建设情况。

13 日，以湖南省食品药品监管局副局长李赤群为组长的国务院食安办、国家食品药品监管总局督查组一行 5 人来清丰县调研指导。

14 日，北京市信息化工作办公室原副主任俞慈声来到清丰县单拐村参观冀鲁豫边区革命根据地旧址纪念馆。

20 日，市委书记何雄带领市四大班子及各县区、市有关部门主要负责人，观摩清丰县产业集聚区、服务业“两区”和城市基础设施。

22 日，省政协原副主席孔玉芳来到单拐村参观冀鲁豫边区革命根据地旧址纪念馆。

是日，县政协九届十四次会议召开。县政协副主席谭自安、赵怀欣出席会议，副县长岳洪波应邀出席会议。

26 ~ 27 日，以省爱卫办专职副主任王宇明为组长的省国家级卫生城评审组，在市爱卫办主任李国林陪同下来清丰县检查验收国家级卫生城创建工作。

11 月

4 日，省司法厅副厅长肖余生一行来清丰县调研基层法制工作。

10 日，省人社厅就业办副主任孙银正，就业办统筹就业处处长王中朝、副处长耿云松一行到清丰县调研高校毕业生就业相关工作。

11 日，国家文物局保护和考古司资源处主任姚丞一行到清丰县督查中国传统村落保护发展实施情况。

是日，濮阳市处理信访突出问题及群体性事件联席会议办公室专题刊发《清丰县认真落实“三到位一处理”重点案件化解效果显著》信息。

是日，驻南阳市省人大代表来清丰县视察重点项目建设情况。

11 ~ 12 日，上海崇滨贸易公司崇总、上海无锡八财家具公司张总来清丰县考察，洽谈家具板材项目。

12 日，河南省家具协会会长唐吉玉来清丰县调研。

23 日，副市长吴新普一行到清丰县调研农业发展情况。先后到河南省业丰实业有限公司项目部、辰希缘农业科技有限公司生态农业示范园等地进行实地察看。

24 日，清丰县在北京通州区成功举办“中国中部家具产业基地 · 清丰”北京地区家居产业招商县情推介暨项目签约活动。

26 日，清丰县第十四届人大常委会举行第四十次会议，县人大常委会主任冯海民主持会议。

12 月

14 日，市派“一创双优”督导组组长杨炳立一行来清丰县督导农业农村六项重点工作。

19 日，省委农办一行 6 人来清丰县考核美丽乡村建设工作。

23 日，省现代农业研究会会长刘新民一行来清丰县调研，就农产业化集群和现代农业发展情况开展实地调研。

县情概览

位置与面积

清丰县位于河南省东北边陲，濮阳市北郊。地理坐标：东经 114° 47′ ~ 115° 23′；北纬 35° 45′ ~ 36° 05′ 。东与山东省莘县毗连，南与濮阳市接壤，西邻安阳市内黄县，北靠南乐县，西北隔卫河与河北省魏县相望。四方顶端位置是：东起巩营乡东理直村，西至阳邵乡滩上村西 1.5 公里处，南到六塔乡吉张吴村南 1 公里，北到阳邵乡潮旺村。县人民政府所在地位于城关镇。县城至濮阳市中心 16.5 公里，至市区界 11 公里；至内黄县城 23 公里，至内黄县界 13 公里；至南乐县城 25 公里，至南乐县界 I8 公里；至范县县城 41 公里，至莘县界 25.8 公里。西达安阳 85 公里，西南至郑州 231 公里，北至北京 517 公里。106 国道、302 省道，安（阳）、濮（阳）公路交会于县城。清丰县版图略呈长方形，东西长约 35 公里，南北宽约 25 公里，总面积 834 平方公里，其中耕地面积 5.4 万公顷。

地　质

清丰县位于华北地区南部，华北中断凹中内黄台拱所属的滑县台穹东北部。上部盖层为第三、第四系，厚 700 米 ~ 2500 米。自西向东，厚度由小到大，固城乡一带约 700 米，高堡、清丰县城至濮阳孟轲乡一带约 1200 米，仙庄至双庙一带约 1500 米，仙庄以东至县界可达 2000 米 ~ 2500 米以上。下伏地层由西北向东南、由老到新，依次为寒武系、奥陶系、石炭系、二叠系。其走向为北东，倾向南东，倾角自西北向东南由大到小。其中石炭、二叠为煤系地层，分布最广，遍布县东整个地区。清丰县地质构造比较简单，在盖层之下，基本为一大的单斜。相对来说，断裂构造比较发育，主要为北北东向的断裂纵横南北。上盘（东侧）主要分布中生代及新生代地层；下盘（西侧）主要分布晚生代及新生代地层。它主要由数条近于平行的断裂组成。在清丰县地段主要为仙庄断裂，其从下第三系顶部断至寒武系、奥陶系，断距达 2000 余米，控制了侏罗 – 白垩纪的地层沉积，而又切割第三纪地层，说明其形成于燕山期，在喜马拉雅期也有活动。

地　貌

清丰县地处黄卫平原，黄河冲积扇的北缘地带，地形较为平坦。地势西南高东北低，最高点在原王什乡胡村东 350 米处（注：王什乡已于 2005 年 11 月划归濮阳市高新区，县境内新的最高点有待于科学考察），海拔 53.5 米；最低点在巩营乡里直集西南 500 米处。海拔 44.2 米。地面自然环境坡降为 1/5000 ~ 1/7000。其地貌状况大致可分为：西部沙丘沙垄带，东部浅平洼地、潴泷河漫滩和中部微倾斜平原。

气　候

清丰县属温暖带半湿润季风性大陆气候，四季分明，春季干旱少雨，夏季炎热多雨，秋季凉爽干燥，冬季寒冷少雪。2015年的气候特点是气温略偏高，降水偏少，日照充足。年极端最高气温为38.7℃，出现在7月13日；年极端最低气温为零下10.7℃，出现在11月26日。初霜日为11月3日，终霜日为3月11日，无霜日数230天，县城区域内未出现大的灾害性天气。

水 文

清丰县属海河流域，境内主要河流有卫河、马颊河、潴泷河，地表径流来自天然降水。地下水属于潜水类型，是埋藏在地表以下，位于第一个隔水层以上的常年饱和自由重力水，也是具有表面的地下水，主要补给来源是大气降水和地表水。地下水质系重碳酸型淡水，矿化度为0.5~1.0/升，适合农田灌溉和人畜饮用。地下水分布：含水层厚度20米以上富水区有4片，面积约451平方公里，占全县总面积的51.7%；含水层厚度15米~20米的中等富水区有9片，面积约173平方公里，占全县总面积的19.8%；含水层厚度在15米以下的弱富水区有4片，面积约248平方公里，占全县总面积的28.5%。

土地土壤

清丰县地势平坦，土层深厚，便于开发利用。土地开发利用历史悠久，绝大部分已开辟为农田，土地垦殖率较高，但人均占有量少，后备资源匮乏。除生产建设和生活用地外，宜农而尚未开垦的荒地所剩无几。

土壤类型分为两个土壤，即潮土、风沙土；3个亚类，即黄潮土、褐土化潮土、冲击性风沙土；6个土属，即沙土、两合土、淤土、褐土化沙土、褐土化两合土、固定沙丘风沙土；26个土种，即细沙土、沙壤土、小两合土、腰黏小两合土、体黏小两合土、底黏小两合土、两合土、底黏两合土、体黏两合土、腰黏两合土、淤土、底壤淤土、褐土化沙壤土、褐土化夹黏沙壤土、褐土化体黏沙壤土、褐土化底黏沙壤土、褐土化夹壤沙壤土、褐土化小两合土、褐土化体黏小两合土、褐土化底沙小两合土、褐土化底黏小两合土、褐土化两合土、褐土化底黏两合土、土化体黏两合土、褐土化腰黏两合土、固定沙丘细沙风沙土。

动植物资源

全县生存植物除农作物外，有142科、603属、1160种。其中蕨类植物9科、10属、13种；裸子植物8科、15属、40种；被子植物125科、578属、1107种。全县主要栽培植物为粮食作物，如小麦、玉米（玉蜀黍）、大麦、谷子等。油料作物：如花生、芝麻、油菜等。经济作物，如棉花等。蔬菜：如大白菜、白萝卜、红萝卜、茄子、西红柿、丝瓜、白灵菇等。林木种类为乔木，如毛白杨、三倍体毛白杨、中林46杨、欧美杨（107、108）等；灌木，如柽柳、紫穗槐、白蜡条、酸枣果等；果木，如枣、苹果、桃、杏、梨、石榴、葡萄、山楂等。药材，如大蓟、小蓟、香附、薄荷、地黄、枸杞、天花粉等。常见的野草有：马齿苋（麻糁菜）、灰绿藜（灰灰菜）、沙蓬、画眉草（星星草）、猪毛蒿（黄蒿）、灯笼棵、狗尾草（猫耳朵）、狗牙草（秧子草）、陵采、（野芫荽）、大蓟（泽漆麻）、小蓟（荠荠菜）、节节草、播粮蒿（米米蒿）等100余个品种。

全县动物有饲养动物和野生动物。饲养动物，有牛、马、骡、驴、猪、羊、兔、猫、貂等家畜；鸡、鸭、鹅、鸽、鹌鹑等家禽；画眉、百灵、白玉鸟、黄莺、麻鹩、大角、七菜文鸟、水鸡、皂话等观赏鸣禽。野生动物有兽类，如家鼠、田鼠、黄鼠狼等10多种。鸟类有麻雀、喜鹊、乌鸦、斑鸠（树鸽）、戴胜（一把扇）、灰喜鹊（麻喳子）、大杜鹃（布谷）、四声杜鹃（光棍督锄）、黄鹂等20多种。虫类有蛇、蜥蜴、壁虎、蝇虎、蝎子、蜘蛛、蜈蚣等30多种。水生动物，有龟、鳖、虾、青蛙等。

建置沿革

夏（前2070～前1600），有古观国，今清丰县境域属之。

西周（前1046～前771），有顿五邑，今清丰县境域为其属地。

春秋（前770～前476），顿丘邑初属卫国，后属晋国。

战国（前475～前221），初，顿丘仍属晋国；威烈王二十三年（前403，被周王室认可），韩、赵、魏三分晋国，顿丘邑属魏国。

秦（前221～前206），秦王政五年（前242）顿丘邑归秦，属东郡。秦末，刘邦、项羽分割天下，顿丘邑属商王司马卬（āng）。

西汉（前206～公元25），初，高祖始置顿丘县（治今清丰县城西南）、畔观县（治今清丰县城南），均属东郡（郡治在今县境固城一带）。武帝元朔五年（前124），增置阴安县（侯国，治所在今县城北20里许），属冀州刺史部魏郡（治邺，今河北省磁县城南）。新朝（王莽，9～23），改畔观为观治，光武帝刘秀更名为卫，封周后姬常为卫公，国于此；改顿丘为顺丘。后，东汉复顺丘为顿丘。

东汉（25～220），顺帝永和五年（140），顿丘、卫国（治今清丰县城南）仍属东郡；阴安县仍属冀州刺史部魏郡。建安十七年（212），顿丘县改属魏郡。

三国（220～265），魏，黄初二年（221），割魏郡东部置阳平郡（治馆陶，今河北省馆陶），顿丘县属之。魏元帝景元三年（202），阴安县仍属冀州刺史部魏郡；顿丘及卫国属冀州阳平郡。

西晋（265～317），晋武帝泰始二年（266），析东郡置顿丘郡（治顿丘，今清丰西南），辖顿丘、阴安等县。晋武帝太康二年（281），顿丘郡、顿丘县、阴安县及卫国属司州。

北魏（386～534），改卫国为卫国县，太平真君三年（422），省阴安县入卫国县。太平真君六年（445），繁阳县并入顿丘县。孝文帝太和十八年（494），顿丘县改属汲郡。太和十九年（445），复置阴安县；二十一年（497），顿丘郡、顿丘县、卫国县、阴安县属相州。

景明（500～503）中，将畿（jī）外之余地又置顿丘县，隶顿丘郡。其时，两个顿丘县并存。孝昌（525～527）中，分汲郡置黎阳郡，汲郡之顿丘县改属黎阳郡。永安元年（528），析顿丘县之一部入内黄县。

东魏（534～550）天平（534～537）中，撤黎阳郡之顿丘县，唯存顿丘郡之顿丘县。

北齐（550～577），撤销阴安县入顿丘县，之后又一并撤销顿丘县、顿丘郡（其地归属不详）。

隋（581～618）开皇六年（586），复置顿丘县（治今清丰县城西南）；改卫国县为观城县（治今清丰县城南），均属武阳郡（治贵乡，今河北省大名东北）。后，析顿丘县之一部分入澶渊县。

唐（618～907）武德（618～626）初，顿丘县属河北道魏州；四年（621），改属澶州。

贞观元年（627），废澶州，顿丘县还属魏州；十七年（643），省观城县入昌乐县（治今南乐县城西北，仓颉陵北侧）、临黄县（治今范县城南临黄集）。大历七年（772），析顿丘、昌乐之4乡置清丰县（治清丰店）；复置澶州（其治所在清丰县固城一带），观城县、顿丘县、清丰县、临黄县同属澶州，隶河南道。

五代十国（907～960），后晋天福三年（938），升澶州为防御州（治顿丘），并将州治及顿丘县治移于夹河（治今濮阳县城南），于州、县旧治置顿丘镇。天福六年（941），革顿丘镇为德清军。开运二年（945）三月，徙德清军于陆家店（今古城集。汉代为阴安县治）。

北宋（960～1127）庆历四年（1044），徙清丰治所于陆家店（德清军治），隶属澶州。皇祐元年（1049），省观城县入濮阳县、清丰县。皇祐四年（1052）复置观城县，移治于今山东省莘县观城。熙宁元年（1068），清丰县属河北东路；六年（1073），撤销顿丘县入清丰县，属澶州。崇宁五年（1106），澶州改为开德府，清丰县属之。

金（1115～1234），天合元年（宋徽宗宣和五年，1123），开德府复名澶州，清丰县属澶州。皇统（1141～1149）初，德清军领清丰县；四年（1144），改澶州为开州，革去德清军，清丰县属开州。

元（1271～1368），属中书省大名路开州。

明（1271～1368）洪武（1368～1398）初，沿旧。七年（1374），清丰县改属京师（北直隶）大名府。

清（1644～1911），沿旧。

民国2年（1913），废州府设道，清丰县属直隶省冀南道（道署设大名）。

民国17年（1928），改直隶省为河北省，废冀南道，清丰县属河北省第十四行政督察区（专员公署仍设大名）。

民国25年（1936），改属河北省第十七行政督察区（专员公署设濮阳）。

民国28年（1939），改属河北省第十行政督察区（专员公署仍设濮阳）。

民国29年（1940）3月，清丰县国民党政府瓦解，抗日民主政府成立。4月以后，清丰县抗日民主政府归冀鲁豫边区第一专署领导。5月，清丰县分成县东、县西两个行政区。

6月，日伪开始盘踞县城，建立伪县政府——“清丰县公署”（归伪冀南道领导）；抗日民主政府转入乡村游击区。

民国30年（1941）3月，中共冀鲁豫区委决定，划疙瘩庙（属濮阳市市区）一带、清丰县之西南部和内黄县之东南部置顿丘县。划清丰县之西北部及南乐县之西部、内黄县之东北部置卫河县（含清丰县3个区、南乐县2个区、内黄县1个区），原清丰县之东部仍为清丰县。7月1日，冀鲁豫边区行政主任公署与鲁西区行政主任公署合并，仍称冀鲁豫边区行政主任公署。原冀鲁豫行署下辖的一、二、三专署，依次改称冀鲁豫边区第五、六、七行政督察专员公署。清丰、顿丘、卫河属冀鲁豫边区第五行政督察专员公署。8月24日，晋冀鲁豫边区政府对所辖之太行区、太岳区、冀鲁豫边区、冀南区4个行政区、22个专员公署进行区划调整，调整后不依地区命名，而依第一、二、三……的顺序命名，并从9月1日实施。自此，冀鲁豫边区所辖第一至第七专署改称为晋冀鲁豫边区第十六至第二十二行政督察专员公署。清丰、顿丘、卫河属二十专署（由原第五专署改称）。

民国31年（1942）12月，冀鲁豫边区第十六、十九行政督察专员公署合并，称十六专署；十七专署建制不变；十八专署划归冀南行署。清丰、顿丘、卫河县划归冀南行署第十八专署。

民国33年（1944）1月27日，冀鲁豫边区政府裁撤十八专署，清丰、顿丘、卫河县划归第十七专署。6月15日，第十七专署改为第八专署（机关驻范县），清丰、顿丘、卫河县属之。

民国33年（1944）5月30日，县城光复，伪县政府覆灭。12月，撤顿丘县，其地归原属。清丰县归冀鲁豫边区第二专署领导，卫河县归第六专署领导。

民国34年（1945）10月，恢复冀鲁豫和冀南两个区，冀鲁豫边区将原八专署改为二专署（机关驻范县、鄄城一带），清丰县属之；原九专署改为四专署（机关驻滑县老庙及濮阳两门一带），卫河县属之。

民国35年（1946）4月30日，撤销卫河县，其地归原属。6月8日，冀鲁豫行署将所属县区抗日民主政府改为民主政府。11月，再次进行区划调整，成立八专署（机关驻清丰）；以清濮公路为界，路东为清丰县，路西成立清西办事处。次年夏，改清西办事处为卫河县。区划调整后，清丰、清西办事处（卫河）属八专署。

民国38年（1949）8月20日，中央决定撤销冀鲁豫边区，建立平原省。之后，清丰县、卫河县属平原省濮阳专区。是年9月，撤销卫河县，其境域分别并入清丰县、内黄县和南乐县3县。

1952年12月1日，中央人民政府决定撤销平原省，清丰县改属河南省濮阳专区。

1954年9月25日，濮阳专区并入安阳专区，清丰县属安阳专区。

1958年3月20日，安阳专区并入新乡专区，清丰县属新乡专区。

1961年12月18日，新乡、安阳两专区分设，清丰县属安阳专区。

1983年9月9日，濮阳市成立。清丰县改属濮阳市至今。

行政区划

（一）民国及其以前明洪武时期，全县划分25个里（5家为邻，5邻为里）。弘治时期，增至45个里。

清代，全县划分40个里：在坊里、关厢里、德化里、陶庄里、屯里、思文里、永丰里、固城里、劝忠里、登善里、游夏（牛下）里、孙固里、归荣里、美俗里、英林里、余庆里、积庆里、善俗里、志节里、山江里、马安里、积善里、永固里、英保里、坊廓里、宜增里、兴和里、仁和里、安乐里、德义里、兴仁里、兴贤里、化显里、固安里、崇孝里、上和里、卫城里、保安里、理直里、留宁里。

民国2年（1913），全县划分为东、西、南、北、中5个区，东、西、南、北4个所。

民国29年（1940）6月，日伪始行“保甲连坐”制，每村（即今村民委员会，简称“村委会”）为一保，数保为一联保，保下10户为一甲。但由于日伪只能控制县城和部分据点区，故“保甲连坐”制未能真正实行。

民国30年（1941），抗日民主政府于县下划区，清丰县辖7个区，顿丘县辖5个区，卫河县辖5个区。

民国33年（1944），顿丘县大部境域并入卫河县，卫河县下辖7个区。

民国38年（1949），卫河县大部境域并入清丰县，清丰县下辖柳格区（一区），六塔区二区），仙庄区（三区）、马村区（四区）、古城区（五区）、韩村区（六区）、固城区（七区）和城关镇。未几，城关镇改为第一区，原一区（柳格区）改为第八区。

（二）中华人民共和国

1952年，区下设乡，全县共设118个小乡。

1953年，析韩村、古城两区各一部分村，增设阳邵区（九区）。

1955年11月，撤区并乡，将原来的9个区撤销5个，保留二区、三区、七区及九区，另设3个农村工作队；原有的小乡合并为51个大乡。

1956年9月25日，将区和工作队全部撤销，全县划分为36个乡：库韩村、韩村、刘庄、大屯、孟村、双庙、柳格、士子元、骆家、朱娄、仙庄、西阳町、赵娄、大元、巩营、

王什、古城、固城、潘省、张田娄、城关、吴家村、大流、佛店、乜城、马村、杨家、宅刘家、孟固、卫河、沙河、六塔、乜庄、汉寨、夏村、朱堡寨。

1957年10月25日，将36个小乡并为17个大乡：六塔、瓦屋头、巩营、仙庄、马村、乜城、大流、古城、大屯、韩村、固城、王什、柳格、双庙、阳邵、纸房、城关。乡下设294个集体农庄（高级农业生产合作社）。

1958年8月，全县实现“人民公社化”，17个乡合并建立为13个人民公社，公社下辖生产大队，大队下辖小队（生产队）。

1962年3月，再分建为17个人民公社：城关、柳格、双庙、六塔、瓦屋头、仙庄、巩营、马村、高堡、大流、纸房、古城、阳邵、大屯、韩村、固城、王什。公社下辖519个生产大队、3588个生产小队。

1984年元月，改公社建制为乡、镇建制。城关公社改为城关镇，其他16个公社改为乡。大队改为行政村，小队改为村民小组。

1986年1月，析王什、固城、柳格3乡之10个行政村增置马庄桥镇。全县共设18个乡镇、514个行政村、711个自然村、4691个村民小组。

1996年11月13日，瓦屋头乡改建为瓦屋头镇。

2000年，全县行政区划为城关镇、马庄桥镇、瓦屋头镇、柳格乡、双庙乡、六塔乡、仙庄乡、巩营乡、马村乡、高堡乡、大流乡、纸房乡、古城乡、阳邵乡、大屯乡、韩村乡、固城乡、王什乡18个乡镇，下辖524个行政村、749个自然村、3282个村民小组。

1986年4月，王什、固城、柳格3个乡析出一部分村，设立马庄桥镇。至此，清丰县下辖2个镇16个乡；1996年，瓦屋头撤乡设镇，清丰县下辖3镇15乡。2005年11月，王什乡整体移交濮阳市开发区管辖。2011年，清丰县辖柳格乡、仙庄乡撤乡建镇。

2015年，清丰县辖城关、马庄桥、瓦屋头、柳格、仙庄5镇和固城、韩村、大屯、阳邵、古城、大流、高堡、双庙、纸房、马村、六塔、巩营12乡，503个行政村，3158个村民小组。

名胜古迹

清丰亭 位于清丰县城西北隅。因亭内有隋张清丰孝子祠碑而得名。张清丰祠碑是濮阳市第一批市级文物保护单位。该碑原竖立在县城南关外张清丰孝子祠前，因祠早年毁废，1989年迁移于此，并修建清丰亭。清丰亭虽然体量不大，却是清丰县标志性建筑。

张清丰祠碑刻于中华民国26年（1937），碑阳“隋张清丰孝子祠”为河北省教育厅长李金藻所题，碑额正面为“文王访贤”浮雕图案，背面为“捕鹿乳母”图。碑身背面记载维修张清丰孝子祠的经过和张清丰事迹。碑文记载：张清丰，隋朝顿丘县人，家庭贫寒，因孝敬父母而闻名乡里，隋开皇年间（581～600），被举为孝廉，为善事双亲屡召不仕。唐大历七年（772），魏博节度使田承嗣因县境内有张清丰门阙，表奏朝廷，析顿丘、昌乐4乡置县，以孝子张清丰之名命名，一直沿用至今。

普照寺大雄宝殿 位于清丰县城朝阳路中段，建于明代成化二十一年（1485）。1986年，被河南省人民政府公布为省级文物保护单位。

普照寺原名圆明寺，始建于唐上元元年（760），元至元十九年（1282），圆明寺改名为普照寺。元末普照寺为兵燹所毁，明代重建。大雄宝殿是普照寺现存唯一的主体建筑，坐北面南，面阔5间20.83米，进深3间11.95米，总建筑面积248.92米。九檩庑殿大木，抬梁式木构架，绿色琉璃瓦屋面。台明高1.5米，长23.97米，宽14.57米，砖砌陡板。月台长5.63米，宽1.74米。垂带踢跺，石条踢阶共有七级。柱式纵四横六，24根立柱排列整齐，其中金柱横向2列共8根，檐柱顶部有砍杀。前金柱础为仰覆莲、云龙纹浮雕，每石雕龙4条，形态各异，造型生动，为元代遗物。檐柱、后金柱础为素面覆盆式。外檐、内檐斗拱共计60攒，其中明间平身科4攒，次间3攒，梢间2攒。两山墙进间2攒，拜间4攒，后厢2攒。外檐斗拱为五踩重昂斗拱，其中镏金斗拱16攒。内檐斗拱为三踩单翘斗拱。明、次间具装六抹格扇门，格心内用细棂条纵横垂直相交组成的图案，裙板皆为素板。两梢间设槛窗，四抹头窗扇4扇，棂条组合成多种几何图形。后墙明间置4扇板门。屋顶用椽为圆木，飞椽为方木，外檐用望板，室内用八砖。天花施于金柱以内，正方形格局，边长74厘米。局内猩红颜色铺地，内作圆形立形图案，圆内各作立线金龙4条，姿态各异，正中间设四开涡纹纹样，间施红、蓝、白三色。梁、枋等木构件均施彩绘，灰蓝铺地，黑白二色勾描，图案多为云纹、卷草纹和宝相香草纹，线条流畅自如，色彩对比鲜明。

2009年，普照寺大雄宝殿作为宗教活动场所对外开放，内设三世佛、十八罗汉等雕像。

普照寺大雄宝殿保存完整，时代特征明显，雄伟壮观，气势磅礴，是豫北地区建造时代较早、规格最高的木结构殿式建筑之一，是古代劳动人民智慧的结晶，具有较高的科学历史价值。

单拐革命旧址 全国最大敌后抗日根据地的心脏，中国人民解放军兵工史上第一门大炮诞生地，冀鲁豫边区革命根据地旧址。

濮阳市单拐革命旧址地处冀鲁豫三省交界处。占地18.67万平方米，建筑面积2.4万平方米。濮阳市单拐革命旧址是抗日战争后期、解放战争初期（1944.9～1946.10）中共中央北方局、冀鲁豫分局、冀鲁豫军区司令部暨军区第一兵工厂所在地，是一代伟人邓小平和老一辈无产阶级革命家黄敬、宋任穷、王宏坤、杨勇、苏振华等领导生活战斗过的地方。这里成功制造了我军兵工史上第一门大炮——“盖亮号”九二式70毫米步兵炮（现陈列在中国军博）。

历经半个多世纪的风雨沧桑，这里仍保留有旧址旧居近40处，其中多处旧貌犹存，属于清末民初时期北方民居典型风格，代表了中原建筑文化的时代特点。景区交通畅通，设施明快，旅游氛围舒适、良好，已成为远近闻名的红色旅游景点，每年有数十万游人和青少年学生前来参观游览，产生了良好的社会效益和经济效益。这里先后被公布为全国爱国主义教育示范基地、全国重点文物保护单位、国家AAA级旅游景区、河南省红色旅游经典景区、全国红色旅游经典景区（二期）、济南军区革命传统教育基地、河南省首批中共党史教育基地。

江渎灵泉 县城南7.5公里江渎庙前有一口水井，旧时每逢大旱，四乡百姓要来此求雨。相传只要从井中掏出一“铁牌”，就有了降雨的希望。偶有巧合，人们以为“江渎老爷”显了灵，故称此水井为“江渎灵泉”。

金堤回澜 县城西关外金堤西面，旧有南北桥洞，急流至此，曲折回旋，飞花溅浪，迸然有声，人称“金堤回澜”。

仲墓寒烟 县城西南12公里马厂村附近有子路墓，古代此处沙岗环抱，松柏参天，青烟缭绕，紫雾升腾，故有“仲墓寒烟”一景。

秋山叠翠 县城西南7.5公里北固城村西北，相传为帝喾陵墓所在地。此地原来丘陵突起，巍然若山，名曰秋山。山上芳草绿树，翠翳重叠，美其名曰“秋山叠翠”。

卫水秋风 县城西北20公里南留固村西，滨临卫水，地润气爽，秋风徐来，水波荡漾；更兼田野禾黍成熟，谷黄米香，煞是一幅迷人秋色。

六塔晓月 县城东南15公里六塔集，古有佛塔寺，相传中秋月夜，于街心置水盆，盆中现六个塔影，“六塔”因而得名。

龙潭夜雨 县城东南20公里有一洼地，旧说有黄龙居于此，故名“黄龙潭”。每年七八月大雨之后，夜深人静，万籁俱寂，闭目静听，似有潇潇雨声，故曰“龙潭夜雨”。

康祠遗址 县城东南18公里翟湾村附近，有“康王台”遗址，高丈许，广10余亩。相传北宋末年，康王赵构从这里过河（黄河）逃难，坐骑涉水若泥马，故有“泥马渡康王”之说。

人口民族

人口 2015年，全县年末总人口71.24万人，常住人口63.08万人。出生率11.04‰，死亡率6.11‰，自然增长率4.93‰。全县城镇化率达到26.51%，比上年提高1.85个百分点。

民族 2015年，清丰县除汉族外，还有回族、蒙古族、满族、维吾尔族等26个少数民族，少数民族常住人口1366人。其中，清丰县籍回族1326人，主要集中在城关镇东街村、固城乡旧城村、瓦屋头镇南街村等3个行政村，其余绝大多数为油田职工及其家属。没有少数民族聚居村。

国民经济和社会发展

经济总量 2015年，全县实现生产总值（GDP）204.5亿元，按可比价格计算，比上年增长11.7%。其中：第一产业增加值40.2亿元，比上年增长4.4%；第二产业增加值115.7亿元，比上年增长13%；第三产业增加值48.6亿元，比上年增长14.3%。三次产业结构比为19.6 ∶ 56.6 ∶ 23.8，“二三一”产业模式进一步巩固。

2015年，全县金融机构人民币各项存款余额103.3亿元，余额较年初增加9.8亿元。城乡居民储蓄存款余额84.7亿元，余额较年初增加7.6亿元。金融机构人民币各项贷款余额36.7亿元，较年初增加2.5亿元。其中：短期贷款余额为11亿元，较年初减少0.4亿元；中长期贷款余额为10.2亿元，较年初增加3.1亿元。

财税收支 2015年，全县地方财政收入累计完成7.3亿元，比上年下降37.3%。其中：公共财政预算收入完成5.8亿元，比上年增长14.7%。全县地方财政累计支出28.2亿元，比上年下降6.5%。其中：公共财政预算支出25.5亿元，比上年增长10.7%。

固定资产投资 2015年，全社会固定资产投资完成231.8亿元，比上年增长14.8%。其中：500万元以上固定资产投资228亿元，比上年增长15.4%。农户投资3.8亿元，比上年下降11.5%。500万元以上固定资产投资中分产业看：第一产业投资12.4亿元，比上年下降19.4%；第二产业投资145.8亿元，比上年增长14%；第三产业投资69.8亿元，比上年增长28.5%。全年房地产开发投资11.9亿元，比上年增长97.7%。北京卡卡门业等12个家居项目、雨辰汽车电子配件等5个环保装备项目落地建设，三净食品等11个食品项目推进顺利并将陆续投产，为县域经济发展注入强大活力。

农业 2015年，全年粮食种植面积116.06万亩，比上年增加0.97万亩。其中：夏粮种植面积73.13万亩，比上年增加0.07万亩；秋粮种植面积42.93万亩，比上年增加0.9万亩。

全年粮食总产量57.61万吨，比上年增加1.68万吨，粮食单产达496公斤，实现“十二连增”。其中：夏粮总产37.35万吨，比上年增加1.24万吨；秋粮总产20.26万吨，比上年增加0.44万吨。

全年棉花产量199吨，比上年减少72吨；全年油料产量6.76万吨，与上年产量相等；全年瓜菜产量81.54万吨，比上年增加3.75万吨。

全年肉类总产量6万吨，比上年下降0.53%。其中：牛肉产量2667吨，增长2.3%；猪肉产量3.25万吨，下降2.51%；禽肉产量2.12万吨，增长2.36%。全年禽蛋总产量7.1万吨，比上年增长7.44%。

全县设施农业面积达到12万亩，较2010年翻了一番多，初步形成了“一区两带”现代农业发展格局。新建高标准粮田7.92万亩，新流转土地3万余亩。新建提升辰希缘、绿海圆梦等高效农业示范园区8个，改扩建标准化养殖场7个；新建扩建经济林、苗木基地8个。农民专业合作社达到577家。

工业和建筑业 2015年，全县共有工业企业969家，其中，规模以上工业企业154家。全部工业实现增加值123.1亿元，比上年增长13.3%。其中，规模以上工业增加值113.7亿元，比上年增长14.4%；规模以下工业增加值9.4亿元，比上年增长5%。

规模以上工业23个行业大类中，增加值居前五位的行业为：农副食品加工业、家具制造业、化学原料及化学制品制造业、非金属矿物制品业、食品制造业，分别完成增加值24.6亿元、22.1亿元、11.5亿元、10.2亿元和8.1亿元，分别比上年增长24.2%、40.3%、20.5%、13.6%和51.5%，5个行业合计完成工业增加值76.5亿元，占全部规模以上工业增加值的57.3%。

全年规模以上企业实现主营业务收入505.3亿元，比上年增长16%，产销率达97.7%。实现利税总额65亿元，比上年增长1.25%。其中：实现利润总额48.1亿元，比上年增长2.6%。

全年全社会建筑业增加值5.2亿元，比上年增长9.8%。

国内外贸易 2015年，全县社会消费品零售总额67.7亿元，比上年增长13.0%。按行业分：批发零售贸易业零售额58.6亿元，比上年增长12.3%，占社会消费品零售总额的86.6%；住宿和餐饮业收入额9.1亿元，比上年增长17.3%。按规模分：限额以上企业实现零售额18.7亿元，比上年增长19.1%，限额以下企业实现零售额49亿元，比上年增长10.8%。

对外贸易快速增长。全年外贸出口总额3986万美元，比上年增加50.3万美元，同比增长1.3%。

社会事业 2015年，全县新修改造农村公路79.5公里，硬化道路60公里，综合整治61个重点村，新建村民中心26个，双庙乡单拐村入选河南最美乡村。创建标准化学校32所，3家乡（镇）卫生院、90所标准化村卫生室建成投用。完成17所乡（镇）敬老院综合提升工程，建成农村幸福院50所。兑现惠农资金9726万元；发放小额担保贷款8503万元；城镇新增就业1.25万人，农村劳动力转移就业16.8万人次。城乡居民社会养老保险参保率、新农合参合率分别达97.66%、99.98%。稳定脱贫7500人。

2015年，全县市级以上工程技术研究中心7家，科技服务机构11家。全年申请专利122件，授权专利80件，有效发明专利77件。共有艺术表演团体4个，国内演出1009场，观众66.9万人次。博物馆1个，参观人次34.7万人次。公共图书馆1个，图书总藏量5万册。

2015年，全县共有学校数（含教学点）341所，在校学生（含私立）117968人，教职员工（含私立）8395人，专任教师（含私立）6649人。其中：基础教育在校学生11.7万人；中职教育在校学生978人；学前教育在校学生31346人。

2015年，全县城镇居民人均可支配收入20183.32元，比上年增长9.3%；城镇居民人均消费支出16750.48元，比上年增长34.3%。全年农民人均纯收入11200.7元，比上年增长9.1%。全年居民消费价格总指数为103%，同比上涨3个百分点。对居民生活产生直接影响的八大类商品价格指数除烟酒类外均出现不同程度上涨，其中：衣着类上涨2.3%、食品上涨1.8%、家庭设备用品及维修服务上涨0.5%、居住上涨1.0%、医疗保健和个人用品上涨2.4%、烟酒下降0.7%、娱乐教育文化用品及服务上涨2.1%、交通通信下降2.1%。

人　　物

县委领导

鲁彦峰　1970年5月生，濮阳县人。1988年6月加入中国共产党，1988年10月参加工作，大学学历。1985年9月至1988年7月在濮阳师范学习。1988年10月至1993年3月在南乐县政府办公室工作（其间：1989年9月至1991年7月在河南省委党校政治理论专业本科班学习）；1993年3月至1994年5月任共青团南乐县委副书记（主持工作）；1994年5月至1996年4月任共青团南乐县委书记（其间：1995年4月至1996年4月挂职任梁村乡党委副书记）；1996年4月至1997年8月任中共濮阳县委宣传部副部长；1997年8月至1999年5月任濮阳县庆祖镇党委副书记、镇长；1999年5月至2001年3月任濮阳县两门镇党委书记、人大主席；2001年3月至2007年1月任共青团濮阳市委副书记、党组成员（其间：2001年3月至2003年7月在河南大学研究生课程进修班国民经济专业学习）；2007年1月至2011年6月任濮阳市人民政府驻上海联络处主任（正县级）（其间：2007年10月至2007年12月挂职任上海市嘉定区发展和改革委员会副主任；2009年6月中南财经政法大学高等教育自学考试工商企业管理专业本科毕业）；2011年6月至2011年7月任中共清丰县委副书记，县人民政府党组书记、副县长、代理县长；2011年7月至2014年2月任中共清丰县委副书记、县人民政府县长；2014年2月任中共清丰县委书记。

刘万英　1964年5月生，濮阳县人。1984年5月加入中国共产党，1984年7月参加工作，硕士研究生学历。1981年9月至1984年7月在安阳师专中文科学习；1984年7月至1988年3月任安阳师专中文科团总支书记、政治辅导员（其间：1985年3月至1986年6月在省团校33期团干培训班学习）；1988年3月至1991年10月任濮阳市委宣传部宣传科干事；1991年10月至1994年10月任濮阳市委宣传部干部科副科长；1994年10月至1998年7月任濮阳市委宣传部干部科科长（其间：1997年10月河南大学中文专业自学考试本科毕业）；1998年7月至2003年10月任濮阳有线电视台党支部书记（副县级）（其间：1999年5月至2002年8月任濮阳县习城乡西北庄村扶贫工作队队长、子岸乡大陈村驻村工作队队长）；2003年10月至2004年6月任濮阳广播电视信息网络中心主任（副县级）；2004年6月至2007年3月任中共清丰县委常委、宣传部部长；2007年3月至2011年6月任政协清丰县委员会主席、党组副书记（其间：2004年9月至2007年6月在河南省委党校领导干部在职研究生经济管理专业学习）；2011年6月任中共清丰县委副书记（正县级）。

蔡洪峰 1971年9月生，濮阳县人，中共党员，研究生学历。1987年9月至1990年7月在濮阳第二师范学校学习；1990年8月至1991年7月在清丰县大屯集小学工作；1991年7月至1992年7月在清丰县大屯乡教育组工作；1992年7月至1996年4月任清丰县大屯乡团委书记；1996年4月至1997年9月任濮阳县梁庄乡企委副主任；1997年9月至1999年5月任濮阳县鲁河乡副乡长；1999年5月至2002年4月任濮阳县清河头乡党委副书记、纪委书记；2002年4月至2004年2月任濮阳县纪委常委、正科级检查员（其间：2000年8月至2002年12月在中央党校函授学院经济管理专业学习）；2004年2月至2004年11月任濮阳市党风廉政建设责任制办公室自律工作科科长；2004年11月至2006年4月任濮阳市纪委监察综合室副主任（正科级）；2006年4月至2008年12月任濮阳市纪委第三监察室副主任（正科级）；2008年12月至2009年12月任濮阳市纪委第三监察室主任（正科级）；2009年12月至2013年6月任濮阳市纪委第三监察室主任（副县级）；2013年6月任清丰县委常委、纪委书记（其间：2010年9月至2013年12月参加西北政法大学法律硕士在职研究生班学习）。

祁炳杰 1962年10月生，濮阳县人，中共党员，大学文化。1978年10月至1981年2月在河南省新乡农业机械化学校学习；1981年3月至1990年3月在濮阳县农机公司、县农委工作；1990年3月至1990年10月任濮阳县新习乡党委副书记；1990年10月至1991年5月任

濮阳市农机局人事科科长；1991年5月至1991年8月任濮阳市农机局纪检组副组长（正科级）（其间：1988年9月至1991年6月，在河南大学文秘专业函授学习）；1991年8月至1994年10月任濮阳市农机公司经理、党支部书记；1994年10月至1998年7月任濮阳市农机总站人事科科长（1996年12月兼任农机公司经理）；1998年7月至2002年3月任濮阳市油区综合治理处主任（副县级）；2002年3月至2009年6月任中共台前县委常委、宣传部部长；2009年6月，任中共清丰县委常委、组织部部长。

惠晓杰 1966年10月生，濮阳市华龙区人。1987年8月参加工作，1990年8月加入中国共产党，大学本科学历。1985年9月至1987年7月在河南农业大学农业经济专业学习；1987年8月至1990年2月在濮阳市王助乡农经站工作；1990年2月至1993年4月任濮阳市王助乡人民政府副乡长；1993年4月至1997年1月任濮阳市区岳村乡党委副书记、政府乡长；1997年1月至2001年4月任濮阳市华龙区大庆路街道书记（其间：1997年8月至1999年12月在中央党校经济管理专业函授学习）；2001年4月至2010年5月任清丰县人民政府副县长、党组成员；2010年5月至2011年6月任中共清丰县委常委、宣传部长；2011年6月任中共清丰县委常委、政法委书记。

李志华 女，1974年7月生，南乐县人，

中共党员。1992年8月参加工作，研究生学历。1992年8月至1993年8月在南乐县杨村乡教育组工作；1993年8月至1997年9月在共青团南乐县委工作；1997年9月至2002年2月任共青团南乐县委副书记（其间：2000年7月至2002年12月省委党校法律专业本科学习）；2002年2月至2007年4月任共青团南乐县委书记（其间：2005年7月至2008年6月省委党校政治专业研究生学习）；2007年4月至2007年12月任南乐县张果屯乡党委副书记、乡长（其间：2007年10月至2007年12月上海市嘉定区新城街道办事处挂职）2007年12月至2011年6月任共青团濮阳市委副书记、党组成员（其间：2010年3月被省委组织部确定为重点掌握的年轻副厅级后备干部）；2011年6月至2012年3月任中共濮阳县委常委、统战部长；2012年3月至2015年9月中共清丰县委常委、宣传部长。

戚士杰　1965年3月生，河南省新乡县人。1982年7月参加工作，1986年12月加入中国共产党。硕士研究生。1979年9月至1982年7月在新乡师专学习；1982年7月至1984年7月在新乡县朗公庙中学工作；1984年7月至1994年10月在范县体改委、县委办工作；1994年10月至2002年3月任范县高码头乡副书记、乡长；2002年3月至2007年5月任范县白衣阁乡党委书记；2007年5月至2010年5月任范县财政局局长；2010年5月至2012年3月任清丰县人民政府副县长；2012年3月至2013年6月任中共清丰县委常委、统战部长；2013年6月任中共清丰县委常委、办公室主任。

朱腾强　1970年2月生，范县人。1992年7月参加工作，中共党员，大学本科文化，毕业于郑州大学物理系物理学专业。1992年7月至1998年5月在清丰县高堡乡工作，先后任党委干事、组织委员；1998年5月至2003年10月在清丰县柳格乡工作，任党委委员；2003年10月至2012年6月在濮阳市委统战部工作，先后任副主任科员、主任科员、党外知识分子科科长；2012年6月至2013年6月任濮阳市委副调研员；2013年6月至2015年9月任中共清丰县委常委、统战部长，县政协党组副书记；2015年9月任中共清丰县委常委、宣传部长。

县人大领导

冯海民　1958年1月生，清丰县人。1974年8月参加工作，1983年11月加入中国共产党，大学文化。1974年8月至1977年4月清丰县韩村公社工作；1977年4月至1978年12月清丰县人民银行干部；1978年12月至1980年12月河南省公安干部学校学生；1980年12月至1983年12月在清丰县公安局工作；1983年12月至1985年9月任清丰县公安局政保股副股长；1985年9月至1987年7月任郑州大学政治专业干部专修科学员；1987年7

月至1988年3月任清丰县公安局政办室副主任；1988年3月至1990年3月任濮阳市政法委综治办科员；1990年3月至1993年4月任濮阳市政法委副科级协理员；1993年4月至1994年12月任濮阳市政法委调查研究室副主任；1994年12月至1997年12月任濮阳市政法委政策检查科科长；1997年12月至2000年9月任濮阳市政法委协调督查科科长；2000年9月至2004年10月任清丰县人民政府副县长；2004年10月至2009年6月任中共清丰县委常委、政法委书记（其间，2003年8月至2005年12月中央党校本科班法律专业学习）；2009年6月至2011年6月任中共清丰县委常委、纪律检查委员会书记；2011年6月至2012年4月任清丰县人大常委会党组书记；2012年4月至2012年5月任清丰县人大常委会党组书记、主任；2012年5月至2012年11月任清丰县人大常委会主任、党组副书记；2012年11月任清丰县人大常委会党组书记、主任。濮阳市第六届、第七届人民代表大会代表。

程清彰 1958年11月生，清丰县人。1975年7月参加工作，1981年10月加入中国共产党，研究生学历。1975年7月至1976年6月清丰县人民医院工作；1976年6月至1984年9月历任清丰县供销社机关档案员、办公室副主任、人事科负责人、县社系统团支部书记；1984年9月至1987年3月清丰县编委办公室副主任（其间，1982年8月至1985年8月河南电大濮阳分校中文专业学习）；1987年3月至1991年9月任清丰县人事局副局长兼机关党支部书记；1991年9月至1993年3月任清丰县委宣传部副部长（正科级）兼记者站站长；1993年3月至1998年1月任清丰县固城乡党委书记兼人大主席（其间，1996年4月至1998年3月任在中国社科院研究生院企业管理专业班学习）；1998年1月至2000年9月任清丰县委办公室副主任；2000年9月至2002年4月任清丰县政府党组成员、人事局局长、党组书记；2002年4月至2007年3月任清丰县政府党组成员、人事局局长、党组书记、县编委办公室主任；2007年4月至2012年5月任清丰县人大常委会党组成员、副主任；2012年5月任清丰县人大常委会党组副书记、副主任。

贾建岭 1960年7月生，清丰县人。1981年8月参加工作，1984年10月加入中国共产党，大专文化。1979年9月至1981年7月濮阳师范学生；1981年8月至1986年8月任清丰县公安局干事（其间，1984年8月至1986年8月河南电大濮阳分校行政管理专业学习）；1986年8月至1987年7月任清丰县韩村乡党委秘书；1987年7月至1989年5月清丰县政府办公室干事；1989年5月至1991年5月任清丰县政府办公室秘书；1991年5月至1992年5月任清丰县政府办公室催办查办科科长（副科级）；1992年5月至1993年5月任清丰县政府办公室副主任；1993年5月至1994年8月任清丰县政府办公室副主任、县外事侨务办公室主任（兼）；1994年8月至2002年2月任清丰县仙庄乡党委书记；2002年2月至2006年8月任清丰县粮食局党委副书记、局长；2006年8月至2010年4月任清丰县交通局党组书记、局长；2010年4月至2012年4月任清丰县交通运输局党组书记、局长；2012年4月至2012年5月任清丰县人大常委会副主任；2012年5月任清丰县人大常委会党组成员、副主任。

左海义　1963年12月生，清丰县人。1984年7月参加工作，1986年9月加入中国共产党，大学文化。1981年9月至1984年7月焦作卫校学习；1984年7月至1989年12月清丰县科委工作；1989年12月至1994年9月任清丰县县直党委组委（其间，1987年9月至1990年7月河南省委党校学习）、1993年6月至1994年9月任濮阳市第二制药厂副厂长；1994年9月至1996年4月任清丰县韩村乡纪检书记；1996年4月至1998年1月任清丰县韩村乡党委副书记；1998年1月至2002年2月任清丰县韩村乡企委主任；2002年2月至2009年4月任清丰县韩村乡党委副书记、乡长；2009年4月至2012年4月任清丰县韩村乡党委书记；2012年4月至2012年5月任清丰县人大常委会副主任、韩村乡党委书记；2012年5月任清丰县人大常委会党组成员、副主任。

韩晓东　1976年1月生，清丰县人。1994年7月参加工作，大学学历。1991年9月至1994年7月濮阳第二师范学生；1994年7月至2002年4月任清丰县广播电视局播音员；2002年4月至2004年1月任清丰县广电局副主任科员；2004年1月至2005年9月任清丰县第一高级中学副校长（其间，参加河南财经学院秘书专业自学考试，2004年6月毕业）；2005年9月至2007年3月任清丰县政协机关主任科员；2007年3月至2012年4任月清丰县人大常委会农工委主任、县人大常委会委员；2012年4月至2012年5月任清丰县人大常委会副主任、农工委主任（其间，参加中央党校公共管理专业本科函授，2009年8月毕业）；2012年5月任清丰县人大常委会副主任。濮阳市第六届人民代表大会代表。

王克献　1963年12月生，清丰县人。1982年7月参加工作，1985年5月加入中国共产党，大学学历。1982年7月至1988年9月历任清丰县柳格乡中学教师、教育组业务专干；1988年9月至1990年9月任清丰县教育局办公室干事；1990年9月至1994年9月任清丰县人事局办公室主任兼调配股股长；1994年9月至1998年1月历任清丰县大流乡纪检书记、党委副书记；1998年1月至1999年8月，任清丰县大屯乡人民政府乡长；1999年8月至2002年2月任清丰县马庄桥镇人民政府镇长；2002年2月至2007年10月任清丰县固城乡党委书记兼人大主席；2007年10月至2009年8月任清丰县固城乡党委书记兼人大主席（副县级干部）；2009年8月至2010年10月任清丰县固城乡党委书记（副县级干部）；2010年10月至2012年4月任清丰县人大常委会党组副书记；2012年4月任清丰县人大常委会党组副书记、县人大常委会委员，濮阳市第七届人民代表大会代表。

李忠义　1958年12月生，清丰县人。1975年3月参加工作，1981年11月加入中国共产党，大学学历。1975年3月至1979年10月在清丰县化肥厂工作；1979年10月至1981年9月任濮阳师范学生、团支部书记；1981年9月至1984年9月任清丰县人大常委会干事；1984年9月至1986年9月濮阳市行政干校就学；

1986年9月至1987年3月任清丰县固城乡党委宣传委员；1987年3月至1990年3月历任清丰县委宣传部干事、秘书；1990年3月至1992年6月任清丰县固城乡党委副书记；1992年6月至1994年8月任清丰县纪委常委、监察局副局长；1994年8月至2005年5月任清丰县纪委副书记、监察局局长（其间，1998年8月至2000年12月，中央党校经管专业学习）；2005年5月至2007年10月任清丰县政府党组成员、县纪委副书记、监察局局长；2007年10月至2011年6月任清丰县政府党组成员、县纪委副书记、监察局局长（副县级干部）；2011年6月至2013年6月任清丰县政府党组成员，县监察局局长，县委县政府督查局局长（副县级干部）；2013年6月至2014年5月任清丰县人大常委会党组副书记；2014年5月任清丰县人大常委会党组副书记、县人大常委会委员。

县政府领导

冯向军 1972年7月生，河南省滑县人。1992年4月加入中国共产党，1992年7月参加工作，研究生学历。1992年7月至1997年8月历任清丰县大流乡干部、党委委员、秘书兼党政综合办主任；1997年8月至1999年1月任濮阳市人事局办公室副主任；1999年1月至2007年12月历任濮阳市委组织部副科级组织员、办公室副主任、办公室主任；2007年12月至2011年10月任濮阳市人才工作办公室副主任（副县级）；2011年10月至2012年7月任濮阳市工业园区管委会副主任、党工委委员（正县级）；2012年7月至2014年3月任中共濮阳市委副秘书长、市委市政府督查局局长；2014年3月至2014年5月任中共清丰县委副书记、清丰县人民政府党组书记、代县长；2014年5月任中共清丰县委副书记、县长。

杨理宏 1966年7月生，山东省莘县人。1985年3月参加工作，1987年5月加入中国共产党，大学学历。1985年3月至1988年10月任滑县工商局干部、办公室副主任；1988年10月至1992年8月任范县人事局办公室副主任；1992年8月至1994年6月任范县张庄乡党委副书记；1994年6月至1996年1月任范县陆集乡党委副书记、乡长；1996年1月至1999年9月任范县人事局副局长、党组成员；1999年9月至2002年3月任范县政府办主任；2002年3月至2003年3月任濮阳市市区区委常委、统战部部长；2003年3月至2007年2月任华龙区区委常委、统战部部长；2007年2月至2011年6月任华龙区区委常委、政法委书记；2011年6月任清丰县委常委、常务副县长。

聂培彦 1965年9月生，河南省扶沟县人。1987年10月参加工作，1995年12月加入民建，大学学历，1987年7月毕业于郑州大学英语专业。1987年10月任郑州市干部学校助理讲师；1992年10月历任濮阳市密胺塑料厂干部、科技信息开发部主任、产品开发部副主任；1998年11月任民建濮阳市委秘书长；1999年3月任濮阳市四届政协常委；2000年11月任濮阳市外事侨务办公室副主任；2003年10月任民建濮阳市委副主委；2004年4月任濮阳市五届政协常委；2004年6月任民建濮阳市委副主委、濮阳市五届政协常委、清丰县人民政府副县长。

周秀安　1964年9月生，河南省内黄县人，大学学历，高级工程师。无党派人士。1988年9月参加工作。1984年9月至1988年8月，沈阳农业大学园艺系果树专业学生。1988年9月至1996年12月，任濮阳市林业技术推广站助理工程师，工程师；1996年12月至1997年12月，任濮阳市森林病虫害防治检疫站代理站长(聘用)；1997年12月至2000年11月，任濮阳市森林病虫害防治检疫站副站长(主持工作)；1999年3月任高级工程师；2000年11月至2007年2月，任濮阳市林业局副局长；2007年2月至2015年9月，任范县人民政府副县长；2015年10月任清丰县人民县政府副县长。

岳洪波　1963年5月生，清丰县人。1981年7月参加工作，1985年8月加入中国共产党，本科学历。1981年7月至1983年6月在清丰县六中任教；1983年6月至1992年5月历任清丰县人大干事、秘书、办公室副主任；1992年5月至1998年1月任纸房乡党委副书记、乡长；1998年1月至2002年3月任韩村乡党委书记、人大主席；2002年3月至2011年6月任清丰县总工会主席、党组书记；2011年6月任清丰县人民政府副县长。

常利强　1969年3月生，清丰县人。1990年9月参加工作，1993年12月加入中国共产党，省委党校行政管理专业毕业，研究生学历。1990年9月至1992年2月在清丰县民政局工作；1992年3月至1994年9月任清丰县政府办公室科员；1994年9月至1996年4月任清丰县大屯乡人民政府副乡长；1996年4月至1999年9月任清丰县大屯乡纪委书记；1999年9月至2002年4月任清丰县大屯乡党委副书记、纪委书记；2002年4月至2003年5月任清丰县马庄桥镇党委副书记；2003年5月至2004年7月任清丰县马庄桥镇党委副书记、人大主席；2004年7月至2007年3月任清丰县马庄桥镇党委副书记、镇长；2007年3月至2009年7月任清丰县马庄桥镇党委书记、人大主席；2009年7月至2011年6月任清丰县马庄桥镇党委书记；2011年6月至2012年2月任清丰县委群众工作部部长兼马庄桥镇党委书记；2012年3月任清丰县人民政府副县长。

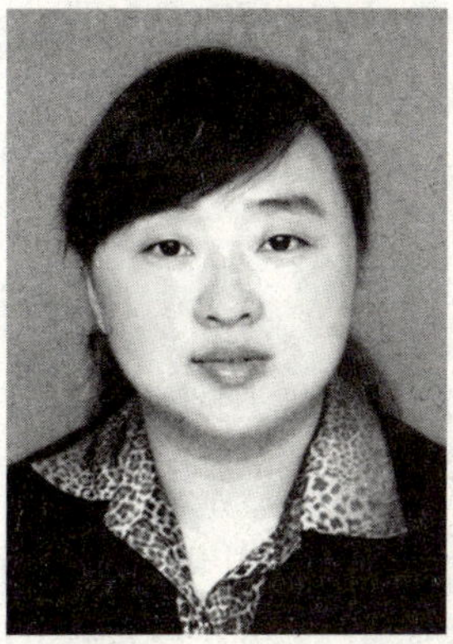

王淑娟　女，1978年10月生，台前县人。1997年5月加入中国共产党，1999年7月毕业于河南师范大学中文系汉语言文学专业，文学学士。1999年8月至2003年9月在濮阳第二师范学校、濮阳外国语高中任教；

2003年9月至2012年3月在濮阳市委办公室工作，任市委督查室副主任；2011年10月任濮阳市委市政府督查局副局长；2012年3月任清丰县人民政府副县长。

张学贤 1963年生，清丰县人。大学文化程度，1982年8月参加工作，1985年加入中国共产党。1982年8月在阳邵乡任教；1984年8月在清丰县教育局工作；1984年10月在共青团清丰县委工作；1986年12月在清丰县委办公室工作；1990年任清丰县委办公室副主任；1997年3月任瓦屋头乡乡长；1997年5月任瓦屋头镇党委书记；2007年3月任清丰县政府县长助理。

范社君 1964年2月生，清丰县人，大学文化程度，1982年7月参加工作，1985年加入中国共产党。1982年7月至1983年6月在清丰县六中任教；1983年6月至1984年8月在清丰县水利局工作；1984年8月至1996年4月在清丰县纪委工作；1996年4月至2002年2月任六塔乡党委副书记、乡长；2002年2月至2009年7月任双庙乡党委书记；2009年7月至2013年5月任清丰县粮食局长；2013年5月任清丰县政府党组成员。

张志民 1963年12月生，濮阳市华龙区人，中共党员，大专学历。1978年8月参加工作，1984年10月参加公安工作，1990年3月加入中国共产党。1984年10月至1990年10月，在濮阳市公安局交警支队任科员；1990年10月至1993年3月在濮阳市公安局任副科级侦察员；1993年3月至1995年5月在濮阳市公安局交警支队任副支队长（副科级）；1995年5月至2003年10月在濮阳市公安局交警支队任副支队长（正科级）；2003年10月至2011年11月在濮阳市公安局交警支队任政委（副县级）；2011年12月至2012年10月任县公安局党委书记、局长；2012年10月任县政府党组成员、公安局党委书记、局长。

县政协领导

刘继光 1960年7月生，濮阳县人，1983年8月加入中国共产党，大学文化程度。1976年4月至1977年7月长垣县轻工局经理部会计；1977年7月至1978年8月任长垣县第二工业局干事；1978年8月至1979年1月任长垣县公安局办事员；1979年1月至1983年10月任长垣县张占公社团委副书记；1983年10月至1984年9月任濮阳县城关镇工干事；1984年9月至1986年7月在安阳师专政史科读书；1986年7月至1987年12月任濮阳县城关镇办公室副主任；1987年12月至2000年9月历任濮阳市委宣传部干事、副科级协理员、副科长、科长、办公室主任；2000年9月至2003年3月任中共濮阳市市区区委常委、办公室主任；2003年3月至2004年10月任中共濮阳市华龙区区委常委、办公室主任；2004

年10月至2009年6月任中共濮阳市华龙区区委常委、区人民政府常务副区长；2009年6月至2011年6月任中共清丰县委常委、县人民政府常务副县长、党组副书记；2011年6月任政协清丰县委员会主席、党组书记。

谭自安　1964年3月生，清丰县人。1981年9月参加工作，1985年4月加入中国共产党，研究生文化程度。1981年9月至1984年9月在清丰制药厂工作；1984年9月至1985年2月在清丰县经委工作；1985年2月至1988年8月任清丰县制药厂副厂长；1988年8月至1990年8月任清丰县制药厂副厂长、党支部副书记；1990年8月至1993年5月任清丰县制药厂厂长、党支部副书记；1993年5月至1999年8月任濮阳市第二制药厂厂长、党支部书记；1999年8月至2000年9月任清丰县经贸委副主任，濮阳市第二制药厂厂长、党支部书记；2000年9月至2002年3月任清丰县经贸委副主任、党组副书记，濮阳市第二制药厂厂长、党支部书记；2002年3月至2003年3月任政协清丰县委员会副主席、党组成员；2003年3月任政协清丰县委员会副主席、党组副书记。

赵怀欣　1963年7月生，清丰县人，无党派，大学专科文化程度，兽医师。1984年8月参加工作，1984年8月至1985年10月在瓦屋头乡兽医站工作；1985年11月至1996年4月在县畜牧局工作；1996年4月至2004年10月任马村乡政府常务副乡长；2004年10月至2007年3月任县人大机关主任科员、农村城建工作委员会主任；2007年3月任政协清丰县委员会副主席，兼任县畜牧局局长。

韩富鹏　1963年5月生，清丰县人，中共党员，大学本科文化程度。1981年8月至1983年9月在大流乡中学任教师；1983年9月至1990年4月任县委机要科干事、机要局秘书；1990年4月至1993年3月古城乡历任纪委书记、党委副书记；1993年3月至1997年3月阳邵乡历任党委副书记、乡长、党委书记；1997年3月至2007年2月县公路局局长、党组书记（其间：1999年8月至2001年12月在中央党校经济管理专业学习）；2007年2月任县财政局局长、党组书记；2012年4月任政协清丰县委员会副主席、党组成员，兼任县财政局局长、党组书记。

刘　磊　1961年9月生，濮阳县人，1978年11月参加工作，无党派，大学专科文化程度。1978年11月至1986年11月在中国人民解放军第43军服兵役；1987年2月至1998年12月在濮阳市劳动就业处工作（其间：1988年5月至1990年5月在开封职工大学中文专业大专学习，1994年6月聘干，1994年7月任科员）；1998年12月至2005年11月任濮阳市劳动就业处职业介绍管理科（市职业介绍服务中心）副科长（副主任）；2005年11月至2007年7月任濮阳市劳动和社会保障局办公室副主任；2007年7月至2009年8月任濮阳市劳

动和社会保障局劳动就业和工资科主任科员；2009年8月至2011年1月任濮阳市劳动和社会保障局养老和失业保险科科长；2011年4月任政协清丰县委员会副主席，兼任濮阳市人力资源和社会保障局养老保险科科长。

郝林考 1955年3月生，清丰县人。1974年3月参加工作，中共党员，大学专科文化程度。1974年3月至1988年3月在清丰县仙庄乡人民政府工作（1988年2月转干）；1988年3月至1991年5月任清丰县委办公室综合材料组组长（其间：1982年9月至1985年9月在河南电大中文专业学习）；1991年5月至1992年5月任清丰县政府接待处秘书；1992年5月至1993年3月任清丰县马村乡党委副书记；1993年4月至1994年8月任清丰县马村乡党委委员、企委主任；1994年8月至2000年9月任清丰县马村乡党委副书记、人民政府乡长；2000年9月至2004年10月任清丰县巩营乡党委书记；2004年10月至2007年3月任清丰县巩营乡党委书记、人大主席（副县级）；2007年2月至2012年1月任清丰县人民政府县长助理、党组成员；2012年1月任政协清丰县委员会党组副书记。2015年3月退休。

乔亚洲 1960年11月生，清丰县人。1981年2月参加工作，中共党员，中央党校本科学历。1981年2月至1988年1月在清丰县六中工作（其间：1986年5月录干，1982年8月至1985年8月在濮阳电大中文专业学习；1985年8月至1987年7月，在濮阳教育学院中文专业学习）；1988年1月至1992年5月任中共清丰县委统战部干事、秘书；1992年5月至1993年

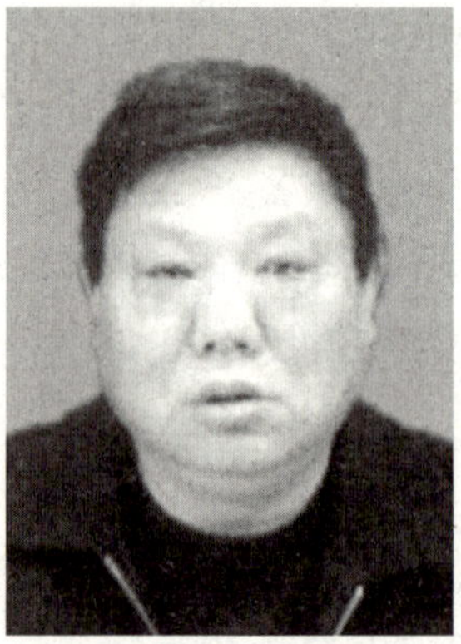

5月任清丰县仙庄乡党委任副书记；1993年5月至1994年8月任清丰县仙庄乡党委副书记、乡人大主席；1994年8月至1997年5月任清丰县马村乡党委副书记、乡长；1997年5月至1998年9月任清丰县固城乡党委副书记、乡长；1998年9月至2002年2月任清丰县王什乡党委书记；2002年2月至2002年4月任清丰县韩村乡党委书记；2002年4月至2007年10月任清丰县韩村乡党委书记、乡人大主席（其间：2004年8月至2006年12月在中央党校函授学院法律专业学习）；2007年10月至2009年7月任清丰县副县级干部、韩村乡党委书记、乡人大主席；2009年7月至2013年5月任清丰县副县级干部、县民政局局长、党组书记；2013年5月至2014年9月任清丰县副县级干部、县民政局局长、党组副书记；2014年9月至2015年7月任清丰县副县级干部、县民政局党组书记；2015年7月，任清丰县政协党组成员、经济科技委员会主任。

郭琰利 1969年2月生，清丰县人。1988年8月参加工作，中共党员，中央党校本科学历。1988年8月至1990年11月在清丰县王什乡中学任教师；1990年11月至1991年10月在清丰县王什乡教育组任少先大队总辅导员；1991年10月至1993年5月在清丰县委社教办任干事；1993年5月至1998年9月历任清丰县委宣传部干事、秘书、办公室主任（其间：1991年8月至1994年7月在

濮阳教育学院中文专业学习）；1998年9月至1999年11月任清丰县委宣传部副主任科员；1999年11月至2002年4月任中共清丰县纪委常委；2002年4月至2003年5月任清丰县大流乡党委副书记、乡长（其间：2003年1月至2003年5月主持大流乡党委政府全面工作）；2003年5月至2005年12月任清丰县大流乡党委书记（其间：2004年08月至2006年12月在中央党校函授学院法律专业学习）；2005年12月至2009年5月任清丰县大流乡党委书记、乡人大主席；2009年5月至2012年5月任清丰县副县级干部、大流乡党委书记；2012年5月至2015年7月任清丰县副县级干部、县科技局局长、党组副书记；2013年7月至2015年7月任清丰县副县级干部、县科技局局长、党组书记；2015年7月任清丰县政协党组成员、学习文史委员会主任。

县委群工部领导

乔社巧 女，1965年2月生，清丰县人。1990年5月加入中国共产党，研究生学历。1984年9月至1987年6月在郑州牧专学习；1987年8月至1993年5月历任清丰县纸房乡妇联副主任、主任；1993年5月至2002年3月历任清丰县纸房乡党委组织委员、副乡长、党委副书记（其间，1999年9月至2001年12月在中央党校经济管理专业学习）；2002年3月至2007年3月公开选拔任仙庄乡党委副书记、乡长（其间，2002年9月至2004年12月在首都经贸大学工商管理研究生班学习）；2007年3月至2012年3月任清丰县人大常委会副主任、党组成员；2012年3月任县委群众工作部部长。

县人武部领导

张廷茂 1971年4月生，濮阳县人。1990年11月加入中国共产党，1990年毕业于南京政治学院，本科文化程度。1989年3月至1990年4月河南省军区教导大队队务处打字员；1990年4月至1990年10月任河南省军区教导大队勤务分队文书；1990年10月至1991年8月任河南省军区教导大队政治处保密员；1991年8月至1993年7月郑州高炮学院十二队学员；1993年7月至1999年7月任河南省濮阳市军分区政治部干事；1999年7月至2001年3月任河南省濮阳市市区人武部政工科干事；2001年3月至2002年3月任河南省濮阳市军分区政治部干事；2002年3月至2003年1月任河南省濮阳市陆军预备役防化团政治处组织股股长；2003年1月至2004年4月任河南省濮阳市军分区政治部干事；2004年4月至2007年2月任河南省清丰县人武部政工科科长；2007年2月至2012年3月任河南省濮阳市军分区政治部干事；2012年3月至2013年3月任河南省范县人武部部长；2013年3月任河南省清丰县县委常委、人武部政治委员、人武部党委书记。

刘大强 1971年10月生，河北省乐亭县人。1992年8月加入中国共产党，1995年毕业于广州通信学院，山东大学在职研究生文化程度。1990年3月至1993年9月在五十四集团军通信团战士；1993年9月至1995年7月广州通信学院学员；1995年7月至1997年3月任五十四集团军通信团排长；1997年3月至

1997年9月任五十四集团军通信团政治处宣传股干事；1997年9月至1998年2月任五十四集团军通信团副指导员；1998年2月至1998年12月任五十四集团军通信团政治处组干股干事；1998年12月至2003年1月任五十四集团军司令部通信处参谋；2003年1月至2006年1月任五十四集团军电子对抗营技术室主任；2006年1月至2008年1月任五十四集团军电子对抗营营长；2008年1月至2013年3月任五十四集团军通信团副团长；2013年3月任河南省清丰县人武部部长。

谢德银 1976年6月生，范县人。1994年12月入伍，1997年6月加入中国共产党，本科文化程度。1994年12月至1996年3月二十集团军炮兵旅侦察连战士；1996年3月至1998年6月任二十集团军炮兵旅教导队教练班长；1998年6月至1999年2月济南陆军指挥学院学员；1999年2月至2001年2月任二十集团军炮兵旅某营部指挥排长；2003年2月至2004年8月任二十集团军炮兵旅某营某连指导员；2004年8月至2006年3月任清丰县人武部政工科干事；2006年3月至2009年6月任华龙区人武部政工科副营职干事；2009年6月至2015年2月任范县人武部军事科正营参谋（兼任濮阳军分区装备仓库主任）；2015年2月任清丰县人武部副部长。

管曙光 1973年5月生，濮阳市人。1995

年7月加入中国共产党，1999年毕业于中央党校，本科文化程度。1990年12月至1993年9月济南军区空军机务训练团战士；1993年9月至1996年1月空军第一航空学院学员；1996年1月至2011年6月任河南省濮阳市军分区政治部干事；2011年6月任河南省清丰县人武部副部长。

县法院领导

石文英 女，1967年1月生，河南省汤阴县人。1986年1月参加工作，1995年6月加入中共党员，硕士研究生学历，1986年1月至1992年10月任濮阳市中级人民法院书记员；1992年10月至1999年5月任濮阳市中级人民法院刑二庭助审员；1999年5月至2004年6月任濮阳市中级人民法院刑一庭副庭长、审判员；2004年6月至2004年9月任濮阳市中级人民法院民二庭副庭长、审判员；2004年9月至2007年5月任濮阳市中级人民法院法律业大分部主任、审判员；2007年5月至2008年9月任河南省法官进修学院濮阳分院院长、审判员；2008年9月至2008年11月任河南省法官进修学院濮阳分院院长、副县级审判员；2008年11月至2011年8月任濮阳市中级人民法院刑一庭庭长、副县级审判员；2011年8月至2012年4月任清丰县人民法院党组书记、代院长；2012年4月任清丰县人民法院党组书记、院长。

县检察院领导

裴大伟　1968年10月生，濮阳市开发区人。中共党员，大学文化，1987年9月参加工作，三级高级检察官。1987年8月至1988年11月，在濮阳市体校工作；1988年11月至1993年5月先后任濮阳市体委干部、场地器材管理科副科长；1993年5月至2011年11月历任濮阳市人民检察院侦查监督处副处长、法警支队支队长、监所检察处处长；2011年11月至2012年6月任清丰县人民检察院党组书记、代检察长；2012年6月任清丰县人民检察院党组书记、检察长。

县总工会领导

葛英华　女，1968年3月生，范县人。1994年11月加入中国共产党，首都经贸大学经济法专业毕业，硕士研究生学历。1987年7月至1990年9月在濮阳市区岳村乡一中任教；1990年9月至2009年7月历任清丰县统计局科员、工业股股长、副局长、党组成员、局长、党组书记；2009年7月至2011年6月任纸房乡党委书记；2011年6月任清丰县总工会主席、党组书记。

县产业集聚区领导

王相俊　1965年9月生，清丰县人。中共党员，本科文化。1982年7月滑县师范学校毕业，1982年7月在清丰县农中任教（1983年9月至1986年7月在郑州大学学习）；1987年9月历任清丰县阳邵乡团委书记、乡党委组织委员、副书记、乡长；1998年1月任清丰县韩村乡乡长；1999年8月任清丰县纸房乡党委书记（1999年9月至2001年12月在中央党校学习）；2002年2月历任清丰县柳格乡党委书记兼人大主任；2009年6月任清丰县政府党组成员、产业集聚区管委会主任、党组副书记。2013年5月任清丰县政府党组成员、产业集聚区党工委书记。

高现军　1965年2月生，清丰县人。中共党员，本科文化。1984年6月安阳农校学校毕业，1984年7月内黄县城关镇干事；1986年6月任内黄县团委干事；1988年12月任清丰县党史办干事；1990年4月任清丰县委组织部组织组组长；1994年9月任清丰县高堡乡党委副书记；1998年1月任清丰县团委书记；2001年8月任清丰县委办公室副主任；2003年5月任清丰县委办公室副主任、县国家保密局局长；2005年5月任清丰县县委办公室常务副主任、县国家保密局局长；2007年2月任清丰县人民政府党组成员、县人事局局长、党组副书记；2007年4月任清丰县人民政府党组成员、县人社局局长、党组书记；2013年5月任清丰县产业集聚区管委会主任。

中共地方组织

中共清丰县委员会

书　　记　鲁彦峰

副 书 记　冯向军　刘万英

常　　委　蔡洪峰　杨理宏

祁炳杰　惠晓杰

李志华（女，2015年9月离）

戚士杰　张廷茂

朱腾强

县委办公室

主　　任　戚士杰

副 主 任　范军民　武顺杰

谷豪剑（2015年12月任）

纪 检 员　谷豪剑（2015年12月离）

程　浩（2015年12月任）

副主任科员　梅宏达　张国卫

韩丽英（女，2015年12月任）

信息中心主任　刘志防

综合考评服务中心主任

唐雪霞（女，2015年12月任）

县纪委

书　　记　蔡洪峰

常务副书记　赵传峰

副 书 记　王洪涛　白雪冰（女）

常　　委　曹　捷　何耀伟

李培民　李勤成

陈凤琪

纪 检 员　韩　军（2015年7月任）

县监察局

局　　长　赵传峰

副　　局　李培民

县纪委办公室

主　　任　刘万玺

县纪委干部管理室

主　　任　董跃广（2015年12月任）

县纪委监察综合室

主　　任　郭培冉（2015年7月离）

县纪委信访室

主　　任　王瑞平（2015年12月离）

李国涛（2015年12月任）

县纪委案件审理室

主　　任　韩　军（2015年7月离）

王全兵（2015年12月任）

县纠风室

主　　任　张再源（2015年12月任）

县纪委第一纪检监察室

主　　任　李勤成

县纪委第二纪检监察室

主　　任　陈留军（2015年12月离）

县纪委第三纪检监察室

主　　任　卢延文（2015年12月任）

县纪委农村党风室

主　　任　王治理

县纪委教育调研法规室

主　　任　刘万玺（2015年7月离）

县纪委案件管理室

主　　任　赵耀军

县纪委执法监察室

主　　任　杨晓雷

县纪委党务公开室

主　　任　王文韬

县廉洁自律办公室

主　　任　王君萍（2015年7月任）

县优化经济发展环境办公室

主　　任　郭怀刚（2015年7月任）

县网上审批及电子监察中心

主　　任　高亚飞（2015年8月任）

县党风廉政教育中心

主　　任　陈建玺（2015年12月任）

县委巡察办

主　　任　刘万玺（2015年7月任）

副 主 任　弓克俭（2015年12月任）

史媛媛（2015年12月任）

县督查局

局　　长　任建华（2015年7月离）

武顺杰（2015年7月任）

副 局 长　葛景恩　徐　杰

县委组织部

部　　长　祁炳杰

常务副部长　王付臣

副 部 长　岳清泉　李　永

纪 检 员　王艳华（女）

正科级组织员　王艳华（女）　王少龙

张晓南（2015年12月任）

县委组织部办公室

主　　任　任文刚

县委组织部干部监督室

主　　任　田丽霞（女，2015年12月任）

县委组织部党员电化教育室

主　　任　张　敏（2015年12月任）

县委知识分子工作办公室

主　　任　关留刚（2015年12月任）

县委组织部信息管理办公室

主　　任　张　欢（女，2015年12月任）

县委巡察办（组）

主　　任　刘万玺

正科级巡察专员

董国勇（2015年7月任）

郭丽娟（女，2015年7月任）

副 主 任　史媛媛（女，2015年12月任）

副科级巡察专员

樊　帆（2015年12月任）

施沛军（2015年12月任）

县委宣传部

部　　长　李志华（女，2015年9月离）

朱腾强（2015年9月任）

常务副部长　张芳发

副 部 长
文明办主任　李发民

副 部 长　邵志强　王世勇

徐社军

副科级纪检员　赵述彦

文明办副主任　闫志斌（2015年12月任）

主任科员　韩继考

副主任科员　郭少松（2015年12月任）

县直机关工作委员会

书　　记　朱鸿飞

副 书 记　李淑英（女，2015年12月任）

县委统战部

部　　长　朱腾强（2015年9月离）

常务副部长　李运功

副 部 长　聂兆智　周广田

纪 检 员　潘剑勇

县委政法委

书　　记　惠晓杰

常务副书记　郝自献

副 书 记　唐志轩　刘大杰

李现士

纪工委书记　杨文轩（2015年8月离）

张国伟（2015年8月任）

综治办主任　弓晓方

防范办主任　李现士（兼）

国安办主任　刘大杰（兼）

维稳办主任　杨文轩（2015年8月任）

张国伟（2015年8月离）

综治办副主任　岳耀习

国安办副主任　杨军涛

防范办副主任　李濮兵
维稳办副主任　孟玉臻
主任科员　田再普
　卢同书（2015年10月退）
副主任科员　马宏力　孙文中

县委群众工作部（信访局）

群工部长　乔社巧
常务副部长
信访局长　李自谦
党组书记
正科级信访督查专员　徐元光
副部长
副局长　王国玉　王炳雷
纪检组长　赵锐奇（2015年12月任）
副科级信访督查专员
　赵锐奇（2015年12月离）
　徐安聚（2015年12月任）

县委机构编制办公室
（县事业单位登记管理局）

主任　张相斋
副主任
局长　尚建锋
纪检员　马兰昌

县委老干部局

局长　李正选
副局长　王占波　程云宇
纪检员　寇本月

县保密局（保密委办公室）

局长
主任　赵丽华（女）
副主任
副局长　谢晓飞　段成文

县委党校

校长　刘万英
常务副校长　刘瑞芬（女）
副校长　刘彦军
纪检员　郑要强（2015年10月任）
副主任科员　任怀科　张瑞杰

县委党史研究室

主任　郭正义
副主任　高国显（2015年10月离）
　李文奇（2015年10月任）
纪检员　吴志超（2015年10月任）

县档案局

局长　何　超
副局长　高正国
纪检员　石振刚（2015年12月任）
副主任科员　李玉淑（女）

县委农村工作办公室

主任　丁双记
副主任　王庆民（2015年8月离）
　石付顺

县委办公室工作

概况　2015年，县委办公室以打造“作风最正、素质最硬、效率最高、形象最好”办公室为目标，着力提高“三服务”水平，确保了县委工作高效运转。全年起草、审核文稿120余份，核发文件118份、简报8种190期。全年编发《清丰信息》69期、《领导参阅》3期。上报信息被省委信息刊物采用单条64条，综合62条，专报2期；被市委信息刊物采用单条69条，专期2篇，综合109条，受到各级领导批示5次。全年共收发办理明传电报1820份5800余页，密码电报270份1900余页，无一漏办、错办。被评为“全市调研工作先进单位”“全市党委系统信息工作先进单位”。

事务服务　2015年，县委办公室贯彻落实中央八项规定，精简压缩会议议程和时间。全年共筹办全县经济工作会议、创建国家园林县城誓师大会等大型会议40余场次，迎接省市领导和兄弟县区莅清考察调研等活动20余次，接待全市观摩考核3次，优质服务了市委第二巡察组巡察等活动。

综合协调 2015年，县委办公室充分发挥承上启下的枢纽作用，围绕县委中心工作、热点难点问题、重要活动、重大事件等，主动搞好领导之间，与人大办、政府办、政协秘书处之间，部门之间，上下级之间的沟通协调，确保各项工作顺利推进。坚持全面服务和重点服务相结合、常规服务和应急服务相结合、对内服务和对外服务相结合，有效提升了“三服务”水平。

自身建设 以“五个坚持”总体要求为遵循，组织学习培训，提升干部综合素质。深化干部队伍作风建设，通过民主生活会等形式，开展批评与自我批评，增强干部队伍向心力和凝聚力。

（楚亚娟）

纪检监察

概况 2015年，县纪检监察部门不断加强自身和党风政风监督，开展惩防体系及宣传教育活动，加大案件查办及管理力度，依法进行案件审理，信访处理及巡察工作等成效明显。至年底，全县初核案件线索103件，转立案89件，结案88件。查处违反中央八项规定问题18件，责任追究21人；查处群众身边腐败案件94起，党政纪处分90人，组织处理6人；追究问责党政领导干部16人，党政纪处分12人，组织处理4人。依法审理各类违纪违规案件166起，妥善处理信访举报件154件次。

纪检队伍建设 2015年，县委巡察工作领导小组成立，下设办公室（简称县委巡察办），设立5个巡察组。围绕“三转”要求，拟定县纪委内设改革方案，率先在全市试行开展工作。全年委局机关提拔重用到正科级岗位6人、副科级岗位16人，引进高学历人才1名。调整县直纪检组长（纪委书记）35人。其中新提拔任命24人，提拔到副局长或正科级岗位11人。3月邀请市纪委、市委党校等有关专家学者授课，全面提升纪检监察干部业务能力；与市、县文明办加强组织协调，经常性开展读书学习、文化体育等各类特色活动，成功创建省级文明单位；出台了《乡（镇）纪委书记、副书记提名考察办法（试行）》《县纪委派驻纪检组组长、副组长提名考察办法（试行）》《县管企业、事业单位纪委书记、副书记提名考察办法（试行）》，为全县党风廉政建设和反腐败斗争提供了坚强组织和制度保障。

（刘万玺 董跃广）

惩防体系及宣传教育 2015年，县纪检监察部门开通“廉洁清丰”新浪官方政务微博，发布3779条次；开设廉政文化电视宣传专栏，累计播放廉政公益广告920条次、廉政歌曲560多首次；竖立廉政文化宣传栏、廉政标牌30余块，建成2个廉政文化主题公园；开展廉政春联下乡义写活动，书写廉政对联2600余副；以和谐公园为依托，精心打造清风文化苑，已完成前期规划设计工作；组织全县900名科级干部和部分单位重点股室长到市警示教育基地接受警示教育。

（王君萍）

案件查办及管理 2015年，县纪检监察部门梳理修订案件查办和案件管理工作制度，加强与公、检、法、司、审计等部门的协作，改善案件结构，规范办案程序，严格案件审理，做到了依纪依法安全文明办案。全年初核案件线索103件，转立案89件，结案88件。其中涉及科级干部18件；自办案件48件，较上年增加8件；贪污贿赂案件50件，较上年增加6件。共处理违纪人员88人，其中，组织处理1人，党纪处分82人，政纪处分14人，双重处分9人。

（赵耀军）

党风政风监督 2015年，县纪检监察部门多措并举，进一步加强党风廉政建设和反腐败惩治力度。一是持之以恒纠正“四风”。盯紧重要时间节点、重点娱乐消费场所，发挥“互联网+”作用，在全市率先建立县乡村三级联动的党风政风电子监督平台。全年查处违反中央八项规定问题18件，责任追究21人，其中党政纪处分14人，组织处理7人；下发通报6期，通报曝光典型案件13起；在全县开展党员干部作风突出问题专项治理，查处违反作风纪律问题44起，党政纪处分29人，组织处理15人。二是严查群众身边的不正之风和腐败问题。建立完善查办案件内部协调机制，对涉及群众身边的“四风”和腐败问题线索，“一支笔”签批，“一站式”办公，着力解决线索移交、案件签批、纪律审理等办案环节的协同问题。查处群众身边腐败案件94起，党政纪处分90人，组织处理6人；开展涉医领域损害群众利益突出问题专项治理，上缴红包、回扣13.24万元；开展“懒政怠政、为官不为”问题专项治理，查处懒政怠政、为官不为类案件19件，党政纪处分19人。三是推动“两个责任”落实。以严明政治纪律和政治规矩为重点，严格落实“一案双查”制度，从严问责追究。全年追究问责党政领导干部16人，党政纪处分12人，组织处理4人，其中党政“一把手”5人。

（王治理）

案件审理及信访 2015年，县纪检监察部门严格按照案件审理“二十四字”方针要求，依纪依法审理各类违纪违规案件166起。按照“分级负责、归口处理”的原则，共受理检举控告类信访举报件154件次，全部妥善处理，未发生一起业务内集体访和越级访。

（王全兵 李国涛）

巡察工作 2015年，县委巡察办共开展三轮巡察，覆盖9个县直单位、9个乡（镇），乡（镇）延伸到行政村。至年底，全县共接受来信（电）来访36件（次），发现问题47个，提出整改意见和建议64条。

（史媛媛）

督查工作

概况 2015年，县督查局围绕县委县政府中心工作，以创新督查方式为依托，以提高督查实效为目标，坚持重点督查和平时督查相结合，持续督查和突击督查相促进，督查工作取得新成效。被市委、市政府评为“2015年度全市督查工作先进单位”。

专题督查 2015年，县督查局开展了产业集聚区建设、城市综合提升、农业农村工作、文教卫生等各项专题督查工作。一是对“三个一批”48个重点项目进行分类督查，适时召开观摩会、点评会，奖优罚劣，推进了各项工作任务落实。二是明确专人盯紧、抓好重点项目手续办理工作的督促落实。三是坚持重点督查与全面督查相结合，持续督查与突击督查相促进，保持对重点工作的强力督查。

专项查办 2015年，县督查局对领导批示件、网民留言、市长信箱及群众反映的热点、难点问题速查速办。接到查办通知，安排工作不过夜，迅速组织有关部门或牵头组织力量查办，做到批则必查、查则必清、办则必果，在规定期限内如实上报办理情况。2015年，共办理领导批示16件、网民留言178条，受理群众向市长信箱反映问题297条，按期办结率100%。

建议提案办理 2015年，县督查局认真履行人大代表建议和政协委员提案督办职能，通过完善督办机制，着重解决“重答复、轻落实”的问题。对关系清丰县经济社会发展、民生问题的重要建议、提案进行专项督办，将有关部门的答复情况列入台账管理，督查督办，促进落实。今年共办结市、县人大代表建议67件，政协委员提案92件。

组织实施考核　2015年，县督查局健全完善综合考评办法及实施细则，把结果考核与过程考核有机结合起来，突出重点，公正公平，增强可操作性和科学化水平。一是组织实施2015年度综合考评，并将综合考评结果运用到干部任用中。二是注重加强主要经济和社会发展目标运行情况的监测分析，对目标运行中出现的问题积极协调，推动各项工作目标平稳有序运行。三是认真实施乡（镇）“结对赛”考核，同时将考核结果按比例计入年终综合考评中。激励、调动了各乡（镇）工作的积极性，促进了清丰经济社会的全面发展。

（白雪霏）

组织工作

概况　2015年，县委组织部深入实施干部人事制度改革，强化干部教育培训和监督管理，加大困难党员和老党员的关爱度，全县党员队伍稳定有力，党员素质和水平明显提升，为县域经济发展提供了组织保障。

基层党组织　至2015年底，全县共有基层党组织1008个。其中：党委24个、党总支37个、党支部947个，另有党组57个、县派机关工委3个。基层党委有城关镇、韩村乡、固城乡、马庄桥镇、柳格镇、双庙乡、纸房乡、六塔乡、瓦屋头镇、仙庄镇、巩营乡、马村乡、高堡乡、古城乡、大屯乡、大流乡、阳邵乡、县人民医院、县商贸总公司、县粮食局、县供电公司、县一高、县国税局；部门党委有县公安局。全县共有中共党员31398名（正式党员30936名、预备党员462名）。其中，女性党员5558名，少数民族党员8名。

党员队伍建设　2015年，县委组织部按照“坚持标准，保证质量，改善结构，慎重发展”的方针，继续实行发展党员目标管理责任制和票决制、公示制、责任追究制，从临界监控、扩大公示范围、加大责任追究力度等三个方面进一步完善“两推三审一考”发展农村党员制度。全年新发展党员462名。其中，35岁及以下265名，高中以上文化程度292名，女党员74名，分别占新发展党员总数的58%、64%、16%，党员队伍的年龄、文化和素质结构进一步改善。以学习党的十八大精神为主题，继续实施“百千万”农村党员干部培训工程，着力抓好农村“两委”干部及广大党员的政治理论教育工作。农村党支部每季度开展一次“学党章、温誓词、唱吃亏歌”党性教育活动。按照“因需施教、分类培训”的原则，探索基层党员干部“差别化”培训模式。围绕农村中心工作，分4期举办全县村支部书记轮训班；围绕适应新角色，赴山东寿光举办新任村支部书记入门班；围绕培养典型，赴新乡举办先进村支部书记拔高班；围绕整顿提升，举办后进村支部书记补强班；围绕精准扶贫，举办驻村第一书记扶贫攻坚培训班；围绕提高技能，举办农村党员骨干素质能力提升班。全年共举办6个类型的培训班，培训农村党员干部3800人次，增强了培训的准确性和实效性。7月1日，对工作成绩突出的298名优秀共产党员、40名优秀党务工作者进行了表彰。

党员救济　2015年春节期间，县委组织部对490名（1名市优秀共产党员，351名建国前老党员，138名困难党员）困难党员和老党员进行了慰问，发放慰问金9.16万元。协调民政、财政等部门，完成了全县322名新中国成立前老党员2015年生活补贴的发放工作，发放补贴金168万元。

干部状况　2015年，全县共有在职科级干部867名（含在科级岗位上任职的“县级干部”14

名），正科级干部329名，副科级干部524名。乡（镇）科级干部229名，县直单位科级干部638名（含在科级岗位上任职的“县级干部”14名），正科级实职212名（含在科级岗位上任职的“县级干部”14名），正科级副职56名；副科级副职370名；正科级非领导职务75名，副科级非领导职务154名。在全县867名科级干部中，男干部724名，占83.5%；女干部143名（其中在正科级正职岗位上任职的14名），占16.5%，35岁以下科级干部70名，占8%；非中共党员干部63名，占7.2%，少数民族干部1名。

干部人事制度改革 2015年，县委组织部采取多项措施对干部人事制度进行改革。一、创新干部考核评价机制。围绕干部日常纪实，加强日常考核，提升考核的及时性、全面性和准确性。（一）乡（镇）试行“2+N”考核模式。“2”即日常考核和年终考核；“N”即各乡（镇）根据阶段性工作自荐考核项目。日常考核结合党建工作台帐，综合领导班子及干部队伍建设、基层组织建设、党员队伍管理等专项工作，每季度进行一次，重点了解乡（镇）季度工作开展情况、领导班子队伍及基层组织建设状况等。（二）县直单位开展“大走访”活动。依托干部日常工作纪实，通过深入单位“一线”实地核查、组织座谈、科级干部逐人述职等方式，掌握干部工作开展情况、工作状态及班子的运行状况等。年内，先后走访县民政局、县食品药品监督管理局等76个单位。

固城乡自荐考核项目——党员“五带头”活动

二、深化拓展“青年干部净化提升工程”。持续加强青年干部培养，提升青年干部素质，为清丰发展储备坚实的后备力量。（一）组织青年干部座谈会。组织35岁以下优秀青年干部座谈会，搭建青年干部交流平台，让36名青年干部广泛发表对青年干部培养的意见建议。（二）组织青年干部素质测试。组织全县167名32周岁及以下公务员参加素质测试，激励青年干部学习自觉性和主动性。（三）综合提升青年干部素质。选派3名优秀年轻正科级干部到上海嘉兴挂职锻炼；选派10名优秀青年干部到县产业集聚区行政服务中心参与县委中心工作；选派10名青年干部充实到招商小分队，增强综合提升能力；选派3名选调生到市委组织部、1名选调生到市委编办、1名干部到市督查局挂职锻炼。

三、配优配强各级领导班子。（一）在乡（科）级干部选用和调整过程中，严格实行民主推荐制度，严格组织考察、公示，全年共调整干部4批135人。（二）选用干部注重向“一线”倾斜，向苦干实干的干部倾斜，切实树立起“干与不干不一样、干多干少不一样”的良好干部选用导向。2015年，在重点乡（镇）、发改、市政、城建、教育等一线部门选用干部43人，占全年干部调整的32%。（三）积极组织、审核、推荐乡（镇）符合条件的优秀村支书、村主任参加全省从优秀村支书、村主任中考录乡（镇）公务员考试，8名优秀村支书、村主任进入乡（镇）公务员队伍。

四、以推进干部工作制度化规范化为目标，扎实做好日常业务工作。（一）严格按照省市委要求，做好了被采取强制措施、受党政纪处分人员的工资待遇清查工作。（二）做好了到龄退休干部的退休手续办理工作。（三）做好了公务员变更登记、科办员及中层干部任免、青年干部统计及档案管理工作等。

干部教育培训 2015年，县委组织部围绕《“十三五”干部教育培训规划》，结合实际，注重实效，多形式、多渠道抓好干部教育培训工作，干部队伍素质得到了明显提高。一是举办了科级干部春季主题培训班。以县委党校为主阵地，以贯彻落实习近平总书记系列重要讲话精神，突出从严治党、依法行政为主题，以培养干部理想信念、提高推动科学发展、促进社会和谐能力为重点，有针对性地调训142名乡（科）级干部。二是举办了优秀中青年干部主题培训班。以加强青年干部理想信念教育，提升青年干部主动融入大局、服务大局的能力为主题，首次将户外拓展训练引入党校培训课堂，开展达·芬奇密码、信任背摔、翻越毕业墙等项目。三是圆满完成上级调训任务。组织县委副书记、县长冯向军，县委常委、统战部部长朱腾强，高堡乡党委书记马石磊赴上海嘉兴挂职锻炼学习；组织县人大副主任韩晓东、县商务局局长徐拥军、县工信委主任李国增赴郑州参加濮阳市电子商务培训班；组织省选调生王如峰参加省委党校青干班；组织县委常委、组织部长祁炳杰到吉林参加全国组织部长加强基层组织建设主体培训班；组织县政府党组成员范社君、县人大党组副书记、县工会主席葛英华等8名县级干部，县委宣传部副部长、县文明办主任李发民等28名科级干部参加市委党校组织的主题培训班。

干部监督管理 一是严肃干部选用工作责任追究，强化用人失察失误追究措施，进一步明确干部推荐、考察、决策等环节的责任主体和责任内容，增强了各级干部对干部选拔任用工作的责任意识。二是严格落实《清丰县干部监督工作联席会议及信息沟通实施办法》，将全县所有在职在岗干部职工全部纳入干部监督管理范围，联席会议成员单位每月报送一次干部监督信息，发现问题，记入干部监督档案。三是将县公安局和法院干部纳入联审范畴，通过公、检、法、纪委四家执法执纪联审，进一步规避了干部带病提拔问题的发生。四是做好了干部出生日期、参加工作时间和入党时间“三审定”工作。1月对转入清丰县管理的工商局、质监局、药监局的24名科级干部档案中的出生时间、参加工作时间进行了审定，9～10月对新提拔的60名干部档案中的出生时间、参加工作时间进行了审定。五是继续实行证件押金管理制度，切实加强出国（境）证件的管理。2015年共计对10名乡（科）级干部因私出国（境）手续进行了审查。8月，联合县公安局对全县科级及以上干部因公出国（境）情况进行排查，收回出国（境）证件39本。

人才队伍建设 2015年，县委组织部修改完善《清丰县优秀专业技术人才评选办法》，评选出30名第五批优秀专业技术人才。联合县人社局、科技局、工信委、发改委成立清丰县人才工作服务站，为19家事业单位引进36名高学历人才。

农村党建 一是争取252万元的党建工作专项经费；量化了基层党建工作目标任务和推进措施，县委书记、组织部长、乡（镇）党委书记分别明确了党建创新领办项目；实行县级领导干部联系乡（镇）、重点项目企业，乡（科）级干部联系基层党支部工作制度，34名县级党员领导干部和120余名乡（科）级干部分别确立了农村基层党建工作联系点。二是继续实行“一定两评三公开”党建工作责任制，县、乡（镇）、村层层建立完善党建目标体系和目标管理台账，乡（镇）党委每半年向县委进行述职，农村党支部每季度向乡（镇）党委进行述职。继续实行农村党组织“双述双评双激励”管理模式。三是新建村室56座，配齐了桌椅、文件柜等办公用品。四是按照倒排抓尾办法，对

51个相对后进村，从县、乡（镇）直机关选派农村工作验丰富的党员干部51名任第一支部书记，集中排查矛盾纠纷，解决遗留问题。五是分别对韩村乡西赵楼村等20个“双强五好”党组织和李海轩等20名“李连成式”党支部书记进行重点培育。城关镇、马庄桥镇、阳邵乡、柳格镇、高堡乡5个乡（镇）党委被市委表彰为“五好”乡（镇）党委，城关镇高庄村等18个村级党组织被市委表彰为“五好”村级党组织。

驻村任职帮扶 2015年，县委组织部深入贯彻落实习近平总书记关于大抓基层、推动基层建设全面进步、全面过硬和精准扶贫、精准脱贫等重要指示，选派100名优秀机关干部，分别到66个贫困村、51个基层党组织软弱涣散村担任第一书记或党建指导员，帮助农村脱贫。2015年，全县驻村帮扶队员先后走访群众3256户，调处矛盾241件，为困难群众捐款9.6万元；组织各类培训班266场，引进项目48个、资金1400万元。

大学生村干部管理 2015年，县组织部继续实施大学生村干部“创业争星”活动，实施科级干部、村两委干部结对帮扶大学生村干部计划。2015年，全县大学生村干部考录为机关公务员12人、选调生1人，选聘进入事业单位2人，自主创业7人。在年终“创业争星”活动评比中，85%以上的大学生村干部被评为四星以上星级。

组工调研信息宣传 2015年，县委组织部围绕全县组织工作大局，在《中国组织人事报》发稿1篇，《河南组工通讯》发稿2篇，《濮阳组工通讯》发稿30篇，《濮阳组工信息》发稿19篇。

党员电化教育 一是制作《濮阳市迎接全省产业集聚区观摩》和《新一轮赶超发展面临的形势与任务》《党的组织建设制度改革情况汇报》《强化精品意识、实施精细管理，努力建设独具特色的生态宜居之城》《申报河南省家具产业知名品牌创建示范区陈述报告》《基层组织建设及特色目标工作汇报》《清丰县委组织部标杆行动工作汇报》6个PPT文件。二是协调县文化局和县联通公司，选择明月湖公园、长途车站、清丰乐园等7个人员流动量大的场所，实施“红色网络教育家园”WiFi热点建设，9月建成投用，覆盖8万余平方米，累计有2万余人次使用WiFi热点登录。三是赴城关镇西关村，纸房乡郑朱楼村、李家庄村，双庙乡单拐村，大屯乡贺庄村，阳邵乡西志节村，六塔乡吉张吴村，瓦屋头镇叁刘寨村，韩村乡西赵楼村，马村乡大吕楼村10个远程教育站点提升设备。四是选择大学生村官张翔的事迹，拍摄专题片《小村官的大梦想》，拍摄《清丰惨案》《非公经济党支部成为清丰商会发展战斗堡垒》《清丰县阳邵乡：便民服务中心成为党和政府联系群众的“连心桥”》专题片，拍摄完成清丰县先进基层党组织——城关镇高庄村，先进基层党员——市政园林局常良涛典型材料，清丰非公党支部——濮阳市龙丰实业有限公司党支部新闻。五是协调文化共享资金20余万元，在清丰开展智慧党建工作。2015年，智慧党建手机卡用户达到3400户。六选取了20个企业开展远程教育进企业活动，安装红色网络教育家园安装包、智慧党建APP、在电脑集中的办公区域悬挂红色网络教育家园标志牌等。七是在高堡乡、大屯乡、阳邵乡等乡（镇）建设教育教学示范基地5个。

组工信访 2015年，县委组织部受理信访案件5起，立案5件，结案5件，结案率100%，未发生越级上访和重复上访事件。2015年，向中央、省、市委组织部报送反映清丰县组织信访工作信息稿件20余篇，上稿量位居全市前列，县委组织部连年被市委组织部表彰为“全市组织系统信访工作先进单位”。

组织建设 一是开展组工标杆行动。成立领导机构，制定实施方案，确定学习标杆，深度剖析对比，强化工作机制，推动标杆行动扎实开展。二是开展创建学习型机关活动。坚持周四集中学习制度，继续“组工大讲坛”“天天一小时、一月一本书”等学习活动，着力打造“过硬队伍”。三是加强机关作风建设。通过工作例会、参观红色革命教育基地、重温入党誓词等活动，不断强化组工干部理论水平、理想信念。四是开展以“转变机关作风、严明组织纪律、建设模范部门”为主题的纪律作风整顿活动，进一步培养部机关人员令行禁止的工作作风。

（翟瑞锋）

宣传思想工作

概况 2015年，县委宣传部以创建全国文明城市为载体，坚持上级精神宣传和清丰推介并重，强化理论武装、新闻宣传和文化建设，针对不同人群，通过巡回宣讲、图画展、志愿者活动等多种形式广泛开展宣传工作，取得良好效果。

理论武装 一是完善《清丰县委中心组理论学习制度》。制定《2015年度县委中心组分专题集体学习的安排意见》和《关于2015年度乡（科）级党委（党组）中心组分专题集体学习的安排意见》。2015年，共组织县委中心组集中学习15次，向乡（科）级党委（党组）中心组推荐16个理论学习专题。二是扎实开展“百姓宣讲直通车”进基层宣讲巡演活动。选拔县委党校5名骨干教师组成宣讲团，深入乡（镇）、农村、社区开展宣讲巡演45场；配合市委宣传部开展“濮阳市大学生进基层”宣讲巡演活动。三是开展“增强法制观念 做学法用法模范”主题党课，讲党课100余场次，收到优质党课教案20余篇，择优向市委宣传部报送7篇；举办“践行核心价值观 文明河南做表率”微型党课比赛，录制优质微型党课教案30余篇。四是抓好基层党校阵地建设。培养申报省级基层党校2所、市级基层党校3所。五是组织开展“千所基层党校 千场理论宣讲”活动，采取宣讲、报告会等形式，组织学习宣讲200余场。

社会宣传 2015年，县委宣传部围绕县委县政府中心工作，在各级媒体发稿450篇，其中省级以上200篇。一是在《人民日报》《新华每日电讯》《光明日报》《中国青年报》《中国教育报》《河南日报》《河南日报》（农村版）、《濮阳日报》等数十家主流媒体，以《选择——舍己救人大学生孟瑞鹏的23年人生路》《90后救人献身，同学一直为他留着座位》《见义勇为模范——孟瑞鹏》《孟瑞鹏：为世间留下一道光》《清丰县：76万元抚恤金关爱英雄孟瑞鹏家人》等主题多篇宣传报道，6月18日，中央电视台、中国青年报、中国教育报、河南日报、河南人民广播电台、河南电视台、大河网、濮阳日报等18家中央、省、市级新闻媒体组成采访团，到清丰县对孟瑞鹏见义勇为先进事迹进行集中采访报道。县人社局职工孔德乾因公殉职后，组织在《新华每日电讯》《河南日报》《濮阳日报》等媒体重点报道。围绕重点项目建设，在《河南日报》（农村版）头版头条刊发了《清丰：项目建设促发展》，在《濮阳日报》刊发了《清丰县：“四个一批”强力推进项目建设》《“三大战役”再掀清丰项目建设高潮》；围绕民生，在《濮阳日报》刊发了《清丰县城今冬将实现集中供热》；围绕国家园林县城创建，在《河南日报》（农村版）刊发了《清丰县擂响创建“国家园林县城”战鼓》；围绕产业发展，在《濮阳日报》刊发了《我市举办首届家居博览会》；围绕群众文化，在《河南日报》（农村版）、《濮阳日报》等媒体，刊发了《清丰县春节文化盛宴“开席”》《清丰县文化活动多传统年味足》等。二是坚持善待媒体、善管媒体、善用媒体的原则，积极协调沟通，化解负面报道30多起。三是上传、更新新闻图片、各类政务信息、视频新闻共计1400余条；向上级网络发稿600余篇，在濮阳手机报发稿140余条，组织网评员及时转发跟贴600余条，编发《舆情周报》10期，监控、处理有关清丰的不良舆情信息138条。

文化建设 一是先后组织举办第三届闹元宵唢呐大赛、元宵节戏曲灯谜晚会等系列双节文化活动、“亿洲杯”全县广场舞大赛、越秀国家杯“少年梦未来星”2015年少儿才艺大赛等一系列丰富多彩的大型广场文艺晚会210余场次，观众累计达43万人次。二是组织举办纪念世界反法西斯暨抗日战争胜利70周年书法展、朗诵比赛、图片展，举办濮阳市“纪念中国人民抗日战争暨世界反法西斯战争胜利70周年邮票发行仪式”，拍摄纪录片《全国重大惨案——清丰惨案》等。三是按照“五有四榜三型”标准，积极打造县电影院、县文化馆、马庄桥镇宋村和韩村乡冯家村等4个文化礼堂示范点。四是举办以“运河情·文化走亲”为主题的“三省十二县”书画巡展，巡回播放反腐败电影《魏允贞》；出版发行《“大美清丰·人与自然篇”书画摄影作品集》；举办“金鸿美景杯·腾飞中的清丰”城乡摄影展等系列展览活动；举办全县“教你一招”群众文艺培训活动200余期，培训群众近6000人次；“两馆一站”服务群众达12万人次，农村电影放映3018场。五是研究起草《清丰县深化文化体制改革实施方案》，组织参加中国深圳第十一届文化产业博览会和第二届中原文化产业博览交易会，清丰县7个文化旅游产业项目纳入全市文化旅游产业发展规划。六是完成《文化清丰》系列丛书编纂和国家级非物质文化遗产项目——柳子戏和麦秆画的资金申报工作；勘探杨韩村遗址1.6万平方米，发现建筑遗迹18处；完成田野石刻调查登记，征集田野石刻26件。七是投资560万元的单拐纪念馆陈列馆主体完工，附属工程完成招标；单拐美丽乡村基础设施建设项目完成80%；单拐革命旧址维修加固工程顺利施工。2015年，单拐纪念馆接待游客31.87万人次，同比增长16%，被国务院公布为“全国第二批抗战纪念设施”。

精神文明创建 一是制定《清丰县创建全国文明城市2015—2017年总体规划》，对《全国文明城市测评体系》《全国未成年人思想道德建设体系》《文明河南建设》工作任务进行了责任分解，做到了工作内容、具体要求、责任单位、责任人、时间节点“五明确”。深化文明单位创评，县纪委等4个单位成功创建省级文明单位；总数达到18个。二是制定下发《清丰县关于培育和践行社会主义核心价值观的意见》和《清丰县培育和践行社会主义核心价值观行动方案》，通过电台、电视台、清丰网开辟专栏、制作公益广告、传唱社会主义核心价值观歌谣等多种形式广泛开展社会主义核心价值观宣传教育，制作公益广告2万余平方米；举办“图说我们的价值观”图片展书画展20余场次，价值观主题道德讲堂180余场次。三是制定《清丰县志愿服务三年行动计划》《清丰县志愿服务制度化实施意见》，成立县志愿者联合会、县志愿服务总队，下设18个支队，注册志愿者人数达2.4万余人；设立“文明使者”志愿服务站62个，形成了涵盖交通协勤、环境卫生、医疗救助、扶贫济困、文明巡防、科技文化等各个领域的文明志愿服务工作体系。2015年，先后开展“送春联、贴春联、挂灯笼”“关爱农民工”“濮阳市摩托艇大赛”“关爱生命、文明出行”、“邻里守望”、全民公益日活动等大型志愿服务活动60余场，惠及空巢老人、留守儿童、农民工、残疾人等特殊群体3000余人。四是深入开展道德模范、身边好人、“最美清丰人”等先进典型人物评选学习宣传活动，先后举办“孟瑞鹏”先进事迹报告会、“最美清丰人”先进事迹报告会20余场，举办身边好人巡演巡讲活动120余场次，设立善行义举榜800余面，孟瑞鹏被评定为烈士称号并荣获全国第五届道德模范提名奖，侯月海等10人入选“中国好人榜”，李万升等120人被表彰为“最美清丰人”；建立健全帮扶礼遇道德模范制度，发放帮扶资金100余万元。五是在全县评选出20名美德少年，至目前，全县共有2人被评为河南省美德少年、16人被评为市级美德少年。

（王志豪）

统战工作

概况 2015年，县委统战部坚持以项目为抓手，树典型促带动，抓创新求突破，以合作求多赢，巩固多党合作基础，搭平台、惠民生、筑和谐、促提升，取得良好效果。

组织开展统战工作活动 2015年，为纪念抗日战争胜利70周年暨庆祝《中国共产党统一战线工作条例（试行）》颁布，县委统战部、县文联联合举办“庆祝《中国共产党统一战线工作条例（试行）》颁布书法展”，来自全县的50余名书法爱好者参加。组织县环保局、县司法局、县国土局、县林技中心、县人民医院等单位20余人组成“同心志愿服务团”，走进巩营乡巩营集村，接受群众咨询1000余人次，免费义诊和健康检查300人次，发放健康手册2500多份，发放种养植(殖)书籍500多本、宣传页1000余份。与县体育运动中心联合举办“全民健身幸福濮阳主题活动暨第二届非公有制企业趣味运动会”，运动会设自行车慢骑、跳绳、抱球迎面接力、拔河、乒乓球5个大项9个小项的比赛，来自河南龙丰实业、七点半食品、新世纪门业、新南方家居、桃园建民食品等17个企业代表队500余人参加了运动会。组织固城乡辖区内30余名社区矫正人员参加由民盟濮阳市委开展的“黄丝带”帮教活动，发放“爱的黄丝带”联系卡40余张。组织40名党外人士组成服务团到主要街道和部分小区开展“志愿者服务活动”，活动共清理城区街道4条，居民小区6个，清除垃圾10余桶，清除小广告200余处。

经济统战 2015年，县委统战部围绕县委工作大局，以“内升外联促赶超”行动为抓手，找准工作的对接点和着力点，抓好关键点，精心打造亮点，服务全县经济发展。一是邀请华人企业家爱心联盟理事长、合肥温州商会会长陈建及来自长春的企业家共计50余人莅临清丰县参观考察。考察团先后到全友家私、双虎家私、新世纪门业、南方家居、亿洲乐活城市广场参观考察，实地了解清丰县产业集聚区和城市建设发展情况，安徽浙商温商集团、广西宏华生物集团、郑州市弘达化工建材有限公司等多家企业负责人表现出强烈的投资意向。二是开展年轻一代非公经济人士摸排工作，覆盖17个乡（镇），涉及全县114家县直单位，全县年轻一代非公经济人士新增45人，其中30周岁以下23人。三是由县委统战部牵头，联合县财政局、法院、工商局、国税局、房管局、司法局、科技局等7家县直单位，积极开展新的社会阶层人士专项普查工作。四是推选4名年轻一代非公经济人士参加由市委统战部举办的濮阳市年轻一代非公经济代表人士培训班，培训课程涵盖了法律实务、政策运用、经济管理和人才使用等多方面内容。五是为进一步加强党外代表队伍建设，有效提高党外干部的理论素养和工作水平，选拔两名优秀党外科级干部参加由市委统战部举办的2015年党外科级干部培训班。

民族宗教 2015年，县委统战部围绕维护民族团结，保障社会稳定的中心任务，深入开展“春风化雨”行动，为全县赶超发展营造和谐环境。一是集中轮训换届后503个行政村党支部书记，县宗教局局长任占奎从“什么是宗教，为什么必须做好宗教工作，怎样做好宗教工作，做好宗教工作应注意的事项”四个方面，深入讲解党的宗教政策和法律法规。二是深入开展“宗教政策法规学习月”活动，举办全县宗教界财务管理知识培训班，培训各宗教团体、各宗教活动场所财务人员120余人；举办政策法规培训班，累计培训1200余人次；建立教职人员网上查询系统，重新备案教职人员33名。三是加强宗教领域不稳定因素排查化解，妥善处理涉及张某某案件非法活动。加强对重点场所、重点人员的监控；落实属地管理、不稳定因素月排查和零报告等制度，及时化解民族宗教纠纷隐患。

统战队伍建设 2015年，清丰县委统战部围绕创建“学习型、文明型、务实性、清廉型”的统战机关，一是强化干部素质建设。开设统战周末大课堂，每周五下午全体党员干部集中学习；个人自学每周不少于3个学时，重点加强对中国特色社会主义理论体系和统战业务知识的学习，提高运用科学理论解决统战实际问题的能力。二是强化机关文明创建。在机关开展文明股室、文明个人、文明家庭等文明细胞创建活动，推行文明用语，培养文明意识，优化服务态度，营造文明、和谐、团结的工作环境。三是强化为民服务意识。按照“三严三实”要求，认真践行群众路线，提高统战干部党性修养，增强为民服务意识。四是强化党风廉政建设。积极引导统战系统党员干部自觉抵御不良习气影响，时刻警惕腐败行为的腐蚀，自觉接受党组织和干部群众的监督。厉行勤俭节约，搭建廉政服务平台，开通“清风统战”新浪政务微博，畅通了民意表达传播和互动沟通的渠道，实现了党委与群众的零距离对接。

（魏国增）

政法工作

概况 2015年，县委政法委围绕维护社会大局稳定、促进社会公平正义、保障人民群众安居乐业“三大任务”，全面升级视频监控系统，全面提升政法队伍素质，扎实推进平安清丰建设，取得明显成效。“9·3”大阅兵、上合组织郑州峰会等敏感时段，北京、郑州没有发生来自清丰县的干扰。清丰县被市委市政府表彰为平安建设先进县、被省委政法委表彰为全能神“百日会战”专项行动先进县区，县防范办李濮兵被评为“防范处理邪教工作”全国先进个人，全省唯一。

全县政法工作大会

维护稳定 2015年，县委政法委多措并举，全力维护社会大局稳定。一是排查化解社会矛盾。高标准建成了县级矛盾纠纷调解中心，办公面积200余平方米，整合人民调解、司法调解、行政调解三种资源，合力化解矛盾纠纷；建成村级调解工作站试点275个，建立医患、交通事故等7个专业性、行业性调解组织，储备专业性调解员41人。全年排查矛盾纠纷5.09万件，防止民间纠纷转化为刑事案件48件125人，防止群体性上访11件57人，防止群体性械斗8件95人。二是解决涉法涉诉突出问题。对缠访闹访、赴京非访的信访人进行了依法处置，公开审判2名、刑事拘留2名、行政拘留1名，训诫8名。三是抓好特定群体维稳工作。充分发挥“清丰县特定群体代理中心”服务作用，让特定群体人员依法、有序反映问题，避免无序、越级非访。全年代理解决特定群体诉求5类，接待上访群体123人次。

打防管控 2015年，县委政法委打防管控，收

最美政法干警报告会

到良好成效。一是深入开展严打整治斗争。全年侦破刑事案件460起，刑事拘留447人，逮捕300人，抓获网上逃犯100名，打掉犯罪团伙28个，成功破获现行命案2起。特别是成功破获了“3·14”“3·22”系列盗窃案、“6·2”4名新疆籍犯罪嫌疑人盗窃案，“6·27”冒充警察抢劫案，“7·1”县城区系列入室盗窃案、盗窃货车柴油系列案等一批大要案；破获各类经侦犯罪案件12起，其中百万元以上7起，挽回经济损失3000余万元，受到市公安局嘉奖。二是集中开展重点部位专项整治行动。以城中村、商场、医院、车站等为重点，组织开展集中排查整治，对排查出问题的39个重点部位，落实治安防范措施；对9个单位进行了预警通报；对3个单位进行挂牌治理，整治达标率100%。

治安防控体系建设 2015年，县“满天星”工程全面升级，新增高清探头1328个，智能卡136处，实现了“三级平台、四级联网”。全县城区重点部位、主要路口和所有村、学校高清探头实现了全覆盖。一是按照每个行政村4个以上高清监控的标准，新增1142个高清摄像头，其中球机503个，枪机639个。二是在县城区新增星光级高清智能球机85处、枪机101处，安装微卡口56处；居民小区建设小区卡口68处，新建治安卡口6处，其中2处安装微卡口、4处安装标准卡口；在高速出口、服务区建设微卡口6处，建设高空瞭望3处，枪球联动2处。

政法基层基础建设 2015年，县委政法委不断加大基层基础设施建设，进一步提高人民群众对政法工作的满意度。一是加大经费投入。在县财政十分紧张的情况下，按县级人均3元、乡级5元的标准列支了平安建设工作专项经费；400万元的专职治安巡防经费、48.96万元人民调解员工资、677万元视频运行费、25万元平安建设奖励经费列入县级财政预算。二是加强综合服务管理平台规范化建设。建立和完善了17个乡（镇）“一办两队三中心”（综治办，专职治安巡防队伍、人民调解队伍，群众诉求中心、治安防控中心、行政便民中心）和“两所一庭一室”（派出所、司法所，法庭，检察室）为基本框架的基层社会管理服务平台。全年接受群众来访6100余人次，实际登记3410人次，帮助群众解决各类问题3408个，群众满意度97.5%。三是深入开展基层平安创建活动。投资20余万元，解决实际问题460余个。同时，在乡（镇）推行南乐县张果屯镇网格化管理、在县直单位推广华龙区人民办电子信息网格化管理模式，全年为民办实事好事3408件，解决问题和困难2613个。

防范邪教 2015年，全县共端掉“法轮功”和“全能神”邪教窝点6个，抓获邪教人员27名，刑拘并判刑2名，治安拘留13名，收缴“法轮功”反宣币8262元，各类反宣品2.5万余份。特别是县公安局国保大队成功侦破一起省督“全能神”邪教专案，彻底摧毁了“全能神”邪教“清丰小区”组织体系，受到了省公安厅、市公安局的通报嘉奖。同时，与办案机关协调配合，在市、县拘留所举办县级教育 “全能神”邪教人员封闭班3期转化7人；举办“法轮功”邪教人员封闭班1期、转化2人。连续15年实现了“四个不发生”和“三零”目标，反邪教各项工作走在全市前列。

政法宣传 2015年，县委政法委采取三项措施，进一步加大政法宣传工作力度。一是加强正面宣传。全县政法系统在市级以上新闻媒体（含网络）上稿652篇（条），其中国家级采用60篇，省级采用191篇，市级以下媒体采用401篇；在城乡接合部协调制作大型公益广告牌20块，在县道主要道路出入口制作大型平安建设宣传展板12块；免费发放平安宣传年画18万份、手提袋8000个、围裙4万个、纸杯2万个、脸盆1万个。二是深化反邪教警示教育活动。3月，在县城朝阳路组织87个成员单位开展“义务写春联、送法贺新春”活动，悬挂过街条幅500余条，展览展板400余块，发放宣传单2万份，在260余个行政村制作反邪教宣传固定彩钢展板1000余块。三是在电视台、电台开辟《法治清丰》专题栏目，播放18期。

政法纪工工作 2015年，县委政法委开展“阳光检务”“阳光审判”“阳光办案”活动，在案源上，设立了电话及网上举报，千人联系点渠道，广泛收集各种信息，接待群众来信来访等。全年共明察暗访12次，接市长信箱信访案件1件、县委巡察办案件9件、县纪委转交案件21件，受理群众来信来访案件9件，全部结案，对相关责任人作出了相应处理，行政警告1人，责令检查11人。

政法队伍建设 一是组织全县政法系统党员领导干部开展“三严三实”专题教育活动，分四批对全县503个行政村支部书记进行了综治和平安建设业务培训，提高了业务水平和工作技能。二是开展政法干警联系服务基层活动和在政法窗口单位开展“五个一”服务实践活动。政法干警，按照“一村四警”标准联系点服务群众制度，入户走访4.56万人，化解矛盾纠纷1869起，为群众办好事实事3408件，上门服务群众2600余人次，发放普法宣传手册5000余份，为群众解答法律咨询3285余次，收集案件线索50条，破获案件13起，抓获各类逃犯6名。通报批评3个基层单位，行政记过1人，责成书面检查11人。三是持续开展“争创人民满意政法干警（单位）”评选活动，在全县分别评出了10个人民满意的政法单位和10名人民满意政法干警。四是向社会各界发放“执法满意度”调查问卷1万余份，群众满意度进一步提高。

（岳耀习　彭　天）

信访工作

概况 2015年，县委群工部（信访局）共受理群众来信来访1299件（批次），较上年同期下降13.7%。其中，群众来信37件，同比下降30.2%；受理群众网上信访48件，同比上升35.1%；全县未发生群众赴京集体上访、赴京非正常上访。发生赴省集体上访3批，同比下降18%；发生赴市集体上访6批，较上年同期下降12.5%。办理中央、省交办信访案件5件，受理复查复核案件2件，按期结案率均为100%。清丰县被市委、市政府表彰为“2015年全市解决信访突出问题先进单位”。

信访工作不断加强 一是县委书记、县长经常听取信访工作汇报，过问特殊重大疑难信访问题的解决；分管县领导多次主持召开信访联席会议，协调解决疑难信访问题，深入基层、深入群众推动信访突出问题的化解；其他县领导认真履行“一岗双责”，主动接待群众来访，积极包案解决疑难信访问题。二是坚持领导干部接访下访信访制度。2015年，县级领导共接待信访群众436起（批）2558人次，现场答复380起（批），立案交办56起（批），按期办结率100%，息诉息访率94%。三是扎实推动信访基层基础建设工作，17个乡（镇）的网上信访办公设备配备齐全，乡（镇）信访工作条件进一步改善。

信访工作机制完善 一是实行约谈培训。召开第一期“作风转变与能力提升”培训班，号召全县各级各部门，做深做细做实群众工作，源头预防和处理信访问题。二是完善信访评估。坚持从群众的根本利益出发，做到群众满意的快办、群众有意见的缓办、群众不满意的坚决不办。2015年对5起重点项目认真开展信访评估工作，没有引发一起群众集体上访。三是坚持每月召开一次联席会议，对疑难信访案件进行分析研判，争取做到诉求合理的解决到位、诉求无理的教育到位、确有困难的帮扶救助到位。

（梅惠惠）

机构编制

概况 2015年，县委编办围绕县委、县政府的决策部署，以“三严三实”专题教育活动和“一创双优”集中教育活动为抓手，突出重点，强化管理，圆满完成了县委、县政府以及上级编办安排的各项工作任务。先后获得省级卫生先进单位，清丰县党风廉政建设先进集体、政法平安建设工作先进单位、国家园林县城创建工作先进集体等荣誉称号。

政府职能转变 一是深化行政审批制度改革。根据《濮阳市人民政府关于承接省取消调整下放行政审批事项和具有审批性质管理事项的决定》（濮政〔2015〕3号）要求，承接市政府下放行政审批项目3项、具有审批性质管理事项13项、非行政许可审批事项1项，取消行政服务项目2项；对涉及行政审批的33个部门单位、17个乡（镇）部署了专项治理工作。二是大力推进“两单”编制。成立了县推行政府权力清单和责任清单制度领导小组，印发了《濮阳市推行政府权力清单和责任清单制度工作方案》；会同县法制办、县发改委（价格办）、县行政服务中心等部门，就部门职责、法律依据、收费

部署政府权力清单责任清单制度工作会议

依据、审批规范等方面联合审查，对全县36个部门（含部分事业单位）上报的2600多项行政权力进行了清理，规范出行政权力2490项，其中：行政许可120项、行政处罚1795项、行政强制154项、行政征收21项、行政给付20项、行政检查85项、行政确认42项、其他职权253项。

政府机构改革 一是整合县卫生局的职责、县人口和计划生育委员会的计划生育管理和服务职责，组建县卫生和计划生育委员会；整合县发展和改革委员会挂牌的县工业和信息化局、县科学技术局的职责，组建县工业和信息化委员会；整合县政府食品安全委员会办公室的职责、县食品药品监督管理局的职责、县质量技术监督局的生产环节食品安全监督管理职责、县工商行政管理局的流通环节食品安全监督管理职责，重组县食品药品监督管理局；将省下放管理的县工商行政管理局、县质量技术监督局的职责整合，组建县工商行政管理和质量技术监督局；县住房和城乡建设局更名为县住房和城乡规划建设局；县农业局更名为县农业畜牧局，不再挂县畜牧局牌子；县政府办公室挂牌的县民族宗教局更名为县民族宗教事务委员会。二是根据《中共清丰县委清丰县人民政府关于清丰县人民政府职能转变和机构改革的实施意见》（清发〔2014〕12号）要求，完成了24个部门的“三定”规定修订工作。三是确定柳格镇为省级经济发达镇试点镇，上报了

《清丰县柳格镇行政管理体制改革试点工作方案》。四是整合县公路管理局、道路运输管理局、农村公路管理所，撤销县路政管理大队，县公路管理局内设机构路政大队，成立县交通运输局执法所，承担全县交通运输方面的行政处罚、行政强制、监督检查、货运源头治超等职能。

事业单位管理 一是落实分类管理。县委编办批复了全县521个事业单位（县级453个、乡级68个）分类情况。其中：公益一类476个，公益二类25个，生产经营类12个，不纳入分类的6个，具有行政职能的2个。二是调优事业单位设置。新增5个事业单位，分别是：清丰县朝阳路学校、清丰县特殊教育学校、清丰县教育信息中心、清丰县教育装备中心、清丰县教育师资培养培训中心；撤销5个事业单位，分别是：清丰县大屯乡第二初级中学、清丰县大屯乡坡里小学、清丰县双庙乡杨兰小学、清丰县双庙乡户家小学、清丰县电大工作站；2个事业单位增挂牌子，分别是：清丰县火车站旧址文物保护中心增挂清丰县火车站旧址博物馆牌子，清丰县林权服务中心增挂清丰县阳子生态公园服务中心牌子。

提升工作水平 一是严格履行机构编制审批程序。认真执行机构编制审批程序，严格按照机构编制审批程序和权限为有关单位办理机构设置、编制调整、领导职数核定等事项，全县没有擅自设立或变更副科级及以上机构、违规新成立承担行政职能或从事生产经营活动事业单位等违规问题。二是全面推行机构编制实名制管理。严格履行进人程序，坚持超编单位只出不进、满编单位先出后进、缺编单位按比例进的原则，先后完成了公务员招录计划、特岗教师招聘计划、高学历人才招聘计划、事业单位社会招聘计划、教师社会公开招聘计划的审核上报工作；完成全县党政机关网上名称开办审核、资格复核和网站标识管理工作以及575个中文域名的续费任务；按时间节点完成了2014年度数据库年报及2015年数据库月报工作，机构编制内网成功对接并正式启用。三是不断规范事业单位登记管理。自2015年1月1日起，实行事业单位法人年度报告公示，应纳入年度报告公示499家，已报498家，冻结1家，年报率99.8%；2015年新设立登记事业单位法人16家，变更登记78家，补领事业单位法人证书42家，全县516家事业单位法人全部换发完毕；依法对69家事业单位登记事项进行了实地核查，针对部分事业单位存在的问题下发了整改通知书，要求其在规定时限内完成整改；对15家乡（镇）敬老院进行了事业单位法人登记。

（胡利伟）

老干部工作

概况 2015年，县委老干局以落实老干部政治生活待遇为主线，切实从政治上尊重、思想上关心、生活上照顾老干部，取得了明显成效。离休干部政治待遇得到落实，生活待遇不断提高，思想政治建设得到进一步加强。至年底，全县共有离休干部112人，其中行政机关59人，事业单位44人，企业24人。按享受待遇分：地专级待遇1人，正县级待遇2人，副县级待遇34人，正副科级待遇19人，其他56人，另有县级实职退休干部21人。

政治待遇落实 一是完善制度。坚持学习、情况通报、座谈会和重要会议、重大活动邀请老同志参加等制度，让老同志在政治上受尊重；完善了联系离退休干部制度，将全县所有离休干部、县级退休干部及机关退休干部160余人，分包给工作人员，每人联系10～15名，要求做到基本情况清楚、待遇落实情况清楚、定期联系反馈情况。通过走访探望、电话联系等方式，掌握老干部的思想状况和生活中的实际困难，并积极协调解决问题8件，实现了零距离、贴心式服务。二是走访慰问。每逢重大节日，对全县老同志进行走访慰问，如春节、中秋节县四大班子对老同志进行走访慰问，为他们送去节日祝福。组织县人社局、商务局、物资局、油区办、文广局等单位，到老干部家中走访慰问，帮助老干部、老党员解决实际困难30余件。

生活待遇提高 一是提高老干部生活待遇。在县财政十分困难的情况下，依照相关规定提高了离休干部的护理费标准，目前，清丰县离休干部的护理费达到每人每月1000～1200元的最高标准，是全市五县二区执行标准最高的县区。同时，为离休干部申报了高龄补贴，每人每月50～100元。二是坚持和完善“三个机制。2015年，协调配合县人社、财政、医保等单位，每季度首月7～9日收取离休干部医疗费清单，认真审核报销，保障了老干部“两费”按时足额发放。全年报销医药费300多万元，无拖欠。三是为老干部进行健康检查。4月，组织所有离休干部在县三院进行健康体检。

思想政治建设加强 一是组织政治理论学习。每月首星期三，组织老干部集中政治理论学习，传达党和国家的大政方针，通报县委、县政府对重大事项的决定及重要会议精神。为每位老干部征订了《老人春秋》《党的生活》等报纸杂志，确保了老干部在思想上、行动上与组织保持一致。二是组织开展有益活动。5月，开展“喜看清丰新变化”活动，组织老干部对清丰县城建工作进行了参观考察，详细了解项目规划、设计、投资及建设情况，切身体会清丰县城市发展；10月，到新南方家居、双虎家居、产业集聚区展厅、全友家私、中新泰富等实地考察，切身感受清丰家具主导产业发展。三是开展党性教育活动。组织县级离退休老党员和机关党员30多名，开展了庆“七一”活动，观看了党的基本知识教育片，重温了入党誓词，参观了党史图片展。

老干部作用发挥 一是参政议事当参谋。县级离退休老干部作为人代会、政协会代表和受邀列席人员，认真审议大会相关工作报告，对加强发展经济、社会进步及司法工作，提出很多建设性意见。二是倾心培育下一代。全县“五老”人员，利用自身优势，为中小学校学生宣讲革命传统、爱国主义精神和社会主义核心价值观20场次，受教育学生达4万多人次；组织资助贫困学生30多位。做好社会失足青少年转化工作，部分老干部义务担任网吧监督员，净化了社会环境。三是热心传播先进文化。积极搭建平台，发挥老干部的智慧和才干，为全社会传递正能量。戏迷协会，每周五在清丰乐园固定演出，丰富了文化生活，尤其是自编自演的曲目，与观众产生了共鸣，激发了正能量；开展孝道文化讲座，弘扬孝道传统文化，促进了尊老、敬老、爱老、养老思想传承。

队伍素质提升 2015年，县老干局以开展“三严三实”专题教育活动为契机，组织干部职工认真学习规定篇目，做到了学不漏人、人不漏时，并坚持边学边查边改，提高了工作人员的能力和服务水平；坚持每周五业务、理论学习不动摇，在学习中紧密联系工作实际，学政治、学政策、学业务，极大地提高了干部职工的政治理论和业务素质；坚持“恪尽职守、爱岗敬业、优质服务、无私奉献”16字职业道德规范，对待老干部做到了“三心”即：真心、爱心、细心，老干部满意率不断提高。

（张芳博）

保密工作

概况 2015年，清丰县国家保密局围绕“基础工作抓规范、重点工作要创新、全面工作争先进”的工作思路，持续做好保密宣传、保密培训、保密系统建设、保密督导检查、保密技术提高等工作，有效发挥了“保安全、促发展”的作用。先后被评为“全市保密工作先进单位”“濮阳市‘六五’保密法制宣传教育工作先进集体”。

保密工作宣传　2015年，县保密局通过播放警示教育片、建立咨询台、布置宣传展板、挂图、标语、横幅等一系列宣传教育活动，扎实开展《保密法》和《保密法实施条例》宣传教育，增强了广大干部职工和群众的保密意识和责任意识。

保密知识进校园

保密知识培训　2015年，县保密局将保密教育培训纳入全县干部教育培训计划，充分发挥党校、干部教育培训基地的阵地作用，保密部门的主导作用，机关单位的主体作用和社会教育资源的辅助作用，重点抓好领导干部、涉密人员、公务员保密教育培训。5月，为县检察院举办保密知识及信息安全专题培训；11月，举办全县保密工作业务培训班。全年先后结合组织部、党校，联合举办全县科级领导干部培训，分期对700余名科级干部进行保密知识培训。

保密工作督导　一是抓好检查。2015年2月，在全县范围内开展2014年度定密统计，全县机密级85个，秘密级8个；3月，开展涉密网络保密检查，检查有涉密网络或使用涉密网络终端的单位3个；4月，开展全县保密工作专项检查，共检查65个重点单位，检查电脑133台，其中涉密电脑15台，下发整改通知书7份，查封电脑4台，整改电脑13台，整改问题20多处；5～7月，完成2014年度保密数据统计，共统计73个单位数据；6月，开展全县国有企业保密管理专项检查，检查国有企业、驻清金融单位18个；7月，确定了全县12个重点部门13名定密责任人；10月，开展国家秘密载体保密管理重点专项检查，检查行政单位65个；11～12月，在全县范围内开展“十二五”规划和“六五”保密法制宣传教育自查总结。二是抓好自查。组织全县各单位、各部门针对自身保密工作的薄弱环节，开展两次全面自查活动，认真查找工作中存在的问题和漏洞，及时采取措施，消除隐患。三是强化指导。县保密局组织开展“回头看”活动，抽查存在泄密隐患的部门和党政机关重点单位、重点部位，督促指导保密工作。

（孔令虎）

党校教育

概况　2015年，县委党校学习、宣传、贯彻落实党的十八大和十八届三中、四中、五中全会精神及习近平总书记系列讲话精神，以举办各类培训班为主体，以各项制度的建立健全为保障，务实发展，各项工作都取得明显成效。

干部教育培训　2015年4月，县委党校根据《干部教育培训工作条例》和县委要求，举办“领导干部如何应对新常态”主题培训班3期，培训科级干部525人；举办“新常态下青年干部如何健康成长”主题培训班1期，培训青年干部127人；在清丰县青年大讲堂作《倡导全民阅读，建设书香社会》专题讲座2次，培训800余人次。5月，举办农村党支部书记培训班4期，培训农村党支部书记505人，举办乡（镇）入党积极分子培训班17期、非公领域入党积极分子培训班1期，培训入党积极分子1200余人次。6月，举办党外人士培训班1期，培训党外人士60人；举办清丰县重点部门重点岗位科室长培训班2期，培训245人次。9月，举办农村

科级干部主体培训班开班仪式

党员如何发挥先锋模范作用专题培训班17期，培训农村党员骨干1300余人次。11月，举办科级干部主题培训班1期，培训科级干部125人次；开展送党课下乡活动，选派5名教师深入乡（镇）为乡（镇）机关干部、村干部、农村党员干部群众上党课53场次，培训4800余人次；积极参与濮阳市千所基层党校千场理论宣讲，深入基层宣讲31场次，培训3500余人次；党校教师应邀到县直单位、乡（镇）、企业、学校作专题培训36次，培训5900余人次。全年累计培训党员干部群众1.9万余人次。

科研工作　2015年，县委党校研究制定《中共清丰县委党校关于鼓励教科研人员深入基层调查研究的实施意见》，教科研人员结合自己研究方向和承担的任务深入基层调研42余人次，撰写调研报告、理论文章28篇，其中在国家、省级核心期刊上发表论文3篇，其他CN级报纸杂志上发表11篇。在《当代濮阳》发表1篇，在《濮阳论坛》发表1篇，在《濮阳纪检监察》发表1篇，在全市党校系统理论研讨会上交流7篇。其中，获一等奖1篇、二等奖2篇，在清丰网上发表纪念抗日战争胜利70周年纪念文章4篇。完成了“中国特色的反腐倡廉理论研究”等5个河南省社科联重点调研课题的结项工作。其中，荣获省社科联优秀调研成果二等奖2项、三等奖3项；完成“当代党员领导干部道德建设研究”等4项濮阳市社科联重点调研课题的结项工作，其中荣获市社科联优秀调研成果一等奖1项、二等奖2项、三等奖1项。县委党校被省委党校批准立项课题3个，市社科联批准立项课题5个。

制度建设　2015年，县委党校结合自身实际修订完善了《事业人员奖励性绩效工资分配方案》《客座教师选聘办法》《专业技术人员职称评审推荐和职务等级晋升量化考核办法》等12项规章制度，制定完善了《在教职工中定期开展双向选择岗位、优化组合的实施意见》，实行教职工双向选择。

队伍建设　一是实行教师集体备课制。每季度组织一次教师集体备课会，研讨确定教学专题、授课提纲，集思广益，博采众长。二是实行新课题试讲制。对新课题进行集中试讲，试讲结束后由全体教师从内容、结构、框架、教态教法等方面进行点评、综合评价，促进学学相长，努力打造精品课，试讲通过后纳入党校培训课题库。三是多渠道鼓励教师学习深造。先后选派4名教师参加北大中宣学院“中国经济新常态和当前社会热点”培训班、中国人民大学“十三五”规划《建议》解读专题师资培训班，3名教师在市委党校跟班听课。四是实行教学效果评价反馈制。每次培训后进行教学效果问卷调查，梳理汇总后，及时向任课教师反馈，提出改进意见，授课教师对教学内容及时进行修改和完善，促进教学相长。

（胡晓薇）

党史研究

概况　2015年，县党史研究室坚持以史鉴今、资政育人，创新工作思路，创新研究方法，努力转化党史研究成果，强化党史宣传作用。一是年初全面启动《中国共产党清丰县历史》（第二卷）编撰。抽调3名骨干，明确任务时限，制定奖惩措施，全面推进清丰县党史二卷的编纂工作。在征求有关专家和老同志的意见建议的基础上，完成35万字的初稿，交印刷厂印刷征求意见稿。二是在广泛借鉴新疆、湖南、山东及郑州、开封等20多个省市开展党史年编做法的基础上，5月，编印出版了《清丰党史年编》2012～2013年卷，设置了：《特别聚焦》《县委决策》《大事记述》《要论摘编》《执政实践》《会议纪要》《年组织史资料》7个栏目，成为清丰党史工作的又一品牌。县党研室被评为“全市党史工作先进单位”。

党史宣传 2015年，县党史办加大宣传工作力度，尤其对中小学生加强爱国主义教育。清明节前后，联合县委宣传部、县教育局，组织各单位、各中小学在清丰县烈士陵园、卫河烈士陵园、清丰抗战烈士祠、一门四烈士碑等7处革命遗址，举办多种形式的祭奠英烈活动。清明节前夕，在县电视台播放清丰县委党史研究室制作的清明节专题片《一门四烈士》；组织全县各单位职工在3月31日观看中央七套《军事纪实》栏目反映清丰籍战地记者柳朝琦烈士的专题片；分别在县行知学校和县地税局举办党史报告，并在行知学校举办党史展览，向学校赠送了党史书籍；在部分学校举办清明节党史知识征文比赛，1500多名学生参加。

纪念抗战胜利70周年系列宣传 一是先后接待中央七套、都市频道、《法制日报》等国家、省、市媒体专访10多家；审查基层文艺工作者创作抗战题材纪念文章20多篇；为2个单位制作抗战史展览提供资料支持，为20多个单位开展纪念活动进行业务指导。二是联合县委党校、县教育局在全县开展纪念抗日战争胜利重点理论文章征集活动，筛选15篇，在清丰网、清丰党史网开辟专栏刊出。三是8月24日～9月6日，与县电台联合采写“我们不会忘记——清丰抗战英烈谱”，采写10名在抗战中作出突出贡献的清丰籍英烈，在县电台正式播出。四是编辑印刷《清丰县纪念抗战胜利70周年党史宣传读本》，为全县各单位党员干部和群众开展纪念活动提供了权威、详细的参考资料。印制《读本》5000本，免费发放至全县150多个机关事业单位、企业、乡（镇）及中小学。五是8月28日，《全国重大惨案——清丰惨案》纪录片拍摄完成，当晚在县电视台黄金时间播出；9月2日在濮阳市电视台播出；同时，通过濮阳党史网、掌上清丰在网播出，产生了较大影响。六是8月28日，在县检察院举办清丰地方抗战史报告会。报告以清丰地方党史为重点，从日本在清丰制造的惨案，以及党领导清丰人民进行的抗战活动，在清丰县建立的抗日组织、抗日武装，涌现的抗日英烈人物和遗留的革命遗址等几个方面全面介绍了清丰的抗战史。报告由县委党研室办公室主任李文奇主讲，县检察院150名干部职工聆听了报告。

（任得波）

档案管理

概况 2015年，县档案局围绕“档案—与你相伴”的工作主题，抓落实、抓重点、抓创新，全力加快“依法治档、规范管档、科教兴档、方便用档”步伐，稳步推进档案各项工作的有序开展。馆舍和信息化建设不断加强，馆藏资源进一步丰富，档案开发利用硕果累累，业务指导工作成效显著。被评为全市档案工作先进单位。

档案资源 2015年，县档案局以开展“档案资源建设年”活动为契机，确定接收名册，加大接收力度，扩大接收范围，拓展档案门类，新进馆法院刑事案卷、民事案卷档案共3200卷，资料库房新进资料600余本，同比增长14%。至年底，馆藏专业档案种类达26种，包括：普查（人口、工业、房屋）、财会、特色（名人、“三优杯”、白色工程）、婚姻、艺术、退伍军人、科技、干部、企业职工、纪检、林权登记、法院民事、刑事、行政执法、经济犯罪、“一创双优”、司法公证、法律援助、诉讼、低保、病例、基建、农业测绘、社会救助、物价管理、农村土地确权等。

馆舍建设 2015 年，县综合档案馆新馆投入使用，新增馆舍面积 3610 平方米，具备档案安全保管基地、爱国主义教育基地、档案利用中心、政府公开信息查阅中心、电子文件管理中心和社会档案寄存中心“六位一体”功能，可满足今后 30 年或更长时期清丰县档案事业的发展需求。库房安装了手动型密集架 1224.72 立方米、防磁柜 4 台、单体档案柜 61 个；数字档案馆建设和爱国主义教育基地布展工作有序进行。

信息化建设 2015 年，档案馆共接收县人民法院电子档案 2300 余条，占应接收档案的 60%；积极争取档案数字化外包经费，开展了纸质档案数字化加工工作，扫描 50 余万页。

档案开发利用 2015 年，县档案馆固定陈列馆及爱国主义教育基地，设计、装修完毕，面向社会广泛征集资料。初步完成了“孝道文化”“抗战清丰”等微电影素材的收集整理工作。县档案局自行设计制作的“清丰抗战——纪念抗日战争胜利 70 周年图片展”，在单拐纪念馆等地集中展览，参观人数达 1000 余人次。该主题展览设“抗战爆发、清丰沦陷”“日寇暴行、罄竹难书”“同仇敌忾、奋起抗日”“日本投降、抗战胜利”“抗日英烈、名垂千古”“抗战遗址、铭记历史”6 个章节，陈列展板 53 块。印制发放“清丰抗战——纪念抗日战争胜利 70 周年图片展”纪念图册 500 余册。全年共接待利用者 3100 余人次，提供利用档案资料 5000 余卷，复印 2.1 万余页。编写了 2005 ~ 2006 年县委县政府大事记 200 余条 1.39 万多字。

档案知识宣传

档案宣传 6 月 9 日“档案日”，悬挂宣传条幅，设立服务咨询台，免费发放《档案知识常识》《档案的利用与服务》等主题宣传页。2015 年，向市局报送信息 25 篇；信息网发稿量居全省前五名。

业务指导 一是对县委、县政府、组织部、纪检委、武装部、财政局、交通运输局、民政局、人社局、法院、群工部等单位进行了立卷归档指导，重点对农机局、妇联、法院、纪检委等单位进行了电子文件收集与整理的指导，全部完成对县直一级机构机关单位的文件材料归档的指导，开展对二级机构档案工作的监督指导工作。二是完成对财政所档案室的等级认证。三是积极配合农业部门督促指导农村土地承包经营权确权登记颁证工作相关资料的归档和管理。四是完成馆藏永久档案等级鉴定。一级档案：明清圣旨一副。二级档案：革命历史档案 251 卷，新中国成立初期、“文化大革命”时期、改革开放初期档案 2956 卷。

（李玉淑）

农村工作

概况 2015 年，县委农办围绕“常规工作求创新、重点工作求精品、难点工作求突破、整体工作求一流”的目标，持续推进美丽乡村建设活动，不断提升农民专业合作社发展水平，统筹推进冬春农业农村重点工作，各项工作取得明显成效。先后被评为全市美丽乡村建设工作先进县（区）第一名、农业农村工作先进县（区）第三名、农业农村四项重点工作县（区）综合奖二等奖，全县作风建设暨反腐倡廉建设优秀单位等。

农业农村工作　2015年，县委农办牢固树立谋大事、抓全局的理念，充分发挥党委政府“三农”工作参谋助手作用，认真履行县委、县政府赋予的在农业农村工作方面牵头抓总、统筹协调、督导检查等职责，强化服务意识，提升工作标准，凝聚工作合力，先后组织筹备冬春农业农村重点工作动员、推进、总结表彰等各类重要会议和迎接省、市领导督导、观摩、调研、考核等重大活动10余次；认真履行督查职责，对全县各级各部门落实《全市农业农村工作要点》所涉及的工作进行督查指导，明确任务，成立组织，建立机制，制定台账，强化督导，狠抓落实，较好地促进了各项工作任务的落实；积极发挥全县农业农村工作信息主渠道作用，及时整理上报农业农村工作动态及信息40余篇（条），其中被《河南日报》（农村版）、省委农办网站《市县要闻》及《濮阳日报》等采用16篇（条），有效宣传了清丰“三农”工作。

美丽乡村建设　2015年，全县美丽乡村建设工作不断加强。在沿国道、省道、主要县道等交通干线和城镇周边等重点部位，以33个市级示范村和28个市级重点整治村为重点，统筹推进“通、净、绿、亮、文”为内容的美丽乡村建设，2015年，共硬化道路60公里，新建文化广场（街头游园）20处，新安装路灯600余盏，廊道生态绿化80余万株，打造了106国道、阳子线、209省道、302省道“三纵一横”4条美丽乡村建设示范带，农村环境得到进一步改善。在此基础上新选择36个村，持续开展美丽乡村建设示范行动。

美丽乡村街头游园

村民中心建设　2015年，县委农办不断拓展美丽乡村建设内涵，积极借鉴浙江经验，创新农村政治、经济、社会管理方式，建设集村级政权、便民服务、教育娱乐“三位一体”的村民中心，为村民提供集文体、卫生、科技、法律、信息、保障和教育等为一体的综合性社会化服务。目前全县首批26个村民中心建成启用。

农村专业合作社建设　2015年，县委农办按照“加快培育一批、积极改造一批、努力规范一批、着力提升一批”的思路，狠抓规范化农民专业合作社的示范点建设，取得了明显成效。至年底，全县在工商部门登记注册农民专业合作社577个，注册资金12.78亿元，社员6000余人，带动农户8.9万余户。其中：县级示范社40家、市级示范社25家、省级示范社10家、国家级示范社2家。按行业分为9个类别：其中粮食种植类145家、蔬菜种植类112家、农机服务类59家、林果花卉类94家、畜牧养殖类79家、食用菌类14家、其他种植类37家、其他行业类32家、加工类5家，基本实现了“建一个组织、兴一项产业，活一地经济、富一方群众”的目标。

（魏建省）

立法监督

县人大常委会

主　　任　冯海民

副 主 任　程清彰　贾建岭

　　　　　左海义　韩晓东

委　　员：（以姓名笔画为序）

　　　　　万爱忠　王付臣

　　　　　王庆敏（女）

　　　　　王克献　王彦忠

　　　　　王晓翔（女）

　　　　　吕　伟　吕艳玲（女）

　　　　　任国胜　刘云霞（女）

　　　　　李忠义　李艳峰（女）

　　　　　李海轩　兑利乔（女）

　　　　　宋恒超　赵艳娜（女）

　　　　　高红旗　葛英华（女）

　　　　　魏殿举

　　　　　张广平（2015年11月辞）

县人大常务会党组

书　　记　冯海民

副 书 记　程清彰　王克献

　　　　　李忠义　葛英华（女）

成　　员　贾建岭　左海义

　　　　　高红旗

县人大办公室

主　　任　高红旗

主任科员　张相林　戚庆国

　　　　　吕燕南

　　　　　纪　淼（女，2015年7月任）

　　　　　刘利伟（女，2015年7月任）

副主任科员　纪　淼（女，2015年7月离）

　　　　　王　涛（2015年7月离）

　　　　　刘利伟（2015年7月离）

县人大代表联络信访科

科　　长　王晓翔（女）

县人大人事任免老干科

科　　长　王　涛（2015年7月任）

副 科 长　刘利伟（女，2015年7月离）

县人大法制工作委员会

主　　任　任国胜

副 主 任　高光雷（2015年7月任）

县人大财经工作委员会

主　　任　李艳峰（女，2015年7月离）

　　　　　刘建伟（2015年7月任）

县人大农村城建工作委员会

主　　任　赵艳娜（女）

副 主 任　王文光（2015年7月任）

县人大教科文卫工作委员会

主　　任　吕　伟

主要会议

清丰县十四届人民代表大会共举行一次会议。

清丰县第十四届人民代表大会第五次会议：2015年4月22～24日清丰县第十四届人民代表大会第五次会议举行。会议听取审议了县长冯向军所作的《清丰县人民政府工作报告》、县人大常委会主任冯海民所作的《清丰县人大常委会工作报告》、县法院院长石文英所作的《清丰县人民法院工作报告》和县检察院检察长裴大伟所作的《清丰县人民检察院工作报告》，审查了县发改委主任付洪轩所作的《清丰县2014年国民经济和社会发展计划执行情况与2015年国民经济和社会发展计划草案的报告》、县财政局局长韩富鹏所作的《清丰县2014年财政预算执行情况和2015年财政预算草案的报告》，作出了相应的决议。会议期间，大会共收到代表议案16件、建议47件，均作为建议处理，共计63件。

清丰县人大常委会共举行十二次会议。

县十四届人大常委会第三十二次会议：2015年1月16日，清丰县第十四届人大常委会举行第三十二次会议，县人大常委会主任冯海民主持会议。通过表决，会议决定接受张伟波辞去濮阳市第七届人民代表大会代表职务的请求，补选冯向军、高占利为濮阳市第七届人民代表大会代表；会议还学习了《预算法》及常委会组成人员履职的有关知识。县人大常委会副主任程清彰、贾建岭、左海义、韩晓东和委员共22人出席会议。县政府副县长杨理宏、县法院院长石文英、县检察院检察长裴大伟及县人大常委会机关有关人员列席会议。

县十四届人大常委会第三十三次会议：2015年1月27日，清丰县第十四届人大常委会举行第三十三次会议，县人大常委会主任冯海民主持会议。会议听取审议了县公安局关于提请许可对县人大代表魏某某采取刑事强制措施的报告，经过表决，通过了县人大常委会关于许可县公安局对县十四届人大代表魏某某采取刑事强制措施的决定。县人大常委会副主任程清彰、贾建岭、左海义和委员共18人出席会议。县政府副县长杨理宏、县检察院检察长裴大伟及县人大常委会机关有关人员列席会议。

县十四届人大常委会第三十四次会议：2015年4月20日，清丰县第十四届人大常委会举行第三十四次会议，县人大常委会主任冯海民主持会议。会议听取了县十四届人大五次会议筹备情况的汇报；审议通过了关于召开县十四届人大五次会议时间的决定，县十四届人大五次会议议程草案、日程草案、代表资格的审查报告、各代表团召集人名单、列席人员名单、特邀人员名单及需大会预备会议、主席团会议通过的各项名单草案；审议通过了县人大常委会2015年工作要点；审议通过了关于表彰2014年度落实人大决议决定审议意见先进单位和优秀建议、建议办理工作先进单位及先进工作者的决定；讨论修改了县政府、计划、财政、人大常委会、法院、检察院六个报告；听取审议了县公安局关于提请许可对县人大代表曹现防采取刑事强制措施的报告，表决通过了关于许可县公安局对县人大代表曹现防采取刑事强制措施的决定。县人大常委会副主任程清彰、贾建岭、左海义、韩晓东和委员24人出席会议。县政府副县长杨理宏、县法院院长石文英及县政府有关部门负责人、县人大常委会机关有关人员列席会议。

县十四届人大常委会第三十五次会议：2015年6月19日，清丰县第十四届人大常委会举行第三十五次会议，县人大常委会主任冯海民主持会议。会议听取审议了县人民政府关于出生人口性别比专项治理工作情况的报告和县人民法院关于民事审判工作情况的报告，表决通过了相应的审议意见；会议还表决通过了县法院提请的人事任免案。县人大常委会副主任贾建岭、韩晓东和委员19人出席会议。县政府副县长杨理宏、县法院院长石文英、县检察院检察长裴大伟及县政府有关部门负责人、县人大常委会机关有关人员列席会议。

县十四届人大常委会第三十六次会议：2015年8月11日，清丰县第十四届人大常委会举行第三十六次会议，县人大常委会主任冯海民主持会议。会议听取了县“一府两院”2015年上半年工作报告，经过认真审议，表决通过了相应的审议意见；会议还表决通过了县检察院提请的人事任免案。县人大常委会副主任程清彰、贾建岭、左海义、韩晓东和委员共21人出席会议。县政府副县长杨理宏、县法院院长石文英、县检察院检察长裴大伟及县政府有关部门负责人、各乡（镇）人大主席、县人大常委会机关有关人员60余人列席会议。

县十四届人大常委会第三十七次会议：2015年8月31日，清丰县第十四届人大常委会举行第三十七次会议，县人大常委会主任冯海民主持会议。会议听取了县政府关于标准化学校建设情况的报告和《中华人民共和国治安管理处罚法》贯彻执行情况的报告，经过认真审议，表决通过了相应的审议意见；会议还表决通过了县人大常委会主任会议和县政府分别提请的人事任免案。县人大常委会副主任程清彰、贾建岭、左海义和委员共19人出席会议。县政府副县长常利强、县检察院检察长裴大伟及县政府有关部门负责人、各乡（镇）人大主席、县人大常委会机关有关人员列席会议。

县十四届人大常委会第三十八次会议：2015年10月10日，清丰县第十四届人大常委会举行第三十八次会议，县人大常委会主任冯海民主持会议。会议听取了县政府关于"一区两带"现代农业建设情况的报告、清丰县2014年财政决算（草案）和2015年上半年财政预算执行情况的报告、清丰县2014年度县本级财政预算执行和其他财政收支情况的审计工作报告，经过认真审议，表决通过了相应的审议意见和决议；经过表决，决定接受聂培彦辞去清丰县人民政府副县长职务的请求，决定任命周秀安为清丰县人民政府副县长。县人大常委会副主任程清彰、左海义、韩晓东和委员共19人出席会议。县政府副县长杨理宏、县法院院长石文英、县检察院检察长裴大伟及县政府有关部门负责人、各乡（镇）人大主席、县人大常委会机关有关人员列席会议。

县十四届人大常委会第三十九次会议：2015年10月28日，清丰县第十四届人大常委会举行第三十九次会议，县人大常委会主任冯海民主持会议。会议听取了县政府关于县十四届人大五次会议代表建议办理、重点工业项目建设、文化旅游产业发展三个工作报告，经过认真审议，表决通过了相应的审议意见。县人大常委会副主任程清彰、贾建岭、左海义、韩晓东和委员共20人出席会议。县政府副县长杨理宏及县政府有关部门负责人、各乡（镇）人大主席、县人大常委会机关有关人员列席会议。

县十四届人大常委会第四十次会议：2015年11月26日，清丰县第十四届人大常委会举行第四十次会议，县人大常委会主任冯海民主持会议。会议听取了县政府关于县乡村医疗机构建设情况的报告、城建项目建设情况的报告、诉讼活动法律监督工作情况的报告、将购买五眼井棚户区改造项目服务资金列入县级财政预算的报告，经过认真审议，表决通过了相应的审议意见和决议；会议还表决通过了县法院提请的库锁庆等17人次的人事任免案；会议听取审议了市公安局关于提请许可对县人大代表丁某某采取刑事强制措施的函，并对《清丰县人大常委会关于许可市公安局对县人大代表丁某某依法采取刑事强制措施的决定（草案）》进行了表决，未通过。县人大常委会副主任程清彰、贾建岭、左海义和委员共19人出席会议。县政府副县长王淑娟、县法院院长石文英、县检察院检察长裴大伟及县政府有关部门负责人、各乡（镇）人大主席、县人大常委会机关有关人员列席了会议。

县十四届人大常委会第四十一次会议：2015年11月30日，清丰县第十四届人大常委会举行第四十一次会议，县人大常委会主任冯海民主持会议。会议听取审议了关于接受县人大常委会委员张广平的辞职案和市公安局关于提请许可对县人大代表丁某某依法采取刑事强制措施的函，经过表决，决定接受张广平辞去县十四届人大常委会委员的职务，决定许可市公安局对县人大代表丁某某依法采取刑事强制措施。县人大常委会副主任程清彰、贾建岭、左海义、韩晓东和委员共21人出席会议。县政府副县长常利强、县法院院长石文英、县检察院检察长裴大伟和市公安局、县人大常委会机关有关人员列席了会议。

县十四届人大常委会第四十二次会议：2015年12月11日，清丰县第十四届人大常委会举行第四十二次会议，县人大常委会主任冯海民主持会议。会议听取审议了县公安局关于对县人大代表雷某某依法采取刑事强制措施的报告，经过表决，决定许可县公安局对县人大代表雷某某依法采取刑事强制措施。县人大常委会副主任程清彰、贾建岭、左海义和委员共20人出席会议。县政府副县长杨理宏、县法院院长石文英、县检察院检察长裴大伟、县公安局局长张志民和县人大常委会机关有关人员列席了会议。

县十四届人大常委会第四十三次会议：2015年12月30日，清丰县第十四届人大常委会举行第四十三次会议，县人大常委会副主任程清彰主持会议。会议听取了县政府关于2015年县本级财政预算调整方案的报告，经过认真审议，表决通过了关于批准2015年县本级预算调整方案的决议；会议还表决通过了《清丰县国家工作人员宪法宣誓办法》。县人大常委会副主任贾建岭、左海义、韩晓东和委员共19人出席了会议。县政府有关工作部门负责人、各乡（镇）人大主席和县人大常委会机关有关人员列席了会议。

主要工作

概况 2015年，县人大常委会围绕“四个全面”战略布局和全县工作大局，认真践行“三严三实”要求，忠实履行宪法法律赋予的职责，先后召开12次常委会会议、24次主任会议，听取审议专项工作报告30余项，组织开展视察、调研、检查20次，作出决议决定、审议意见24个，为实现清丰县“十二五”圆满收官、促进全县经济社会发展和民主法治建设作出了积极贡献。

把握方向 2015年，县人大常委会坚持重大事项及时向县委请示报告，自觉维护县委领导核心地位。围绕县委中心工作依法履行职责，综合运用专题视察、审议报告、执法检查等方式，保障和促进县委决策部署的落实。县人大领导班子成员积极参与县委中心工作，主动服务全县经济社会发展，在“三城联创”、招商引资、重点项目建设等工作中，深入分包重点项目和重点企业进行调研，帮助企业解决实际困难，推动项目建设尽快投产达效。

监督工作 2015年，县人大常委会围绕全县发展大局，把监督的重点放在助推发展和改善民生上，依法行使监督职权，促进全县经济社会持续健康发展。一是加强经济运行监督。对重点工业项目建设进行专题视察，对“一区两带”现代农业建设、中低产田整治等工作开展专题调研，督促相关部门提升园区建设水平，加快农业产业调整步伐，着力促进农业提质增效、农民持续增收。二是强化预决算审查监督。认真落实《预算法》，对预算执行中存在的问题进行深入剖析，提出有针对性和可操作性的对策建议，督促细化完善预算编制，科学使用财政资金，提高资金使用效益，保持经济发展良好势头。三是高度重视民生改善。对城区新建医院建设进行专题视察，要求进一步加快项目建设，争取医院早日建成投入使用，满足人民群众医疗服务需求；对农村公路、职业教育、

人大代表督导重点项目建设

社会救助、城镇居民医保、县城集中供热、村村通天然气等民生事业开展监督，督促政府及有关部门及时解决问题，落实惠民政策，完善长效机制，让人民群众共享改革发展成果。四是加强执法检查。组织开展《环保法》《治安管理处罚法》《非物质文化遗产法》贯彻实施情况执法检查，拓展执法检查的广度和深度，针对发现的问题，提出处理意见，督促相关部门加大执法力度，促进了法律法规的有效实施。五是强化司法监督。围绕维护公平正义，推动解决人民群众反映强烈的突出问题开展监督，要求法检两院进一步规范司法行为，着力提高司法公信力，努力让人民群众在每一个司法案件中都感受到公平正义。六是推动社会治理法治化。围绕深化平安清丰建设，2015 年，受理群众来信 120 余件，接待来访 210 余人次，有效化解了社会矛盾，维护了社会和谐稳定。

重大事项　2015 年，县人大常委会审查批准了财政决算和预算调整方案，通过了关于批准县人民政府将购买五眼井村棚户区改造项目服务资金列入县级财政预算的决议。

人事任免　2015 年，县人大常委会坚持党管干部原则和人大依法行使任免权相统一，严格执行人事任免办法，不断完善法律知识考试、任前考察、供职发言、任前询问、颁发任命书、表态发言等程序，增强被任命人的责任意识和法治意识。全年依法任免国家机关工作人员 54 人次，接受辞职 2 人次，为地方国家机关正常运转提供了组织保障。

代表工作　2015 年，县人大常委会突出代表主体地位，积极推进代表活动主题化、履职工作常态化、建言成果实效化，使代表主体作用得到更好发挥。一是建设“人大代表之家”。高标准、高质量建成 2 处县级“人大代表之家”和 17 处乡（镇）“人大代表之家”，配齐了设施，完善了制度，实现了全县人大代表工作的全覆盖。二是密切同代表的联系。深入推进常委会组成人员联系代表工作，拓展代表对常委会工作的参与范围，先后组织代表对“一府两院”上半年工作、文明县城建设、基层医疗机构等工作进行集中视察，拓宽了代表知情知政渠道，为代表依法监督提供了平台。三是增强代表建议办理实效。把提高代表建议办理质量作为激发代表履职热情的重要抓手，及时分析梳理代表建议，召开专题会议进行交办。县十四届人大五次会议收到的 63 件建议全部办复完毕，推动解决了一批关系群众切身利益的问题。四是促进基层人大工作同步提升。通过召开乡（镇）人大工作会议、邀请乡（镇）人大主席列席常委会会议、指导“人大代表之家”建设、组织学习培训和视察调研等方式，加强对基层人大的联系指导，在开展执法检查、工作监督、建议督办、代表活动等方面与乡（镇）人大密切配合，上下联动，共同推动人大工作水平整体提升。

（刘利伟）

政　　务

县人民政府

县　　长　冯向军
常务副县长　杨理宏
副 县 长　聂培彦（2015年10月离）
　　周秀安（2015年10月任）
　　岳洪波　常利强
　　王淑娟（女）
县长助理　张学贤
党组成员　范社君　张志民

县政府办公室

主　　任　张鹏飞
副 主 任　苏鸿胜　申彦林
　　师俊峰（2015年8月离）
　　朱卫国
　　马俊鹏（2015年8月任）
党组成员　刘建省
　　师俊峰（县金融办主任，2015年8月任）
纪检组长　逯亚峰（2015年7月离）
　　王利娟（2015年12月任）
主任科员　付信波　徐永轩
副主任科员　郭海波　孟青霞（女）
　　张志强　程林霞（女）
　　车向芳（女，2015年12月任）

县政府法制办公室

主　　任　苏鸿胜
　　马秀军（2015年12月任）

县机关事务管理局

局　　长　李广顺
党组书记、副局长　姬世强
副 局 长　吴泽丰　张团杰
工会主席　王向伟

县人力资源和社会保障局

党组书记、局长　李宇峰
副 局 长　巩利民　李顺洲
　　于占标
　　任献伟（市第六技工学校校长）
纪检组长　焦修稳
主任科员　王怀庆
副主任科员　张振旗　刘军成
　　任敬习　吉英杰
　　吕　环（女）
　　岳建民　刘养森

县行政服务中心

主　　任　乔俊杰
副 主 任　范壮丽（女，2015年10月任）
纪检组长　姜兴草（2015年12月任）
工会主席　范壮丽（女，2015年10月离）

县油区办

主　　任　刘建省
副 主 任　王付波
　　张再源（2015年12月离）
　　赵锡浩（2015年12月任）
　　孔晓光（2015年12月任）
工会主席　赵锡浩（2015年12月离）

县宗教局

党组书记、局长　任占奎
副 局 长　张芳欣（兼）
副主任科员　韩　强　唐留轩

宗教局宗教团体联络办

主　　任　徐培峰

宗教局清真食品管理办

主　　任　崔晓磊

县地方志办公室

党组书记
主　　任　朱卫国

副 主 任　吴丽江（2015年12月任）

主任科员　高献林

政府办公室工作

概况　2015年，县政府办公室以提高三服务水平为目标，撰写综合材料220篇，编发《政府工作》9期、《政府工作快报》106期，上报信息1465条，协助清收不良贷款1760万元，有力促进了政府工作开展。

政务信息　2015年，县政府办政务信息工作坚持“求真、务实、准确、全面”的原则，以“贴近领导需求、当好参谋助手”为目标，以强化信息调研，提高信息质量为主旋律，积极探索新形势下信息工作的规律和途径，全方位、多角度、多层次地反映了县经济社会发展各方面的情况，为政府领导了解动态，分析形势，发现问题，科学决策，推动工作，提供了大量真实可靠的依据，较好地发挥了参谋助手作用。全年共上报省政府办公厅、市政府办公室信息1465条，被采用531条；编发《政府工作快报》106期。

（张志强）

政府文书　2015年，县政府办认真做好文书处理的收发、登记、传阅及存档工作，切实做到收文登记明确，发文有序及时，卷宗整理规范，归档完整无缺，确保了政府文件处理的有效运转。全年共收到县级以上文件6000余份，各类传真、内部明电、机要文件1.45万余份。扎实做好了县政府领导报刊杂志的征订发放工作。认真做好政府机要保密工作，没有出现泄密现象。

（闫晓飞）

政府文秘　2015年，县政府办围绕县政府中心和重点工作，紧贴领导意图，紧密结合工作实际，高效率、高质量完成县政府文件、领导讲话等综合文稿的起草和把关工作。撰写领导讲话等综合材料220篇，编发《政府工作》9期。围绕全县重点工作，深入基层，深入实际，提供有情况有分析有建议的调研报告9篇，为领导科学决策提供了依据。严格规范办文程序，共承办县政府、政府办文件283份，有力促进了政府工作的高效运转。

（刘信磊）

政府金融　2015年，县政府办狠抓不良贷款清收工作，累计清收不良贷款1760万元。做好防范打击和处置非法集资的宣传，为小区、学校、商铺发放防范非法集资告知单26万张；开展非法集资风险隐患排查，将非法集资风险降到最低；积极与中原证券公司对接，引进中原证券濮阳分公司在清丰县设立清丰营业部。打造金融服务区，积极引导各金融机构在产业集聚区、特色商务区周边设立金融服务网点，更好地服务清丰县的经济发展。加强银企沟通联系，强化金融机构服务本地企业的理念，加大信贷力度，提高存贷比。

（许运杰）

法制工作

概况　2015年，县政府法制办以推进服务型行政执法建设和行政执法责任制为抓手，紧紧围绕服务县委县政府中心工作，开拓进取，积极作为，充分发挥了政府法制机构的参谋、助手和法律顾问作用，为优化经济环境、维护社会稳定、促进赶超发展提供了有力保障。

规范性文件审核备案 2015年，县政府法制办坚持先法制审查，再签发、后公布的原则，不断提高规范性文件的按时率、报备率、合法率。全年审核规范性文件37件，修改37件，并按照有关规定程序，及时上报市政府备案，切实做到了有件必备、有备必审。

行政复议应诉 2015年，县政府法制办认真履行法定职责，充分发挥行政复议化解行政争议的主渠道作用，全年共办理行政复议案件11件。其中，维持4件，终止1件，撤销3件，责令重作1件，驳回2件，切实维护了申请人的合法权益。同时，认真做好行政应诉工作，要求行政机关认真履行行政应诉的各项职责和义务，全年办理行政应诉案件9件，裁定驳回原告诉讼请求8件，原告撤诉1件，维护了政府的公信力。

政府性投资合同审查 2015年，县政府法制办审核政府性投资合同114件，涉及农业、水利、县城规划等多个领域，最大限度保障政府性投资使用的安全性，为县域经济发展提供了法律保障。

行政执法监督 2015年，县政府法制办结合政府法制工作实际，多种形式开展执法监督工作。一是全面落实行政执法责任制。制定下发《清丰县人民政府关于全面落实行政执法责任制有关问题的通知》，对全县各行政执法单位的执法依据进行了梳理，共梳理行政职权3085项。其中行政许可201项，行政处罚2377项，行政强制134项，行政征收36项，行政给付30项，行政确认78项，行政裁决11项，其他具体行政行为232项。二是全面梳理权力清单和责任清单。在全县行政执法单位梳理201项行政许可，2377项行政处罚，134项行政强制，确保了有法可依、有法必依。三是全面落实重大行政处罚备案制度。下发《清丰县全面推进依法行政工作领导小组办公室关于贯彻实施河南省重大行政处罚备案审查的通知》，充分发挥层级监督作用。四是严格落实执法责任追究。根据《河南省行政执法责任追究试行办法》相关规定，执法责任追究1起，规范了行政执法行为。五是开展卷宗专项评查。对县公安局、工商局、环保局等10个关系群众切身利益重点部门开展了专项执法检查，共评查行政执法卷宗180余件，提出整改意见300余条，有力推动了执法规范工作。

政府法制宣传 2015年，县政府法制办累计向省、市法制部门报送信息295篇，被市法制部门采用149篇，省法制部门采用24篇，全面展示了清丰政府法制工作；不断完善清丰政府法制网，及时更新各乡（镇）和县政府各部门的法制信息，打造了推进依法行政、加强社会监督、推进政务公开、展示行政机关形象的信息平台；举办服务型行政执法建设论坛，及时总结服务型行政执法建设经验，为服务型行政执法建设工作营造浓厚的学法、执法、用法氛围；举办行政执法人员综合法律知识培训班3期，培训1200余人次，全面完成河南省行政执法证申办和河南省行政执法监督证人员信息审核上报及新版执法证件的发放工作。

服务型行政执法建设 2015年，县政府法制办

2015年9月14日，全县行政执法人员综合法律知识培训班

以服务型行政执法建设工作“整体推进年”为契机，开展“服务型行政执法建设论坛”征文、制作《清丰县推进服务型行政执法建设工作纪实》纪录片、召开服务型行政执法建设经验交流会、培育服务型行政执法建设示范点、印制《服务型行政执法论文集》、组织全县行政执法部门观摩法院行政案件的审理等系列活动，创新载体，以点带面，促进了服务型行政执法工作的整体推进。

仲裁工作　2015年，县政府法制办充分发挥仲裁制度优势，积极推动建立和完善各方面参与的调解工作格局，自觉主动地运用调解方式处理矛盾纠纷。2015年共办理仲裁案件5件，涉及土地、交通等多个方面，涉案标的金额4200余万元，为化解经济纠纷、维护社会公平和稳定发挥了重要作用。

（李　剑）

机关事务管理

概况　2015年，县机关事务管理局坚持“管理、保障、服务”工作主线，深入细致地开展机关事务管理工作，全面完成了全年各项工作任务。

节能管理　2015年，县机关事务管理局建立健全节能管理体系，科学制定节能管理制度，扎实推进节能工作走上科学运行轨道。一是广泛开展节能宣传活动。宣传《节约能源法》和《公共机构节能条例》，提高全县公共机构人员的节能意识，充分发挥公共机构在建设节约型社会中的示范带动作用。二是加强公共机构节能工作的信息沟通和工作协调。建立健全公共机构节能工作联络员制度，认真开展能耗调查和统计工作，及时上报相关数据。三是制定公共机构节能工作实施方案和单位节能措施，确保节能工作顺利开展。四是加强对用水用电管理，定期维护，及时维修，随时巡检，防止跑、冒、滴、漏和长明灯、长流水等。

安全保卫　2015年，县机关事务管理局多措并举，不断加强政府机关的安全保卫工作。一是健全了岗位职责和奖惩机制，通过开展安全知识培训和消防设施使用培训，提高安全防范意识和责任意识。二是强化综合办公区安全监管。有效控制车辆随意进出、乱停乱放现象。三是深入开展安全隐患排查和整改。完善了安全监控设施设备，更换消防灭火器具。四是协助做好了上访人员、群体性事件的秩序维护工作，有效维护了机关良好的工作秩序。

采购管理　一是坚持“公开、公平、公正和诚实信用”的宗旨，认真履行集中采购机构职责，做到不越位、不缺位，“阳光采购”。二是认真执行党风廉政建设和采购人员廉洁自律“五不准”，坚决杜绝政府采购活动中的权钱交易、暗箱操作等腐败行为，自觉接受广大采购单位、供应商以及社会各界的监督。2015年，共接受委托采购96次，采购总预算价4114.78万元，实际总采购价3772.54万元，节约342.25万元，节约率8%。

卫生绿化管理　一是加强日常保洁，卫生间内摆放卫生球、点燃檀香、安装自动喷香盒、擦手纸巾盒、洗手液盒并及时补充。二是明确了一名卫生保洁监督员，每天对综合楼卫生工作进行检查，发现问题及时通报。每周召集检查督导小组成员及卫生保洁公司经理、领班会议，通报存在问题，研究解决办法，制定整改措施。三是定期对各种观赏类植物修剪、整形、美化和病虫害防治，全年更换、补植草花2万余株、小灌木2700余株。四是投入人力2260余人次，改造草坪600余平方米。

后勤服务　一是加强机关餐厅服务。广泛听取广大干部职工建议和意见，加强饮食安全，合理搭配膳食结构；切实抓好餐厅环境卫生整治，确保了食品新鲜、营养、安全、卫生。全年保障干部职工就餐75652人次，实现了综合办公楼广大干部职工就餐饮食安全年。二是做好设备维修维护。2015年，完成维修任务1200多次，确保了水、电、空调设施和电梯的安全、正常运转。三是圆满完成会议服务保障。加强对会议服务人员的礼仪培训、保密教育和业务培训，经常性对会议音响设施进行检查维护，确保会议正常、安全。2015年，共完成会议服务160场，参加会议人员2.1万余人次。同时，做好了第二、三办公区的水、电维护维修、供暖、卫生保洁、门岗出入登记工作；做好了第四、第五办公区门岗出入登记、卫生保洁、热水供应工作；做好了县委老院的门岗出入登记、卫生保洁工作。

（谢洪水）

人事劳动保障

概况 2015年，县人社局以创新为突破点，紧紧围绕民生为本和人才优先两条主线，以就业和社会保障为重点，深化工资收入分配制度和事业单位人事制度改革，大力实施人才强县战略，全面加强公务员队伍建设，构建和谐劳动关系。先后荣获“省级卫生先进单位”“全市社会保险工作先进单位”“全市维护稳定基层基础工作先进单位”“濮阳市城乡妇女工作先进集体”“清丰县平安建设工作先进单位”“清丰县信访工作先进单位”“清丰县争取上级资金先进单位”“清丰县重点项目建设先进单位”等多项荣誉称号。

就业再就业 一是超额完成就业目标。2015年投入资金584万元，全县城镇新增就业12545人，其中城镇下岗失业人员再就业3029人，困难群体再就业1335人。城镇登记失业率控制在2.06%，动态消除零就业家庭11户；新增农村劳动力转移就业8500人。二是小额担保贷款效益突显。2015年共审批小额担保贷款1186笔，发放7963万元，扶持1153名下岗失业人员等就业困难群体成功创业，吸纳1000多人就业再就业。三是培训力度进一步加大。组织举办创业培训840人次，农村劳动力职业技能培训3920人次，职业资格培训5776人，再就业培训1880人。四是全力促进高校毕业生就业。县人社局依托各乡（镇）基层站所为未就业高校毕业生“量身定做”开发公益性岗位120个，于10月全部上岗；建立高校毕业生就业见习基地20家，安置高校毕业生见习151名。

事业单位人事制度改革 2015年，全县有各类事业单位507个，在编在册人员11440人。其中，管理人员1568人，专技人员7863人（管理岗位83人），工勤人员2080人，已全部完成事业单位岗位设置与岗位聘用工作，岗位工资全部兑现，实现了按岗聘用、按岗定薪、按岗管理。一是基本实现事业单位岗位管理规范化。对事业单位聘用管理进行了进一步规范，对相关材料进行收集归档并装订成册，实现了实名制管理全覆盖。二是初步建立事业单位信息数据库。已初步建立了事业单位人员岗位信息数据库，加强和规范了合同日常管理，着重规范聘用合同订立、变更、续订等重点环节，探索完善聘后管理机制。三是认真落实和规范公开招聘制度。公开招聘中小学教师151名，其他事业单位招聘工作人员150名工作正在进行中。在招聘工作中，严格遵循阳光公开的原则，发布公告和笔试、面试、体检公示、考场布置等每一个环节都及时在清丰电视台、清丰县政府网站进行了发布，充分体现了公平、公正、公开原则。四是大力推行竞聘上岗制度。在按需设岗的基础上，按照竞聘上岗、按岗聘用、按岗定级、按岗定薪、人岗对照、岗变薪变、合同管理的岗位管理机制，对岗位等级变动工作进行了规范。五是加大考核力度。在考核工作中，客观公正、民主公开、注重实绩，对工作人员一年来的政治思想表现和工作成绩作出科学合理的评价，为事业单位选才用人提供依据，促进了社会事业的健康发展。

公务员管理 一是贯彻执行《清丰县机关事业单位股级干部选拔任用工作暂行规定》，严把条件，严格程序，深化机关中层干部队伍管理，选优培强机关中层干部队伍。二是按照《河南省公务员日常登记管理方法》规定，为20个单位72名公务员办理了公务员登记手续，为10名正常调动公务员办理了转任备案手续。三是借助濮阳市公务员网络培训学院，督促公务员全员培训，学习充电，提升素质。

社会保障 一是企业养老保险。总参保人数28775人，征缴养老保险费8792万元；为全县10241名企业离退休人员发放离退休金2.14亿元，发放率和社会化发放率均为100%；继续提高企业退休人员基本养老金，3月完成增资，人均增资208.28元。二是机关事业单位养老保险。参保单位99个，参保总人数8653人，共征缴养老保险费2712万元，养老保险基金滚存结余4185万元。全年共发放养老保险金3414万元，发放率100%，全部实行了社会化发放。三是失业保险。参保人数19636人，征缴失业保险金1046万元；全供事业单位失业保险单位应缴费部分502万元，纳入财政预算；接收失业人员251人。累计为493名失业人员发放失业保险金和医疗补助金386万元，发放率100%。四是社会医疗保险。城镇职工医疗保险参保职工4.23万人，参保城镇居民2.1万人。职工医疗保险基金收入5682万元，总支出5933万元，滚存结余3102万元；城镇居民个人总收入486万元，总支出300万元，滚存结余620万元；公务员医疗补助支出89万元，城镇医保基本实现了“全民医保”目标。五是工伤生育保险。工伤保险：参保人数23790人，征缴保险费302万元，保险基金支出479万元。其中医疗费用57万元，工亡赔偿371万元，伤残补助金49万元。生育保险：参保人数1.2万人，征缴生育保险费208万元，生育保险基金支出21.4万元。六是城乡居民社会养老保险。参保人数350314人（含特殊群体），60周岁以上104754人，参保率97%。全县征收城乡居民社会养老保险费2548万元；发放基础养老金10122万元，发放率100%。七是“社保一卡通”发放。积极协调中国银行、农业银行、农信社、邮储银行4家金融机构抽调相关人员，依托乡（镇）人社所人员、村两委班子、村劳动保障协理员开展社会保障卡发放工作，2015年发放30万张。

人才工作 一是人才引进政策不断完善。会同有关部门制定了《清丰县高学历人才引进办法（试行）》《清丰县高层次创新创业人才引进办法（试行）》和《清丰县中长期人才发展规划纲要（2010—2020年）》等招才引智办法，积极开辟引进人才“绿色通道”，努力探索高层次人才的选拔、培养和引进方法，以及吸引、留住、用好人才的优惠政策。2015年，协助县委组织部引进高学历人才5名，全部上岗。二是“一村一品”示范基地进一步拓展。加强对引进国外智力和“一村一品”选拔推荐工作的宣传力度，对清丰县特色产业进行了详细调查。2015年，申报市级一村一品示范基地2个，申报引进外国专家项目1个。

军转干部和信访维稳 2015年，县人社局在抓好信访稳定的基础上，重点做好了企业军转干部维稳工作。一是对符合条件的50名军转干部，发放财政补贴30.76万元。二是“两会”期间，开展拉网式排查，重点排查解困政策是否落实，反映问题是否解决，防控措施是否到位。三是做好了关爱帮扶工作，为清丰县50名退休企业军转干部安排了免费健康体检。同时，主动为下岗困难职工、农村退伍军人等弱势群体解决困难。配备了专职信访干部，建立了接待室，建立健全了信访维稳制度。今年接到并处理信访案件56件，结案率100%。

人事代理 2015年，县人社局共接收省内外往届、应届高校毕业生档案1600余份，办理报到登记手续870余人，总数达到3085人。2015年，新增代理人员365人，为代理人员申报职称32人，报批代理人员退休15人，为卫生系统代理人员职称聘任84人。

事业单位绩效工资改革 2015年，县人社局按照《清丰县人民政府办公室关于清丰县事业单位实施绩效工资的意见》（清政办〔2012〕34号）和《清丰县人民政府关于印发津贴补贴及事业单位绩效工资基本水平参考标准的通知》（清政〔2014〕2号）文件精神，出台了《关于核定2015年事业单位绩效工资总量的通知》（清人社〔2015〕82号），核定清丰县2015年事业单位绩效工资总量18862万元。

任免工作 一是以县政府名义，向县人大常委会递交2名科级干部任免报告。二是以县政府名义，为9名科级干部办理了任免手续；根据干部管理权限，通过演讲答辩（推荐）、民主测评、座谈等程序对12个单位35名股级干部进行了考察，办理了职务任免手续。审核13名公务员和14名事业单位管理人员任职资格并行文任命。三是指导县城市综合执法局完成股级干部竞争上岗工作。

表彰奖励 一是审查、推荐国家级表彰个人2名；获省级表彰先进集体3个、先进工作者10名；获市级表彰先进集体4个、先进工作者33名；表彰县级模范教师154名和优秀教育工作者50名，追授宋国选同志“优秀公务员”荣誉称号。二是提请县政府为县纪委监察局3名工作人员各记三等功一次、3名工作人员各嘉奖一次。

职称评定 2015年，县人社局起草、印发了高、中、初级专业技术职务任职资格文件，并为部分符合条件人员办理了聘任手续。经评审或认定专业技术职务任职资格718人。其中，高级64人，中级196人，初级458人。为2014年度晋升专业技术职务任职资格615人办理了资格证书，并完善修改了专业技术人员数据库。完成了2015年度经济资格考试审查工作，审查新报名人员67人。

退休人员管理 一是退休、退职工作。办理机关、事业单位到龄人员退休、因病提前退休、退职283人。其中，公务员35人，事业管理、专技人员161人，工勤人员83人，工人退职4人。二是落实“两个待遇”和管理服务工作。按照国家关于“对2014年10月1日前已经离退休的人员，由于不涉及养老保险个人缴费，可先于在职人员兑现增加的离退休费”精神，6月25日前全部完成增资兑现审批工作；结合财政局，为抗日战争及以前参加革命工作的老工人发放一次性慰问金5000元；为75名机关事业单位回原籍安家的退休干部审批了修建房补助费，补助金额11.2万元；4月～5月对全县机关事业单位享受县财政供给的退休人员进行了一年一度的健康体检，健全了退休人员健康档案。三是丧葬优抚工作。4月对全县机关事业单位在职、离退休已故人员遗属进行了年度审验工作，共参审984户、1201人，审验月补金额33万元，42户、53名不符合享受条件的遗属注销；为机关事业单位在职、离退休新死亡95人审批了一次性抚恤金和丧葬费，总额619万元；为37名遗补对象审批了生活补助费，月补总金额1.3万元。四是三审定及学历变更工作。为高学历人才引进、录公、调动在职人员606份档案进行了“三审定”；为147名在职取得第二学历的人员变更了学历层次认定。

构建和谐劳动关系　一是切实履行劳动监察职责。全年日常巡视检查用人单位260户次，积极配合其他各种形式的劳动保障监察工作，防止违法违规行为的发生；开展“清理整顿劳动力市场秩序”“整治非法用工打击违法犯罪专项行动”“用人单位遵守劳动合同法情况专项检查”“农民工工资支付情况专项检查”等多项专项检查，责令用人单位签订劳动合同1210份，签订集体合同书2家，督促缴纳社会保险费30.12万元，责令2家用人单位执行职工带薪年休假条例；纠正4家违反职业资格用人单位按规定持证上岗；纠正用人单位违法规章20件。会同住建、公安等部门处理突发事件13件，为1547名农民工追讨工资1403.13万元。二是不断提高仲裁服务质量。全年鉴证劳动合同3984份，合同鉴证率100%。受理并处理仲裁案件10件，涉及人数19人，结案率100%。及时解决了寇海静工资争议、刘朝阳经济补偿金争议，避免了集体上访案件的发生，维护了企业的形象。2015年，共接待群众来访90余人次，涉及人数130余人，庭外调解劳动争议案件28件，调解率达到90%，对龙丰饲料厂职工黄某某医疗费纠纷、张某某养老保险费纠纷进行了庭外调解，维护了职工的合法权益。

基层平台标准化建设　2015年，县人社局在上年度基层就业和社会保障服务设施建设项目顺利获批的基础上，重点做好了项目建设的具体实施工作，先行启动了清丰县就业和社会保障服务中心项目，目前正在着手启动城关镇、瓦屋头镇、仙庄镇、古城乡4个乡（镇）就业和社会保障服务站项目。清丰县就业和社会保障服务中心占地8.61亩，建筑面积7759.3平方米，8层框架结构，其中地下1层、地上7层，建筑高度33.9米。目前该项目主体已经完工，相关的外挂、装修等配套工作正在有序跟进。省发改委下达清丰县基层就业和社会保障服务设施建设项目2015年中央预算内投资计划539万元，其中中央投资386万元，省基建投资153万元，全部到位。

（南志奇　张景山）

行政服务

概况　2015年,县行政服务中心以”审批提速、服务提质“为目标，积极开展“五个无”优质服务年活动，简化审批程序，减少办事环节，提高了办事效率和群众、企业满意度。全年共收办各类行政许可及便民服务项目1.2万余件，限时办结率100%，办件数量和质量都有了新的突破。成立企业服务中心，入驻部门14个，行政审批事项33项，为70家企业办理各类审批事项560余项，发挥了“勤政、廉洁、便民、高效”的应有功能，先后被省爱卫会命名为“省级卫生单位”，被清丰县委、县政府命名为“2015年度服务重点项目建设先进单位”，被县文明办命名为“县级先进单位”，被县妇联命名为“清丰县巾帼文明岗”等。

规范行政行为　2015年，县行政服务中心全面提升中心的运行质量和管理水平，确保窗口服务标准化、制度化、规范化。一是强化制度管理。进一步建全完善签到签退、请销假、AB顶岗和工作通报等各项规章制度，加强对工作人员的管理。二是强化服务流程监督。推行网上审批，有效利用政务审批系统和政务视频监察系统全程监督服务流程，利用电子服务评价器，督促窗口工作人员更好的为民服务。三是强化社会监督。开设举报电话、举报信箱、电子信箱等，动员社会各界进行监督。四是强化工作监督。加强对窗口人员仪容仪表、行为举止、服务态度、文明用语、公务行为和工作作风的严格监督检查；结合效能、监察等部门，严肃查处各种不作为、乱作为、不会作为现象。

党务政务公开　2015年，县行政服务中心将县委、县政府要求纳入中心集中进行行政许可和便民服务的窗口单位和应进驻项目、权限、办事流程、办理事项、办事时限、工作纪律和责任追究制度以文件、公告、公示栏等各种形式进行公开，方便群众；加强中心宣传功能，进一步提高群众“办事到大厅”的意识，真正实现“政务超市”建设目标。

党风廉政建设 一是抓好了党风廉政宣传教育工作。做到了“四个结合”，即理论灌输和专题教育相结合，增强教育的吸引力，感染力；针对性与预防性相结合，把小事当大事抓，把苗头当隐患抓；普遍教育与重点教育相结合，逢会必讲，常抓不懈；正面疏导与反面警示相结合，做到警钟长鸣。二是建立健全各项规章制度。制定了《2015年党风廉政建设责任制工作方案》及廉洁自律规章制度，明确具体责任，实行责任追究制，为中心的党风廉政建设工作起到了监督和约束作用。三是强化工作运行监督。认真学习县纪委提出的“六不准”，坚持反腐败抓源头，用“阳光作业”来防止“暗箱操作”，制约行使权力过程中的随意性。认真落实依法行政责任制，发现苗头性、倾向性问题及时纠正，重大问题及时报告。四是增强反腐意识。开展惩防体系建设和廉政风险预防建设，将反腐败工作变为自觉行动，融入日常生活、工作之中，时刻绷紧这根弦，防微杜渐，向社会公开服务承诺，接受群众监督。坚持民主集中制原则，集体领导，民主决策，民主管理。

（孙　文）

油区工作

概况 2015年，县油区办围绕油地关系“三种意识”，千方百计为油田创造“三个良好环境”。重点开展了油区“清障”活动，全年共协调处理各类工农矛盾纠纷15起，获得了油地双方的充分肯定。是年，油区涉及清丰县瓦屋头镇、六塔乡、马庄桥镇3个乡（镇）、28个行政村、3.26万人，中原油田驻清处级单位共6个，分别是采油三厂、钻井一公司、钻井四公司、管具处、第三社区、第五社区，职工及职工家属近4万人，油井和水井200眼。

综合治理 2015年，县油区办配合相关部门，以创建“平安油区”活动为载体，以治理“四窃”为重点，加大联合执法检查力度，严厉打击破坏油田生产建设的犯罪活动，保持油区社会环境的长治久安。累计发放《石油天然气管道保护法》等宣传材料300余份，坚决取缔“三小一点”和非法用电用气，全年未发生恶性涉油案件。

管道保护 一是加强宣传。加大《中华人民共和国石油天然气管道保护法》、新《安全法》宣传力度，深入瓦屋头镇、固城乡、六塔乡、柳格镇等油气管道乡（镇）、村进行宣传，发放宣传资料500余份，出动宣传车20余次，人员50人次。二是加大输送管道安全检查力度。按照“全覆盖、零容忍、严执法、重实效”的总体要求，5月，对清丰县油气管道占压安全管理情况、油气管道周边环境综合整治情况、油气管道安全隐患排查治理情况进行安全大检查，处理1处长达10年的老占压，解决1处预占压。

（史慧娟）

民族宗教

概况 2015年，县宗教局按照“稳中求进”的总要求，宣传贯彻党的民族宗教政策，依法加强对民族宗教事务的管理，积极引导宗教与社会主义社会相适应，发展少数民族经济，加强清真食品管理，保护少数民族群众的合法权益，维护全县民族宗教领域的稳定。2015年，先后被市政府评为“民族团结模范集体”“民族宗教工作先进县”等。

2015年7月12日，清丰县反邪教知识进场所

民族工作　2015年，县宗教局关注民生，服务群众。积极帮助少数民族群众发展经济，举办少数民族群众培训班4期。积极争取少数民族专项资金，为少数民族企业办实事、解难事，为河南七点半食品有限公司争取农发行贴息贷款1000万元，贴息28万元。增进民族团结。11月28日，县宗教局在瓦屋头镇举办2015年民族政策法规宣传月暨党外知识分子“四下乡”活动，发放资料3600余份，接受咨询1200余人次，义诊600余人次。加强清真食品管理。对清真食品餐饮、加工行业进行拉网式摸底调查，对清真饭店、餐馆老板、清真食品加工企业负责人等进行食品安全知识培训，并对清真食品义务监督员进行2次集中培训。“双节”期间，联合工商、卫生、公安、质检等部门检查清真饭店8家、清真食品销售摊点17家、其他类型清真食品生产经营单位7家，确保了“双节”清真食品安全。

宗教工作　2015年，县宗教局开展“学习贯彻党的十八大精神”为主题的“宗教政策法规学习月”活动，在全县55处宗教场所发放宣传单3800份、横挂宣传标语55条、制作宣传展板55块。举办八期宗教政策法规培训班，包括对全县宗教工作干部进行政策理论培训，对宗教团体和活动场所负责人进行政策知识培训。加强宗教活动场所财务监督管理。全县55处宗教活动场所成立了财务管理小组，其中35处开设了对公账户。加强非法活动排查。开展宗教界“教风年”创建活动，帮助各宗教团体、宗教活动场所采取集中学习、个人自学、以会代训或邀请德学兼备的教职人员进行相应辅导等方式，设置意见箱、召开座谈会，广泛听取宗教教职人员和信教群众意见。继续开展“春风化雨”行动。协调卫生、医疗部门，建立空巢信教群众健康档案，每季度为空巢信教群众进行一次免费健康体检；支持宗教界开展“慈善周”活动，救助空巢老人，新增贫困信教群众低保户3户。

（韩　强）

史志工作

概况　2015年，县地方志办公室编纂出版了《清丰年鉴》2015卷，同时根据省、市史志部门要求，先后启动了乡镇志编纂和《濮阳杂技志》（清丰部分）的编纂工作，出版发行《清丰县志》（1986～2000）。被评为全市史志编纂工作先进单位。

《清丰县志》（1986～2000）出版发行　《清丰县志》（1986～2000）由中州古籍出版社出版发行。全书设41章、196节，共170余万字，有图片458幅，表格264张。该志书为1990年版《清丰县志》的续修，采用章节目体，全面记述了清丰县1986～2000年经济社会发展状况和改革开放事业取得的成就。对上部志书遗漏或记述过简的内容进行了补记。该志为彰显地方特色、弘扬传统文化，还设立《孝道之乡》《忠勇之地》《革命老区》等专章。

《清丰年鉴》编纂出版　2015年，县志办编纂出版了《清丰年鉴》2015卷。该年鉴编纂围绕全县中心工作，以记述事实为根本，以服务经济发展为宗旨组织编纂，集中体现了县政府综合施策和全县政治、经济、文化、社会等各业发展的情况。该卷在保持往年整体风格基础上，还对篇目设置进行了科学调整，使之指导性更强，服务性更优。保持了在全市县区年鉴工作中的先进位次。编纂工作中，严格按照“369”（即3月征稿，6月通稿，9月送厂印刷）时间节点和工作目标，确保时效性。《清丰年鉴》当年编纂出版发行，为认识清丰、研究清丰、建设清丰提供了翔实资料，为领导科学决策、指导工作提供了参考依据。

乡镇志工作　2015年，县志办根据上级安排，为充分挖掘乡镇历史文化资源，主动作为，率先启动，以点带面，典型推广。争得政策支持，印发《清丰县人民政府办公室关于做好《乡镇志》编纂工作的通知》（清政办〔2015〕48号）及《清丰县人民政府办公室关于建立《乡镇志》督查考核制度及奖惩办法的通知》（清政办〔2015〕64号）。该办抽调单位精干力量分包乡（镇），进行业务指导和督促制定工作台账，细化目标任务。一周一督导，一月一排队，根据工作进展，按照文件要求，奖优罚劣，适时召开点评会、现场会。至年底，全县17个乡（镇）均成立了乡镇志编纂委员会，选配了编修班子，落实了办公场所和办公经费。同时，把条件成熟的城关镇、马庄桥镇、韩村乡作为试点乡镇，全面推行《乡镇志》编纂。

杂技志编纂　2015年，县志办为尽快完成市史志部门部署的《濮阳杂技志》（清丰部分）编纂任务，协调县文广局编纂工作小组深入“大青活”流行区域，走访老艺人、搜集相关资料，挖掘、搜集、整理大青活的相关实物服装、道具、图片等共计70多件（幅），文字资料5000余字；搜集整理老艺人口述录音、录像资料100余分钟，拍摄照片80余张，基本了解和掌握了大青活保护现状和存在的问题，为《濮阳杂技志》编纂工作奠定了良好基础。

月报工作　2015年，县志办以市史志办《濮阳大事月报》为载体，将其作为展示、推进清丰的平台，成立月报编纂小组，围绕全县重点工作、亮点工作、大特要事开展跟踪调研，形成高质量的信息稿件，按照时间节点上报。至年底，为《濮阳大事月报》提供稿件70余条，录用刊载16条，受到上级领导和社会各界广泛好评。

（付艳涛）

政治协商

政协清丰县委员会

主　　席　刘继光
副 主 席　谭自安　赵怀欣
　　　　　韩富鹏　刘　磊
党组副书记　朱腾强（2015年9月离）
　　　　　谭自安
　　　　　郝林考（2015年3月退）
党组成员　韩富鹏
　　　　　乔亚洲（2015年7月任）
　　　　　郭琰利（2015年7月任）
　　　　　徐文卿（秘书长）

政协办公室

主　　任　徐文卿
副科级纪检员　李　昌
主任科员　张建军（2015年7月任）
　　　　　姬召华（2015年7月任）
副主任科员　张建军（2015年7月离）
　　　　　姬召华（2015年7月离）
　　　　　赵玉敏（女）

政协提案工作委员会

主　　任　张玉华（女）

政协经济科技委员会

主　　任　乔亚洲（2015年7月任）

政协民主法制委员会

主　　任　高占民（2015年7月任）
副 主 任　高占民（2015年7月离）

政协文教卫生委员会

主　　任　高艳茹（女）

政协学习文史委员会

主　　任　岳胜强（2015年7月离）
　　　　　郭琰利（2015年7月任）

县工商联

主　　席　岳清淼
党组书记　周广田（2015年10月离）
　　　　　岳清淼（2015年10月任）
副科级纪检员　徐志伟（2015年10月任）
副 主 席　纪泉水　袁卫东
　　　　　周飞舟　谢海民
　　　　　薛修怀　姬利强
　　　　　貌和平　刘建和
　　　　　张芳建　翟宪法
　　　　　洪学孟　齐志高
　　　　　张立峰　裴利勇
　　　　　王登朝　田宏杰
　　　　　葛彦军　翟殿选
　　　　　彭凡奇　丁留宽
　　　　　林志玉　梅留青
　　　　　韩学臣　吴保奎
　　　　　李喜民
秘 书 长　徐志伟（兼）

县总商会

会　　长　岳清淼
副 会 长　唐志江　周仙岳
　　　　　黄志甫　王瑞乾
　　　　　李兵群　刘瑞兵
　　　　　李晓婷　庞海军
　　　　　李建省　丁红全
　　　　　程瑞阁　李传周
　　　　　冯松涛　赵文修
　　　　　段新光　申献友
　　　　　任福生　刘敬普

闫相文　晁国友
张爱琴　罗占英
王同顺　陈晓梅
王利伟　张俊国
李艳霞　朱志磊
谭俊福　宋冠辉
李亚伟　南庆方
王志杰　张电军
王铭伟　贾献海

政协清丰县委员会

县政协九届四次全体会议　2015年4月22至24日，县政协九届四次全体会议在县法院东二楼多功能厅召开。会议审议通过了谭自安代表县政协第九届清丰县委员会常务委员会所作的工作报告和赵怀欣所作的关于九届三次会议以来提案工作情况的报告。全会期间，委员们列席人大会议听取并协商讨论了《政府工作报告》和其他报告。会议审议通过了县政协九届三次会议提案审查情况的报告、常委会工作报告的决议、提案工作报告的决议和政治决议。

县政协九届十二次常委会议　2015年4月20日，县政协召开九届十二次常委会议。县委常委、常务副县长杨理宏应邀参加会议，县政府办、发改委、财政局负责人列席了会议。会议协商讨论了《政府工作报告（草案）》《计划报告（草案）》《财政报告（草案）》《政协常委会工作报告（讨论稿）》《提案报告（讨论稿）》；协商通过了关于召开县政协九届四次全体会议的有关事项。

县政协九届十三次常委会议　2015年7月9日，县政协召开九届十三次常委会议。会议专题协商讨论了清丰县现代农业发展情况。会上，县农业局局长范华、农机局局长付永发、蔬菜中心主任昝键、食用菌办公室主任安社蕊、水利局副局长骆恒泽、林业局副局长张再书分别围绕各自职能就服务现代农业发展情况作了汇报，县政协调研组负责人张建军宣读了《县政协关于我县现代农业发展情况的调研报告（讨论稿）》。与会常委围绕如何加快推进我县现代农业发展问题展开了气氛热烈的协商讨论。建议：以工业管理理念发展特色农业、延伸产业链条、发展观光休闲农业，完善土地流转机制、优化金融保险服务，推进农业经营方式和组织形式创新，扶持发展农民专业合作组织。

县政协九届十四次常委会议　2015年10月22日，县政协召开九届十四次常委会议。会议专题协商讨论了我县市政基础设施建设情况。会上，县住建局副局长吴学会、自来水公司经理雷继普、市政园林局党组书记常良涛、供电局副局长黄慧莉、污水处理厂副厂长高昂分别围绕各自职能就服务清丰县市政基础设施建设情况作了汇报，县政协调研组负责人张建军宣读了县政协《关于我县水电气暖等市政基础设施建设情况的调研报告（讨论稿）》。与会常委围绕加快推进清丰县市政基础设施建设议题展开了热烈讨论。建议：市政基础设施建设要科学规划，搞好协调、整体推进；供暖工程要加快工程建设进度，扩大市政供暖范围；在快速推进“气化清丰”项目的同时，还要制定相应措施，在供气安全方面加强监管；组织银企对接，鼓励各家银行积极参与，给予最大限度支持，解决好基础设施建设面临的资金瓶颈问题。

县政协九届十五次常委会议　2015年12月18日，县政协召开九届十五次常委会议。会上，围绕委员提案办理工作，县政府办公室主任张鹏飞就县政协九届四次会议以来委员提案办理情况进行了专题汇报；县公安局、住建局、交运局、水利局、市政园林局负责人分别汇报了本部门承办的委员提案办理情况；县政协提案委主任张玉华介绍了县政协九届四次会议以来提案办理、督导和考核情况。与会委员围绕提案办理工作进行了专题讨论，建议：对优秀提案进行表彰，对承办单位办理情况进行考核评比，督促提案办理取得实效；加大委员培训力度，提高委员履职能力；对提案办理情况进行台账式管理，纳入单位考核指标，提高办理实效。

会议还协商讨论了拟提交县委常委会议研究讨论的《中共清丰县委关于进一步加强人民政协工作的意见（讨论稿）》。要求认真吸收委员意见建议，待修改完善后及时提交县委常委会议研究讨论，以正式文件形式下发执行，并适时召开县委政协工作会议，就进一步加强和改进党对政协工作的领导，充分发挥政协协商民主重要渠道和专门协商机构作用，推动全县政协事业健康发展进行安排部署。

委员提案办理 2015年，县政协九届四次会议后，共收到委员提案105件，审查立案89件。为切实提高提案办理成效，县政协提案委采取视察督办、委员评议、满意度调查、工作考核等形式，加强与提案人、提案承办单位的联动互动，切实做到集体提案重点办理，重要提案跟踪办理，复杂提案协调办理，促进了重点提案成果转化。制定《清丰县政协提案办理工作考核办法》，组织部分专委会委员、提案者，对年度所有提案承办单位进行目标考核，促进了提案工作“双向互动、双向评价”。

优化金融发展环境 2015年7月16日，县政协组织召开政协委员暨企业家代表座谈会，建议县政府加强银企对接，促进金融合作，把企业纳入招商团队，积极引进外来投资企业；重视整合电子商务平台建设，运用“互联网+”等新平台拓宽销售渠道。

关爱“三留守”群体 2015年10月21日，组成视察组，到韩村乡西赵楼村、前冯家村，实

县政协领导调研现代农业

地查看留守儿童、留守妇女、留守老人帮扶工作开展情况，建议相关职能部门真正把关爱送到留守儿童、妇女和老人的身边；积极搭建载体，着力建好关爱阵地，不断拓展领域、深化内涵，真正让农村“三留守”人员有关爱、有帮扶、享安乐、享和谐。

关注民生热点问题 2015年12月25日，县政协将医疗卫生和教育等民生重点项目建设作为第四季度工作重点，组织30余名市县政协委员对县妇幼保健院新址、行知学校、中医院病房楼、一实小、实验幼儿园、人民医院新址、第二初级中学、和义路小学等建设情况进行实地走访，与项目建设负责人、群众代表进行座谈交流，广泛征求他们的意见和建议，分析工作中存在的问题，提出了强化政府责任，加强科学规划；争取项目支撑，加大基础设施建设投入；重视人才培养，加强人才队伍建设；培育师德医德风尚，加强职业道德建设等建议。

监督评议 2015年，县政协研究出台《民主监督员管理办法（试行）》，按照委员专业特长与被监督部门职能相对应原则，85名政协委员受聘担任政风行风监督员。

积极反映社情民意 2015年，县政协按照“力求真实，注重质量，争取快速，突出特点”的要求，通过委员专题会、座谈会、走访、发放

征求意见信等形式，听取群众意见、建议，积极反映社情民意信息。

（姬召华）

工商业联合会

概况 2015年1月，清丰县工商联八届三次执委会议免去周广田、王彦忠、李海轩、任兆轩、孟杰副主席职务；增补丁留宽、田宏杰、李喜民、吴保奎、彭凡奇、葛彦军、翟殿选、林志玉、梅留青、韩学臣为副主席。同月，县工商联八届三次执委会议免去王振锋、刘源中、高元乐副会长职务；增补张电军、罗占英、晁国友、谭俊福、王同顺、王志杰、王利伟、王铭伟、朱志磊、李亚伟、李艳霞、李晓婷、宋冠辉、张俊国、张爱琴、陈晓梅、南庆方、贾献海为副会长。

参政议政 一是引导广大非公有制经济人士积极参与政治、经济、社会生活重大问题的政治协商，2015年共向人大、政协提交涉及经济、社会、产业发展和文化方面的建议和议案5件。二是紧紧围绕促进非公经济发展这个中心，完成了《创新融资方式，破解中小微企业融资难》调研报告。三是深入金冠家具、华泰家居、大汉食品公司、龙丰实业公司、七点半食品公司等企业，开展非公有制企业创新驱动发展调研活动，形成调研报告，为领导决策提供有力依据。

参与新农村建设 2015年，县工商联精心组织实施以“千企帮千村”为主题的帮扶工程，通过“产业带村、项目兴村、资金扶村”等多种形式参与新农村建设，年内新增帮扶企业3家，累计帮扶企业52个、行政村55个，累计投入帮扶资金1300余万元。

思想政治工作 一是组织开展了以守法诚信为重点的非公经济人士理想信念教育实践活动，80余家非公企业负责人参与活动，先后召开动员会、报告会、专题培训会、座谈会等20余次。二是引导民营企业积极参与各项评选活动。清丰县博源天然气有限公司董事长薛修怀被评为“影响濮阳十大民营企业家”，龙丰实业有限公司董事长姬利强、七点半食品有限公司董事长貌和平被评为“影响濮阳优秀民营企业家”。三是开展民营企业“慈善一日捐”活动。5月18日，在博源天然气公司举行活动仪式，现场募集善款1.38万元，带动捐款6.9万余元。

加强对外联络 2015年3月，县工商联组织18家企业赴成都参加全国第二十九届糖酒博览会；6月，3次组织赴郑州考察外迁企业；组织12名企业家赴东北老工业基地长春市鼎庆集团有限公司、一汽集团进行考察；9月8日，组织近40名企业家会员到中牟民营企业发展学习考察。

特色民企服务 2015年，县工商联先后4次组织60余家企业、200余人次参加各类考察学习、论坛、座谈会、培训班。1月31日，邀请上海熙德投资管理有限公司项目总监刘易为企业家授课，参与培训130余人；6月，协调市工商联等有关部门成立企业融资服务团，为新南方家居贷款3000万元；建立企业家俱乐部微信群和企业家副主席（副会长）轮值制度。

组织建设 一是召开工商联八届三次执委会，对领导班子进行了调整增补，增补副主席10名，总商会副会长18名。二是进一步加强对行业商会的指导，不断规范行业商会管理。至2015年底，全县共有白铁、面业、蜂业等5个行业商会，乡（镇）基层商会工作有序推进。

（徐志伟　郝晓楠）

社会团体

县总工会

党组书记 主席	葛英华（女）
党组副书记 常务副主席	葛玉启
副主席	关社军
主任科员	兰艳素（女，2015年10月离）
副主任科员	张玉平（女）

县妇联

主席	吕艳玲（女）
副主席	付淑芳（女） 李玉华（女）
副主任科员	李艳丽（女）

团县委

书记	王庆敏（女）
副书记	徐洋
副主任科员	马冠奇（2015年12月离）

县科协

主席	王文光（2015年8月离） 孔志英（2015年8月任）
副主席	王建超
主任科员	刘晓明
纪检员	于进喜（2015年10月任）

县文联

党组书记 主席	南献省
纪检员	刘志娟（2015年10月任）

总工会

概况 2015年，县总工会"做大做强做优做亮"工会工作为目标，在工作机制上求突破，在工作举措上求创新，在服务职工上求实效，新建工会组织26家，发展会员984人，工会整体工作水平迈上新台阶。

职工"读书建功"活动 2015年，县总工会为构建"学习型、服务型、创新型"工会，在全县开展职工"读书建功"系列活动。一是开展免费赠书活动。4月，县总工会出资5万多元，购置《把信送给加西亚》《金融的逻辑》等各类书籍3000余册，针对性向各乡（镇）、县直各单位工会赠送图书，充实职工书屋。二是开展职工读书征文活动。以赠送图书为基础，开展"书香清丰杯"系列读书征文活动，收集读后感和读书心得134篇，评出一等奖3篇，二等奖5篇，三等奖7篇，优秀奖若干篇，结集印刷2000余册。三是举办职工演讲比赛。以责任、担当为主题，举办职工演讲比赛，评出一等奖1名、二等奖2名、三等奖3名，优秀奖若干名。

基层工会组织建设 一是加强工会组织建设。开展基层工会建设"落实年"活动，新建工会26家，发展会员984人。产业集聚区企业76家，建会74家（双虎家居、美松爱家家居正在筹备建会中）；6～9月，以产业集聚区、建筑、农业专业合作社、物业公司为重点，开展农民工入会集中行动，发展农民工会员2100多人。二是开展"职工之家"创建活动。以"三亮三比三评"活动为抓手，按照"六有"标准（有依法选举的工会主席、有独立健全的组织机构、有服务职工的活动载体、有健全完善的制度机制、有自主管理的工会经费、有会员满意的工作绩效），在全县基层工会中广泛开展"职工之家"建设和"规范化建设达标升级"活动。同时，优化对基层工会的考核评比办法，将"六有"和各项考核指标融入对职工之家建设的考核验收中，努力打造服务型、学习型、创新型职工之家。三是开展"工会干部能力提升年"活动。通过组织乡（镇）工会主席外出学习、送书上门，举办"大讲堂""大论坛"等形式，借助工会网站、手机报、微信等渠道，组织广大工会干部学习《宪法》和《劳动法》《劳动合同法》《工会法》《集体合同条例》《女职工工作条例》《女职工劳动保护特别规定》等劳动法律法规，为工会依法健全维权提供人才队伍和专业保障。

和谐职工之家建设 一是积极开展"劳动关系和谐企业"创建活动。以解决企业不签劳动合同、超时加班、工资发放不及时为重点，广泛开展劳动关系和谐企业创建活动，指导企事业单位定期召开职代会，单位重大决策、涉及职工切身利益的评先、评优、奖惩及时公开，每季度向县总工会通报厂务公开内容，促进了厂务公开民主管理工作制度化。二是开展工资集体协商。3月，以"工资集体协商宣传月"为契机，组织全县各企事业单位以标语、电子屏等形式广泛宣传《条例》；4月，督促龙丰、七点半等60多家企业续签集体合同和女职工特殊权益保护专项

县总工会领导慰问企业员工

集体合同；7月，开展瓷砖行业工资集体协商，确定美画工、脱坯工计件工资标准，覆盖陶瓷企业17家。2015年，全县乡（镇）区域内的小加工、小制造、超市、副食店等，全部签订区域性工资专项集体合同，实现了全覆盖。

困难职工帮扶救助 1月，以县乡帮扶中心（站）为窗口，投资14.2万元，医疗救助53人；出资23.65万元，生活救助369人；出资5.9万余元，购买米、面、油等慰问物资，走访慰问困难职工（农民工）313户。2月10日，举办"2015年春风行动就业专场招聘会"，发放宣传资料1.5万份，组织24家知名企业参加，达成用工意向1800人。"三八"妇女节，走访慰问单亲困难女职工5名，发放慰问金2500元。"六一"儿童节，开展"六一"特别关爱活动，为阳邵乡中心幼儿园、双祥幼儿园、聂庄小学等学校为农民工留守儿童发放书包、笔盒、乒乓球、羽毛球等学生用品2000多件，价值1万元。

职工网络服务平台 2015年，县总工会以"一网一卡"为载体，职工帮扶从"单一式"困难职工救助向"普惠制"全体职工服务转变。2015年收集录入会员17641人，办理工会会员卡15858张，签约优惠商家53家。11月6日，仙庄镇职工王金聪家属因大病医疗费过高，通过河南职工网表达诉求，县总工会对其进行医疗救助5000元。

服务全县经济发展 一是继续实施职工建功立业、经济技术创新工程。在重点工程建设项目、耗能大户和排污重点企业开展"五比一创"和"三比两降"节能减排竞赛活动，围绕企业生产经营中的重点、难点和薄弱环节，开展职工经济技术创新和"大培训、大献策、大练兵、大竞赛"活动；组织开展职工职业技能大赛和"首席员工、钻石员工、金牌技师""工人先锋

号”评选活动。“三八”节开展“巾帼风采、做敬业标杆”女职工演讲比赛，选出3名优秀选手，参加市总公会比赛；3月～5月开展了“书香三八”读书征文活动，并向市总公会报送优秀征文5篇；5月，联合教育局组织全县教师开展技能竞赛，选拔推选10名教师参加省、市技能竞赛；6月开展职工经典诵读选拔赛，评出一等奖3名，二等奖5名，三等奖7名，3名选手获市总工会经典诵读比赛第一名。二是慰问产业集聚区一线职工。4月到万泰集团晟达建安、中石集团工业园等14个重点项目工地慰问一线职工，发放食用油、面粉、肉、蔬菜等物资，价值2万余元。三是开展“安康杯”竞赛活动。以安全生产“零事故”为目标，在90多家重点企业指定了安全生产联络员。3月，开展《女职工权益保障法》宣传活动；5月，联合安监局开展了安全生产、职业病防治知识宣传活动；坚持每月开展安全生产和“一法三卡”专项检查。

职工教育和文体活动 2015年4月28～30日，与县体育中心联合举办职工健身运动会，项目涉及篮球、乒乓球、羽毛球、门球、拔河、象棋等，参赛单位120多家职工7000多人；5月8日，在清丰乐园广场举办“中国梦·劳动美”文艺晚会暨清丰县总工会“读书建功”活动赠书仪式；7～11月，组织全县职工观看《南京，南京》《百团大战》等多部爱国主义影片。

女职工特殊权益维护 2015年4月，县总工会通过电子屏、标语、宣传单、咨询台等形式大力宣传《妇女权益保障法》，发放宣传资料1000余份；5月，开展维护女职工权益法律法规知识竞答选拔赛，柳格镇代表队参加市总比赛；6月，在全县深入开展“五一”巾帼标兵岗创建活动。

（聂庆林）

妇 联

概况 2015年，县妇联立足岗位，创先争优，在经济建设中建功立业，在文化建设中奋发有为，在文明建设中彰显优势，在生态建设中展示风采，充分发挥了“半边天”作用。县妇联先后被评为濮阳市巾帼文明岗、濮阳市维护妇女儿童权益暨和睦家庭创建工作先进集体、濮阳市寻找“最美家庭”活动优秀组织奖、濮阳市优秀巾帼志愿服务组织，清丰县全国文明县城创建工作先进单位、经济统战工作先进单位、平安建设工作先进单位、信访工作先进单位、无邪教创建先进单位、人口和计划生育工作先进单位、作风建设暨反腐倡廉建设工作优秀等次、档案工作先进单位等。

巾帼成才支持行动 一是以设施农业发展和农业农村五项重点工作为重点，以提高妇女参与新农村建设能力为目的，面向基层、根据本地特色开展因地制宜的培训活动。全年举办培训班80余期，培训农村妇女1万余名；2月，苏新智、考盈铭荣获市“致富女标兵”荣誉称号。二是持续开展以送政策、送岗位、送技术、送服务为重点的创业就业支持行动，组织3000余名妇女参加了县总工会、县人社局组织的创业培训班，培训内容包括计算机、会计、烹调、美容美发等多个方面。

巾帼创业建功行动 一是努力推动小额担保贷款工作，服务城乡妇女创业就业。全年共有258名妇女获得1300多万元贷款。二是积极推进“巧媳妇”工程。30余家服装加工厂培训“巧媳妇”5000余人，就业妇女年均增收2万元，1家企业申报“巧媳妇示范企业”。三是加强“巾帼文明岗”品牌化建设。“三八”节期间，对县级“巾帼文明岗”——县供电公司客服中心进行了隆重表彰；与县委统战部联合，在非公有制企业开展“巾帼文明岗”创建活动，七点半公司、科丰、龙丰公司等积极参与。

巾帼文明建功行动　2015年，县妇联打造工作亮点，深入开展和谐平安家庭创建。一、制定方案。年初，县妇联制定下发了《县妇联2015年度和谐平安家庭创建工作实施方案》《关于深化清丰县文明家庭创建工作的通知》《清丰县评选“最美孝星”活动的通知》等，分阶段细化工作，活动过程中注重做到“两个必须”，即必须将评选“最美孝星”活动开展到妇女之家；每个妇女之家必须开展评选“最美孝星”活动。二、强化宣传。通过县电视台、网站、短信平台、妇联会议等各种形式对评选活动进行集中宣传，引导全县广大家庭踊跃参与、营造了浓厚的舆论氛围。三、活动推进。一是开展寻找“最美家庭”活动。在县电视台、网站等信息平台晒出家庭幸福生活16篇，议“最美家庭”家风家训23条，讲家庭和谐故事16户，展家庭文明风采18例。5月18日，县地税局城关分局高建路和古城乡官路边村村民李冰被授予濮阳市“宏丰杯”十大孝星荣誉称号；清丰县武培华、姚凤竹、冯凤彩、秦迷竹、姚自亮等被评为濮阳市“宏丰杯”孝老爱亲模范；多瑞霞、孙希蕊、陈瑞华、张红霞、巩次蕊家庭等被授予濮阳市“宏丰杯”最美家庭荣誉称号。二是开展好家训好家规征集活动。在全县征集到好家训好家规23条。三是在全县开展“百名最美清丰人”“最美孝星”评选活动。共选出“最美孝星”51人，其中20人入选为县“十大孝星”候选人，2人入选为市“十大孝星”候选人。四是深入开展“和谐平安家庭”创建、“好媳妇”“好婆婆”评选、表彰活动。表彰10名好媳妇、10名好婆婆、20户和谐平安家庭户。10月，在濮阳市维护妇女儿童合法权益暨和睦家庭创建工作协调小组表彰活动中，清丰县荣获先进集体荣誉称号；县妇联主席吕艳玲、韩村乡妇联主席裴丽华荣获先进个人荣誉称号；龙素乾、刘银焕家庭荣获濮阳市和睦家庭示范户荣誉称号。五是开展巾帼志愿服务活动。县妇联联合县委宣传部、县总工会、县文明办、县市政园林局开展“人人行动起来·共建绿色家园”宣传活动，向广大职工、“三八”红旗手、巾帼志愿者发出《倡议书》，积极组织巾帼志愿服务队开展绿地认建、认养、认管等绿化美化活动，动员广大妇女积极参与“园林式居住区”创建；积极组建巾帼创建志愿者队伍，定期开展义务宣传、义务清扫、义务护绿、义务监督等志愿活动，助推国家园林县城创建。

维权关爱服务行动　2015年，县妇联大力实施“妇女儿童权益维护”行动。共接待妇女来访26件，结案26件，结案率100%。同时，充分发挥县妇联干部作为人民陪审员和监督员的作用，参与陪审案件3宗，其中拐卖儿童犯罪案件1宗。一是开展“两癌”筛查和贫困妇女救助。2月11日，县妇联联合县人民医院在六塔乡举办“迎‘三八’ 送健康”大型义诊暨免费健康检查活动，发放宣传资料1000余份、免费健康体检卡500张，诊断疾病26人，测血压183人，健康咨询332人；12月4日，县妇联组织巾帼志愿者在纸房乡举办“关爱妇女儿童志愿服务活动”，发放《创和睦家庭促社会平安》《农村留守儿童家庭教育指导手册》300余册，免费健康检查妇女100余人，诊断出妇科疾病26人，儿童健康检查40多名，查出营养不良1名、发育缺陷1名；“三八”节期间，县妇联联合县妇幼保健院开展“呵护乳房 关爱女性健康”免费乳腺癌筛查公益活动，为1020名县乡女干部职工进行了免费乳腺癌筛查，查出乳腺增生457人，乳腺癌1人。同时，组织县妇幼保健院为3000名农村妇女进行了免费乳腺癌筛查；县人民医院为包括正科级女干部、县乡村妇女工作者、六塔乡主堡寨村20～65岁妇女等共计600名女性进行“两癌”免费筛查。2015年，县妇联争取国家妇联中央彩票专项救助公益金8万元，为8名贫困患癌妇女进行救治。二是维护妇女儿童合法权益。1月9日，县妇联就部分妇女群众存在的打官司丢人、农村小孩结婚彩礼等问题，组织100余名妇女群众代表在韩村乡西赵楼村举行科技、法律培训班；“三八”期间，县妇联采取发放宣传页、设立咨询台、悬挂标语等方式大力宣传《婚姻法》《妇女权益保障法》等有关法律法规，提高了妇女群众的法律意识。2015年，县妇联切实加强维权工作机制建设，全县17个乡（镇）妇联主席发展成为省信访代理员，20名村妇代会主任发展为妇女信访代理员，并对村级妇女信访代理员信息进行了登记造册。

未成年人思想教育 一是开展欢庆“六一”系列活动。5月29日，县委副书记刘万英等县四大班子领导先后到县一实小、县文化路幼儿园开展迎“六一”慰问少年儿童活动，赠送电子琴、书包、玩具等价值1万余元的节日礼物；联合县水利局先后到城关镇高庄小学、巩营乡高庄小学开展迎“六一”慰问留守儿童活动，为80余名留守儿童送去价值6000元的慰问品；联合县总工会到阳邵乡中心幼儿园、天翔双语幼儿园、聂庄小学开展“六一”特别关爱活动，为贫困职工的孩子们送去价值1.5万元的学习用品及节日的祝福；联合县文广局开展“护苗2015”专项行动，全面开展学校周边文化市场集中整治活动，出动执法人员76人次，检查各类文化经营场所85家次，查处违法违规经营单位3家，取缔非法经营2家；联合县三实小隆重举行2015“童年梦，未来梦”欢庆“六一”暨优秀少先队员表彰大会，共计1500余人参加；联合马庄桥镇政府对该镇单亲、孤残、贫困儿童送去价值1000元的书包、文具等学习用品，为该镇2所幼儿园送去价值1000元的玩具；联合巩营乡政府组织科级干部通过结对帮扶的方式关爱留守儿童，9名科级干部结对帮扶留守儿童12名。二是隆重表彰美德少年。5月29日，县妇联联合县委宣传部、县文明办、县教育局、团县委等多家单位联合在县电影院成功举办了清丰县首届“行知杯”学前教育成果展暨美德少年颁奖典礼，隆重表彰美德少年10名，另有10名少年荣获美德少年提名奖。三是加强法律安全教育。5月21日，县妇联联合县法院、县教育局在留守儿童较多的城关镇育才小学开展了庆“六一”送法律安全知识进校园活动，440余人参加了培训活动。四是关爱留守妇女、儿童。6月18日始，开展留守妇女、留守儿童大排查活动，排查全县留守儿童10890名、贫困儿童3484名；留守妇女2076名。6月24日，县妇联深入马庄桥镇宋村，为该村10名特困儿童送去学习用品；7月7日，县妇联陪同县有关领导携带食品、衣服、学习用品等慰问了城关镇车子营村特困儿童刘红波；9月7日，县妇联主席吕艳玲协同县法院党组书记、院长石文英等一行8人到马村乡西岳村，看望慰问留守儿童王文亮；9月8日，县妇联、团县委、县民政局、县教育局等有关部门配合县法院、县委政法委在县实验中学共同开展“留守儿童爱心接力·将关爱进行到底”活动，200余名师生参加了活动。

活力提升行动 一是加快服务型妇女之家项目建设。把马庄桥镇宋村作为示范点，精心筹备了清丰县服务型“妇女之家”项目建设启动仪式。马庄桥镇13个行政村、13个“妇女之家”，每个村认领1个服务型项目，主要项目为：姐妹帮帮屋、姐妹零距离服务、心系女性·关爱健康、果色家园等14个项目。编制发放清丰县“妇女之家”推荐服务项目介绍小册子1000余份。二是加强基层组织建设。创建省级示范“妇女之家”6个，市级示范“妇女之家”2个，县级示范“妇女之家”18个，在全县非公有制经济组织中建立妇女组织20个；申报创建省级示范“妇女之家”3个。三是兼职妇女工作者。按照习近平总书记在中央党的群团工作会议上的讲话精神和全国妇联、省、市妇联在县、乡、村三级妇联组织中分别配备兼职妇女工作者（包括兼职副主席、常委、执委）的要求，分别配备兼职妇女工作者2名、17名、710名。四是推动妇女参政议政。县人大女代表比例30.1%，县政协女委员比例16%。

（郝彩红）

团县委

概况　2015年，共青团清丰县委紧扣县委县政府工作大局，着力提升青少年思想引领实效，强化品牌建设，完善服务平台，不断开创了全县共青团工作新局面。先后荣获2014年度濮阳共青团工作先进单位、清丰县新闻网络信息工作先进单位、清丰县“无邪教创建”先进单位、平安建设工作先进单位和清丰县经济统战工作先进单位等荣誉称号。

构筑青少年精神支柱　一是用理想信念教育引领青少年。以学雷锋日、“五四”“六一”“十一”等重大节日、纪念日为契机，广泛组织开展丰富多彩的“中国梦”和“社会主义核心价值观”主题教育活动。联合县委党研室举办清丰县“学党史 知党情 跟党走”革命传统教育报告会；在全县未成年人中持续开展“认星争优、做美德少年”等主题实践活动，举行首届“行知杯”庆“六一”幼儿艺术成果展演暨美德少年颁奖典礼；联合县教育局在全县各中小学校举行中国人民抗战胜利暨世界反法西斯战争胜利70周年纪念活动，以祭扫、开学第一课、抗战知识竞赛、网上祭英烈等形式对广大青少年进行爱国主义和革命传统教育。二是用身边典型事例教育青少年。举行孟瑞鹏见义勇为英雄事迹报告会，号召广大团员青年以孟瑞鹏等青年英雄为榜样，努力成为践行社会主义核心价值观的先锋，争做全社会的道德模范；认真开展清丰“最美青年”评选表彰活动，审核推荐清丰“最美青年”候选人20名。三是用网络宣传正面引导青少年。深入推进青年网络文明志愿行动，注册青年网络文明志愿者4000人。强化微信、微博等新媒体运用，引导青年网络文明志愿者主动围绕网络热点问题积极评论，在互联网上争当“中国好网民”，发出“青年好声音”。2015年，团县委新浪、腾讯官方微博发布微博3771条，微信公众平台“清丰县共青团”发布微信51条，倡导了健康积极的网络文化导向。开通运营“青年之声·清丰”互动社交平台。

提升“青”字号活动价值　一是加强“青年文明号”创建。加大向非公企业拓展延伸的力度，增强非公企业青年参与创建活动的积极性，实现青年思想教育与青年岗位实践有机结合。成功推荐古城信用社、新南方家居、移动公司等3个单位获市级青年文明号集体称号。二是加强青年志愿服务。经常性组织动员广大青年志愿者开展“我为清丰增绿添彩”主题活动和志愿服务活动，先后11次发动108个次单位2000余人次青年志愿者参与植绿护绿爱绿、清理白色垃圾、义务宣传卫生知识、文明交通指引等志愿服务活动，团县委机关2人荣获市“文明使者”志愿服务之星称号。三是深化“希望工程”和共青关爱行动。年初开展“温暖冬天”关爱贫困学生送温暖活动，为

“温暖冬天 与你同行”关爱贫困儿童助学金发放仪式

巩营乡、古城乡、大流乡等9户贫困学生家庭送去棉被、大米、食用油等希望工程慰问品和2700元慰问金，为全县60余名品学兼优的贫困女孩发放棉衣；举行清丰县“温暖冬天，与你同行”关爱贫困儿童助学金发放仪式，为全县62名贫困儿童捐赠了3万元爱心助学金；筛选18名考入全日制本科的大学新生，发放希望工程救助款3.8万元；成功推荐双庙乡城南小学留守儿童李淑芳与团省委对接接受帮扶，成为全省接受长期资助的3名留守儿童之一；邀请市“六一”爱心助学中心、微益爱心志愿者协会等爱心机构，到城关镇高庄村持续开展“缤纷夏日·快乐童年”暑期关爱留守儿童活动，为全村30名留守儿童提供生日会、学习辅导、亲情陪伴、心理疏导等服务。

贴近青少年需求 一是搭建青少年成长平台。深入推进青少年综合服务平台建设，制定三年建设规划和2015年度工作计划，指导6个乡（镇）团委新建青少年综合服务平台，成功将固城乡第一初级中学“七彩小屋”升级挂牌为省级青少年综合服务平台。4月28日，联合县委宣传部、县文明办、县教育局举行“告别金色童年，唱响青春梦想”迈入青春门活动，推荐李广杰、徐婷2名优秀青年骨干参加“全民敬业我当先 同心共筑中国梦”濮阳市青年演讲比赛，分别荣获大赛一等奖和三等奖；联合县文联、县教育局举办庆“‘五一’水木清华杯”幼儿书画展；联合县委宣传部、县总工会、县文明办、县教育局、县文广局、县妇联、县新华书店举办“书香清丰·全民阅读”活动。二是深入开展青春建功行动。在22家非公企业中建立了团组织并明确负责人，扩大了非公团建阵地；推进“青年安全生产示范岗”创建活动，成功推荐清丰县供电公司调度班、河南龙丰实业股份有限公司工程与设备保障中心荣获“濮阳市青年安全生产示范岗”称号，河南龙丰实业股份有限公司被命名为濮阳市安全生产文化示范企业；联合县委统战部、县产业集聚区管委会、县体育运动中心和县工商联举办清丰县第二届非公企业趣味运动会。三是扎实开展青少年维权工作。积极开展市级“青少年维权岗”创建工作，成功推荐清丰县司法局法律援助中心和固城乡中心校荣获“濮阳市第四届青少年维权岗”称号。

夯实基层基础 一是打造学习型团组织。组织开展“团干部如何健康成长”大讨论，下发《认真学习习近平总书记系列重要讲话精神的通知》，收集理论文章200余篇，召开清丰县“五四”青年节表彰大会，表彰先进基层团组织35个，优秀青年志愿服务集体5个，模范团干部28名，优秀共青团员49名，优秀青年志愿者59名。二是扎实开展“天天读，月月谈”读书学习活动。先后开展8次读书分享活动，打造县供电公司、中医院、第六技工学校、信用社和国税局等8个读书学习示范点。“五四”前夕，联合县委党校开展以“倡导全民阅读，建设书香社会”为主题的青年成长大讲堂。三是加强机关作风建设。积极做好与平安建设帮扶联系点——大屯乡南召市村的联系对接工作，与扶贫村——固城乡前马厂村的联系，走访调研助村破解发展难题。端午节，走访慰问“空巢”老人、孤寡老人和贫困留守儿童27户。四是推动少先队发展。安排全县学校团队组织开展深化中国梦学习宣传教育、“仪式教育”、少先队优质活动课评选和征集少先队思想引领相关作品等活动，成功推荐1名少先队员荣获河南省优秀少先队员称号，4个少先队集体、8名少先队辅导员和20名少先队员荣获团市委、市教育局和市少工委优秀表彰，推荐县三实小和柳格镇初级中学共4个少先队优质活动课评为2015年度濮阳市少先队优质活动课，推荐2名优秀少先队辅导员参加省级少先队辅导员培训班。

（王　丹）

科　协

概况　2015年，县科协结合市科协《2015年工作要点》，围绕县委中心工作和清丰县主导产业，大力开展科普宣传和技术培训，全年共开展各类培训100余场次，培训农民3万余人次，推广新技术新品种20多项，编印发放科普宣传资料5万多份，受益农民10万余人。清丰县被省科协命名为“河南省科普示范县”、被省科协表彰为“河南省农村科普宣传工作先进单位”、被市委、市政府表彰为“全民科学素质工作先进县”，顺利通过2016—2020全国科普示范县验收。

组织建设　2015年，县科协联合县委组织部对乡（镇）科协主席进行了任命，调整充实了各行政村科普小组，在南方家居、七点半食品有限公司等4家企业成立了企业科协，创建了汇金城、清华苑、阳光花园等科普示范社区，成立了卫生、农业、畜牧、农机等12个县直学会（研究会），形成了以县科协为中心、乡（镇）科协为纽带、村科普小组、县直学会、专业技术协会、科普示范社区、科普带头人为抓手的三级科普网络。

“三服务一加强”　一是科普宣传。科普宣传周期间，组织有关部门、学会、农村专业技术协会等30余个单位在县城朝阳路举办了科技宣传一条街活动；与县科技局、县教育局联合开展了为期一月的“科技进校园、进社区、进乡村活动”；聘请食用菌、畜牧等方面专家开展技术培训和指导活动，常年开展送科技进乡入村活动，传播农业技术；全国科普日期间，投资2万元开展科普进社区、进校园、送科技下乡等系列活动，内容涉及生活小常识、疾病防治、反邪教等知识；聘请农业专家，在县电视台设立《走进乡村》科普栏目，根据全县设施农业发展现状，结合时令季节，及时讲解农业生产中所需的科技知识；建立了科协微信公众平台，内容涉及农业科技、科学普及、农事安排、生活卫生等十个方面，专人负责，每周一条，普及了科学常识；加强科普资源共享，县科协网站定期更新宣传内容，及时传播新的科技知识，发布新的科协动态，扩大了科普知识宣传的覆盖面；发挥科普画廊作用，指定专人每月定期更换科普宣传内容，及时向各乡（镇）发放科普宣传挂图，发挥了科普宣传栏在农村科普宣传工作中的重要作用。二是典型引导。围绕清丰县产业发展重点，引导群众注册协会或成立基地，走“公司＋协会”或“公司＋基地”的发展模式，六塔乡兴建菌业、龙丰实业等，发展“公司＋基地＋协会”的运作模式；推荐兴建菌业协会获得中国科协、财政部表彰，清丰县新农苑养殖协会、赵万强获得省科协、财政厅的表彰，清丰县健源益康果业示范基地、清青养羊协会、三餐源养殖协会、李海轩、李建民获得市科协、市财政局表彰，共获得国家、省、市奖补资金47万元。三是加大科普工作力度。研究制定了《清丰县全民科学素质2015年工作要点》，举办下岗职工再就业培训10期1000余人，农民外出务工培训12期1600多人，各类专业技术人员2万多人，青少年科技创新3期350多人，领导干部和公务员政治理论培训4期1000多人。9月24日，县科协联合县人防办、食品药品监督管理局等开展“科普进社区”活动，放科普展板20块，赠送科普丛书、农家参谋、食品药品安全、人民防空知识及安全应急防护、科普小常识等宣传材料2000余份。9月29日，科普进校园在清丰县明月湖小学拉开序幕。县科协联合教育局、青少年活动中心、人防办、地震局等开展科普进校园活动，展出科普大篷车仪器16件，科普展板20多块，内容包括防空、地震、卫生、反邪教等科普常识。9月2日，县科协联合科技局等涉农单位先后到高堡乡、阳邵乡、巩营乡开展送科技下乡活动，接待咨询群众2000余人次，发放科技书籍、技术资料1000余份。四是科技创新。联合团县委、县教育局组织第三十届青少年科技创新大赛和青少年网络知识竞赛，2000余名学生参与，全年上报青少年科学幻想绘画作品30余项，科技创新作品10余项。

学术交流 一是围绕县委、县政府工作重点，突出学会特色，组织龙丰实业、七点半食品公司企业科协开展讲比活动，在企业广泛开展群众性技术创新活动、学术交流与科技攻关活动、技术培训与继续教育活动和专家科技服务活动，搭建了成果转化平台，探索出了产、学、研、用新模式。二是在濮阳市第八届优秀学术成果奖评比活动中，清丰县王艳着撰写的《数学童话故事》获二等奖、张丽撰写的《我国动物防疫工作中存在的问题及建议》获三等奖，获奖金3500元；在濮阳市第三届优秀科技工作者评选表彰活动中，清丰县妇幼保健院李淑丽、畜牧局张丽、农业局郭江峰被评为濮阳市优秀科技工作者。

（于进喜）

文　联

概况 2015年，县文联举办书画展、书法展、经典朗诵等各类活动40余场，组织全县文艺工作者创作大量各类作品，县戏迷协会与省电视台《梨园春》栏目组联合举办濮阳赛区海选赛，较大的提升了全县的文化底蕴和知名度。

书画艺术活动 2015年2月6日，县文联组织全县书法家开展"送温暖、送吉祥"义写春联、书法作品活动。本次活动县文联共组织全县书法家150余人次，历时10天，义写春联和书法作品1800余幅。2月10日，联合县纪委、县监察局、县中医院举办廉政春联义写书廉政春联300多幅。3月，出版发行了《大美清丰·人与自然篇书画摄影作品集》。4月30日～5月1日，联合团县委、县教育局主办，县青少年学生校外活动中心、县幼儿艺术教育发展学会承办2015年度庆"'五一'水木清华杯"幼儿书画展。5月1日，在金鸿美景售楼部举办了"金鸿美景杯·腾飞中的清丰"城乡摄影展颁奖仪式，并进行了为期3天的展出活动。6月26日，为庆祝中国共产党94岁华诞和协会党支部成立3周年，县戏迷协会大型戏曲专题晚会——《梨园颂歌献给党》在清丰乐园群众大舞台隆重举行。为庆祝中国共产党统一战线工作条例颁布，8月13日，联合县委统战部举办庆祝"中国共产党统一战线工作条例颁布"书法展。8月26日，联合县委宣传部举办"世界反法西斯暨纪念抗日战争胜利70周年书法展"，展出时间8天。9月1日，县文联联合固城乡举办"纪念抗日战争胜利70周年经典诵读"活动，为6名诗歌朗诵比赛获奖选手、6名书法获奖选手和16名诗词创作获奖选手进行了颁奖。9月14日，为发挥广大书法爱好者参与文明城市创建的积极性，县文联联合亿洲书画院举办了"践行价值观、书赞文明河南"的书法义写活动。11月，县诗词学会成立，清丰县诗词工作走进正确化道路。

文学艺术活动 2015年11月15日，县文联联合县诗词学会主办"走进绿海圆梦，品赏菊雅瓜香"县第九次诗意采风联谊会，30多位嘉宾、作家、艺术家和领导同志在热烈的气氛中进行了现场创作和诗词诵读。戏曲家协会：清丰戏迷协会坚持每周五晚在清丰乐园的公益演出，全年共演出32场。其中，邀请《梨园春》明星擂主参加义演两场，举办《梨园春》明星擂主专场一场。一是与清丰县崇德堂文化传媒有限公司协商，达成参与孝道文化传播、服务广大人民群众的协议，由崇德堂为县戏迷协会免费提供演出和练习场地，县戏迷协会积极参与崇德堂所举报的孝道文化传播活动。二是在河南电视台《梨园春》海选赛中，县戏迷协会4

名选手成功入选。三是县戏迷协会常务副会长孔德川自费打造新型演出流动舞台，为县戏迷协会更好地服务人民群众提供了良好的基础。四是县戏迷协会新排练的传统戏曲戏剧小品《三个女婿拜寿》和快板《清丰赞》等获得了广大人民群众一致好评。经河南省戏迷协会研究决定，在县戏迷协会成立河南省戏迷协会清丰分会，为清丰县戏迷协会的发展提供了新的动力和平台。清丰县戏迷协会与河南电视台《梨园春》栏目组联合举办濮阳赛区海选赛，濮阳市各县区和内黄、滑县、山东乃至郑州的1000余名选手参加了初赛，200多名选手进入复赛，16名选手入围，活动获得圆满成功。加深了县戏迷协会与《梨园春》栏目组的业务协作关系，成功举办《梨园颂歌献给党》庆“七一”专题戏曲晚会，参演人员100余人，节目20余个，2000多名群众观看了演出，《濮阳日报》等新闻媒体进行了报道。为了推出地方特色经典，县戏迷协会以公益演出的方式成功举办了“和雪芬戏曲专场晚会”。这是近年来，清丰县首次以公益广场演出的形式举办个人专场演唱会，得到了戏曲界人士和戏迷群众的充分肯定。为了加强与周边县区的戏迷组织的交流和合作，县戏迷协会在县城文化路西段成功举办了戏迷协会会演演出周，来自濮阳市各县区和安阳市内黄县的戏迷组织以专题晚会的形式参加了演出，参演戏迷组织7个，获得圆满成功。与县电视台合作，推出了“出彩清丰人”戏曲专场。

（王　慧）

人民武装

县人民武装部

第一书记　鲁彦峰
政委、书记　张廷茂
部长、副书记　刘大强
副部长　管曙光（2015年2月离）
　　谢德银（2015年2月任）
政工科长　蔡建华
后勤科长　王志峰（2015年2月离）
　　谢红哲（2015年2月任）

基层武装部

城关镇武装部部长　古兆林
瓦屋头镇武装部部长　赵彦凯
巩营乡武装部部长　刘诚立
韩村乡武装部部长　李瑞军
高堡乡武装部部长　韩冠强
大流乡武装部部长　谷顺超
马村乡武装部部长　李红业
马庄桥镇武装部部长　梁　瑞
固城乡武装部部长　罗鹏涛
纸房乡武装部部长　黄同飞
古城乡武装部部长　李涛民
阳邵乡武装部部长　李庆伟
双庙乡武装部部长　鲁相军
六塔乡武装部部长　刘英男
仙庄镇武装部部长　秦永立
大屯乡武装部部长　曹玉川
柳格镇武装部部长　冯晓东

县消防大队

教导员　辛军亮（2015年9月离）
　　张　伟（2015年9月任）
大队长　张　伟（2015年9月离）
　　张振鹏（2015年10月任）
中队长　袁肖刚（2015年10月离）
　　张　弛（2015年10月任）
指导员　刘晓静（2015年9月离）
　　郭建华（2015年9月离）
　　袁肖刚（2015年10月任）
大队参谋　李占会（2015年9月离）
　　蒋　宁（2015年9月离）
　　郭建华（2015年9月任）
　　库长江（2015年9月任）
　　韩　玮（2015年9月任）

县人防办

主任　孙彦强
副主任　谷跃光
纪检组长　左世军

人民武装

概况　2015年，县人武部围绕应急应战和国防动员能力提升工作。一是大抓战备工作落实。及时修订完善各类战备应急方案24种，投资20余万元完善战备设施建设，配齐物资器材。二是高标准抓好民兵整组工作。制定下发了《整组工作实施方案》，深入各乡（镇）和有关单位进行调查摸底，整组中突出了专武干部及部分民兵干部的业务培训，严把人员编组关，改善了兵员结构，2015年，全县基干民兵32个分队1843人。其中应急类队伍17个770人，支援队伍5个321人，储备队伍10个752人。三是圆满完成了征兵任务。征兵宣传中，切实抓住春节走访慰问时机，进村入户进行面对面宣传；制作各类宣传印刷品2万余份；悬挂征兵工作宣传横幅400余幅；开设了征兵微信平台；以县文化路两侧商户的电子屏幕为媒介，打造了电子屏幕征兵宣传一条街，滚动播放征兵宣传标语；利用村级广播反复播放兵役登记和应征报名公告；利用移动短信平台群发征兵宣传信息；联系县电视台、政府网站，及时发布相关报道、征兵公告和征兵宣传片；有效激发了广大适龄青年的参军热情，圆满完成了兵员征集任务。四是较好完成了20集团军某部跨区机动过境保障任务。在接到任务后两个小时内集结了近100人的民兵队伍，沟通联系交通、公安、卫生、公路等多个部门联合行动，保障了部队顺利过境，有效处置一起车辆事故，伤员第一时间医治，民兵应急队伍战斗力经住了实战检验。

干部队伍建设 一是贯彻落实民主集中制。在研究重大敏感问题时，充分发挥民主，尊重每名委员的意见和建议，集体研究决策。二是加强团结。通过严格党委中心组理论学习、个人自学和双重组织生活等制度，不断增强班子成员的党性修养，逐渐培养班子内部坚持党性原则上的团结能力。三是提高个人素质。充分运用批评与自我批评这个有力抓手，加强在自我剖析，自我革新中，取得自我完善，自我突破，不断增强解决自身问题的能力。积极开展《中国共产党廉洁自律准则》和《中国共产党纪律处分条例》专题学习，进一步提高党员队伍的党性修养，深化了单位党风廉政建设。

2015年7月27日保障野战部队跨区演习

“四部五员”建设 一是抓基础设施建设。以省军区检查验收基层人武部建设为契机，以《河南省乡（镇）、街道人民武装部建设规范》为依据，对各类软硬件标准和样式进一步规范，统一整修“两室一库”，统一配备武装工作办公电脑、资料柜和器材架。二是抓专武干部队伍建设。2015年以来，按照增强尚武意识、提高精武能力、营造专武环境的思路，着力加强专武干部队伍建设。通过以会代训、参加上级集训、大项任务牵引等形式，不断提高专武干部的军政素质，全年专武干部及民兵骨干集训达60余天，骨干素质明显提高。三是抓双拥共建。春节期间对城关镇四合楼村的困难群众和清丰籍现役团职干部家庭进行了走访慰问；初冬，清理县城冰雪道路10多公里；妥善处理军人家庭涉法问题4起；积极参与地方文明县城建设，发挥路长单位协调作用，确保负责路段的卫生整治工作高标准完成。四是抓军民融合式发展，积极在产业集聚区研究探索民兵编组可行性方法，研究定点企事业单位成建制集中编兵模式，为基干民兵作用发挥探索新的方法路子。

正规化建设和后勤保障能力 一是深化依法治军理念。持续开展“学法规用法规”活动，坚持依法管理、依法建设、依法规范各项秩序，不断提升人武部正规化建设水平。二是扎实开展综合整治和隐患排查活动。着重在人员管理、车辆安全、信息安全保密、重要部位管控和财经管理等几个方面进行清理整治，保持了安全稳定的良好势头。三是后勤管理更加规范严格。严格落实经费党委理财、开支联审会签和军政主官双签制度，不断加大开支透明度，始终做到不违反规定、不搞变通、不打“擦边球”。四是加强对职工的教育管理。对职工加大了爱岗敬业、尽职尽责教育，职工队伍作风有较大转变，作用发挥明显提高。

（高志伟）

消　防

概况　2015年，县消防大队共出动检查人员4870人次，检查单位2423家，发现火灾隐患2987处，督促整改2489处，下发责令改正通知书1575份，责令“三停”21家，临时查封132家，罚款60.67万元，拘留44人，有效打击和震慑了消防违法行为。

推进防火重点工作　一是深入推进网格化管理。各乡（镇）将消防安全网格化管理纳入乡（镇）综治服务管理平台，分期分批对乡（镇）消防专管员和行政村“一长三员”进行了集中业务培训，提高了乡（镇）网格管理人员消防检查工作水平；建立健全了分包联系制度，县领导分包乡（镇），乡（镇）领导分包村委，防火监督干部定期指导。组织文职督导员分包督导17个乡（镇）网格化工作，逐条街道排查“九小”场所。全年排查沿街门店“九小场所”5756家，消除安全隐患6000余处，清理违规住宿人员1000余人，有力促进了乡（镇）网格化管理工作的深入开展。二是发展壮大多种形式消防队伍。按照《乡（镇）消防队标准》，规范马庄桥镇、瓦屋头镇专职消防队的日常管理；加大了消防文员招收力度，11月，新招收一名文职人员，达到了消防文员数量13人的工作要求。

加大火隐患排查整治工作力度　2015年，县消防大队针对重要节点、重大活动以及影响消防安全的突出问题，先后集中开展了劳动密集型企业、平安系列、麦收防火、夏季消防检查、易燃易爆专项整治、电动车火灾防范等消防安全专项治理活动，圆满完成了重要节点、重大活动消防安全保卫任务。特别是在夏季消防检查行动期间，认真履行网格管理和部门监管责任，成效明显，清丰县被省防委评为“全省夏季消防安全集中整治专项行动成绩突出县”。

消防知识进企业

强化全民消防意识　2015年，县消防大队积极落实《全民消防安全宣传教育纲要》年度实施计划，以“七进”为工作主线，分批分类扎实开展消防宣传教育培训工作，并借助安全生产月、防灾减灾日、全国中小学教育日、119消防宣传月等时段组织消防志愿者开展大型消防宣传活动。全年共发放各类宣传资料5万份，举办企业、学校、医院、机关消防知识讲座30次，开展消防知识培训会和灭火演练活动25次；张贴各类消防安全通告5000余份，编发消防知识短信40条，受教育群众1万余人次，赢得了社会的赞誉。

（王庆华）

人民防空

概况　2015年，清丰县在建人防工程3万余平方米。其中，银河花都项目1.19万平方米，明月水岸项目5368平方米，亿洲时代广场项目3635平方米，怡园风景项目7950平方米，海峰大厦项目1301平方米。征收异地建设费300余万元。其中，县人社局办公大楼项目140余万元，阳光花园项目50余万元，香澜河畔小区项目50余万元，县人民医院项目20余万元，孙庄改造项目20余万元，小站风情项目28万元。

人防工程质量监督 2015年，县人防办将质量监督人员统一管理、统一调度、统一培训，合理使用。2015年，坚持以提升在建人防工程质量为核心，以严格参建主体资质为抓手，以完善质量监督制度为保障。全年共受监人防工程6个，进行各类质监活动累计30余次，下发质量监督记录30份，无较大质量事故发生。

人防工程安全管理 2015年，人防办与全县人防工程使用单位签订安全责任书，每月两次对全县在建人防工程的消防安全、疏散通道、用电线路等隐患进行全面排查，共发出整改通知书8份，并对整改落实情况进行跟踪督查。

县政府应急平台建设 一是新增新型多媒体防空警报器1台，并对警报器控制设备进行升级，圆满完成了防空警报试鸣工作。二是继续抓好通信警报建设，进一步完善防空警报鸣放手段。三是按照新防空警报管理办法，完成对全县防空警报器的检查工作，在“9·18”人防警报统一鸣放中鸣响率达到100%。

警报试鸣和演练活动 2015年，全县成功开展了“9·18”防空警报试鸣和中学生疏散逃生演练活动，全县防空警报鸣响率100%。其中，县第一实验中学3000多名学生结合警报试鸣参加了疏散逃生演练、应急救援演练、防空防灾知识多媒体教学和“爱国大讲堂”等形式多样的活动。

人防宣传 一是根据市办年度宣传教育工作部署，制定了《2015年清丰县人防宣传教育工作要点》，突出对人防信息宣传报道、人防教育“五进”和与新闻媒体协作。二是积极组织开展“5·12”防灾减灾宣传周活动，通过“六个一”形式，即刊出一期专版、打出一周字幕、举办一期讲座、开展一次校园教育、进行一次街头宣传、组织一次体验，使整个宣传周活动丰富多彩，为扎实有效地开展人防宣传工作，营造了浓厚的氛围。三是广泛开展民防知识教育“五进”，实现全县城区人防工作进社区全覆盖。在社区、公园、和谐园和学校安装人防宣传栏30多块，发放宣传资料2.6万余份，集中宣讲人防知识10场（次），接受咨询1000余人（次），建成“五进”示范社区1个。

（刘圣勇）

治安·司法

县公安局

党委书记 局　　长	张志民
党委副书记 政　　委	蒋自奇
党委副书记 常务副局长	袁克俭
党委副书记 副 局 长	常永杰（2015年10月任）
副 局 长	郝林涛　王善强
纪委书记	田群生
党委委员 政治处主任	赵　立
党委委员	张芳雷（治安大队大队长　2015年3月离）
	张芳欣（国内安保大队大队长　2015年3月离）
	娄玉兵（瓦屋头派出所所长　2015年3月离）
	赵利军（高堡派出所所长　2015年3月离）
	李建伟（指挥中心办公室主任　2015年3月离）
	王宏伟（法制室主任　2015年3月离）
	张富臣（2015年7月任）

县公安局指挥中心

办公室主任　娄景习（2015年12月任　2015年3月主持工作）

指 导 员　朱俊彬

县公安局政治处

副 主 任　韩自杰

县公安局纪委

副 书 记　白兴顺（警务督察大队大队长）

县公安局法制室

负 责 人　于胜军（2015年3月主持工作）

县公安局控申股

股　　长　张文超

县公安局后勤装备股

股　　长　齐献忠（主任科员）

县公安局出入境管理股

股　　长　梁丽娜（女）

县公安局刑事侦查大队

大 队 长　师泽红

教 导 员　吕志杰（主任科员）

县公安局交通警察大队

大 队 长　吕予北（主任科员）

教 导 员　韩红彬（主任科员）

县公安局治安管理大队

教 导 员　靳军民（2015年3月主持工作）

县公安局国保大队

大 队 长　周艳红（女，2015年12月任）

指 导 员　王自军

县公安局经侦大队

大 队 长　孙瑞军

指 导 员　陈东义

县公安局网警大队

大 队 长　石　磊（科技通信股股长）

县公安局禁毒大队

大 队 长　任红海

县公安局巡特警大队

大 队 长　张晓军

指 导 员　刘　强

县公安局油区治安大队

大 队 长　韩胜坤

指 导 员　张　磊

县公安局特警大队

负 责 人　冯曙光

县公安局看守所

所　　长　逯玉山

指 导 员　乔士行

县公安局拘留所

所　　长　尹建柱（2015 年 7 月离）

　　　　　时宪民（2015 年 7 月任）

指 导 员　李存习

县公安局城镇派出所

所　　长　骆新轩

指 导 员　赵文斌

县公安局韩村派出所

所　　长　刘兴和

指 导 员　常建仓

县公安局大屯派出所

所　　长　齐运生

指 导 员　卢登坤

县公安局阳邵派出所

所　　长　任忠建

县公安局古城派出所

所　　长　宋国耀

指 导 员　魏国旗

县公安局大流派出所

所　　长　崔宗士

指 导 员　李志勇

县公安局高堡派出所

所　　长　张志坤（2015 年 12 月任）

指 导 员　张志坤（2015 年 3 月主持工作）

县公安局马村派出所

所　　长　赵万民

指 导 员　刘来省

县公安局仙庄派出所

所　　长　李军威

指 导 员　赵文飞

县公安局巩营派出所

所　　长　宋景义

指 导 员　付红超

县公安局瓦屋头派出所

所　　长　贺　峰（2015 年 12 月任）

指 导 员　王印波

县公安局六塔派出所

所　　长　南庆铎

指 导 员　姚照波（2015 年 12 月离）

县公安局纸房派出所

所　　长　李相军

指 导 员　张红旗

县公安局双庙派出所

所　　长　时宪民（2015 年 7 月离）

　　　　　姚照波（2015 年 12 月任）

指 导 员　贺　峰（2015 年 12 月离）

县公安局柳格派出所

所　　长　李彦杰

指 导 员　孙晓冰

县公安局马庄桥派出所

所　　长　李俊峰

指 导 员　王茂强

县公安局固城派出所

所　　长　尚建广

指 导 员　魏传剑

县消防大队

大 队 长　张　伟（2015 年 10 月离）

　　　　　张振鹏（2015 年 10 月任）

教 导 员　辛军亮（2015 年 10 月离）

　　　　　张　伟（2015 年 10 月任）

县武警中队

中 队 长　于长江（2015 年 2 月离）

　　　　　刘景华（2015 年 2 月任）

指 导 员　陈小阳（2015 年 6 月离）

　　　　　李现刚（2015 年 6 月任）

县人民检察院

检　察　长　裴大伟
常务副检察长　鲁淑君（女）
副检察长　蒋军令　南志军
纪检组长　陈跃峰（女）
政治处主任　谢艳丽（女）
反渎职侵权局局长　吴革法
公诉科科长　刘永军
反贪污贿赂局局长　孙社伟
检察委员会专职委员　宋无畏
　　张立国　王新民
办公室主任　齐　丽（女）
人事科科长　冯兆鸿（女）
纪检监察科科长　靳军英（女）
侦查监督科科长　翟志锋
职务犯罪预防科科长　郭好民
副科级检察员　高冠杰

县人民法院

党组书记
院　　长　石文英（女）
党组副书记
副院长　刘亚娟（女）
党组副书记
纪检组长　霍自玉
副院长　赵彦景　谭会民
党组成员
政治处主任　刘相海
党组成员　张晓伟
党组成员
执行局局长　侯美中
审判委员会专职委员　杨相璞
　　杜建祥
办公室主任　佘俊林
政治处副主任　韩丽敏
诉讼服务中心主任　郭雷奇
监察室主任　郑喜宽
审判管理办公室主任　董丽红
立案庭庭长　库锁庆
审判监督庭庭长　徐永强
刑事审判庭庭长　曹青次
少年刑事审判庭庭长　崔丽红
民事审判第一庭庭长　王瑞启
民事审判第二庭庭长　姜相恩
行政审判庭庭长　李少武
执行一庭庭长　李国波
执行二庭庭长　王玉峰
司法警察大队队长　陈彦军

县法院城关法庭

庭　　长　郭国田
副庭长　曹志甫

县法院马庄桥法庭

庭　　长　徐俊奎

县法院韩村法庭

庭　　长　王旭栋

县法院古城法庭

庭　　长　闫军景
副庭长　赵志民

县法院马村法庭

庭　　长　杨杰英

县法院六塔法庭

庭　　长　李金玲

县司法局

党组书记
局　　长　李永科
副局长　王守印　马纪文
纪检组长　李和强
副主任科员　朱守才

公　安

概况　2015年，县公安局紧盯“单项工作创一流、整体工作争先进”目标，以“基础信息化、警务实战化、执法规范化、队伍正规化”“四项建设”为总抓手，牢固树立“群众第一、基层第一、民警第一”理念，在维护稳定、打防犯罪、公安防控、安全管理、服务发展、基层基础、执法规范、队伍管理等方面取得新突破，被市委市政府表彰为2015年度维护稳定工作先进集体，被县委县政府表彰为2015年度综合考评先进单位、2015年度服务重点项目建设先进单位、创建国家园林县城先进单位。县委县政府为公安局记集体三等功。

反恐维稳成效显著 2015年，县公安局成功抓获2名暴恐嫌疑人并移交给新疆警方，消除了暴恐隐患；严打"法轮功""全能神"等邪教组织，端掉邪教窝点3个，打击处理邪教人员27人。成功侦破一起省督"全能神"邪教专案。全市国保维稳现场会在清丰县召开。国保大队被市委市政府表彰为2015年度全市"防范和处理邪教工作先进集体"。全力做好信访稳控工作，深入开展矛盾纠纷排除化解，依法打击非法信访，信访形势得到好转。控申股被市委市政府表彰为2015年度全市"涉法涉诉信访工作先进单位"。全力做好了"9·3"阅兵、国庆、十八届五中全会、上合政府首脑会议、全国"两会"等敏感时期的安保工作，确保了北京、郑州没有发生来自清丰的干扰。

打击效能不断提升 2015年，县公安局深入开展严打严防百日会战，严厉打击"两抢一盗"、电信诈骗、涉恶、涉毒等犯罪，始终保持对各类违法犯罪的高压严打态势。创新工作机制。建立经费保障机制、通报讲评机制、合成作战机制、分析研判机制、沟通协调机制，及时兑现奖励，极大调动了民警工作积极性。2015年，破获刑事案件460起，刑事拘留447人、逮捕273人、公诉406人，同比分别提升106.3%、81.7%、82%、88.8%。抓获网上逃犯100名，打掉犯罪团伙28个，成功破获现行命案2起，抓获1名故意杀人网上逃犯，成功破获了"3·14""3·22"系列盗窃案件、"6·2"4名新疆籍犯罪嫌疑人盗窃案，"6·27"冒充警察抢劫案，"7·1"县城区系列入室盗窃案、跨省盗窃货车柴油系列案等一批大要案。2015"11·20"马村段庄命案，公安部下发了B级通缉令，已锁定犯罪嫌疑人，正在全力抓捕。严打毒品犯罪，开展禁毒会战，破获严打毒品犯罪，刑事拘留10人，破获吸毒行政案件56起，查获吸毒人员97人，新发现吸毒人员76人，社区戒毒15人，强制隔离戒毒38人，自愿戒毒9人，缴获毒品90.1克。查处非法种植罂粟案件21起，行政处罚9人，铲除罂粟1121株。严打经济犯罪，破获各类经侦犯罪案件12起，其中破百万元案件7起，挽回经济损失3000余万元，有力地维护了市场经济秩序。

基层基础建设 2015年，县公安局提升户政大厅、出入境办证大厅、控申接待大厅，扩建了特警队营房，完善了局大楼文化长廊建设；加大刑事技术投入，建设了新刑事技术室；全面提升了看守所、拘留所基础建设，完成了看守所二期监控提升改造，成功创建了二级拘留所，为争创全国一级看守所打下了坚实基础，提升改造了韩村、柳格、固城3个派出所和3个警务室，建设了港湾式韩村交警执法服务站，配备了警用指挥车、装甲车、猎豹特警车、特警摩托车、交警巡逻车等警用车辆，为基层实战单位警车安装车载对讲机106部，进一步提高了快速反应能力。

执法规范化建设 2015年，县公安局高标准建成投用执法办案服务中心，二期扩建工程基本完成，各派出所执法办案中心进一步提升；落实了法制部门刑事案件"统一案件审核、统一入口出口"工作模式，审核刑事案件1493起，行政案件775起，案件办理质量大幅提高；加强执法培训，培训考试4次，民警执法水平得到提高；开展执法办案卷宗网上考评，完善办案流程监督，实现了执法办案监督考评实时化、动态化。健全个案监督程序，认定执法过错案件

12起，市局执法规范化建设简报介绍了清丰县公安局强力推进执法规范化建设的做法。2015年9月，在全省公安机关执法办案中心监督管理服务一体化建设先行推进单位检查评比中，县公安局位居全省第一名，被市局评为执法规范化建设示范单位。在2015年度全省执法质量考评中，清丰县公安局执法质量被评为全省优秀。法制室被省厅评为全省公安机关法制工作先进集体、被市委市政府表彰为2015年度全市“人民满意的政法单位”。

立体化防控 2015年，县公安局县乡巡防队员整体移交公安局管理，重新招录了一批素质较高的巡防队员，在民警带领下参加巡逻防控，机关民警参加城区夜巡，严防范，控发案，巡防队伍管理体制进一步理顺，群众安全感指数再创新高。2015年招录20名特警队员，经过培训投入实战，承担重点部位巡逻防控、应急处突、服务实战、服务县中心工作。招录20名视频监控员，开展了视频侦查鼠标巡逻。探索“视频情报指挥一体化”合成指挥模式，搭建视频情报指挥合成作战平台，在服务实战上发挥了积极的作用。县公安局被评为全市技防建设先进单位，被市局向省厅推荐为全省公安机关情报工作先进单位。“满天星”三期工程，正在施工建设，三期工程完成后清丰县治安防控体系将更加完善，监控平台的实战功能将进一步凸显。“一村一警”工作扎实推进，高标准提升了一批标准化警务室和警务工作站，规范了规章制度，配齐了办公用具装备，化解了一批矛盾纠纷，为群众办了一些实事好事，得到了群众的好评。韩村派出所推出了群网格化管理，在全市“一村一警”推进会上介绍了经验做法。

安全管理 2015年，县公安局以“三查三保”“查民生、除隐患、保稳定”和安全隐患大排查大整治活动为载体，排查整治各类安全隐患，大力加强公共安全管理。开展缉枪治爆专项行动。加强危爆物品管理，端掉非法制造、存储烟花爆竹窝点2个，收缴并销毁非法制造成品烟花爆竹112箱、烟花药及原料421公斤，收缴了一批枪支弹药和管制刀具，及时消除了安全隐患。加强道路交通管理。深入开展打基础树形象防事故保畅通专项行动，严查酒后驾驶198起，醉酒驾驶113起，无证驾驶713起。完善交通标志标线。排查道路交通安全隐患，避免群死群伤事故的发生。加强消防安全管理。对全县敬老院、中小学校、幼儿园、加油站、居民楼等重点场所进行地毯式排查，拆除了一批彩钢房，督促小区建设了充电车棚，确保了无重特大火灾事故的发生。

服务发展 2015年，县公安局围绕全县重点项目建设，成立了20个治安工作队，由县公安局班子成员、科级干部带队，进驻重点项目工地、企业，帮助工作；完善项目警官制，定期上门走访，跟踪服务。依托“一村一警”活动，将服务触角延伸到每个企业及项目，切实为企业做实事、办好事、解难事。加强和改进行政审批工作，简化审批程序，提高服务企业的工作质量和效率。从严打击“三强四霸”，对恶意阻工行为实行零容忍，发现一起，查处一起。2015年，共办理恶意阻工案件14起。其中刑事案件3起，治安案件11起，刑事拘留10人，治安处罚16人，化解阻工纠纷60起。圆满完成黄庄及李家庄28座违章彩钢房拆除、启明路打通、黄河路东延拆迁、全市重点项目龙丰热电厂进地等重大建设安保任务，圆满完成全市第三次观摩活动、全市产业集聚区、服务业、城市基础设施观摩、省级老领导莅清视察等重大活动安保任务。按照“规范硬件、提升软件、优化服务、赢得满意”的要求，深化户籍制度改革，取消农业非农业户口登记，实行按居住地登记户口政策。认真落实省厅十项惠民举措，利用“互联网+便民服务平台”，实行网上预约，简化办事程序，优化窗口服务，车驾管、户籍、出入境、消防等窗口服务水平进一步提升。

队伍建设 2015年，县公安局深入开展“三严三实”专题教育、“一创双优”、“正风肃纪”等一系列集中教育活动，全面推进队伍思想政治建设、党风廉政建设，县公安局被县委、县政府评为2015年度全县作风建设和反腐倡廉建设先进单位。创新了绩效考评办法和奖惩办法，严格兑现奖惩；落实从优待警，民警执勤津贴、加班补助、文明奖发放到位，机关餐厅管理规范，各种菜品干净卫生；开展实战练兵，省厅警务技能战术送教到基层，全警参训技能得到提升；强化公安宣传，“110，与您携手共创平安”大型宣传活动，“新闻媒体朋友走进清丰公安”，交通、治安、禁毒、法制等专题宣传丰富多彩，在国家级主流媒体发稿12篇，省级以上主流媒体80余篇。加强自媒体公安宣传建设，成功启动新浪微博、腾讯微博自媒体平台和“平安清丰”官方微信平台，县公安局新浪微博被评为优秀官方微博，有27个集体、50名民警受到县级以上表彰奖励。

（李建伟　娄景习　秦天剑）

检　察

概况 2015年，县人民检察院打击刑事犯罪成效明显，查办和预防职务犯罪向纵深发展，诉讼监督履行职责，队伍自身建设健全机制，圆满完成年度工作任务。被评为第四届全国检察机关派驻监管场所一级达标规范化检察室（驻清丰县看守所检察室），继续保持省级文明单位称号，荣获全省检察机关检察新媒体优秀作品二等奖、全省检察机关未成年人刑事检察工作机制创新示范点、全省检察机关查办职务犯罪工作先进基层检察院等称号。

打击刑事犯罪 2015年，县检察院主动回应群众对社会稳定的新期待，着力做好检察环节维护社会和谐稳定各项工作，经审查，共批准逮捕179人，提起公诉414人。突出打击重点。与公安、法院密切配合。始终把“黑拐枪”“盗抢骗”等严重刑事犯罪作为打击重点，共批捕黑恶势力犯罪、严重暴力犯罪和多发性侵财犯罪73人，起诉127人。严格执法办案。严把事实关、证据关和法律适用关，保持批捕、起诉准确率100%，做到无撤回起诉、无无罪判决、无涉检信访、无负面网络舆情；认真落实宽严相济刑事政策，推行轻微刑事案件快速办理、非羁押诉讼等机制，无社会危险性不批准逮捕12人，对已达成刑事和解的案件作相对不起诉处理10人，附条件不起诉未成年人3人。关注特殊群体。构建“五失”未成年人“阳光169”立体保护网，搭建服务平台，拓展保护体系，创新方式方法，持续加强对失足、失当、失控、失学、失护未成年人司法保护。

查办和预防职务犯罪 2015年，县检察院坚持有腐必惩、有贪必肃，持续加大查办和预防职务犯罪工作力度，推进反腐败斗争向纵深发展。立案侦查职务犯罪16件23人。其中贪污贿赂犯罪13件19人，渎职侵权犯罪3件4人，全部为大案要案。突出办案重点。依法查办大案要案和群众反映强烈的案件，聚焦权力集中部门、重要岗位和发生在群众身边的“小官大贪”，共查办单位正职3人，职能部门和乡（镇）机关工作人员3人，村“两委”成员7人。提高办案水平。适应反腐查案机制新变化，着力加强侦查能力建设，不断提高深挖犯罪、突破案件的能力。在查办农村卫生改厕工程职务犯罪案件时，坚持系统查、查系统，查办此类犯罪6人，涉案21万元。创新侦查模式。适应以审判为中心的诉讼制度改革，建立以客观性证据为核心的侦查模式，形成层次分明、条理清晰的案件事实证明体系，不断提高办案效率和案件质量。在查办的职务犯罪案件中，已侦查终结贪污贿赂犯罪嫌疑人16

人，法院作出有罪判决12人，其中实刑判决10人；渎职侵权案件全部侦查终结，作出生效判决5人，其中实刑判决1人。积极挽回损失。坚持把查办案件与追缴损失同步推进，通过查办案件为国家挽回直接经济损失560余万元。其中敦促房地产企业补缴土地出让金等300余万元。案后跟进预防。坚持惩防并举、注重预防的方针，在查办职务犯罪的同时，更加注重预防、更加注重治本、更加注重制度建设，努力从源头上预防犯罪的发生。共开展预防调查3次，案例分析4件；受理预防咨询30次，参与重大工程招投标监督10次。

诉讼监督　2015年，县检察院始终把公平正义作为核心价值追求，完善监督机制，改进监督方式，切实履行诉讼监督职责，维护司法公正和法律权威。刑事诉讼监督。监督立案1件1人，监督撤案1件1人；追加逮捕5件9人，全部被作出有罪判决；追诉漏犯20人，已作出有罪判决17人，其中判处3年以上实刑2人。刑事执行监督。重点开展社区服刑人员脱管漏管专项检查活动，发现虚管19人，提出纠正违法27件，建议撤销缓刑2人，收监执行1人；开展羁押必要性审查，对不需要继续羁押的11人提出变更强制措施建议，均被采纳。民事行政诉讼监督。办理市检察院交办案件13件，办结11件，向省院提请抗诉2件；督促职能部门履行职责4件；办理立案监督1件，监督法院立案受理一起土地承包纠纷案。与县环保部门建立检察机关服务环保行政执法工作协作机制，促进环保部门行政执法规范化建设。

队伍建设　2015年，县检察院以“三严三实”专题教育活动为契机，以争先创优为导向，开展结对竞赛活动，引导干警比学习、比干劲、比业绩。制定《考核奖惩办法》，健全激励竞争机制，进一步营造干事创业浓厚氛围。推进文化育检，进一步提升干警履职能力。采取登台讲、擂台赛、实战练等形式，丰富岗位练兵活动；办活《清风·检察》期刊；开展“荐书、读书、评书”和“书香廉韵”主题活动，着力培育乐学、爱廉、有为、文明新风尚。配合上级检察院开展“讲检察故事，展文明形象”基层采风活动。认真落实“两个责任”，不断加强纪律作风建设，健全廉政风险防控机制，落实恳谈约谈、通报曝光、检务督察、责任追究等制度，切实把“两个责任”扛在肩上，抓在手上。

（刘灿仕）

审　判

概况　2015年，县法院共受理各类案件4240件，办结3854件，结案率91%，收结案较去年同比分别上升13.6%和15.7%。先后荣获集体二等功、全省文明单位、全省法院第六次“拖欠农民工工资案件集中办理”活动先进集体、先进个人和办案能手先进集体、全省信息工作突出基层法院、全省调研工作突出基层法院、全省优秀调解先进单位、全省法院司法警务工作二星级警队等18项荣誉；3个庭室、14名干警荣获市级以上表彰；在省高院委托第三方进行的人民群众满意度调查中，位列全省163个基层法院第九名。

依法履职　2015年，县法院受理刑事案件341件，审结325件，判处犯罪分子410人。严厉打击抢劫、强奸等暴力犯罪和诈骗、盗窃等多发性侵财犯罪，审结案件99件，判处犯罪分子142人。严厉打击扰乱社会管理秩序犯罪，依法审结寻衅滋事、传播淫秽物品、容留他人吸毒等案件22件，判处犯罪分子48人。审结贪污、受贿等职务犯罪案件5件，判处犯罪分子10人。审结各类民事纠纷2728件，诉讼标的19046万元。妥善审理金融借款、民间借贷案件615件，盘活资金6756万元。积极推行家事审判。审结案件611件，审结行政案件132件，执结非诉行政执行案件50件，执行标的691.7万元。落实行政案件异地管辖制度，召开行政机关联席会议3次，组织全县58家行政机关旁听案件。执结各类案件669件，执结标的2175万元。完善执行信息指挥中心，共查询信息39349条，查封、冻结被执行人财产122万元。强化信用惩戒，将469人纳入失信“黑名单”。以涉嫌拒执罪向公安机关移送案件32件32人，开展集中执行活动3次，司法拘留67人、扣押车辆32辆，现场发放执行款157.69万元。先后邀请代表委员、新闻媒体见证执行7次，接受全方位监督。

服务发展　2015年，县法院积极参与越秀国际项目拆迁、启明路东延橡胶厂拆迁、双庙乡顺翔养殖集团拖欠农民工工资及工程款清理、马庄桥金水湾小区建设、马村乡南街村土地纠纷化解等群体性纠纷处理工作，确保了重点项目顺利推进。

司法为民　2015年，县法院以审判流程公开、裁判文书公开、执行信息公开“三大平台”建设为基础，上网文书3032份，视频直播案件76件，建立微博、微信、微视平台，关注人数42268人次，召开新闻发布会3次。强力维护“三留守”人员合法权益。受理涉及“三留守”人员案件76件，审结、执结案件73件，结案率96.1%；县法院审理的张某、王某拐骗儿童案入选省法院维护儿童合法权益十大典型案例；先后举办“留守儿童成长礼”“将关爱进行到底”等特色活动，省法院官方微博豫法阳光同步直播，微观人数10万余人次。开展第七次“拖欠农民工工资案件集中办理”等系列涉农维权活动，执结案件36件，执结标的111.69万元。

司法改革　2015年，县法院全面实行立案登记制度，登记立案2437件，同比上升9.97%，立案难问题得到有效缓解。积极适用小额诉讼程序，受理小额诉讼案件103件，审结103件，结案率100%。

队伍建设　2015年，县法院坚持从严从实、敬终如始抓好专题教育。扎实开展“三严三实”活动。深入开展党员干部作风突出问题专项治理活动、政法系统正风肃纪专项活动，切实改进作风，扎好制度“藩篱”。认真落实党组主体责任和纪检部门监督责任，层层签订责任书落实“一岗双责”，注重发挥纪检监察部门监督查处职能，坚持开展廉政谈话、一案双查和一案双报告、发放监督卡、逐案回访制度，设立举报平台，公布举报电话，建立健全举报信息收集、研判、处置机制，推动监督常态化、制度化、长效化。

法院工作新闻发布会

司法监督　2015年，县法院坚持向人大及其常委会报告工作，认真听取决议和意见，改进审判执行工作。加强代表、委员联络工作，多次邀请人大代表、政协委员视察法院、参与重要活动、添加关注法院微信，先后邀请151名代表、委员旁听庭审45件，见证执行活动4次。

（张国瑞）

司　　法

概况　2015年，县司法局以法治建设为主线，以争创省级文明单位为抓手，以实施维稳、规范、创新、强基、精兵五项工程为重点，司法行政各项工作取得了突破性进展。县司法局先后获得全市人民满意的政法单位，全市社区矫正工作先进单位等荣誉称号。

普法依法治理　2015年，县司法局在县电视台开办《法治清丰》栏目，让群众更加直观形象地了解执法程序和内容，增强执法工作透明度。编排普法戏曲节目，在县城公园、越秀广场等居民聚集区巡回展演。在文化路公园、马颊河、亿洲、越秀、盛世嘉园、冶都·中央公园、学府大道等地段设置法治展板、法治文化墙、摆放法治石头，建成一批法治文化示范点。对各层次、各领域、各行业依法治理"规定动作"进行了梳理，推进民主法治村、法治乡（镇）、依法行政示范窗口、依法治校示范校和诚信守法企业等创建活动的深入开展。

司法知识宣传

法律服务　2015年，县司法局重点围绕规范法律服务市场，规矩法律服务人员执业行为，开展了一系列正风肃纪活动。一是公证、法律援助工作。办理案证件增长15%，通过抽查回访，群众满意率100%。二是律师、基层法律服务工作。成立基层法律服务工作者协会，出台行业管理细则，建立了信息通报制度，年内无一例投诉律师、基层法律服务工作者案件。

特殊人群管理　2015年，县司法局积极对接县编制部门，成功批复社区矫正执法大队。在健全完善社区矫正工作制度、规范社区矫正执法程序的基础上，将社区矫正工作的重点放在心理矫治和困难帮扶上，对5名不服从管理的矫正对象建议撤销缓刑，确保了全县在管的292名社区服刑人员遵守社区矫正的管理规定。完成了283名刑满释放人员的接收和帮教安置工作，有效将全县896名刑释解教人员的重新犯罪率控制在1%以内。

基层基础　2015年，县司法局一是充实司法所人员。积极与人事部门对接协调，聘用基层公共管理和社会服务岗位17人，全县实际从事基层司法行政工作人员达72人，达到了每所3人的目标。二是装备倾斜。为基层司法所统一配发电动车，解决了司法所人员出行难问题。三是规范管理。针对不同类型的司法所采取有针对性的工作措施和业务指导，着力培育亮点，城关镇、高堡乡、韩村乡等一批亮点司法所脱颖而出。

人民调解　2015年，县司法局成功将县乡两级专职人民调解员工资列入县财政预算，村级专职人民调解员工资乡财政予以保障。完善了县、乡、村三级人民调解中心建设，解决了村级人民调解中心场所、人员、待遇等阻碍人民调解工作发展的瓶颈问题。投资20余万元建成了全市一流的县级矛盾纠纷调处中心。2015年全县各级调解组织排查调处各类矛盾纠纷7000余件。

队伍建设　2015年，县司法局以争创省级文明单位、"三严三实""三查三保""一创双优"、公开承诺办实事、"五个一服务"、政法干警下基层等一系列活动为载体，先后组织开展道德讲堂、志愿者服务、大论坛、大练兵等活动，历练出了一批能说、会写、善干的优秀人才。

（孙传稳）

城建·环保

县住房和城乡建设局

局　　长　葛孟军（2015 年 7 月离）
　　　　　韩学广（2015 年 7 月任）
副 局 长　李长海　吴学会
　　　　　侯建忠
纪检组长　司马书欣
主任科员　李月淑（女）
　　　　　兰艳素（女，2015 年 10 月任）
副科级干部　刘金蕊（女，2015 年 7 月离）

县城市管理综合执法局

局　　长　丁洪涛
党组书记　刘金蕊（女，2015 年 7 月任）
副 局 长　刘耀鹏（2015 年 7 月任）
纪检组长　袁红伟（2015 年 10 月任）

环保局

党组书记
局　　长　马顺武
副 局 长　邵顺泽（2015 年 10 月离）
　　　　　张国显（2015 年 10 月任）
　　　　　李忠信（2015 年 10 月任）
纪检组长　李忠信（2015 年 10 月离）
　　　　　李胜才（2015 年 10 月任）
监测站站长　李胜才（2015 年 10 月离）
　　　　　孙景银（2015 年 12 月任）
主任科员　邵顺泽（2015 年 10 月任）

市政园林局

党组副书记
局　　长　蒋应忠
党组书记　常良涛
党组副书记
副 局 长　高志伟
副 局 长　田保刚
纪检组长　刘建峰（2015 年 8 月离）

房地产管理局

局　　长　张怀波
党组书记　朱家福
副 局 长　韩忠勇　杨永强
　　　　　吕长海
副主任科员
房地产经济师　李付军

住房公积金管理部

主　　任　刘云法

自来水公司

经　　理　雷继普
副 经 理　高旭峰　张俊峰
　　　　　张芳冰
工会主席　杨承伟

城乡建设

概况　2015 年，县住建局投资 950 万元，编制燃气、绿地系统、消防专项规划；新修改造城市道路 10 条 6 公里，铺设污雨水管网 12 公里；7 个商住小区交付使用，阳光花园房地产、孙庄城中村改造项目顺利推进，城市建设再上新台阶。

城市规划　2015 年，县住建局投资 950 万元，高标准编制了燃气、绿地系统、消防等专项规划；投资 844 万元，启动马庄桥镇总规、控规编制工作；完成县城区新一轮城市总规、控规修编。严格按照“一书两证”核发的合法性、合理性和程序性，核发选址意见书、建设用地规划许可证、建设工程规划许可证。全年共核发项目选址意见书13份、建设工程规划许可证82份、建设用地规划许可证28份，有效地维护了城市规划的严肃性和权威性，确保了全县城乡规划事业及经济社会发展的需要。

市政基础设施建设　2015年，县住建局投资4000万元建设城区路网，新修改造南环路东延、康王路等10条城市道路，道路总长6公里，铺设污雨水管网12公里，安装路灯382盏；投资200万元，完成了县城区10公里污水管网的清淤工作；完成了县城主次干道、单位、小区楼域亮化工程；对县城规划内所有市政道路进行坑槽挖补2万多平方米；对背街小巷进行了综合整治，环卫设施进一步完善；对9000座污雨水井盖检修，更换污雨水井盖1500余座；实施县污水处理厂提标改造，深度处理污水规模2万吨/日。

房地产开发　2015年，盛世佳园、香槟小镇、阳光花园等7个商住小区交付使用；冶都中央公园15栋楼交付使用；银河花都单体楼主体全部封顶；金鸿美景1号楼进行基础施工，2号、5号楼主体封顶，3号楼主体施工至14层，6号、7号、8号、9号楼二次结构完成；天成美景1号、2号、3号楼进行二次结构施工，5号楼进行一层主体施工，6号楼进行二层主体施工，7号楼主体施工至14层；明月水岸1号、6号楼主体施工至12层，2号楼主体施工至8层，3号、5号楼进行二次结构正在施工；金水湾8栋楼主体封顶；清华天河湾正在做二期开工准备工作。

冶都商住小区

棚户区改造　2015年，孙庄城中村改造南区安置房9栋楼各项建设手续办理完毕，6号楼主体施工至14层，其他8栋楼进行二次结构施工；五眼井城中村改造5栋楼进行一层主体施工；李家庄城中村改造进行前期安置工作；孙旧寨城中村改造办理前期手续；南永固安置房已达到入住条件。越秀国际一期已建成投用，二期、三期达到入住条件；学府大道土地已摘牌；朝阳龙座等待土地挂牌；联通西片区主体封顶；熙龙湾6栋楼主体施工完毕；水木清华1号、2号、3号、4号楼外墙保温完成，5号、8号、9号、10号楼进行主体施工；棉织厂家属院片区做前期准备工作；海容花园办理前期手续。

重点公共建筑项目　2015年，新天地商业广场等待土地挂牌；亿洲乐活城市广场一期16栋商业楼投入运营，二期18层高商务楼做二次结构，5层高购物中心主体封顶；北欧小镇快速推进，8号、9号、10号楼主体封顶，13号、14号楼进行一层主体施工，1号楼主体施工至4层，2号楼进行基础施工；小站风情1号、3号、4号、5号楼进行外墙保温施工，2号楼进行1层主体施工；奥林匹克公园进行地表清障；申新泰富国际商贸城项目1号楼已投入使用，2号~18号楼主体封顶，部分建筑二次结构施工完毕；玉都贵园正在做开工前的准备工作。

危房改造　2015年，省政府下达清丰县农村危房改造任务1300户。至2015年底，全县录入全国扩大农村危房改造试点农户档案管理信息系统共计1050户，竣工1100户。

施工管理　2015年，县住建局进一步加强资质管理，规范企业的市场行为，严把工程报建关、施工许可审批关，全年共招标备案工程30个，工程造价5.9亿元，建筑面积46.4万平方米；发放施工许可证70份，实现公开招标率达到100%。

安全生产 2015年，县住建局认真贯彻执行《安全生产法》《建筑工程安全生产管理条例》等相关法律法规，年初与建设单位、施工企业和监理单位签订目标责任书，进一步加强了对责任单位的安全监督。全年共下发建设工程安全监督整改指令书146份，发现安全隐患621项，当场整改559项，定人定岗跟踪整改62项。

建筑工程质量监督 2015年，县住建等有关部门严把工程质量关，全年共监督工程项目104项，建筑面积81.8亿平方米，竣工工程68项，建筑面积55.25亿平方米。监督覆盖率100%，受监督工程质量状况稳定，均达到国家标准要求，主体结构合格率、竣工验收合格率和新建建筑节能标准执行率均为100%。

建筑工程设计 2015年，县住建局设计室高标准完成了大流乡第一初级中学综合楼、古城乡乔营小学教学楼、瓦屋头二中宿舍楼、韩村乡中心幼儿园等10余项中小学及幼儿园的工程设计，建筑面积2万平方米；完成了越秀小区住宅楼、天成美景住宅楼的设计，建筑面积达8万平方米；完成了昇达建安、顿丘酒业、中坤实业、金鸿酒业、七点半食品等厂区的工程设计，建筑面积3万多平方米；完成了黄河路、兴华路、康王路、南环路、银泉路、晓月路、凤鸣路、启明路等10余条市政道路的设计工作。

路灯管理 2015年，全县全年城区维修更换路灯1200余盏，维护变压器400余人次，维修更换路灯电缆2100余米，维修维护马颊河亮化900余人次。巡查路灯设施260余次，路灯亮灯率98%以上，设施完好率保持在96%以上，群众满意率100%。

墙体材料改革 2015年，县住建有关部门为了进一步巩固全县“禁实限黏”成果，制定了长效管理机制，凡在“禁实”区内新建、改建和扩建的建筑项目，均在办理规划、施工证前按建筑面积每平方米8元标准征收。2015年共征收专项基金396.94亿元，返退203.94亿元。

室内装饰装修管理 2015年，县住建系统认真贯彻落实《建筑法》《建筑市场管理条例》《河南省装修装饰行业管理办法》，全面落实监管机制，努力提高监督管理水平，规范管理，以良好服务引领行业发展。2015年，共监督管理亿洲乐活城市广场、申新泰富国际商贸城1号楼等56个装饰装修工程。在装饰工程管理过程中，对工程中出现的有关质量安全问题，下达责令停止违法行为通知书17份，行政处罚3起。大多数违章工程，通过现场口头告知及催办后，施工单位基本能按照相关法律法规进行了整改，监管内的工程项目全年无一起安全事故发生。

污水处理费征收管理 2015年，全县征收范围包括县城规划区内有自备井的单位、企业和个人，征收标准为1元/吨。2015年全县共征收污水处理费101万元，全部上缴财政专户。

（许化鹏）

城市管理

职责调整 2015年5月省政府批复的城市管理相对集中行政处罚权工作范围：市容环境卫生管理方面法律、法规、规章规定的行政处罚权，依法拆除不符合城市容貌标准、环境卫生标准的建筑物或者设施。城市规划管理方面法律、法规、规章规定的部分行政处罚权。城市绿化管理方面法律、法规、规章规定的行政处罚权。市政管理方面法律、法规、规章规定的行政处罚权。环境保护方面法律、法规、规章规定的行政处罚权，具体范围包括在城市规划区范围内对社会生活噪声污染、建筑施工噪声污染的行政处罚权以及《国家环保总局关于相对集中部分环境保护行政处罚权工作有关问题的通知》（环发〔2003〕5号）规定的行政处罚权。

概况 以开展服务型执法队伍建设为抓手，以服务“三城同创”为中心，坚持重心下移、全方位、无缝隙精细化管理模式，确保各路段违法、违章行为及时发现、及时纠正解决；坚持徒步巡查、错时上岗、疏堵结合整治市容“六乱”；推行错时值班、AB顶岗制，落实“门前三包”，城市管理工作稳步推进，城区市容市貌进一步改观。

服务重点项目 2015年，县综合执法局出动200多人次，配合公安、国土、马庄桥镇政府等，推进飞龙车站、双虎、香澜河畔建设项目顺利施工；配合城关镇政府对阻挠行知学校拆卸钢架结构、电业局架设高压线等进行现场执法；配合国土、公安等部门出动400人次，对柳格违法占地1.5亩、韩村违法占地20亩、纸房违法占地15亩的建筑进行了拆除。配合公安、乡（镇）政府、国土、住建等部门开展强制拆除联合行动，依法对违法违规用地进行了拆除，依法拆除违法建筑10处，分别是县橡胶厂厂房车间、固城乡旧城驾校、朱潘生厂房、纸房乡张村驾校、郝庄晾晒场、柳格镇制砖厂、韩村乡驾校、烧炭场及2个颗粒厂。共出动执法车辆200余辆次，执法人员1500余人次，出动大型机械50台次，拆除复耕面积2.67万平方米。

依法拆除违法建设 2015年，县综合执法局联合公安、住建、国土、城关镇等部门依法集中拆除黄庄28座违法建设的彩钢房，面积1000

执法人员与商户和谐共处

余平方米。全面排查城区内违法建设，共依法拆除11座违法建设彩钢房，面积1200余平方米，监督当事人自行拆除55座彩钢房2600余平方米。

市容市貌维护管理 2015年，县综合执法局实行定人、定岗、定段、定责“四定”责任制，按照固定岗加流动哨的长效化管理模式，依托数字化城管监控平台，保证各路段问题及时发现、及时处理。共计清理叠翠园北侧、诚睦路小学北侧等处建筑垃圾1100余立方米，拆除残垣断壁5处、130多米，清理门窗、墙面等处小广告及宣传页1700余个，拆除跨路标语条幅200余条，销毁占道灯箱广告160余块，暂扣占道销售电动车20余辆、销售物品562件、店外投币儿童玩具车12辆、店外修理、加工工具296件，搭建临街施工工地围挡8处，拆除、更新废旧破损门头牌匾28块。

数字化城市管理 2015年，县综合执法局建立健全数字化城市管理信息系统日报制度，充分运用数字化监控平台，及时、方便、快捷实现执法联动，纠障900余次，真正做到了城市管理综合执法全覆盖、无缝隙精细化管理。

队伍建设 一是由管理型向服务型转变，倡导人性化管理；二是由常规检查向主动服务转变，文明执法，秉公办案，规范办案程序；三是由刚性执法向柔性管理转变，增强服务意识，优化服务职能；四是由粗放执法向文明执法转变，强化执法人员思想政治、业务培训、服务水平的全面提升，将法、理、情融为一体，实现城市管理由管理型向管理服务型的根本转变。

（高晓林）

环境保护

概况 2015年，县环保局以“全民敬业”“三严三实”“一创双优”等活动为动力，以建设资源节约型、环境友好型社会为目标，以新法新规新标和“环保专项行动”为契机，开展了“三大工程”综合整治，清丰县的环境质量状况有了明显改善。创建市级生态村2个。已建成的西侯村、殷庄村、黄庄村环境连片综合整治项目正常运行。全年审批项目48个，其中工业项目22个（产业集聚区项目18个），公共设施、社会事业项目26个。

总量减排工作有序推进 2015年，县环保局印发《清丰县主要污染物总量减排工作方案》《清丰县畜禽养殖主要污染物总量减排实施方案》，与17个责任单位签订了目标责任书；落实减排目标责任制，所有减排项目的减排档案收集完毕，“十二五”期间环境统计的上报审核和总量审批工作已全部完成。对48个新建项目的总量进行调剂，新增主要污染物COD 24.5吨，氨氮3.6吨，二氧化硫15.5吨、氮氧化物2.5吨。加大养殖企业废水治理，提高城镇人口燃气化率，促进企业改进工艺、实施清洁生产，关闭污染严重的违法企业，共计减排COD 500吨、氨氮80吨、二氧化硫257.4吨、氮氧化物65.5吨。

优化建设 一是实施差别化管理。鼓励项目优先在产业集聚区落户，县城区优先支持城市基础设施、房地产开发项目，各乡（镇）区域原则上优先考虑农产品加工项目。二是对道路绿化、路灯、土地平整等社会事业项目进行环评豁免。三是对学校、幼儿园、宾馆、福利院、文化馆、气象站等建筑面积5平方米以下项目实施备案管理。四是申报材料由7项改为4项，环节由8个变为3个。五是环保设施“三同时”验收取消试生产申请和批复环节。

市派第二巡查组巡查环保工作

环境监察不断强化 2015年，县环保系统共出动环境监察人员130人次，检查企业120家，检查重点污染源15家，检查建设项目30家，检查其他企业90家，安全转移处置危险废物10吨，查处纠正环境违法行为20起。高招期间，安排执法人员对县城区内产生噪声、有刺激性异味，及在生产、经营过程中影响到学生正常休息的企业逐一进行排查，为考生营造了良好的环境。

严厉打击环境违法企业 2015年，县环保局对违反国家产业政策、环保政策及规模小、污染重、群众反映强烈的“十五小（土）”“新五小”企业依法报请关闭、拆除、取缔。会同乡（镇）政府停止8家小颗粒厂和6家小炼油厂。同时，定时、不定时对“十五小（土）”企业突击检查，防止反弹。

处理环境投诉举报 2015年，县环保局调整充实环境监察人员，健全环境监察网格化管理体系，明确环境监察人员职责目标任务，加大对环境安全问题的监督检查力度，全年没有发生废水、废气、危险废物等重大环境污染事故。全年共处理环境信访案件128件，信访案件处理率达100%。强化放射性同位素、射线装置的防护监管，对辐射监管人员培训3次，实现了辐射事故零发生。

环境监测 2015年，县环保部门对2家废水污染源进行定期和不定期监测，对德香兔业、脆皮乳鸽、方圆泡沫等30家建设项目进行环境质量现状监测，对新南方、大汉火锅、顿丘酒业、丰宴水饺4家建设项目进行验收监测，为环境管理和污染防治提供依据。

环境应急 2015年，县环保局成立环境应急领导小组，同部分重点企业制定了突发环境事件应急响应程序，编制了突发环境事件应急预案，年内在河南省瑞油石化有限公司环境应急开展了应急演练，提高了企业对环境风险隐患处突能力。开展重点环境风险源排查和整治落实，对环境安全问题和污染隐患做到早发现、早处置、早消除。

环保宣传 2015年，县环保局投资5万元，通过设立咨询台，发放宣传手册、宣传页，摆放展板，悬挂横幅，新闻媒体参与等形式，对环境保护法律法规和环境违法行为处理的有关规定、环保局主要职责、企业如何办理环保审批手续、行风建设四项承诺、环保投诉热线电话12369以及低碳生活方式等内容进行宣传，发放宣传品1万余份，现场接待群众咨询300余人次，切实提高了群众环保意识。

（郭瑞英）

市政园林

概况 2015年，县市政园林局以着眼民生、服务民生为重点，以建设“繁荣、和谐、宜居、生态、美丽”新清丰为目标，依法行政，强化管理，克难攻坚，较好地完成了各项工作任务，为县城居民创造了清洁、优美的生活环境。先后被评为“市级文明单位”“全市城镇基础设施建设管理工作先进单位”“全县平安建设先进单位”“综合考评先进单位”“争先创优先进单位”“服务重点项目建设先进单位”。

国家园林县城创建 2015年，县市政园林局在国家园林县城创建过程中，坚持建设和管理并重，保护和利用并重，自然和人文并重，积极开展园林精细化管理，广泛开展多层次、多形式的宣传教育活动，组织开展文明护绿、周末义务劳动等活动，在全社会形成了人人支持创建、个个参与绿化的良好新风。

园林绿化 2015年，县市政园林局先后完成金水路、叠翠路、南环路、人和大道等18条道路绿化；叠翠园、烟草局东墙外、金水路与乾坤路交叉口等9处公园与街头游园绿化；人民路等3条道路的绿化提升；朝阳路、幸福大道等8条道路的绿化补栽。全县新增绿化面积

叠翠园绿化

61 万平方米，提升改造 30 万平方米，为创建国家园林县城打下了坚实的基础。

市政公用事业发展 一是县城集中供热。2015 年投资 7500 万元，新打地热井 5 眼，建设换热站站房 1 座，铺设管网 3900 余米。11 月 15 日对冶都小区一期、二期、三期供暖，12 月 13 日对烟草局、卫生局、档案局供暖，12 月 14 日对冶都·中央公园 19 号、20 号楼实施供暖。供暖面积达到 17 万平方米。二是气化乡村工程。完成铺设中低压管线 70.9 公里，发展村庄 57 个，安装及通气行政村 114 个。除阳邵乡外的其余 16 个乡（镇）均达到通气条件。其中，城关镇、柳格镇、固城乡综合通气率 78%。

市容管理 一、环卫日常保洁。2015 年制定了《环卫日常保洁考核办法》，设立督导组，严格督导；延长保洁时间，确保县城道路“一天两清扫，全天保洁”，垃圾日产日清；针对极端天气，启动相对预案；严格按照创卫标准，新增添或置换了一批果皮箱、垃圾桶、垃圾收集车等环卫设施，对生活垃圾处理场、公厕、垃圾中转站等进行了整改和提升。二、垃圾中转站建设。新建垃圾中转站 7 处，提升整改 8 处。三、公厕保洁与建设。建立健全了公厕各项保洁制度并制度上墙；完善了消杀记录，对工作人员进行专业技术培训，建立专项台账；完善了公厕设施；四是新建高庄、张庄、叠翠园 3 处公厕。四、实施“一把扫帚扫到底”工程。按照试点先行，分批推广的原则，以县 106 国道、裴刘线、阳子线、302 省道（韩村段）沿线美丽乡村为试点，实施第一批城乡环卫管理一体化工作。成立韩村、高堡、大屯、阳邵 4 个环卫工作队，保洁员 171 人，垃圾运输车 4 辆，派驻到城关城中村、韩村、柳格、高堡、大屯、阳邵、纸房 7 个乡（镇）31 个村庄。

垃圾处理 2015 年，县市政园林局为确保城市生活垃圾处理场规范运作，垃圾无害化处理率达 95% 以上，多措并举，成效显著。严把垃圾进场关，杜绝有毒垃圾进场；严格按照填埋标准进行作业；完善消防体系，明确安全人员职责，杜绝不安全事故发生；加强档案管理，归类存档。投资建设清丰县第二垃圾处理场。该项目位于韩村乡陈焦夫村西南，投资 5420 万元，建设周期 12 个月，建设 1200 米长的环场垃圾土坝，填埋库容 124.36 万立方米，可新增处理城市生活垃圾能力 240 吨 / 日，使用年限 11 年。12 月环评、可研已编制评审完毕。

（鲁成栋）

房地产管理

概况 全县全年办理各类房产登记 5547 件。其中：房屋所有权初始登记 97 件、预告登记 3000 件、转移登记 1500 件、抵押登记 950 件，提供档案查阅近 4000 人次。同时做好了物业规范、管理工作。

住房保障 一是加快公租房项目建设。督促 1200 套公租房项目进度，协调有关部门完善项目手续，严把安全关、质量关。乾坤新居项目共 7 栋 696 套，主体已验收完毕，正在进行室内外粉刷；兴园公租房项目 504 套，基本完工。二是做好廉租住房补贴发放。对 2014 年底上级审计出问题的 4 户予以清退，对新申报的 20 户低收入住房困难家庭进行入户调查并公示，已对 394 户低收入住房困难家庭发放了廉租补贴，共发放补贴资金 103 万元。三是购买商品住房用于公租房。为支持全县房地产业健康发展，完善住房保障体系，制定出台《清丰县公共租赁住房收购方案》（清政文〔2015〕41 号），发布收购公告，收购了学府大道、玉都时代广场商品房房源 292 套收购资金 5300 万元，正在进行公租房改造，将有效解决城镇居民、新就业人员及外来务工人员的住房困难问题。

《河南省房屋租赁管理办法》宣传

房地产市场管理　2015年，县房管局为确保商品房预售登记备案工作平稳运行，为广大消费者提供真实可靠的信息平台，进一步完善房地产市场分析监控机制，准确把握市场态势，合理引导住房消费，完善商品房预警机制，严格审查各小区商品房预售有关手续，加强商品房预售管理和登记备案制度，实行动态巡查监管机制，确保房地产市场平稳健康发展。全年核批商品房预售许可登记备案35件，预售许可面积40万平方米。经常性到小区检查指导物业管理工作，引导物业公司规范服务行为，提升服务水平，协调处理业主与物业服务企业之间的各类矛盾纠纷，共建文明和谐的居住小区。全年共协调化解小区各类上访事件60余起，维护了社会大局稳定。

服务全县中心工作　一是协调处理中心菜市场遗留问题。协调金融部门抵押贷款，还清了建筑商的债务；帮助交全款的业主拿到了钥匙；协助开发商成立了售楼部，开始售楼；督促菜市场项目三期工程开工建设。二是推进申新泰富项目建设。地方关系基本协调到位，项目手续办理齐全，1号~18号楼已全部主体封顶。协调县财政拿出90万元备用金用于支付拖欠当地群众工程款及农民工工资；协调县信用社抵押贷款资金500万元，缓解了项目资金周转困难，项目分包单位钢结构、消防均已入场，恢复施工。三是督促金太阳项目进度。协调项目办理消防许可证、生产经营许可证，正在办理土地使用证。四是积极服务企业发展。派驻一名副局长和两名业务素质高、工作能力强的业务骨干进驻到企业服务中心窗口，为4家企业办理房屋登记项目17件。五是服务全国卫生县城争创文明县城复查。成立8个社区督导小组，每天对全县100个小区进行督导、检查，督促责任单位整治环境卫生，小区卫生整治和日常保洁工作落到了实处，如期完成创建任务。

农村产权制度改革　一是制定工作方案。结合实际，研究制定了《清丰县农村房屋产权交易服务平台建设实施方案》和《清丰县房管局农村集体土地上房屋登记工作实施细则》，明确台账，落实专人，规范全县农村房屋登记的程序。二是开展业务培训。抽调业务骨干进行农村房屋产权登记相关法律法规知识、业务技能培训，业务人员均熟练掌握农房登记的相关法律和政策，明确工作任务。三是做好宣传发动。将阳邵乡作为农村产权改革试点，制定了房屋登记相关表册、宣传资料，营造良好的舆论氛围和工作环境。四是积极推进。及时与阳邵乡、韩村乡对接，完成阳邵乡三合村71户、韩村乡杨庄窑60户的房屋测绘、填表、提交申请资料等工作。

住房安监与维修管理　2015年，县房管局进一步强化安全监管与住房售后管理。为确保小区居住安全，配合消防队对廉租住房小区和物业小区消防安全隐患进行专项排查3次，制作宣传展板40余块，散发宣传资料8000余份提高物业管理人员和居民群众的责任意识和安全防范意识。做好新建住宅小区房屋维修基金的归集工作，保障住宅售后维修管理，维护产权人和使用人的利益。四是严格落实《廉政准则》、“八项规定”等，认真开展廉政风险防控，坚持党务政务公开制度，加强机关效能建设，接受社会各界监督。

（高国旗　赵树俭）

住房公积金管理

概况　2015年，县住房公积金管理部以“服务、发展、创新”为理念，不断强化住房公积金管理。与县财政局协调，取消了住房公积金提取转账加盖财政局印鉴章，简化了续手；进一步优化了住房公积金办理手续和流程，开通了逐月冲还贷款业务；与农行系统对接成功，全县住房公积金系统升级全面完成；贯彻新政，放宽住房公积金的使用，贷款最高额度提高到45万元，贷款最长年限延长至30年。连年被市住房公积金管理中心评为先进管理单位，被县妇联评为2015年清丰县巾帼文明岗。

公积金归集　2015年，全县新增归集9167.11万元，累计归集总额4.55亿元，余额3.01亿元，全县缴存职工16757人，新增住房公积金缴存单位6家、职工847人。

公积金提取　全县新增提取2817人次，金额5923.18万元，其中购房提取824人次，金额2371.8万元；偿还贷款提取1484人次，金额2350.3万元；建造、翻建、大修自住房5人次，金额13.3万元；租房提取60人次，金额48.88万元；重大疾病提取4人次，金额8.6万元；装修提取1人次，金额2.3万元；维护和修缮提取47人次，金额141.1万元；退休提取276人次，金额782.94万元，转出提取73人次，金额120.29万元，死亡提取18人次，金额45.21万元，其他提取25人次，金额38.44万元。累计提取12164人次，金额1.41亿元。

公积金贷款与增值　2015年，全县新增住房公积金贷款300笔，贷款金额5918.6万元，其中异地贷款6笔，金额142.8万元。累计发放贷款2266笔，金额3.27亿元，贷款余额2.34亿元。新增住房公积金增值收益746.59万元，同比增长63.81%。个人住房公积金使用率85.26%，个贷率77.74%。

（张红亮）

供水建设

概况　2015年，县自来水公司以实现供水事业科学发展为主题，大力加强供水管网建设，全力推进固城水厂建设，扩大使用智能化水表，加强二次供水管理，破解农村用水难问题，全县供水逐步形成了取水、过滤、沉凝、消毒等标准化水处理工艺，形成了从水源、水厂、配水管网、用户的四级检测机制，城市供水管网、水厂等基础设施进一步完善，供水能力、水质监测水平进一步提升。

供水设施建设　一是加强供水管网建设。坚持供水管网与道路建设同步进行，改造提升旧城区管网、完善新城区和产业集聚区管网，积极跟进片区改造、商住小区开发和县城道路建设。先后新铺设诚睦路供水管网940米、人民路（诚睦路—政通大道）供水管网760米、文化路（叠翠路—诚睦路）供水管网420米、和

建设中的南水北调配水管网

义路供水管网300米、金水路供水管网2000米。完成了越秀国际二期室外配水管网安装700米、冶都二期配水管网安装1600米、盛世佳园配水管网安装1500米、香槟小镇配水管网安装200米、侯窑支干管网安装2000米等，累计安装管网1.1万余米。二是全力推进固城水厂（南水北调）项目建设。固城水厂采用PPP模式运作，项目前期启动向农发行争取2200万元专项债券资本金已拨付到位。项目分为引水管线工程和固城水厂工程两部分。引水管线工程总投资1.92亿元，铺设输水管网18.5公里；固城水厂工程总投资2.5亿元，其中，一期工程投资15129.48万元，建设规模为5万立方米/日，配套建设供水管网71.3公里。目前，引水管线工程完成了南水北调清丰段的勘测定界和征迁工作，工程已正式开工建设。

供水服务 一是推广使用智能化水表。先后在越秀国际、阳光花园、香槟小镇、诚睦花园等9个商住小区推广使用智能水表4800多户，推广使用率达100%。二是加强二次供水管理。先后完成了冶都、越秀国际、阳光花园、诚睦花园等小区的二次供水管理工作，确保了各商住小区的24小时不间断供水。三是破解农村用水难题。先后铺设了马庄桥镇游子庄村供水管网400余米，南永固社区供水管网1900余米，完成了城关镇侯窑村350余户，马庄桥镇张村、前游子庄、南永固社区等11个行政村1200余户的管网建设和通水任务。

（黄俊国）

交通·信息

县交通运输局

党组书记
局　　长　赵继刚
党组副书记
副 局 长　卢　静（女）
副 局 长　陈留山　姚孝民
纪检组长　杨成民
党组成员
工会主席　田耀廷
主任科员　南志英（女）
副主任科员　吕建敏　刘慧玲（女）
　　孙振方

县公路管理局

局　　长
党组副书记　韩保府
副 局 长
党组书记　曹保玉（离）　王庆民（任）
副 局 长　晁建素（女）
纪检组长　曹振杰
党组成员
工会主席　程志广

邮政清丰分公司

支部书记
总 经 理　崔　峰
副总经理
工会主席　董　明

移动清丰分公司

经　　理　汪　祥
副 经 理　徐光春　丁海军

联通清丰分公司

总 经 理　吴要领（2015年11月离）
　　王　琰（2015年11月任）
副总经理　韩敬华
　　张彦军（2015年11月离）
　　丁　磊（2015年12月离）
　　郑大勇（2015年12月任）
　　库卿延（2015年12月任）

电信清丰分公司

经　　理　郭卫亮
副 经 理　万　勇　郭世涛
　　杨周锋

交通运输

概况　2015年，县交通运输局以“服务社会为宗旨，方便群众出行为目的”，全面开展农村道路建设及管理养护工作，交通运输事业取得显著成效。加强道路运输管理。建立健全货运车辆管理档案，对货运企业进行安全生产标准化考核等。加强路政管理。加大农村工路保护和巡查力度，狠抓安全生产宣传教育，确保全年无重大交通安全责任事故发生。以为民建好路、养好路、管好路为目标，全力推进重点工程G341胶海线清丰段改建，完成S301县城区至大广高速段改建工程。至年底，全县现有农村公路总里程1069.01公里，其中县级公路7条144.58公里，乡级公路55条323.87公里，村级公路585条589.04公里，油田专用公路3条11.51公里。共有14条客运线路，254辆公交车辆。

农村公路建设　一、加强领导。县委县政府成立了农村公路建设领导小组，县长任组长，主抓副县长及人大、政协有关领导任副组长。各乡镇也成立了相应的领导组织，把农村公路建设列入乡镇工作目标，同招商引资、工业项目、设施农业工作一并考核、奖惩。县督查局、“一创双优”督导组把这项工作列为经常性督导内容，每个项目都建立台账，明确时间节点，按台账进度推进，一月一通报。实行周例会制度，县政府领导、督查局、各乡镇副乡镇长、监理单位、施工企业每周参加例会，通报施工进度，解决具体困难和问题，明确下步方向。科学制订农村公路建设规划，坚持“三个优先”，即“十百千”创建规划优先、道路损坏严重的村优先、自筹资金到位的优先，结合国土整理、扶贫、发改、农业综合开发等项目，解决群众反映强烈的突出问题。二、强化质量。一是实行招投标制度。通过招投标产生实力强、信誉高的施工企业进入县农村公路建设市场。施工企业在纪检、检察、审计、财政部门的监督下，阳光作业，确保施工队伍业务过硬、品质优良。二是狠抓制度建设。制定下发了《清丰县农村公路工程质量管理规定》《清丰县农村“十百千”示范工程建设技术要求和指导性意见》，实行履约保证金和质量保证金制度，成立质量检测中心，指导项目单位严格按照规定程序操作与施工。充分发挥监理单位的作用，对工程主体、工程程序、工程状态进行全过程监理，发现质量问题及时进行纠正。三是开展“百人包百路”活动。加强对施工单位的指导和监理单位的监督，具体做到严把“五关”（路基关、配合比关、设备关、施工关、检测关），严控“四度”（宽度、厚度、强度、平整度）。四是大力推行社会监督。采取发放质量监督卡、设立项目公示牌等形式，公布举报电话，聘请农村老党员、老干部、村干部作为义务监督员，对工程项目进行全过程、全天候监督，动员广大群众参与质量监管，形成了浓厚的舆论氛围。三、严格审计。首先，把农村公路建设专项资金和预算内养护资金纳入县财政基建专户储存，专款专用。其次，严格资金审批和拨付程序。县领导小组和市质检站验收合格后，施工单位写出申请，县发改委、财政局、交通局共同把关，政府主要领导审签，监理单位签字报县财政支付中心统一拨付。同时，建立农村公路项目电子档案，做到资金专户存储、专款专用，任何单位和个人不得截留、侵占和挪用，确保资金使用安全。

道路运输管理 一是张贴治理通告160张，出动运政稽查车辆60余辆次，稽查人员300余人次，查处违规经营车32辆，无证经营“黑车”25辆。二是建立健全了货运车辆管理档案，编制了车辆档案管理系统，对企业审批和单车业户审批进行了业务分离，对企业办理业务提供上门服务，业务指导；对单车业户办理手续实行服务评价制度。三是对全县17家货运企业进行安全生产标准化考核工作，通过考核对其中6家不达标企业下达了整改通知书，经整改考核，对4家仍不达标的运输企业吊销了道路运输经营许可证。四是建立健全了车辆技术档案，建立车辆技术信息化管理平台，从而有效杜绝了弄虚做假的行为发生。对全县1家一类维修企业、11家二类维修企业、16家三类专项修理企业进行安全生产标准化达标考核，对不达标的7家二类企业和11家专项修理企业下达了整改通知书；通过企业申请复核，对其中仍不达标的4家二类企业和10家三类专项修理企业作出了吊销道路运输经营许可证的决定。五是顺利完成6家驾培企业的换证工作。对全县驾培企业的教学车辆重新加装和换发了学时记录仪，督促驾校建立健全了学员档案管理；对驾培企业进行了年度信誉考核，通过考核对2家A级以下驾培学校暂停了培训业务，对1家违规培训的驾培学校下达了停止培训业务的通知。六是对运输企业下发安全生产整改通知书78份，整改合格55份，停业整顿企业5家，因安全生产不达标吊销经营许可证18家。

路政管理 一是大力加强农村公路保护。在县、乡公路陆续设置了限超桩和“龙门架”等限超设施，并在限超设施两侧设置了醒目的安全警示标志，加大农村公路的安全保护力度。二是加大宣传力度和巡查力度。全年共张贴“两条例”通告300余张，散发路政政策宣传单1.5万余份，悬挂横幅15条，出动宣传车40台次，设立咨询台7处，在社会上起到了很好的宣传效果。同时，针对农村公路上违法占道、毁坏公路设施和影响交通安全的问题，加大了巡查力度，确保了公路安全畅通、环境整洁。全年共租赁机械11台次，清理建筑生活垃圾2200立方米，清理建筑沙石违章占道3400立方米，挪移建筑板材、石梁120余块，整改事故隐患路段2处，拆除私搭乱建6处，县内农村公路交通状况明显改善。三是执法体制改革工作圆满结束。清丰县交通运输局执法所已于2015年9月30日挂牌成立，并实现了领导班子到位、内设机构到位、执法人员选聘到位、各项制度到位。

交通运输局执法所成立大会

交通安全管理 2015年，县交通运输管理局认真落实企业主体责任、行业监管责任和属地管理责任，突出道路运输、危险品运输和汽车站安全三个重点，加大安全投入，狠抓安全生产宣传教育。全年组织交通专项安全大检查4次，隐患排查和整改率达到了100%，全年无一起重特大交通安全责任事故和人员死亡事故发生；认真做好应急物资储备工作，确保了重点应急物资储备率达到98%以上。

（吕建敏　高彦勇）

公路管理

概况 2015年，县公路局以全心全意为人民服务为中心，以为民建好路、养好路、管好路为目标，推进国道重点工程改建进展，完成省道改建后续工作；做好公路养护，干线公路好路95.8%；加大路政管理力度，确保了道路安全畅通，为促进清丰经济发展作出应有贡献。先后荣获“市级文明单位”“县综合考评先进单位”“服务重点项目建设先进单位”“全国文明县城创建先进单位”等荣誉称号。

公路建设 2015年，县公路局真抓实干，大力推进国道、省道相关路段的改建工程，并取得明显成效。一是全力推进重点工程G341胶海线清丰段改建项目进展。341改建工程已完成项目初步设计批复及附属物清点工作，正在招投标。二是完成S301县城区至大广高速段改建工程二期、金水路绿化、马颊河桥面铺设等后续工作。

养护工作 2015年，县公路局完成整修路肩边坡44.79万平方米，道路保洁2.18亿平方米，路况评定393.72公里，处理水毁1000平方米，干线公路平均好路率95.8%，灌封1.1万米，疏通桥涵200多处，补植路树6000余棵。

路政管理 2015年，县公路局进一步加大路政管理力度，出动路政宣传车400余台次，宣传人员1000余人次，散发宣传资料1万余份，下达违法行为通知书30余份，拆除非法违章建筑19处，清理违章建筑堆物500余处，路赔款索赔25.09万元，确保了公路安全畅通。

（王东雷）

邮　　政

概况　2015年，县邮政分公司以组织结构调整为契机，努力拼搏，全年实现收入5444.7万元。被县委县政府授予“全县作风建设和反腐倡廉建设先进单位”，被濮阳市邮政分公司授予“2015年度新闻宣传先进单位”等荣誉称号。

加快推进基础能力建设　2015年，县邮政综合生产楼已装修完毕，预计2016年5月正式投入使用；加大网点改扩建和自助机具布放力度，完成了大屯的原址重建工作，高堡、古城新租赁场地改造，春节前投入使用。全县17个农村支局（所），已完成农村支局改扩建14处。

积蓄新资源 共建“暖民心工程”　2015年，县邮政分公司为深入贯彻濮阳市民政局中国邮政集团公司濮阳市分公司《关于转发贯彻落实“邮善促民生”战略合作协议的意见的通知》，充分发挥邮政资源优势，做好民生资金和财政一卡通发放工作，积极与县财政局、民政局接洽沟通，达成一致协议，全年共完成开卡量19.2万张，发放金额7亿元。

举办“邮缘相聚·乐享收藏”首届高端集藏文化品鉴会　2015年5月13日，县邮政分公司在银泉度假山庄隆重举办了“邮缘相聚·乐享收藏”首届高端集藏文化品鉴会，110多位集邮爱好者齐聚一堂，分享收藏心得，共享集邮文化。

举办抗战胜利70周年邮票发行式　为弘扬抗战精神，缅怀革命英烈，2015年9月15日，由中共清丰县委宣传部、中国邮政集团公司濮阳市分公司主办，清丰县分公司承办的“纪念中国人民抗日战争暨世界反法西斯战争胜利70周年”邮票发行式在清丰·单拐—冀鲁豫军区纪念馆隆重举行。

开展“亲子爱·邮政情”温暖微行动　2015年，县邮政分公司设计印制了邮资“亲子爱.邮政情”信封，通过“给远方爸爸妈妈的一封信”，让留守儿童们将心里最想说的悄悄话、最想表达的祝福写在明信片上寄给在外务工的父母，同时免费领取一份学习用品或精美书刊。

召开农村电商培训会　2015年12月19日，县邮政分公司召开农村电商邮掌柜培训会，全县邮掌柜网点负责人参加了会议。会议对2015年优秀邮掌柜网点进行表彰，并对农村电商重点工作进行安排部署。

员工幸福指数显著提升　2015年，县邮政分公司开展薪酬分配制度调整优化工作，建立了员工工资正常增长机制。开展“三保证三关爱”活动，全年发放各类补助款5.28万元，受益员工总数达51人次。建成省级职工小家12个，其中模范小家3个，合格小家9个，改善了员工生产生活条件。

（张玉红）

移动通信

概况　2015年，移动清丰分公司以4G发展为主导，深入流量经营，普及4G智能终端，保持客户规模优势，较好地完成了年度工作任务。上缴税金522.71万元，其中地税58.54万元，国税464.17万元。

4G建设与发展　至2015年，移动清丰分公司共有基站261个，其中4G基站260个，实现了清丰区域县城、乡（镇）各主要村庄4G网络全覆盖，全年无重大移动通信责任事故和重大泄密责任事件（包括客户信息资料）发生。

企业责任　一是在全国卫生城市创建过程中积极参与志愿服务活动，为成功创建全国卫生县城作出了积极的贡献。二是关心关爱弱势群体。慰问敬老院老人、到帮扶村慰问困难户、给贫困小学赠送书籍等。三是积极开展慈善一日捐活动，向弱势群体伸出援助之手。

（王慧丽）

联通通信

概况 2015年，联通清丰分公司以公众市场和集团市场为主导，强力推进，取得良好效果。公众市场：2015年公众市场完成出账业务收入4647.22万元。年累计发展用户38921户，其中：发展移网用户34001户，发展固网用户4920户。集团市场：2015年完成出账收入490万元。发展移网业务54059户，其中：2G业务32601户，3G业务18188户，4G业务3270户。累计发展固网业务18346户，其中：宽带业务9035户，固话（含超灵通）9311户。

网络建设 2015年，联通清丰分公司累计完成投资2565万元。一是投资1463万元，敷设了基站光缆260公里，管道18公里，顶管6公里，建设3G基站115个，4G基站55个，实现了城镇、高速和重点路段的4G信号的全覆盖。二是投资220万进行宽带端口扩容和空白村建设。完成了扩容fth端口3260个，建设了7个空白村庄端口896个，敷设光缆40公里。三是投资700余万元建设宽带端口4000余个，全面完成光网改造工作。四是投资100万元增加528芯光缆，打通环路，组成环网结构。五是投资82万元，敷设24芯光缆76.6公里，完成了光缆环路的优化工作。

网络维护 一是整治600公里的杆路、30余个交接箱，重点完成乡（镇）所在地和主干道的杆路和交接箱的整治工作。二是全面完成了503个行政村庄及城区（个别小区除外）的光网改造任务，全面提升了宽带速率。三是退网接入网点286个，年节约电费114万余元，节约房租23万余元。退网PSTN端口3.01万线，pon+D语音端口1.35万线，dslam端口1.63万线，PON+D数据端口2.64万线。四是程控交换机完成了全面退网。年节省电费10.6万度，腾退交换机房面积130平米，测量设备面积50平方米。五是对综合机房进行了达标整治。拆除下电设备47架，割接大客户电路1000余条，同时还完成了4个乡（镇）机房的整治工作。六是对基站能耗加大了管控。通过核对电表、改直供电、不定期查处偷电行为，节约电费14.6万元。七是向铁塔公司移交基站54个。八是对传输网络进行了优化，提高了79个基站的传输可靠性。

安全生产 2015年，联通清丰分公司严格落实“3411”安全检查制度，每月对各营业厅和机房进行安全生产检查，对发现的问题和隐患及时整改，安全生产上实现了责任事故重伤率零、责任事故死亡率零、重大通信事故零、内部重大案件发案率零的“四零指标”。

服务质量提升 2015年，联通清丰分公司积极开展精神文明创建活动，在思想政治工作上，以提高干部员工的整体素质为目的，加强员工道德教育；在服务工作上，对员工进行规范服务知识和业务技术培训，提高员工的服务意识和服务技能，不断提升服务水平。2015年度被评为“作风建设和反腐倡廉建设工作先进单位”和“防震减灾示范企业”。

（刑佳佳）

电信通信

概况 2015年，电信清丰分公司扎实做好固网通信，固定WLAN专线，无线上网，CDMA移动通信，翼校通应用、天翼管家应用、翼支付、加密通信、天翼对讲、高速光纤宽带、电信电视业务、互联网专线，17961 IP电话等业务，取得良好成效。获得“河南省经营先进单位”“河南省全光营业部”“濮阳市安全生产先进单位”“濮阳市财务管理先进单位”“濮阳市优秀开放渠道建设先进单位”等荣誉称号，通过了“市级文明单位”复审。

完善通信网络 2015年，电信清丰分公司在全县建设自有营业厅1个，专营店65家，合作营业厅20家，开放渠道50家，村级代办200家，形成了网点覆盖齐全、渠道层次分明的网络布局。

提升服务质量 2015年，电信清丰分公司在深化“首问负责制”“新版客户服务协议”“自助服务（网上客服、10001号、5300000）”“免填单服务”“大客户一站服务”等承诺项目的基础上，新推出“一张账单明白消费”“一键接入便捷沟通”“一站服务首问负责”“一点查询自主订退”“一点查询自主订退”“五个一”服务承诺。

关怀企业员工 2015年，电信清丰分公司围绕企业文化建设，组织了“这个新年惠不同渠道认购会”“三八”妇女各种活动比赛及“全员一起读书”等活动。为改善员工就餐环境，加大职工食堂的管理力度，增加卫生检查频次，根据季节不同制定相应的菜谱。在春节和中秋节期间，为员工发放过节礼品，慰问贫困员工。“三八”妇女节期间发放卫生保健用品和组织女职工进行体检。

（杨伟娜）

农　　业

县农业局

党组书记 局长　范　华
党组副书记　吕维谦
副局长　刘平凡　彭世刚
纪检组长　马继广
主任科员　刘志达
副主任科员　单福建　关明恩

县国营农场

支部书记 场长　李社军
支部副书记 常务副场长　石昌龄
场长助理　刘同录　刘建民

县蔬菜研究开发中心办公室

主任　昝　键
副主任　徐瑞花（女）　王利刚

县畜牧局

局长　赵怀欣（县政协副主席）
党组书记 副局长　王占周
副局长　马忠贤
纪检组长　付民生

县农机局

局长　付永发
党组书记　杨怀峰
副局长　靳伟顺　谢庆春
纪检组长　李爱国
主任科员　王艳丽（女）
副主任科员　刘占军　刘彦庄

县农业综合开发办公室

主任　和洪峰（2015年8月离）
　　　李艳峰（2015年8月任）
副主任　郝伟峰　彭广奇
副主任科员　冯晓静（2015年10月任）

县农业技术推广服务中心

主任　董红纯
副主任　陈文军
纪检组长　胡顺增（2015年10月任）

县林业局

局长　曹兆谦
副局长　邓朝军　张再书　齐玉民
纪检组长　王慧敏
主任科员　曹伏虎　曹国权
副主任科员　王金昌　陈现增　何占利

县森林公安局

局长　杨占斌
副主任科员　晁岱宗

县林业技术推广中心

党组书记　曹兆谦
主任　李义强
副主任　崔怀瑞　孙振武

县水利局

局长　王可建
副局长　骆恒泽　梁瑞群　徐保忠
纪检组长　赵继军

县河务局

局长　李根生

种植业

概况 2015年，全县耕地面积88.3万亩，粮食种植总面积115.4万亩，总产58.4万吨，较上年增1.3万吨，增幅2.3%。其中，夏粮73.1万亩，平均亩产510.7公斤，较上年增16.4公斤，总产37.3万吨，较上年增1.2万吨，增幅3.3%；秋粮42.3万亩，总产21.1万吨，较上年增0.1万吨，增幅0.5%（玉米39万亩，平均单产515公斤，总产20.1万吨，较上年增0.1万吨，增幅0.5%）。实现了粮食生产“十二连增”。

落实惠农政策 2015年，全县落实小麦“一喷三防”补助资金300万元，补助面积75.14万亩，补助标准每亩3.99元；落实耕地地力保护补贴资金8510.2万元，核定补贴面积72.3万亩，补贴标准117.74元/亩。惠及全县17个乡（镇）、503个行政村，14.78万农户。

粮油高产创建 2015年，全县建成万亩示范方8个，其中小麦3个、玉米3个、花生2个，涉及高堡、韩村、大屯3个乡，34个行政村，9751户农户，示范面积8.5万亩。示范方内建设核心区8个，小麦3个、玉米3个、花生2个。核心区内实行统一供种、统一病虫害防治、统一配方施肥、统一技术规程、统一技术服务“五统一”管理模式。推广种植周麦22、浚单20、浚单29、洛单248、豫花9326、濮科花5号等小麦、玉米、花生优质品种8个，统防统治面积3.5万亩次；应用测土配方施肥、病虫害综合防治、小麦宽幅播种、小麦氮肥后移、玉米“一增四改”、玉米适时晚收、花生地膜覆盖等高产技术20余项，示范方内小麦平均单产613.8公斤，较全县平均亩产510.7公斤增103.1公斤，增幅20.2%；玉米平均单产725公斤，较全县平均亩产514.2公斤增210.8公斤，增幅41%；花生平均亩单产368公斤，较全县平均亩产增37公斤，增幅12.1%，起到了良好的示范作用。

高标准粮田建设 2015年，全县累计整合发改、水利、农开等部门农田基本建设项目资金8666.8万元，在高堡乡、阳邵乡、瓦屋头镇、六塔乡等乡镇建设高标准粮田7.92万亩，建成万亩方5个，百亩方4个。项目区新打机井429眼，机井配套1027眼，地埋线461.8公里，地埋管568.1公里，新修水泥道路60.6公里等，有效改善了农业生产基本条件，提升了粮食综合生产能力。示范方内小麦、玉米平均亩产分别高出全县平均单产32公斤、98公斤，增幅10%以上。

现代农业 2015年，县农业部门以“一区两带”（阳子线现代农业示范区和G106线、S209线两条现代农业示范带）建设为重点，通过行政推动、政策驱动、资金整合、典型带动等一系列有效措施，促进了现代农业“规模化、标准化、集约化、品牌化”发展。2015年新建提升精品园区8个，全县现代农业稳定在12万亩。其中：万亩示范区3个、千亩示范方17个，百亩以上的示范园62个，200亩以上园区32个，工厂化生产食用菌企业6家。现有日光温室1.9万亩、3300座；塑料大中棚4万亩、1.3万座；小拱棚及其他6.2万亩。现代农业主要种植品种有番茄、黄瓜、笋、茄子、芹菜、韭菜等。

农业产业化 2015年，全县农业产业化龙头企业发展到193家，其中省级重点龙头企业6家，市级重点产业化龙头企业30家，完成销售收入26.9亿元，直接和间接带动农户8.83万余户。培育清丰县伍钰泉面业产业集群发展，清丰县伍钰泉面业产业化集群提升工程财政补助资金支出预算1000万元，建设建筑面积为4939.5平方米配粉仓和1043平方米的研发中心各一座，至年底研发中心主体封顶，配粉仓主体工程竣工。

农村产权交易平台 2015年，县级高标准建设、高规格配备了产权交易大厅，并不断探索完善相关规章制度。阳邵乡、城关镇、韩村乡、大屯乡、固城乡等办公地点及办公设施等硬件建设已筹备完成，并配备了人员，积极做好乡（镇）土地流转工作的备案及服务工作。

土地流转 2015年，全县耕地面积88.3万亩（县国土局二调数据），流转面积33万亩，占耕地面积的37.4%，流转的形式以转包、出租和互换为主。其中转包12万亩，占流转面积的36.4%；互换1.1万亩，占流转面积3.3%；出租19.9万亩，占流转面积的60.3%。

农村土地承包经营权确权登记颁证 按照2015年底前完成47万亩确权颁证的任务，各乡（镇）组织行政村进行农村土地承包经营权的摸底调查工作，县农业部门动员召集小组代表、老党员、老干部和曾参与土地调整的老同志进行座谈，在充分尊重群众意愿的基础上开展确权工作，至年底完成352个村9.6万户的入户调查，调查地块13.3万块、面积65万亩。

服务农业生产 2015年，县农业部门以全国基层农技推广示范县建设为契机，以全省"万名科技人员包万村"活动为载体，积极构建科技创新与生产需求良性互动的服务机制，紧紧围绕粮食生产、设施农业等，组织100名技术员包村联户，累计举办各类技术培训班180期，发放技术明白纸15万份，技术短信8万条次；引进新品种15个，推广新技术13项；推广测土配方施肥80万亩，病虫害综合防治50万亩，统防统治10万亩；培育10个农业示范园、100个示范村、1000个示范户，示范带动2万户，确保了农业增效、农民增收。

农技推广区域站建设 2015年，全县拟建8个基层农技推广区域站（扩建1个，新建7个），7个已竣工，1个在建。

农产品质量安全 2015年，县农业部门累计出动执法车辆320辆车次，执法人员2500余人次，依法加强了对种子、农药、化肥市场的管理，查处种子违法案件9起、涉案种子3520公斤，查处销售无登记证的肥料经销商1家，结案1家，通过农业执法工作，净化了农资市场，确保了农业生产的稳定发展。目前，全县通过认证的绿色食品5个、批准产量11245吨，无公害农产品5个、批准产量40120吨，无公害农产品产地1个、面积13.5万亩。2015年申报绿色食品8个（国家级），其中韩村现代农业园2个（彩色花生、脱毒甘薯），科丰辣椒专业合作社1个（杏孢菇），业丰实业有限公司1个（杏孢菇），恒立佳泰2个（双孢菇、香菇），联合胜佳2个（彩色花生、甘薯）。

一事一议财政奖补 2015年，全县申报一事一议行政村47个，人员6.6万人，项目总投资962万元，申请财政奖补资金894万元，筹资68万元。

（洪　慧）

农场发展

概况 县国营农场占地面积1407.2亩，其中建设用地287亩，占总面积的20.4%，耕地面积1120.2亩，占总面积的79.6%，是一家以农业为主导的国营企业。

农场农业发展 2015年，县农场多措并举，不断促进场区农业发展。一是农业经济指标逐年增长。粮食总产量245万斤。其中，小麦种植面积1000多亩，总产125万斤，产值160余万元；夏玉米种植700多亩，总产120万斤，产值达80余万元。粮食总产值240余万元，同比增长0.2个百分点。多元化种植，增加经济作物种植面积。发展优质辣椒150亩，高产棉80亩，西瓜70亩，总产值70余万元；油桃100亩，产值60余万元。二是积极发展现代农业。投资4.5万元，新打深水井3眼。投资3万元，新埋地下管道1700米，地下电缆2500米，新架设100千伏变压器台区一座。提倡农业机械化生产，提高效率，降低职工劳动强度。

繁荣农场经济　2015年，县农场不断加大投资力度，大搞联合经营，农场经济进一步繁荣。一是投资60余万元，利用新老工艺相结合的办法酿造浓香型纯粮白酒系列，为农场赢得较高的经济效益和社会效益。二是农晟公司与河南地神种业联合经营，生产加工小麦原种300余万斤；投资8万余元，建成种子化验室。

场区绿化

危房改造　一是投资30万元，修建围墙700米，搭建彩钢棚150平方米，安装供热主管道300多米，购置锅炉1个。二是投资40余万元，修建农场广场800平方米，场区内安装路灯15盏，绿化场区种植经济林1800平方米。三是投资30万元，对职工住房铺设瓷质地板砖60户，房屋PVC板吊顶60户，新建职工厨房30户，厕所30户。四是多方筹资140余万元，建设农晟种业公司标准仓库600平方米、生产车间600平方米，增购小麦种子精选机一套及配套设备。

（刘慧广）

蔬菜研发

概况　2015年，全县蔬菜种植面积19.5万亩，塑料大中棚4万亩，日光温室1.85万亩，小拱棚及其他6.15万亩，主要种植品种有番茄、黄瓜、笋、茄子、芹菜、韭菜等。全年新增绿色食品认证3个，正在认证3个。全县拥有绿色食品认证企业4家，绿色食品认证产品6个，有机蔬菜认证1个。

设施农业建设　2015年，全县新建和提升精品园区8个，并投入生产。现代农业稳定在12万亩。其中：万亩示范区3个、千亩示范方17个，百亩以上的示范园62个，200亩以上园区32个，工厂化生产食用菌企业6家。现有日光温室1.9万亩、3300座、塑料大中棚4万亩、1.3万座；小拱棚及其他6.2万亩。

国道106线现代农业示范区　一是新建业丰工厂化生产杏鲍菇三期。项目投资80万元，占地100亩，已建设养菌室、生产车间2万平方米，建设污水管网4000米，厂区道路建设已完成，投入生产。二是扩建泰丰苑高效示范园区。扩建育苗温室10座，建设养鱼塘30亩，安装变压器台区2个。三是新建濮泰丰农业生态有限公司引进北京紫苏生产加工出口项目。占地面积50亩，投资1000万元，新建紫苏钢架大棚27座，生产车间300平方米，办公区200平方米，保鲜库150平方米，年产紫苏21万公斤，产值1000万元。四是新建龙丰金针菇工厂化生产。建成车间2.5万平米，试生产。五是新建辰希缘无土栽培示范园。占地200亩，投资900万元，已开工建设两座文洛式联栋温室，主要生产西红柿等无土栽培蔬菜。六是提升龙都瑞祥生态农业园。高标准提升连栋温室4座，红掌鲜切花种植面积达到2万平方并引进种植有机蔬菜。实施省蔬菜类项目，完成25座双层钢架日光温室建设，种植芦笋；葡萄酒已开始生产；实施节水灌溉项目，投资260万元修筑排水沟及埋设花卉区排水管道，安装滴灌等节水系统；建设12间办公室，8间车间和库房，提升综合服务区。七是恒立佳泰双孢菇工厂化与天津航讯科技集团合作成立濮阳分公司。新扩建物流储藏室2000平方米，改建26座日光温室。

阳子现代农业示范区 一是绿海圆梦鲜食菊花示范园。完成土地流转1030亩，建成日光温室108座，已投产；建大拱棚70座，铺设水泥路1720米。二是阳邵辣椒示范基地。一期占地面积1600亩，投资1000万元，种植辣椒1600亩；计划新建生活区和办公区4000平方米；建设保鲜冷库2座，现已进入濮阳市发改委项目库。

省道209线现代农业示范区 一是新建仙庄有机蔬菜园。占地面积300亩，建成温室8座、大拱棚10座，投产。二是六塔瓦屋头万亩设施农业园。占地面积2600亩，修建水泥生产路900米、棚前道路450米、排水沟900米；完善节水滴灌设备4套；修建园区大门、围墙300米。已创建国家级农业示范园。

农残检测 2015年，县蔬菜办为切实解决食菜安全工作中的突出问题，确保广大人民群众食菜安全，组织检测员对全县辖区无公害蔬菜生产基地及县城区内菜市场、蔬菜超市及流动摊贩销售的蔬菜进行农残检测。共抽检60批次、450个蔬菜样本，主要有芹菜、生菜、油菜、油麦、韭菜、辣椒、茄子、黄瓜、番茄、胡萝卜、土豆、西葫芦等，合格率99.8%。

新品种新技术利用 2015年，县蔬菜办共引进新品种4项，新技术6项。新品种有罗马生菜、香叶、紫苏、食用菊花（京菊1～9号）。罗马生菜、香

技术人员现场指导蔬菜种植

叶种植于柳格卞家泰丰苑，种植面积60亩；紫苏种植于濮泰丰农业生态园；食用菊花种植于西阳邵绿海圆梦，种植面积300亩。新技术是基质栽培技术，应用于仙庄乡西阳町村甜瓜、西红柿，种植面积200亩；紫苏加工生产技术，应用于柳格卞家泰丰苑农业园，加工产品出口日本；营养液栽培技术，应用于辰希缘生态农业园，种植6000平方米；补光、盆栽菜、微喷技术分别在高堡、柳格、双庙应用。

科技宣传 2015年10月31日，县蔬菜办组织全县76位农民技术员和种菜大户到河南农大参加培训班，时间15天。5月18日开展科技活动周宣传一条街活动，6月16日开展食品安全宣传一条街活动。全年共举办技术培训班22期，出动宣传车30车次，技术员80人/次，发放质量安全手册8000余份，同时，积极开展绿色食品、有机食品认证工作。

（于美娟）

畜牧业

概况 2015年，全县肉类总产6.8万吨，较上年同期增长3.6%；蛋类总产7.2万吨，较上年同期增长3.1%；奶类总产1.65万吨，与上年同期持平。县畜牧局承担的农业农村四项重点工

作圆满完成，获市奖励135万元。重点抓好了濮阳市普惠农业开发有限公司等8个养殖场改扩建任务，获市奖补资金135万元；基层畜牧技术推广项目顺利通过省畜牧局组织的绩效考核验收；豫丰黄兔品种资源保护利用项目通过省畜牧局验收。先后被县委县政府评为综合考评先进单位、争取上级资金先进单位和全县作风建设、反腐倡廉建设先进单位。

动物疫病防控　一是做好动物疫病流行病学调查及疫情测报工作，共监测禽流感3200羽份，鸡新城疫3200羽份，口蹄疫4000头份，猪瘟4000头份，免疫抗体监测合格率达到95%以上。二是新聘任村级防疫员12名，共计93名，平均年龄45岁，防疫员队伍得到优化。三是发放禽流感灭活疫苗280万毫升；猪瘟活疫苗90万头份；蓝耳病疫苗40万头份；口蹄疫130万毫升。认真落实春秋两季集中防疫和月月补防相结合制度，全年共防疫生猪55万头次，鸡700万只次，羊16万只次，牛1800头次。防疫密度达到了95%以上，抗体水平达到80%以上。四是对羊小反刍兽疫疫情进行了拉网式排查，共排查养羊户4523个，排查羊9.55万只，其中存栏50只以上养殖户98户，共1.15万只。

畜产品质量监管　2015年，全县产地检疫生猪12.6147万头，牛羊0.0668万头，家禽299.95万只；屠宰检疫生猪6.5017万头，家禽161.68万只。审查规模养殖场动物防疫条件执行情况74场次，养殖环节病死猪无害化处理2594头、屠宰环节无害化处理畜禽4616头（只），不合格产品4.37吨，查处逃避检疫案件7起，全部结案归档。

加强“瘦肉精”排查　结合春秋两季免疫行动，在全县范围内开展2次拉网式排查行动，累计出动排查人员260人次，排查规模养殖场1620户次。监测“瘦肉精”（盐酸克化特罗、莱克多巴胺、沙丁胺醇）6250份，合格率为100%。向各监管对象发放了260份“瘦肉精”典型案例、270余份“瘦肉精”宣传单，签订了135份承诺书，面对面为群众答疑1000余次。有计划、有步骤对兽药经营企业开展了多次专项检查，重点对全县兽药经营门市的违禁药品、生物制品、进销台账、产品批准文号、兽药标签及GMP批准编号、人员与制度落实等情况进行监督检查，全年共出动执法人员100余人次，检查兽药经营门市100家次，立案5起，结案5起。配合市局抽检兽药样品44个，检查饲料生产企业50家次、经营企业和养殖场1600家次。配合省市抽检饲料样品25份进行风险监测，合格率100%。配合农业部、省、市局抽检鸡蛋样品5份，抽检猪肉样品29份、猪肝12份进行风险监测，合格率100%。检查奶牛养殖户105家次，发放宣传资料200份，检查中没有发现违法行为。

（史立鹏）

农业机械管理

概况　2015年，全县大中型拖拉机保有量2625台；大中型联合收割机保有量2011台，其中玉米联合收割机431台，全县农机总动力86.23万千瓦，主要粮食作物耕种收综合机械化水平83%。被评为“全国平安农机示范县”。荣获“全市农机综合管理先进单位”“全县综合考评先进单位”等称号。

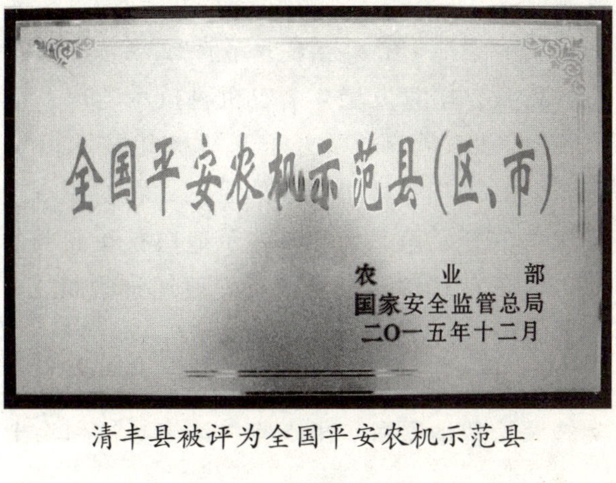

清丰县被评为全国平安农机示范县

农机购置补贴 2015年，各级财政共安排农机购置补贴资金1216万元，共补贴机具1083台（套），受益用户1080户，拉动社会资金投入3600余万元。其中，补贴小麦收割机101台，使用资金377.82万元；玉米收获机109台，使用资金420.81万元；九〇以上拖拉机58台，使用资金188.46万元；秸秆还田机240台，使用资金43.14万元；粮食烘干机1台，使用资金9万元；捡拾压捆机32台，使用资金34.07万元；玉米播种机、深松机、翻转犁、玉米脱粒机等机具共546台（套），使用资金52.342万元。

强化措施和服务保障 2015年"三夏"期间，县农机局组织2200台联合收割机参加全县麦收，机收率突破99%，提前3天完成机收任务。积极创新开展小麦机收－玉米机播"一条龙"作业、订单作业、合同作业、承包作业等服务模式，并通过设立跨区机收服务站、开通农业机械远程管理与服务系统、免费发放跨区作业证、送技术到田间、进行结对帮扶等多种措施，提高农机作业水平，增强综合服务能力。夏收后又组织玉米播种机2060台，玉米机播率达到82%以上。"三秋"期间，组织6万台（套）农机具参加"三秋"生产，并推广了收、还、耕、种"一条龙"压茬推进作业模式，有效加快了农业生产进度。

争取农机建设补助资金10万元 2015年，清丰县争取省基层农机推广体系建设与补助项目资金10万元，续建农机化试验示范基地1个，遴选科技示范户4个、技术指导员12名，依托农机合作社，培育发展4个农机科技示范户，辐射带动3600余户。举办玉米机械化技术培训班5期，培训技术指导员13人，农机手550人次；依托示范基地和科技示范户召开玉米全程机械化现场演示会2次，发放培训教材200本，宣传资料1.2万份。

实施深松整地项目 2015年，清丰县被列为土地深松整地试点。深松作业实施期间，组织3个组6名技术人员深入到田间地头，针对深松技术及流程现场进行技术指导，圆满完成了全县实施深松整地10万亩的目标任务。

农机专业合作社规范发展 2015年，全县农机专业合作社新发展5家，总数达51家，其中国家级示范社1家，省级示范社4家。全年召开农机合作社座谈会6次，积极引导农机专业合作社开展订单作业、土地托管和土地流转等作业服务，提升其服务水平。争取省农机合作社项目扶持资金10万元，扶持发展河山农机合作社，该合作社2015年被360网评为全国卓越农民合作社。

巩固发展农机示范区 2015年，县农机局依托县农机推广站、玉地农民专业合作社，在高堡乡王庄村建设农机化示范基地1个，面积100亩，辐射面积2000亩以上，使用年限15年。示范基地以小麦－玉米一年两熟为基本种植制度，进行了常规耕作与保护性耕作对比试验、玉米不同品种对比试验、玉米不同行距人工点种与机械免耕播种对比试验。通过对比试验展示，推动了农机新技术、新机具的推广，促进了农业生产节支、环保、持续、稳定发展。

农机新技术新机具推广 2015年，县农机局通过补贴政策引导、现场示范演示、宣传培训等措施，强力推广秋粮生产、高效植保、粮食烘干等农机化新技术、新机具。全年共推广植保航空器10架、粮食烘干机1台、秸秆打捆机32台、玉米收获机109台、玉米播种机223台、深松机6台。全县秸秆综合利用面积33.6万亩、玉米机收面积27万亩，玉米机播率82%、机收率69%，均创历史新高。

农机安全监理与科教培训 一是认真落实农机安全生产责任制，组织开展了10次农机安全生产大检查，查处违章行为80起，排查安全隐患30处。严格规范农机登记、检审和驾驶人考核制度，全年共注册登记拖拉机、联合收割机296台，新办拖拉机、联合收割机驾驶证239人，检验拖拉机、联合收割机390台，为安全生产提供了保障。二是按照全国平安农机示范县创建标准，通过制定方案、成立组织、签订农机安全目标责任书、宣传农机安全知识、制作公开版面、开展农机安全检查等多种措施，强化平安有机工作。2015年7月，顺利通过了全国平安农机示范县的考评验收。三是坚持把机手培养成种田能手，把种田能手培养成拖拉机手，全年共培训各类农机人员2000余人次，为安全生产和技术推广提供了人才支撑。

（杜彦杰　徐小星）

农业综合开发

概况　2015年，全县共承担农业综合开发项目4个，分别是：高标准农田建设工程项目1个，农业产业化经营财政补助项目2个，省本级粮食增产科技支撑行动计划项目1个。项目总投资2003.96万元，其中各级财政投资1470万元，农民筹资投劳65.96万元，企业自筹468万元。

高标准农田建设工程项目　水利建设开发治理面积1万亩，项目建设总投资1065.96万元。项目区新建提灌站19座，渠道加高3.5公里，变压器台区5座，敷设地埋线4公里，敷设地埋管道46.67公里，新建重建生产桥14座。项目建成后，可新增有效灌溉面积0.3万亩，改善有效灌溉面积0.7万亩，新增节水灌溉面积1万亩，年节约用水93万立方米，节电12万度。农业建设新建整修田间道路36公里（其中主干道硬化10公里，整修田间生产道路26公里）。项目实施后，小麦每亩可增产40公斤达到450公斤，玉米每亩可增产160公斤达到600公斤，花生每亩可增产60公斤、达到280公斤。新增粮

高标准农田项目区

食生产能力157万公斤，增加农民收入250.45万元，人均增收279元。林业建设项目区内主要道路、沟渠、河流两侧，栽植白蜡树1.52万棵，森林覆盖率提高到12%，农田抗旱和排涝能力大大提高。

农业产业化财政补助项目　一是河南七点半食品有限公司——“濮阳市清丰县2万吨花生植物蛋白饮料加工扩建项目”，总投资593万元，其中财政投资280万元，企业自筹313万元。主要建设内容：建成信息化技术生产线1条，购置烘烤机2台、脱皮机1台、石碳研磨机4台、高速化糖机1台、全自动封罐机1台、卸垛机1台、质均机1台等设备。二是清丰县恒基农业专业合作社——《濮阳市清丰县1000吨树莓种植扩建项目》，总投资281万元，其中财政投资125万元，企业自筹资金155万元。主要建设内容：建设树莓基地500亩及配套基础设施；建设冷库80平方米；引进新品种红树莓哈瑞太兹、秋福、黑树莓萨尼、海洋1号25万株。

粮食增产行动计划　2015年，清丰县实施省本级粮食增产科技支撑行动计划。项目区设在大屯乡，涉及贺庄、南召市、北召市、雷家4个行政村1876户。主要内容为：玉米主推品种为浚单20、洛单248和隆玉602等；小麦主推品种为周麦16等。

（张秀秀）

农业技术推广

概况　2015年，县农技中心开展“百名科技人员包百村带千户”活动，组织农业技术人员深入一线、深入农户、深入田间地头，广泛开展相关技术培训，面对面对农民进行指导，建立了科技人员直接到户、良种良法直接到田、技术要领直接到人的推广机制。全年，共举办培训班1061期次，印发技术资料41.23万余份，举办电视讲座16期，电视广播30次，开设现场会231场，接受群众咨询来电585人次，培训农民28.11万余人次，通过电脑网络、手机短信和微信平台发布推广新技术、新品种信息200余条，有力地促进了农业技术的推广应用。

测土配方施肥　2015年，全县推广应用测土配方施肥面积135万亩。其中，小麦65万亩，玉米35万亩，花生25万亩，辣椒10万亩。推广施用配方肥2.6万吨，为12.07万余农户发放施肥建议卡。对2014年采集的300个土样常规六项和中、微量元素全部测试，共化验2178个项次，完成全年总任务的100%。2015年小麦亩均增产31公斤，亩均增幅6.17%，亩节肥1.05公斤，亩均增产节支62.65元；玉米亩均增产27.8公斤，亩均增幅6.2%，亩节肥3.90公斤，亩均增产节支52.28元；花生亩均增产15.9公斤，亩均增幅7.5%，亩均增产节支89.06元；辣椒亩均增产8.64公斤，亩均增幅3.29%，亩节肥2.15公斤，亩均增产节支54.78元。小麦、玉米、花生、辣椒总增产节支8676.35万元。

耕地保护与质量提升　2015年，县农技中心在全市率先实施耕地保护及质量提升补贴项目，在5个乡（镇）（马庄桥镇、柳格镇、纸房乡、马村乡、高堡乡）设置了10万亩的项目区，每亩国家补贴12元，共计补助120万元，通过政府采购秸秆还田腐熟剂512吨，亩用量5公斤。一是开展技术培训10场次，培训农技人员0.05万人，培训种植大户和科技示范户200人，培训农民13万余人；二是发放耕地保护与质量提升项目知识明白纸和小册子4万余份；三是印制秸秆还田腐熟剂宣传条幅200条，悬挂项目区交通要道、田间地头等显著位置；四是在清丰电视台《走进乡村》栏目举办专题讲座，播放10天；五是制作专题光盘100盘，发放到项目村。

农作物绿色防控　2015年，全县共发生各种病虫害438.34万亩次，防治各类病虫害512.08万亩次。全县统防统治15万亩次，组织现场会3次：5月15日，河南省小麦病虫害专业化统防统治观摩会在高堡乡王庄村小麦示范方举行；6月30日起，在高堡乡、韩村乡高产创建示范区内开展了玉米病虫害统防统治行动，作业防治面积达6000余亩；7月24日，在韩村乡前冯家村召开无人植保机现场演示会，推动了全县统防统治与绿色防控工作。

省统防统治清丰示范区观摩会

农业高产创建　2015年，县农技中心在韩村乡、大屯乡落实2.19万亩花生示范方、2个百亩高产攻关田。大屯乡濮科花5号万亩示范片单产366公斤，增产20公斤，增幅5.46%；高产攻关田平均单产410公斤。韩村乡豫花9326号单产370公斤，增产22公斤，增幅5.95%；高产攻关田平均单产427公斤。项目区较全县一般田块均产 298 公斤，增产 68 公斤，增 22.8%，超额完成了产量目标，顺利通过了河南省经济作物推广站领导和省部级专家验收。通过组织现场观摩、新品种展示，有效辐射带动固城乡、阳邵乡、古城乡等周边乡（镇）应用推广优质高产、高油花生新品种 4 个，种植面积 7 万余亩，增产 154 万公斤，增加社会经济效益 831.6 万元，带动了全县花生大面积增产增收。

农村能源建设　2015 年，县农技中心组织建设大中型沼气工程 2 处，村级沼气服务站 3 处与区域服务站 1 处，各服务站已具备服务周边 200 余户沼气用户能力；在六塔乡、双庙乡高标准建设 2 处“猪—沼—菜”模式的三沼综合利用示范田。

农业市场执法　2015 年，县农技中心在农药集中用药时期和种子集中调运期间，出动执法人员 210 余人次，对全县农资市场进行检查，检查种子企业 6 家，检查种子门店 133 家，检查品种 70 余种，农药门店 162 家，结案处理 2 起。结合县公安局，对全县肥料市场进行拉网式检查，重点对叶面肥、复混肥、生物肥等进行检查，检查肥料生产企业 1 家、门市 65 个，肥料品种 50 个。配合省厅、市局对全县 6 家种子企业和 17 个乡（镇）140 余家种子经营门店多次进行全面检查，共出动执法车辆 200 多车次，执法人员 760 人次，查处违反《种子法》案件 2 起，罚款 3000 元，没收假种子 3000 余斤。5 月，严格按照《小麦种子产地检疫规程》，对全县 8 家种子公司申报的小麦种子繁育基地进行了田间检疫，实施产检面积 1.68 万亩，预计生产合格种子 672 万公斤。

土地经营管理　2015 年，县农技中心加强农村土地流转管理，全县共流转土地面积 33 万亩，其中转包 9 万亩，出租 19.66 万亩，其他形式流转的 4.28 万亩，签订耕地流转合同 5.51 万份。全县已累计注册各类农民专业合作社 580 个，社员总数 11010 人，其中农民 1.03 万人，注册资金 55255 万元，带动农户 4.2 万户。社员平均收入比非社员人均收入高 15%；累计备案合作社 148 家，总数的 35%。

农民技术培训　2015 年，全县完成中专业余班新生 43 人现代农艺技术培训，完成了 2013 级中专函授班 99 名毕业生毕业档案、毕业证办理等，有关资料已上报省农广校。

农产品质量检查　2015 年，全县共抽取蔬菜样品 200 个，样品合格率 100%。对全县获得认证的农产品产地和无公害农产品、绿色食品生产加工企业、农贸农资市场等进行了 2 次专项检查和整治，有效预防了假冒伪劣无公害农产品、绿色食品和冒用、借用“三品”标志违法案件的发生。做好了无公害农产品产地认定和“三品一标”认证工作，新通过认证的绿色食品 1 个，即河南万相农林实业股份有限公司，批准产量 1.35 万吨，新申报绿色产品 1 个，即濮阳市联合胜佳农林发展公司申报的金针菇，待批中。

农业信息化建设　一是充分利用现有的短信息资源，由农业专家组成了专家组，每周向技术员、种养大户、涉农部门等免费提供农业服务信息一条，全年累计发送 15 万条次，农业信息网站收集上传信息 321 篇；二是加强农村信息网络建设。全县 503 个行政村，村村都有农业信息服务站点和信息员，为农业信息工作的推广与应用打下了坚实的基础；三是开通了农业技术推广微信公众平台，适时发布农业技术信息；四是着力于对农产品市场进行监测预警，向市农业信息科报送供求信息 25 篇和小麦、玉米生产与价格趋势的调研报告 2 篇。

（吕玉锋）

林　　业

概况　2015年，县林业局按照“造林就是造景，绿化就是美化”的思路，打造农田林网示范方3个，500亩以上经济林、苗木基地8个，办理林权证2970亩。

清苏路阳邵段绿化

林区建设与管理　一是按照“造林就是造景，绿化就是美化”的思路，高标准打造了大屯乡、仙庄镇、马村乡3个高标准农田林网示范方，打造了韩村乡冯家、高堡乡王庄等十几个绿化示范村。高标准建设了固双线固城段景观绿化工程，建设了双庙乡2000亩葡萄、韩村乡金沙科技、大流乡苏杭园林、阳邵乡绿海圆梦等经济林苗木基地。二是以项目为抓手，吸收社会资金达5亿元，其中市外资金4.5亿元，新建、扩建500亩以上经济林、苗木基地8个，其中万相红梨基地、固城乡万亩生态园已成为濮阳市近郊最大的经济林苗木基地。三是把林木管护作为造林绿化的关键环节，按照属地负责的原则，严格落实林木管护责任制；森林公安局加大巡防力度，严厉打击各种毁林案件，努力达到栽一棵、活一棵、成材一棵。四是强力推进林权制度改革。已完成外业勘界林地5万余亩，办证85宗，其中2015年办理林权证23份2970亩，8500亩林地正在公示，无异议后发证。

（张增军）

林业技术推广

概况　2015年，全县先后引进红M9T-337矮化富士苹果、户太8号葡萄、晚9红蜜桃等名优林木品种3个；推广无公害农药防治林业病虫害新技术1项；完成林业育苗1.09万亩，出圃苗木596万株；有效开展森林病虫害防治18.5万亩次。

快速通道绿化　2015年，县林技中心为有效提升迎宾大道的绿化效果，栽植新黄叶榆、紫薇等林木2万多株，增添了绿化效果。同时，按照迎宾大道管理制度，濮清快速通道西侧按照技术标准补植8000余棵毛白杨，及时进行浇水、修枝、病虫防治、除草、防火等管护，保证了西大门的亮丽景观。

顿丘大道绿化林木防寒施工

林业有害生物防治及检疫　2015年，全县累计防治美国白蛾、杨小舟蛾、杨树溃疡病、杨树黑斑病等各类病虫害12.88万亩次，其中飞机防治第三代美国白蛾6.57万亩。各类林业病虫害成灾率为零；无公害防治率达87.46%，测报准确率达88.4%，种苗产地检疫率达97.8%。

（柳晓艳）

水　利

概况　2015年，全县新打配机井420眼，新增改善有效灌溉面积2.2万亩，新增改善旱涝保收田面积1.25万亩，新增改善节水灌溉面积1.75万亩。

农田水利建设　2015年，全县围绕第六批小农水重点县项目，于上年投资2912.4万元，涉及六塔乡19个行政村，新打机井158眼，维修机井131眼，配套机井408眼，地埋输水管道228.48公里，变压器台区33台套，地埋低压电线175.44公里，发展低压管灌高效节水面积2.85万亩，于2015年6月全面竣工。2015年小农水重点县项目总投资2914.44万元。在瓦屋头镇新打机井153眼，维修机井132眼，配套机井419眼，地埋输水管道234.64公里，变压器台区30台套，地埋低压电线175.98公里，修筑生产路4.1公里，农田林网建设0.67万亩。于12月中旬全部完工。

水利工程建设　一是固城沟诚睦路至四合楼村南段综合治理项目。总投资350万元，治理长度700米，治理内容为：河道土方开挖、护坡、栏杆安装及增设人行步道。12月25日全部完工。二是清丰县水价综合改革示范项目。总投资1600万元，项目区位于大流乡，涉及24个行政村。清淤引水渠4100米，清淤土方2.6391万立方米，建设固定泵站10座，移动泵站9座，倒虹吸108座，闸门125个，量水堰16个，泄水涵21个，农用桥6座，机电设备30套，地埋各类管道14.7万米，于7月初全面完工。三是清丰县金沙窝节水灌溉示范工程项目。总投资100万元，购置安装水泵、砂石离心过滤器、过滤装置、水肥一体化设备、变频柜各5套；埋设￠110PVC管1798米、￠90PVC管1236米、￠75PVC管4596米、￠63PVC管4596米，布设PE￠16滴灌管13.9万米、￠40微喷带2.9万米；安装PVCф75、ф32出水口装置500套；安装PVCф90、PVCф63、PVCф75滴灌支管首部各26、2、28套，安装管件5套；建设闸阀井、出水井各28.5眼等。2015年7月16日正式动工，8月15日全部竣工。四是南小堤、渠村灌区配套改造项目。南小堤灌区配套改造项目。总投资1256.42万元，主要治理内容为：在纸房乡、马村乡、仙庄镇、巩营乡、瓦屋头镇及六塔乡境内，渠道整修及清淤21.175公里，土方19.37万立方米，重（新）建水闸3座；重建桥梁24座，完成总工程量的85%。渠村灌区配套改造项目。总投资613.22万元，主要治理内容为：在阳邵乡、马庄桥镇、柳格镇及高堡乡境内，渠道整修及清淤11.5公里，土方21.34万立方米，重建桥梁9座，完成总工程量的90%。五是引黄入冀补淀工程。清丰县共涉及固城乡、韩村乡、大屯乡、阳邵乡4个乡28个村庄，永久占地1765亩，临时占地858亩，拆迁房屋2620平方米，树木10.5万株，机井13眼，坟墓446家，副业、单位9家。建设内容：衬砌渠道12.2公里，修建巡堤道路23公里，建设倒虹吸1座、节制闸2座、桥梁27座、分水口门13座。苏堤倒虹吸、清障工作完成，第一笔附属物赔偿款已赔偿到户，卫河倒虹吸正在施工。六是马颊河综合提升项目。配合完成建筑物拆迁、景观桥桥面铺装、桥东西引路铺设、苗木种植、草坪种植、景观小品及配套设施等工作。七是小型水利设施

引黄入冀工程倒虹吸施工

产权改革工作。根据水利部、财政部关于印发《关于深化小型水利工程管理体制改革的指导意见》（水建管〔2013〕169号）和河南省水利厅、河南省财政厅《关于印发〈河南省深化小型水利工程管理体制改革的实施方案〉的通知》（豫水管〔2014〕56号）要求，10月底前完成了实施方案制定报批，11月底前指导完成全县每个村成立用水户协会，12月底前完成人员培训。

水政水资源宣传 2015年，县水利局在“世界水日、中国水周”活动中，以“节约保护水资源，大力建设生态文明”为主题，集中时间集中力量开展形式多样、声势浩大的水法宣传活动。通过大力宣传水法，大大增强了广大人民群众的水法律意识，提高了广大人民群众遵守水法规维护水法规的自觉性，创造良好水资源管理新环境。

防汛抗旱 2015年，县水利局把防汛抗旱工作视为重中之重，全力投入，成效明显。3条濮清南引黄河水0.4亿立方米，启动机电井1.4万余眼，泵站2300处，投入各类抗旱设备1.7万台套，累计浇麦105万亩次，确保了夏秋粮食的丰收。积极做好入夏以来的防汛准备工作，完成水毁工程修复60余处，确保了安全度讯。

（韩　静）

卫河水务

概况 2015年，县河务局为确保卫河清丰段安全度汛，植树4150株，整修界埂、护堤地土方3200余立方米，依法查处沿河窑场取土事件2起，确保了卫河安全。

防汛工作 2015年，县河务局对所辖河道、堤防及穿堤涵（闸）管进行检查，编制《2015年汛前检查报告》及《清丰局卫河防洪预案》，督促落实了地方行政首长防汛责任制及卫河堤防责任段的防守职责与任务，落实了抢险队伍、企事业划料及群众号料工作，落实滩地、河槽内的树障清除责任及滩上漫水（生产）桥的防汛责任，实现了安全度汛。

工程建设与维护 2015年，县河务局抓住春季绿化时机，植树4150余株，成活率86%；雨后适时督促堤防工程的整修维护；进行堤防杂草、秸秆的清理，定期对控导工程进行维护和界埂、护堤地的整修，共计动土方1200余立方米，顺利通过上级的检查验收。严格进行了硝河闸上专项工程的建设，恢复堤顶宽度至8米，达到路边界线清晰，堤坡平顺，共计动土方3200余立方米，验收合格。

水政水资源管理 2015年，县河务局在“世界水日”及“中国水周”期间，组织人员、车辆参加卫河局的“节约水资源、保障水安全”的宣传活动；加强水政巡查，对水行政案件做到及时发现及时处理；对于堤顶打场、晒粮、乱堆乱放柴垛、占压堤防及护堤地等违法现象制止和纠正，依法查处沿河窑场在滩地取土事件2起。

（韩彦美）

工　业

县工业和信息化局

党组书记、局长　刘建伟（2015年7月离）
副局长　吴志杰　吕兴伟

县工业和信息化委员会

党组书记、主任　李国增（2015年7月任）
副局长　吴志杰　吕兴伟
党组成员、主任科员　孙平周
副主任科员　邵素华（女）

县供电公司

总经理　张广平（2015年6月离）
　　　　李　磊（2015年6月任）
党委书记　马进仓
副总经理　于向军　黄惠莉（女）
　　　　潘海勇　王亚胜
纪委书记、工会主席　张芳周
总会计师　郭　盛

县集体工业联社

理事会主任　王运昌
工会主席　吕仕杰

县农机修理制造厂

厂长　许占川
副厂长　高宝书　乔志现
　　　　任志武

工业和信息化

概况　2015年，全县工业企业达到1392家，规模以上148家。全县工业增加值145.5亿元，同比增长23.6%。实现销售收入524亿元，同比增长21.2%；实现利润67.5亿元，同比增长19.6%；实现税金15亿元，同比增19.7%。20个市控重点工业项目，完成投资42.1亿元，占年计划的120%。

工业运行监测分析　2015年，县工信委加强对食品、家具、环保科技及装备重点行业、重点企业运行情况的监测分析，完善企业运行信息月报制度。6家企业进入省运行监测直报，5家企业市直报。强化对产业集聚区重点企业调研，及时发现、解决运行中苗头性、倾向性问题。与乡（镇）及时沟通，筛选运行质量好、发展潜力大的高成长型企业，作为入库推荐后备企业。

推动工业项目建设　2015年，县工信委通过现场调研、责任推进、台账管理、月度分析等工作机制，强力推进20个市控重点工业项目建设，确保完成全年建设计划；认真开展工业项目谋划工作。谋划5个技术含量高、辐射带动力强的工业项目，增强经济发展后劲，被县发改委采纳2个。

举办濮阳家博会　2015年5月1～3日，清丰县围绕推介“中国中部家具之都·清丰”，在濮阳水秀大剧院广场举办“清丰家具·温馨家庭”濮阳家博会，分为家具建材区、精品楼盘区、精品汽车区、特色美食区共4个展区，共计40个展位，范围涵盖家用电器、家居饰品、房产、食品等家居产业链，成交额1300多万元。10月1～3日，中国中部家具之都·清丰2015秋季家博会在县产业集聚区举办，20多家家具企业参展，建材、厨卫、家电、酒水等10多家企业参加。

丰富企业服务内涵　一是组织全县企业加入市应急协会、信息化协会、工业节能与清洁生产协会、服装协会等组织。二是利用鹤壁食品博览会、烟台东亚食品博览会、2015濮阳家博会等平台，组织企业开展产销对接，帮助企业拓宽销售市场。三是组织全县5家企业参加濮阳市工信局联合盛景网联咨询培训集团公司举办的培训会，提高企业家队伍整体素质。四是组织40多家企业参加濮上岛电商培训会，推动了企业和电商平台的对接，全县有5家企业建立了网上销售平台。五是组织天口、龙乡红、金玉油脂3家企业参加中国上海食品博览会，13家企业产品参展。

申报装备制造资金　2015年，县工信委推荐4家企业申报2014年度河南省先进制造业专项引导资金项目；推荐龙丰实业、平原食品科学研究有限公司申报2015年国家专项建设基金项目；推荐七点半食品、天口食品申报2015年度河南省先进制造业专项引导资金项目。

帮助企业融资　2015年，县工信委协助天口食品、腾飞机械、天水制衣等6家企业申报过桥资金；协助龙丰实业、中琦管具、大汉食品等5家企业申报助保金贷款；县中小企业担保公司为企业提供担保贷款1.3亿元。

（李跃东）

电力工业

概况　2015年，县供电公司以安全稳定、电网建设及为民服务为重点，深入开展党的群众路线教育实践活动，强力推进企业管理提升工程，夯实发展基础，圆满完成了年度目标任务。全年完成售电量6.11亿千瓦时，同比增长5.71%，完成年度考核指标的100.17%；综合线损率7.09%，比年度考核指标低0.04个百分点；市场占有率100%，应收电费全额回收。先后荣获“省级文明单位”“省公司双文明单位”“河南省电力公司一流县级供电企业”“全国模范职工小家”“濮阳市‘五好’基层党组织”“濮阳市‘五一’劳动奖状”“濮阳市平安创建先进单位”“清丰县综合考评先进单位”“清丰县党风廉政建设责任制先进单位”“清丰县‘五好’基层党组织”等多项荣誉称号。

电网安全运行　2015年，县供电区拥有220千伏变电站2座，主变4台，容量600兆伏安，220千伏线路长度43.53公里；拥有110千伏变电站4座，主变7台，容量266兆伏安，110千伏线路长度66.84公里；拥有35千伏变电站有9座，主变18台，容量133.8兆伏安，35千伏线路长度162.182公里；拥有10千伏配电线路有89条，长度1974.56公里，拥有10千伏配变5550台，容量674.36兆伏安。其中10千伏公用配变3861台，容量411.47兆伏安；10千伏用户配变1689台，主变容量262.89兆伏安，担负着全县23万余户居民生活和工农业生产供电任务。至12月31日，县供电公司实现连续安全生产9345天。全年未发生重大及以上电网和设备事故，未发生有管理责任的35千伏及以上变电站全站停电事故，未发生电气误操作、火灾和交通事故，保证了安全稳定的生产局面。

电网建设　2015年，县供电公司以城乡发展规划和上级电网规划为基础，编制完成清丰县“十三五”电网规划。高标准通过2014年农网改造升级及配网工程验收，35千伏古城变增容改造工程获“省公司输变电优质工程”；积极争

古城35千伏变电站增容改造工程

取电网建设资金，年度获批资金达1.18亿元，创历史新高；做好属地配合，积极推动220千伏清丰东、110千伏仙庄站和孟德站工程建设，高效开展变电站建设征地及施工协调工作。加快地县调控一体化建设，推进县调业务集约融合，完成调度数据专网建设、D5000安装调试及纸六线、齐六线光缆线路架设，为“大运行”体系建设奠定坚实基础。

电业安全生产　2015年，县供电公司严格落实各级安全生产责任，结合安全性评价工作，深入开展春检秋查、安全大检查、电力线路通道清障等7项安全隐患排查活动。坚持问题导向和闭环管理，排查整治隐患512处，拆除违章建筑8处，移栽、砍伐树木3000余棵，张贴警示宣传员2000余张，签订供用电安全隐患整改承诺书2698份。定期进行输变电设备预防性试验和集中检修，常态开展特殊时期及重要时段设备红外测温，年度技改大修完成率100%。创新开展基层安全员月度绩效考核及“帮扶”活动，通过业绩、能力、态度等定性定量评价，持续提升基层安全责任意识和业务技能。强化应急保障体系建设，完成应急预案处置卡修编16项、现场应急处置卡修编42项，积极开展无脚本应急演练，圆满完成中高考、庆祝“反法西斯胜利70周年”等重要时段、重大活动安全保供电任务。

供电企业管理　2015年，县供电公司稳步推进“三集五大”体系建设，先后完成公司更名、机构调整、职责规范等工作，主动做好管理模式、管理流程、管理制度对接，促进专业间、层级间相互协调。深入推进“两全管控”，加强综合计划和财务预算统筹，结合财务管控推广应用工作，进一步增强财务管控能力。充分运用ERP、WM系统，严格废旧物资管理，清理鉴定工程拆除物资61项，完成物资平衡利库148.8万元。坚持依法从严治企，结合省公司经营管理专项审计，整改销号问题48项，整改率100%。连续两年被市政法委授予“法制宣传教育和依法治市工作先进单位”。

供电服务　2015年，县供电公司扎实开展供电所流动红旗竞赛和同业对标活动，率先在县公司层面将“离柜缴费率”“户均结算后电费余额”等指标纳入评价体系。积极推行供电服务网格化管理，月度最高15个供电所无业务咨询等其他五项业务工单。主动破解未改造农排台区突出问题，投资190余万元，完成阳邵、大流、双庙乡202座台区“一井一表、一户一卡”改造，涉及机井1545眼，进一步规避了安全用电、电费电价和供电服务等方面的管理风险。全力做好“营、配、调”一体化贯通工作，整改营销MIS数据20.48万条，补录PMS2.0配变台账2450余条，站线变一致率居全市农电系统前列；合理利用自筹资金100.8万元，安装智能电表8041块，安装专公变终端1800只，电采抄通率达99.91%。组织开展全县高低压营业普查，为公司挽回经济损失15万余元；强化为民服务，开通支付宝和95598网站自助缴费服务，新增邮政代收网点255个，全面实现“一村一网点”工作目标；加强住宅小区用电管理，制定接收小区电力资产管理程序，完成凯富家苑等4个小区电力接管工作。充分利用内外监督机制，常态开展明察暗访，认真落实省公司“十必须”“十禁止”要求，县供电公司代表市农电系统迎接省电监办检查，获一致好评。

电业队伍建设 2015年，县供电公司深入推进全员绩效管理。建立健全绩效管理体系和流程，持续推动职责落实和全员绩效提升，构建“四级”绩效考核指标体系，形成公司级指标207条、部门级指标1011条；深化教育培训。扎实开展培训需求调研，合理制订培训计划，继续强化岗位练兵、技术比武等劳动竞赛活动，调控班获市公司电网调控运行专业技能竞赛团体第三名，1名职工被评为地市公司级优秀专家人才，27人获取后续学历证书。深化班组创建。成功创建“六型一化”标杆班组2个，国网公司达标班组9个，达标率累计100%，城区配抢中心荣获省公司“工人先锋号”。鼓励“五小”创新。公司获发明专利授权4项，QC成果“三防电缆盘的研制”获省公司二等奖、班组创新竞赛最佳应用成果奖；“35千伏仙庄变电站主变智能风扇降温系统的研制”获省质协三等奖。

党建政工工作 2015年，县供电公司严格落实专题教育要求，紧扣“三严三实”主题，领导干部带头上党课，精心组织专题研讨4次、深入开展谈心谈话73人次、发放征求意见表150余份；积极开展“争做最美国网人”活动，评选“企业之星”10期，举办道德讲堂9期，参与职工500余人次，树典型、立标杆、正导向，县公司党委被市公司授予“先进基层党委”荣誉称号。持续深化“一团一品”特色团建工程，县公司团委被省公司授予“五四”红旗团委荣誉称号。以新闻讲成效，以宣传树形象，媒体发稿量持续位居全市农电系统前列。大力践行“四个关爱”，慰问救助困难职工18人，积极改善站（所）工作、生活条件，走访慰问生产一线，不断解决职工关心的热点、难点问题，公司工会先后获“县基层工会规范化建设先进单位”“市先进女职工委员会”荣誉称号。

（郝　鑫　聂洪雷）

集体工业

概况 2015年，县联社系统共有1100多名职工，其中离、退休职工600多名，下岗职工500多名。

构建稳定和谐单位 2015年，县联社为确保职工利益，加强与民政 、劳动、工会等有关职能部门的联系，让系统内职工尽量享受到有关的优惠政策。一是为149名困难职工办理了享受低保待遇，领取低保金15.99万元；二是为保障城镇职工的基本医疗需求，解决困难职工群体看病就医问题，积极为300多名退休职工和240多名城镇职工办理了医疗保险，为6名参加职工医疗保险的慢性病患者办理了医疗补助；三是加强与工会联系，为1名下岗职工学生申请了金秋助学金；四是帮助再就业或创业职工申领小额贷款；五是为8名60岁以上独生子女年老职工办理了奖励帮扶。

企业转型改制 2015年，县联社系统总负债1943万元。其中，欠发工资283万元，欠缴职工养老保险金893万元，欠职工集资款及风险抵押金205万元，欠银行378万元，欠财政5万元，欠联社投入资金139万元。95%的职工下岗，企业无力承担职工养老保险金。为减轻对政府的压力，决定对所属企业进行有效的改制，实施一厂一策，加大改制力度。清丰县印刷有限责任公司负债总额239.91万元，资产负债率达151.7%，已严重资不抵债；清丰县轻工物资供销总公司资产总额114.86万元，负债总额667.23万元。至年底，两家企业已进行破产立案。破产前第一次审计完毕，已召开第一次债权人会议，现正在进行第二次财务审计。

（纪国恩）

农机修造

概况 2015年，县农机修造厂全年实现产值680万元，完成销售产值615万元。实现入库税金9.5万元。培训输送农村劳动力500人次。

企业管理 2015年，县农机修造厂多措并举，不断加强企业管理。一是根据各车间实际情况，制定相关的内部考核条例，在工作中做到有章可循，从而保证了车间各项工作的顺利开展。二是每月组织一至两次班组会议，及时宣传企业文化、经营计划、企业发展前景，使员工对企业有充分的了解，从而提高工作积极性。三是根据培训计划，重点抓每周一题的培训与测试，并利用实际案例对员工进行教育，使员工综合素质得到不断提高。四是发挥班组长的骨干带头作用。每月召开班组长会议，及时处理车间中出现的一些问题，统一思想、统一认识；要求班组长不断加强学习，提高自身业务素质，真正做到“四懂三会”，真正发挥骨干带头作用。五是加强党工建设，发挥主力军作用。以加强党支部自身建设为重点，在加强思想建设、组织建设、作风建设、制度建设的同时，着重以职业道德教育为切入点，抓好党工两支队伍建设，充分发挥了党员带头作用。

降本增效 2015年，县农机修造厂把开源节流、增收节支作为一项重要工作来抓。通过强化管理，倡导全体员工树立“节能降耗，人人有责”的意识。根据成本倒算法，做好成本控制。在采购原材料时，及时进行市场调查询价，确定最低价并下发定价表，库管严格对采购材料详细检验、核对型号材质后方入库，杜绝了不正规材料的流入；做好节能降耗，节约每一滴水、每一度电、每一张纸，对长流水、长明灯现象坚决抵制，做好“三关一灭”的长效工作；开展“金点子”活动，从管理人员到员工对生产进行科学管理，所有原材料做到物尽其用，大大减少了浪费。同时，车间职工自筹资金修缮车间房屋2座（2014年2座，共4座），保证了安全生产。

（任志武）

商业贸易

县商务局

局　　长　徐拥军

副 局 长　杜自谦

　　　　　刘学鹏（2015年10月离）

　　　　　冯献忠（2015年10月任）

　　　　　郭鸿均（2015年10月任）

纪检组长　冯献忠（2015年10月离）

　　　　　田耀廷（2015年10月任）

主任科员　刘学鹏（2015年10月任）

副主任科员　郭鸿均（2015年10月离）

稽查大队队长　王俊江（2015年10月任）

县招商服务局

局　　长　纪泉水

党组书记　黄兆锋

副 局 长　韩力鹏

纪检组长　李占乐

工会主席　梁　松（女，蒙古族）

县商业贸易总公司

总 经 理
党委副书记　史建兵

党委书记　李志杰

工会主席　郝守勇（2015年12月离）

县物资局

副 局 长　高献军（主持工作）

县粮食局

党委书记
局　　长　王洪军

副 局 长　侯庆英　张一兵

纪委书记　刘恩泽

主任科员　郝守信　佀洪献

　　　　　李雷法

副主任科员　杨怀省

县供销社

党组书记
理事会主任　高光雷（离）　曹保玉（任）

监事会主任　赵文东

理事会副主任　赵云明

　　　　　高国显（2015年10月任）

纪检组长　曹东升（2015年10月离）

县盐业局

局　　长
支部书记　赵先玲（女）

副 局 长　郭德刚

局长助理　马志广　康存生

县烟草专卖局（分公司）

党组书记
局　　长　岳　芳（2015年6月任）
经　　理

党组副书记
副 局 长　赵晓丽（女，2015年5月离）
副 经 理

副 局 长　徐献方

副 经 理　张　勇（2015年5月离）

纪检组长　张　霞（2015年6月任）

濮阳石油分公司清丰片区

经　　理　田世涛

书　　记　徐献忠

商　　务

概况　2015年，县商务局围绕突出“三个着力”和“三个确保”的目标，主动加压、攻坚克难，超额完成年度工作目标。全年外贸进出口总额完成3991万美元，同比增长1.4%；社会消费品零售总额67.7亿元，同比增长13%。被省商务厅评为“市场监管标准化建设重点推进单位”“河南省发展散装水泥工作先进单位”；被市商务局评为“商务工作先进单位”；被濮阳市打击传销工作联席会议办公室评为“全市打击传销工作先进集体”。

重点项目 一是金玉油脂项目。与县国土、住建等部门协调，帮助该企业先后办理了土地他项权利证书、工程规划许可证等相关手续，成立了工会组织；在“市级园林单位”的基础上，继续抓好了院内绿化，新增绿化面积1500余平方米，成功争创省级“园林企业”；协助企业申报了“濮阳市农业产业化龙头企业”。二是启明路东段（幸福大道至和义路）项目。安排专人对其实行保姆式服务，整个项目提前完工。三是电商产业园项目。电商产业园“云书网”平台于2015年10月8日开启运营，上线地方特色产品2800余种；“百米生活”“九州科技”和“乐村淘”电商平台已入驻清丰县电商产业园并开始运营。

商务招商 一是组织招商小分队多次赴北京、上海等地招商，先后与20余家企业对接洽谈。二是与可歌饮料项目对接取得积极成果。三是积极谋划，建立县商务局项目库，实现持续招商。

外贸工作 一是深入未办理对外贸易经营者备案登记的企业进行宣传引导，先后为“濮阳市金太阳实业有限公司”和“河南惠服鑫丰服饰有限公司”两家企业办理了备案登记。二是先后组织“桃园建民”“哈藤实业”等企业参加了第九届中国（河南）国际投资贸易洽谈会、中国·东盟博览会和中国·阿拉伯国家博览会。三是组织“天盛化工”等5家企业参加在中国银行濮阳分行举办的“跨境人民币业务宣讲暨产品推介会”。四是组织申报符合“外经贸发展支持资金项目”条件的6家企业19个项目，共申请支持资金65万余元。五是组织清丰县进出口企业及有出口潜力企业15家，参加在濮阳市举办的跨境电子商务进出口贸易业务培训。

内贸工作 一是积极引导企业开展“我们的节日”促销活动，扩内需、促消费、保增长。二是加快清丰县建设电子商务产业园基础工作步伐，推进全县电子商务发展，通过省商务厅认证电商企业24家，排名居全市第一；“清丰县首届互联网大会”顺利召开。三是积极推动清丰县特色商业区建设。制定了《清丰县关于加快特色商业区建设实施方案》等有关文件。赴三门峡、陕县、渑池县等地考察学习特色商业区建设先进经验，高起点、高标准谋划推进清丰县特色商业区建设。亿洲乐活城市广场一期已投入运营，现入驻商场超市、品牌商品展示、餐饮休闲、儿童游乐园及健身会所等600余家。2015年，通过调查、申报，清丰县特色商业区规模企业入库4家。四是做好了商贸服务业三年发展规划工作。

商务执法 2015年，县商务局共设立咨询台6处，出动执法人员180余人次，印发宣传资料

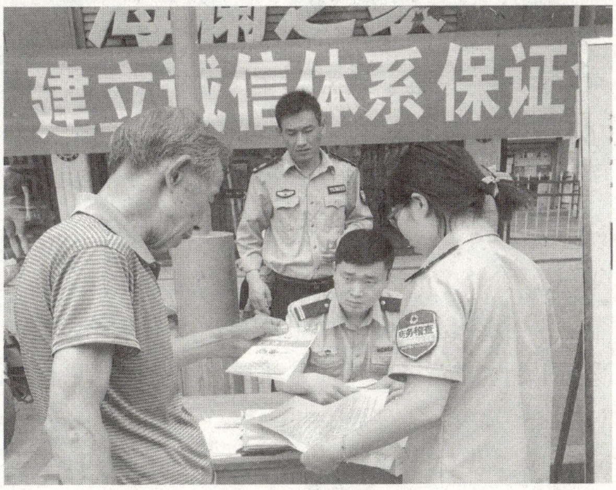

食品安全宣传

2000余份，展示展板15块，悬挂横幅6条。在执法工作上做到了依法行政、执法为民，常稽查、严监管、出重拳、勇亮剑，有效净化了市场。对全县500余家酒类经营户进行了检查，酒类备案率达到98%以上，随附单使用率达到96%以上，进一步净化了酒类市场；加强成品油市场监管，对全县50多家加油站（点）经营情况进行了检查，保障了成品油市场安定有序；加强散装水泥推广与使用监管，全县新增散装水泥网点32个，清丰县散装水泥推广工作受到省商务厅表彰。

（李红波）

招商引资

概况 2015年，清丰县深入实施“开放带动”战略，出台开放招商工作推进方案，严格遵循“四个一”推进机制和“二分之一”工作法，落实项目开工奖、投产奖和税收分成制度及项目评审、会审、核查制度，紧紧围绕家居、食品、环保装备三大主导产业，突出项目引进和落地开工，突出招引重大项目和工业项目，招商引资取得新突破。亿元以上项目85个，新签约合同额278.4亿元。

招商引资活动 2015年，县招商局赴上海、北京、郑州、武汉、日照、青岛、天津、太原、苏州、杭州等地开展招商活动80余次，接待北京、广东、江苏、上海、吉林、山东等外来客商考察160批次。顺利筹备参与了首届中国（濮阳）家居建材博览会、中国中部家具之都专家组考评会等重大会议、活动。至年底，全县新开工亿元以上项目76个（投资1亿～5亿元的项目59个、投资5亿～10亿元的项目12个、投资10亿元以上的项目5个）。其中，2014年签约项目6个。新签约外资项目2个；合同利用外资9360万美元。实际利用省外资金55.33亿元，实际利用境外资金7376万美元。

部分招商项目 一是优迪家私项目。项目位于清丰县产业集聚区，总投资5.1亿元，主要建设生产厂房（双层）、库房、办公及其他配套辅助用房，新上欧式系列沙发、真皮系列沙发、软床系列生产线。二是国际医疗中心项目。项目位于马庄桥镇，总投资13亿元，项目总建筑面积50万平方米，包括三甲综合医院、老年颐养中心、高端康复中心、健康管理中心、老年大学等。三是小火车站旧址商业综合体项目。项目位于县城文化路，总投资5.5亿元，规划修缮和建设具有当时特有风格和特色的建筑，极力打造居民抒情怀旧的精神家园，游览休憩的空间。四是新天地商业广场项目。项目位于县城朝阳路，总投资10亿元，建设综合性购物广场、商务酒店及配套措施。五是北京天润清风电场项目。项目位于清丰县5个乡（镇），总投资15亿元，主要建设一座110千伏升压站，配套工程50台风电机组基础、50台箱变基础、场内输变电线路等。六是全友家私展厅及实木家具生产项目。项目位于清丰县产业集聚区，总投资5.1亿，主要建设展厅、厂房、办公楼和配套设施，新上实木生产线3条。七是华硕食品园项目。项目位于县产业集聚区，总投资2.1亿元，主要建设车间、机修车间、仓库、鲜活冷链库及办公楼等设施，建筑面积2.04万平方米，新上生产线8条。八是康达速冻食品项目。项目位于县产业集聚区，总投资3亿元，主要建设生产厂房、库房、办公及其他配套辅助用房，主要生产速冻系列食品。

（武祥濮）

商贸工作

概况 2015年，县商贸总公司扎实开展“严守纪律，严明规矩”“党员干部作风突出问题”专项治理和“三严三实”等专题教育系列活动，加强学习，广泛听取群众意见，认真查摆问题，开展批评与自我批评，立行立改，建章立制，转变了作风，促进了工作开展。全系统共建立“党员责任区”6个，“党员示范岗”10个，做到了困难面前有党员、重点岗位有党员、攻难克艰有党员，先进性更加凸现，树立了良好的形象。全年购进完成7150万元，商品总销售完成7420万元，入库税金完成28万元，安全生产零事故，2015年度被评为全县信访稳定先进单位、平安建设先进单位。

企业管理 2015年，县商贸总公司制订和完善各项规章制度，并收到良好成效。在人事管理上，完善了干部职工绩效考核办法；在财务管理上，集中收付制度进一步完善；在资产管理上，坚持租赁合同备案制。

扶贫救助 2015年，县商贸总公司尽心竭力为下岗困难职工办好事、办实事，使符合条件的困难职工应保尽保，540人享受低保待遇，为15户困难职工办理享受廉租房待遇，对符合退休年龄的20名企业职工办理了退休手续。同时，建立贫困职工档案，使其切实感受到组织的关怀和温暖。

服务中心工作 2015年，县商贸总公司在新天地广场项目中，率先拆除工业品市场，带动了其他建筑物拆除。清华苑二期工程项目建设，3个单位人员分流安置、破产前期准备工作已做好，并对资产、人员进行了核实，补偿金、养老金进行了预算，为项目顺利建设提供了良好的社会环境。

安全生产 2015年，县商贸总公司坚持把安全稳定放在各项工作的首位，多次召开会议研究部署，定期不定期进行安全自查和“不稳定”大排查。对系统内企业进行了5次安全大检查，全年共查出安全隐患40处，下发整改通知书2份，对120余个灭火器进行维修、换药，防患于未然。针对偷盗案件频发现象，百货市场、烟糖酒公司、百货大楼等，先后安装了摄像头，加强了监管。坚持“稳定是硬任务”的思想，重视和加强信访工作，做到早谋划早准备，把工作安排在前面，把问题解决在萌芽状态，通过积极协调和深入细致的工作，全系统无一例越级上访案件。

（孟德江）

物资供应

概况 2015年，县物资局计划购进4100万元，实际完成4220万元，占年计划的102.9%；计划销售4250万元，完成4410万元，占年计划的103.8%；计划上缴税金20万元，实际上缴税金21万元，占年计划的105%；利润实现持平。全年共购进成品钢材4200吨，销售4180吨；收购废旧钢材7200吨，销售7000吨；购进木材2800立方米，销售2420立方米。

服务重点项目建设 县物资局下属单位清丰县燃料公司于2013年破产。该宗地为县重点项目建设用地，县物资局一方面积极协调各项目涉及单位开展工作，推进项目建设；另一方面主动做好燃料公司下岗职工稳定工作，确保了项目按时间节点顺利推进。

组织建设 2015年，县物资局为切实加强服务型和学习型基层党组织建设，进一步密切新形势下党和人民群众的血肉联系，探索建立党员长期受教育、群众得实惠的长效机制，组建了党员志愿者服务队1个，共有5名党员参加，利用每周六开展护绿保洁服务。配合国家级卫生县城创建承包了煤建公司家属院和物资局家属楼两个居民小区的卫生，砌毒饵洞16个，制作健康教育宣传栏2个，小区面貌焕然一新。

服务职工 一是多方协调有关部门，为18名职工解决了住房公积金问题。二是为4名特困职工申请了救助资金，共计1960元；为3名下岗特困职工申请了工会救济资金合计3000元，为1名职工申请了大病救助3000元；为3名特困党员发放救助金合计900元。三是为单位10名职工申请并办理了离退休手续。四是搞好破产企业失业职工专业培训，共有60余人参加了培训。五是及时为破产企业下岗失业人员办理了领取失业金事宜，每人每月1040元，保障了失业人员的基本生活。

（卢丽娟）

粮　食

概况　2015年，县粮食局不断提升主食产业化工程，加大粮食流通监管力度，对粮办工业实行破产改制，粮食安全工程顺利完成，安全生产等工作圆满完成目标任务。在国家级粮食流通监督检查示范单位的基础上，被省粮食局明确为全省服务型行政执法建设示范点（全省10家），全省粮食流通统计工作先进单位，连续5年被市粮食局评为完成责任目标管理优秀单位，连续3年被县委、县政府评为综合考评先进县直单位，被县政府评为争取上级资金先进单位、县级文明单位。

清丰县被评为全国粮食流通监督检查示范单位

小麦最低价收购　2015年，中储粮第一批批准了清丰县7家托市粮收储库点；第二批启动3家，共收购托市粮64855吨。一是加强领导。抽调机关工作人员分包企业，实行“捆绑制”，责任制推进。在此基础上成立夏粮收购工作督导组，严把政策性粮食管理，全力以赴做好夏粮收购工作。二是严格执行收购政策。认真执行国家质量标准和价格政策，做到政策上墙、价格公开、质量标准公开、样品上台，不压级压价，抬级抬价，坚持优质优价原则。三是完善服务。做到早开门、晚收秤，不拒收、不限收，随到随收；在各收购库点均设置了收购咨询台、便民服务台、质量价格监督台；设立茶水站、休息棚、针线包等服务场所，积极为售粮农民做好服务。

粮食经营　2015年，县粮食局先后与北京、广西、安徽、山东、东北等地区合作，签订了小麦、玉米购销合同，为其供货和代收代存。全年共经营小麦5万吨，玉米2万吨，收到了很好的社会效益和经济效益，叫响了清丰粮食品牌，搞活了清丰粮食市场流通，为企业健康发展奠定了坚实的基础。

主食产业化工程　2015年，县粮食局以培植和发展粮油食品加工产业化龙头企业为抓手，拉长了粮食产业化经营的链条，提升了主食工业化水平。至年底，全县加工企业共生产各类面条13.2万吨，速冻食品3.36万吨。一是指导服务丰宴食品有限公司投资670万元，对设备进行提升，新增生产能力220吨；二是伍钰泉面业集团投资1720万元，新建配粉仓和研发中心，项目规划生产能力4000吨；三是推荐河南龙丰实业股份有限公司和河南金玉油脂有限公司主食产业化财政贴息项目2个，申请贴息289万元；四是清丰县味德食品有限公司加工生产水饺、汤圆等速冻食品2万吨，产值1.8亿元，产品主要供应部队并销售北京、天津、山西等省市和地区。

粮食流通监督检查 一是开展粮食库存和食用油库存专项检查。通过检查澄清了家底，保证了库存真实性，为国家宏观调控提供了科学依据。二是开展粮食流通统计制度执行情况检查。对不按时报送数据或未建立粮食经营台账的经营者进行严厉打击，有效地保证了粮食流通统计制度的落实。三是上下联动，创新监管机制。在一些关键收粮节点中，特别是涉及政策性粮食收购中，采取局领导分片包乡、中层干部包所住单位，尽监管职责，配合收购，严格监管市场，严厉查处违法违规行为，有效维护了全县粮食市场健康有序发展。四是开展守法诚信评价体系。按照“先行试点，稳妥铺开”的原则，先行将17家企业作为试点企业，建立了粮食经营者电子档案，依照《守法诚信评价办法》和《评分标准》的规定对企业经营活动的材料进行全面审核，拟定守法诚信等级，根据企业的守法诚信等级，对其实行有效的分类监管；五是推进粮食服务型行政执法建设。着力推行“一站式”服务，将一系列规章制度和办事流程公示上墙，落实服务承诺制、限时办结制等制度。在规范执法程序上，正确行使自由裁量权，以温情执法引导规范经营。坚持多亮“黄牌”、少亮“红牌”，凡违法行为轻微且初犯的经营者，预先警告不予处罚，坚持教育规范在先、惩戒处罚在后，下达“整改通知书”，责令限期整改；对警告教育不改或严重扰乱市场经营秩序等行为的，依法严厉打击、毫不手软。

粮安工程建成 2015年，投资321万元（上级拨专项资金215万元，县财政配套106万元），对0803库、高堡、仙庄、韩村、大流、双庙等6家单位进行仓房维修、库区地坪、道路硬化、功能提升、机械设备购置等。建设中，在财政、纪检监察、监理机构等有关部门的配合下，强化资金监管和工程质量，至年底此项工作已顺利完成，为安全储粮奠定基础。

安全生产 一是重点检查各类防范措施是否落到实处，相关安全标准、制度是否进行完善。共开展了3次安全生产大检查，查出安全隐患10起，已全部整改到位，实现了全年安全无事故。二是对全县储粮进行了春、夏、冬三次安全普查，检查仓房300余座次，确保了储粮安全，“一符四无”粮油率100%。

（张海强）

供销合作

概况 2015年，县供销社坚持为农服务宗旨，积极开展网络升级改造和为农服务体系建设，注册成立了清丰县供销实业有限公司、濮阳市华硕食品有限公司、清丰县供销亿家电子商务有限公司；建设了两家中合农村服务综合体，现已正式运营；县供销社物流配送中心及电商物流园正在建设中；县城供销城市营销基地业务正在洽谈中；古城乡、瓦屋头镇等乡级为农服务综合平台的建设即将启动。全年全系统完成商品购销额11亿元，累计发展各类连锁超市500个，发展种植、养殖、加工等各类农民专业合作社41个，完成招商引资1亿元。被中华全国供销合作总社确定为河南省供销系统农村合作金融试点县；荣获全省供销合作社综合业绩考核二十强单位，名列第二；荣获全市供销社系统综合业绩考核先进单位，被确定为全市供销社系统监事会先进社情民意联系点。

新网工程建设 2015年，县供销社在全县发展日用品超市、农资农家店等共计700余个，连锁经营面积达8万平方米，年销售额10亿元以上。投资完善了供销社“三农”服务大厅，为解决为农服务的“最后一公里”问题发挥了积极作用。注册成立了清丰县供销实业有限公司，注入资本5000万元，成功打造了行业“航母”。

专业合作社发展 2015年，全县供销系统新发展农民专业合作社7个，总数达56个，社员单位355家，社员3.6万人，累计向社员发放消费补贴156万元，帮助农民团购农资2万吨、种子3万袋，节约生产成本320万元。

服务农业生产 2015年，县供销社组织供应各种化肥3万吨、农药25吨、中小件农具5万余件，购进价值达1600万元的夏凉商品，满足了全县农民“三夏”期间的生产生活需要。

安全生产 2015年，县供销社统筹15万元，对全系统各单位进行了一次安全大检查，发现隐患及时整改，或限期整改，确保了全系统安全无事故。

信访稳定 2015年，县供销社始终坚持以大局稳定为重，认真做好干部职工的思想疏导和政策宣传工作，积极做好各类矛盾化解，尽力把矛盾和问题解决在萌芽状态，杜绝了越级上访和赴京上访事情的发生。明确监事会主任为副组长专抓，县社班子成员分包乡（镇），有关股室负责人为成员具体抓，并明确了各基层社的负责人为第一责任人，确保把工作任务落到实处，确保了全系统的大局稳定。

农村经纪人管理 2015年，县供销社依据有关规定，对全县17个乡（镇）1000余名农村经纪人进行了重新登记换证，实施了规范化管理，为规范农村市场秩序、活跃农村经济奠定了良好基础。

三门峡供销社来清丰县学习交流为农服务工作

（申晓艳）

食盐专营

概况 2015年，县盐业管理局进一步加强市场管理，为客户提供优质高优的服务，强化服务意识，扩大购销力度，简化服务程序，赢得了广大群众的一致赞誉，各项工作取得良好成效。全年食盐购进完成3665吨，占年计划3630吨的100.96%；食盐销售完成3668吨，合格食盐市场占有率98%以上。依法查处涉盐违法案件24起，查获私盐、假冒碘盐41.27吨，罚款2050元，依法办案率100%，盐政案件结案率在98%以上。

盐业宣传 一是电视媒体宣传。2015年，县盐业局在元旦、春节期间在县电视台播出专题节目讲解碘盐食用常识，倡导群众健康正确用盐。二是法定日宣传。在“3·15”“5·15”“5·16～5·24”（科技宣传周）“6·16～7·2”（食品安全宣传周）、“9·19”等法定宣传日组织人员设咨询台、稽查人员下乡巡回宣传、入店检查宣传，规范经营行为，维护群众权益。三是逢集赶会、日常入户宣传。有针对性地对“甲状腺结节”有疑问的群众，正确分析原因，使群众从“补碘过量，不需再吃碘盐”的误区中走出来。四是继续开展“食盐安全访万家”活动。全年，共出动宣传车430余台次，人员1560余人次，制作宣传展板8块，宣传横幅5条，摆放展板39块次，散发传单等相关资料1.76万余张，为提升群众自觉食用碘盐意识作出了积极努力。

盐业市场监管 一是日常管理与重点整治相结合。继续坚持“网点周围访十户”制度，对食盐零售网点加强了日常监管；针对市场上仍然存在的用工业盐充当食用盐使用的违规行为，及时移交派出所处理，并将相关案例判决书向各用盐客户宣传教育提出警示；抓好盐水井源头的日常管理，确保打井用盐供应，防止盐卤水外流。全年共定向调拨液体盐17车次601立方米，规范了液体盐的调拨行为。二是专项行动与定期监管相结合。先后开展了元旦、春节、中秋、国庆节日期间食盐安全专项整治，高考中招期间食盐安全专项整治，打击假冒“卫群”食盐商标及销售伪劣食盐专项整治，农村餐饮食盐安全专项治理等专项整治行动，对重点用盐企业、用盐大户实行定期检查走访，严格监督，不留死角；把握季节变化，及时调整监管重点，春节过后，重点对县城早餐和夜市餐饮服务行业进行一次检查；开学前后对全县学校餐厅用盐情况进行检查；在秋季关注辣椒市场腌制用盐户和工业园区腌制企业。三是重点治理边远乡村与巩固内里乡村成果相结合。坚持巡查制度，加大巡查密度和频率，重点对全县东部、西北部与山东、河北相邻边远乡村、重要路口、路段开展巡查和全方位检查，有效遏制了私盐流入。四是进村入户调查与定期回访企业和用户相结合。通过开展“食盐安全访万家”活动，与各个家庭直接面对，传播食盐常识，了解现实情况；通过定期回访用盐企业，与用户亲密接触，传输法律意识，树立合法经营理念，万千家庭和用盐企业构筑起食盐安全网。五是自查互查与联查相结合。协调周边同行关系，加强联络，建立协防机制；协调与县公安、工商、质检、卫生疾控、烟草等部门的关系，建立起信息互享联防协作机制，构建起清丰县食盐安全防护网。

盐业优质服务 一是强化服务意识。继续落实营销服务承诺制和限时送达制度，最大限度为群众和客户提供便利购盐条件。二是扩大购销力度。加强计划执行情况分析，做好任务分解，积极购进，合理调运，补足库存，按计划把握好旺季销售，积极促销，送盐到店、到厂，保证市场稳定供应。三是简化服务程序。按照建设“服务型盐业”要求，在为商户办理“食盐零售许可证”时，简化申请手续，免费送证上门；业务与盐政充分沟通，随时掌握零售市场和企业用盐情况，监督到位，确保供应；继续规范大包盐管理，严禁向饮食摊点、学校食堂、饭店供应大包碘盐。全年为客户送盐上门980余车次，免费卸盐3430余吨。

盐业资金管理 一是加强内部资金管理，完善财务内控制度，增收节支，压缩成本，提倡节俭，勤俭办事；二是在确保食盐专营任务完成情况下，妥善化解债务，偿还外债1.1万元，保证了盐业大局稳定。

（马志广）

烟草专卖

概况 2015年，县烟草局围绕卷烟销量工作重心，主动适应经济发展、市场需求和卷烟消费新常态，突出市场导向，突出提质增效，突出专卖管理，圆满完成工作任务。全年实现利润8612万元，同比增加1001万元，增幅13.15%；实现税金2610万元，同比增加247万元，增幅10.45%。全年累计销售卷烟19011箱，其中省产卷烟12958箱，同比增幅4.28%；销售一、二类卷烟2994箱，同比增幅16.27%；销售省产一、二类烟267箱，同比增幅6.08%；销售百元价位卷烟7319箱，同比增幅6.45%；实现单箱收入22754元，同比增幅8.1%。

卷烟销售 2015年，县烟草局继续紧扣卷烟销售结构提升这个核心，始终把完销量和提结构放在营销工作的首要位置。以“中华”“苏烟”“黄鹤楼”“黄金叶”为重点，强推省产二类黄金叶品牌，继续加强对高端消费群体的宣传引导力度，进一步加强婚丧嫁娶事项的营销力度。严格落实“一减两增”的工作要求，继续狠抓网络建设综合提升这个重点，通过与银行积极协调、客户经理登门指导、定期考核市场基础和召开零售商户座谈会等多种载体不断提高网建各项工作，全年网上订货率53%。

专卖管理 2015年，县烟草局坚持“端窝点、断源头、破网络、抓主犯”的工作思路，继续加强与工商、交通和公检法等职能部门的沟通协调，先后开展了双节市场治理、“雷霆五号”“雷霆六号”和“治理乱码卷烟、净化卷烟市场”百日利剑等专项行动。深入推进“网格化”监管体系，重新梳理划分了“四类”卷烟商户，重点加强对长途车站、大型娱乐场所和城乡接合部等区域的日常监管，加大对“名烟名酒店”的监督检查力度，进一步提高了市场净化率和市场占有率。全年共查处各类违法案件82起，其中千元以上案件68起，万元以上案件5起，刑事拘留1人，共计查获各类违法卷烟139.33万支，其中假冒卷烟12.77万支、真品卷烟126.56万支，案件总标值32.76万元，全年共计处理预警信息4661条，向客户服务部下达自查通知35个，对异常预警信息实地调查40余次，确保了卷烟经营的规范性。

企业管理 2015年，县烟草局继续营造依法依规办事的浓厚氛围，先后出台了《集中学习制度》《党组议事规则》《办公会议事规则》等相关制度，不断提高企业管理水平。继续推进安全生产标准化建设工作，先后开展了生产宣传月和隐患大排查活动，不定期开展危险源辨识和安全消防演练工作。认真落实带班值班制度和派车单制度，严格执行节假日封车制度。高度重视信访稳定工作，重要活动和重要节日期间开展信访稳定排查工作，依法依规解决干部职工的困难和问题，全年未发生信访安全稳定责任事故。

烟草队伍建设 2015年，县烟草局充分利用党组中心组学习、党员学习和政治学习等多种学习载体，组织全局干部职工认真学习党的十八大和十八届五中全会精神，深入学习习总书记系列重要讲话精神，专题学习专卖营销、法律法规和业务技能等专业知识，全年累计集中学习50余次，累计学时100余小时。先后开展了“感恩·践行”大讲堂活动和“爱我濮烟·我为濮烟献一策”活动，紧紧围绕“四个三”“三种心态”“四要四不要”和“六反对六提倡”的内在要求人人登台演说。继续开展了“一创双优”集中教育活动，围绕“三个着力”和“三个确保”的工作目标，全面提升各项工作水平，着力营造了重学习、重提升、重进步的良好氛围。

（牛立琪）

石油经营

概况 2015年，濮阳石油清丰片区夯实管理基础，培养内涵品质，突出以人为本和有效发展，呈现出量效齐声、团队和谐的良好发展态势。国际原油市场笼罩在供大于求的阴影之下，导致系统内外价格差距长期居高不下，成品油批零差价距离拉大，增强了社会加油站赢利空间，这些因素给经营上带来了很大的压力。面对如此艰难的形势，清丰县片区内外结合做大做强销售，针对各项经营指标，多措并举，逆境中勇于开拓，采取一站一策的促销措施，实行“差异化营销”经营手段，促销增量，克服重重困难，变压力为动力，全年片区共销成品油1.42万吨，销售额9794.37万元，上缴税金315.92万元，圆满完成了上级交给的任务。

石油安全生产 2015年，濮阳石油清丰片区依照市公司开展的“安全责任自己认”活动，组织全员签订“安全生产岗位责任书”并组织加油站开展“安康杯”安全知识竞赛活动；引导加油站积极参与销售公司开展的“安全永远在路上”为主题的征文活动及“我为安全作诊断”活动。在省、市公司开展HSE季度考评的基础上，依据四级循环巡检制度，紧紧围绕销售公司年度安全大检查工作安排，实施安全专项检查的同时，组织加油站实施了隐患排查治理工作；依照相关检查细则对辖区内加油站的安全、设备设施日常管理与维护保养情况进行检查，对查出的问题与隐患，分门别类加以整理；通过一系列的检查、整治，使加油站的安全管理工作得到全面提升。依照市公司安排组织机关、加油站进行了职业健康体检，建立了HSE管理系统健康档案并进行了安全资格培训和证书考取工作，做到安全管理人员100%持证上岗。

（张莉敏）

产业集聚区

县产业集聚区

党工委书记　王相俊
主　　　任　高现军
常务副主任　冯志龙
副　主　任　马耀钦（2015 年 8 月离）
　　　　　　任宏进（2015 年 8 月任）
　　　　　　刘建峰（2015 年 8 月任）
纪 委 书 记　王洪杰

县家具产业办公室

主　　　任　孙平周

县食用菌产业办公室

主　　　任　安社蕊（女）

产业集聚区建设

概况　2015 年，县产业集聚区进一步加强基础设施和项目建设，全面实施绿化、美化、亮化工程，不断提升园区环境。全年主营业务收入 222 亿元，同比增长 42.3 %；工业增加值完成 49.3 亿元，增长 35.4 %；固定资产投资完成 137 亿元，增长 20.2%；法人企业从业人员 1.85 万人（区内全部从业人员达到 3 万人），同比增长 16.6 %，产业集聚区经济总量和从业人数持续扩张。在河南省家具协会第 4 次会员代表会上，清丰县产业集聚区被评为“优秀工业园区”。

基础设施建设　2015 年，全县投资 3.5 亿元，新建区内道路 6 条，南环路东延、黄河路东延、康王路东延、晓月路北段、黄河路、兴华路全部竣工；集聚区 110 千伏变电站项目加快建设；新建服务平台 3 个，投资 3900 万元的家具质量检验中心即将投用，投资 5200 万元的企业服务中心主体竣工，投资 1500 万元的就业保障服务中心主体封顶。

企业环境提升　2015 年，积极开展产业集聚区企业环境“百日提升”活动，重点在规模以上工业企业实施“绿化、美化、亮化”工程。据统计，集聚区 42 家规模以上企业植树 4000 余株，花草 6000 余平方米；更新企业标识标语 80 余处，新建宣传橱窗 27 处，更新产品陈列室 1000 余平方米，人造景点、小品建筑 25 处；新增电子显示屏 31 处，厂区路灯达到 600 盏。企业厂区三季有花、四季常青，自然和谐、园区靓丽。

产业集聚区房产税、土地使用税专项清理

项目建设　2015 年，县产业集聚区在建工业项目 23 个，总投资 42.57 亿元。其中家具项目 4 个：泓民包装办公楼正在垒加气块墙砖；惠丰工贸厂房基础完成；鑫优迪 1 号、2 号厂房钢构主体完工，3 号厂房正在绑扎基础钢筋；东源家

市长赵瑞东督导双虎项目建设

具正在制作基础。食品项目15个：慷达食品1号厂房正在绑扎立柱钢筋、支设模板，2号厂房基础垫层浇筑完成，正在绑扎承台钢筋、支设模板；物华食品投资1.9亿元，办公楼、商务楼正在支设一层模板，绑扎基础钢筋；金鸿保健酒1号厂房顶板安装完成；顿丘二期2号厂房顶板、围板安装完成；德香兔肉1号厂房钢构立柱完成；中信乳鸽办公楼二层正在砌砖，厂房钢构檩条安装完成；春韵食品1号厂房顶板、2号厂房围板安装完成，3号、4号厂房钢构主体吊装完成；平原食品1号厂房正在安装顶板，2号厂房正在安装围板；康健食品1号、2号厂房完成顶板安装，办公楼三层建设，宿舍楼二层正在建设；康汇食品完成围墙建设，开挖厂房地槽；利群食品完成围墙建设，开挖厂房地槽；华硕食品完成围墙建设和厂房基础；业丰食品完成围墙建设和厂房基础；三净食品围墙建设完成，开挖厂房地槽；华鑫农业计划进行岩土勘测。环保项目4个：中坤电气1号厂房试生产，2号厂房钢构主体完成，即将安装围板；中石集团1号、2号车间投入使用，3号车间室内地坪制作完成，4号、5号车间主体完工，办公楼支设四层XB模板；晟达建安3号厂房正在吊装钢构，厂区铺设雨污管网；玉米烘干设备制造计划进行岩土勘测。

产业集聚 2015年，清丰县以中国中部家具之都和全国食品工业强县为目标，围绕家具、食品两大主导产业，超前谋划，攻坚克难，强力推进产业集聚集群发展。至年底，家具产业法人企业发展到65家，占总数的52%，销售收入139亿元，占总数的64%，增长57%。食品产业法人企业发展到37家，占总数的30%，销售收入完成65亿元，占总数的32%，同比增长53%；被中国家具协会命名为“中国中部（清丰）家具产业基地”，在全省产业集聚区建设金星奖评比中，荣膺“河南省最具竞争力产业集群金星奖”。

产城融合 2015年，清丰县坚持产业集聚区和城市建设“三规合一”，基础设施一体推进。县医院门诊楼、病房楼正在装修；县新兴医院门诊楼、病房楼二次结构主体竣工；县第二初级中学、和义路路小学迁建项目开工。集聚区与县城区道路、水电、燃气、通信、排污等设施共建，教育、卫生、医疗、公安等功能共享。集聚区从业总人数达到3万人，产城一体化发展格局初步彰显。

（刘宗博）

家具产业

概况 2015年，全县新发展家具企业15家，总数达到365家，产值25亿元；新发展家具配套企业5家，新建家具商场10家，清丰家具呈现快速、健康发展的良好态势。

招商引资 2015年，县家具产业办积极服务好招商引资企业，做好新形势下的招商引资工作。积极服务好全友家私、南方家私、双虎家私以及申新泰富国际家居商贸城项目建设；重点开展了在北京及周边地区的家具产业集中招商引资工作，卡卡门业、皇甫世佳等15家家居企业相继签约，家具产业招商引资工作取得了新突破。

产业宣传 2015年，县家具产业办加强宣传策划包装力度，多渠道树立“清丰家具”形象。除通过《河南家具》杂志、《濮阳日报》《河南日报》、河南电视台、河南人民广播电台以及新浪、腾讯等多种媒体宣传推介清丰及清丰家具外，还充分利用高速公路标牌等户外传媒进行一系列宣传，清丰县及清丰家具的知名度大幅提升。

领导调研家具企业

扩大影响 2015年，县家具产业办组织带领企业家外出参观学习，组团参展，加快本地家具企业的发展和升级步伐，扩大清丰家具的影响力。先后带领清丰家具企业去郑州、四川成都以及广东、山东、河北等地参观学习，开阔了视野，解放了思想，加快了发展步伐；组团参加河南省家具展销会、濮阳市家居博览会，特别是举办了乒乓球世界冠军邀请赛，影响力不断扩大。

（孙平周）

食用菌产业

概况 2015年，全县新建食用菌基地4个，新增食用菌种植面积47.1万平方米。先后引进食用菌新品种4个，新技术5项。

基地建设 一是河南龙丰实业股份有限公司投资1.2亿元的日产22吨金针菇工厂化生产一期建成投产，新增出菇面积30万平方米；引进国内先进工厂化智能控制系统，采用液体菌种生产及全自动瓶装生产线，年产金针菇鲜品8000吨。二是江苏镇江科达环境系统工程有限公司日产30吨杏鲍菇工厂化生产二期建成投产，新增出菇面积10万平方米，采用现代冷房技术，配套安装自动化智能生产设备，仿野生栽培，年产杏鲍菇鲜品1万吨。三是河南省业丰实业有限公司新建改建海鲜菇工厂化生产线2条，新建标准化生产车间1.5万平方米，日产海鲜菇菌包2万袋，年产海鲜菇鲜品3600吨。四是高堡乡东吉村占地100亩的双孢菇种植示范园，建设层架式双孢菇温棚13座（南北长95米 × 东西宽10米 ×6层），新增出菇面积5.6万平方米，年产双孢菇鲜品840吨。

科技创新 2015年，县食用菌产业办从江苏江都天达食用菌研究所引进夏灰1号、夏抗50平菇高温菌株2个，从华中农业大学引进海鲜菇、金针菇新品种2个。引进示范杏鲍菇、金针菇、海鲜菇工厂化生产技术、鸡腿菇层架式立体袋栽技术、工厂化节能减排技术等5项。

招商引资 2015年，县食用菌产业办不断加大招商引资力度，取得明显成效。重点招商引资项目——濮阳市瑞丰农业科技有限公司落户清

工厂化海鲜菇

工厂化金针菇

丰。项目投资1.1亿元，选址在清丰县产业集聚区兴华路西，占地25亩。引进日本装瓶机、压盖机、接种机等智能生产设备及配套技术，年产珍稀食用菌蟹味菇和白玉菇2000吨。6月25日，项目单位与县政府成功签约，使清丰珍稀食用菌工厂化生产品种达到5个，清丰县将建成全省最大的珍稀食用菌工厂化生产基地。

产学研对接 2015年，县食用菌产业办组织参加了“中国食用菌行业大会暨2015中国（山东·齐河）食用菌新技术新产品菌需物资博览会”“2015（中国·青岛）国际食用菌新产品新技术博览会暨市场流通会”、江苏·连云港“2015全国第十一届菌需物资博览会暨食用菌工厂化发展论坛”、北京“中国食用菌产业‘十二五’（2010—2015）百项优秀成果展示交易会及中国食用菌协会第六次会员代表大会”“2015（内蒙古·通辽）第十届全国辣椒产业大会”和“科技支撑区域经济发展”走进濮阳技术专题对接暨第三届中国濮阳政产学研合作洽谈会，签约食用菌菌需物资配套项目、食用菌多糖提取技术与应用研究、农产品精深加工等产学研合作意向3个。

产业服务 2015年，县食用菌产业办先后组织食用菌龙头企业、基地负责人及技术人员共计30余人次，到北京市房山区、山东省青岛市、河北保定、江苏连云港等先进地区考察学习。利用科普宣传周、到企业基地指导、赶乡村集会等形式，开展技术咨询与培训2000余人次，发放《食用菌高效栽培技术》2000余册，继续为河南省业丰实业有限公司、河南省龙丰实业股份有限公司等龙头企业免费订阅《食用菌市场》杂志7份。

（王运杰）

财税·金融

县财政局

局　　　长　韩富鹏
党组书记　葛孟军（2015年7月任）
副　局　长　张雨宽
纪检组长　高志献
总会计师　徐瑞英（女）
主任科员　雷来军　李运生
　　　　　王宏伟
　　　　　和洪峰（2015年8月任）
副主任科员　冯瑞超　滑伟明
　　　　　任群力（2015年8月离）
　　　　　贺　利（女）
工会主席　王宏伟（兼）
县建设投资公司总经理　张雨宽（兼）
县政府投资项目建设评审服务中心主任
　　　　　任群力（2015年8月任）

县国税局

党组书记、局长　于目明
党组副书记、副局长　缑胜涛
副　局　长　李英奇　汪　君
　　　　　高志杰　孙德刚
纪检组长　李志远
办公室主任　冯好勇（2015年2月任）
副主任科员　吕继省　刘学杰
　　　　　彭耀刚
城区分局局长　赵　健
马庄桥分局局长　刘献忠
古城分局局长　肖志国
仙庄分局局长　李永庆
纸房分局局长　洪玉萍（女）
稽查局局长　邵景山（2015年2月任）

县地税局

党组书记、局长　潘聚卿
副　局　长　苏兆方　勾铁军
　　　　　王德宪
纪检组长　吕寻颜

人行清丰县支行

行　　　长　宗改清
副　行　长　王瑞钦（女）　王万华
纪检组长　乔吉兆（总稽核）
副主任科员　朱丽瑛（女）　王巧民（女）
　　　　　黄艳红（女）　王敬伟

农发行清丰县支行

行　　　长　常玉峰
副　行　长　韩建民　高　磊

工行清丰支行

行　　　长　王卫华
副　行　长　张小涛　李恩泽

农行清丰县支行

行　　　长　王广金
副　行　长　郭卫东　康肖健
　　　　　陈春江

中行清丰支行

行　　　长　丁进举
副　行　长　付占川　朱光欣
　　　　　刘广明
客户经理　贾学建　李建国

建行清丰支行

行　　　长　仝　磊（2015年4月离）
　　　　　姜庆利（2015年4月任）

副行长 马志军
王耀君（2015年4月离）
白晓雪（女，2015年6月离）
行长助理 杨 亮（2015年4月任）

邮储银行清丰县支行

行长 丁万春
副行长 王 鹏（2015年11月离）
赖广涛（2015年11月任）
行长助理 吴 昊（2015年1月任）
综合管理部经理 陈国强
三农金融部经理 王现涛（2015年12月任）

中原银行

行长 孙言汇
副行长 张文魁

县农村信用合作联社

党委书记、理事长 薛献杰
党委副书记、主任 仝玉民
党委委员、监事长 饶崇伟
党委委员、副主任 岳宗玺

寿险清丰支公司

经理 田自涛
副经理 刘卫东 李传民

财险清丰支公司

副经理 王柏党（2015年4月主持工作）
刘洪达（2015年4月离）
韩晓军

财　政

概况 2015年，全县一般公共预算收入完成5.75亿元，增长14.74%。其中，税收收入完成41343万元，增长13.64%，税收比重为71.9%。

发挥财政职能 一是支持新型城镇化建设。累计投入3661万元支持产业集聚区提升载体功能，投入2.2亿元支持棚户区、城中村改造。二是支持重点项目建设。筹措资金1634万元，支持南水北调清丰供水工程、县固城水厂、引黄入冀补淀工程清丰段、市开州路北延清丰段等重大项目建设。三是支持招商引资。安排专项资金400万元，支持参与省国际贸易投洽会、中博会等重大招商活动。四是支持企业发展。认真落实小微企业减半征税等优惠政策，严格执行河南省行政事业性收费、政府性基金涉企项目清单，有效降低企业经营成本。五是推动大众创业、万众创新。筹措贴息资金769万元，发放小额担保贷款8503万元，扶持1311人就业创业。六是支持扩大消费需求。筹措资金115万元，对商品房契税滞纳金实施补贴。

财政支农 一是积极支持粮食生产。兑现农业支持保护补贴8510万元、农机购置补贴1337万元。统筹整合1065万元支持高标准粮田“百千万”建设，农业生产条件进一步改善。二是促进农业农村经济发展。筹措资金142万元，开展政策性农业保险保费补贴，实施县域金融机构涉农贷款增量奖励。三是改善农民生产生活条件。筹措资金9903万元，支持小型农田水利工程建设。筹措资金1093万元，用于贫困村道路建设和到户增收项目；筹措资金1.69亿元，支持农村公路建设；筹措资金1072万元，支持农村危房改造；筹措资金962万元，支持一事一议财政奖补项目建设；筹措资金1658万元，支持美丽乡村建设。

健全民生保障机制 一是完善社会保障和就业体系。企业退休职工基础养老金继续增长10%；新型农村养老保险和城镇居民养老保险整合为统一的城乡居民养老保险；全面建立疾病应急救助、临时救助等制度；城市、农村低保对象月人均生活保障标准提高到225元、115元；五保对象年人均分散供养和集中供养标准提高到

2800元、3800元。二是重点保障教育事业发展。统一城乡义务教育学校生均公用经费基准定额。筹措资金1.07亿元，支持中小学校舍安全工程、农村薄弱学校改造等民生项目实施；筹措资金623万元，实施职业教育攻坚计划。三是深化医药卫生体制改革。全面实施城乡居民大病保险制度，实现新农合大病保险省级统筹，县级公立医院综合改革稳步推进。新农合和城镇居民医保补助、基本公共卫生服务补助分别达到人均380元和40元。四是支持文化惠民政策落实。实施各类文化惠民工程，健全公共文化服务体系，推进公益性文化设施免费开放。五是加大住房保障投入力度。筹措住房保障资金1.56亿元，支持开工建设各类保障性安居工程1300套。六是支持平安清丰建设。投入950万元，支持实施"满天星"技防体系建设和应用，有力服务了打防犯罪和社会治理；支持加大安全监管执法和食品药品安全专项治理力度。

财税体制改革　一是深化预算管理制度改革。深入推进预决算公开。建立健全由一般公共预算、政府性基金预算、国有资本经营预算和社会保险基金预算组成的政府预算体系，提高了政府预算编制的完整性；清理整合各类专项资金，财政资金使用效益进一步提高。清理盘活财政存量资金1.2亿元，重点用于稳增长政策落实。二是认真落实税费改革政策。分别将交通运输业、部分现代服务业、铁路运输、邮政业和电信业纳入"营改增"试点范围；开展行政事业性收费和政府性基金专项清理工作，累计取消、停征各类收费33项，减轻了企业和社会负担。三是加快推广运用PPP模式。谋划审定PPP项目4个，总投资约8亿元，涉及交通、供水等行业，全部入选省级备选项目库。四是推进政府购买服务改革。在棚户区改造及公用事业等领域积极探索实施政府购买服务改革，促进了政府提供公共服务方式和财政投入机制转变。五是加强政府债务管理。全面清理核实存量政府债务，将债务纳入全口径预算管理，建立债务管理风险预警机制。

基层财会人员培训

依法理财　一是梳理权力清单、责任清单。明确财政部门权力边界，编制行政职权运行流程图，财政权力运行进一步规范。二是加强财政监督检查。积极构建财政"大监督"工作机制，从预算绩效监督、内部控制机制、重点监督检查三个方面加强和改进财政监督工作。先后开展了涉农资金专项整治、会计信息质量等监督检查，促进了财政资金的规范使用。三是深化财政国库等管理制度改革。全县167家单位纳入公务卡改革，累计办理公务卡2891张；实施公务卡强制结算目录，刷卡结算金额6894万元；政府采购机制进一步完善，采购总规模100003万元，节约资金10072万元，节支率10.07%；评审投资项目682个，评审金额73266万元，审减12700万元，审减率达17.33%。四是规范公务支出管理。加强公务支出管理制度体系和支出标准体系建设，为厉行节约反对浪费提供了制度保障。

（铃　勇）

国家税务

概况　2015年，全县有正常管理纳税人4218户，其中企业801户、个体户3417户。全年累计组织税收收入13640万元，减收387万元，同比下降2.76%。其中，中央级10097万元，同比减收249万元；地方级完成3543万元，同比减收138万元。

税源管理 一是夯实征管基础。通过开展“强征管、控风险、促收入”、木材家具行业和医药经销行业三项专项行动，共涉及纳税人179户，实现入库税款、滞纳金和罚款805.96万元。同时对非居民企业税收管理开展专项核查，做好了关联申报及大企业税收管理。二是深化税收风险管理。成立税收风险管理领导小组及办公室，积极开展风险分析和风险应对，2015年，县国税局共接收省局六批派单21户，办结21户，入库税款、滞纳金、罚款94.71万元；接收市局6批派单共8户，办结7户，补缴税款0.62万元。三是做好税收优惠。小微企业减免增值税款65.8万元，小微企业所得税优惠政策受惠面100%，全年减免所得税75.57万元；严格落实《车辆购置税征收管理办法》，全年减免车购税款275万元；审核出口企业95户次，审批免抵税额124.1万元，退税额221.8万元。四是强化评估稽查。全年评估完成86户，入库税款滞纳金754万元，冲减留抵78余万元；规范和完善稽查工作管理，全年累计选案24户，结案24户，实现入库税款、罚款、滞纳金213.67万元；开展协查6户次，完成市局安排协查2户次，外地来人协查1户。

优化税收服务 一是首次建立国地税合作机制。初步探索设立国地税互设窗口机制，联合进行纳税人信用评定，增强了纳税信用评价的影响力，提高全县纳税人的税法遵从度；建立国地税税收宣传机制，增强了税收宣传的社会效应，扩大了税收宣传的覆盖面，促进了征纳和谐。二是规范纳服日常管理。制定《内部业务衔接管理办法》《办税厅突发事件应急预案办法》，《办税服务厅工作绩效考核办法》，提

“税收宣传月”宣传

高人员的工作积极性；制定《对不同信用等级纳税人分类服务办法》，促进了纳税人税法遵从。三是推行多元办税新举措。通过建立微信公众号、推广“河南国税”微信公众号等服务方式，方便了纳税人了解税收政策；通过推行网上申报缴税、抄报认证和免填单等，降低了纳税人办税成本，增加了纳税人的获得感。四是开展便民办税春风行动。对办税服务厅车购税窗口与综合服务窗口进行整合，实现纳税人“进一个厅、办所有事”。开展“千人万户”服务，通过发放税户服务联系卡，上门走访、电话联系等方式，对纳税人开展“一对一”服务，成功创建“全省国税系统纳税服务规范样板县”。五是初步建立行政指导机制。积极推进服务型行政执法建设，初步建立了辅导、建议、提示、警示等行政指导机制，取得了良好的法律效果和社会效果。2015年，县国税局被省局命名为“全省国税系统服务型行政执法示范点”。

国税队伍建设 一是加强领导班子建设。坚持党组中心组学习制度，不断提升履职带队的能力；坚持民主集中制和党组议事规则，领导班子的工作水平不断提高；坚持问题导向，建立查摆问题清单并设立整改台账，制定整改措施并跟踪落实。二是加强人才培养。经过民主推荐、笔试、组织考察、研究决定、公示、任命、备案等程序，共选拔股级干部11人，中层干部轮

岗15人，激发了全员干事创业的活力。积极组织人员参加省市局“岗位大练兵 业务大比武”“业务技术能手选拔”等，并取得优异成绩。2015年县国税局成功连创了“省级文明单位”“省级卫生先进单位”“省级园林单位”，表彰为“全国园林县城创建工作先进集体”“平安建设先进单位”，3人被县委组织部、县直工委机关党委评为全县优秀共产党员，1人被评为优秀党务工作者。

（刘　璐）

地方税务

概况　2015年，县地税局共完成各项税收收入42812万元，增收6148万元，同比增长16.8%。其中：中央级3559万元，增收987万元，同比增长38.4%；县级完成38051万元，增收2481万元，占县政府税收目标36865万元的83.7%，同比增长8.7%。

2015年清丰县各乡（镇）税收完成表

单位：元

单　位	税收计划	全年累计完成	占计划％
城关镇	19150000	19218810	100.4%
瓦屋头镇	7710000	7453570	96.7%
六塔乡	6000000	6006203	100.1%
柳格镇	3870000	3876663	100.2%
双庙乡	3420000	3788520	110.8%
仙庄镇	2130000	1319895	62.0%
巩营乡	1780000	1781213	100.1%
马村乡	8120000	8600054	105.9%
纸房乡	3060000	3155079	103.1%
大流乡	18110000	17874274	98.7%
高堡乡	3310000	3853788	116.4%
古城乡	7920000	8038408	101.5%
阳邵乡	7920000	7972575	100.7%
大屯乡	13130000	13810950	105.2%
韩村乡	2950000	3150753	106.8%
马庄桥镇	16940000	18467772	109.0%
固城乡	6550000	6909777	105.5%

提升征管质量　2015年，县地税局以夯实征管基础为突破点，在落实目标管理、强化分税种及重点税源管理、构建综治平台等上下功夫，着力提升征管质量。一是超前谋划。坚持“局长包片、科室包所、科所连责”的目标落实机制，班子成员及包所科室定期深入基层征收单位督导收入季度落实情况，确保税收及时足额入库。二是强化税源。全面完成4338户纳税人的税源普查工作，修改2014年底与金三系统数据不一致267户，开业日期与登记日期不一致92户，修改国地共管户568户。开展个体工商户税源清查，针对住宿、餐饮、幼儿园等行业全面清理漏征漏管，清理漏征漏管112户，税款3.65万元。探索房地产税收管理新模式，实现税源动态监控，房地产业入库税款5647万元。推行建筑业跟踪式管理，了解重点建设项目审批、招投标以及建设等涉税信息，对每个工程项目、施工单位、建设进度、发票开具等情况进行详细登记，定期实地核查，积极做好建安企业工程结算、清算，把好工程结算关，保证税款按工程进度及时足额入库，建筑业入库税收5655.56万元，同比增长21.34%。“以地控税”，加强政府储备地管理，全面清理违法占用耕地，全年耕地占用税入库税款8780万元，同比增长71%；开展“营改增”税收专项清查，对建筑业、房地产业、金融保险业及生活服务业等进行行业自查、重点检查、纳税评估、清缴补漏，共

查补入库税款796万元。三是搭建综治平台。为加强产业集聚区土地使用税这一税收薄弱环节管理，组织国税、工商、交通、财政、国土、房产及城建等组成综合治税小组，掌握涉税信息，堵塞了征管漏洞，防止了税款流失，共接收涉税信息200余条，征收税款350万元。

（李晓敏 程瑞铭）

人民银行

概况 2015年，人行清丰县支行认真贯彻执行稳健的货币政策，切实维护金融稳定，努力提高金融服务水平，促进辖区金融稳健运行，支持了地方经济发展。至年底，全县金融机构各项存款103.34亿元，较年初增加10.53亿元，增长率为11.26%。各项贷款余额36.7亿元，较年初增加2.49亿元，增长率为7.27%。被市中支行表彰为目标管理综合考核先进单位，被县委、县政府被表彰为“综合考评先进单位”“反邪教工作先进单位”“平安建设先进单位”“2015年财税工作先进单位”。连续3年被濮阳中支评为先进基层党组织。

货币政策 一是根据《清丰县银行业金融机构考核激励暂行办法》，对完成融资目标任务支持地方经济发展作出突出贡献的金融单位按新增贷款余额万分之三的比例给予奖励，考核奖励金额29.64万元。存贷款比例由2013年的24%增长到36.71%。二是通过召开季度金融形势分析会和银行行长联席会，传达货币信贷政策，讨论辖区金融热点问题，分析金融运行形势、运行特点和运行中需要关注的问题，鼓励各银行业金融机构在防范风险的前提下，想办法、谋思路、定措施，大力发放贷款，支持县域经济发展。三是清丰县农村信用社专项票据成功兑付后，对其改革进展情况进行了连续性监测，考核达到规定要求，存款准备金率执行比一般农村信用社低一个百分点。按照清丰农

人民币知识宣传

村信用社33亿元存款计算，执行低一个百分点的准备金率为3300万元可用资金，扩大了农村信用社服务“三农”的实力。四是协调金融机构与劳动保障部门合作，做好下岗失业人员小额担保贷款工作，为下岗失业人员累计发放贷款7.5亿元，支持1.5万人次创业，贷款余额8276万元，逾期贷款328万元。

基础工作 一是积极拓宽融资渠道。督促农发行将3.7亿贷款录入到应收账款质押平台系统。二是高效免费为客户办理账户和征信工作。在个人信用报告和企业信用报告查询、机构信用代码发放等方面，只要企业和个人提供资料完整，采取即时办结限时办结制，全年共查询个人征信8423份，企业征信107份，实现了征信零投诉。2015年共开立各类账户946户，其中基本账户661户，其他267户，临时账户18户，实现零投诉、零差错。三是认真落实“四级管理”责任制。在日常的业务工作中，以“账账、账款、账据、账实、账表、账簿、账卡、内外账八相符”作为工作的最低标准，凭证账表装订整齐、书写规范、内容完整、入账合规作为工作的基本规范。2015年共实现收入4.87万笔、8.04亿元。其中，中央级1435.8万元、省级323.1万元、县级7.87亿元，支出2026笔28.16亿元。

（王鹏飞）

农业发展银行

概况 2015年，农发行清丰县支行认真执行政策，全力做好夏粮收购信贷工作。核定伍钰泉面业集团有限公司夏粮收购资金额度7000万元，发放4000万元支持该企业收购小麦1616万公斤。积极做好托市粮资金的监督拨付工作。代为拨付中储粮夏粮收购资金1.58亿元，支持代收库点收购小麦6485.6万公斤，没有出现农民“卖粮难”和给农民“打白条”问题。按照次年3月底促销60%，5月底“双结零”目标的实现，年底前促销485万公斤，收回贷款1200万元，占投放收购贷款的30%。

中长期贷款业务 一是大力支持城乡一体化和新型城镇化建设。根据“母公司担保、子公司承贷、委托代建设、项目地财政还款”的信贷支持模式，顺利促成清丰县3.7亿元城中村改造项目批复，于2014年11月28日首笔发放8000万元。目前已使用5800万元。同时对接“五眼井”、李家庄等城中村建设项目。止12月底，农业农村基础设施中长期贷款和项目资本金余额1.15亿元，占全市中长期项目比例的47.33%。二是积极支持水利建设。向清丰县固城水厂投放项目资本金2200万元。清丰县固城沟、炉里沟疏浚改造项目正在积极推动。

信贷基础管理 一是强化风险排查常态化。每月组织一次风险排查，要求信贷人员将分管企业存在的风险点及拟采取措施做分析报告，不断提高风险识别能力和判断能力；每月初统计当月各类到期贷款情况，并督促客户经理及时跟踪资金回笼。二是强化风险防范流程化。严格落实上级行贷款批复条件，不打折扣，不违规操作；严格落实风险防范措施，包括保证担保合同的签订、担保保证金及企业自有资金的筹措，企业股东个人无限保证担保等，进一步

反假币宣传

提升了风险防控能力。三是强化贷后管理规范化。对贷款企业的资金使用情况进行专项贷后检查；定期监测担保企业的变化，特别是担保能力的变化，确保第二还款来源真实可靠。

财务会计管理 一是进一步完善经营绩效考评办法，有效促进了全行争先创优局面的形成。二是突出重点，多措并举狠抓增收节支，确保利润计划完成。三是加大收息力度，做到应收尽收。四是切实做好费用支出的预算管理，重点加强了会议费和宣招费的管理。五是抓好集中采购及固定资产管理。将责任目标分解到个人，“一岗双责”，即党支部书记承担主体责任、纪检干部承担监督责任，落实了领导干部个人重大事项报告制度、收入申报制度和礼品登记制度，建立了廉政档案。三是落实了行务公开制度。将行务、财务及时上墙公开，将职工群众关心的热点问题，按照规定的程序，采取适当的方式，在一定范围内实事求是地予以公开，自觉接受群众的监督。四是建立银企廉政共建机制。与有贷款关系的企业全部签订银企廉政共建协议书，全年实现无违法违纪、无上访举报。

（韩红丽）

工商银行

概况 2015年，工行清丰支行大力发展资产业

务，完善营销考核激励机制，实施领导公关战略，各项业务指标圆满完成。12月31日，清丰支行各项存款余额为3.07亿元，较年初净增1211万元；各项贷款余额为1.84亿元，较年初净增7473万元；实现利润847万元。

树立市场意识 2015年，工行清丰支行牢固树立市场意识，迅速调整经营思路。面对财政存款大规模下滑的被动局面，迅速将业务发展重心调整到大力发展资产业务上来，对县域100多家中小企业积极开展调研，从中筛选重点骨干企业，大力发展资产业务，并依托资产业务带动其他业务的发展。

完善考核机制 2015年，工行清丰支行完善营销考核激励机制，激发全行员工作积极性。制定完善《绩效考核暂行办法》，结合业务营销重点，实行绩效工资多劳多得、少劳少得、不劳不得的考核机制，逐月兑现业务营销奖励，极大地调动了全行员工营销业务的积极性。

实施公关战略 2015年，工行清丰支行大力实施领导公关战略，拼抢高端客户市场。积极与县政府、县财政局、县工业园区管委会等部门联系，捕捉信息，提高高端客户市场占比；行级领导挂帅，采取得力措施，全力挖转优质资源；积极开展业务分流工作，不断提升服务水平，以细致周到的服务拉近与客户的距离，同时充分利用室外电子屏进行24小时业务宣传，进一步提高金融产品社会认知度和影响力；认真开展风险排查活动，认真落实制度大检查要求，并按照业务流程进行全方位检查，严防事故的发生。

（张小涛）

农业银行

概况 至2015年底，农行清丰支行各项存款余额15.72亿元，较年初下降7198万元。其中储蓄存款增加4055万元，对公存款下降1.13亿元。各项贷款余额4.79亿元，较年初下降17042万元。其中个人贷款3.44亿元，净增6319万元；对公贷款1.11亿元，下降1.94亿元；农户贷款2416万元，下降3761万元。中间业务收入972.1万元，同比增收140.7万元。其中对公中间业务收入269.3万元。

清收处置委托资产 2015年，农行清丰支行收回委托资产24.32万元，处置委托资产4257万元，完成率128.42%，收回已核销贷款23万元。

财务状况 至2015年12月底，农行清丰支行累计实现拨备前利润3367.2万元，拨备后利润3315.6万元，位居全市第三名。

内控管理 2015年，农行清丰支行始终把安全经营放在突出位置，综合运用学习培训、制度建设、强化监管等多种手段，扎实做好内控管理工作，积极创建“四无”县级支行，安全经营得到了保障，内控综合评价一类行。

（司马钦）

中国银行

概况 2015年，中国银行清丰支行深刻把握县域经济发展新常态，抓机遇、保发展，化风险、强内控，业务发展持续向前，支行经营管理大局稳定，干部员工爱岗敬业、勤奋上进。服务水平持续提升，获得广大客户的认可好评。截至2015年12月末，各项存款余额达2.64亿元，较上年新增6413万元。各项贷款余额为2.4亿元，较上年新增1.09亿元。被市行评为2015年度“个人金融业务先进单位、中小企业金融服务先进单位”“市级文明窗口”。

重点支持项目 2015年，中行清丰支行围绕家具和食品主导产业，先后支持新南方家私、清丰县人民医院、清丰县供电局、天水服饰等企业。紧跟全县经济工作主线，重点企业和项目进行了逐一走访、调查，与多数企业建立了授信合作关系，授信余额8000多万元。

监察保卫工作 2015年，中行清丰支行完善惩防体系建设，落实岗位安保职责，成功堵截电信诈骗案件5起，实现了全年零发案，安全零事故。

（贾学建）

建设银行

概况 2015年，建行清丰支行以促进地方经济和社会发展为目标，大力拓展各项业务，积极支持地方经济发展，努力满足各界群众的金融需求，取得了显著地经济和社会效益。全年，一般性存款5.49亿元，较年初新增3399万元；发放各类贷款5500万元，实现经营利润950万元；上缴各项地方税收100万元。加强制度建设，规范内部管理，强化内控制度，防范操作风险，全年安全无事故。

队伍建设 2015年，建行清丰支行全面落实“以客户为中心”的服务意识，积极创新，开创和谐的工作氛围；围绕“和谐团队、营销强队”

重温誓词

的思想，加强创造性、学习型团队建设，提高员工履岗能力和自身业务素质。

业务拓展 2015年，建行清丰支行大力拓展存款业务，努力壮大资金实力。一是加强硬件建设，在增加3台附行式自助设备的同时，新增设幸福路－中东、亿洲生活广场2个自助银行共6台自助设备；二是增加柜台数量，提高人员素质，进一步提高服务质量和效率。

业务创新 2015年，建行清丰支行创新业务产品和服务手段，满足群众的各种需求。积极投放各类贷款，支持地方经济社会发展。一是举办“走进产业集聚区”和“食品行业座谈会”等活动，多次进行银企对接，共商银企合作发展；二是收集整理优质企业和项目信息，及时向上级行推荐；三是积极与金融办、工信委结合，大力推进助保贷和税易贷业务的开展；不断创新信贷产品，满足不同企业需求。

（尹志远）

邮政储蓄银行

概况 2015年，邮储银行清丰县支行以促进清丰县经济发展和服务“三农”、服务中小企业、服务民生为己任，以构建城乡一体化邮政金融服务体系为目标，全力支持县重点项目、小微企业及农村经济发展，努力为清丰县农村建设、农民增收和农业增效提供现代化的金融服务。全年累计投放贷款3.2亿元。其中，小微企业贷款1.9亿元，覆盖了商贸流通、加工制造等20多个行业、3000多名客户。面向大中专毕业生、下岗职工发放担保贷款0.9亿元，为1300余户创业人员提供了资金支持，贷款结余达到0.7亿元。被县总工会授予“五一”劳动奖状，被省总工会授予“模范职工之家”，被中国邮政储蓄银行河南省分行评为“优秀支行”。

服务设施改善 2015年，邮储银行清丰县支行加大网点装修改造力度，改造率100%；加大ATM、POS固话支付、商易通及自助银行改造建设力度。共布放ATM31台，离行式自助银行10处，为广大城乡居民提供了更加便利的金融服务。

金融服务创新 2015年，邮储银行清丰县支行在服务“三农”、服务地方经济建设中，积极与工商部门联合开展“百亿送贷行动”，落实“三进工程”，将贷款送进企业、送进市场、送进农村，被评为2015年全省“百亿送贷”优秀县行。同时，积极与团委、劳动保障部门联合开展“青年小额贷款项目”，为下岗失业人员、转业退役军人、大中专毕业生、残疾人等8类人群创业致富提供资金支持，共发放贷款3.4亿元，在全省邮储系统中排名第5位。联合有关部门开展信用体系建设，共建设信用村80个，信用市场6个，信用户1.2万户，增强了广大农民的诚信意识，优化了清丰县信用环境。加强与乡级政府合作，联手启动“共建富裕和谐美丽新农村”活动，重点支持蔬菜大棚等设施农业发展，加快新农村建设步伐。

破解金融服务难题 2015年，邮储银行清丰县支行结合实际和职能特点，下大力气解决干部作风方面存在的问题，主动谋划若干件涉及群众切身利益的实事，作为县邮储银行工作重点，通过作风建设推动民生问题的解决，客户排队、银行收费、服务态度问题得到了解决，金融服务水平进一步提升，客户满意度持续上升。针对“三农”和中小企业信贷服务问题，通过拓宽服务渠道、打造专业信贷队伍、倾斜额度资源、加强与政府职能部门合作、搭建高效政银企农合作平台等方式，着力破解“三农”融资难题，让群众更好的了解县邮储银行的信贷产品，选择合适的信贷产品，有力地推动“三农”工作开展。 （陈国强）

中原银行

概况 2015年，中原银行清丰支行各项存款1.02亿元，其中对公存款5049万元，储蓄存款5142万元。在贷款方面，截至2015年12月31日，该行各项贷款余额1.47亿元。其中个人保证贷款348万元；对公贷款6200万元，委托贷款8141万元，存贷比为144%。清丰支行荣获2015年度中原银行系统先进单位及优秀支行。

（杨 楠）

农村信用合作联社

概况 2015年，县农信社以创建“八大银行”为载体，按照“强化服务意识、塑造团队精神、推行目标管理、完善激励机制”的工作思路，强化内控机制，严格信贷管理，各项业务稳步持续发展。全年各项存款余额37.05亿元，较年初增加6.07亿元，增幅19.61%各项贷款余额18.28亿元，较年初增加3.17亿元，累计投放各类贷款19.04亿元。其中，涉农贷款余额16.39亿元，占比89.67%。新增助农取款服务点38个，卡存量44.27万张，较年初增加10.28万张；POS机存量1083台，累计布放自助设备40台；手机银行、网上银行开户19291户；电子银行业务替代率40.2%，市场份额不断提升。被

农村信用社网点

县委、县政府授予“综合考评先进单位”“重点项目建设先进单位”“服务重点项目建设先进单位”“税收贡献先进单位”荣誉称号。

经营管理创新 一是在全市率先实行不良贷款动态管理。澄清底数，锁定基数，建立台账，动态考核，整体信贷管理水平明显提升。二是稽核审计整体移位。先后对马村、韩村、固城3家信用社开展整体移位工作，不断提高案防水平。三是规范化服务，采用现场查看、调阅监控、神秘人暗访等措施，按月监测服务质量。

经营渠道创新 一是抢抓县人民医院乔迁新址的机遇，多方协调，与县人民医院成功签订了银医项目合作协议。二是成功牵手电商“小嘿马”，进一步拓宽了金燕卡支付渠道。三是成功对接公交车闪付项目，实现全市金融IC卡公共行业应用“零”的突破。四是在全市农信社系统率先增设自助填单机及理财POS机具，电子银行业务快速发展。

信贷业务创新 2015年，县农信社推出信贷产品“现金流量贷”及“续贷通”，降低借款人因还贷款而形成的“过桥”资金成本和信用风险，消除借款人对资金流动性的顾虑。不断拓展抵押担保范围，创新办理订单仓储抵押、设备抵押、林权抵押及商标权质押贷款。累计向河南大汉食品产业园有限公司、河南龙丰实业股份有限公司、河南省金正石油电器有限公司、河南省业丰实业有限公司、濮阳市天口食品有限公司等47家企业提供了3.25亿元的资金支持。

营销业务拓展 2015年7月1日，县农信社首次导入“客户经理外拓训练营”项目，聘请专业培训公司现场指导，抽调全县农信社近40名精英参加了首次“外拓训练营”，实现了辖内农信社长期以来由“坐商”到“行商”的转变，由“坐以待币”到“主动营销”的转变。在全县集中开展“三转三提、深耕五区”金融服务“大对接、大调查”专题活动，发动300多名干部员工深入五区，累计走访260个行政村、2.1万户农户、6600户商户及小微企业。

不良贷款清收 2015年，县农信社为确保改制组建农商行工作有序推进，争取县委县政府支持，组织召开“全县清收不良贷款专题会”，下发《清丰县清收不良贷款专项活动工作方案》（清文〔2015〕59号），对公职人员逐人下发催收通知书，并对涉及单位一把手发出提示函。至年底，累计清收公职人员贷款93笔411万元，对未在规定期限还款的80名公职人员全部移交纪委监察机关，维护了国家资金安全。

（雷鹏飞）

人寿保险

概况 2015年，寿险清丰支公司实现总保费1.54亿元，同比增长1.62%。其中：长期首年保费6900.3万元，同比增长5.49%（趸交保费4803万元，首年期交保费2097.7万元，一年期短险619.8万元）；续期保费7862.5万元。处理短险赔案2112件，赔付金额275.56万元；长期险赔款193件，赔付金额442.76万元，满期给付及生存金领取5739.38万元。较好地发挥了人寿保险的社会保障和经济补偿职能。

期交业务 2015年，寿险清丰支公司把个险期交业务作为发展的重中之重，合理优化险种结构。通过制定一系列切实可行的劳动竞赛方案，调动全员展业积极性，促进了期交业务稳步发展。至年底，首年期交保费2097.7万元。

短险业务 2015年，寿险清丰支公司根据业务发展形势，团险、分散性卡折式业务同时抓，开办了“团体人身意外伤害保险”“学生平安保险”“建筑工人团体人身意外伤害保险”“母婴安康保险”“计划生育四项手术安康保险”“计划生育干部意外伤害保险”“独生子女家庭意外伤害保险”“司机乘座人意外伤害保险”。至年底，一年期短险619.8万元；处理短险赔案2112件，赔付金额275.56万元。

银保业务 2015年，寿险清丰支公司积极与县农行、建行、工行、邮政局四家代理单位密切配合，签订代理协议，并采取不定期的保险代理业务技能培训等，维护好了销售渠道。

窗口服务 一是理赔服务。坚持“主动、迅速、准确、合理”的原则，严格遵守《服务承诺制度》，维护客户的投保利益。二是售后服务。对客户的长效保单续期服务，抓得牢、抓得扎实。三是内勤服务。树立内勤为外勤服务，外勤为一线服务，全员为客户服务的大服务意识。

（张绍勋）

财产保险

概况 2015年，财险清丰支公司创新产品业务销售渠道，实现在校师生统保，完成年度工作目标。保费收入2016万元，实现利润373.24万元，上缴税收126万元；全年接报案1031起，机动车赔款1465万元，非车险赔款216万元，无投诉、上访情况发生。

业务发展 2015年，财险清丰支公司实行人保财险、人保寿险、人保健康险3家公司交叉销售。在机动车保险上，承保了全县42%的机动车辆保险，商业险保费收入1046.45万元，交强险保费收入612.82万元，其他非车险243.23万元。在学校保险上，全县172所中小学校、幼儿园7.6万余名学生及6200名教师实现了统保，有效转嫁了校（园）方责任风险。

安全防范 2015年，财险清丰支公司本着管好员工、爱护员工，预防为主、防患未然的原则，实行对要害部门跟踪督导和职工评议教育引导全方位动态管理方法；针对不正之风和行业腐败的表现特点，采取一有苗头即予以打击，积极探索从源头上预防、治理腐败措施，严格“四不”，即：不吃、不拿、不卡、不要；成立了安全生产领导小组，组建突发事件应急小组，努力提高员工工作技能及服务水平，引导公司员工依靠服务比拼市场、赢得市场。

（杨建伟）

经济管理

县发展和改革委员会

党组书记
主　　任　付洪轩
副 主 任　王昌胜（2015年10月离）
　　　　　朱殿法（2015年10月离）
　　　　　孙自明（2015年10月任）
纪检组长　孙自明（2015年10月离）
　　　　　孟俊才（2015年10月任）
主任科员　韩保献　库社增
　　　　　朱殿法（2015年10月任）
副主任科员　肖冠杰（2015年12月退）
　　　　　黄志勇（2015年10月任）
　　　　　王昌胜（2015年10月任）

县统计局

局　　长　张志伟
副 局 长　冯义绍　贾吉锋
　　　　　裴韶华（女）
纪检组长　张光勇

县地方经济社会调查队

队　　长　董恩锋
副 队 长　张　朋
副主任科员　张恒业

县审计局

局　　长　巩学如
副 局 长　王聚彬　陈志强
　　　　　冯海方
纪检组长　张怀修
总审计师　贾建江
副主任科员　张春贤　许亚娟（女）

县工商行政管理局

党组书记
局　　长　张志强（离）　李宗轩（任）
副 局 长　姜金凤（女）　孙永杰
纪检组长　赵宏波
经检大队长　段建军
主任科员　刘保民
副主任科员　张怀朝　闫守杰
城关工商所所长　周明奇
马庄桥工商所所长　黄俊军
纸房工商所所长　张育新
高堡工商所负责人　郭海龙
古城工商所所长　姚自卫
仙庄工商所负责人　刘献军

县价格管理办公室

党组书记
主　　任　赵志力
副 主 任　郭朝军　刘吉全
纪检组长　王言正

县质量技术监督局

党组书记
局　　长　魏彦生
副 局 长　常瑞杰　王伟涛
　　　　　田建国
纪检组长
稽查队长　李玉宽

县国土资源局

党组书记
局　　长　张志强（2015年2月任）
党组副书记
副 局 长　李宗轩（2015年2月离）

副 局 长 龙进录 朱瑞玲（女）
纪检组长 付向茹（女）
副主任科员 刘献志

县食品药品监督管理局

党组书记
局　　长 王宏伟
副 局 长 闫社君（女） 李 娟（女）
纪检组长 李相民
党组成员
主任科员 任正顺
稽查队长 杨少培
副主任科员 杨月芳（女）
姚自卫（2015 年 6 月任）
赵建刚（2015 年 6 月任）
张东亚（2015 年 6 月任）

县食品安全办公室

主 任 王宏伟
副 主 任 万国平

县安全生产监督管理局

局 长 刘邦勇
副 局 长 张献峰 李彦峰
李敬斌

宏观调控

概况 2015 年，县发改委着力在项目谋划储备、申报审批、资金争取、启动实施等方面超前运作，靠前服务，创新机制，持续加快项目建设，促进县域经济社会平稳较快发展，实现了“十二五”规划完美收官。被评为“综合考评先进县直单位”“服务重点项目建设先进单位”“争取上级资金先进单位”；被市发改委、市人社局评为“全市发展改革工作先进集体”。

主要指标完成情况 2015 年，全县生产总值完成 204.5 亿元，同比增长 11.7%（其中第一产业增加值完成 40.2 亿元，增长 4.4%；第二产业增加值完成 115.7 亿元，增长 13%；第三产业增加值完成 48.6 亿元，增长 14.3%）；规模以上工业增加值完成 113.7 亿元，增长 14.4%；500 万元以上固定资产投资完成 228 亿元，增长 15.4%；一般公共预算收入完成 5.75 亿元，增长 14.7%；社会消费品零售总额完成 67.7 亿元，增长 13%；城镇居民人均可支配收入 20183 元，增长 9.3%；农民人均纯收入 11201 元，增长 9.1%。

强力推进重点项目建设 2015 年，县发改委把重点项目建设作为促进县域经济发展的着力点和突破口，先后召开重点项目调度会 28 次，研究议题 166 项，解决问题 322 个。40 个省市重点项目概算投资 192.3 亿元，年度计划投资 72.7 亿元，完成投资 108.3 亿元，占年计划的 149%。其中工业项目 19 个，年度计划投资 35 亿元，完成投资 54.9 亿元，占年计划的 157%；建成投产投用项目 19 个，其中工业项目 10 个。

加强项目谋划储备 2015 年，县发改委围绕工业、农林水利、城建、高新技术、商贸物流、文化旅游、教育、卫生、民政、交通、能源、节能环保等领域，开展项目论证、评估、包装工作，达到“对上可申报、对外可招商、对内能实施”的标准，2015 年谋划项目 189 个，总投资 280.3 亿元。

依法依规项目审批 2015 年，县发改委编制权力清单和责任清单，确定行政职权 10 项。全面推进政务公开，就办理事项所需要材料、办理程序、办理时限等上墙公开，印发项目办理明白卡，发放服务对象。落实首问负责、一次性告知、限时办结等制度，提供优质高效服务。启动投资项目在线监管审批平台。全年县发改委办理项目审批 22 项，企业投资项目备案 116 项，呈报上级发改部门审批 27 项。

争取上级投资项目 2015年，县发改委根据国家产业政策和投资方向，有针对性地申报上级投资项目。全年争取到位千亿斤粮食工程、节水灌溉增效示范、农村公路“十百千”示范工程、县乡道路、农村初中校舍改造、残疾人托养中心、基层就业和社会保障服务中心、乡（镇）卫生院、村卫生室、固城水厂项目、污水处理厂提标改造、公共租赁住房乾坤新居、兴园小区配套基础设施、越秀国际小区等棚户区改造相关市政基础设施、燃煤锅炉节能改造综合提升项目等上级投资项目32个，到位资金2.26亿元。积极谋划申报专项建设基金项目，为清丰县固城水厂项目争取到位资本金贷款2200万元。

节水灌溉和千亿斤粮食工程项目建设 2015年，县发改委实施完成上年度节水灌溉增效示范项目，总投资1067万元，建设节水灌溉面积9108亩；2015年度节水灌溉增效示范项目，总投资1432万元，新建节水面积1.4万亩，完成了工程量的90%。实施完成上年度千亿斤粮食工程项目，总投资1774万元，建设规模1.2万亩；2015年度千亿斤粮食工程项目，总投资3697万元，新建高产稳产田2.6万亩，完成工程量的22%。

服务产业集聚区建设 2015年，县发改委根据产业集聚区规划布局，按照国家产业政策和清丰县主导产业定位，完成了笑哈哈藤木家具、物华食品、宏康钢构等企业投资项目备案36项，为双虎家居争取到位资源型城市吸纳就业项目中央投资800万元。

大力发展现代服务业 2015年，县发改委围绕现代物流、金融、文化旅游、信息服务、健康养老、商贸服务、都市农业等七大领域，实施现代服务业项目27个，总投资41亿元。参与特色商业区规划建设、观摩迎检，重点培育电子商务、连锁经营、生态宜居、休闲娱乐等业态，实施项目13个。电子商务产业园投入运营，天润城购物广场、亿洲乐活城市广场等商业综合体正式营业；单拐传统村落保护及旅游区提升、小火车站旧址综合开发、北欧小镇等项目快速推进。

推进节能减排 2015年，县发改委以“节能有道、节俭养德”为主题，以生态文化建设为主线，以动员社会各界参与节能降碳为重点，开展节能评估工作，全年全县单位GDP能耗下降2.24%。

加强诚信体系建设 2015年，县发改委筛选华中药业有限公司、河南金正石油电器有限公司等9家企业呈报河南省诚信承诺企业，筛选河南龙丰实业股份有限公司呈报为河南省诚信示范企业。

推进医改和公务用车制度改革 2015年，县发改委按照《关于全面推进县级公立医院综合改革的实施意见》（国办发〔2015〕33号）和河南省人民政府《关于推进县级公立医院综合改革的实施意见（试行）》（豫政〔2014〕67号）文件精神，成立了清丰县县级公立医院综合改革管理委员会，县中医院和县二院被确定为改革试点；按照规定比例完成了全县一般公务用车和执法执勤用车封存工作。

（孙雨辰）

统　　计

概况 2015年，全县完成生产总值204.5亿元，同比增长11.7%。其中，第一产业增加值40.2亿元，同比增长4.4%；第二产业增加值115.7亿元，同比增长13%；第三产业增加值48.6亿元，同比增长14.3%。规模以上工业增加值113.7亿元，同比增长14.4%。500万元以上固定资产投资228亿元，同比增长15.4%。社会消费品零售总额67.7亿元，同比增长13.0%。城镇居民人均可支配收入2.02万元，同比增长9.3%；农民人均纯收入1.12万元，同比增长9.1%。公共财政预算收入完成5.75亿元，同比增长14.7%。

统计方法制度改革 2015年，县统计局全面改进服务业统计方法，加强三产入库工作。一是县统计局设立服务业专门统计机构；二是建立了服务业工作部门统计责任制，完善职责分工，并由部门牵头，对所牵涉行业进行清查，把三产企业登记在册，建立档案，督促企业入库；三是建立服务业工作部门联席会议制度，定期通报工作情况；四是将服务业统计工作纳入目标考核体系，由县督查局对工作落实情况进行督导。

人口抽样调查 2015年，县统计局在全县17个乡（镇）48个省点和27个国家点中，认真开展全国1%人口抽样调查和河南省3%人口与城镇化抽样调查工作，至年底，完成调查指导员和调查员的选聘和培训工作，同时做好调查登记前的摸底工作，正在进行入户登记调查。

《河南省统计管理条例》宣传 2015年，县统计局采取悬挂宣传标语、设立咨询台、宣传展板、发放《统计条例》读本、宣传彩页、宣传手提袋等多种形式，加强宣传，切实将依法统计、依法治统的理念深入贯穿于统计工作全过程，取得了良好的宣传效果。

统计数据质量提升 2015年，县统计局落实以企业一套表为核心的“四大工程”建设，构建了规范统一的数据加工处理平台，实现了企业直接向国家统计局报送统计数据，降低了人为干扰统计数据的可能性，统计公信力得到明显提升。严把数据“进出口”关，不断提升统计数据质量，确保统计数据的准确性、科学性、及时性，真实反映全县社会经济发展。一是认真做好了向各级党委、政府提供统计信息、经济形势汇报、统计信息网络发布等服务工作；二是积极围绕社会主义新农村建设、促进经济结构调整和增长方式转变、深化改革开放、加快全面建设小康社会、建设社会主义和谐社会等问题展开专题调研，为县委、县政府分析、把握形势和制定决策提供可靠依据。

（殷守常）

地方经济社会调查

概况 2015年，县地调队依次召开夏、秋粮预、实产，城乡住户调查，针对县、乡社会基本情况，畜牧业名录库及生产情况，农林牧渔业统计及第一产业综合核算等进行培训，调查人员素质得到提升，统计数据更加精准。

创新工作模式 2015年，县地调队在深入调查户沟通检查的基础上，首次启用城乡住户调查访户记录表和城乡住户调查情况登记表，及时更新A、B、M卷，扎实推进城乡住户统计调查工作。8～10月，开展了农村基层基础检查和数据质量检查复查工作。

专项调查 2015年，县地调队开展多项专项调查。一是完成粮食生产成本、乡村社会经济基本情况、乡级网络平台分村起报、主要粮食作物滚动调查等专项调查任务。二是在对45个畜

地调队技术人员小麦冻害情况调查

禽监测点和9个生猪生产趋势调查点工作人员业务培训和指导的基础上，每季度直接派员到68个监测调查点检查，确保数据调查质量。三是以维护百姓切身利益为出发点，开展“民众最关注的民生问题”“农村劳动力就业状况调查”“城镇化意愿调查问卷”“濮阳市畜禽养殖废弃物及对环境影响调查问卷”和“玉米价格下降原因”专项调查。

农业生产和农村经济调查 2015年，县地调队先后完成粮食、棉花、油料、蔬菜等种植面积调查和生猪存栏、农林牧渔产值调查。据调查：粮食种植面积116.06万亩，较上年增长0.1%；粮食总产57.61万吨，较上年增长3%。棉花种植面积0.31万亩，较上年减少0.26%；总产199吨，较上年减少26.57%。油料种植面积22.75万亩，较上年增长0.04%；总产6.76万吨，与上年持平。蔬菜种植面积33.2万亩，较上年减少0.63%；总产81.54万吨，较上年增长4.82%。生猪存栏31.08万头，较上年减少1.3%；出栏44万头，较上年增长7.8%。羊存栏9.4万只，较上年增长64.6%；出栏10.83万只，较上年增长18.8%。禽存栏743万只，较上年增长9%；出栏1630万只，较上年增长7.7%。农林牧渔业总产值71.89亿元，同比增长4.5%；增加值40.65亿元，同比增长4.5%。

（陈慧娟）

审　计

概况 2015年，县审计局以加强审计队伍建设、促进审计方式方法创新为重点，以提高审计能力、服务经济发展为目标，全年审计项目45个。其中，党委政府交办项目12个，正在开展审计项目8个。查出违规金额6520万元，管理不规范金额3731万元，核减工程造价1217万元。撰写完成计算机案例10篇，在各级媒体发表审计信息56篇（条），向被审计单位提出建设性审计意见和建议237条。

预算执行审计 2015年，县审计局以财政资金运行轨迹为主线，重点关注全口径预算管理、财政存量资金消化、三公经费开支、政府采购等环节，深化审计内容，密切关注预算编制的合理性、程序履行的合法性、国库集中支付的真实性、投资建设项目的合规性和效益性，注重从机制、体制和制度建设以及管理层面提出审计意见和建议。

政府投资审计 2015年.县审计局对南乐县政府保障性住房项目、清丰县节水灌溉项目、农业综合开发项目等工程进行了竣工决算审计。审计中坚持提前介入，对工程的设计、立项、合同、预算、招投标、开工等项进行审计监督，审计核减工程造价为政府节约投资1217万元，整改落实到位资金2864多万元。

土地整理专项审计调查

行政事业审计 2015年，县审计局从构建和谐社会的大局出发，以惠民维稳为落脚点，保障各项民生项目资金发挥最大效益。开展了民政、医疗、社保、水利、农业等审计项目，查出各类问题金额2760多万元，督促相关部门切实整改，有效维护了人民群众的根本利益。同时，开展了稳增长、调结构、促改革、惠民生、防风险政策措施落实情况跟踪审计，查出了民生工程资金未配套、工程项目未做环评、电子营业执照未开通等问题，召开专题会议督促问题整改，已全部整改完毕。

经济责任审计 2015年，县审计局对县行政服务中心、民族宗教局、工商联、实验中学等8个单位的主要领导干部开展了任期经济责任审计。客观、准确地评价领导干部贯彻落实上级经济政策情况、经济指标完成情况、单位财务收支管理情况及本人廉政情况等，揭露了具有苗头性、倾向性问题，有效预防贪污腐败行为的发生。

审计质量管理 2015年，县审计局成立审计项目质量检查领导小组，制定了《业务流程操作规程及责任界定》《清丰县审计局首批项目竞选办法》《审计业务会议制度》《审计项目电子数据管理规定》等规章制度，推行审计台账管理，对每个审计项目建档立表、严控节点、跟进问责。强化推行主审负责制、项目限时制、审结销号制等措施，使审计项目实施效率平均提高40%以上。推行"一站式"业务操作规范，通过节点提醒、集体会商、重点跟进等形式，抓进度、堵漏洞、控风险，进一步提升了审计项目质量和效果。

审计信息化建设 2015年，县审计局按照审计信息化建设"六个一"标准，重新建设了高标准的金审机房，建立了一套满足数据分析和网络通讯需要的服务器、交换机、网络机柜等运行设备，建成了一套满足审计管理系统办公需要的局域网，完成了工程预算申报、设备询价、工程招投标、机器安装、系统联调等工作，实现了与省厅、市局的远程视频会议和远程教育培训互联互通。2015年列入年度计划的审计项目，已全部在OA中建立项目，已结束的项目按时间节点全部上传了数据包和归档包，交互合格率达100%。完成计算机实例10篇和地税联网审计报告1篇。

审计结果运用 2015年，县审计局要求办公室和各审计组按照一个审计项目上报两条审计成果的标准，高站位、善思考、精提炼，撰写高质量、有价值的审计成果信息，快速实现审计成果转化，积极服务党委政府决策。在《中国审计报》《中国审计》、河南省审计厅内外网站、市政府《政务工作快讯》、市局《审计工作信息》、县委《清丰信息》、县政府《政府工作快报》等报刊网站刊发信息56条，进一步扩大了审计影响力和成果转化率。

服务领导决策 2015年，县审计局抽调20余人次参加纪委案件查办、信访维稳处理、企业破产改制、"三公"经费清理等工作。积极服务县产业集聚区双虎家私项目招商引资及建设工作。全力开展惠丰路街区城建改造项目，定期召开项目协调推进会，按照时间节点加强项目建设督导检查，有力确保了全县城建建设工作稳步协调推进。积极服务全县国家级文明城、卫生城创建工作，对承担的清华苑小区和政通大道环境卫生清理全力以赴，确保了各项创建工作的有力开展。

（崔利宽）

工商行政管理

概况 2015年，县工商局把履职尽责促进经济发展作为第一目标，把真抓实干作为第一风格，扎实有效地开展了以服务经济发展、监管执法、消费维权、文明创建等为重点的各项工作，努力建设政治上过硬、业务上过硬、作风上过硬的工商队伍。被省住建厅评为"河南省园林单位"，被省爱卫会评为"省级卫生先进单位"，被河南省打传办评为"2015年度全省打击传销工作先进县"，获全市"平安建设"工作先进单位，全县综合考评先进单位、依法行政工作先进单位、全县宣传思想文化工作先进单位、全县作风建设暨反腐倡廉建设优秀单位、服务重点项目建设先进单位、文明使者志愿服务示范站等荣誉称号。

注册登记 2015年，全县共发展各类市场主体3577户。其中，私营企业378户，同比增长71.04%；个体工商户3160户，同比增长64.07%；农民专业合作社38户；办理企业变更登记453户，注销1271户。至年底，全县实有各类市场主体1.9万户。其中，私营企业1672户，个体工商户1.65万户，农民专业合作社572户，内资企业258户。县产业集聚区共有企业107家。其中，动产抵押登记21家1.52亿元，帮助企业融资1.36亿元；办理股权质押登记10份，帮助企业融资6050万元。

市场监督管理 2015年，县工商局重点加大红盾护农、无照经营、打击传销、侵犯商标权等方面的专项整治力度。一是开展打击假冒伪劣专项行动。开展了以化肥、农药、钢材、水泥为重点领域，以查处无照经营、销售不合格商品、虚假表示和假冒仿冒商品行为，保护注册商标专用权为重点内容，加强假冒伪劣商品纵向流向摸排，切断假冒伪劣商品流通渠道，强化流通领域商品和服务质量监管，保护经营者与消费者的合法权益为重点的流通领域假冒伪劣商品集中行动。二是监管重点商品。先后开展儿童服装质量、插头插座质量、激光笔、消防产品质量等专项整治行动，突出电子电器、服装鞋帽、交通工具、装饰材料等四大类重点商品监管，全年共抽检儿童服装7个批次，抽检化肥82个批次，抽检婴幼儿配方乳粉40个批次，抽检汽油柴油13个批次，对抽检不合格商品责任人依法进行严肃处理。三是取缔无照经营。印发了《清丰县2015年度查处取缔无证无照经营综合治理工作实施方案》，开展了查处取缔无照经营专项检查行动，涉及前置的无照经营户123户，分别向安监、商务、市政园林、文化、消防等5个单位发出了告知函。四是防范打击和处置非法集资。以非法集资高风险行业、企业为重点，抽查企业41户、个体工商户和农民专业合作社424户。五是管食品保安全。在工商体制改革期间，坚持流通环节食品安全工作不放松，开展了农村食品市场、乳制品市场、食用油市场以及季节性、节日性食品市场，酒类市场、豆制品、问题肉及肉制品等专项整治执法行动。共出动执法人员8305人次，检查集贸市场等各类市场120个次食品经营者7032户次，查处各类食品违法案件16起，罚没金额4万余元，查扣不合格食品89公斤，取缔无证经营户8户。六是开展红盾护农行动。先后开展红盾户农打假冒保春耕、夏季农资打假、秋季农资打假、成品油专项整治等专项行动，共检查农资经营户399户次，抽检化肥66批次（其中合格53批次、不合格13批次），立案查处7起，结案7起，罚没款6.8万元。

案件查处 2015年，县工商局共查办各类案件62件，立案60件，罚没款111.3万元。其中，不正当竞争案件5起，广告案件3起，商标侵权案件3起，传销案件1起，万元以上案件9起。刘某某等人以权健自然医学科技发展有限公司名义从事传销活动一案，没收违法所得11万元，罚款40万元，责令侯某某等16人停止违法行为。全年审核一般程序行政处罚案件60件，其中万元以上9件，开展行政提示、行政指导450余次，行政约谈20次，回访9次。全系统没有一件行政复议和行政诉讼案件发生。

商标广告整治 2015年，县工商局相继开展了电视购物专项整治、非法集资广告专项整治、虚假违法广告专项整治行动，对辖区内户外广告进行了拉网式排查，全年办理户外广告登记32家，查处广告违法案件3起。帮助4家企业申报河南省著名商标，为10家企业申请注册商标提供服务。2015年新创省著名商标4件，分别为濮阳市为民机械制造有限公司、濮阳市顿丘酒业有限公司、清丰县鑫凯糖业有限公司、濮阳市天口食品有限公司；延续认定省著名商标6件，分别为河南省金正石油电器有限公司、濮阳市乾雨食品有限公司、河南七点半食品有限公司、河南阳光防腐涂装有限公司、濮阳市伍钰泉面业集团有限公司、清丰县宏海面粉有限责任公司。至目前，清丰县共有省著名商标企业14家，省著名商标17个，全县共有有效注册商标586件。

“12315”工作创新 2015年，共接到消费者咨询、申诉、举报620起。其中，咨询280件，申诉286件，举报54件，办结率100%，为消费者挽回经济损失16万元。一是完善以县工商局为中心的消费维权网络和以大中型商场、超市为骨干的消费维权社会监督网络，扩大消费维权网络覆盖率。二是与县电视台联合开办《天天“3·15”》专题电视栏目，并通过微信公众平台及时发布消费警示信息。2015年共发布消费警示信息38期；创新落实12315申诉举报案件回访制度，回访率和群众满意率两个100%。三是创新消费维权机制，12315中心和消协联合办公，大大提高了消费维权工作效率。四是组织消协、公安、食药监、卫生、银行、保险、电信等30余家行政事业单位和公用企事业单位，在天润城广场举行“3·15”国际消费者权益日纪念宣传活动，设置了法律法规咨询台、农资打假咨询台、消费维权服务台、假冒伪劣辨别台、投诉申诉服务台、食品现场检测台、假冒商品展示台、便民服务台、义务诊治台等46个展台，发放宣传页1.6万余份，接受咨询4000余人次。

工商服务 2015年，清丰县非公经济服务网站和工商伴你行微信工作平台建立，发布协会工作动态、非公党建、会员服务等内容。加强对党支部书记与入党积极分子的教育培训，新组建党支部3个，发展党员7人。首批筛选河南龙丰、金玉油脂、顿丘酒业、清丰商会、丰源食品等5家具备一定规模和硬件设施的党支部为示范点。组织开展了小微企业个体商户电子商务培训、文明诚信经营专题讲座、党员教育培训等形式多样、丰富多彩的教育培训活动，加强与金融机构沟通协调，搭建银企合作平台。全年累计发放贷款5000多万元。

提高消费者维权意识 2015年，县工商局在重点领域、重点行业、企业开展“社会维权第一责任人”消费教育讲座、培训，增强企业的社会责任意识、诚信经营意识和自觉维权意识。联合县电台、电视台等主流媒体制作播出《天天“3·15”》电视专题节目30期，广播连线450分钟。

（白换着）

物　价

概况 2015年，县价格办继续坚持“以调控稳价格、以监管惠民生、以服务促发展”的工作要求，强化市场监管，落实民生价格政策，着力解决价格投诉举报热点问题，狠抓涉企涉农价格管理，积极疏导价格矛盾，切实搞好价格公共服务，确保全县物价基本稳定。被评为“全市发展改革系统物价工作优秀单位”。

诚信建设 2015年，县价格办加强明码标价工作的宣传和推动，特别是元旦、“五一”“十一”等节日期间加大对大型粮油市场、超市巡查力度，严厉打击擅自涨价、串通涨价、哄抬物价、囤积居奇等坑害消费者的价格违法行为。协助天润城等大型商场开展“价格诚信单位”创建活动；设置价格咨询台25人（次），散发明码标价宣传资料8000余份，对县城门店、单位开展拉网式检查，检查门店、单位600家（次），查出35家未标价店，纠正不规范门店130家

（次），发放明码标价签3.8万余张，有效促进了清丰诚信建设。

价格监测 2015年，县价格办明确专人对城乡各个监测点涉及的60余种农副产品价格进行定点定时采报。对重要监测商品及价格短期波动较大商品，每周监测上报，并对价格变动态势进行预测分析。全年完成价格监测分析报告12篇，上报监测信息56篇（次）。

市场明码标价及价格诚信建设检查

价格监督检查 2015年，县价格办多次开展价格监督检查。1～3月，针对城乡节日市场商品价格开展了专项检查，稳控了节日市场价格秩序；3～5月开展教育收费专项检查；4～7月开展市场价格专项整治活动，严查价格串通、哄抬价格、价格垄断、价格欺诈等价格违法行为；7～9月开展涉企收费专项检查，其中土地、林业部门由市物价所直接检查；7～10月开展粮食收购价格及秋季化肥农资价格、卫生医疗服务价格专项检查；9～11月开展通信、银行收费专项检查。同时，根据清丰县实际，搞好了畜牧、农机、邮政、电业、防疫、劳动、交通、公路等行业部门的价格收费问题日常检查与监管。全年监督检查500多个单位（场所），查出价格违法行为220起（次），收缴财政75万元，为企业与群众减负500余万元。

价格举报 2015年，县价格办开通“12358”四级价格举报平台，通过媒体多次向社会公布“12358”“7212311”两部举报电话，设专人接听和登记，及时接受和处理社会各界群众的价格咨询和举报，接受群众投诉咨询90余起，通过群众举报查实案件8起，下达行政处罚决定书6份，涉及违价金额100多万元。

收费管理 2015年，县价格办取消全县行政事业性、经营服务性收费许可证206套，对全县收费单位的收费情况进行了清理规范：取消收费项目18项，放开收费项目10项，降低标准16项，停止8项。

价格认证 2015年，县价格办全年评估各类案件331起，评估认证金额252.3万元。其中刑事案件131起，鉴定金额122.2万元；交通事故定损案件200起，鉴定金额130多万元。

依法行政 2015年，县价格办完善党务、政务公开工作目录，把握好公开内容、公开时限、公开形式等，将重要工作的办理条件、程序时限、收费标准及业务工作的进展情况及时公开。严格执法程序，加强执法人员执法培训和考核工作，派出培训人员20人（次），举办专题执法培训5次，开展卷宗评比2次。

（贾胜军）

质量技术监督

概况 2015年，县质量技术监督局以服务地方经济发展为己任，以防止和减少安全事故为目标，特种设备安全监察工作进一步强化，标准化、计量、认证认可等技术基础工作不断加强，为促进全县经济快速、健康、协调发展和社会进步作出了新的贡献。先后省局被授予全省质监系统“先进基层县局”“执法打假先进县局”“食品安全监管优秀单位”等荣誉称号；被市局授予“综合业务工作优秀单位”“执法打假工作优秀单位”“党风廉政建设工作优秀单位”“文明单位创建优秀单位”；被县委、县政府授予“全国文明县城创建工作先进单位”“全县作风建设和反腐倡廉建设先进单位”“综合考评先进单位”“服务重点项目建设先进单位”“全县依法行政先进单位”，被县团委、工会授予“先进基层团组织”“五一”劳动奖状等荣誉。

质量管理 2015年，县质监局大力开展“质量强县”活动。设立启动县长质量奖，明确质量强县工作的任务，对开展质量强县战略工作进行全面部署，全县共有3家企业产品取得了省名牌。完成了3家企业（新南方家居、伍钰泉面业和中石集团）2015年度濮阳市长质量奖材料申报，协助12家企业获得ISO9000质量体系认证，2家企业获得河南省质量诚信工业企业称号，全县已有8家企业获得质量信用A、AA等级企业。配合县产业集聚区完成了河南省板式家具知名品牌示范区的批准创建，河南省质量诚信工业企业和河南省名牌产品企业11家，顺利完成质检化验室资质到期认证，全年定检完成率97%，抽检企业覆盖率98%。检验产品412个批次，其中委托检验376个批次，合格386个批次，不合格26个批次，批次合格率为93.7%；工业产品定检22个批次，合格率100%。

计量器具检查

计量监管 一是按照《计量标准考核规范》的要求，定期对计量标准进行溯源和复查，保障计量标准准确合法。以四大领域的强检计量器具为重点，共检定各类计量器具19025余台（件）。其中衡器类461台（件）、集贸市场1000余台（件）、医疗器械类301台（件）、加油机481台（件）、水表4310块、压力表98块、电能表2020块、天然气表1万块、企业化验室天平137台、分光光度计5台、温场巡检设备159台（件）、计量标准检定率100%。二是开展以“关注民生、计量惠民”“诚信计量”等为主题的专项活动。

标准化管理 2015年，县质监局协助企业落实产品执行标准330多个，制定备案企业标准20多个，采用国际标准9个；制定推广地方农业标准12项，建立省级标准化示范基地4个、国家级2个；新增商品条码企业4家、商品条码续展企业11家；对20家食品企业的126种未处理产品信息进行网上补录工作，对其中26种被冒用产品的信息进行网上信息处理；将濮阳市领锐牧业有限公司的沼气发电项目，推荐为国家循环经济标准化试点单位。

组织机构代码管理 2015年，县质监局共办理代码证1092份。其中新办471份，换证616份，迁出2份，迁入2份，注销1份，受理年度报告914家。

特种设备安全监察 2015年，县质监局以服务经济建设确保人民群众生命财产安全为中心，以防止和减少事故为目标，以落实责任为抓手，以信息化管理为手段，对辖区内特种设备使用单位，采取重点使用单位与非重点使用单位、日常安全监察与重点安全监察相结合的方式开展检查。一是举办一期特种设备安全人员培训班，共培训企业40余家，培训人员70余人，极大地提高了全县特种设备安全管理人员的技能水平。二是开展电梯安全监管大会战和电梯安全专项整治、油气输送管道隐患整治攻坚战、燃煤锅炉节能减排攻坚战等三大战役和特种设备“查尽责、除隐患、保安全”活动，集中开展非法加气站专项整治，检查特种设备单位、个人367家，查出事故隐患266起，当场整改126起，责令限期整改140起，下达特种设备安全监察指令书140份。与59家企业签订特种设备安全主体责任承诺书，进一步落实企业第一责任人和直接责任人。

质量监督和行政执法 2015年，县质监局全面落实执法打假区域责任制度，全县分成若干个责任区，分别负责区域内执法打假、质量安全、特种设备安全工作。扎实开展“质监利剑”专项整治行动，组织开展了民生计量、电梯、加油机等执法检查和各项专项整治行动，出动执法人员450人次，执法车辆82台次，办理行政处罚案件18起，其中立案16起，现场处罚2起，结案18起，结案率100%，未出现行政复议和行政诉讼案。日常执法打假工作有序开展。一是按照多频次、勤检查的原则，对城乡接合部、偏僻乡村开展突击式不定期检查，及时发现制假造假行为。二是开展液氨储罐专项整治。三是开展电梯安全专项整治，全县有29家电梯使用单位，注册登记363部电梯及时有效维保。

质监能力提升 2015年，新建的河南省家具产品质量监督检验中心成为全省唯一一家经省质监局批准建设的省级家具质检中心。该中心办公楼7层、面积6545平方米，投资2800余万元。实验室认证认可“三合一”顺利通过。涵盖全部日用消费品、建材、农业生产材料、食品检测项目等49个产品和160项参数。

（曹小利）

国土资源管理

概况 2015年，清丰县国土资源局认真贯彻落实国务院关于国土资源管理的方针政策，严格执行国土资源管理法律法规。建立耕地保护考核机制，执行土地调控政策，加强地籍和建设用地、矿产资源管理，加大执法监管力度，做好地质灾害防控，各项年度目标圆满完成。先后被河南省爱卫会评为“省级卫生先进单位”，被濮阳市委、市政府评为“平安建设先进单位”，被县委县政府表彰为“争取上级资金先进单位”“综合考评先进单位”“重点项目建设先进单位”“服务重点项目建设先进单位”“创建国家园林县城先进单位”“作风建设和反腐倡廉工作先进单位”；被县人大评为“建议办理工作先进单位”；被市国土局表彰为“完成工作责任目标优秀单位”。在濮阳市国土资源系统年度综合考评中，清丰县国土资源局取得了全市第一名的好成绩。

土地资源 2015年，全县土地总面积83349.43公顷。其中，耕地59951.38公顷，园地233.97公顷，林地2809.17公顷，城镇村及工矿用地13469公顷，交通运输用地3043.47公顷，水域及水利设施用地2532.28公顷，其他土地1310.16公顷。

耕地保护 2015年，县国土局建立耕地保护考核机制，层层签订耕地保护目标责任书，将耕地保护的责任和目标分解落实到乡（镇）、到村、到队、到农户、到地块，确保耕地保有量面积不少于58573.77公顷，基本农田保有量不少于50976.02公顷。

土地利用 2015年，县国土局以市场为导向，严格执行土地调控政策，不断完善土地使用权招拍挂出让方式，保障土地市场平稳供应，全年共挂牌成交地块25宗40.4公顷，总成交价款1.87亿元。

地籍管理 一是办理国有土地证书70宗，注销土地登记20宗，查封东盟置业、菇业公社等土地9宗，全部做到了宗宗土地登记规范，产权登记准确率100%。二是完成了全县17个乡（镇）503个行政村地籍调查工作，共调查宗地17.17万宗，地籍调查结果已公示完毕。乡（镇）权属审核13.02万宗，审核确认70%以上，已进入登记发证阶段。

建设用地管理 一是科学编制年度建设用地报批计划。充分发挥部门职能作用，与省、市国土资源部门加强沟通协调，将全县重点项目、招商引资、民生项目、小城镇建设等用地需求进行梳理、排序、汇总，科学制定并实施年度用地报批计划。二是加强建设用地预审工作。组织各项建设项目用地选址25次，受理清丰县自来水公司固城水厂、河南平原食品科学研究有限公司、引黄入冀补淀工程（清丰县段）、清丰县汽车客运站新建等项目用地预审9个，总面积143.73公顷。三是做好建设用地报批工作。全年经省厅批准18个批次398.49公顷建设用地，有力保障姚庄污水处理厂、气象局搬迁等项目用地，完成了人社局就业和社会保障服务中心0.57公顷的土地划拨工作。

土地整理 一是完成大流乡、马村乡土地整治项目立项报批工作。项目涉及39个行政村，建设总规模4899.26公顷，总投资7936万元，正在做施工图设计工作。二是着力推进清丰县黄河故道中低产田土地整治项目。一期工程项目规划设计全部实施完毕，进入审计阶段；二期工程项目区，建设总规模为3680.66公顷，项目预算总投资5978.68万元，涉及高堡乡、巩营乡、仙庄镇等3个乡（镇）共30个行政村，建设工期12个月，共划分为18个施工标段，1个监理标段。2015年10月28日开标，水利标段现已进场施工。

执法监察 一是加大农村建房管理力度。开展了春季农村违法建房专项清理整顿行动，查处农村违法建房147户，拆除0.1公顷的违法建房。二是卫片执法检查工作有序推进。开展对照下发土地、矿产卫片影像图进行核查、查处和整改工作，疑似违法图斑均已整改到位，通过省级验收。2015年，全县共查处违法用地58宗，立案53宗，结案50宗；应收罚款63.49万元，已收罚款金额14.31万元；应没收面积3.69公顷，已没收面积3.69公顷；应拆除建筑物面积4.74公顷，已拆除违法建筑物面积0.77公顷；给予党纪处分49人，落实48人；非立案处理1宗，面积0.13公顷。三是认真做好国土资源行政复议和诉讼案件，答辩行政复议案件6件，市中院审理行政诉讼案件2件。

信访工作 全年共受理信访案件62件，接待上访75人次，其中直接受理信访件8件，来信7件，来访44件，来电3件，结案率100%，群众满意率90%以上，无复查复核案件，无重大群众性非法越级上访。

地质灾害防治 2015年，县国土局坚持“预防为主，避让与治理相结合的方针”，根据法律规定，对马庄桥镇前游子庄村为地裂缝地面塌陷灾害易发区制定《地质灾害防治方案》及《突发性地质灾害应急预案》，建立健全“五项制度、一个规章、一个办法”，即汛期值班制度、汛期工作报告制度、险情速报制度、灾情速报制度与应急调查制度、观测人员规章、监测人员管理办法等。汛期期间，领导带班值守，24小时全天候值班，加强巡查，及时掌握情况。对辖区内地质灾害隐患点和危险点进行排查，共发放地裂缝地质灾害防灾工作明白卡200余份，使受地质灾害威胁的群众明白防灾避灾及临灾处置办法，明确撤离路线、避灾安置点和注意事项，全县全年没有发生一起因地质灾害引发的伤亡事故。

矿产资源管理 一是完成了瓦屋头镇双町地区

盐矿勘查的日常监管和年度检查工作。经过对河南永龙化工有限公司上报的书面材料初审和现场实地核查，双町地区盐矿详查项目2015年度报告中填报的内容符合实际情况，达到了年检要求，探矿权人按规定认真履行了法定义务，初步审查该项目年检合格。二是加强砖瓦窑场监管工作。持续保持对黏土砖瓦窑场整治的高压态势，完善了砖瓦窑场日常监管体系，认真落实监管措施，开展经常性的动态巡查和重点督查，切实履行在治理整顿黏土砖瓦窑场工作中负有的对砖瓦窑场违法取土、破坏耕地行为的查处和监管责任，查处破坏耕地非法取土行为5起，调查处理涉及砖瓦窑场的信访案（事）件3起。

基层所建设 2015年，县国土局确立“人财物等一切都要向基层倾斜”的工作思路，坚持不脱离实际、不奢侈浪费的原则，切实加强基层所规范化建设，积极筹措资金用于提高基层所软硬件建设和经费保障。全县8个国土所均拥有了固定的办公场所，其中7个国土所办公用房按照规范化建设标准已整修完毕，瓦屋头国土所规范化建设预计2016年7月底完成。

（徐瑞婷）

食品药品监督管理

概况 2015年，县食品药品监督管理局以保障人民群众饮食用药安全为主线，以完善监管体制、创新监管机制、提升监管能力、落实监管责任为重点，坚持改革创新，强化风险管控，全面加强安全监管工作，全县食品药品安全形势持续稳定向好，多项工作走在了全市前列。

依法行政规范 2015年，县食药监局认真落实依法行政责任制，建立重大行政决策的公开、集体决定、跟踪反馈、责任追究制度，对行政处罚自由裁量权进行规范，行政处罚法制审核率100%；做好食品药品法律法规的宣传普及工作，设立咨询台20台，摆设药品安全知识展板20余块，发放食品药品安全宣传资料1万余份；加强食品药品监管执法人员法律知识培训，培训300余人次，发放资料500余份。

2015年11月5日，省食品安全和农产品质量安全观摩团参观考察

餐饮服务食品安全监管 2015年，全县餐饮服务食品安全立案65起，结案65起，罚款35万元；办结餐饮服务许可525家、流通许可218家、生产许可证3家、小作坊备案14家，督促健康体检3614人。一是先后开展了元旦、春节、中秋、国庆食品安全专项整治。检查餐饮单位477家、680户食品经营单位，下达监督意见书120份，与校园周边食品经营户签订食品安全承诺书101份，取缔无照经营5户，下达责令整改通知书94份，查处“三无”过期食品20袋，发放食品安全宣传资料1000余份。二是开展了学校及周边食品安全集中整治。出动执法人员417人次，检查学校食堂214家次，食品经营户220家，依法下达责令改正通知书23份。三是开展了小餐饮及火锅底料专项检查、“食用明胶及相关食品”专项整治、水产品及畜禽肉专项整治、酒类生产、流通企业专项检查等活动，有力净化了全县食品市场。同时，以创

建国家卫生县城为契机，对县城内538家餐饮单位进行了综合提升，进一步加强了食品安全保障能力。

保健食品化妆品专项整治 2015年，县食药监局持续开展保健品打“四非”（非法生产、非法经营、非法添加和非法宣传）、银杏叶类保健食品专项整治，全年完成保健品抽检20批次，化妆品抽验17批次。

医疗器械监管 2015年，县食药监局对监管任务目标分解，责任到人，做到“一企一档”。全年上报医疗器械不良事件77例，监督检查覆盖率达100%。

2015年12月19日县食药局集中销毁假冒伪劣食品药品

药品安全监管 2015年，县食药监局落实驻场监督员制度，每周对河南天方华中药业有限公司监督检查一次，督促该企业对查出的问题进行整改，企业顺利通过省局的GMP认证。在国家药品不良反应监测中心网站注册基层用户单位110家，实现网络直报单位37家，上报药品不良反应报告282例。

药品流通监管 2015年，县食药监局加强对含麻黄碱类复方制剂、蛋白同化制剂、终止妊娠药品、疫苗、生物制品等重点品种的监管，对高风险药品的购销渠道、储存养护、冷链管理等重点环节实施严格监督，培训药品零售企业及药品批发企业质量管理人员100余人；加强了药品流通环节电子监管工作，基本药物配送100%。

药品稽查 2015年，县食药监局完成抽样74个批次。其中不合格42批。全年没有发生一起因结果异议而申请复验的事件。一般程序案件共立案91起，结案91起，罚没款32万元；协查核查回函率100%。案件移动率100%。

（杜丽英）

食品安全

概况 2015年，县食品安全办公室围绕上级有关部门下达的年度工作目标，在工作措施上求创新，在工作质量上求提高，在工作难点上求突破，切实将食品安全工作作为一项民生工程、民心工程来抓好做实，先后印发了《清丰县2015年食品安全工作要点的通知》(清政办〔2015〕2号)、《清丰县食品安全专项整治方案》（清政食安委〔2015〕1号)、《清丰县农村集体聚餐管理办法》（清政食安委〔2015〕2号)等文件，县政府领导多次召开会议，专题研究部署食品安全监管工作，解决食品安全工作的困难和问题，有力推动了全县食品安全工作的顺利开展。2015年度，清丰县被市政府表彰为食品安全工作先进单位。

机构改革 2015年，县食安办按照《濮阳市人民政府关于食品药品监管体制改革的实施意见》和县食品药品监督管理局“三定”要求，在全市率先完成了人、财、物划转工作。同时组建了乡（镇）派出机构，成立17个乡（镇）食品药品监督管理所，健全了食品安全监管体系。

完善基层监管网络 2015年，县食安办针对监管难点主要在农村这一特点，创造性开展工作。通过乡、村推荐，县食品安全办评定，在全县503个行政村选聘了503个食品药品安全协管员，承担协助执法、隐患排查、信息报告、宣传教育等职责，着力解决基层监管能力薄弱问题。为切实发挥协管员作用，在全省率先把协管员每人每月100元的津贴纳入了县财政预算，保证了待遇的落实，有力地调动了广大协管员的工作积极性。

食品安全宣传 2015年6月，县食安办开展以“尚德守法 全面提升食品安全法制化水平”为主题的宣传活动。该办精心安排，组织17个乡（镇）、16个县直单位和6家相关企业参加。设立咨询台22处，摆放宣传展板88块，印发宣传资料1万余份，现场解答群众咨询2000余人次。通过宣传，有力增强了人民群众的食品安全意识。

食品安全监管 2015年，县食安办充分发挥综合协调职能，组织各乡（镇）及相关监管部门进行一系列的联合行动及专项整治。如组织城关镇、食药、工商、综合执法、市政等相关部门，对菜市场及周边食品安全问题进行综合整治，有力地保证了菜市场及周边的食品安全。全年共组织开展学校食堂及周边，中秋、国庆期间市场大清查等联合执法行动10余次，肉禽类冻品、调味面制品、火锅底料等食品安全专项整治行动20余次，保证了全县食品安全大局的持续稳定。

（常　春）

安全生产监督管理

概况 2015年，县安监局坚持“安全第一、预防为主、综合治理”的方针，采取“九个强化”，做好“九项工作”，全年共发生各类安全事故118起，其中交通事故20起、火灾事故98起，死亡6人（均为交通事故），工矿商贸企业未发生生产安全事故，未发现重大事故隐患。全县安全生产控制指标实施情况良好，全县安全生产形势持续稳定。

加强组织领导 2015年，县安监局始终把安全生产工作当作重要民生工程来抓，确保从经济结构、产业规划、城乡规划的高度来解决影响安全生产工作的一些先决和重大问题。召开4次政府常务会议，确保安全生产工作重大问题得到及时解决，安排部署的工作落实到位；明确了产业集聚区管委会安全监管职责；严把招商引资、项目建设等安全生产准入关。

强化责任意识 2015年，县安监局按照“党政同责、一岗双责 、失职追责”和三管三必须（管行业必须管安全、管业务必须管安全、管生产经营必须管安全）要求，对乡（镇）、县直单位所承担安全生产责任进行重新明确和划分，建立健全安全生产责任体系，推动“三级五覆盖”向乡（镇）、行政村延伸，实现“五级五覆盖”。一是建立健全安全生产目标管理考核制度。与17个乡（镇）、34个县直部门和12个重点企业签订了安全生产目标责任书，目标责任签订单位也分别将目标层层分解到基层、乡村、车间班组，形成了一条完整的责任链和监管网络。建立和完善安全生产目标考核体系和责任体系，每半年、年终对责任目标签订单位进行考核，落实安全生产决策部署。二是建立督导检查制度。实行单位包乡（镇）督导制度，即由17个安委会成员单位组成17个督导组，分包17个乡（镇）开展督导检查。明确规定凡因督导不认真、措施不得力导致事故发生的，督导组与事发单位共同承担失职渎职责任。三是建立安全生产通报制度。对因责任不落实、监管不到位、隐患整改不彻底的单位通报批评，被通报批评的单位主要领导诫勉谈话。四是建立责任追究制度。要求各企业切实履行主体责任，各乡（镇）切实履行属地管理责任，各部门切实履行监管责任，各督导组切实履行督导责任，严肃对待事故，严格责任追究，对因责任不落实、监管不到位、措施不得力造成生产安全事故的，严格依法依规追究责任。

依法治安 2015年，县安监局按照“全覆盖、零容忍、严执法、重实效”的总要求，严格做到“四个一律”，深入开展安全生产大排查大整治活动。全年组织开展了新一轮安全生产大检查、安全生产“清锅兜底”和“打非治违”专项行动、“查尽责、除隐患、保安全”等活动，重点对危险化学品、烟花爆竹、道路交通、消防安全、建筑施工、特种设备等行业和领域开展大排查大整治。全年查处各类事故隐患4941处，整改4630处，限期整改311处，停产停业114家。

烟花爆竹检查

责任落实 2015年，县安监局把企业落实安全生产主体责任作为监督执法的重要内容，推动企业安全责任、安全投入、安全培训、安全管理和应急救援“五到位”；强化企业自身的隐患排查治理工作，发现隐患立即整改，一时整改不了的，做到责任、措施、资金、时限和预案“五落实”；监督企业严格执行建设项目安全设施和职业卫生“三同时”，从源头上防止事故的发生。

职业卫生督查 2015年，县安监局开展职业卫生专项监督检查和执法行动，检查用人单位50家，下达整改指令书60余份，发现问题隐患220项，责令当场整改70项，责令限期改正150项，现有6家达到用人单位基础建设要求。

安全教育培训 2015年，县安监局深入开展“安全生产月”和“11·9”消防日等宣传教育活动。围绕“安全生产月”活动主题，面向基层、面向职工、面向社会，深入开展了“事故警示教育周”“全民安全教育日”等一系列宣传教育活动；大力开展安全生产培训，组织举办各类安全生产培训班10余期，受训2000余人次；建立企业安全生产“三项人员”培训、持证、复审情况台账，确保生产经营单位的主要负责人和安全管理、特种作业等重点岗位作业人员100%持证上岗。

应急救援 2015年，县安监局印发《清丰县生产安全事故应急预案》（清政办〔2015〕67号），理顺工作机制，形成了层次清晰、衔接紧密的政府、企业应急预案体系。加强日常演练，全年无隐瞒不报、谎报或者迟报各类生产安全事故的行为发生。

（韩艳娟）

教育·科技

县教育局

党组书记、局长　田道珍
党组副书记、副局长　黄东明
副局长　白　桦（女）
　　李艳丽（女，2015年10月任）
纪检组长　晁文明（2015年10月离）
　　刘文庆（2015年10月任）
副科级干部　武振华（2015年10月任）
主任科员　晁文明（2015年10月任）
副主任科员　李春成（2015年10月任）
　　魏惠民（2015年10月任）

县教师进修学校

校长　闫战民
副校长　武振华（2015年7月离）
　　刘婷婷（女，2015年12月任）
纪检组长　任利静（女，2015年12月任）

县第一高级中学

党委书记、校长　王跃轩
副校长　韩阳升　冯德献
纪委书记　佀　海
工会主席　南红广

县实验初级中学

校长　周彦伟
副校长　程建光
　　张希宗（2015年12月任）

县科学技术局

党组书记　郭琰利（2015年7月离）
　　李国增（2015年7月任）
局长　郭琰利（2015年8月离）
　　李国增（2015年8月任）
副局长　高志明　翟润丽（女）
主任科员　程朝甫　安社蕊（女）
副主任科员　郭振峰

县地震局

党组书记、局长　孔令善
副局长　董京南（2015年10月离）
　　刘殿波
　　曹东升（2015年10月任）
纪检组长　白同瑞
主任科员　董京南（2015年10月任）
副主任科员　韩九英（女）

县气象局

局长　李金刚
副局长　张志芳（女）　谢若梅（女）

教　育

概况　2015年，清丰县共有各级各类学校（幼儿园）344所。其中成建制小学179所，幼儿园136所，初中24所，九年一贯制学校1所，普通高中1所，中职学校2所，教师进修学校1所；教学点115个。在校学生11.7万余人，全县教育系统现有在职教职工8395人（其中正式人员5741人，社会力量办学机构教师2654人）。

基础教育　一是适龄儿童少年平等接受义务教育权利得到有效保障。全县义务教育学校招生始终坚持免试就近入学原则，全面落实招生入学方案，进一步放宽城区学校招生条件，坚持公开范围、程序、时间、结果，没有举办任何形式的入学或升学考试。二是努力消除大班额。县城区累计新建改扩建中小学、校幼儿园13所，有效增加了学校容量，大班额现象得到有效遏制。各学校严格实行均衡编班，不设重点班。三是建立健全“控辍保学”工作机制。积极做好全县中小学学籍管理工作，对学生辍学情况及时掌握，为其在义务教育年限内保留学籍，并在学籍系统中进行标注。积极主动联系辍学学生家长，帮助学生尽早返校完成学业。四是中小学学生道德品质明显提升。组织两期中小学德育及班主任培训，155名班主任参加；举行“两争两创”、优秀班主任和德育工作先进集体、先进个人等评选活动。五是认真落实《中小学心理健康教育指导纲要》。在县青少年活动中心设立清丰县青少年心理健康辅导站，各中小学校将心理健康教育贯穿于教育教学全过程，配齐了专兼职心理健康教育教师，积极开展心理健康教育示范校创建工作。六是采取有效措施，做好清丰县青少年活动中心及学校少年宫建设，做到校外教育与学校教育的有效衔接。七是普通高中招生分配生比例达到50%以上；按时完成了普通高中学生综合素质和学分认定工作。八是启动并开展第二期学前教育三年行动计划。在县城区新建县文化路幼儿园和城关镇金水路幼儿园，改扩建县实验幼儿园；建成13所标准化公办乡（镇）中心幼儿园，另有7所公办乡（镇）中心幼儿园在建。九是学校体卫艺工作进一步加强。开足开齐了体育卫生艺术课程，并保证安排足够的课时；“六一”期间，各中小学校开展文艺展演活动50余场次；5月29日，在县电影院举行了清丰县首届“行知杯”庆“六一”幼儿艺术成果展演暨美德少年颁奖典礼；各中小学校坚持开展每天两个大课间体育活动，每次时间不少于30分钟，并不断丰富大课间内容；6月17日，举行清丰县首届中小学生大课间展演活动，共有15支代表队参加。国家学生体质健康标准测试和上报率100%。十是大力推进青少年校园足球工作。各学校进一步充实体育师资和场地建设，全县共建成塑胶运动场7个，对县城区学校及部分乡（镇）成建制学校运动场进行了硬化，为10所农村中小学校硬化操场，初步满足学生学习足球的需求。县第一实验小学入选全国首批校园足球特色学校。十一是加强学校食堂安全管理。经常深入全县所有学校食堂开展安全排查，及时发现消除安全隐患，对食堂从业人员实行上岗考核制度，没有发生食物中毒事故和食源性疾患；积极开展标准化食堂创建活动，学校食堂标准化建设达到30%以上。十二是切实提高中小学生身体健康水平。学生健康知识知晓率达90%以上，学生近视率低于上年；全县范围内没有传染病暴发流行。十三是积极开展学生体检工作。按照《濮阳市中小学生健康体检管理办法》，开展了义务教育阶段学生健康体检工作。各中小学校建立了学生健康档案，并按要求上报体检数据，反馈体检结果。十四是积极开展关工委各项工作。全县90%以上的中小学校成立了家长学校，做到教师、教材、课时、计划四落实，有规章制度、有教学方法、有评估及考核办法，成立家长委员会。十五是积极组织开展全国五好小公民主题教育活动。组织开展五好小公民主题教育“少年向上 真善美伴我行”读书征文和演讲比赛，全县共有1.6万余名中小学生参与，2名学生参加全省演讲比赛并获奖。

职业与民办教育　一是发展思路更加明晰。投资3000余万元，对县职业技术学校进行升级改造，教学生活环境进一步改善。结合清丰县县域经济特点，依托县职业技术学校成立清丰县家具技工学校。着力培育家具设计与制作、学前教育等品牌专业，与县产业集聚区新南方家私等企业开展合作，共同促进县域经济发展。2015年，中职完成招生261人，同比增

九年一贯制民办学校——行知学校

长 120%。二是职教教师队伍配置更加合理。专业课教师 103 人，占专任教师的 50%；“双师型”教师 35 人，占专业教师的 42%。通过集中办班、现场教学、典型示范等教学形式，完成省市教育行政部门安排的各类教师培训任务。三是着力提高中职生的素质能力。充实调整职业教育教研机构，修订完善教研工作制度，积极参加各级中等职业学校技能大赛与学生素质能力大赛，促进技能教学改革和学生技能素质的提高。四是加强民办教育工作。按照《民办教育促进法》和《幼儿园管理条例》的有关规定，加强对民办学校的督查，认真清理整顿辖区内各类民办学校的办学资格。每学期对全县民办幼儿园进行一次全面安全检查，做好对民办学校相关数据材料收集、整理、归档等工作。至目前全县共有民办学校 11 所、幼儿园 150 所，在园幼儿 2.9 万余名。

改善办学条件　一是加快推进标准化学校建设。创建标准化学校 31 所，全县标准化学校达到 115 所，完成全部标准化学校创建任务；投入 1200 万元用于创建和提升花园式学校，创建花园式学校 25 所，提升 36 所；投资 260 万元，对全县中小学校进行绿化美化，共种植乔木 3372 株、灌木 2936 株、绿篱草坪折合株数 33581 株、绿化长度 6995 米、绿化面积 45154 平方米。二是“全面改薄”和扩充城镇义务教育资源五年规划顺利实施。投资 1.2 亿元，实施新建改扩建项目 41 个；投资 4700 万元，在城区建成投用县诚睦路小学、县第一初级中学实验综合楼、县第三实验小学教学楼等 3 个项目，建设面积 2.2 万平方米；投资 4158 万元，建成投用农村中小学校项目 17 个，建设面积 2.8 万平方米（包括农村校舍维修资金 1405 万元改造项目 7 个，建设面积 10080 平方米）；投资 2281 万元，实施“全面改薄”项目 18 个；投资 1095 万元，建设六塔乡中心幼儿园、巩营乡中心幼儿园、柳格镇东赵店幼儿园等 3 所公办乡（镇）中心幼儿园。三是教育经费得到有效保障。全年中小学公用经费 6147.4 万元。其中，中央资金 3688.4 万元，省级资金 1229.5 万元，市级资金 1229.5 万元。四是做好学生资助工作。发放学前教育国家助学金 69 万元，资助 1725 人；发放义务教育阶段贫困寄宿生生活补助费 551 万元 9550 人；发放中职国家助学金 11.1 万元 111 人；中职免学费资金 45 万元 751 人；发放普通高中国家助学金 164 万元 2195 人；义务教育阶段免费教科书资金 790 万元；生源地助学贷款 1824 人，贷款金额 1466.55 万元。五是积极开展标准化实验室、信息化示范校、数字化校园和标准化食堂创建工作。创建标准化实验室 12 个、市级信息化示

2015 年 10 月 20 日，市委书记何雄观摩诚睦路小学

范校15所、数字化校园4所、市级标准化食堂11个。六是全力做好“一师一优课、一课一名师”保障和“教学点数字教育资源全覆盖”工作。开展“资源平台”和录课室建设，全县107个教学点,全部接入了互联网,教师均在“河南省基础教育资源公共服务平台”注册，注册率100%，均能使用“河南省点点通平台”和国家教育资源公共服务平台。

依法治教 一是积极开展创建依法治教示范校活动。创建市级依法治教示范校7所，县级16所。二是严格执行教育收费政策。坚持义务教育免试就近入学的原则，严禁公办中小学择校乱收费问题。加强对教辅材料使用监管，切实解决中小学教辅资料散滥问题。严禁中小学校及教师有偿补课办班行为，巩固“减负万里行”活动成果。全面规范学前教育收费行为，实行收费许可证制度。规范学校服务性收费和代收费行为，严禁强制或变相强制提供服务并收费。加强学校收费工作的监督检查，严肃查处乱收费案件，严格实施责任追究，共计查处违规补课案件2起，处分3人。三是组织开展语言文字规范化示范校创建活动。创建县级语言文字规范化示范校11所，市级校2所。四是加强对乡（镇）政府教育工作督导评估工作。共评出优秀学校10所、合格学校43所，并对评出的10所优秀学校校长给予了县级优秀教育工作者的荣誉奖励。五是做好各类教育专项经费专款专用教育督导工作。规范教育费附加管理，其中，5%用于学前教育、10%用于教师培训、30%用于职业教育；按教师工资总额1.5%～2.5%比例提取的教师培训经费足额专款专用，生均公用经费的5%用于教师培训。

高招工作 2015年,全县共1811人参加高考,普通类本科上线723人。其中：一本文科11人，理科43人，共54人；二本文科66人，理科183人，共249人；三本文科134人，理科286人，共420人。全县文科最高分555分，理科603分，本科上线率40%。

安全教育 2015年，县教育局强化学校安全“三防”建设，通过安全教育课、安全讲座、防震防灾演练等多种形式对师生进行安全知识灌输，切实提高师生的防范能力和意识；组织开展4次拉网式安全大检查；联合食安办、安监局、消防队、公安局等部门，开展安全专项治理等3次，共排查并整改安全隐患485处。拆除整改不符合防火要求的彩钢房1.8万平方米。联合县公安机关摸排接送学生车辆70辆，依法查处16辆，有效保障了学生人身安全。

（李宏才）

教师进修学校

概况 教师进修学校作为教师发展中心，主要负责实施对全县小学（幼儿园）教师和小学校长的继续教育，为教师培训、教育教学研究提供指导和服务。2015年共培训3285人次，其中培训中小学校长339人、城镇班主任550人、新教师152人，普通话培训600人，“双名工程”培训1500人，小学教师岗位培训144人，全面完成各项师资培训工作任务。开展家庭教育义务讲座——送教下乡10余次。利用未成年人心理健康辅导中心，义务接受家长、学生咨询50余人次。建设家长学校，组织家庭教育沙龙，开展家庭教育培训，获家长、老师广泛称赞。被濮阳市教育局授予教育系统家庭教育工作先进单位；被省教育厅评为河南省标准化县级教师培训机构。

队伍建设 2015年，县教师进修学校对专职教师实行“走出去”“请进来”的培训方式，不断提升素质，提高培训能力和水平，全年有3位教师在全省进修学校优质课大赛均获二等奖，5位教师论文分获省一等奖和二等奖。

培训创新 2015年，县教师进修学校通过问卷调查、座谈交流、征求意见、随访等方式，全面了解小学教师培训需求；紧密联系实际，从培训内容、培训方式和教学方法上实行改革，使培训更具针对性和时效性。为适应新课程改革，设置了学科新课标培训；根据形势需要增设了师德师风教育、法律法规教育、心理健康教育和教师礼仪等内容；在班主任培训中，除了开设常规班级管理的课程外，还开设了留守儿童问题教育专题；在校长培训中，把家庭教育作为专题进行培训；开展有信息技术、教育教学技能等内容的培训。在培训方式上，积极探索符合清丰县实际的研训一体的培训模式，采用“菜单式”“任务驱动式”“互动参与式”“问题探究式”培训方式。培训过程中注重“四个结合”：培训与教研相结合、集中研修与校本研修相结合、理论学习与案例分析相结合、培训过程与实效考核相结合，使培训成为教师学习与交流、反思与总结、研究与发展、锻炼与提高的过程，从而促进教师专业发展，提升教师专业素质。对一些理论性较强的专题，邀请具有影响力的知名学者、专家教授进行理论讲授，促进教师了解教育理论发展的前沿，开阔视野；对一些实践性强的专题，邀请具有丰富实践经验的教研员、市内外名师等来清主讲，由此形成了由专家、名师、学习者共同构成的开放型师资力量。优化课堂教学结构，采取多种教学方法，提高培训效率、效果和效益。

师德师风建设 2015年，县教师进修学校加强法律法规学习，开展师德和心理健康教育，不断加强师德学科建设，把师德和心理健康教育作为重要的内容，列入培训课程。每周一组织教育论坛，周二开展师德师风大讲堂，周五举行赛课、评课大比武，通过日常化的活动和师德征文、演讲比赛等活动，加强师德师风建设，提高师德修养。开展书香“清丰杯”征文活动，全体教职工积极参与，3位教师获奖。

教师培训机构 2015年，县教师进修学校从转变观念、优化结构和提高素质等方面入手加快培训师资队伍建设，不断优化培训内容，创新培训方法。根据中小学教师需求开发培训专题，采取集中培训、远程学习、校本研修等手段指导教师及时调整教学内容，实现了培训、科研双丰收。被省教育厅评为河南省标准化县级教师培训机构，成为全省10所学校之一，也是濮阳市唯一获此殊荣的学校。

（樊玉娟）

第一高级中学

概况 县第一高级中学现有97个教学班，在校生6184人，教职工610人，专任教师387人，其中特级教师4人、高级教师95人、省骨干教师19人、市骨干教师39人、县骨干教师54人，专任教师达标率100%。2015年招收新生2200人。

教师队伍建设 一是制定出台了《教师奖励方案》《清丰一高内涵发展行动方案》等，设立“教改之星”奖、“奉献之星”奖、“质量之星”奖、“学生最喜欢的老师”奖、“功勋教师”奖等奖项，使教师工作有干头、生活有盼头。二是关心重视班主任。一方面改善待遇，使之安心工作；另一方面加强对班主任考核力度，使班主任面临强大的工作压力，变压力为动力，有力促进了班主任参与班级管理的积极性和创造性。三是以发生在学校教学现实场景的真实问题为切入点，以提升教学水平、教学管理等方面为研究内容，立足于教学实践，提出问题，解决问题，使教学研究成为教师的职业生活方式、思想行为方式乃至生命存在方式的一部分。四是要求教师根据自身的需要，选学一些教育理论经典书籍，每学期根据教学需要印发有关新的教育理念、教学改革等学习资料，以提高自身学养；教师坚持写读书笔记和教学反思；按时参加远程培训，组织教师进行业务考试，并把考试结果作为学年聘任教师的重要条件之一，以考促学，提高教师知识素养。五是上好“四课”，即观摩课、汇报课、研讨课和公开课。

课堂教学改革 2015年，县一高多次组织中层领导、教师分批到河北石家庄、南到长垣等先进学校，进行实地观摩、考察学习，广泛深入了解这些先进学校的课改做法和实际执行效果；结合县第一高级中学的师资和生源特点，全面启动了“深化课堂教学改革”活动，强力推行了以“学研展教达”五步教学模式为基本构架的课堂教学改革。一是教师观念变了。由起初大多数教师对教学改革的怀疑、观望、排斥态度，变为全校师生的一致认同并得以大力推进。二是教学方式变了。课堂，教师不再是绝对的权威，而是学生学习的组织者、合作者和引导者。教师走到了学生中间，学生走上了讲台黑板；以教师为主导、学生为主体、问题为主线、活动为主轴、思维为核心、能力为目标、育人为根本的教学原则得到了全面贯彻，真正形成了平等、民主、和谐的师生关系。三是学习目的变了。学生不是为老师家长而学习，而是为自己的成长学习，为求知的快乐学习，为实现自己的人生理想而学习。四是课堂教学改革效果明显。学生的素质得以提高，自主、合作、探究的学习模式让学生自己发现问题，通过合作分析解决问题，通过展示交流分享学习成果，学生学会了倾听、思考、表达和实践，素质在学习中得到了提高；课堂教学改革调动了学生的学习积极性和老师的工作热情，高效率真正体现在了教学成绩的提高上，2015高考成绩再次刷新纪录，课堂教学改革取得了丰硕成果。

素质教育提升 2015年，县一高以全县教育系统“教育创新，促进内涵发展”活动为契机，进一步加强教学管理，更新教育观念，以实施素质教育、努力提高办学效益为重点，继续深化课堂教学改革，促进学生全面发展，全面提高教育教学质量。

校园硬件建设 2015年，县一高投资800多万建成了学校综合图书楼，投资150多万完善了楼内各种配套设施，于5月正式投入使用。目前图书馆、阅览室已向全体学生开放，为学生进一步阅览、读书学习提供了极大方便；投资120多万元为每个教室安装了触摸一体机，实现了现代化教学，为教学工作带来了便捷。2015年在北校区又启动了投资300多万元的一栋教学楼，现正在平稳有序建设。

校园安全管理 2015年，县一高为确保学校工作顺利开展及师生生命、财产安全，切实做到“安全第一，预防为主”，达到“时时讲安全、处处讲安全、事事抓安全、人人求安全”目的。一是学校成立了安全工作领导小组，制定完善了安全教育制度和安全责任制，层层负责，责任落实到人。二是规范学生食堂宿舍管理。在食堂宿舍内部经营上，根据兄弟学校管理经验，采用公司化经营模式；在食堂宿舍的外部监管上，采用行政化监管模式。除公安、消防、工商、卫生防疫部门的监管外，学校还重点通过政教处、总务处、学生会从食品安全、寝室纪律上进行监控，把集中整治与日常监管、全面推进与重点突破有机结合。三是学校安全领导小组定期召开安全教育会议，营造安全教育工作氛围；定期对学校的各种设施进行检查、记录、整改；定期聘请校外辅导员进行法制教育、交通安全等教育讲座，消除安全隐患，避免事故发生。四是每天安排政教人员检查学生的安全情况，及时登记和处理，2015年全校安全零事故。

（解书亭 多素芳）

实验初级中学

概况 县实验初级中学内设办公室、教务处、政教处、总务处、工会、团委，办学规模为18轨制，54个教学班，学生3700名。教职工206人，研究生学历1人，本科学历169人，专科学历23人，中专学历13人，教职工学历合格率100%。高级职称教师30人，省级骨干教师8人，市级骨干教师28人，县级骨干教师58人、学科带头人18人，优质课教师100余人。

工作成效 在第十八届全国青少年“五好小公民少年向上 真善美伴我行”主题教育活动中被教育部关工委全国青少年“五好小公民”主题教育活动组委会评为“示范单位”；被评为省“十大书香校园”；被濮阳市依法治市工作领导小组表彰为“法治宣传教育和依法治市工作先进单位”，被濮阳市综治委命名为“‘平安创建’先进单位”，被濮阳市人力资源和社会保障局、体育局表彰为“业余训练工作先进单位”，被濮阳市总工会表彰为“先进女职工委员会”，被濮阳市人力资源和社会保障局表彰为“濮阳市教育系统先进集体”；被中共清丰县委表彰为“县新闻网络信息工作先进单位”。

领导班子建设 2015年，县实验初级中学通过设置意见征集箱、校长信箱收集师生意见，解决了班子及班子成员存在的“四风”问题。一是切实履行主体责任。坚持党要管党、从严治党的工作思路，把党风廉政建设和反腐败工作纳入学校改革发展总体布局，统一部署、统一实施，不断加强对党风廉政建设和反腐败工作的统一领导。二是切实加强党风廉政建设日常监管。全面运行党风廉政建设责任制监管平台，领导班子成员自觉填报“一岗双责”履职情况，签订履行党风廉政建设主体责任承诺书，强化责任，主动作为、勇于担当。三是党风政风持续改善。坚持不懈正风肃纪，结合群众信访、案件查办、社会评价、政风行风满意度调查、监督检查等情况，梳理突出问题，开展专项治理，取得良好成效。

师德师风建设 2015年，县实验初级中学认真贯彻落实教育部《关于进一步加强和改进师德建设的意见》和河南省教育厅《关于切实规范中小学办学行为的若干规定》，大力开展教育法规、教育规程的学习，成立依法治教领导小组，规范办学、依法治教。一、在学习中强化师德认识。一是组织学习《教育法》《教师法》《新义务教育法》《中小学教师职业道德规范》《中共中央国务关于进一步加强和改进未成年人思想道德建设的若干意见》等一系列教育法律法规政策，进一步规范了学校的办学行为。二是在学习教育的基础上，树立“以学生发展为本”的育人观，树立“人人都能成才”“人人都能发展”的人才观，树立“五育和谐发展”的质量观。三是弘扬敬业精神。大力宣传优秀教师的先进事迹，组织师生开展大学习、大讨论，联系实际，制定受学生爱戴好老师的标准和优秀师德群体标准。二、在开展活动中提升师德素养。组织开展以“办人民满意教育”为主题的爱学生、爱岗位、爱学校“三爱”活动，“让学生满意、让家长满意、让社会满意”的“三满意”活动，促进教师不断加强个人修养，陶冶个人情操，提高师德水平。三、在团队中凸现师德水准。增强教师的群体意识，发扬团队精神，积极主动融入大集体，培养合作精神，健全人格。重视各学科之间的相互照应，有机渗透，提倡工作中相互尊重，相互支持，主动协作。被濮阳市教育局命名为“濮阳市中小学师德师风先进学校”。

教学质量提升 2015年，县实验初级中学按照县教育局“一二三”工作思路，围绕“全面提高教育教学质量”工作重点，抓好“备、教、批、辅、考”五个环节，深入开展教育教学改革，各项工作取得了长足进步。一、抓好教学常规。一是严格执行国家课程计划，开齐开足各门课程，严控学生作业总量，督促学生积极参加体育锻炼，促进学生素质全面发展。二是加强教学常规管理，对“备、教、批、辅、考”常规教学环节精细管理，细化流程，确保实效。定时对教师教案、听课笔记、学生作业批改进行检查评比，纳入教职工考核管理。全年开展检查教师教案320余人次。三是抓好听课、评课检测。通过公开课、观摩课和优质课评选，深化课堂改革。优质课评选采取自下而上的程序，全员参评，层层选拔，逐级推荐。全年讲授县级优质课12人次，组织了校内公开课展示160余人次。四是扎实抓好教学工作。重点抓好毕业班的班风、学风建设，努力提升教学质量，召开月考分析、考前动员等专题会议6次，重点探讨学校毕业班成绩与改进措施，教学质量明显提升。二、深化教学改革。一是定期委派教师参加各种培训学习，借鉴先进经验，全年完成班主任培训、电子白板使用培训、青年教师技能提升培训等共计230余人次。二是发挥名师带动作用。成立了各学科“名师工作室”，通过名师带动，推行教学改革进展。三是深入开展校本教研。印发《三字经》书法字帖3600余份，免费向学生发放，提高了学生书写水平和文化素养。2015年中招考试，毕业生被市一高正式录取42人、被清丰一高正式录取274人，被其他高中正式录取21人，共计337人。其中，在全市考生成绩前100名中，清丰县共2人，为该校学生曹惠林和徐运恒；前1000名中，清丰县共13人，有11名为该校学生。全县总成绩600分以上学生共3人，均为该校学生。全县考生总成绩前10名，占9名，前20名占16名，前50名占33名，前100名占58名。

校园安全管理 一是健全组织机构。成立了由校长任组长，各处室负责人任成员的校园安全工作领导小组，下设以分管副校长为组长的教室、宿舍、楼梯、水电、体育器材、食品卫生等9个安全工作专项领导小组。二是做好紧急疏散演练。制定了消防安全、卫生安全等应急预案，把重点安全部位责任到人，并严格实行安全工作责任追究制。在各项应急预案基础上，进行了多次紧急疏散演练，提升了学校处理各种突发自然灾害和师生紧急情况下的逃生应变能力。三是完善安全防范网络。一方面成立了由学校中层领导和教师组成的值班小组，制定了值班制度，坚持全天候值班；学生在校期间，校长每天均在校值班，对校园安全常规检查，严防死守，不留死角。另一方面，学生离校期间，对教学楼全部上门落锁，对门岗、宿舍、餐厅、楼梯等易出现安全事故的重点部位实行专岗专责，重点防护；对水电、体育器材等易引发安全事故的物品实行专人负责，定时检修维护。三是加大安全检查力度，每两周对校园全方位进行拉网式排查，发现隐患立即整改，杜绝安全盲点的出现。同时狠抓校园食品安全，住宿学生就餐全部实行顿餐制，杜绝“三无”食品进校园，11月，为配合卫生县城创建，新购置消毒柜12台，整改建设消毒、更衣等专用房间6个，有效杜绝了校园食品安全事故的发生。四是做好安全教育。通过主题班会、黑板报、宣传栏等多种形式全方位、多渠道开展安全教育，普及安全常识，提高防范意识。全年，出版安全教育、食品安全专题板报4期，校报2期，开展地震避险演练4次，“青少年法制宣传”等专题讲座4次。

德育工作加强 一是健全组织机构。成立以校长为组长的德育工作领导小组，大力实施“三个三工程”。依据学生成长的特点，制定了《德育工作实施方案》，大力开展爱国主义、集体主义和社会主义荣誉观教育，推动德育工作健康有序开展。二是认真落实德育工作常规。完善德育工作考核方案，将班级德育工作开展情况纳入班主任考核中，并与评优评先、量化考核和绩效工资等挂钩；加强对学生遵纪守纪的管理与引导，促进学生良好习惯的养成，各班依据自身实际召开主题班会并做好班会记录；按时出版手抄报和黑板报，统一检查验收。全年，以班为单位出版专题板报8期；开播“校园之声”广播站，利用上午大课间播出由各班学生富有教育意义的文章，“校园之声”广播站广播200余天次。三是用文体活动推动德育工作开展。成功举办了第八届文体艺术节，提高了学生的审美情趣和艺术修养；开展了“我爱实中”学生演讲比赛、毛泽东诗词朗诵赛等多项文化活动；开展了“我们的节日”主题教育活动，“三星八奖”评选活动，未成年人思想道德建设得到空前加强。

办学条件改善 2015年，县实验初级中学为优化环境，投资2万余元在操场周边种植了花草树木，对操场四周土地裸露部分进行了硬化；为保障校园安全，投资10余万元翻新校园围墙260余米；为改善学生住宿条件，争取资金1000余万元，建设学生宿舍楼两栋，面积6660余平方米；投资6万余元购置桌凳200余套，维修桌凳1000余套。

依法治教 一是制定了《2015年党风廉政建设工作责任制工作安排意见及责任目标分解》，明确了工作总体要求和工作目标，牢固构筑反腐倡廉防线；二是认真落实《濮阳市严禁中小学校和在职中小学教师有偿补课实施办法》文件精神，对《教职工行为十不准》等内部规定不断强化学习，引导教职工恪守职业道德，严守工作纪律，学校全体教师签订了教师严禁组织有偿补课承诺书202份；三是充分发挥民主监督作用，设立了“校长信箱”、向社会公布了举报监督电话，充分发挥社会和家长监督作用。全年，学校召开大型家长会议3次，虚心听取学生家长意见，诚恳接受学生家长和社会监督。

（彭殿卿　宋志刚）

科　技

概况 2015年，县科技局以知识产权保护、企业研发平台建设、食用菌等农业科技创新为重点，全年争取上级各类科技项目21项。至年底，全县市级以上工程技术研究中心7家，科技服务机构11家。全年申请专利122件，授权80件，有效发明专利77件。

知识产权 一是开展专利申请服务年活动。组织知识产权管理办公室人员深入企业和技术服务机构，宣传专利申报资助政策，发放《专利申请须知》《专利申请服务季优惠政策》等宣传资料1000余份；聘请专利代理机构为20多家企业开展企业专利申报技巧培训和现场申报服务。2015年申报专利122件，授权80件，有效发明专利达到77件，产业集聚区规模以上工业企业发明专利“消零”企业新增4家，“消零”比例达到60%。二是开展知识产权企业、学校试点工作。培育飞腾机械厂自主知识产权技术培植试点、清丰县飞腾机械有限公司专利保险试点、清丰县第三实验小学、清丰县第四实验小学知识产权试点学校。三是开展知识产权人才培养。培养知识产权人才120人，开展专利保险、专利申报技巧培训和知识产权远程教育网络培训。四是开展专利执法工作。成立了濮阳市知识产权维权中心清丰分中心，对县内各大药店、超市、电器商场等商品流通领域开展专利执法检查，查处涉嫌假冒专利、专利号失效、标注不规范等问题的商品23件，进行现场抽样取证和下架处理。假冒专利案件立案19件、专利纠纷案件立案4件，进行了依法处理。

工业科技 一是引导企业加强研发平台建设。新培育10家企业研发中心（实验室），申报市级重点实验室1家、工程技术中心3家；培育3家高新技术企业后备企业，确定龙丰实业为高新技术企业后备企业，被任命为濮阳市节能减排科技示范型企业。二是加强科技创新服务。对36家科技服务企业、事业单位进行摸底调查，从业人员达到521人，为今后支持促进科技服务业发展打下了良好基础。对52家规模以上工业企业和科技型中小企业开展技术难题和人才需求征集，征集技术难题45项、企业人才需求231人、科技创新发展建议38条，整理后通过省市科技网站和向市、县科技合作院校进行发布。三是开展产学研对接活动。组织参加了“中国食用菌行业大会暨2015中国（山东·齐河）食用菌新技术新产品菌需物资博览会”“2015（中国·青岛）国际食用菌新产品新技术博览会暨市场流通会”、江苏·连云港“2015全国第十一届菌需物资博览会暨食用菌工厂化发展论坛”、北京“中国食用菌产业‘十二五’（2010—2015）百项优秀成果展示交易会及中国食用菌协会第六次会员代表大会”“濮阳市走进高等院校、科研院所产学研合作洽谈会”“科技支撑区域经济发展”走进濮阳技术专题对接暨第三届中国濮阳政产学研合作洽谈会等，签约3个重大项目，分别为投资1.5亿元的农产品精深加工食品饮料研发项目、投资1亿元的食用菌菌需物资配套项目、投资1.2亿元的粮食烘干设备研发项目。实施产学研合作项目3个，落地1个科技招商项目，为投资1.1亿元的年产2000吨珍稀食用菌项目，选址在清丰县产业集聚区兴华路西，占地25亩，年产珍稀食用菌蟹味菇鲜品2000吨。

农业科技　一、加快推进科技富民产业食用菌的发展。一是开展新品种新技术引进。从江苏江都天达食用菌研究所和华中农业大学引进新品种4个，引进示范新技术5项。二是加强食用菌基地建设。新建基地4个，新增食用菌种植面积47.1万平方米，分别为河南龙丰实业股份有限公司投资1.2亿元的日产22吨金针菇工厂化生产1期，引进国内先进工厂化智能控制系统，采用液体菌种生产及全自动瓶装生产线，年产金针菇鲜品8000吨；江苏镇江科达环境系统工程有限公司日产30吨杏鲍菇工厂化生产二期，采用现代冷房技术，配套安装自动化

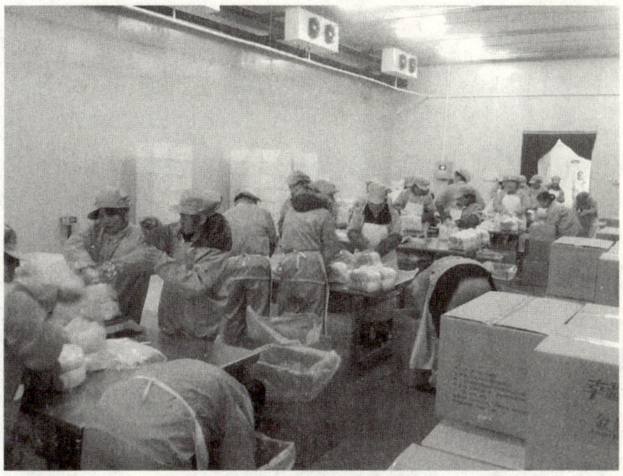

金针菇分级大包装

智能生产设备，仿野生栽培，年产杏鲍菇鲜品1万吨；河南省业丰实业有限公司新建改建海鲜菇工厂化生产线2条，新建标准化生产车间1.5万平方米，日产海鲜菇菌包2万袋，年产海鲜菇鲜品3600吨；高堡乡东吉村占地100亩的双孢菇种植示范园，建设层架式双孢菇温棚13座（南北长95米×东西宽10米×6层），年产双孢菇鲜品840吨。二、加强农业科技示范基地建设。新培育盆栽有机蔬菜农业科技园区和脱毒甘薯农业科技园区，全县农业科技园区达到13家，其中市级科技园区3家。盆栽有机蔬菜农业科技园区年生产盆栽蔬菜5万盆，与20家大型餐饮连锁企业、超市联手建立了标准蔬菜销售平台，带动周边发展订单蔬菜1500亩；万相红梨农业科技园区承担的“黄河故道区新西兰红梨新品种引进与栽培技术研究”项目通过科技成果鉴定，示范推广优质红色梨3700余亩，亩均收入达到3万余元。三、加强农业技术培训。先后组织食用菌龙头企业负责人及技术人员共计30余人次，到北京市房山区、山东省青岛市、江苏连云港等先进地区学习考察食用菌种植。利用省市科普及适用技术传播工程项目，聘请河南省科学院、河南科技学院、河南肉牛中心、濮阳市农科院、濮阳市林科院、濮阳市经作站等专家18名，聘请市级农村科技特派员7名，为纸房乡、固城乡、仙庄镇、大屯乡等4个乡（镇）、濮阳市龙都瑞祥葡萄生态

园有限公司等7个企业，围绕氨化饲料肉牛养殖、无公害辣椒、果树种植、苗木繁育等开展“一对一”技术服务，培训技术骨干260余人，引进推广农业新品种、新技术20项，培训农民1.8万人次。

科普宣传 2015年，县科技局利用“科技活动周”“3·15”消费者宣传日、“4·26”知识产权宣传日等，先后开展科技下乡集中活动12次，科技进校园、进社区、进企业活动21次，发放宣传资料2.1万余份，重点宣传了国家的方针政策、法律法规，普及了农业技术、健康生活、安全生产、应急避险、低碳节能、知识产权等科学知识，进一步提高了公众科技意识和科学素养，营造了学科学、爱科学、用科学的浓厚氛围。

实验区建设 2015年，县科技局围绕“中部中原欠发达农区县城乡一体化”实验主题，整合资源、各司其责，协同推进，生态环境治理、生态文化旅游、生态农业、农副产品加工、民生工程、科技示范6类11个重点项目建设顺利，建立完善推进可持续发展的长效机制，全县呈现出协调可持续发展的良好态势。

（谭艳伟）

防震减灾

概况 2015年，县地震局以地震小区划工作为依托，加强防震减灾基础设施建设，强化抗震设防，深化防震知识宣传，加快应急队伍建设，防震减灾工作取得良好效果。

震情监视 2015年，县地震局坚持周、月震情监视例会制度，每周二将观测资料进行整理、分析，提出内部地震趋势预测意见报上级地震部门，如遇突发异常或震情，及时会商分析，全年共组织会商52次。群测群防。新增三个、调整一个宏观点，总数达17个，各宏观点均达到“六有”要求。7月为全县17个骨干测报点观测人员举办了宏观观测点业务培训班。为提高观测人员的积极性和提高观测质量，一是增加观测员工资福利。改变多年工资零增长的局面，将宏观点观测员工资福利纳入了2015年财政预算。二是为每个观测员办一张银行卡作为工资卡。由银行直接转账，不但让观测员及时领到工资，也解决了单位现金报账的难题。三是开创宏观观测点奖惩制度。从数据报送、通信联络、省市地震局领导检查通报、观测数据质量、上报异常或震情和现场检查六个方面情况进行评定，并按照等次发放奖金；对于不能较好完成工作的观测员督促其改正或适时进行人员调整，以保障宏观观测质量。四是为每个观测员购买了一份人身意外伤害保险，以保障观测员人身安全。

地震小区划项目 2015年，县地震小区划经费纳入财政预算，首期预算资金40万元，7月29日招标成功。8月14日签订施工合同，范围为县城区及周边34.22平方公里，合同资金134万元，工期1年半。中标方省局工勘院于10月19日进入现场开始施工，截至年底，小区划项目已完成了地震条件钻孔勘探工作，后续工作正在进行中。

地震小区划项目签约

相关链接：

地震小区划项目 是对特定区域范围内地

震安全环境进行划分以确定范围内地震影响的分布，地震小区划的目的是为城市土地利用规划提供科学依据，为城市工程震害的预测预防、抗震设防、救灾措施的制定提供基础资料。地震小区划项目包括地震地质灾害小区划及地震动小区划两部分。

抗震设防监管 2015年，县地震局加强抗震设防监管，对全县旧城改造和公租房建设等在建、已建工程抗震设防要求进行了专项检查，对服务妇幼保健院迁建项目、自来水管网两个项目开展了地震安全性评价工作；为孙庄安置区、好风景公租房、南方家居公租房等施工设计前办理了抗震设防要求审批手续。

防震减灾宣传 2015年6月，县地震局微信平台建成投用，配合地震网站，扩大对防震减灾知识、法律法规的宣传；组织协调防震减灾指挥部成员单位开展了“5·12”防灾减灾日宣传活动；5月16日~23日科技宣传周，设立活动咨询台，利用到明月湖小学布置展板、发放地震科普知识、法律法规等宣传资料1500余份；开放防震减灾科普教育基地接待人民群众参观；“7·28”唐山地震纪念日，开展了以“加强抗震设防，建设安全家园”为主题的防灾减灾知识系列宣传活动，向群众讲解地震知识、地震应急避险、自救互救、建设工程抗震设防等知识。

应急队伍建设 2015年，清丰县建成地震应急救援队伍。该队伍主要由三部分组成：一是以县消防大队为主体的30人综合专业救援队；二是县防震抗震指挥部部分成员部门行业抢险救援队，共7支；三是经过地震应急相关培训的应急志愿者救援队，共3支57人。

地震紧急应对 2015年1月18日，范县发生里氏3.9级地震；11月24日，清丰县发生里氏2.7级地震。地震后，县地震局均迅速启动应急预案，领导班子成员和技术人员迅速到达工作岗位，派出现场工作队员赶赴地震有感区调查震情。两次震前未发现宏观异常，也未发生人员财产损失，震区群众生活和社会秩序正常。

地震应急避难场所建设 2015年，全县建成应急避难场所2所、在建1所。其中：明月湖公园应急避难场所，投资28万元建成了应急厕所，现已投入使用，该避难场所面积6万余平方米，场内各项应急设施、功能区及标示牌齐全；在建的为叠翠园应急避难场所，投资1200万元，现已完成了道路、照明、广播、水井、供排水、应急厕所等工程，其余设施正在建设中。

应急装备配备 2015年，县地震局配备12万元地震应急装备，设立了应急装备器材仓库，编写制定了《清丰县地震局应急装备储备、管理使用制度》，确保应急装备器材完好、安全、使用方便。

应急数据收集 2015年，县防震抗震指挥部对全县42个防震抗震指挥部成员单位和17个乡（镇）下发了《清丰县关于做好地震应急数据收集工作的通知》，各乡（镇）、相关部门通力协作，对全县建筑物和救灾物资储备等数据进行了调查统计，圆满完成了各项数据的收集和汇总工作。

（韩九英）

气象服务

气候状况评价 2015年，清丰县气候特点是气温略偏高，降水偏少，日照充足。年极端最高气温为38.7℃，出现在7月13日；年极端最低气温为零下10.7℃，出现在11月26日。初霜日为11月3日，终霜日为3月11日，无霜日数230天，县城区域内未发现大的灾害性天气。具体情况分析如下：气温概述：全

各月气温较历年均值比较见附表

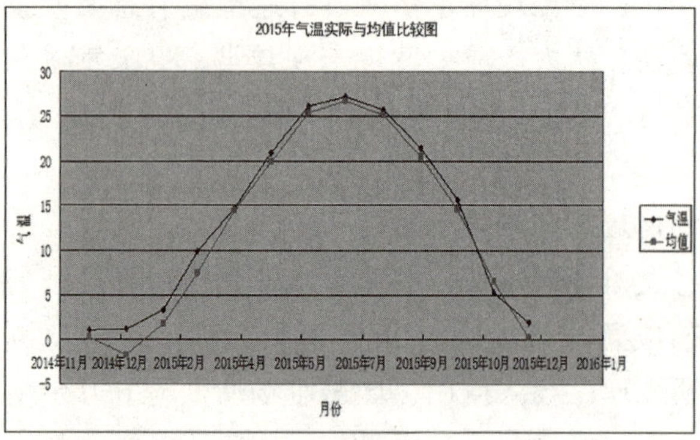

年平均气温为 14.4 ℃，较历年均值 13.4 ℃偏高 1.0℃。冬季平均气温为 1.8℃，较历年均值 –0.2℃高 2.0℃，距平百分率为 20%，属异常偏高范围，春季平均均气温为 15.1℃，较历年均值 13.9℃高 1.2℃，距平百分率为 12%，属显著偏高范围。夏季平均气温为 26.4℃，较历年均值 25.8℃偏高 0.6℃，距平百分率为 6%，属偏高范围。秋季平均气温为 15.1℃，较历年均值 13.8℃高 1.3℃，距平百分率为 3%，属显著偏高范围。各月平均气温与历年均值比较为：2014 年 12 月平均气温为 1.0℃，较历年均值 0.2℃偏高 0.8℃，距平百分率 400%，属异常偏高范围。1 月平均气温为 1.1℃，较历年同期均值 –1.8℃偏高 2.9℃，距平百分率为 29%，属异常偏高范围。2 月平均气温为 3.3℃，较历年同期均值 1.8℃偏高 1.5℃，距平百分率为 15%，属偏高范围。3 月平均气温为 9.8℃，较历年同期均值 7.4℃偏高 2.4℃，距平百分率为 24%，属显著偏高范围。4 月平均气温为 14.7℃，较历年同期均值 14.4℃偏高 0.3℃，距平百分率为 3%，属正常范围。5 月平均气温为 20.9℃，较历年同期均值 19.9℃偏高 1.0℃，距平百分率为 10%，属偏高范围。6 月平均气温为 26.1℃，较历年同期均值 25.4℃偏高 0.7℃，距平百分率为 7%，属正常范围。7 月平均气温为 27.2℃，较历年同期均值 26.7℃偏高 0.5℃，距平百分率为 4%，属正常范围。8 月平均气温为 25.8℃， 较历年同期均值 25.2℃偏高 0.6℃，距平百分率为 5%，属正常范围。9 月平均气温为 21.4℃，较历年同期均值 20.5℃偏高 0.9℃，距平百分率为 9%，属正常范围。10 月平均气温为 15.6℃，较历年同期均值 14.6℃偏高 1.0℃，距平百分率为 12%，属偏高范围。11 月平均气温为 5.2℃，较历年同期均值 6.5℃偏低 1.3℃，距平百分率为 –13%，属偏低范围。12 月平均气温为 1.9℃，较历年均值 0.2℃偏高 1.7℃，距平百分率 17%，属偏高范围。

降水概况 2015 年，清丰县全年降水量为 600.2 毫米，较历年同期均值 562.8 毫米多 37.4 毫米，降水距平百分率为 7%，属正常范围。冬季降水总量为 9.2 毫米，较历年同期均值 19.6 毫米少 10.4 毫米，距平百分率为 –59%，属显著偏少范围。春季降水总量为 126.9 毫米，较历年同期均值 91.1 毫米多 35.8 毫米，距平百分率为 41%，属偏高范围。夏季降水总量为 358.0 毫米，较历年同期均值 346.6 毫米多 11.4 毫米，距平百分率为 3%，属正常范围。秋季降水总量为 96.0 毫米，较历年同期均值 105.5 毫米偏少 9.5 毫米，距平百分率为 –2%，属正常范围。具体情况是：2014 年 12 月降水总量为 0.5 毫米，较历年同期均值 6.1 毫米偏少 5.6 毫米，距平百分率为 –92%，属异常偏少范围。1 月降水量 5.3 毫米，较历年同期均值 5.5 毫米少 0.2 毫米，距平百分率为 –4%，属正常范围。2 月降水 3.4 毫米，较历年同期均值 8.0 毫米少 4.6 毫米，距平百分率为 –58%，属显著偏少范围。3 月降水 5.5 毫米，较历年同期均值 18.5 毫米少 13.3 毫米，距平百分率为 –70%，属显著偏少范围。 4 月降水量为 79.7 毫米，较历年同期均值 22.0 毫米偏多 57.7 毫米，距平百分率为 262%，属异常偏多范围。
5 月降水量 41.7 毫米，较历年同期均值 49.8 毫米少 8.1 毫米，距平百分率为 –16%，属正常范围。
6 月降水量为 80.1 毫米，较历年同期均值 65.2 毫米偏多 14.9 毫米，距平百分率为 9%，属正常范围。7 月降水量为 111.5 毫米，较历年同期均值 151.4 毫米偏少 39.9 毫米，降水距平百分率

为 –29%，属偏少范围。8 月降水量 166.4 毫米，较历年同期均值 130.0 毫米多 36.4 米，距平百分率为 36%，属偏多范围。 9 月降水量为 14.2 毫米，较历年同期均值 57.3 毫米少 43.1 毫米，降水距平百分率为 –69%，属显著偏少范围。10 月降水量为 13.3 毫米，较历年同期均值 32.3 毫米偏少 19.0 毫米，降水距平百分率为 –63%，属显著偏少范围。 11 月降水量 78.5，较历年同期均值 15.9 毫米偏多 62.6 毫米，降水距平百分率为 394%，属异常偏多范围。12 月降水总量为 0.6 毫米，较历年同期均值 6.1 毫米偏少 5.5 毫米，距平百分率为 –90%，属异常偏少范围。

各月降水量较历年均值比较见附表

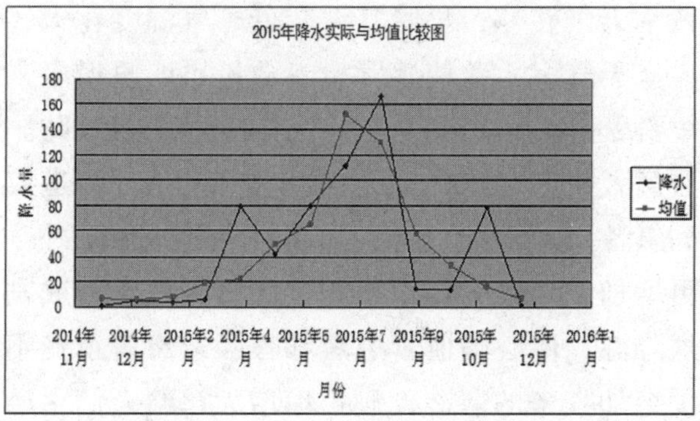

日照概况　2015 年，清丰县全年日照时数为 2169.4 小时，较历年同期均值 2083.0 小时多 86.4 小时，日照时数距平百分率为 4%，属正常范围。冬季日照时数为 326.7 小时，较历年同期均值 403.8 小时少 77.1 小时，距平百分率为 –19%，属正常范围；春季日照充足，全季日照时数为 681.3 小时，较历年同期均值 618.1 小时多 63.2 小时，距平百分率为 10%，属正常范围。夏季日照时数为 631.1 小时，较历年同期均值 567.6 小时偏少 63.5 小时，距平百分率为 11%，属偏正常范围 ；秋季日照时数为 427.2 小时，较历年同期均值 493.7 小时偏少 66.5 小时，距平百分率为 18%，属正常范围。各月实况分别为：2014 年 12 月日照时数为 175.3 小时，较历年同期均值 132.3 小时偏多 43.0 小时，日照时数距平百分率为 33%，属异常偏多范围。1 月日照时数为 137.4 小时，较历年同期均值 135.2 时偏多 2.2 小时，日照时数距平百分率为 2%，属正常范围。2 月日照时数为 140.0 小时，较历年同期均值 136.3 小时偏多 3.7 小时，日照时数距平百分率为 3%，属正常范围。3 月日照时数为 199.2 小时，较历年同期均值 177.7 小时偏多 21.5 小时，距平百分率为 12%，属正常范围。4 月日照时数为 230.3 小时，较历年同期均值 211.1 小时偏多 19.2 小时，距平百分率为 9%，属正常范围。5 月日照时数为 251.8 小时，较历年同期均值 229.3 小时偏多 22.5 小时，距平百分率为 10%，属正常范围。6 月日照时数为 208.2 小时，较历年同期均值 212.9 小时偏少 4.7 小时，距平百分率为 –2%，属正常范围。7 月日照时数为 215.6 小时，较历年同期均值 174.3 小时偏多 41.3 小时，距平百分率为 24%，属正常范围。8 月日照时数为 219.8 小时，较历年同期均值 180.4 小时偏多 39.4 小时，距平百分率为 22%，属正常范围。9 月日照时数为 181.7 小时，较历年同期均值 172.1 小时偏多 9.6 小时，日照时数距平百分率为 6%，属正常范围。10 月日照时数为 203.1 小时，较历年同期均值 171.8 小时偏多 31.3 小时，日照时数距平百分率为 18%，属正常范围。11 月日照时数为 42.4 小时，较历年同期均值 149.8 小时偏少 107.4 小时，日照时数距平百分率为 –72%，属异常偏少范围。12 月日照时数为 139.9 小时，较历年同期均值 132.3 小时偏多 7.6 小时，日照时数距平百分率为 6%，属正常范围。

主要天气气候事件分析　干旱 ：2014 年 12 月 11 日 ~ 2015 年 1 月 23 日，连续长达 42 天，清丰县内未出现明显降水过程，加之此段时间气温偏高，空气干燥，土壤失墒快，导致各地出现不同程度的旱情，且旱情不断扩大，受旱程度不断加深。根据县气象局对全县冬小麦调查大部分苗情尚可，但部分乡镇的沙土田块，由于播种以来降水显著偏少，且没有进行有效灌

各月日照时数较历年均值比较见附表

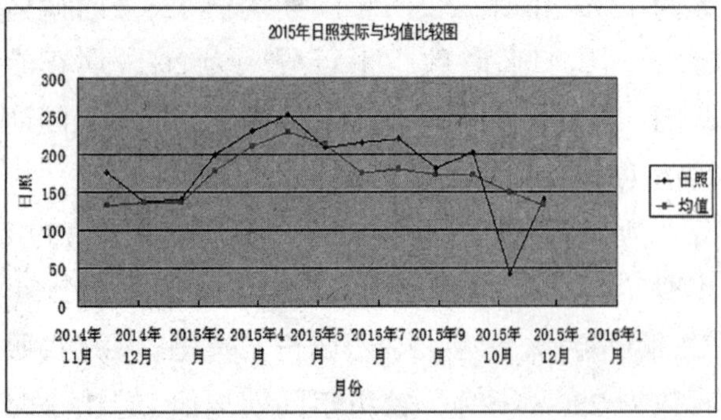

溉，许多地段小麦分蘖节和次生根都处在干土层中，造成叶尖发黄，叶片干枯，甚至出现死苗现象，给农业生产带来极其不利的影响。雾霾：全年共出现50次大雾和125次霾天气，雾霾天气明显比以前增多，给人们的户外活动、出行和交通带来诸多不便。大风：全年共出现了2次大风，具体出现时间是7月30日、31日，最大风速分别为19.0米/秒、21.6米/秒，虽有大风出现，但因持续时间不长，未造成任何灾害。

气候影响评价　一是气候对农业的影响适中的光照，丰富的热量，正常的雨雪对农业生产，农作物生长发育较为有利，尤其对水浇地作物生长发育提供了持续稳产高产的气候条件。不该热时异常热，该热时节它却寒，急用水时天不下，冬旱连春旱气温偏高，空气干燥，土壤失墒快，导致各地出现不同程度的旱情，且旱情不断扩大，受旱程度不断加深，小麦生产遭难。风调雨顺的夏季和秋季气候给秋粮丰产创造了极为有利条件，使2015年玉米平均亩产可达545.1公斤，与去年玉米（面积38.5万亩）单产498.0公斤增产9%，总产19.0万吨增产4%。二是气候对其他行业的影响雨雪天气，导致雪深路滑对交通、建筑造成短期的不利影响，尔后的晴暖天气给建筑和交通春运带来了极为有利的施工、安全春运条件，经济效益高于往年。夏季忽高忽低的气温骤变，多雨高湿造成伤风感冒和红眼病、角膜炎在全县城乡流行传染。秋季天气转凉，早晚气温较低，气温变化大，大雾天气多，致使感冒患者数量也明显增多，故要尽量减少户外活动，特别注意流感的预防。看病人数竟有70%以上是感冒和其他呼吸道疾病患者。除给生产生活、工作学习造成麻烦外，更增加了人民的经济负担。大雪天气，造成剧烈降温，使心脑血管患者和呼吸道患者承受不了突如其来的寒冷，病亡率增大，给人们生产生活造成了很大的经济负担。

（李金刚　谢若梅）

文化·卫生·体育

县文化广电旅游局

局　　长　王亚光
执法大队大队长　李庆鹤
副 局 长　张焕菊（女）
　　　　　万建明
纪检组长　曹占平
党组成员　杨素芬（女）
主任科员　冯进贤　王海斌
　　　　　葛传立
副主任科员　刘振峰　贺振献

县新华书店有限公司

支部书记
经　　理　孙素芹
副 经 理　王彦甫

县广播电视台

党组书记
台　　长　邵志强
副 台 长　王鹏菊（女）
　　　　　潘帅谦
　　　　　程丽娜（女）

县卫生局

党组书记
局　　长　王俊生
副 局 长　韩翠青　孙立群
　　　　　陈英浩
纪检组长　李建华（女）

县疾病预防控制中心

党组书记　甘永生
主　　任　兑利乔（女）
副 主 任　高铁柱（2015年10月任）
纪检组长　姬海港（2015年10月任）

县爱国卫生运动委员会办公室

主　　任　鲁民忠
副 主 任　葛艳峰（女）　闫军锋

县人民医院

院　　长
党委副书记　卢翠玲
党委书记　李玉顺
副 院 长　高铁柱（2015年10月离）
　　　　　张建伟　张宗尧
　　　　　陈　强　吕学民

县第二人民医院

院　　长　尚留选
支部书记　孔　俊（女）
副 院 长　姬瑞刚

县第三人民医院

院　　长　宋恒超
副 院 长　宋建利（女）

县中医院

院　　长　张俊一
党组书记
副 院 长　孙立群（2015年10月任）
副 院 长　李西方
　　　　　程敬民（女，2015年10月任）
纪检组长　杨俊峰（2015年10月任）

县妇幼保健院

院　　长　王又生
支部书记　韩志杰

县体育运动中心

主　　任　王志鸿
副 主 任　刘大宾
纪检组长　晁志轩

文化　旅游

概况　2015年，县文化广电旅游局实施社会文化与艺术创作，加强文化市场综合执法检查，强化文化设施建设，加大非物质文化遗产保护力度，各项工作取得较好成绩。

文化场馆建设　一是火车站旧址保护维修及沿路小站风情商业街项目。2015年，县委、县政府将小站风情商业街及火车站旧址保护开发确定为全县重点项目，小站风情商业街项目已完成总工程量的80%以上；火车站旧址维修保护及火车站旧址工业博物馆建设全部完成并免费对外开放。二是全面完成了总投资1529万元的单拐美丽乡村建设。三是完成了单拐冀鲁豫边区抗战纪念馆建设。四是杨韩村唐代古塔遗址第二次探研全部完成。五是投资270万元，完成了县文化馆多功能展厅建设和场馆升级改造，充实公共文化服务内容，开展各类群众文化活动，连续两年被省文化厅评为全省先进文化馆。

社会文化与文艺创作　2015年，县文化广电旅游局先后组织举办了“春满中原”“梨园颂歌献给党”庆“七一”晚会等一系列文化活动70余场，观众累计达10万余人次。举办了全县“教你一招”书法、美术、太极功夫操等系列群众文艺培训100余期，受益群众达2万余人次。自4月开始，组织放映故事、戏剧、爱国主义及廉政教育等80余部优秀影片，在全县503个行政村放映6036场。“两馆一站”免费开展各类文艺活动、图书借阅、文艺指导等项目，服务群众达15.3万余人次。在县文化馆举办了清丰县柳子戏冀鲁豫三省保护传承研讨会。省群艺馆领导带领全省40多个县（区）文化馆馆长到县文化馆进行了考察和学习，提升了清丰县在文化艺术方面展览、展示和对外开放水平县，文化馆被省文化厅评为河南省先进文化馆。全年，县文化广电旅游局文艺创作活动不断，硕果累累。其中由刘振峰创作的歌曲《中国骄傲》入选由中共河南省委宣传部、河南省文明办、河南省文化厅、河南省文联联合出版的《“践行价值观 唱响文明河南”群众歌咏活动推荐歌曲集》一书，王海斌创作的诗歌《纪念卢沟桥事变70周年》荣获由新华网、中国楹联协会、《诗歌月刊》、《绿风》杂志联合主办的纪念抗日战争胜利70周年诗歌集一等奖，王景民论文《浅谈文学素养与书画创作的关系》获“文化大视野——全国群众文化、图书、博物论文集”优秀论文奖，论文《论中国画中“线”的特征》在十三届河南省文化艺术论文及创作歌曲、歌词评选活动中获三等奖，万峰伟创作反腐长诗《扯下你的红盖头》和《猎手》，发表在中国国际文化出版社出版的《关东文苑》第2期并获本刊诗人方陈栏目最佳优秀作品奖，诗歌《悼瑞鹏》和《阳邵人》发表在《关东文苑》第3期，为纪念抗日战争胜利70周年创作的长诗《母亲》，发表在《关东文苑》第4期。反腐短诗《拜佛》和《蝈蝈》，在散文网发表后，收入《中外当代诗歌散文精品集》。三十行短诗《红红的诗情》入选中国化州举办的“橘红文化节征文大赛”，现正在新浪、百度、微信网选登。

清丰县小火车站旧址

文物勘探与保护 一是组织开展了国有单位文物普查，已全部完成文物藏品数据录入工作。二是完成了全县田野石刻文物的调查登记，征集田野石刻70余件。三是对全县的抗战纪念设施、遗址现状进行实地调查，完成了直南特委旧址、清丰抗战烈士祠、卫河县抗战烈士祠等文物保护单位的修缮工作。

文化市场管理 2015年，县文化市场综合执法大队举办文化法律法规培训5期，分期分批对网吧、图书报刊、印刷、音像制品等文化经营单位的120余名从业人员，进行了守法经营和安全生产培训教育；配合濮阳市"扫黄打非"工作领导小组办公室举行了五县二区集中销毁各类非法出版物活动；联合公安、工商等部门先后开展了"闪电"系列1号行动、"扫黄打非·护苗2015"专项行动、"净网"行动等专项整治，累计出动车辆420余台次，出动检查人员2163人次，检查网吧、KTV歌厅1535家次、影剧院和演艺场所13家次；检查全县中小学校园周边书店、报刊亭952家次；取缔文化产品违规经营摊点3处、农村演出市场4处，收缴盗版图书246册（盘），行政处理违规网吧2家，查封1家；对存在消防安全隐患的8家文化经营场所下达了整改通知书；进一步规范了全县文化市场经营秩序。

非物质文化遗产保护 2015年，县文化广电旅游局完成了《文化清丰》系列丛书、《河南省非物质文化遗产丛书传统戏剧柳子戏》《河南省省级非物质文化遗产代表性项目图录》《河南省省级非物质文化遗产代表性传承人图录》和《濮阳杂技志》编撰、出版工作。积极做好各类非物质文化遗产的申报工作，2015年9月，清丰刘氏麦秆画被省人民政府列入第四批河南省非物质文化遗产代表性项目名录。通过筛选整理，县人民政府公布了32项县级第五批非物质文化遗产保护名录。

文化礼堂建设 2015年，县文化广电旅游局先后在县电影院、县文化馆、马庄桥镇新村和韩村乡冯家建设4个文化礼堂示范点，配备了图书、演出服装、音响等文化活动器材。

（赵淑丹）

图书发行

概况 2015年，清丰县新华书店围绕"上规模、调结构、促转型、树品牌"的总体要求，着力做好电子商务重点项目发展，全面调整激励机制，以经营业绩的快速增长化解固有矛盾，取得显著成效。先后荣获省"综合管理先进店""教材教辅发行工作先进店""教育服务先进店""电商建设与运营先进店"荣誉称号。

教材教辅发行 2015年，县新华书店与教育部门密切协作，采取送书到校、服务到班等措施，提升精细化、人性化服务水平，把优质服务贯穿到教材教辅发行工作各个环节，通过标准化管理，竭诚服务全县教育事业。

图书销售 2015年，县新华书店聘请专业设计师规划卖场整体布局，重金打造复古、浪漫、弥漫着书香、茶香墨香的"尚书房"，搭配云书网卡、购书会员卡等服务措施，发行了大量政治理论读物和经典著作。销售《习近平谈治国理政》177册，"第四批全国干部学习培训教材"40套，《国学经典》系列丛书70套，十八届五中全会系列图书4200册，为"全民阅读月活动"提供活动用书1679册。

新农家书屋建设 2015年，县新华书店积极动员，全面提高职工的思想认识和服务意识，以实际行动体现出高度的责任感和大局意识。抽调精干职工组成配送小组，集中物力、财力，为全县17个乡（镇）、496个行政村配送图书2.14万册，农家书屋配发保障工作顺利完成，为促进新农村建设、传播农业科技知识、提高农民精神文化生活作出了努力和贡献。

电子商务　2015 年 8 月 21 日，县人民政府与河南省新华书店发行集团签订电子商务战略合作协议，依托河南省新华书店发行集团成熟的电商平台——云书网，以新华书店实体渠道和线上线下体验营销为支撑，以“互联网 +”时代用户个性化、多样性需求为导向，服务和加快清丰电子商务产业发展，实现全省、全国范围的营销、展示与推广，解决边远村镇买难卖难问题，致力于为每一位消费者提供方便快捷的一站式购物体验服务。建成乡村电子商务站 93 家，与“新中博”物流签订合作协议，完善县、乡、村三级物流配送机制，真正实现让电商进农村，打通“最后一公里”。

开展全民阅读活动　2015 年 12 月 4 日，新华书店与光明日报出版社联合开展“书香清丰 · 全民阅读”展销活动，开创了清丰店外销售先河，实现了店外销售与全民阅读的有机结合，促进了社会效益和经济效益的同步提高。书香节为期 10 天，各乡（镇）中心校长和 300 多名学生代表参加了开幕式。

（刘建芳）

“书香清丰 · 全民阅读”活动启动仪式

广播　电视

概况　2015 年，县广播电视台围绕广播、电视、有线电视三项重点，创办《车行天下》广播栏目；开办《出彩清丰人》《美食美客》《法制清丰》9 个电视栏目。专题片《美丽孝乡——文明清丰》在第三届全国市县电视台推优活动中荣获文化艺术专题类一等奖，专题栏目《美食美客》荣获二等奖。

广播宣传　一是与北京共享传媒集团合作，全力打造“103.8”，广播收听率节节攀升。二是创办了《车行天下》栏目，覆盖清丰县、内黄县、南乐县、范县西部、邯郸、大名、林州、滑县等地，受到社会广泛关注。三是创办了“103.8 车友会”栏目，注册会员 3000 余人，定期举办自驾游、团购等活动。四是电台在市台发稿 180 篇，位居全市第一。其中，新闻作品《日本侵犯清丰南乐时的军旗被发现》《清丰籍农民企业家韩学臣代英烈尽孝受褒扬》获市好新闻一等奖，《120 位环卫工人成了火锅店的座上宾》获市好新闻二等奖，《蛙声抹不去的记忆》获省好新闻二等奖，新闻《杨改田多年伺候婆母、娘家送匾感恩》在《河南日报》刊登。

电视宣传　一是《清丰新闻》播出 140 期、1260 条，全方位多角度宣传了党的路线、方针、政策，宣传县委县政府的中心工作，宣传报道先进典型、先进事迹和先进经验，圆满完成了人大政协两会报道、产业集聚区建设、设施农业建设、全国食品安全在行动、孟瑞鹏见义勇为先进事迹、新一轮“一创双优”集中活动、国家级文明县城创建、卫生县城创建等重要工作和重大活动的宣传报道任务，传递了社会正能量，营造了良好的舆论氛围。二是适时开办了《出彩清丰人》《健康清丰》《法制清丰》《房产视线》《食品安全在行动》《新农村服务社》《美食美客》《开门有礼》《在路上》等群众喜闻乐见的专题栏目，其中，大型民间才艺选秀类节目出彩清丰人成功录制播出7期，健康清丰播出4期，《法制清丰》播出6期，《房产视线》播出10期，《食品安全在行动》播出8期，《新农村服务社》播出25期，《美食美客》播出7期，《开门有礼》播出11期，《在路上》播出9期，从不同层面、采取不同形式充分展示了清丰县精神文明建设和广大群众良好的精神风貌。三是全年在中央台发稿7条，在省台发稿32条，在市台发稿273条，其中，专题片《美丽孝乡——文明清丰》在第三届全国市县电视台推优活动中荣获文化艺术专题类一等奖，专题栏目《美食美客》荣获二等奖。

有线宣传 2015年，县广播电视台开通了越秀国际、诚睦小区、和谐小区、盛世家苑、冶都5个小区以及10多个乡（镇）的数字电视，发展数字电视用户1237户，全县有线电视数字用户达到6万多户，网络覆盖面积逐年扩大，服务质量明显提高；节目套数由原来的116套增加到118套，最大限度满足了广大群众的文化生活需要，同时加强了线路维护，提高了信号传输质量。

事业建设 投资23万元购置了电视编辑机、航拍机和其他采编制作设施设备；投资8万元，搭建了停车棚，改造了内部食堂，更换了取暖锅炉。

（张亚娟）

卫 生

概况 至2015年底，全县共有卫生机构592个（含村卫生室），其中，医院4个、卫生院17个、村卫生室536个、专业卫生机构20个。实有床位数1712张，卫生机构总人数为3796人，拥有卫生技术人员1725人，其中执业（助理）医师699人。

项目建设 2015年，濮阳国际医疗养老产业园、骨伤病医院等项目落户清丰；县医院、县妇幼保健院新址、县中医院病房楼、县红十字儿童医院阳光康复中心项目顺利推进；新兴医院完成新址搬迁。乡村医疗机构标准化建设攻坚行动年度任务圆满完成。已竣工的乡（镇）卫生院和村卫生计生室进行检查验收，对通过验收的8所乡（镇）卫生院和92所村卫生计生室拨付了市级配套资金。清丰县政府、巩营乡政府、瓦屋头镇政府分别被评为“2015年度全市基层医疗卫生服务体系建设先进单位”。

新农合工作 2015年，全县参合农民64.96万人，参合率99.99%。筹资标准每人提高至470元，筹资总额达到3.05亿元，全年补偿资金2.19亿元。大病保险二次补偿561.65万元，达到10万元16人次，20万元封顶1人次，平均补偿比达到了54.5%，受益率15.7%，缓解了参合患者因病致贫、因病返贫问题。县新农合办公室被市政府评为“2015年度全市新型农村合作医疗工作先进单位”。

公共卫生 全县建立健康档案65.42万人份，建档率97.66%；建立电子健康档案64.55万人份，建档率96.35%；开展健康教育讲座及接受健康教育咨询4.63万人次；6岁以下儿童健康管理6.44万人，孕产妇健康管理3227人，65岁以上老年人健康管理6.32万人，高血压患者健康管理4.56万人，糖尿病健康管理1.13万人，精神病健康管理1654人，婚前保健3534对，婚检率92.44%。

妇幼保健 2015年，全县农村孕产妇住院分娩补助7499人，补服叶酸8248人，完成乳腺癌筛查4000余例。婴儿死亡率、5岁以下儿童死亡率、孕产妇死亡率分别下降至2.83‰、4.96‰、零。县妇幼保健院被评为“全国爱婴医院”，全市县级医院唯一。

医政管理　2015年，县卫生局落实“进一步改善医疗服务行动”和“以病人为中心优质服务60条”要求，开展二、三级医院对口支援乡（镇）卫生院和县级医院对口帮扶乡（镇）卫生院工作，提高了基层医疗机构服务能力。对全县668名乡村医生分六期进行了业务培训；完成了1551名乡村医生、护士84名和532所村卫生所、15家诊所校验工作。

平安医院建设　2015年，县卫生局加强医疗服务投诉管理，完善受理处置程序，引导患者依法维权，妥善解决纠纷。县人民医院、县中医院均建立警务室，维护了正常医疗秩序。县卫生局被县委、县政府评为“2015年度平安建设先进单位”。

疾病控制　2015年，县卫生局加强新发、突发传染病防控，埃博拉出血热、中东呼吸综合症等防范措施到位，手足口病疫情较往年明显下降。建设全省先进的数字化预防接种门诊4家，免疫规划疫苗常规接种20.51万人次，接种率95.4%，保持无脊灰状态。网络直报覆盖率达到100%，全县无甲、乙类传染病暴发。艾滋病控制重点人群抗体筛查、自愿咨询检测、感染者和病人管理治疗等常规工作任务圆满完成，艾滋病防治政策宣讲和防治常识培训全方位推进。通过了省卫计委消除疟疾考核评估验收，达到国家关于县级消除疟疾考核评估标准，提前两年实现了消除疟疾防治目标。结核病防治管理指标全部达到省标准，肺结核病人发现任务超额完成。

卫生监督　2015年，县卫生局继续开展“卫监行动”和“亮剑行动”，严厉打击非法行医，整顿医疗秩序，推进依法执业，有效净化了医疗服务市场。全年共有效监督582个单位，经常性卫生监督覆盖率达99%以上，立案38件，打击取缔无证诊所18个，罚款4万余元，有效保障了公共卫生安全。

行风建设　2015年，县卫生局开展落实涉医领域主体责任纠正损害群众利益突出问题专项治理，全年发现问题线索13个，查出问题13个，党政纪处分13人，上交红包回扣13.24万元；开展“三合理一规范”专项行动，对大处方、滥检查、过度治理、违规收费进行了重点治理；积极开展“严守纪律、严明规矩”专项治理、党员干部作风突出问题专项治理和懒政怠政为官不为专项治理，“守纪律，讲规矩”氛围逐步浓厚。

其他工作　2015年，完成全县公开招聘8人的体检工作。完成了2016年度执业护士、卫生专业技术资格考试报名工作。组织全县专业技术人员继续教培训准备工作。基本药物制度顺利实施。

（李社强）

疾病防控

概况　一是传染病防治工作取得显著成效。网络直报覆盖率达到100%，全县无甲、乙类传染病暴发。二是艾滋病控制工作深入开展。重点人群抗体筛查、自愿咨询检测、感染者和病人管理治疗等常规工作任务圆满完成，艾滋病防治政策宣讲和防治常识培训全方位推进。三是达到疟疾消除标准。扎实落实各项消除疟疾措施，完成了消除疟疾各项指标。通过了省卫计委消除疟疾考核评估验收，达到国家关于县级消除疟疾考核评估标准。四是结核病防治工作扎实推进。“五率”管理指标全部达到省标准，肺结核病人发现任务超额完成。

免疫规划 2015年，全县所有接种门诊实施“日接种、周集中、月查漏”的工作模式，开展了“妈妈课堂”，为全县儿童提供更好接种服务。全县“五苗”接种率保持在95%以上，各项指标均达到国家标准。

地方病防治 2015年，全县碘缺乏病、饮水型地氟病等地方病得到稳定控制，地方病防治“十二五”规划的各项任务全面完成。

慢性病防治 2015年，县疾控中心促进基本公共卫生服务均等化建设，做好县基本公共卫生服务项目工作。认真做好儿童口腔疾病综合干预项目，共为1520名儿童进行了口腔健康检查，为1432名儿童进行了窝沟封闭，共封闭5024颗“六龄牙”。

卫生监测 2015年，县疾控中心完成了饮用水卫生、环境卫生、消毒效果、职业危害因素监测。

健康教育 2015年，县疾控中心通过媒体、健康巡讲等形式，广泛开展健康教育宣传工作。深入推进全民健康生活方式，完成了3个健康社区创建工作，制作健康知识展板10块，发放各种健康教育宣传资料53种，共计12万份，受益群众6万余人次，接受咨询人数9000余人次。

（邓　荣）

爱国卫生

概况 2015年，县爱国卫生运动委员会办公室围绕创建国家卫生县城、整洁行动、健康教育、农村改厕、病媒生物防治等中心任务开展工作，爱国卫生工作迈上了新台阶，被河南省爱卫会命名为“河南省爱国卫生先进集体”。

国家卫生县城创建 2015年，全县投入资金2000

国家卫生县城创建动员会

多万元，加大环境整治力度，改造了旱厕，提升了菜市场和好吃街，加强了环卫保洁，切实解决了群众长期关注的热点难点问题，改善了人居环境，提高了幸福指数。12月29日卫生县城创建工作进行公示，取得了阶段性成果。

“爱国卫生月”宣传活动 2015年，县爱卫办为切实做好第二十七个爱国卫生运动月活动，于4月5日在朝阳路举行了启动仪式，开展以“全民参与爱国卫生，共建共享健康中国”为主题的健康教育宣传活动。全县30余个单位500多人参加。

病媒生物防治 2015年，县爱卫办下发《清丰县2015年春季集中灭鼠活动方案》《关于开展夏秋季蚊蝇集中消杀活动的通知》，在垃圾中转站、公厕、仓库、市场等重点场所重点部位设置了六块砖毒饵洞。同时组织开展清除垃圾活动，消除卫生死角，清脏治乱，消灭“四害”滋生地，有效地控制了病媒生物的危害，没有发生各类传染疾病，为广大群众创造了良好的卫生环境。

城乡环境卫生整洁 2015年，县爱卫办以着力解决城乡环境“脏、乱、差”为突破口，以城乡卫生为载体，以病媒生物防治为手段，全面推进城乡环境卫生整洁行动，取得了显著成效。创建国家卫生乡(镇)1个、省级卫生乡(镇)2个,新创建省级卫生单位9个、省级卫生村7个、省级卫生小区3个、市级卫生乡（镇）2个、市级卫生村18个、市级卫生小区1个，届满复报省级卫生单位5个、省级卫生村2个。

健康教育 2015年，县爱卫办开展传染病、寄生虫病、地方病及危害健康的行为和生活方式等方面的健康常识教育。通过制作宣传栏、宣传页、新闻媒体健康教育宣传片和专家健康讲座等形式，共制作宣传标语1859条，健康知识宣传栏315个，印发宣传资料2万余份，群众健康知识知晓率进一步提高。

控烟禁烟 2015年，县爱卫办严格按照《清丰县公共场所管理办法》和《关于禁止在公共场所设置烟草广告的通告》规定，在各公共场所设置了醒目的禁烟标志。坚持开展无烟单位评比活动，积极做好吸烟有害健康的宣传，依法取缔了各类烟草广告宣传画、挂历、图片及灯箱烟草广告，印制张贴禁烟标志2000余份，在全县形成了全民禁烟控烟的良好氛围。

（王瑞芳）

人民医院

概况 至2015年底，县人民医院共有职工495人，其中正高职称5人，副高以上职称30人，中级职称192人，卫生技术人427人。行政后勤科室设有办公室、医务科、护理部、感染办、药剂科、财务科、人事科、器械科、总务科，保卫科；临床设有呼吸消化内科、内分泌科、神经内科、心血管内科、儿科、肿瘤科、妇产科、普外科、骨科、神经外科、眼科、耳鼻喉科、口腔科、ICU、NICU、麻醉科、急诊科、皮肤科、康复医学科、推拿理疗科、乳腺科、体检科等22个科室。医技设有检验科、超声科、脑电图、心电图、多普勒、病理科、内镜科、影像科、供血库等多个辅助科室。骨科、神经内科、眼科为市级重点学科。心血管内科、内分泌科、肿瘤科、神经外科、ICU、NICU、儿科、妇产科、微创外科列为院级重点学科，新增完善7个专科，分设心内科，神经外科，妇科，儿童康复科，乳腺科，健康服务管理中心，公共卫生科。全年实现业务收入7757万元，增长4.7 %，住院病人1.6万人，增长4%，门诊病人15.6万人次。药占比38.4%，平均住院日6天，次均费3484元，手术台次4182人次，与去年持平。

医护队伍建设 派送7名人员赴上级医院进修学习；招录人员49名，其中本科毕业生13名，专科以上护士36名；调入医生6名，送上级医院规培13名；先后选派30余的人参加专业短期培训；全体护士长油田总医院学习一周，赴郑州第一人民医院进修学习一个月臭氧治疗和内镜管理；选派护士到郑大一附院学习血透技术3个月；手术室、供应室、急诊护士分别到省培训基地进行为期一周的专业培训；放射科全体人员到市卫生技术监督局参加为期一周的专业培训。 对医药护技人员实行月培训考核制度，采取院内学分制管理。全年医务人员外出参加省内外各种学术会议培训班共计40多人次，院内培训乡村医生6批200余人次。积极协调人事部门，晋升高级职称7人。全年外聘专家坐诊4人，上级医院专家协助指导手术60多台次。培养和招聘医技人员10人。公开选拔6名护士长，充实到临床岗位上。4名护士代表清丰县参加市卫计委举办的技能比赛获二等奖。全年发表论文9篇，涉及肿瘤科、影像科、骨科、妇科等。

医疗质量提升 2015年，县人民医院以“三好一满意”活动“十大指标”监控为载体，积极采取有力措施，持续改进和提高医疗质量。医务科加大核心制度落实。每周两次查房，并规范了会诊、转诊、坐诊等流程。感染办加强管理，定期对重点部分和重点人员进行感染前瞻性监测624例次，院内感染率0.31%，无感染暴发事件。同时出台了执业暴露管理规定，提升规范执业的自觉性。护理部出台了不良事件报告制度，保障患者安全，共报告不良事件21件。实行院科三级质控制度，实行百分制质量管理。出台医疗质量管理规定，实行月质量分析会制度，及时分析反馈质量存在问题，及时整改。制定了医疗服务质量考核细则，出台了病历书写管理规定。强化了质量监督，加强了危急重症排查和管理，领导分包科室，及时发现隐患，提升医疗安全水平。实行全院各个科室绩效考核管理。各个管理层实行目标责任制考核，制定了班子成员、专业组考核标准，中层领导实行八大指标和十大指标月考核。新农合管理实行月目标考核(含药占比、次均费用、转诊率)。成立专家理事会，为发展专科奠定了良好的基础。大力开展技术创新，开展新技术27项，其中肿瘤8项，外科6项，妇科5项，ICU4项，眼科4项，内三和骨科各2项。筹资添置外科显微镜、腹腔镜、宫腔镜、阴道镜、超乳、电测听、声阻抗、眼压计、阴道镜、利普支持新技术开展。开展腔镜微创手术，神经外科显微镜手术等，刷新了清丰县医疗历史。开通郑大远程会诊和讲课，解决疑难病案诊治，收到了良好效果。开展床旁透析、有创颅内压监测、亚低温治疗等技术，使重症救治水平明显提升，持续提升医疗服务。

服务水平提高 2015年，县人民医院认真贯彻落实《河南省优质护理服务“十化”评价标准》《河南省医疗服务60条》，定期进行考核，考核结果通过《医院工作》进行通报，并与年终评先评模挂钩，有力促进了优质服务的提升，病人满意度始终保持在98%以上。每周对就诊病人和出院病人进行问卷调查和电话随访并建立完善投诉处理制度，及时对患者投诉进行调查处理，投诉处理率达到98%上。拓展服务内涵。加强医联体建设，对上与油田总医院、市医院、安阳肿瘤医院、安阳地区医院、省医院、郑大一附院、省肿瘤医院、郑州第一人民医院等结为医联体，对下与14个乡（镇）卫生院结为医联体，为群众看病就医提供更多的方便。实行了门诊登记预约，对慢性病进行了登记随访管理，对出院病人进行慢性病登记。对乡村医生实行月走访制，共走访4次，联系村医200余人次。对住院患者家属实行周座谈制，并随时进行问卷调查。推出了体检方便快捷服务，共计给6个单位进行了体检，免费对全县女教师进行两病筛查。开展健康讲座11次，下乡义诊7次，义诊病人1700人次。2015年录制11期电视健康讲座，取得了良好的效果。新农合病人13113人，补偿费用2743万元，占全县12.5%。转诊率7.2%。强化财务监督。财务监督小组每月对医院收支情况进行监督审核，确保开支规范、合理、合法。

基础设施建设 2015年，县人民医院积极推进医院搬迁工程，完成了后勤楼，传染楼建设并进入后期装饰工程。对新址部分科室进行了修改完善，完成了大门、后勤、综合楼病区、ICU、儿科康复、供应室、血液透析、内镜中心、手术室、医学美容等部门的装修设计，2015年12月底基本完成门诊楼、病房楼的后期装修。积极配合政府公安部门，改善旧址彩钢房住院条件，按照消防的要求积极进行了整改，筹资购置了病区消防门、防火彩钢房等，改善了基础设施，保证了医疗安全。

公共卫生服务 2015年，县人民医院积极参与传染疾病防治和突发事件救治工作，积极开展下乡帮扶工作，与马村、巩营开展对口帮扶，接受乡（镇）卫生院来院进修10人次，邀请上级医院和院内业务骨干免费为乡（镇）卫生院和乡村医生讲课8次，大大提高了乡（镇）卫生院的人员素质和救治水平。

评先创优活动 2015年，县人民医院公开选拔了十佳医生和十佳护士，并给予每月100元津贴，其中一名医生和一名护士被县委县政府授予最美医务工作者，代表全县参加市卫生局组织的急救、护理技能操作比赛，取得了优异的成绩。开展“优秀护理管理者”和“十佳护士”评选活动，在庆祝“5·12”护士节暨表彰大会上，对10名“十佳护士”进行了表彰，推荐2名护士长参加全市“优秀护理管理者”评先。

（侯庆海）

第二人民医院

概况 县第二人民医院是一所二级综合性医院，内设27个科室，医院东区有内、外、妇、儿等七大病区，医院西区设有清丰县乳腺、甲状腺疾病诊疗中心、妇产科。至2015年底，全院有干部职工190人，其中专业技术人员160人，高级职称7人，中级职称70人，初级职称83人，行管后勤24人，开放床位280张。医院分东西两个院区，共内设30个科室，医院东区有内一科、内二科、骨外一科、骨外二科、骨外三科、妇产科、儿科。西区设有妇产科（西区）。辅助科室有手术室、麻醉科、检验科、影像科、急诊科、耳鼻喉科、眼科。门诊科室有中医儿科、中医骨科、中医外科、中医推拿理疗科。管理科室有办公室、财务科、新农合办、医保科、总务科、医务科、护理部、质控科、公共卫生科、药械信息科、消毒供应室、健康体检中心。县二院严格执行国家县级公立医院医改政策，落实县级公立医院绩效分配方案、公立医院药品零差价销售，人均次均费用降到3100元，转诊率降到7.2%，门诊量7.84万人次、门诊业务收入1003万元；住院病人8360人次、住院收入2500万元；新农合补助2200万元。年度总收入3700万元。先后被评为省级“卫生先进单位”、市级“文明单位”“诚信濮阳优秀单位”“濮阳市优秀巾帼志愿服务组织”“濮阳市第二届红十字应急救护知识竞赛县（区）专业组二等奖”。

队伍建设 2015年，县二院不断加大技术提升与人才培养力度，新招聘本科毕业生7人、专科毕业生4人；选派18名青年分别到郑大一附院、油田职工总医院、市人民医院进修规培，明确学习任务，签订进修目标，与处方权、职称晋级挂钩；年度内执业医师考试通过11人、执业助理医师考试通过5人；痛疼科开展“三氧”治疗慢性痛疼病、肝病、高血脂症取得明显成效；骨科成功开展“全髋置换术”，创全县第一，带动力了科室发展、医院发展。

内涵建设 一是战略协作联盟有效推进。邀请以郑州六院肝病专家为主的省级专家团队定期来该院讲课、循环专家坐诊，提升了技术人员的诊疗水平，增强了医院知名度，方便了百姓就医，让患者在县级医院享受到省级医院专家的诊疗水平。二是“平安医院”创建取得新成效。完善规范了医疗感染工作流程，购置医疗污水处理系统一套，完善了医疗污水处理；更新了消防设施，多次组织职工进行消防演练，每个职工熟知“四个能力”，每个科室签订医疗安全责任目标，加强了医疗质量管理力度，畅通了医患投诉渠道，提升了“平安

与郑州六院战略联盟开诊仪式

医院”创建意识。尤其对易燃的彩钢房，全部拆除，改用轻质保活板（耐火材料），为创建平安医院打好了基础。三是慢性病管理规范。成立了二院慢性病管理工作领导小组，设立了慢性病（糖尿病、高血压病）管理办公室，依照规章制度规范了慢性病人（糖尿病、高血压病）就诊、用药途径，落实了“三合理”制度，定期向慢性病（糖尿病、高血压病）人咨询回访服务，先后开展4次高血压、糖尿病免费体检、筛查，建立高血压、糖尿病患者档案600余例，并定期予以健康体检；为3家企事业单位职工及乡村医生进行身体健康体检2000余人。四是“三基三严”知识得到新提升。工作上以医务科、护理部牵头，聘请油田医院专家重点加大了病历质量的书写检查，奖优罚劣，有效提升了病历质量；对护理人员采取“三基三严”知识推进学习、每季度一次强化训练技能比武活动，优中选优参加了全市第二届应急救护知识大比武，荣获县（区）专业组二等奖好成绩。五是在创建全国卫生县城中，落实健康教育宣传18处。制作固定健康教育宣传栏17处，各科室有一处健康教育宣传板，同时投入数万元美化、亮化普照寺院落，为创建全国卫生县城做了积极努力。六是党风廉政建设取得新成效。在涉医领域专项治理活动中，成立了专项领导小组，制定了相关实施方案，落实了“两个责任”目标和廉政承诺书，对照“合理检查、合理治疗、合理收费”责任目标，开展了专项治理自查，上缴红包回扣3.5万元。党务政务，尤其是“三重一大”事宜及时公开，确保了工作透明。

社会服务　2015年，县二院组织带领入党积极分子组成免费下乡义诊服务队，到边远乡村为留守老人、妇女、儿童、退休老人测血压、查血糖，开展健康教育宣传活动25次，结对帮扶大流卫生院、瓦屋头卫生院18次。

（高培志）

第三人民医院

概况　县第三人民医院是中国老年学会老年医学委员会老年医疗健康服务合作示范基地、全国老年医院联盟成员单位、全国卫生产业企业管理协会老年健康服务业分会成员单位，北京武警总医院、协和、301、海军总医院、空军总医院、积水潭、阜外等著名医院远程会诊合作医院，郑州大学第四附属医院、郑州市第七人民医院、洛阳正骨医院、安阳肿瘤医院、濮阳油田总医院协作医院，中国百万贫困白内障患者复明工程清丰县唯一定点医院，全县城镇医保、新农合、高招体检、优抚对象医疗就诊定点医院。现有床位数200张，在职职工157人，其中主任医师、副主任医师、主治医师、主管护师、主管技师、主管药师等高中级专业技术人员38人，占全部卫技人员的24%，大专以上文化程度人员占全院职工总数85%以上。科室设置有：办公室、医务科、护理部、医保科、感控科、质控科、市场开发部、综合内科、综合外科、肿瘤科、妇产科、眼科、耳鼻咽喉科、口腔科、急诊科、麻醉科、检验科、放射科、超声科、心电室、中医科、体检科、预防保健科等。其中：肿瘤科、神经内科、心血管内科、骨病科、康复科及颅脑血肿微创清除术等科室和技术在全县具有特色优势。2015年，实现医务收入3312万元。先后荣获市级文明单位、市基层工会规范化建设先进单位、市药品不良反应监测工作先进单位、市造血干细胞工作先进单位、市城乡妇女工作先进单位、市诚信濮阳优秀单位；县综合考评先进单位、作风建设暨反腐倡廉建设优秀单位、新农合工作先进单位、平安创建先进单位、慈善捐赠优秀单位、党史工作先进单位、县人口和计划生育工作先进单位等荣誉称号。

医疗设备　2015年，县三院为满足病人的医疗需求，将优质病房床位统一更换为四摇床；购置了全自动血凝仪、中药煎药机、纤维耳鼻喉镜、耳鼻喉工作治疗台、动态脑电图仪等设备。

学科建设 2015年，县三院加大对重点建设专科的支持力度，成立了以康复理疗为主的内三科，将内一、内二、内三科独立分设，不断完善和优化学科建设体系。顺利通过上级麻醉科的批复。

人才培养 2015年，县三院选拔了6名中层干部，调整任命了11名中层干部。大力开展管理知识培训，使中层干部不仅是技术骨干，而且也是管理能人；选派16名医护人员到上级医疗单位进修学习，造就一批全县有影响的学科带头人。

医疗管理 一是严格落实医疗核心制度和各项诊疗常规。从诊疗流程、首诊负责制、医疗质量督查、减轻患者负担、合理检查、合理用药等方面进行规范和落实。2015年正式启动药品“零利润”销售。二是通过各种会议、业务培训、总结等方式引导医务人员，自觉遵守诊疗常规，日强调、月考核、年总结，使医务人员将制度和常规内化于心，外化于行。三是认真落实“双十制度”，加强新农合患者人均次费用的管理，对人均次费用超过规定值的医生进行处罚。四是以介入为突破，提高疑难及危重症的救治能力，开展肝癌、肝血管瘤、黄疸介入、食道狭窄球囊扩张、支架置入等治疗。五是完善院、科二级质量控制网络，加强基础质量、环节质量、终末质量的全程监控，实施质量实时监控、定期评价、及时整改等综合措施。使其真正落到各项医疗工作、各个医疗岗位、各个诊疗环节之中。六是强化病案书写者自我检查、科室病案质量小组监控、病案室监控和病案管理委员会监控措施，定期组织对有缺陷的病历进行分析，提高病历内涵质量。

护理管理 2015年，县三院深化“优质护理服务”活动，积极组织护理人员在职培训、基础护理理论培训考核、基础技术操作培训考核、管理制度培训考核、应急预案培训考核、核心制度培训考核、专科技术操作培训考核、医疗护理文书书写的规范培训、医德医风教育、业务讲课等16次，加强护理队伍建设，规范护理行为。

体检工作 2015年，县三院在稳定原有客户的基础上，与县车管所协作，选派两名工作人员驻车管所开展体检工作。圆满完成了全县高招考生、离退休老干部、公务员、教师及征兵体检工作。

对外协作 2015年，县三院与洛阳正骨医院合作，周六周日邀请专家坐诊，提升诊疗水平。通过对周边医疗资源需求情况的综合分析，设立了“清丰县第三人民医院驻清丰县看守所门诊部”。

医疗对口帮扶 2015年，县三院做好双庙、柳格卫生院的对口帮扶工作，针对性地派出学科骨干，实施精准技术帮扶。开展了“糖尿病的治疗与合理饮食”“高血压的预防和治疗”“心绞痛的预防和治疗”“冬季如何预防脑血管疾病”等专题知识讲座，开展免费义诊5次，发放健康知识宣传页2600余份；与阳邵乡卫生院建立“一帮一带”的长效协作机制，在对卫生院医务人员进行带教的同时，协作开展老年人健康体检、慢性病管理、孕产妇保健、0～6岁儿童保健等多种公共卫生服务项目。

文明医院创建 2015年，县三院以全国文明县城复检、全国卫生县城创建为契机，设立志愿者服务站，积极开展院内外志愿服务活动。医护工作者在院内开展亲情服务活动，党员志愿者和青年志愿者定期上街参加清理小广告、清洁街道护栏、打扫卫生、协助交警疏导交通等志愿服务40余次；组织医疗志愿服务队开展了“送医、送药、送健康”活动，到南街村、西节志村、纸房乡雨淋头村等开展志愿服务活动10次，并走访慰问贫困户、优抚对象等，开展咨询台义诊20余次，发放健康宣传页4000余份。

（李广川）

中医院

概况 县中医院是国家二级甲等中医院、省级卫生先进单位、省重点中医院、爱婴医院。医院现有职工272人，其中副高以上职称10人，主治医师36人，编制床位360张。设有办公室、人事科、医务科、护理部、感染办、药剂科、总务科、财务科等行政职能科室；临床科室有内科、外科、骨伤科、外二科、儿科、妇产科、急诊科、肛肠科、皮肤科、眼耳鼻喉科、针灸推拿科、肾病科、康复科等科室。被确定为河南中医学院教学实习医院，清丰县新农合、城镇职工、城镇居民定点医院，清丰县交通创伤定点医院，清丰县法医门诊在该院设立。

基础设施建设 2015年，县中医院病房楼建设项目总建筑面积1.42万平方米，总投资4960万元，设计床位近300张，项目于8月正式开工，年底项目主体四层完工。

医疗科室建设 2015年，县中医院选派精锐骨干到中国中医科学院广安门医院、北京中医药大学东直门医院、洛阳正骨医院、河南中医学院一附院、郑州大学第一附属医院进修学习，购置高精尖医疗设备，为实行科技兴院奠定了坚实基础。肛肠科术后配合中药熏洗等中医疗法，减轻病人痛苦，促进疮口愈合，被省中医管理局评为“河南省中医特色专科”；骨伤科采用中西医结合方法治疗各种骨伤、骨病，成功申报了国家中医药管理局农村医疗机构中医特色优势重点专科；外二科率先成功自主完成腹腔镜下胆囊切除术、溃疡性结肠炎外科治疗全结直肠切除回肠肛管吻合术，填补了全县外科手术技术的空白；眼耳鼻喉科开展韩式腭咽成形术和鼻腔扩容术，治疗阻塞性睡眠呼吸暂停综合征，有效率达98%，备受患者青睐，联合县残联实行免费白内障手术，成功使200多名白内障患者重见光明；开设康复科。

血液透析救助金发放仪式

开展系列创建活动 2015年，县中医院扎实开展精神文明建设工作。先后开展了《道德讲堂》和“身边的好人”评选活动、“我们的节日·端午”等健康讲座；组织“党员志愿者服务队”“青年志愿者服务队”，开展关爱空巢老人、“关爱农民工”等志愿活动；3次邀请油田医院医患办郭主任全员培训；6月，医院邀请消防知识培训中心消防战士为全院职工进行了消防知识安全培训；联合县慈善总会对80名血液透析患者进行救助金发放，透析室护理单元被濮阳市总工会授予“五一”巾帼标兵岗。

（张随庄 葛国帅）

妇幼保健院

概况 清丰县妇幼保健院总建筑面积5500余平方米，设床位80张，现有干部职工160余人，专业技术人员占全部人员的90%，其中中高级专业技术人员占全部卫技人员的30%以上，是国家级爱婴医院、一级甲等妇幼保健院、河南省妇幼保健院网络合作医院、全县新农合定点医疗单位、孕产妇急救中心。担负着全县妇女、儿童的疾病预防筛查及全县基层妇幼人员的业务培训与指导工作，承担了孕产妇健康管理、0～6岁儿童健康管理两个国家基本公共卫生服务项目。内设妇女医疗保健科、儿童医疗保健科、妇产科、生殖健康科、医技科、医务科、信息管理科、药械科、办公室、财务科、总务科等科室20余个。先后荣获全市先进妇女组织、河南省妇幼保健先进集体、河南省卫生计生行业"三八"红旗集体、河南省惠民医院、国家级爱婴医院等多个国家及省市级荣誉称号，《濮阳日报》《河南医药卫生报》《河南科技报》《河南经济报》及省市多家网络媒体多次对保健院创新发展、惠民纪实进行了报道，获社会广泛好评。

重点项目建设　县妇幼保健院新址建设项目是2015年全县第一批重点项目，于2015年5月20日破土动工。至年底，妇幼保健大楼、病房楼均已封顶，二次结构全部完成，水、电等正在施工。

县妇幼保健院新址建设

内涵建设　一是规范化管理水平进一步提升。医务科、护理部、感染办、药械科等业务职能科室围绕各自业务职能范围，定期开展以"医疗、护理、院感、药品"等为主要内容的主题活动，查找不足，及时改进，促进发展。医务科牵头组织开展的"坚持依法执业·创建平安医院"、院护理部组织开展的"护士节技术比武""'病人在我心中·服务在我手中'优质护理服务活动""护理礼仪理知识培训"，院感办组织开展的"正确洗手·护佑健康"等主题活动有力促进了"三基三严"、医疗护理核心制度的提升与落实，合理规范用药水平得到进一步提高。二是业务和学科建设得到快速发展。乳腺科、盆底功能障碍康复、唐氏筛查、佰美基因检测等新技术、新项目相继引进和开展。新开展的会阴神经阻滞麻醉技术使原来的近60%侧切率降低至现在的5%以内；宫腹腔镜微创技术、导乐分娩、病理诊断技术等项目得到进一步巩固和完善。三是深入实施"互联网+"行动计划。组织开展"互联网+"全员培训，并充分利用网络电视及微视、微信公众平台、"妇幼健康"微信群、微导诊等"微媒介"宣传保健知识，保健院微信公众平台共推送妇幼信息、妇幼快报、医讯、好消息、新闻转载、节气保健常识、孕妇学校等内容200余篇，关注人数近500人，县委办公室以《妇幼保健院创新服务就医群众方式》、省《医药卫生报》以《清丰县妇幼保健院"微媒介"释放"大能量"》为题分别在全县各单位、全省医疗卫生系统进行宣传报道。同时，消毒供应室安装实施了信息管理系统，移动查房、病案质量管理系统得到进一步完善和提升。

妇幼卫生保健　一是爱婴医院创建工作成效斐然。爱婴医院创建是提高母婴健康水平、改善产科儿科服务质量、提高母乳喂养率、降低非医学指征剖宫产率的重要载体。县妇幼保健院通过定期组织母乳喂养知识培训、组建运行孕妇学校、开展母乳喂养周宣传、在门诊、各病区制作摆放母乳喂养知识宣传展板、定期召

母乳喂养宣传

开反馈会议等形式，将爱婴医院工作纳入日常工作和科室绩效考核管理。将爱婴医院工作纳入产儿科常规管理，成功实施促进母乳喂养的十点措施，开展多种形式的母乳喂养知识宣教，实行24小时母婴同室制度，产科病房无奶瓶奶嘴、奶粉广告。不断巩固爱婴医院知识培训，使爱婴医院工作逐步走向制度化、标准化、规范化，顺利通过爱婴医院复核，再度荣获国家级爱婴医院称号，为濮阳市县区级医疗机构唯一获得该荣誉称号的单位。二是妇幼健康优质服务示范工程和健康促进医院创建活动取得实效。在妇幼健康优质服务示范工程创建活动中，按照创建标准和责任分工，从健全完善规章制度、强化日常监督管理、提升健康服务水平、切实保证服务质量、全面实现任务目标、主动接受社会监督、树立行业良好形象等环节入手，定期开展自评，并查漏补缺，及时改进；在健康促进医院创建活动中，深入开展包括健康教育组织网络建设、发展规划制定、规章制度建立、组织开展培训、诊疗就医、人文宣传环境建设、无烟医院建设等环节工作，初步达到了“使医院成为社区健康促进中心，而不仅仅是手术和药物治疗中心，从当前以疾病为中心的模式向以健康为中心的模式转变，达到健康促进医院标准”创建目标。三是全县孕产妇、0 ~ 6岁儿童健康管理项目有序进行。积极探索实施“3314”工作，不断加强监督培训指导全县各乡（镇）卫生院开展两项目工作力度。同时，制定了进一步加强项目工作制度、人员岗位职责和工作实施方案，建立执行“下乡日志”“妇幼公卫项目工作周通报”制度，进一步加强了对全县各乡（镇）卫生院孕产妇、0 ~ 6岁儿童健康管理工作监督指导，根据发现问题及时督促整改，全县孕产妇、0 ~ 6岁儿童健康管理率明显提升。2015年，继续抽调各科室专业技术人员，下乡入村，共为全县14乡（镇）127所托幼机构1.65万名儿童进行健康检查和生长发育监测，较上年增4000余人，增幅24%。省卫生计生委对全省40家妇幼保健集体和30名个人进行了通报表扬，清丰县妇幼保健院作为全市唯一一家妇幼保健荣登集体光荣榜。四是免费婚前医学检查、孕妇学校工作深受好评。深入实施农村妇女孕前、孕早期增补叶酸，进一步加强出生医学证明管理，做到仔细审核，严格把关，全年共签发出生医学证明3763人份；对3838名（院内3190名，院外648名）农村参合产妇全部按规定及时足额发放住院分娩补助，共计115.14万元。无一例新生儿破伤风和产妇死亡。在开展的预防艾滋病、乙肝、梅毒母婴传播检测及检测资金管理工作中，全县共检测孕产妇6198人；开展新生儿苯丙酮尿症、甲状腺功能减退症筛查7433名，筛查率91.66%；开展新生儿听力筛查7740名，筛查率95.45%。全年共婚检4483+10女+3男对，婚检率90.8%，继续保持全市婚检率最高水平。每周六举办孕妇学校，由院妇儿保健专家为服务对象讲授妇儿保健知识，年内共举办孕妇学校48期，共为902名服务对象开展培训。

医疗队伍建设　一是紧密结合“三严三实”专题教育，省委“三准三专三聚三提”、市委“保持态势、创新优势、转型升级、赶超发展”和县委“稳中求进、持续赶超、科学发展”总要求，以推进妇幼保健工作为中心，以开展引进新技术、新项目为抓手，突出“三个着力”，加强学科建设，努力实现“三个确保”，有力推进妇幼保健工作的深入有效开展。二是规定每周五下午为业务学习日，采取本院业务骨干和外出进修学习人员回院后轮流讲课、聘请上级医疗机构专家授课、利用多媒体网络学习等方法，对全院医护人员进行业务培训，并进行考核。4月、12月，分别组织干部职工开展了“团队凝聚力、责任心、执行力”和效能建设为主题的培训，为各项工作的开展凝聚了力量，培植了后劲；中层干部认真遵循“独立、主动，协调、配合，巩固、提高，创新、发展”十六字要求，讲团结，重学习，比发展，严于律己，率先垂范，整个中层干部队伍素质的进一步提升。四是紧密结合“严守纪律、严明规矩”专项治理、党员干部作风突出问题专项治理、懒政怠政为官不为问题专项治理活动，以开展“合理检查、合理用药、合理治疗、规范收费”专项行动和落实主体责任纠正涉医领域损害群众利益突出问题专项治理活动为契机，在全院重大事项决策、重大项目安排、大额资金使用、干部任免、材料采购管理及财务支出等工作中，做到了公开、公示、公平、公正，工作中，未发生以职务之便吃、拿、卡、要现象，无收受贿赂行为，无违法违纪现象发生。

公益活动 2015年，县妇幼保健院利用“世界防治结核病日”“儿童预防接种日”“世界母乳喂养周”“世界艾滋病宣传日”等卫生节日和“3·15”消费者权益日、“我们的节日·中秋节、重阳节”“国际志愿者服务日”“全国文明、卫生城市创建”等各公益节日和迎检活动，组织医务人员在县城各路段、帮扶小区、乡（镇）敬老院和对口帮扶卫生院采取设置咨询台、发放健康知识宣传资料等方式，开展了健康宣传和义诊等志愿服务活动；在开展“慈善一日捐”活动中，全院干部职工捐款9260元；“三八”国际妇女节之际，会同县妇联联合开展“呵护乳房·关爱女性健康”免费乳腺癌筛查公益活动，为2000余名县直单位妇女干部、各乡（镇）、村妇女主任、计生专干、妇幼保健专职及女村医等进行免费乳腺癌筛查公益活动，并面向全县妇女开展“呵护女性健康妇女病普查优惠活动”，针对妇女常见病、多发病特推出六项优惠套餐，各项套餐让利患者比例近60%，受到广大妇女青睐和好评；9月26日，志愿者服务队携带超声、心电图、血压计等医疗设备赴大流乡敬老院开展了“关爱老人”全民公益日志愿服务活动。

（张亚民）

体　　育

概况 2015年，清丰县体育运动中心认真实施《全民健身计划纲要》，全县共有教练员8人，裁判员35人，社会体育指导员458人，共举办运动会2次，参加运动会人员达2000人，全民健身运动蓬勃发展。

健身技能培训 2015年4月，县体育中心选派业务骨干分别赴郑州市、宝丰县、周口市、开封市参加河南省体育局组织的2015年河南省健身气功培训班；6月，选派业务骨干赴洛阳市参加河南省体育局组织的2015年河南省一级社会体育指导员培训班。

群众体育 2015年，县体育中心在高堡乡政府举办清丰县农民篮球比赛。来自高堡乡、马村乡、大流乡、城关镇、阳邵乡、古城乡等乡（镇）的6支农民篮球队70余人参加了比赛；充分利用电台、电视台、宣传标语、咨询台等形式，大力宣传《全民健身计划2011—2015》《全民健身条例》和《河南省体育发展条例》，发放《健身器材的使用方法》《中老年人的生活方式与健康》等，调动广大群众参加体育健身的积极性。

“全民健身幸福濮阳”非公企业趣味运动会

竞技体育 2015年5月，县体育中心组队参加濮阳市体育局举办的太极拳表演赛；11月，组队参加濮阳市举办的“体彩杯”河南省万村千乡农民篮球赛，获“优秀组织奖”。4月，举办了清丰县2015年“全民健身运动会”，设篮球、乒乓球、羽毛球、门球、拔河、中国象棋等6个大项12个小项的比赛，县直单位、乡（镇）和社会体育爱好者40余个代表队600余名运动员参加；在“全民健身活动月”期间，抽调业务骨干深入到部分乡（镇）和县直单位指导开展全民健身活动，丰富了群众的体育文化生活。8月8日，举办了清丰县非公企业趣味运动会，设自行车慢骑、跳绳、抱球迎面接力、拔河、乒乓球5个大项9个小项的比赛，全县非公企业17个代表队500余人参加了本次运动会；8月8日~9日在县青少年活动中心举办“全民健身 幸福濮阳”“三人制”篮球比赛，部分县直单位和社会篮球爱好者组成的12支代表队参加了比赛。

业余训练 2015年，县体育中心与县教育局协商，确定县实验中学为清丰县业余训练基地。体校教练员利用星期天、节假日深入传统项目学校和业余训练基地进行业余训练，积极向上级培养、输送优秀的体育人才20余人。

场地建设 2015年，清丰县加大资金投入，大力开展全民健身场地建设。县户外全民健身中心项目，位于人民路与叠翠路交叉口西南角，占地7亩。包括健身路径、1个笼式灯光篮球场、2个非笼式篮球场、1个笼式足球场、2个羽毛球场、2个乒乓球场等，总投资140万元（其中，省拨款100万元，县财政配套40万元）。至年底，该中心体育器材设备进入招投标程序。

（张芳玉）

社 会 民 生

县人口和计划生育委员会

主　　任　赵振丰

副 主 任　曹业民　逯志广

李卫红（女）

纪检组长　郭献阁（女）

主任科员　侯英才　黄庆军

副主任科员　宋颖沛　李洪涛

计划生育服务站站长　杨　柳

县计生协会

会　　长　谢学章

副 会 长　张宏杰

县民政局

党组书记
局　　长　乔亚洲（离）　贺中杰（任）

副 局 长　张绍华　柳卫强

任建亭

党组成员
老龄办主任　任延恩

纪检组长　韩阳杰

主任科员　李爱林　杜盼增

杨相霞

副主任科员　张瑞玲　程献琳

清丰县残疾人联合会

理 事 长　刘耀鹏（2015年7月离）

岳胜强（2015年7月任）

副理事长　李俊杰

县扶贫开发办公室

主　　任　葛自启

副 主 任　王跃举

人口和计划生育

概况　2015年，县人口计生委抓住改革创新的契机，围绕“保稳定、调结构、提素质、惠民生、促均衡”五大目标，扎实工作，狠抓落实，巩固提高全县人口计生工作。全年全县共出生8192人，人口出生率12.38‰，自然增长率5.3‰，政策生育率95.34%，统计准确率93.86%，避孕措施落实率96.25%，出生人口性别比趋于平衡，流动人口管理率86.82%。在继续保持“国家计划生育优质服务先进县”称号的同时，获“河南省计划生育协会宣传工作先进单位”等荣誉称号。

优质服务　2015年，县计生委以开展“生殖健康进家庭”优质服务活动为载体，抓好经常性避孕节育和各项服务措施落实，有效减少政策外生育的发生。加强对优质服务活动的日常监督指导，实行县级领导联系乡（镇）、县计生委班子分片包乡、乡（镇）领导包管区、乡计生办人员包村、村宣传管理员包户的五包责任制，把优质服务的责任细化分解，落实到人。开展“生殖健康进家庭”优质服务活动常态化，完成四术10674例，其中上取环8862例、结扎868例、人流943例。大力实施国家免费孕前优生健康检查，全县共培训待孕夫妇13340人次，实施免费孕前优生健康检查4975对，通过检查被评估为高风险人数达1696人；早孕随访8929人次，妊娠结局随访1230人次。

孕前优生 2015年，清丰县把国家免费孕前优生健康检查项目工作纳入县委县政府重点项目工程，把相关单位的工作职责和工作进展情况列入县督查局平时督查范围，在计划生育综合目标考核中加大考核力度，增加考核比重。同时，县计生委与妇幼保健院协作，把婚前健康检查与免费孕前优生健康检查有机结合起来，既方便了群众，又提高了工作效率。全年共为4975对待孕夫妇提供了免费孕前优生健康检查。

补贴发放 2015年，清丰县严格按照每人每月20元农村独生子女父母奖励费的标准发放240多万元。对奖、特扶对象资格的确认，严格实行“三级三审核、村级三公示”制度，确保资格确认的准确性，共发奖励扶助金和特别扶助金468万元。全县共为4066人年龄在45～59周岁城乡居民，发放计生补贴40.66万元；为3470名年满60周岁的计生户发放养老补贴41.64万元。各项优惠政策的落实和利益机制的建立，让广大计生家庭成为实实在在的受益者。

依法行政 2015年，县计生委严格执行“七不准”与群众工作“八不”的纪律规定，坚决纠正优质服务意识淡薄，对待群众态度生硬、推诿扯皮、执法方式简单粗暴等问题，不断规范执法行为。加大社会抚养费征收力度，全县共下达征收决定书133例，申请法院执行49件，结案49件。进一步加强县直机关和乡（镇）单位人口计划生育管理，3月，抽调部分工作人员组建了县乡直计划生育办公室，出台了《关于进一步加强县、乡（镇）直单位人口与计划生育管理与服务的意见》，对全县120多个县直单位和17个乡（镇）直属单位重新制定了计划生育台账。深入贯彻落实新修订的《河南省人口与计划生育条例》，及时出台了《“单独”夫妻办理二孩生育证程序》等文件，进一步规范办证服务，扎实实施“单独二孩”政策，全县共办理“单独二孩”生育证77张。

综合治理 2015年，县计生委在抓好常态化专项整治“两非”的同时，深化拓展关爱女孩活动，实施“倡导民俗变革，推进性别平等”行动，相继下发了《关于调整清丰县综合治理出生人口性别比领导小组的通知》《关于综合治理出生人口性别比偏高问题相关部门职责分工的通知》《关于开展打击非法胎儿性别鉴定和选择性别人工终止妊娠行为专项治理方案》，县人口计生委联合卫生、药监、公安等部门分两次在全县范围内开展了联合执法大检查，查处“两非”案件12件，暂扣B超11台，器械61支，作废农业二孩生育证1张，处理3人。全年有15名农村二女户和11名农村独生子女家庭子女在报考高中录取时，享受了加10分的优惠政策。

人口计生委志愿服务活动

宣传倡导 一方面以培训为抓手，引导计生干部牢固树立“民本计生”工作理念，先后组织开展了计生业务统计、技术服务、依法行政、流动人口、协会、民生工程等多期培训班。另一方面，各乡（镇）结合春季、秋季生殖健康进家庭优质服务活动，积极开展了新《条例》、新《规定》、免费孕前优生健康检查、计划生育利益导向、避孕方法知情选择、关爱女孩等为主要内容的经常性入户面对面宣传；县人口计生委与县文广局组织开展了“5·29”“9·25”纪念活动，通过多种活动形式，宣传工作正朝着深度、广度的方向发展。（张自力 张艳婷）

民　　政

概况　至2015年底，全县农村低保对象25861户30361人，城市低保对象1677户3115人；农村五保对象4028人，其中集中供养590人，分散供养3438人，孤儿261人；80周岁以上老人11019位。全年发放城乡低保、农村五保、优抚资金4200余万元，确保了弱势群体生产生活需要，维护了社会稳定。

社会救助标准提高　2015年，清丰县城乡低保、农村五保标准再次提高。农村低保标准由每人每月99元提高到每人每月115元；城市低保标准由每人每月190元提高到每人每月225元。集中供养五保标准由每人每年3200元提高到每人每年3800元；分散供养五保对象由每人每年2220元提高到每人每年2800元。科学合理确定救助对象。根据国务院《城市居民最低生活保障条例》《河南省城市居民最低生活保障实施办法》和《濮阳市城乡居民最低生活保障实施办法》等有关低保政策规定，结合清丰实际，出台了《清丰县城乡居民最低生活保障工作实施细则》和《清丰县城乡低保工作责任及追究办法》，将家庭收入在保障标准以下的家庭全部纳入低保，将家庭主要劳动力患有癌症、白血病、尿毒症等重大疾病患者或重残（残联认定的二级以上残疾、一家多残）造成基本生活困难的家庭纳入低保，保障面得到不断扩大。全县农村低保对象共25861户、30361人，共发放资金2708.8万元；城市低保对象1677户、3115人，共发放资金517.5万元。

农村五保供养　2015年，清丰县农村五保供养水平不断提高。全县有农村五保供养对象4028人，其中集中供养590人，分散供养3438人。农村"三无人员"全部纳入"五保"，予以保障；散供养资金到位。认真落实国家政策，农村"五保"供养经费足额纳入财政预算，对分散供养农村"五保"资金实行社会化发放。共拨付五保供养对象补助资金933.46万元。

救灾救济　2015年，县民政局强化灾害应急管理，切实做好灾情上报工作。全年全县发生一次风雹自然灾害，全县农作物受灾面积2.935千公顷，成灾面积2.88千公顷，受灾人口2.94万人，损坏房屋9间，直接经济损失1898万元。其中农业经济损失1896万元。按照救灾款物专款专用、重点使用的原则，经个人申请、民主评议、村委申报、乡政府批准、张榜公布等程序，真正把有限的救灾款物用到了最需要和最困难的人身上，达到了救灾工作"五有两杜绝"的工作目标，有力地保障了受灾群众的生活。全年下拨救灾款35万元，救济灾民3319户7532人。

孤儿及特殊群体救助　2015年，全县有孤儿261名。根据上级文件要求孤儿已全额享受孤儿救助资金每人每月600元，全年共计发放孤儿生活补助金255.12万元。孤儿保障实行动态管理，由街道办事处或乡（镇）人民政府每年对儿童福利证领取人重新审核一次，并报县民政部门审批备案；对新增认定合格人员发放证件，对年满18周岁、致孤原因消除、弄虚作假的经核实后儿童福利证收回，取消领取资格。孤儿大学生救助是省委、省政府利用福利彩票公益金对考取全日制高等学校的孤儿的一项救助，2015年有2人，每人一次性救助5000元。艾滋病人员救助金。依据县防疫站提供的人员名单，按照艾滋病人员救助金200元/月，实行社会化发放，全年共救助62人，发放资金15.82万元。

老龄工作　一是积极贯彻落实《老年法》和省市优待老年人相关规定，接待、协调处理涉老信访案件30余起，依法维护老年人的合法权益。二是落实高龄老人优待政策，为全县

11019位80周岁以上高龄老人累计发放735.48万元，同时为高龄老人提供印刷申报表格10万份，慰问老年人48人，设立敬老宣传牌5个，慰问老年人实物折合金额5.86万元；向12名高龄、困难老人家庭发放救助金6000元；保障落实好老年人在社保、福利、就医、法律咨询和外出乘车、观光、旅游等方面优待政策，免费代为本县居住的老年人向上级老龄部门申请办理了河南省老年人优待证，发放《老年法》读本2000份。三是继续做好农村居家养老试点工作，指导试点乡（镇）成立了相应机构，为试点村购置了三轮车、洗衣机、档案柜等，帮助试点村成立了居家养老服务站，完善组织制度、制作展板。

城乡医疗救助 2015年，清丰县在出台《关于进一步完善城乡医疗救助制度的意见》的基础上，积极探索新途径、新办法，出台了城乡医疗救助的补充规定，使城乡医疗救助工作更公平、更合理，使有限的资金更能发挥作用。救助对象最初是城镇“三无”、农村五保、城乡低保和长期患各种重大疾病造成实际生活水平低于城乡最低生活保障水平的困难家庭，根据县政府制定的《清丰县临时救助暂行办法》（清政〔2015〕18号）规定，将大病患者药费自负超过2万元的列入救助范围。救助对象为：城乡居民最低生活保障对象和农村五保供养对象；家庭月人均收入低于当地城乡低保标准150%的低保边缘困难群众；居住在本行政区域内的人户分离困难家庭人员；当地人民政府确定的其他困难人员。2015年，共救助城乡医疗对象7851人，发放救助资金650.4万元。

优抚工作 一是按要求足额发放各类优抚资金。2015年，共为5380余名重点优抚对象发放抚恤补助资金1723万余元。二是帮助农村优抚对象参加新农合。2015年为1795名优抚对象缴纳2016年参加新农合费用21.6万元；在为1949名优抚对象发放门诊补助21.3万元。重点优抚对象住院医疗补助。重点优抚对象因病住院的，经新农合报销后的剩余部分，仍按照“复员军人、三属、伤残军人报销40%，年度最高报销4000元，带病回乡退伍军人、参战参核退役人员报销30%，年度最高报销3000元”的规定给予报销。共为400余名重点优抚对象报销20余万元。三是依据统计部门提供的2014年全县农民人均纯收入和2014年度我县城镇单位在岗职工最低工资标准制定了清丰县义务兵优待标准，2015年清丰县农村义务兵优待标准为10169元，城镇义务兵优待标准为1.32万元。随着农民人均纯收入的增长对各类优抚对象的优待标准进行了相应调整，烈属优待标准为1525元（农民人均纯收入的15%），在乡复员军人、因公牺牲军人遗属、病故军人遗属优待标准为1017元（农民人均纯收入的10%），残疾军人优待标准为814元（农民人均纯收入的8%），带病回乡退伍军人、参战参核退役人员优待标准为508元（农民人均纯收入的5%）。全年共优待义务兵515人、优抚对象2037人，发放优待资金643万元。四是做好维稳工作。“八一”前夕，县四大班子领导慰问武装部、通信连、消防支队、武警中队，共送去慰问金3.5万元；慰问重点优抚对象和生活贫困义务兵家属114户，发放慰问金6.64万元。五是孟瑞鹏追烈工作圆满完成。2月26日孟瑞鹏为救2名落水儿童英勇牺牲的事件发生后，立即在全国范围内引起强烈反响，根据调查结果及时为孟瑞鹏进行申报追认烈士。经过县、市政府逐级请示，7月10日，河南省人民政府批复，评定孟瑞鹏为烈士，发放一次性抚恤金76万余元。

复员退伍军人安置 一是认真做好退役士兵、转业士官的接收报到工作。全县共接收退役士兵221人，其中自主就业退役士兵211人，符合政府安排工作条件退役士兵10人（其中城镇安置对象8名、转业士官2人）。二是认真做好退役士兵免费职业技能培训工作。为贯彻实施全民技能振兴工程，积极推进自谋职业、岗前培训和就业服务“三位一体”的退役士兵安置改革，认真做好退役士兵免费职业技能培训工作。2015年度应培训人数211名，实际参训人数120人。培训获证人员汽车驾驶17人，计算机16人，挖掘机22人。三是及时、足额发放退伍安置经费。为211名退役士兵发放自主就业一次性经济补助费235.45万元，为7名选择自谋职业的城镇退役士兵发放了24.3万元的自谋职业一次性经济补助，为8名安置对象申请了待分配期间生活补助资金1.44万元。

涉军稳控和化解 2015年，全县涉军群体不稳定的因素主要是参战参核退役人员，特别是对越参战299人和抗美援朝老作战人员179人，主要诉求是农村籍的要求参加企业养老保险，60岁后享受退休待遇；对越参战退役人员的下岗再就业问题。一是多方面查阅相关政策文件，根据政策做好解释工作。二是掌握县直单位和各乡（镇）参战人员代表名单联系电话，经常与有关代表进行对接和联系沟通，及时掌握他们的活动情况，发现问题及时上报，在第一时间采取得力措施将问题化解，并积极配合有关部门和乡（镇）做好稳控工作。三是“八一”、9月2日大阅兵、“十一”期间，随时掌握他们的动向，并派专门工作人员在北京和郑州提前做好接访准备。全县的涉军群体基本稳定，没有发生参加大规模上访事件。

乡（镇）敬老院综合提升工程 2015年，县民政局积极组织实施“一装、二改、三建”乡（镇）敬老院综合提升工程，市县乡共投资647万元，新增建筑面积734平方米，增加固定资产137万元。通过此次综合提升工程，乡（镇）敬老院硬件得到了进一步完善，集中供养五保对象的居住和生活条件得到了全面改善，乡（镇）敬老院的规范化建设、服务和管理水平得到了很

县长冯向军观摩乡镇敬老院提升

大程度上的提高。11月4日，全市乡（镇）敬老院综合提升工程观摩现场会前，对清丰县马庄桥镇、城关镇、韩村乡3所敬老院进行了观摩。

农村幸福院建设项目 2015年，县民政局坚持“政府主导、村级主办、因地制宜、注重实效、自愿互助、社会参与”的原则，通过中央专项彩票公益金和河南省级福利彩票公益金的支持，着力建设农村互助幸福院，主要是老年人生活互相照料、精神慰藉、文化娱乐等功能。至年底建成投入使用19所，设有床位200个， 2015年建设50所，全部建设完毕，待投用。

重点社会福利项目 2015年，县民政部门狠抓社会福利中心建设项目。为解决弃婴的抚养与治疗、流浪乞讨人员的临时救助、孤寡老人的照料、优抚对象康复治疗、军休人员照料等突出存在的现实问题，2012年民政部与省政府签署协议，明确提出在“十二五”期间支持河南省每个县（区）建设一个社会福利中心。项目于10月22日开工建设。

康复养老中心养护楼建设项目 随着清丰县高龄老人、生活不能自理老人、“三无”老人和空巢老人的数量不断增加，现有的养老服务机构已远远不能满足实际需求。2015年，县民政局为了扩大县康复养老中心规模，积极与市、县

发改部门协调，省发改委将养护楼建设项目上报为中央财政支持地方福利事业项目，2014年8月国家发改委批准项目实施并将中央财政支持资金1200万元下拨清丰县。该项目将为入住老人提供医疗、康复、护理、养老为一体的综合服务。至年底，该项目已完成立项、环评、规划等前期手续，工程设计、地质勘探和地面清障工作已完成，已通过专家评审，市发改委正在进行初设审批，市消防部门正在进行消防许可审批。

社会事务管理 一是婚姻登记。共办理结婚登记5503对，离婚登记772对，补发婚姻证件1611份，合格率100%；档案归档合格率达100%。二是殡葬管理工作。按照上级文件要求，积极协调相关部门出台了《清丰县人民政府办公室关于提高城乡居民基本殡葬服务费免除标准的通知》，基本殡葬服务费免除标准为600元。三是社会组织管理工作。全县现有社会组织167家，其中社会团体41家，民办非企业单位126家，涉及教育、劳动、科技、体育、文化、卫生、民政等多个领域，全年共有150家社会组织参加年检，年检率95%，合格率93%。对于在年检中不合格的社会组织结合其业务主管单位提出整改意见，限期整改（如清丰县用水者协会）；积极组织鼓励社会组织参加社会组织诚信建设，提高社会组织的知名度（如清丰县商会，在商业界就发挥了很大的承上启下的作用）。四是收养工作 。按照《收养法》严格规定的收养人、送养人、被送养人的各项条件，严格依据法律一次性告知前来咨询人员办理收养登记所需要的资料，并根据咨询人员的具体情况解答具体问题，做好接待咨询工作。

基层政权工作 2015年，县民政部门指导全县第八届村委会换届选举后续工作，依法做好了4起村委会换届选举信访案件的调查处理和2起市督查局批转案件的调查处理工作。

区划地名管理 2015年，县民政部门强力推进韩村撤乡建镇工作的有序进行。经多方努力，完成了指导基础设施建设、市局前期考察、对上沟通协调、县政府向市政府呈报、县人大常委会专题审议、市政府向省政府呈报等相关工作，正在等待省政府批传省厅进行组织考察验收；协调市局完成了对阳邵乡、六塔乡两个乡的前期考察工作，确定阳邵乡为下阶段撤乡建镇重点乡。组织实施全县第二次全国地名普查工作。此次地名普查从2014年7月1日开始，到2018年6月30日结束。至年底，已收集、审核地名普查信息2000多条。积极做好路名牌保洁和维护工作，联合广告商、制作商对县城内所有路名牌进行了一次拉网式排查，并及时进行了维修和保洁，以实际行动服务好清丰县国家级“三城”创建工作大局。

（李 伟）

残疾人事业

概况 2015年，县残联以维护残疾人合法权益为根本宗旨，重点围绕助残维权、残疾人康复、教育扶贫等工作，开展多种形式的慰问、宣传活动，圆满完成各项工作任务。

助残维权 2015年，县残联为贯彻执行《残疾人保障法》和《河南省〈残疾人保障法〉实施方案》，在“全国助残日”活动期间，围绕“关注孤独症儿童，走向美好未来”这一主题，组织开展两项活动：一是深入市妇幼保健院看望正在康复训练的孤独症儿童，并为他们送去了儿童早教机和生活用品。二是把5月作为重点宣传月，配合县电视台、广播电台等新闻媒体，从全县残疾人生活状况、就业情况、康复需求、社会扶持、残疾人自强自主、创业自救等多方面进行宣传报道，营造了理解、关心、尊重残疾人的良好氛围。

重点工作 一是顺利完成2015年底全县1.53万名残疾人的信息采集和数据的录入、审核和复录工作。二是举办了职业技能培训班，培训残疾人11名；举办农村实用技术培训班，培训残疾人679名；培训就业指导员110名，康复协调员25名，培训残疾人825名。三是组织开展了0～6岁脑瘫、智力、自闭症、听力儿童对象筛查，筛查出脑瘫儿童81名、智力儿童157名、孤独症儿童13例、自闭症儿童25名、听力儿童30名、肢残矫治手术筛查6名，确定接受治疗的脑瘫儿童14名、智力儿童19名、自闭症儿童6名、肢残矫治儿童2名、输送人工耳蜗省级筛选听力残疾儿童2名。

残疾人康复 一是充分发挥社区康复室的作用，为2530名残疾人提供咨询、指导、转介等康复服务，为800名精神病患者提供防治康复服务。其中服药治疗44名、入院治疗9名。二是继续发挥各康复医疗点的作用，为肢体残疾人免费配发轮椅200辆、助听器68个、助视器81件，完成盲人定向行走60人、白内障复明手术41例，提供其他辅助器具1320件。

教育扶贫 一是将残疾儿童少年教育纳入全县义务教育体系，积极实施“扶残助学”工程。2015年共计资助中、小学生89名，应届残疾大学生6名，共计发放资助款3.87万元。二是积极开展贫困残疾人筛查。共计筛查出符合条件的贫困残疾人6300名，至年底已完成建档立卡793名。三是积极支持、引导清丰县盛源养殖专业合作社，成功创建省级贫困残疾人扶贫基地，争取省级扶贫资金20万元，扶持带动80户残疾人脱贫致富；完成创建市级扶贫基地2个，县级扶贫基地4个。四是争取“阳光家园计划”项目资金7万元，为234名精神、智力和重度残疾人提供居家托养服务。五是做好残疾人机动三轮车燃油补贴申领发放工作，全年新申办71名，累计办理1403名，共计发放补贴36.478万元。

按比例就业 2015年，县残联主要采取两项措施，不断加大残疾人就业比例。一是通过县电视台、大河清丰网发布年审公告，对88家企业进行2014年度按比例安排残疾人就业年审，征收就业保障金80万元。二是协调联系用工企业，通过多种渠道，安置500名残疾人就业。

服务残疾人活动 （1）利用助残日、爱眼日等节日开展服务活动14次，惠及残疾人3.5万余名。（2）及时做好残疾人工作信息的采集和编发工作，全年编发各类信息30余篇，市、县电视台专题报道8次。（3）春节期间，先后对10个乡（镇）、10个行政村、30户贫困残疾人家庭进行走访慰问，为贫困残疾人送去了慰问品、慰问金共计折合人民币1.6万余元。（4）3月3日，组织开展了以“安全用耳、保护听力”为主题的爱耳日活动，免费为35名听力残疾人配戴助听器35台。（5）5月16日，组织开展了以“关注孤独症儿童，走向美好未来”为主题的第二十五次“全国助残日”，看望正在康复训练的孤独症儿童5名，并为他们送去金芒果乐园早教机和旺旺大礼包等慰问品。（6）6月1日，联合清丰县中医院、清丰县舒雅眼镜视光中心共同开展了以“告别沙眼盲 关注眼健康”为主题的第二十个“全国爱眼日活动”，为全县贫困学生捐赠眼镜12副（426元/副），共计5112元。（7）7月24日，组织志愿者在县城繁华路段开展“全民公益日”宣传活动，免费发放残疾人扶贫、康复、就业、教育、维权等宣传材料500余份，接受群众咨询100余次。（8）8月7日，联合清丰县体育运动中心举办了以养成健身习惯、享受健康生活为主题的残疾人全民健身周活动，活动共组织全县各类健身爱好残疾人50余名，开设健身项目4个分别是：男子100米短跑、女子50米短跑、乒乓球、篮球。（9）8月21日，争取省级扶贫资金20万元，在阳邵乡盛源养殖专业合作社举行为贫困残疾人免费发放种羊活动，发放种羊80只。（10）9月1日，联合举行2015年“扶残励志、爱心助学”贫困残疾学生救助金发放仪式。有6名残疾学生领取救助金，共计发放救助金1.2万元。（11）9月24日下午，举办迎中秋慰问活动，组织助残志愿者到高堡乡敬老院，为孤寡老人送去浓浓的节日祝福，并将精心准备的米、面、油、面包、月饼等物品送到老人手上，使孤寡老人充分感受到党和政府以及社会大家庭的温暖。（12）10月10日在清丰乐园开展了精神卫生日宣传活动，发放精神卫生宣传手册1000余份。（13）10月20日，联合清丰县容声电器举行“善行清丰、爱心助残”捐赠仪式，为全县约1.5万名残疾人发放爱心助残基金优惠券共计300万元。（14）11月11日，县残联低视力验配中心深入明月湖小学，免费为小学生验测视力，并为小学生讲解用眼卫生知识。（15）11月25日，组织助残志愿者深入到清丰县大流乡店上村开展助残志愿服务活动，免费为9名符合条件的残疾人发放轮椅5辆、助行器4件。（16）12月12日，举行2015年“扶残励志、爱心助学”残疾中小学生救助金发放仪式。有89名残疾中小学生领取资助金，共计发放资助款2.55万元。

组织建设 一是严格按照《中华人民共和国残疾人证管理办法》的要求，认真做好残疾人等级评定和发证工作，2015年共计办理残疾人证1503件。二是将乡、村两级残疾人专职委员误工补贴成功纳入财政预算。三是在每月召开例会，在以会代训的基础上，对17名专职委员开展了网上培训，使得服务残疾人的能力和水平进一步增强。

法制建设 2015年，县残联为维护好残疾人合法权益，协调县导航律师事务所为残疾人提供法律援助服务。全年共接待残疾人来信来访60人次，提供法律援助服务4次，切实做到了件件有落实、事事有回音。

（杨　勇）

扶贫开发

概况 2015年，县扶贫开发办公室以项目建设为依托，以提高贫困人口技术水平为抓手，强化基础设施建设，增加贫困人口工资性收入，年底目标顺利完成。

扶贫开发建档立卡 2015年，县扶贫办按照《2015年扶贫开发信息系统数据采集工作方案》（豫扶贫办〔2015〕1号）文件精神，对建档立卡数据进行了采集录入，摸清了全县贫困状况。通过对阳邵乡西阳邵三村、马村乡岳麦村、固城乡姚屯村、双庙乡单寨村、大流乡店上村、高堡乡殷庄村、六塔乡谢庄村、瓦屋头镇里固村、大屯乡北召市村、大屯乡刘庄村、仙庄镇司家村、仙庄镇王毛孙村实施整村推进等项目，贫困农民收入大幅度提高，生产生活条件彻底改变，12个村申报退出。

整村推进 2015年，县扶贫办确定6个村（古城乡临河村、双庙乡盐店村、巩营乡东理直、理直集村、固城乡曹潘生村、纸房乡孙庄村）为扶贫开发整村推进村。总投资457万元，其中中央、省财政资金420万元，群众自筹37万元，用于6个村的村内道路硬化，硬化标准为符合C25标准，水泥路。项目建成后新建水泥面道路新建水泥面道路12.02公里，可解决6个村近7300人的行路难问题。

雨露计划 2015年，县扶贫办投入财政补助资金180万元，培训各类人员2700人。其中：农村实用技术培训2500人，职业教育培训100人，短期技能培训100人。

（陈志勇）

乡镇概况

城关镇

党委书记	程志学
党委副书记 镇长	王献法
人大主席	赵怀俊
纪委书记	尚建松
副镇长	古兆林　杨四宗 李英杰
党委委员	李少恒
综治办副主任	王少勇
副主任科员	高国强　牛晨阳

概况　清丰县城关镇政府位于县城西南，文化路西段马颊河西侧，是清丰县政治、经济、文化中心，总面积24.5平方公里，辖区总人口5.68万人，其中农业人口2.58万，耕地面积1.4万亩，25个行政村。城关镇政府内设行政办公室3个、事业中心4个。36个党支部，1727名党员，其中农村党支部25个，农村党员1182名。2015年，全镇实现国民生产总值40.5亿元，比2014年36亿元增长12.5%；500万元以上固定资产投资项目全镇65个，实际完成投资110亿元，比2014年85.74亿元增长20%；规模以上工业27家，全年增加值完成24亿元，比2014年的20.2亿元增长19%；公共财政预算收入完成2655万元，比2014年2326万元增长14.1%。

招商引资　2015年，城关镇依托县产业集聚区，积极探索，破解制约招商引资的"瓶颈"因素，充分挖潜自身潜力，牢固树立"没有大招商就没有大发展"的观念，积极跟进县委、县政府外出招商行动，组建了专门的招商引资小分队，充分利用"三缘"关系，以情招商、以商招商、以资源招商，确保项目招得来、落得下，取得了明显效果。缘创木门生产项目和福建菌需产品有限公司已签约落地。

项目建设　2015年，城关镇围绕食品、环保装备两大主导产业，做好群众工作，打造良好环境，全力推进第二初级中学、幸福路小学（启明路小学）、妇幼保健院、中医院病房楼等一批民生项目建设；重点服务好物华食品、三净食品、中坤电器、春韵食品等一批产业集聚区项目；倾力打造文体中心、东方城市广场、北欧小镇、启明路西段、黄河路东延等一批市政项目。

城市综合服务　2015年，城关镇坚持以新型城镇化和生态城市建设为目标，尤其是要助推奥林匹克公园、北欧小镇、启明路建设17个城市配套项目，确保项目顺利施工。继续做好市政项目的征地、拆迁、绿化等工作，加快项目推进，提升城市品位。服务好天成美景、银河花都等重点项目，强力推进孙庄、李家庄两个城中村改造，年底实现孙庄安置房南北融合贯通。

服务"三城"创建　2015年，城关镇全体干部职工坚定信心和决心，多方协作，主动出击，夯实目标责任，狠抓薄弱环节，扎实做好工作，使城区整体环境实现了质的飞跃。重点对18个城中村、5个城乡接合部村庄的背街小巷和卫生死角进行集中清理，出动清运车辆1000余次、人

背街小巷整顿

工5000余人次，清运各类垃圾5万余立方米，墙面刷白10余万平方米，道路硬化36条，共计3万余平方米。另外，还建立长效的保洁制度，每个村都成立专门的卫生保洁队，对村内卫生盯紧看牢，组织镇村干部与群众一起，不定期对村内卫生进行突击清扫。为培养群众良好卫生意识，新建垃圾屋51个，改造旱厕20余个，第一批定做添设高标准垃圾箱50个，还对环境整治中暴露出的弱点、出现反弹的难点和群众反映强烈的热点问题出台措施全面整改，确保创建工作全面达标。

基层党风廉政建设 2015年，城关镇认真落实党风廉政建设责任制，坚决贯彻党风廉政建设会议精神，制订出《党风廉政建设和反腐败工作要点》，定期组织全镇机关干部和各村委会成员学习《廉政准则》《农村基层干部廉政履行职责若干规定（试行）》和两个《条例》。坚持并完善民主集中制，按照“集体领导、民主集中、个别酝酿、会议决定”的十六字方针，坚持重大事件决议、决策由党委会议研究决定，防止出现“一言堂”现象。建立健全合理实用的学习制度，强化思想教育，要求全体党员能够“正其位、直其言、行其事”，杜绝党员违规违纪现象，保持党的优良传统和作风。

农业农村工作 2015年，城关镇新增土地流转面积1136亩，新建规范养殖场2个；配合有关部门，在金水路两侧、叠翠路两侧、106国道等主干道绿化植树20余万株，镇村绿化栽植景观树3万余株；新增设施农业220亩，新建日光温室、大小温棚130座，有效保障了农业增效、农民增收。

“三产”培育 2015年，城关镇充分发挥区位优势、交通优势和人脉资源优势，强力推进现代服务业、商贸流通业发展。坚持以旗舰型商业综合体为龙头，突出品牌引领，丰富业态，集聚人气。全力服务好东方城市广场、北欧小镇特色风情商业街、新天地商业广场、建业时代广场等一大批商业开发项目。促成新的产业链，培育新的经济增长点，为农民增收打开新的突破口。

社会事业 2015年，城关镇全面落实人口计划生育政策，保持人口均衡发展，居民素质得到进一步提高。以文化中心建设为重点，全面推进“有人管、有人干、有事干、有钱干”“四有”文化建设；平安建设及群众信访工作开创了新局面，全镇形成了经济发展、文化繁荣、社会进步的可喜局面。武装、老干、工会、共青团、妇联、统计、民族宗教、劳动就业等各项工作均取得了新的成绩。

（李梦唐）

韩村乡

党委书记 聂书芳

党委副书记
乡长 南喜刚

人大主席 郝守伟

党委副书记
综治办主任 周凯

纪委书记 赵雪刚

党 委 委 员
副 乡 长 李瑞军
武 装 部 长
副 乡 长 南 方（女） 吕继诤
党 委 委 员 汤少飞
主 任 科 员 王如峰
副主任科员 李胜利
王 琰（2015 年 3 月离）
贾利敏（女，2015 年 3 月任）
综治办副主任 李宗锋

概况 韩村乡位于清丰县西部，距县城 7 公里，西与内黄县搭界，东与城关镇接壤，南与固城乡毗邻，北依大屯乡，总面积 50.4 平方公里，辖 34 个行政村、44 个自然村，耕地 4.2 万亩，总人口 3.8 万人。2015 年，韩村乡完成生产总值 8.82 亿元，较去年增长 12%；500 万元以上固定资产新上项目 7 个，投资完成 7.99 亿元，较去年增长 9.5%；规模以上工业增加值完成 4.81 亿元元，较去年增长 9.6%；一般预算收入 472 万元，较去年增加 8%。

工业 2015 年，韩村乡按照“放开、放手、放胆”的六字方针，立足于“引项目、促发展”，狠抓招商引资，推动全乡经济发展。一是投资 15 亿元的风力发电项目有了实质性进展。濮阳润清风电项目实施区域涉及全乡 12 个村，已作为省市重点项目开工建设。二是与深圳市百米生活电子商务有限公司达成合作，投资 1 亿元，在全县实施百米生活电子商务项目，成功进驻县电子商务产业园，现正在架设 WiFi 热点硬件设施。三是投资 1.1 亿元的宏升机械成功入驻县产业集集聚区环保科技产业园。项目正式投产后，年可分装气体 70 万瓶，年激光切割加工产品 10 万余件，可实现年产值 8000 万元，税收 50 万元，带动就业 50 人。四是由北京中广核太阳能开发有限公司投资 10 亿元，占地 3000 亩的光伏发电项目成功签约。

农业 2015 年，韩村乡依托大广高速引线已建成“六园四基地”的设施农业集群，对“六园四基地”进行扩建和提升，将农业生产和观光旅游更好地融合起来，提高它们的旅游“含金量”。全乡流转土地 1000 亩，新建金沙科技千亩苹果基地。该项目首期投资 2000 万元，种植商品苗 200 亩、矮化苹果 600 亩、乔化苹果 200 亩。马韩村红宝石基地扩建葡萄种植 200 亩，为韩村乡生态旅游和设施农业发展增添了新的亮点。

美丽乡村建设 2015 年，韩村乡始终坚持把美丽乡村建设作为农村工作的重要抓手，累计协调投入 1000 多万元，致力打造示范村 8 个，达标村 15 个。一是集中力量打造前、后冯家，投资 80 余万元，在主要街道栽植梨树、山楂、核桃等 1000 余株，每户庭院栽植果树不少于两棵，修建街心花池 18 个，栽植红叶石楠、蔷薇等各类花草，使前冯家村成为濮阳首个果树绿化村。二是投资 50 万元在前冯家村东南角建设了占地 1600 平方米的文化广场，集卫生、警务、党群服务中心、娱乐功能为一体的功能室 8 间。三是投资 60 万元在后冯家村北建设占地 5000 平方的文化广场，包含卫生室和表演舞台，并进行高标准绿化、亮化。

小城镇建设 2015 年，韩村乡按照《韩村乡总

顿丘大道西段综合提升

体规划（2013—2030）》，以美丽乡村建设为载体，继续加强全乡村容村貌整治。一是加大环境治理力度。对全乡34个行政村环境卫生进行了集中整治，依法拆除私搭乱建400多平方米，清理乱栽乱种500多平方米。二是严格规范集镇管理。清理违章、破损广告30余处。同时有效治理店外经营、车辆乱停乱放等。三是积极探索保洁长效机制。与市政、公路、林技等单位积极沟通，齐抓共管，落实全日制保洁制度，形成了“一把扫帚扫到底”环境卫生整治的长效机制。四是搞好综合提升。投资100余万元对韩村集及302沿线，进行综合提升；对迎宾大道西段29户、153间危旧房屋进行拆除，并进行统一设计规划建设，和谐快速的拆迁。

党建工作 2015年，韩村乡党委召开专题会议研究党建工作4次，听取党支部党建工作述职2次。一是落实基层基础保障工作。乡政府成立矛盾调解服务中心、重建便民服务大厅，办公面积达80余平方米，提供“一站式”便民服务，切实解决群众办事难问题；高标准打造西赵楼、前冯家、李沙窝3个村党员群众服务中心和党风政风监督室；新建李沙窝、王韩村等5个行政村村室，完成了全乡村级活动场所清零工作。二是创新加强党员教育管理。新发展党员28人，35岁以下22名，农村一线24名，拥有致富项目16人，党员队伍结构进一步优化。完成村两委干部、农村党员、入党积极分子档案整理862份，成立专门档案室，规范档案管理。30个行政村运用“四议两公开”工作法民主决策重大事项64项，保证了群众当家做主的权利。三是搞好特色党建工作。把开展“党员志愿者服务活动”作为一个特色党建工作，全乡组建党员志愿者服务队35个，总人数达到300余人。组织义务劳动、服务活动共计200余次，切实为一些困难家庭在生产、生活上提供了帮助，发挥了党员模范带头作用。

信访工作 2015年，韩村乡通过建立健全领导接访制、管区负责制、非正常上访处罚制等一系列信访制度，有效地加深了党员干部的接访意识，拓宽了群众信访渠道。坚持“零报告”制度和重大节假日24小时值班制度，确保信访信息畅通。不定期组织全体干部职工学习《信访条例》，提高了全体干部职工对信访和做好群众工作的认识。全年共接待群众来访24次，回复上级部门及领导转来群众来信4封，对群众所反映的问题能及时解决的及时解决，不能及时解决的限期解决，明确包案人，有效地防止了越级上访案件，维护了社会稳定。

平安建设 一是在西赵楼投资近10万元安装了高清数字摄像头、监视屏，打造了“无死角、全覆盖”的村级视频监控平台。与乡级监控平台对接，实现了全天候监控，对违法犯罪分子形成了有力的震慑，防范效果明显。二是通过乡成立巡防队，村村组建巡逻打更队，真正形成乡村两级联防机制，各类案件发案率明显降低，群众安全感明显增强。三是全力排查邪教人员，对排查出的人员逐个登记造册、建立档案，尚未构成违法犯罪的逐个教育转化。四是通过规范行政行为、改进干部作风，提高工作效能，及时排查化解矛盾纠纷，信访案件同比减少，信访形势趋于稳定。五是定期排查化解安全隐患，实现无重大安全事故发生，为经济社会发展提供了安定的社会环境。全乡治安案件同比下降31%，没有发生一例刑事案件，群众安全感普遍提高。

安全生产 2015年，韩村乡对安全生产工作实行主要领导问责制，认真落实安全生产网格化管理工作。一是与各村委会、乡属各部门签订了安全生产责任书，明确了安全生产责任及安全生产任务。二是通过召开各类会议、宣传活动、督促检查等形式，加大安全生产宣传和监督检查力度。全年开展安全生产宣传活动8次，召开专题会议4次，逢会逢节必讲安全生产，节假日前必进行安全生产大检查。三是加大药品食品监督管理工作，每村配备一名食品药品安全协管员，多次召开食品药品安全协管员培训会，提高专业素养。联合卫生院、工商所等多部门开展了全乡药品食品安全排查工作，重点对学校、敬老院、超市等进行检查，有效遏制了药品食品安全事故的发生。全年全乡未发生一起安全责任事故。

计划生育 2015年，韩村乡认真落实“一把手”负责制，召开计划生育专题工作会议4次，解决计生工作中实际困难和问题。加大孕前优生工作力度，做到对重点人口排查不留死角；落实长效节育措施和补救措施不务时机；对重点对象采取措施不惜代价；对工作不负责任，因组织领导不到位而贻误工作的处理不留情面。做好宣传助力“二胎新政”实施，热情周到地接待群众，认真耐心地向群众说明生育条件、程序等。全年接待咨询新政策相关的问题超过100人次，发放二胎证30余个。

科教文卫 2015年，韩村乡严格执行“两免一补”政策，在强化学校管理，深化教学改革，全面提高教育硬件建设方面做了大量工作。对全乡各学校进行了维修，消除了危房，改善了学习环境，全乡适龄儿童入学率100%，适龄少年入学率达99.8%。2015年韩村乡扎实开展卫生防疫工作，全年没有大的疫情发生。积极组织全乡广大村民参加农村合作医疗，全年新型农村合作医疗覆盖率达到98%；全面加强对乡村两级医疗队伍的教育和管理，提高服务质量和技术水平。

其他工作 一是圆满完成了夏、秋两季护林防火、禁烧秸秆工作。乡党委、政府拟定工作方案，出台具体措施，成立了4个工作组、应急小分队和督导小组，全力做好“三夏、三秋”工作。对外积极联系收割机，对内统筹全乡收割安排，保证颗粒归仓。二是严格落实支农惠农政策。在种粮补贴、综合补贴兑现过程中，由乡财税所工作人员把全乡种粮补贴、综合直补款500余万元，通过存款折形式直接发放到农民手中，没有任何搭车收费、乱收费现象。三是“三严三实”专题教育学习。认真制定学习计划，通过党课学习、中心组研讨，深刻认识“三严三实”的重大意义和丰富内涵。把开展“三严三实”专题教育与完成全乡工作任务相结合，边学、边查、边改，建立整改台账，切实解决好“不严不实”问题。四是认真开展“一创双优”集中活动。按照上级统一部署，在全乡开展“一创双优”集中活动。通过“一创双优”集中教育活动，在全乡形成了拼搏进取、勇于创新、干事创业的浓厚氛围。五是农村产权改革方面，2015年完成了29个村农村土地承包经营权确权登记颁证。六是水利建设方面，全乡抽调乡村干部50余人，做好了引黄入冀补淀工程前期工作。乡村两级形成合力，丈量土地近500亩，涉及农户500余户，发放补偿款2400余万元，完成沿线10个村的永久性占地丈量工作。引黄入冀补淀工程完成后将大大改善生态用水供水条件，提高供水保障率及生态水环境质量。

（张小莉）

固城乡

党委书记	杨永超
党委副书记 乡长	王俊斋
人大主席	陈德坤
党委副书记 综治办主任	刘景信
纪委书记	马明奎
副乡长	朱利蕊（女） 常小军
武装部长	罗鹏涛

党委委员	王颖颖（女）
综治办副主任	郭秋强
副主任科员	张振铃（女） 吴亚丹（女）
	赵　杰（女，2015年12月离）
	李　娜（女）
	张　悦（女，2015年3月任）
副科级干部	韩培山
	郭殿选（2015年11月离）

概况 固城乡位于清丰县西南部，处于市区与县城之间，总面积50.4平方公里，辖24个行政村，人口3.6万人，耕地面积4.1万亩。大广高速、212省道、濮清快速通道和濮阳市开州路穿境而过。2015年，全乡公共财政收入850万元，同比增长11.1%；其中工商税收完成733万元，同比增长16.87%；规模以上工业增加值完成7.1亿元，同比增长23.6%；全社会固定资产投资完成16.96亿元，同比增长26.87%；农民人均纯收入1万余元，同比增长14.8%；新增规模企业4个。

农业农村经济 2015年，固城乡现代农业加快推进。加快土地流转步伐，全乡流转土地1万余亩，建成濮阳龙都瑞祥林业生态园、上海兆丰生态科技园等苗木基地，以及张庄外、东郭村和李郭村等蔬菜基地；建成生猪小区5个，规模养殖户达到320余户，年出栏13万头；建成肉鸡、蛋鸡小区6个，规模养殖户达到200余户，年出栏肉鸡240万只；建成肉羊养殖小区2个，实现年存栏500只以上；建成獭兔基地1个，实现年存栏7000只以上。全乡共植树212余万株，圆满完成了濮清快速通道绿化拓宽、固双线、阳子线、大广高速、省道101固城段廊道绿化工程，2015年1月被河南省绿化委员会评为“河南省国土绿化模范先进乡镇”，被清丰县委、县政府评为“全县造林绿化工作先进乡镇”。农业基础设施得到改善。完成了全乡24个行政村安全饮水全覆盖；完成固城南街—张屯沟7.5公里的清淤工作；新打机井配套160余眼，新增改善灌溉面积4500亩、旱涝保收田2500亩。11月开始实施总投资3697万元的国家新增千亿斤粮食工程，包括道路修建、打配机井、地埋管、地埋线、配备台区等，将使全乡13个村、2.4万亩土地农业基础设施全面改善。引黄入冀补淀工程正在进行前期准备工作。农村综合改革有序推进。农村宅基地确权工作，共测绘22个村宅基地、10370宗、4.9平方公里，除张庄外、和潘生村，其余22个村全部公示，正在进行信息再排查再核对工作。

农村集体土地确权 2015年，固城乡完成了24个村的土地调查摸底登记，正在进行信息录入。林权改革工作，全乡绿化苗木、经济林办理林权证200多亩。水利设施确权工作，固城水厂、西郭村供水站已经完成确权工作。农村产权交易中心已经建成，按照标准配备了办公室、办公设备、工作人员。同时，认真做好其他涉农工作。积极做好了夏秋两季秸秆禁烧工作，实现了环保、气象遥感卫星零监测；全面发放农民负担监督卡7500份；完成小麦“一喷三防”补助4.08亩、16.28万元；落实全国农业科技入户补助项目示范户50户；支持农业保护补贴面积4.06万亩、477.66万元；农民专业合作社新增注册3家；做好了防汛排涝工作，科级干部24小时值班，确保了全乡汛期群众生命财产安全。

美丽乡村建设 2015年，固城乡深入开展乡政府驻地环境整治和美丽乡村建设，城乡面貌得到全面改善，初步达到“三无一规范一眼净”的目标，并建立了环境卫生整治长效机制。投资300多万元，完成了和潘生村瓷砖城沿街门面房外立面提升，彩钢格栅更换为外挂瓷砖；重点抓好了张庄外、吕家等村环境综合整治，投资20万硬化吕家集街道2096米，投资36万元实施张庄外环境整治，铺设马路砖600平方米，安装太能能路灯27盏，硬化道路268米等系列工程；按照“通、净、绿、亮、文”的标准，推进和潘生、朱潘生、固城南街、固城北街、刘张庄、张庄外等6个美丽乡村示范村建设，实施道路硬化和村庄净化、绿化、亮化工程，其他18个行政村按照“三无一规范一眼净”标准，探索建立卫生长效保洁机制，2015年1月被河南省环境保护厅评为“濮阳市生态示范乡镇”。

招商引资　2015年，固城乡坚持“走出去、请进来”，主动出击，赴北京、上海、杭州等地进行广泛招商。成功引进了投资2.5亿元的濮阳龙都瑞祥林业生态园、投资1.5亿元的上海兆丰（濮阳CSA）生态科技园。与河南永达食业集团达成投资意向，计划投资2.2亿元在乡西沙区建设大型现代化肉鸡养殖基地。与北京中石化新兴公司达成投资意向，计划投资3亿元在乡西建设食用菌产业园，并利用食用菌棚发展光伏发电项目，实现农光互补、土地立体化增值利用。

服务重点项目　2015年，固城乡党委、政府不断加强重点项目服务，明确专人服务重点项目建设，努力营造良好的外部环境。完成了孙庄110千伏高压输变电线路改迁、申新泰富电力专线架设、污水处理厂至叠翠园管网铺设，做好了开州路北延清丰段征地拆迁，第四水厂前期勘探、附着物清点，南水北调工程输水管道前期附着物清点对户，新增千亿斤粮食工程，引黄入冀补淀固城段前期准备工作，风力发电5个基站征地、附着物清点等前期工作。

社会事业　计生工作。积极开展计划生育优质服务，落实各项优抚政策，连续5年名列前茅。2015年顺利完成了全年2次的妇女职工健康体检工作；免费为10余个村1200妇女进行了妇女妇科病普查；认真开展24个行政村孕前优生工作；2015年3月固城乡被濮阳市委、市政府评为全市人口和计划生育工作先进单位。教育工作。师资力量进一步加强，教育质量逐年提高；2015年完成北固城小学教学楼建设及内外墙粉刷，极大地改善了学生的学习环境。卫生工作。做好了新农合筹资工作，6个新建标准化卫生室顺利验收，朱潘生、曹潘生、固城南街3个标准化村卫生室做好了开工前的准备工作；乡卫生院聘请外院退休医生坐诊，收到良好经济效益和社会效益。精神文明建设。乡党委政府把宣传思想和文化建设工作摆上重要日程，成功举办了“纪念抗日战争胜利70周年诗词朗诵会和书法展”“固城乡孝道典型”评选活动，评出乡级孝子24人，村级孝子123人，并出版了《孝道在民间》一书，达到了正民风、扬正气、促和谐的社会效果，得到了中国孝文化协会、濮阳市孝文化研究协会、清丰县孝文化研究协会的充分肯定，2015年3月被中共濮阳市委、市人民政府评为“市级文明乡镇”。民政、社保等工作。认真落实各项惠农和民政政策，做好了危房改造、粮食直补、综合直补、良种补贴、养殖补贴、农机补贴、新农合、新农保、五保供养、低保、救灾救济、优抚等工作；投资37万元对固城乡敬老院开展综合提升工程，包括厕所、厨房改建、暖气安装等，极大地提高了老人的晚年生活质量；重新审核农村低保1200余人；做好了小额担保贷款发放工作，全乡共发放小额贷款400余万元；加大违法占地治理工作力度，对土地违法案件做到了发现一起，查处一起。此外，建设了固城乡“人大代表之家”，强化人大代表活动阵地建设，丰富人大代表活动载体，进一步发挥好了人大代表的作用；工会、团委、妇联等工作也都取得了良好成绩。

平安建设　2015年，固城乡先后投资100余万元安装了80个高清数字摄像头，完善了技防设施，高清拼接屏9块，并与县公安局监控平台成功对接，实现了全天候监控，对违法犯罪分子形成了有力的震慑，防范效果明显；全覆盖排查邪教人员，对排查出的人员逐个登记造册、建立档案，尚未构成违法犯罪的逐个教育转化；通过加大督查力度，村村组建巡逻打更队，真正形成乡村两级联防机制，各类案件发案率明显降低，群众安全感明显增强；积极开展平安建设宣传活动，增强了群众的法制观念和创建平安社会意识。信访稳定。实行科级干部接访、包案制度，建立信访隐患每月排查机制，每村配备1名调解员，共排查矛盾纠纷35件，化解35件，化解率100%。安全生产。积极开展“三严三实”专题教育“三查三保”集中活动，对全乡范围内的企业、学校、饭店、敬老院、烟花炮竹厂等人员密集场所进行了拉网式安全隐患排查；实行网格化管理，成立了固城乡食品安全监督管理所，新聘24名村级食品安全协管员；实现了全年无重大安全事故发生，为经济社会发展提供了安定的社会环境。

党建工作 一是以绩效考评为标杆，促进创先争优。召开述职评议大会，通过民主评议和绩效考核把村干部分为三类，乡财政拿出2.88万元作为绩效工资，分三类各占1/3进行奖励，分别发绩效工资2000元、800元、300元，调动了村干部创新争优的积极性。同时，促使农村基层党组织的分类定级率、干部定责率、党员定岗率达到了100%。二是以党员管理为切口，打造过硬党员队伍。严格按照“两推三审一考”的程序高质量发展新党员20名，重点培养入党积极分子86名；创新工作方法，以“互联网+党建”的工作理念，办理党建手机卡300余张，建立“智慧党建”系统，打造党建网络阵地；进一步规范村级党建档案管理，整理党员档案600余份、新增党员信息录入48个。三是以党代会为动力，服务发展。作为党代会年会制试点乡，于2月13日召开十一届三次会议，会上对固城乡领导班子及班子成员进行了民主测评，在各位党代表的支持与监督下，真正实现了谋划党建促发展。四是以党风带民风，优良党风凝聚党心民心。深入开展党风带民风系列活动，在乡领导班子中开展“四比”活动：比正气、比深入、比带头、比干事；在乡干部队伍中开展“四讲”活动：讲担当、讲自律、讲态度、讲效能；在党员队伍中开展“五带头”活动：带头尽孝道、带头讲诚信、带头守法纪、带头讲文明、带头奔小康。在“四比四讲五带头”的基础上，开展“五带头”民主评议活动，共评选出101名“五星”、292名“四星”和355名“三星”党员；开展孝道典型评选活动，在全乡举行乡、村、组三个层次的孝道典型评选活动。这些活动的开展，加强了基层党组织的战斗堡垒作用，提高了党组织的凝聚力和战斗力，真正达到了党风、民风互为促进的效果。

（张新丽）

党风带民风活动动员大会

马庄桥镇

党委书记 蒋智敏（女）
党委副书记、镇长 弓晓飞（2015年12月离）
人大主席 张怀波
党委副书记 陈芳周
纪委书记 纪武涛
党委委员、副镇长 刘亚斌（女）
党委委员、副镇长、武装部长 梁瑞

挂职副镇长　黄建立（2015年6月任）
　　　　　　杜恩才（2015年6月任）
　　　　　　袁庆国（2015年6月任）
综治办副主任　惠德允
副主任科员　李孟栓　王文玉
　　　　　　刘社玲（女）　潘付刚
　　　　　　高　飞　陈文静
　　　　　　徐慧斌　王德甫

概况　马庄桥镇位于县境南部，东临柳格镇，西临固城乡、濮阳市高新区胡村乡，南与濮阳市高新区胡村乡、华龙区孟轲乡相连，北与固城乡、柳格镇接壤。地处中原油田腹地，濮范高速、省道212、101线穿城而过，区位优越，交通便利。全镇总面积14.8平方公里，辖13个行政村，总人口3.7万人，其中农业人口1.2万人，耕地1.1万亩。2015年，完成地区生产总值17.23亿元，固定资产投资17.85亿元，规模以上工业增加值11.16亿元，财政一般预算收入2222万元，农民人均纯收入12230元。

城镇雕塑——奋飞

招商引资　2015年，马庄桥镇通过外出招商、以商招商、委托招商，成功引进超亿元的项目7个，在谈超亿元项目5个：投资1.6亿的宏康钢构、投资2.4亿的中坤电器和大汉食品二期三个项目，建成投产；投资1.05亿的平原食品、投资3.9亿的中石产业园两个项目，正在建设；投资3亿元的骨伤病医院、投资1.2亿的濮阳市油田英杰学校，9月签约落地；派亚尼尔大型电子仪表、油田采油撬装设备两个亿元项目，10月签订投资意向书；濮阳国际医疗养老中心、三水科技、规模化厂房3个亿元项目，正在洽谈对接，为马庄桥赶超发展奠定了坚实基础。

重点项目建设　2015年，马庄桥镇依托区位优势，抓住濮清一体化机遇和“两城”建设机遇，突出新型城镇化，坚持旧城改造、开发建设、管理提升并重，着力推进重点项目建设，倾力打造商贸、生态、宜居、活力马庄桥。规划编制，有序推进。申新泰富·国际商贸城，18栋楼主体完工，完成建筑面积12.7万平方米。清华·天河湾，一期完工，建楼房49栋，面积5.7万平方米。海容花园，1、2、3、7四栋楼封顶。马颊河综合治理，完成拆迁37家。金水湾小区，一期8栋楼全部封顶。金豫花园，6栋保障房全部完工，建住房1020套。南永固棚户区改造，基本达到入住条件。香澜河畔，已具备开工条件。滨河公园，全面完工。污雨管网，铺设完成4000米。濮阳市客运总站，站房楼建设完工。翰昆世纪城，土地补偿款发放90%。马庄片区改造、轩昂片区改造等项目，前期工作顺利推进。

造林绿化　2015年，马庄桥镇完成绿化任务7.58万棵，高标准栽植、补植杨树、柳树4.45万棵，完成了101省道、濮范高速、长安路、农田林网绿化任务；发展绿化苗木育苗基地50亩，栽植绿化树种33400棵。

民生改善　2015年，马庄桥镇初级中学实验楼、金魏小学建设完工；投资60多万元对敬老院进行了全面改造提升，改善了入住老人的生活条件，全市现场会在马庄桥镇召开。投资100多万元建设了南永固党群服务中心、宋村文化礼堂等村室4座，建设农村文化广场4个；同兴路、永昌路等城区道路修建工作顺利启动；气化工程、安全饮水工程全部完工，让全镇1.2万群众用上了清洁能源和优质饮用水。

信访稳定 2015年，马庄桥镇党委高度重视信访工作，建立信访积案台账，着力化解信访积案。同时，投资近60万元对“满天星”工程进行及时维护、维修、更新，充分发挥技防作用，有效提升了群众安全感，社会大局稳定和谐。

环境治理 2015年，马庄桥镇硬起手腕，依法治理软环境。在项目推进过程中，马庄桥镇化解调处矛盾17起，对于寻衅滋事、无理取闹、强装强卸等干扰项目施工行为，结合公安局、派出所先后依法劳教2人，依法打击5人，分别给予15日、9日、2日拘留，给项目施工创造了良好的外部施工环境，保证了项目按照时间节点，有序推进。加强管理，依法治理硬环境。落实城镇全日保洁制度，有效治理了沿街违章、破损广告、店外经营、车辆乱停乱放等。农村垃圾做到了“村收集、镇中转、县处理”，解决了农村垃圾处理难问题，加快了美丽乡村建设进程。

保障措施 （一）统一思想。牢牢把握濮清一体化和清丰“两城两区”发展机遇，团结社会各界，凝聚发展合力，振奋精神，统筹运作，克难攻坚，求发展，求突破。（二）优化作风。对上级部署的各项工作，不打折扣，坚决执行。继续推行“一线工作法”，领导干部率先垂范，带头干、带动干，盯住经济指标、重点项目、重点工程，采取联席会议、现场办公等方式，强势推进。（三）优化环境。在做好正面宣传的基础上，加强依法打击力度，狠抓反面典型，保持对影响经济发展案件的高压态势。（四）机制推进。坚持例会调度制度。每周五召开项目攻坚例会，由项目负责人汇报进度、存在问题和下步打算，共同分析、研判、解决问题。（五）台账促进。对所有重点工作、重点项目建立台账，细化量化任务，明确时间节点，明确责任人，明确工作任务和工作标准，严格按台账督促、推进和落实工作。（六）督导加压。将各项重点工作纳入日调度、周点评工作范围，每日一督导、每周一通报、每月一评比。每月组织项目负责人、重点工作负责人相互观摩、打分，评出前三名和后三名，好的表彰，差的全镇通报，并通过电子屏公开曝光。连续两次被评为后三名的，责令项目单位、包项目责任人写出书面检查。

（李孟栓）

柳格镇

党委书记	靳卫军
党委副书记 镇长	和志强
人大主席	马洪波（2015年7月离）
党委副书记	常志超
纪委书记 党委委员	邵广田
副镇长 武装部长	冯晓东
副镇长	宋瑞雪（女） 刘耀
党委委员	张仁波
工会主席	李蕊（女）
综治办副主任	田剑
副科级干部	白璐（女） 逯檬檬（女） 张杨（女）

概况 柳格镇位于清丰县城东南2公里处，北与县城搭界，南与濮阳市华龙区接壤，固双公路横穿东西，106国道纵贯南北，濮范高速穿境而过，距高速出入口0.5公里，交通便利，地理位置优越。总面积43平方公里，辖29个行政村：49个自然村，耕地4.1万亩，人口4.2万人。2015年，完成生产总值23.29亿元，较2014年增长15%；固定资产投资完成46.11亿元，较

2014年增长21.3%；规模以上工业增加值完成28.26亿元，较2014年增长56%；公共财政预算收入完成560万元，较2014年增长20%。

农业 2015年，柳格镇围绕产业发展，不断拉升工作标杆，全镇流转土地1200亩，总流转面积达到3000多亩；以市、县农村工作会议精神为指导，紧密结合实际，充分发挥调动镇、村、组党员干部积极性，积极推进土地承包经营权确权登记颁证工作；积极开展植树造林，不断加大速生丰产林建设，完成植树造林23.77万棵。

招商引资 2015年，柳格镇按照“服务更加有效，重点更加突出，质量更加重视，环境更加优化”的要求，全力招商引资，成功引进御木尚品家具有限公司项目、龙欣专用汽车制造有限公司项目、艺戈尔家具有限公司项目，总投资额达到4.2亿元。完成签约项目1个，即投资1.5亿元的亚星橡塑材料制造项目；达成投资意向项目2个，即东方百盛集团项目和东尚家具材料装饰材料项目。

党建工作 2015年，柳格镇按照提升党建科学化水平的总要求，坚持党要管党、从严治党，以改革创新精神全面加强党的建设，不断增强党组织的创造力、凝聚力、战斗力，为改革发展提供坚强保障。一是认真践行“三严三实”专题教育活动。二是加强基层党组织建设，夯实党建工作基础。狠抓后进村整顿工作，结合“三严三实”及“一创双优”教育活动，通过定人员、定时间、定责任等整顿措施，制定村经济发展计划3个，落实发展措施3项，建设发展项目1个，极大提高了基层组织的凝聚力和战斗力。积极提升村级活动场所，全面落实市委关于村级活动场所“清零”计划，重点安排，科学选址，高质量完成袁家、五城、赵家、杨菜园等4个行政村的村级活动场所建设。强力推进服务型党组织建设，严格实行党员干部下基层和村干部坐班制度，镇党群服务中心实行AB顶岗制，各行政村党群服务中心确保每天有村干部值班，全年镇村两级干部为群众办实事281件，解决群众难题85个，化解矛盾纠纷36件。三是围绕四项基础制度，创新基层党建工作。坚持把推行“四项基础制度”工作作为加强镇党建工作的重要政治任务，严格执行民主集中制，重大事项集体决策，镇村两级各项会议决策，都采取党员参与、群众监督和党委（支部）决定相结合原则，确保决策实现真正意义上的民主；坚持把服务群众放在中心位置，全面落实镇村两级党群服务中心制度，高标准打造党群服务中心，切实方便群众，提高服务群众效率；建立镇村民调解员队伍，及时化解群众各类矛盾纠纷；强化党风政风监督检查制度，由镇纪委牵头成立专门督查小组，设立群众监督箱，群众监督电话24小时开通，时刻接受群众监督，听取群众意见建议并及时处理。四是强力推进反腐倡廉建设。认真贯彻落实中央出台的一系列作风禁令，通过不同的教育形式，教育引导广大党员干部构筑坚固的思想防线，坚持全心全意为人民服务的宗旨，树立正确的权力观，自觉接受组织和群众的监督，严于律己，弘扬正气，拒腐防变，始终保持共产党员的先进性纯洁性，保持高尚的道德情操，经得起各种考验，坚决杜绝违法违纪现象的发生。加大监督检查力度，强化权力运行监督制约，杜绝和反对各级干部特权思想，加强民主监督和舆论监督。努力以党风的好转、快转促政风、带民风，营造风清气正的良好氛围。

服务产业集聚区建设 2015年，柳格镇全力服务产业集聚区建设。随着多个亿元项目的先后入驻，柳格镇积极配合产业集聚区完成征地、协调、环境治理等任务，同时，顺利完成了艺戈尔、全友家私、大汉火锅、南环路东延、孟德110千伏输变电站、五眼井棚户区改造等项目建设，完成了产业集聚区消防站工程项目的前期工作。

县领导观摩艺戈尔家具项目

新农村建设 2015年，投资1000多万元，完成东赵店社区新建多层住宅楼2栋，并对已建成的所有住宅楼、庭院全部完成了水电气等安装工程，投资40万元对村庄进行了绿化亮化，投资70多万元新建500千瓦变压器台区一座，投资400万元建成了标准化小学及幼儿园；五眼井棚户区建设项目完成规划、图纸设计与验桩，完成5栋住宅楼地下基础工程；前士子元美丽乡村建设平整街道3000多米，完善排水设施4000多米，粉刷涂白墙体3万平方米，安装路灯280盏，“满天星”技防工程已覆盖全村。

社会各项事业 2015年，全镇农村新型合作医疗参合率达到100%，农村社会养老保险参保率达到96%，粮食直补、综合直补、“一喷三防”、良种补贴、农机补贴等惠农政策严格落实到位。积极开展了扶贫开发工作，对十八户、城西两个贫困村进行了贫困人口复核工作，制定了扶贫计划和措施，计划两年时间全部完成脱贫目标。投资铺设了下家、杨菜园、马张寨、袁家、梁庙村天然气管道；投资210万元，修建杨菜园、大寨、十八户、后士子元村道路5.5公里；投资550万元修建提升固双路2.3公里；投资590万元，完成南环路东延工程790米；政府补助55万元，改造农村贫困户危房70户。投资20万元，完成污水管网东延工程。教育事业明显改善。学生“两免一补”全面落实，教育规范化管理扎实推进，中小学教学质量明显提高。建立学校安全排查长效机制，认真做好中小学、幼儿园定期安全排查工作，投资200万元，建设柳格一中标准化餐厅和操场，赵家村中心小学高标准塑胶操场。文化卫生事业全面推进。聘请省、市豫剧团来柳格镇开展“文化进企业进乡村”活动4次，组建高赵店、寇家村戏曲队，组织杨菜园、夏固、后士子元村成立秧歌队开展文艺活动，全力打造高赵店、刘庄、马张寨文化活动广场，进一步活跃农村文化生活。投资20万元，高标准建设乡镇便民服务中心；全面提升前张家、东赵店、西赵店便民服务中心硬件设施水平；投资72万元打造五城、袁家、杨菜园、赵家村村级组织活动场所。投资50万元，完成了5个村级标准化卫生服务中心建设。对敬老院进行重建提升，提高供养服务能力，致力打造全市一流镇级敬老院。成立鑫信通网络科技有限公司，提升农村数字电视服务水平。同时还认真做好了人口和计划生育工作及人口抽样调查工作等。平安法制建设取得显著成效。实行依法治镇，积极做好普法宣传教育，群众法制意识明显增强。积极完善技防设施，投资62万元，安装摄像头54个，农村技防网络实现全覆盖。高度重视群众的来信来访，做到小事不出村、大事不出镇。高度重视安全生产，对危房、桥梁、学校、幼儿园、商店公众聚集场所等重点部位进行全面排查治理，有效预防了重大安全事故发生。

（逯檬檬）

双庙乡

党委书记 王洪勋
党委副书记
乡　　长 杨勤亮
人大主席 张志海
党委副书记 张现卫

纪委书记	王林鹤
党委委员 副乡长	孙志攀
副乡长	刘保省　肖巧林（女）
党委委员	鲁相军
工会主席	马梨珉（女）
综治办副主任	郭炳文

概况　双庙乡位于清丰县东南13公里处，东邻六塔乡，南接濮阳市华龙区岳村乡，西连柳格乡，北与纸房乡毗连。省道008线纵贯南北，固双路横穿东西，濮范高速公路穿境而过，总面积45.5平方公里，辖29个行政村，总人口4.32万人，耕地面积5.1万亩。2015年，双庙乡国民生产总值完成107066万元，较去年增长8.5%。固定资产完成投资80560万元，较去年增长13.8%。规模以上工业增加值30980万元，较去年增长12.85%。实现财政收入500万元，较去年增长14.94%。

党建工作　一是党建合力有效增强。不断完善书记带头抓、一级抓一级、层层抓落实的工作机制，扎实推进党建工作纵深发展。2015年，专题研究党建工作4次，听取农村支部述职2次，破解党建工作难题5件，建立和完善党建工作制度4项。实行科级干部联系村制度，把全乡29个行政村分类定级，每村明确一名党建指导员，重点服务好1个重点村（单拐村）、1个后进村（西安上村）、7个示范村，同时全力提升好20个一般村。二是党建基础有效夯实。新建村级活动场所6处（杨兰村、沙河村、户家村、王李庄村、东安上村、西安上村）；按照“两推三审一考”制度，培养入党积极分子35名，发展党员24名；积极培育单拐村、窑当村成为“双强五好”式党支部；培育建设党员创业园区4个（诚信驾驶员培训学校、清丰县向阳红种植农民专业合作社、窑当管厂、西安上养殖场）；推行“四议两公开”工作法，决策实施重大事项10个，完成了中小学提升工程、村级道路修建、老年活动中心、文化广场等民生大事，密切了党群关系。三是党建服务水平有效提升。加强党员学习教育，注重实干激发效能，切实推动党员作风的转变，开展“新形势下群众工作案例大讲堂”活动4期，马家、杜家、王家三村村干部通过学习西南营村土地流转的成功经验，采用“支部+基地+农户”的经验模式，带动3个村流转土地3000亩，建立了高效农业示范基地和向阳花葡萄采摘基地，有效推动村级经济的发展；成立了一个乡矛盾纠纷调处中心，29个矛盾纠纷调处工作站，建立了由老党员、老干部组成的31个矛盾纠纷调解员队伍，共调处矛盾纠纷155个；根据乡重点工作，成立了3个党员专项服务队，主要服务好固双路提升、单拐建设、土地确权三项重点工作，完成了群众协调、安全维护、纠纷调解等工作，为双庙乡各项工作的顺利开展奠定了坚实的基础。

农业　2015年，双庙乡充分利用双庙乡的区位优势，积极开展土地流转工作，现代农业长足发展，全乡流转土地近1.7万亩。新建成向阳花农业科技有限公司千亩葡萄基地、西南营500亩苗木基地、建成王家3000亩现代农业高效种植园区等，促进了现代农业的长足发展。

畜牧园区　2015年，双庙乡养殖量趋于规模化，数量进一步增加，盐店、南寨等传统养殖专业村稳步发展，现代养殖园区建设也稳步推进。马家生态养殖场已全部完成基础设施建设，正式投入生产使用；西安上养殖场顺利转产，11个鸡棚全部改建完毕，每个棚存栏肉鸡2万只，年出栏量将达到100万只；大翟湾肉牛养殖场也投入使用，饲养肉牛500头。

招商引资　2015年，双庙乡在继续坚持“大商小商一起招、大小项目一起引、内资外资一起抓”的同时，实施“乡贤回乡投资兴业”工程，着力招一批好商大商，有效地促进了招商引资及非公经济的发展。已落地乡项目有：投资2000万元的河南向阳花科技有限公司高效农业示范园区项目；投资2700万元的濮阳市诚信驾驶员培训基地。已落地产业集聚区的项目：北京天伦夏府家具有限公司投资1.2亿元新建“皇甫世佳”进口金丝檀木家具生产线项目。

单拐革命纪念馆 2015年，完成了双庙单拐纪念馆内设施建设，建设了3000平方米的大型陈列馆，完善了馆内道路、消防、绿化等设施。加快推进单拐村美丽乡村改造工程，投资1000余万元，对保护区内房屋进行了仿古修缮、强弱电入地、垃圾处理、下水管道建设等工程。顺利完成了单拐村传统村落改造项目，邀请省文化部门古建筑方面的专家，结合单拐村文化底蕴，投资300万元，对于单拐村东大街进行了以晚清建筑风格为主的改造建设，单拐村已成为纪念馆游客参观的亮点之一。

单拐仿古街铺改造

重点项目 东北庄至单拐旅游观光大道提升工程是双庙乡围绕打造红色旅游之乡进行的重点项目，也是市县重点项目。该项目分绿化带建设和道路修建提升两项工程，于2015年11月开始启动。该观光大道提升后，将成为濮阳市精品旅游线路，为双庙乡旅游业的发展起到了极大的促进作用。

基础设施建设 2015年，双庙乡农村新能源改造工程进展顺利，铺设天然气管网60多公里，全乡已有8个村的天然气接通到户，受益群众近万人。投资50万元，修建完成6个村室；投资50余万元，为秦家、杜家两个村修建了老年活动中心，投资20万元建成1300平方米的文化休闲广场。乡村道路网逐渐健全。提升建设乡道、村道35公里，对城南—水牛陈共计15.2公里的固双线道路双庙段进行整体提升；新修村内公路城南2.8公里、杨兰1.6公里、盐店3.2公里、王李庄1.1公里，乡村级道路建设得到全面提升。全乡绿化、美化全面提升。完成植树任务23.6万株，其中生态廊道绿化栽植速生杨1万余株;完成苗木花卉基地建设500亩，经济林基地1500亩，农田林网3000亩，新型农村社区绿化栽植苗木5000余株，高标准、高质量完成了植树造林工作，打造了双庙乡的“绿色通道”。美丽乡村建设工程全面铺开。美丽乡村建设工程行动开展以来，双庙乡及时成立领导小组，制定实施方案，明确目标任务，落实责任分工。利用广播、标语、宣传栏等多种形式，大力宣传，营造氛围。将窑当村、西南庄村、仓上村、单拐村等4个村成功打造成双庙乡美丽乡村示范点，典型带动。同时，在全乡范围内积极行动，出动机械50余台次，人工600余人次，共清理垃圾300余吨，整修公路、维护路肩26公里，整修下水道2公里，村内街道排水沟4000米，铺设路边石2800米，马路砖1万余平方米，粉刷墙壁3.7万余平方米，安装、维修路灯246盏，全乡环境面貌大为改观。

教育卫生 2015年，投资100万元为乡一中修建了跑道、篮球场、足球场；投资120万元，建设了标准化示范小学——南寨小学；投资200万元新建乡一中教师周转房项目和投资400万元的乡二中综合教学楼建设，均完成设计和招标工作，并开工建设，投资150万元的乡卫生院住院楼已建成。

平安建设 2015年，双庙乡建立健全维稳工作机制，按照“开、排、问、盯”（每月开专治联席会、每周排查梳理、排查问题结果、不易解决问题紧盯不放）工作方案，不断深化平安创建；加大平安建设投入，投资30万元，在全乡范围内新安装了43个摄像头，目前全乡范围内共安装摄像头81个，做到了重点路口、重点部位全部监控；高度重视安全生产工作，先后开展4次安全生产工作专项检查，学校、卫生院、敬老院、企业等重点场所做到了长期排查安全隐患；扎实做好信访工作，实现了进京赴省零上访，人民群众的安全感、幸福感显著增强。

农村土地确权 2015年，双庙乡成立农村产权制度改革领导小组，明确了工作责任，打造了农村产权服务平台，并进行了广泛宣传，组织学习农村产权制度改革相关政策，积极深入各村调查摸底。农村宅基地确权工作，完成了全乡约13384户、389万余平方米宅基地测量工作；农村承包地确权工作，已完成了29个村的土地勘测和数据汇总工作。

社会事业 2015年，双庙乡农村新型合作医疗参合率达99%，农村社会养老保险参保率达到97%，60岁以上享受社会养老保险的达到7008人；积极搞好“慈善一日捐”活动，全乡共捐资6万余元，为全乡社会救助打好了基础；积极开展文化活动，组织开展了“魅力红都，舞动和谐”大型广场舞展演、“教你一招”舞蹈培训等活动，丰富了群众文化娱乐生活；高度重视计划生育工作，较好地实现了稳定低生育水平；加大弱势群体帮扶救助力度，农村五保对象全部得到妥善安置；实施农村困难群众危房改造工程，解决了60户贫困家庭的住房困难；及时做好耕地地力保护补贴工作，全年发放补贴资金共518万元；扶贫工作进展顺利，组织4个贫困村500余人，进行了农业实用技术培训，完成了对沙格寨、窑当、王李庄等6个村的贫困人口复核工作。另外，统计、武装、团委、妇联、工会等工作均取得了显著成效。

（项淑颖）

纸房乡

党委书记	杜少阳
党委副书记 乡长	纪卫举
人大主席	赵少坤
党委副书记	程祎允
纪委书记	都志刚
党委委员 副乡长	黄同飞
副乡长	常秋顺　马红涛（女）
党委委员	李瑞武
综治办副主任	鲁剑飞
副主任科员	侣传广　李　娟（女）

概况 纸房乡位于清丰县城东10公里处，东临六塔乡，西接城关镇，南与双庙、柳格相连，北与马村、高堡接壤，总面积57平方公里，35个行政村，总人口4.8万人，耕地面积6.26万亩，潴龙河纵贯南北，清六路贯穿西东，全乡公里总里程达75公里。2015年完成财政收入387万元，其中：国税收入完成29万元，地税收入完成335万元，其他收入23万元；国内生产总值完成3.75亿元，同比增长15.85%；规模以上工业增加值完成2.5亿元，同比增长24.81%；500万元以上固定资产投资完成3.32亿元，同比增长1047.7%；农民人均纯收入8586元，同比增长18.59%；非公有制经济完成11.58亿元，同比增长15.73%。

招商引资 2015年，纸房乡大力实施“凤还巢”工程，引导其回乡创业，依托县产业集聚区地位优势，坚持招大商、引大资、上大项目，既围绕建材、家具、食品加工、种植、养殖等传统优势产业和外出成功人士的资源优势，成立工业、农业两个招商小组，分别以乡党委书记、乡长为组长，选派招商经验丰富的科级领导为成员，长期驻京招商，分批次邀请长春市鼎庆（集团）经贸有限责任公司董事长李万升、南京石化经销商张建林等21名纸房籍国内知名客商回乡考察，邀请北京外迁家居业代表北京思普深家具有限公司等4家企业来清丰考察。目前，达成合作意向4个，最新签约项目1个，落地建设1个，2015年上亿元以上的工业企业2家，1000万元以上工业项目4家。

农业农村重点工作 2015年，纸房乡党委政府按照“通、净、绿、亮、文”的要求，巩固和提升郑朱楼、杨桥村美丽乡村建设成果；深入推进梅庄村美丽乡村示范点建设和纸房街环境综合整治，高标准抓好清六路及县08线等路容路貌综合整治，成立公路保洁队伍，建立长效机制，保证公路常态保洁。以提升万相农林、新大地林业、恒达林业、相如林业等花木、苗木基地为引领，着力推进农业产业经营，加快土地流转，扩张发展特色产业；强化农业基础支撑，积极配合县水利部门，开挖张村沟、张二庄清淤，加快农田水利基础建设；流转土地2400亩，建设提升苹果、香瓜、牛蒡、山药、黄芪5个特色种植示范方。

民生工程 2015年，投资350万元，修建乡村道路9.3公里，实现乡村道路基本覆盖；投资60万元，完成梅庄、杨桥2个村基础设施建设工作；投资30万，提升乡敬老院整体建设；投资160万元，新建5个村室，3个文化广场；投资90万元，建设村标准化卫生室6个；2015年发放粮食直补和综合补贴资金共614万元；实行新型农村医疗保险制度，参保率达100%，为7.5万人（次）补偿医药费1630万元。全乡6526名60岁以上老人领取养老保险金522万元；农村低保应保尽保，发放低保资金220.5万元、五保资金72.2万元、优抚资金110.6万元，争取资金85万元、危房改造100户，发放大病救助资金1.2万元；发放计划生育奖励扶助资金17.76万元、特扶资金13万元、独生子女父母奖励费21.6万元。

组织建设 2015年，纸房乡认真落实党风廉政建设责任制，不断拓宽从源头上预防和治理腐败的领域，党风廉政建设和反腐败工作取得了阶段性成果；实行村级班子例会制度，及时发现、解决新形势下农村出现的各类矛盾和问题；落实市县干部驻村工作、村干部坐班和无职党员网格化管理联动机制，破解联系服务群众“最后一公里”难题，适应经济社会发展新常态，引领干部作风新常态，切实提高基层党组织的凝聚力、战斗力、感召力。

计划生育 2015年，纸房乡计划生育工作继续坚持“三不变”，全面落实“三为主”，巩固开展“三结合”工作，认真落实计划生育指标考核责任制，创新开展计生工作，进一步加强流动人口管理，开展了孕前优生检查，增强了群众科学、文明、进步的婚育理念。2015年，全乡人口自然增长率5.8‰，出生率12.8‰。

城镇建设 纸房乡小城镇建设提升起步较晚，工作量大，责任重，2015年重点发展纸房街基础设施，主要有：投资20万元，拉景观墙500米；投资65万元，铺设步道砖5500平方米及建公共厕所1处。以环境整治为突破口，加快基础设施建设步伐，发展壮大乡域经济基础，全面提高纸房街的自我发展能力和辐射带动能力。

安全生产 2015年，纸房乡成立乡安全生产监督委员会，并落实专（兼）职工作人员，完善了乡村应急救援预案等工作，制定了食品、交通、消防等安全生产的各项工作制度、机制，严格落实与各村、企业、个体户签订了安全生产责任书，建立安全生产档案管理制度，内容包括该村安全监督员个人基本情况、安全生产目标责任书履行情况、安全宣传教育开展情况、彩钢建筑及公共场所安全状况、每月安全生产隐患排查治理情况，完善了村级安全监督员制度，真正将每个行政村都纳入了安全监管范围，实现了横到边、纵到底的安全监管网络。进一步充实、丰富了安全生产管理内容，健全了安全生产管理体系，夯实了安全生产工作基础。

医疗卫生 2015年，纸房乡医疗卫生工作进一步加强，农村初级卫生保健成果得到巩固，重点疾病健康教育成效显著，广大干部群众"防疫"意识大大增强，农村医疗卫生网络建设扎实推进，人民群众的生命安全得到切实保护。

教育事业 纸房乡始终把教育摆在优先发展的战略地位，夯实巩固"普九"成果，切实加强未成年人思想道德建设，不断改善教育基础设施，促进了基础教育的快速健康发展，教育资源得到更加合理的配置，素质教育稳步推进，教学质量明显提高，乡初中升学率继续保持了在全县的先进位次。2015年，全乡适龄儿童入学率达100%，毕业率达100%。

（宋 林）

六塔乡

党委书记 王伟力
党委副书记
乡　　长 付鹏飞
人大主席 张怀超
党委副书记 郝振宇
纪委书记 周正方
党委委员
副 乡 长 刘英男
武装部长
副 乡 长 张淑锋（女，2015年8月离）
党委委员 李四军
党政办主任 郝卫国

概况 六塔乡位于县城东南部，南与濮阳县柳屯镇交界，东接瓦屋头镇，北与仙庄乡、马村乡接壤，西于纸房乡、双庙乡毗邻，辖33个行政村、64个自然村，38个党支部、1376名党员，总面积51平方公里，总人口37499人，耕地面积53715亩。省道209线贯穿南北，国道342线、濮范高速公路、清六线贯穿东西。2015年，全乡生产总值完成12.2亿元，增长10.6%；公共财政预算收入735万元，增长2.6%；规模以上工业增加值7亿元，增长25.8%；固定资产投资13亿元，增长68.5%；农民人均纯收入15373元，增长13.8%。

招商引资 2015年，六塔乡围绕县委、县政府关于招商引资工作的总部署，以"学先进、找差距、促赶超"为动力，借全县五项重点工作集中攻坚行动机遇，以引进大项目为重点，围绕清洁能源、食品加工、机械制造等产业，主动承接发达地区产业转移，搞好项目对接，强化跟踪服务，努力实现招商引资新突破。成立了4人组成的招商小分队，驻京集中公关，2015年投资2.2亿元的泓民家具包装项目在县产业集聚区开工建设；北京万家翔木业有限公司、北京勤实源汇包装制品有限公司先后与六塔乡签订投资意向书；河南中濮保温材料股份有限公司已经在产业集聚区签约落地，该公司计划投资1.3亿元，占地30亩。

安全生产 2015年，六塔乡党委政府把安全生产及六塔乡安全创建工作列为党委政府日常工作和重点工作议事日程，认真落实班子成员安全生产"一岗双责"责任制，健全乡安监站软硬件设施，完善以村两委成员为主的安全管理组织，形成了乡村两级安全管理网路，自上而下形成有效的安全生产安全工作管理机制，确

创丰编织袋厂

保了每项安全生产工作任务和重点部署顺利完成。同时严格落实企业安全生产月报告制度，深入开展安全隐患大检查活动。开展例行性安全生产排查活动12次，组织开展安全生产大检查、“打非治违”“新一轮安全生产大检查”“清锅兜底”“安全生产月”“汛期安全生产”“三查三保”、抗战胜利70周年、“三查三保攻坚战”等9次，共查处共违法生产企业1家、关停非法加油站6家，非法加气站3家，液化石油气充装点12处，幼儿园3家。共下发责停通知书28份，整改通知书168份，维护了安全生产的有序进行，杜绝事故发生。

重点项目 六塔豫能发电项目，总投资55.9亿元，占地约500亩，其中主厂区在六塔乡吉张吴村，占地5.517公顷，投资35亿元，该项目是河南投资集团有限公司出资在濮阳市建设的省定重点项目。清丰东变电站项目，总投资1.2亿元，项目地址在六塔村，占地32亩。项目建成后将极大地改善全乡用电环境。为此，六塔乡采取切实措施抽调精干人员组建工作队全力协助做好两个项目建设服务工作，顺利解决了群众阻工、占地赔偿、围墙遮阴赔偿等问题，保障了项目建设顺利推进。

水利工作 2015年，六塔乡狠抓水利建设工作，并取得良好成效。乡级冬修水利工程。投资10万元，清淤罗留沟2000米。省级南小堤罐区下游配套工程。在刘村投资30万修建了第二濮清南节制闸管理房，投资40万元修建混凝土预制生产道路1500米。在六塔村、东观寨投资80多万元新建桥梁两座。国家级小型农业水利项目。在19个行政村的2.85万亩耕地中，投资2000万元实施了小型农业水利节水灌溉项目。新打机井158眼，维修机井131眼，可利用老井119眼，配套机井408眼，新建配套变压器33座，配备水泵408，建设井房408，埋设低压线175公里，安装地埋管228公里，修路4100米。

农业工作 2015年，六塔乡狠抓高效农业发展和夏秋农作物生产管理，取得较好成效。在促进高效农业持续发展方面。通过发展合作社、协会、家庭农场，走规模化、集约化、专业化经营之路，在土什方村流转土地800余亩种植山药，留固新发展尖椒种植面积1200亩，邵家新发展优质苹果种植面积500亩；设施农业园区内，新发展日光温室、大小弓棚1000亩，推广香瓜种植模式，非洲菊与桃树间作模式。在全力服务“三夏”“三秋”生产方面。乡村两级干部坚持全天候在责任地块，严防死守做好秸秆禁烧工作，实现整个夏秋收期间没有出现大面积着火，充分保障了人民群众生命财产安全，减少了大气污染排放。同时精心组织、加强指导、千方百计以科技提高夏种秋播质量，积极抗旱浇地让夏收夏种及秋收秋播顺利衔接，为农业增收打好了基础。

林业工作 2015年，六塔乡通过标语、广播等形式，广泛宣传植树造林的意义，提高全民造林意识，使造林绿化工作深入人心，变成人们的自觉行动。将植树造林规划到村庄、地块，突出路沟渠绿化，廊道更新和断档补栽等重点和亮点工程，共植树27.6万株，同时林业确权申报10个，核批7个。

武装工作 2015年，六塔乡高度重视民兵武装和征兵工作。进行兵役登记，民兵整组。硬件建设上，配备了一台电脑，橡胶棒、夏季迷彩作训服、钢盔，盾牌40套，档案柜2组。通过大力宣传，征兵报名30人，上站参加体检27人，政审体检合格18人，于9月10日前完成征兵任务。

美丽乡村建设 一是严格落实“三无一规范一眼净”的标准，对辖区内国道342线、省道209线、县道清六线固双线两侧进行高标准整治，对所有树木涂白描红，对过村路段墙壁进行高标准粉刷。二是小城镇综合提升，六塔集商业街东西延长开发630米，新建（改建）门店1.94万平方米，新增商户46户，新增大型超市1家。三是统筹落实“通、净、绿、亮、文”，建设美丽乡村。严格贯彻落实县政府在美丽乡村建设中提出的着力打造“三纵一横”美丽乡村示范带的工作要求，在209线规划了六塔村人和广场和主堡寨文化广场建设。聘请了清丰县住建局的工程师为两个广场的建设进行了规划和设计，固定了建设地址，统一了建设标准。已全部建成投入使用，其中六塔村人和广场四周用马路砖铺设了人行道，设置了长条石围栏，广场内安放一块迎客石，安装30余套健身器材，草坪绿化面积1300平方米，种植塔松、紫薇、红叶李等名贵树木百余株。主堡寨文化广场，建造了文化大舞台、安装了健身器材、规范了文化书屋。极大地丰富了群众业余生活。

民生改善 2015年，六塔乡从人民群众最直接、最关心、最现实的问题入手，大力抓好民生工程，统筹各项社会事业，取得了可喜的成绩。农民医疗保险参保率、养老保险参保率分别达到98%、99%；投资60多万元，完成农村危房改造80户；新建设标准化村级卫生室7个，投资160万元新修4个村道路12公里。

文化建设 2015年，六塔乡积极开展群众文化建设工作，组建广场舞队、秧歌队等民间艺术团体9个，配备服装100余套，举办艺术演出12场，其中西韩家队和主堡寨队参加了全县“亿洲杯”广场舞竞赛，并取得了好的名次。

平安建设 2015年，六塔乡加强社会治安综合治理工作，安装高清视频摄像头64个，各村强化夜间巡逻和矛盾纠纷调处工作，切实做好信访和矛盾化解，维护了社会的大局的稳定。

党建工作 2015年，六塔乡聚焦存在问题，狠抓整改提升。认真履行党建第一责任人的职责，从自身做起，带头遵守中央、省、市和县委各项规定，认真践行“三严三实”和社会主义核心价值观；不断完善书记带头抓、一级抓一级、层层抓落实的工作机制，扎实推进党建工作纵深发展。全年，专题研究党建工作4次，听取农村支部述职2次，破解党建工作难题6件，建立和完善党建工作制度7项，树立党建典型11个。加强基层建设，夯实基层基础。紧抓市县扶持村级办公场所建设的机遇，建设村级活动场所1处（东留固）；巧借“一事一议”财政奖补政策的东风，提升村级活动场所3处（主堡寨、吉张吴、西韩家）。推行“四议两公开”工作法，决策实施重大事项12件，办成了修路、打井、建广场等事关长远的大事；以各村“两委”成员为核心，组建了排查调处小分队，促进了各村矛盾问题的及时就地解决，共解决各类矛盾纠纷46件；率先在吉张吴、主堡寨、西韩家建设了党群服务站，为村民提供民政、计生、卫生等20余项便民服务；严格落实每季度党务政务公开制度，促进了干部作风的转变，增强了村两委的凝聚力和感召力。将西观寨等5个村列为后进村，对症下药，重点攻坚，实施管理，解决热点问题9起，处理矛盾纠纷13件，制定发展规划4个，完善规章制度10项。创新党建载体，增强党建活力。实施“双述双评双激励”管理模式，激发了农村基层党组织和党员干部干事创业的热情，吉张吴党支部化解了豫能发电项目征地赔偿问题，确保了项目的顺利实施；主堡寨党支部带领群众加强美丽乡村建设，拆迁清障建设了文化大院、硬化了村内街道、安装了太阳能路灯。成立了129个网格党小组，33支网格党员志愿服务小分队，深入农户开展民情收集，宣传政策、帮扶济困等服务活动。推行“三培两带一承诺”的党员管理机制，把柳广彬等100名党员培养成了致富能手，把左红卫等10名致富能手培养成了党员，把董建斌等40名党员致富能手培养成了村级后备干部；60岁以下有致富项目的党员512名，帮扶群众400户，带动80户群众致富。70岁以下的健康党员年初都要作出需要办理事情的承诺，以村为单位建立承诺台账，共承诺事项1953件，已完成1921件。

纪检监察 2015年，六塔乡始终把党风廉政建设放在突出的位置，认真落实两个责任要求，加强领导，不断强化乡党委主体责任，深化“三转”，全力支持乡纪委严格执行监督问责职能，切实加强作风建设，打造廉洁高效、风清气正的工作环境。一是认真开展“两项”专项治理、懒政怠政为官不为、发生在群众身边的“四风”和腐败突出问题治理活动，活动开展以来接到群众举报线索12件，排查出问题7件，查实5件，处理5人，切实强化了党员干部的作风，维护了党和政府在群众中的良好形象。二是增强宗旨意识改进工作作风。时刻牢记全心全意为人民服务的宗旨，并把宗旨意识转化为为群众服务的实际行动，始终把群众的利益放在第一位，把群众的呼声作为行动指南，把为群众办实事作为工作目标，把群众满意作为最高追求。坚持深入基层深入实际调查研究，掌握基层实际情况，征求工作意见，密切干群关系。加强机关管理。三是认真执行党风廉政建设有关规定。组织乡班子成员、中层干部和村两委主要负责人共同学习《党员干部廉洁从政若干准则》、《中央八项规定》、省委二十条工作纪律，增强了廉洁自律的自觉性和坚定性。开展领导干部个人重大事项报告、领导干部廉洁自律承诺、领导干部述职述廉等活动，提高了自我防范能力。严格控制“三公”经费开支，认真执行廉政灶规定的接待和陪同人数标准，落实节油、节水、节电等节能指标。坚持以党的群众路线教育实践活动为契机，持续查找“四风”方面存在的突出问题，继续深化“下基层、解民忧、办实事、促发展”活动，多到乡下去，多解决实际问题。四是加大案件查处力度，严格落实“一岗双责”。坚持把查办案件作为党风廉政建设的龙头来抓，突出纪委办案主业责任，按照“有案必查、违纪必究”的原则，对群众来信来访进行疏理，对党员干部涉嫌违纪问题进行立案调查，并严格相关责任追究机制，维护群众切身利益，保持党和政府良好形象。

（朱守彪）

瓦屋头镇

党委书记	申永杰
党委副书记 镇长	陈广利
人大主席	潘海涛
党委副书记 综治办主任	王洪配
纪委书记	鲁振军
党委委员 副镇长	陈进周
副镇长	刘圣建　唐富贵
党委委员 武装部长	赵彦凯
工会主席	陈志芹（女）
综治办副主任	翟瑞璞
副科级干部	史西贡　王守芳 张芳宇

概况 瓦屋头镇位于清丰县东南部，距县城21公里，东与山东省莘县古云镇、大张家镇接壤，南连濮阳县柳屯镇，西邻六塔乡，北接仙庄镇。省道209线贯穿南北。域内有中原油田钻井四公司和采油三厂两大企业，储有丰富的石油、天然气和盐矿资源，是一个依托国家大型企业发展起来的工矿依托型小城镇，是河南省小城镇综合改革试点镇，镇域总面积58平方公里，辖33个行政村、52个自然村，耕地面积59320亩，镇域总人口57975人，其中城镇常住人口12436人，城镇化率22%。2015年，全镇生产总值完成86950万元，较2014年7.8亿元增加8898万元，增长率为11.4%；500万元以上固定资产投资完成7.75亿元，完成年初目标的101.03%，较2014年6.19亿元增加1.56亿元，增长率为25.34%；规模以上工业增加值完成5.57亿元，完成年初目标的101.32%，较2014年4.9亿元增加6710万元，增长率为13.69%；公共财政预算收入完成995万元，完成年初目标的100%，较2014年853万元增加142万元，增长率为16.65 %。先后被市委、市政府评为“2015年度平安建设工作先进乡（镇）”“2015年度市级文明乡镇”“2015年度全市交通运输工作先进乡镇”“2015年度乡村医疗机构标准化建设工作先进乡镇”“2015年度全市油区工作先进乡镇”等荣誉称号。

工业 2015年，瓦屋头镇非公有制经济新上（技改）项目5个。投资8000万元的濮阳市笑哈哈藤木家具有限公司藤制家具生产项目；投资1.5亿元的河南润梅科技有限公司的玻璃纤维加工项目；投资2.1亿元的濮阳市同一化工有限公司塑胶跑道、体育运动场馆铺装材料生产项目；投资800万元的清丰汇金养殖农民专业合作社；投资2000万元，占地3.5万平方米的清丰县建达新型建材有限公司二期项目。新增规模以上工业企业1个——清丰县建达新型建材有限公司，完成年初目标的100%；新增限额以上商贸企业（批零住餐）1个——清丰县自胜美食有限公司，完成年初目标的100%；新增规模以上服务企业2个——瓦屋头镇中心幼儿园、瓦屋头镇鑫鑫艺术幼儿园。

招商引资 2015年，瓦屋头镇通过招商引资新签约投资总额亿元以上工业项目2个：一是引资1.5亿元，建设河南省润梅科技有限公司玻璃纤维、防火篷布生产项目，项目落户瓦屋头镇工贸区，并于10月投产。二是引资2.1亿元，建设濮阳市同一化工有限公司塑胶跑道、体育运动场馆铺装材料生产项目，并于11月投产。入驻县产业集聚区的招商引资项目2个：一是引资8000万元，建设濮阳市笑哈哈藤木家具有限公司藤制家具生产项目，项目落户县家具产业集聚区，并于2015年11月投产。二是签约拟投资1.5亿元的河南隆基建设有限公司CL新型建材项目，项目建成后预计年产150万平方米新型墙体建筑材料。围绕产业定位，盯紧4个有意向企业。分别是北京思普深家具有限公司、北京奇力伟业家具有限公司家具生产制造项目，北京赛格斯科技有限公司防火涂料加工项目，中国建筑技术集团有限公司医疗器械、厨卫不锈钢隔断材料生产制造项目。镇党委、政府立足实际，找准定位，强化责任，形成合力，强力推进，强化督导，努力把环保科技和材料制造产业培育成瓦屋头工业经济发展新的支撑点。

农业 2015年，瓦屋头镇围绕“农业增效、农民增收、农村稳定”的总体目标任务，大力调整农业产业结构，重点做好花卉、瓜菜、养殖三篇大文章，推动三大产业大发展。（一）通过农业结构调整，发展特色项目，向科技、智力要效益，紧紧围绕两条主线（省道209和清六线）发展蔬菜、花卉、苗木、林果、畜牧等特色高效农产品生产基地建设，努力打造成现代畜牧产业化集群及高标准蔬菜、花卉、苗木、林果等现代农业园区。（二）继续实施高标准粮田建设工程，确保粮食总产量稳定。积极对接县国土局、住建局等部门，加大卫片联合执法力度，坚决杜绝出现乱占耕地进行非法建设等现象，确保耕地面积不触碰红线。（三）紧紧围绕打造高端农业集聚区、现代农业示范区的目标，优化产业布局，集聚发展优势，加快闫村玫瑰园、汉寨万亩蔬菜基地两个现代农业示范区建设。坚持把发展设施农业作为提升现代农业发展水平，促进农业增效、农民增收的关键举措，按照“集中、规模”发展的原则在设施农业园区原有基础上，上半年新增弓棚种植面积205亩，下半年新增弓棚种植面积300亩，设施农业总面积达到1230亩，扩大玫瑰和瓜果蔬菜的种植，提升园区综合实力。扩大玫瑰种植、温室蔬菜大棚种植，力争打造成县东最大的花卉和蔬菜生产基地。

党建工作　（一）扎实推进党员教育培训，党员素质明显提升。坚持“以通为先、以用为本”的原则，组织农村党员、干部学理论、学政策、学知识、学技能，不断提高思想政治素质和致富带富能力。2015年共举办村两委干部培训班4期，培训人员786人次，举办党员集中轮训班6期，轮训党员1100人次，举办入党积极分子培训班3期，培训348人次。认真做好党员电化教育，加强教育教学资源建设。2015年该镇联合联通公司投资100余万元对远程教育平台线路、设备进行了升级改造，与中国移动、中国电信联合搭建了微信平台、党建智慧网，大力宣传优秀共产党员先进事迹和科普知识，探索了“三位一体”的宣传教育模式。（二）加强基层服务型党组织建设。一是深入开展党员“三联”和干部结对帮扶活动。通过开展此项活动，2015年，为中小企业担保小额贷款500万元、协助流转土地2000余亩、为五保、低保改造危房6000平方米、资助贫困大学生6名。二是深入实施跨区“党建联建”工程，推动经济发展和民生项目建设。三是认真落实四项基础制度建设，服务于人民群众。在落实便民服务制度建设方面，投资150余万元在腾村、张贾村、赵家建成了3个“党群服务中心”示范点，乡村便民工作推行“首接服务制”“为民办事全程代理制”，提供“一站式”服务。认真落实党风廉政建设目标考核责任制，坚持年终述职述廉；狠抓信访案件的受理和办理，严肃了党的纪律；畅通监督渠道，落实廉政谈话制度开展民主评议活动做到从源头上预防贪污腐败现象。2015年全镇33个便民服务点共为群众代办事项1030件、化解矛盾纠纷56件、查出党员干部违规违纪问题4起。

三地携手发展　瓦屋头镇、山东古云镇、中原油田采油三厂地处河南和山东两省交界处。三地党委为充分发挥作用、推动发展，实施了跨区“党建联建”工程，走出了一条“资源共享、产业共兴、稳定共保、党建共进”的新路子。通过实施跨区“党建联建”，利用采油三厂人才优势和资金优势大力推动工业项目建设。2015年新上工业项目投资在500万元以上的3个、3000万元以上的2个、5000万元以上的1个。为促进商贸物流业的发展，通过古云镇党委牵头征用苏庄村土地15亩，修通了中心城区出省道路，将瓦屋头镇、古云镇、采油三厂3个商贸物流区连为一体，为三地商贸物流业的融汇发展注入了新的活力。强化协作，服务于民生项目建设。由于采油三厂化工企业和居民生活区的污水排放问题，影响到群众的生产、生活安全，群众意见较大。由采油三厂党委牵头在临近段村工业区新建污水处理厂一座，对排放污水进行无害处理，既解决群众受污染的问题，也为近千亩土地灌溉提供了便利；为彻底解决采油三厂职工和沿路群众出行难问题，2015年投资120万元，完成了从大街至三厂3000米道路翻修硬化任务。

纪检监察　2015年，瓦屋头镇以全面落实党风廉政建设责任制为抓手，着重抓好了《中国共产党党员领导干部廉洁从政若干准则》《濮阳市纪委、濮阳市监察局〈关于严禁公款大吃大喝的规定〉》《濮阳市纪委、濮阳市监察局〈关于严禁党员干部婚丧喜庆事宜大操大办的规定〉》和《农村基层干部廉洁履行职责若干规定（试行）》文件的学习贯彻实施，深入推进廉政风防控机制建设，对每个班子成员所分管的工作廉政风险点以版面形式进行了公开，同时对镇直站所的廉政风险点进行了评估、公开，促进了反腐倡廉工作的深入开展。

法制建设 2015年，瓦屋头镇党委、政府组织机关全体党员干部集中学习相关的法律法规12次，专题讲座10次，创办法制宣传专栏25期，利用宣传车进行街头宣传10次，发出宣传资料2万余份，加大了依法行政力度，切实抓好人大代表建议、议案办理工作，加强基层民主法制建设，尊重村民自治，认真落实政务、村务公开；切实抓好信访稳定工作，层层签订信访责任书，抓好矛盾纠纷的排查调处，认真处理和解决群众来信来访所反映的问题，2015年全镇发生治安案件15件，已处理15件，民事纠纷48件，调解48件，调解成功率100%。全镇广大干群法制观念增强，全年无一例越级上访现象，呈现了干群团结、社会稳定、村民安居乐业的好趋势、好态势、好气势，确保社会大局稳定。

安全生产 2015年，瓦屋头镇开展“新一轮安全生产大检查”和“查尽责、除隐患、保安全”等专项活动。该镇组织人员到企业、单位、个人进行安全生产检查，坚持边检查边整改，以检查促整改。在检查中发现问题和隐患的，指定专人负责，采取有效措施，能当场整改的，必须当场整改到位，及时消除事故隐患。2015年没有发生一起安全生产责任事故，确保了安全生产工作稳步进行。

教育工作 2015年投资280万元，建设瓦屋头镇第一初级中学教学楼；投资190万元，建设瓦屋头镇第一初级中学宿舍楼；投资80万元，建设瓦屋头镇第二初级中学教师周转房；投资180万元，建设瓦屋头镇第二初级中学实验楼。同时，完成了2所小学教学点的校舍改造，大大改善了师生的生活和学习环境，为打造全县义务教育标准化建设先进镇创造了条件。

计生卫生 2015年，瓦屋头镇党委、政府始终把人口与计划生育工作纳入重要议事日程，严格落实农村计划生育奖励扶助政策，全镇有850名独生子女，其中746人符合奖励条件，全年兑现奖励金17.828万元，符合60岁以上老人奖励扶助条件的216人，全年发放奖励扶助金22.68万元。全年，出生433人，其中男孩227人，女孩206人，性别比为110∶100，出生率为8.05‰。镇党委、政府狠抓医疗卫生工作，注重中心卫生院建设。投资10余万元，购置了多功能多普勒检测仪器，成立了中医康复科，增加床位30张，每万人拥有病床7.55张；固定资产总值600万元。专业卫生人员68名，其中执业医师10人，执业助理医师14人，注册护士9人。2015年医疗机构完成诊疗9945人次。新型农村合作医疗参合率达到99.8%。

民生工程建设 （一）“村村通”修路项目。瓦屋头镇始终坚持已修道路要做好后期维护，彻底消灭“零公里路”现象，解决群众出行难问题。2015年修通格针元村街道1000多米，为该镇“村村通”工程画上了圆满的句号。（二）危桥重建工程。为了方便人们群众出行，保障人民群众生命财产安全，促进经济健康发展，本着以人为本的原则，更好地构建和谐社会，该镇积极与县水利局对接，对流经该镇境内的碱厂沟、山柳寨沟、霍子寨沟3条沟渠上的部分危桥进行重建。（三）小农水工程项目。为解决群众浇地难问题，镇政府与县水利局积极对接协调，2015年共新打机井153眼，维修机井132眼，利用旧井134眼，配套机井419眼，农田灌溉控制保护柜体419套，输水地埋管道234.64公里，新建变压台区30台，铺设低压地埋线175.98公里，新修生产路4.1公里，为该镇农田水利事业进一步发展和提升奠定了坚实的基础。（四）村标准卫生室和村室建设。2015年共完成小集、王村、东草场、闫村、赵家、东梁村、瓦中街7个标准化村卫生室建设，全面改善医疗卫生条件，提升医疗服务水平。全年共完成大街、孙朱杨、王村、格针元、多辛庄5个村的村室建设。（五）农村危房改造工作。2015年，该镇共完成农村危房改造对象100户，大大改善和提升了农村居住环境。

社会保障 2015年，瓦屋头镇健全和完善了最低生活保障制度，确保应保尽保。全年共发放农村低保金201.9万元，五保金66.8万元，医疗救助金20万元，农村五保户集中供养304人。另外，投资30多万元对敬老院进行了综合提升和改造，新建医务室、娱乐室、健身房、洗澡间和卫生间，在宿舍和厨房安装了空调，配备了健身器材和娱乐器材，并对院落地面进行了硬化和庭院美化、绿化，大大改善了敬老院的硬件基础设施建设条件，提升了老年人的生活质量。

美丽乡村建设 2015年，瓦屋头镇根据“整体规划、区块建设、分段实施”的工作思路，以“通”“净”“绿”“亮”“文”为建设目标，累计投入90多万元，着力打造张贾村、瓦南街、西草场村3个示范村和卫城村、腾村2个重点村，以点带面，统筹推进，着力改善农村人居环境。一是实现村村通公路通。2015年，最后一个行政村格针元村道路修通后，将实现村村通公路这一目标，33个行政村共修整村道20.8公里。二是促进环境净化。全镇配备了15人的镇级保洁队伍，明确33名村保洁员，确保环卫工作一个村不掉队；镇政府驻地建成了垃圾中转站1个，拥有外运垃圾车2辆，全镇新建垃圾池60个，镇配备垃圾收集车10辆，村级购买25辆，确保垃圾收得上、运得出；在丁韩家、赵家设2个垃圾填埋点，方便垃圾填埋工作；共清理生活垃圾2万多吨，“三无一规范一眼净”的目标基本实现。三是推进绿化建设。全镇按照“三季有花、四季常绿”的要求，见缝插绿，大力推进绿化建设。先后在瓦南街、腾村建成2处绿地游园，总占地面积10760平方米；在镇区栽植栾树、大叶女贞、杨树等行道树共2200棵，绿化水平不断提高。四是实施亮化工程。全镇共整修更换路灯1230盏，安装视频监控设备87台（标清50台，高清37台），有效地解决了群众夜间出行的安全问题，进一步维护了社会治安的稳定。五是推动乡风文明建设。在三社区、瓦南街、张贾村、腾村、汉寨内村、卫城村建成集文化、娱乐、休闲为一体的文化广场6处，占地总面积2万多平方米，广场内设文化舞台区、健身娱乐区，功能设施配备齐全，深受群众喜爱和欢迎，6个广场接纳了在此参加各类文化体育活动的居民、村民2万余人次。六是建立长效管理机制，狠抓规范化管理。5个重点村每村明确2名日常保洁员，其余22个村每村明确1名日常保洁员，在此基础上制定了保洁制度、保洁员管理制度；同时，实行门前六包责任制，沿路段逐户签订六包责任书、六包责任牌上墙，明确广大商户、农户的权利和义务。2015年共完成36条路段签订、标牌上墙工作，共签订1650户、标牌上墙1626户。

城镇建设 2015年，瓦屋头镇小城镇综合提升按照“以人为本，政策引领、规划先行、重点突破”的原则实施。（一）镇域总体规划已完成，并获得政府批复；建制镇综合提升规划已完成。（二）镇区道路建设。2015年完成瓦中街道路480米、孙朱杨至张贾村2400米、四公司至清六线320米、山柳寨村东出省1850米、大街村至三厂道路建设2700米。（三）镇区公共服务设施建设。建设瓦屋头镇第一初级中学学生宿舍楼及教学楼、瓦屋头镇第二初级中学宿舍楼；建设瓦南街村文化广场1处；建设占地8600平方米的镇综合农贸市场1处；美化靓化商业街兴园街，完成镇原地税所、瓦南街十字街东商户拆迁改造工程，综合提升商业街整体形象；综合提升改造镇便民服务大厅，完善使用功能。（四）镇区亮化工程建设。沿镇区主干道两侧及十字街安装路灯54盏；沿瓦十字街向北安装太阳能路灯56盏。（五）镇区绿化提升。在镇一中南侧新建占地1050平方米绿地游园1处；在镇区主要地段栽植大叶女贞216棵；实现机关院内及文化广场的绿化，提高小城镇绿化率。（六）美化镇区环境。完成镇区主干道道路两侧7000平方米界面粉刷美化工程；对瓦屋头集268家店面门牌匾进行改造；更换镇区主干道两侧1500米路边石和新铺设马路砖6000平方米；完成了镇区1000米弱电入地。（七）规范化管理。每年投资10万余元，保证7人的镇城建大队正常运转并配备城建车辆1辆；雇佣6名保洁员组成镇区保洁队伍，对其进行规范管理，实现镇区24小时保洁。

环境保护　2015年，瓦屋头镇开展对燃煤工业企业和服务业的全面排查。以管区为单位，成立4个排查组，由管区书记亲自带队，对辖区范围内的燃煤工业企业和服务业进行全面排查登记造册。凡无污染防治设施或污染防治设施无法正常运行的燃煤锅炉一律停止使用。同时做好"十五小"、新"十五小"企业的排查工作，一经发现，立即取缔。

（唐延岭）

仙庄镇

党委书记　马兰芳
党委副书记
镇　　长　宋国选
人大主席　李瑞恒
党委副书记
综治办主任　付进军
纪委书记　郭新建
党委委员
副 镇 长　秦永立
武装部长
副 镇 长　张瑞敏（女）
党委委员　杨秋华
工会主席　王建士
综治办副主任　武良雷

概况　仙庄镇地处清丰县东北，东与山东省莘县观城镇交界，北接巩营乡，南与瓦屋头镇、六塔乡接壤，西与马村乡毗邻。全镇辖38个行政村、70个自然村，总面积68平方公里，总人口4.9万人，耕地面积75660亩。S209线与S302线两条省道纵横贯穿全镇，区位及交通优势十分明显。2015年全镇生产总值完成7.23亿元，生产总值增长率达22%。全镇固定资产投资完成9.25亿元，固定资产投资增长率达42%。全镇规模以上工业增加值为2.68亿元，规模以上工业增加值增长率达20%。全镇一般预算收入完成425万元，一般预算收入增长率达31.6%。

党建工作　（一）抓示范，树立典型。按照"好中选优、优中选强"的原则，对党支部和支部书记进行排队，并从中选出5个基础条件好、发展潜力大的农村党支部和表现优秀的4名党支部书记作为全镇示范。投资20万元建立了镇村两级党群服务中心、矛盾纠纷调处化解中心、基层党风政风监督检查示范点16处，实现了基层党建四项基础制度实体化运转、一站式受理、一条龙服务。（二）抓基层，夯实基础。做好后备干部储备工作，把35周岁以下"双带"型党员、农村致富能人、转业退伍军人、回乡大中专毕业生、优秀返乡创业青年，确定为下届选拔和培养对象。累计培养后备干部83名。投资20万元新建安堂、任家两座村室，投资30万元新建米家文化广场，为群众提供休闲娱乐场所。发展党员31名。（三）抓考核，强化队伍。以注重工作实绩为原则，不断探索创新机关干部考核办法，建立了适合仙庄镇客观全面、务实管用的“一评两考三挂钩”的考核管理体系。“一评”：通过领导干部评、同志间互评的方式，全面衡量党员干部形象。“两考”：即考勤和考绩。为让广大干部出勤更要出力和出绩，通过对承担工作量和工作业绩的考核衡量一位干部实绩大小和能力高低。“三挂钩”：一是与绩效工资挂钩。绩效工资的分配结合个人岗位等级以考核名次为原则分配，真正达到了“干好干坏不一样、干与不干不一样”效果。二是与干部奖惩挂钩。根据考核结果确定年度考核等次，按照考核结果优先推荐上级评模评先表彰。三是与晋升岗位等级挂钩。依据考核结果有9名专业技术干部晋升了岗位等级，通过多种形式运用考核结果，切实发挥了考核“指挥棒”的作用。（四）抓自身，党委自身建设不断加强。一是始终坚持民主集中制原则。凡是涉及干部人事任免、重大工作部署、资金审批使用等重大事项上，都按照“集体领导、民主集中、个别酝酿、会议决定”的方针，由会议和领导班子办公集体研究决定，不断推动镇党委的决策民主化。二是坚持“每周一领导班子会议”制度。通过每周一的班子成员相互交流各自分管工作开展情况，有利于班子成员的工作沟通和配合协调，使镇党委全面了解全局各方面工作的进展情况，推动镇党委的决策的科学化。三是积极践行“三严三实”精神，在12月25日成功召开了民主生活会。会上，班子成员认真开展批评与自我批评，通过自我查找、对照检查、民意征求等阶段找出制约班子建设的问题所在，彻底整改存在的问题，使仙庄镇班子建设不断走向新台阶。

廉政建设 2015年，仙庄镇认真贯彻“三严三实”精神，落实中央纪委提出的“两个责任”，突出“三转”要求，聚焦执纪问责主业。一是强化责任担当，严格落实“两个责任”。二是严格落实三转，强化监督责任。镇纪委切实落实“三转”，回归主业，突出监督责任，创新监督方式。明确工作任务。加强队伍建设。根据新形势、新任务、新要求对镇纪委班子成员进行了重新分工，明确了每位纪委成员的工作任务，做到各司其职，争先创优。创新工作方法。围绕干部作风、联系群众、干部管理、廉洁自律、业务考核等方面，监督检查《仙庄镇镇村干部千分制考核办法》的落实情况，年终时对镇村干部综合考核，奖优罚劣。三是正风肃纪，狠抓作风建设。严格落实“中央八项规定”，持续反对“四风”。开展“节日病”专项治理，紧紧抓住元旦、春节、清明节、端午节、“五一”、双节等关键时间节点，全年上报婚丧嫁娶12起，制止大操大办2起，取得明显效果。以“严明纪律，严守规矩”和纪律作风整治活动为抓手，把纪律和规矩挺在前面，加大作风建设力度。对在社会上影响较大的典型问题进行点名道姓通报。严厉查处农村侵害群众利益问题，查处两例村计生专职计划生育违规收费案件，分别给予违纪人党内警告和行政警告处分。通报违反中央“八项规定”精神的典型案件3起。开展机关干部作风问题专项治理活动，广泛学习和动员，重点抓好问题自查自纠环节，建立个人台账，梳理共性问题36条，个性问题114条。查处两名工作人员上班期间炒股，违反工作纪律，给予行政警告处分。四是坚持以零容忍态度惩治腐败，始终保持查办案件的高压态势。加大查办案件力度。严肃查办重点领域和重点岗位案件和发生在群众身边的腐败案件。至目前处理违纪人员11人，其中开除党籍3人，党内严重警告2人，党内警告2人，行政处分4人。拓宽案源渠道，多渠道发现案件线索。共召开协调会议 2 次，向发案单位提出整改要求，坚持做到查处一案、警醒一片。五是强化宣传教育和制度约束，预防腐败能力不断增强。坚持不懈抓好反腐倡廉宣传教育。开展“清风正气 · 廉洁节日”警示教育活动，组织镇全体机关干部 40 多人加入“清风中原”微信平台，书写廉政对联 120 余副，坚持廉政恳谈制度。召开党风廉政建设恳谈会 3 场，累计教育 200 余人，有效预防了节日期间腐败现象的发生。六是扎实推进基层党风政风监督检查机制建设。成立了由党委书记任组长的领导小组，建立了西魏家、河里赵、宋庙 3 个示范点，进一步完善基层党风政风监督检查制度，突出解决农村组织中党风廉政方面存在的突出问题。全镇选举产生 134 名村民监督委员会委员，聘请党风政风监督员 42 名，实行重点工作督查制度，有效促进了工作落实。

农村经济　2015 年，仙庄镇党委、政府立足农业、面向农村、服务农民，紧紧围绕建设“现代农业示范镇、城镇建设明星镇、商贸流通中心镇”的战略目标，有力地促进了经济社会的发展。产业结构趋于合理，农民增收有保障，在确保粮食生产面积的前提下，重点引导农民根据市场需求，以提高农产品质量、增强市场竞争力、提高农产品效益为目标，科学地调整优化农业结构。一是抓好了辣椒生产。2015 年，继续通过政策扶持、土地流转、大规模宣传动员等措施，调动广大群众种植辣椒的积极性，使全镇无公害辣椒种植面积稳定在 3 万亩，建成 200 亩以上的标准示范方 20 个，其中万亩标准示范方 1 个，保持了辣椒种植的良好态势。二是抓好了设施农业建设，引资 1500 万元兴建了濮阳市仙丰农业示范园。

林业生产　2015 年，仙庄镇完成廊道绿化 8.9 公里，完善农田林网 3000 亩，共种植树木 39.28 万棵，占目标任务的 118%。在项目区新栽植桐树 2 万株，形成了万亩农田林网、十里梧桐长廊的绿色生态景观。

水利建设　2015 年，仙庄镇通过实施黄河故道土地整理项目，新打配套机井 163 眼，地埋线 80 公里，新修田间道路 31 公里，工程总资产评估价值为 4000 万元。出资 14 万元，清淤河道 5.6 公里，完成土方 6.6 万立方米，改善灌溉面积 4000 亩。

养殖业　2015 年，仙庄镇扩建刘家标准化养殖小区，全镇年饲养优质品种猪 5.3 万头，品种鸡 220 万只，出栏优质肉牛 1500 头，专业村达 20 个。

招商引资　2015 年，仙庄镇共完成招商引资任务 10 亿元。其中，投资 1.5 亿元的濮阳市仙丰农业科技有限公司，收益颇丰；投资 1 亿元的御花园洗浴中心已经开业，宾客满座；投资 2.2 亿元的清丰县木合源豆制品有限公司，效益明显；投资 1 亿元的清丰县德林调味品有限公司、投资 1.3 亿元的鲁胡子辣酱有限公司现已投入生产；投资 2 亿元的西街社区居民已经入住；投资 1 亿元的北街鑫源商贸城设施配套完成，商户正在陆续进驻。依托区位优势和资源优势，整合招商资源，创新招商方法，内引外联，多招并举，强势推进。总投资 1.2 亿元的德香兔肉制

鑫源商贸城

品有限公司已经签约；引进资金8000万元，建设了鑫源商贸城和祥和嘉园社区；引资3000万元新建了木合源豆制品有限公司。这些项目的相继完成将进一步加快全镇新型城镇化的进程。

城镇建设 按2015年，仙庄镇照省委农办、住建厅、卫计委提出的省、国道两侧“一眼净”和农村“三无一规范”标准，对城乡环境先后集中治理6次，清理垃圾80余万立方米，累计投资达120余万元。通过集中治理彻底改变了农村脏乱差面貌。通过大力争取，整合各类资金，在道路建设及其附属设施方面完成了西街蔬菜市场东西街路网建设600米、迎祥路北街段人行步道砖铺设1500米，长安路污雨水管网建设2200米任务。引进社会资金6000万元建设的祥和嘉园住宅小区已完成外粉刷；引资2000万元，建成的鑫源商贸城已完工，商贸流通中心镇和城镇建设明星镇的发展态势已初步形成，为仙庄镇的发展吸引了人气，汇聚了商气，增加了财气。

社会保障 一是强农惠农政策全面落实，对种粮农户综合补贴795万元，受益农户1.8万户，受益人数4.9万人。二是积极落实农村社会保障工作，关爱农村弱势群体。认真组织开展走访慰问活动，对军属、残疾人、五保户、低保对象、孤儿等56户民政对象进行了走访慰问，发放棉衣30套，春荒补助6万元。投资50万元对镇敬老院进行了综合提升，安装30台空调，解决了全体院民的取暖问题，并且对室内室外环境，包括伙房、餐厅、健身房、娱乐室、洗衣间、卫生间进行了综合提升改造，三是开展农村医疗救助工作，为患病家庭争取到医疗救助金36万元；加强孤儿统计调查工作，为29名孤儿发放生活补助22多万元。四是开展优抚工作，为30名复员参战人员发放补助26万元，其他退伍军人357名，发放补助100多万元。五是全镇有五保户352人，发放五保供养金80多万元，发放优待金30多万元。全镇共有低保人数2055人，共发放低保金246万元。全镇享受劳保人数23335人，享受养老保险人数6452人，共发放补贴468万元。计划生育奖励扶助153户，发放扶助金15万元。

文化教育 2015年，投资140万元建设了二中餐厅，争取资金152万元建设了镇一中中学周转房，投资123万元建设了东南中心小学餐厅。投资50万元建设了张家小学教学楼，投资35万对河町小学围墙、大门改造，地面硬化，投资5万元对左家小学、周家小学、七保安小学、白家小学种植绿化树230棵，草坪绿化200平方米均已完成。通过努力抓好基础设施建设，有效改善教学环境。

计划生育 2015年，仙庄镇加强对流动人口的服务管理，重点抓好育龄妇女育期监测、避孕节育等计划生育日常管理。加强宣传引导，在全社会形成了尊重妇女、关心女孩、男女平等的新风尚，为全面建设小康社会创造良好的人口环境。全镇已婚育龄妇女9005人，出生人口350人，自然增长率6.1‰；年内完成放环318人，补救措施44例；免费孕前优生健康检查夫妇完成435对，占目标任务的84%，位居全县第三名。

平安建设 2015年，仙庄镇围绕“保增长、保民生、保稳定”的要求，牢记“发展是硬道理，稳定是硬任务”的使命，把维护社会稳定工作摆在更加突出的位置，强化各项措施的落实，认真开展反恐维稳工作，严格加强值班制度，值班人员确保24小时坚守岗位，切实维护社会稳定。全年共接警340起，立刑事案件10起，破获5起，突发治安案件零起。出动警力600人次，检查重点单位和要害部位72个。共受理纠纷101件，调解成功98件。积极开展警民大走访活动，共走访群众1100户4500人，为群众排忧解难 200 次，掌握社情民意 160 条。投资 34 万元安装 100 余个摄像头。全镇实现全覆盖。

安全生产 2015 年，仙庄镇按照“谁主管、谁负责”的原则，“管行业必须管安全、管业务必须管安全、管生产经营必须管安全”的原则，对工作任务进行了细化分解，做到了任务、职责双明确。结合县消防队、镇派出所对全镇所有经营性单位进行了拉网式消防安全隐患排查，共检查消防社会单位 95 家，对辖区内 7 家幼儿园进行了抽查，其中口头责令整改企业 25 家，停业整改通知书 3 家，下发责令停产幼儿园 2 家；同时，对 2 家违规使用彩钢板房的幼儿园进行了查封。另外按照每个管区组成一个检查组，突出对危险化学品运输、消防、建筑施工、交通运输、三合一场所、特种设备、锅炉使用企业、无证无照生产经营企业、彩钢板房、无盖无台机井、电线乱扯等重点行业领域重点检查；查出非法加油站 6 家，非法汽车加气站 2 家，非法燃气充装点 6 家，可燃爆粉尘作业 6 家、涉氨制冷企业 1 家、三合一场所 12 处、彩钢板房 400 余平米，发现电线私拉乱扯 9 处。关停拆除加气站 2 家，判刑 2 人，其中缓刑 1 人。开展可燃爆粉尘作业场所专项检查，排摸发现 10 家，责令整改 2 家，停产整顿 1 家，开具责令整改通知书 60 余份。先后 6 次对村食品安全协管员进行培训，排查出食品生产经营单位 113 家，流动餐车 5 辆，立案 1 起，罚款 2000 元，督促办理食品流通许可证 12 家，学校幼儿园餐厅 6 家。辖区年内无发生人员重伤或死亡的生产安全事故、火灾事故、食品中毒事故以及辖区相关人员负主要责任的交通事故，群众安全生产满意度在 90% 以上。

卫生事业 2015 年，仙庄镇为全面保障人民群众的身体健康，根据上级有关部门的要求，对全镇卫生所进行了整顿和治理，杜绝了无证行医现象。公共卫生服务建档率达到了 98% 以上。儿童预防接种率也在 98% 以上，达到了上级要求的卫生防疫标准。全镇人民群众参合人数达到 46164 人，参合率达到 99.8%，圆满完成了县里下达的目标任务。争取资金 30 多万元新建杨庄、王毛孙、堤上刘 3 座村卫生室，改善了农村医疗环境。

土地确权 2015 年，仙庄镇认真抓好农村土地确权工作。按照确权是基础、流转是核心、配套是保障的工作思路，大胆探索、扎实推进，土地确权工作进展顺利。土地流转 1658 亩，备案 1 宗；宅基地确权丈量登记全部结束，共调查 18966 宗；林权工作已调查摸底 38 个村、29 处片林，登记发证 3 户；水权制度改革已申请登记发证 3 个；承包地确权调查摸底完成，共调查 11660 户。

精神文明 2015 年，仙庄镇认真深入开展文明乡镇创建活动，在全镇范围内认真组织实施《公民道德建设实施纲要》，广泛开展“争文明家庭、建文明村”，倡导文明新风、移风易俗，全镇精神文明建设再上新台阶。

（白令显）

巩营乡

党委书记	李国增（2015 年 7 月离） 任建华（2015 年 7 月任）
党委副书记 乡长	王勇
人大主席	王占广
党委副书记	罗鹏程
纪委书记	王国强
党委委员 常务副乡长	刘诚立
党委委员 副乡长	马慧竹（女）
工会主席	孙书银

概况 巩营乡位于清丰县城东北部，距县城约25公里，东邻山东莘县观城镇，北与南乐县张果屯乡毗邻，西与马村乡接壤，南与仙庄镇为邻。全乡辖33个行政村、44个自然村，共224个村民小组、9183户，总人口37507人，耕地面积48240亩，省道209线贯穿南北距南林高速10公里，交通十分便利。2015年，公共财政收入完成350万元，规模以上工业产值2亿元，500万元以上固定资产投资完成5.19亿元，新增规模以上工业1个，新增规模以上服务业3个，新签约亿元以上项目1个。全乡经济建设和社会各项事业稳步发展，人民生活水平逐步提高。

主要企业 2015年，巩营乡境内主要企业有：濮阳市为民机械制造有限公司、飞腾机械厂、正康牧业饲料加工厂、河南省濮祥门业有限公司等。在乡党委、政府的大力支持下，民营企业得到进一步发展壮大。

现代农业 2015年，巩营乡党委、政府围绕社会主义新农村建设的目标要求，进一步推进经济发展，促进农民增收致富。把特色经济作为农民增收的切入点，强力带动促发展，鼓励群众走种植苹果、山药、蔬菜等富民强乡之路，全乡现代农业面积达2000亩。一是巩固发展现有农业产业示范项目。重点抓好了油桃、苹果种植、奶牛养殖、无公害蔬菜种植和山药种植等项目。二是加快发展标准化农业。不断加大了对农业标准化建设的宣传力度，累计培训3000多人次，印发宣传资料3万余份。重点对油桃种植示范基地和无公害蔬菜生产基地进行了典型培育，做到了基地生产有组织、有台账、有规模、有制度，为全乡的标准化生产提供了样板。三是加强农民经纪人队伍建设。全乡新增加农民经纪人100人，累计达到750人，先后组建油桃、奶牛、蔬菜等农业合作社6家，促进了广大农民有组织地参与市场竞争，增强了农业发展潜能。

招商引资 2015年，巩营乡立足于“引项目、促发展”这一发展思路，秉承“招大商、大招商”理念，党委书记亲自抓招商，实行全员招商、亲情招商，充分发挥广大机关干部的人际优势，明确工作任务和职责，使全乡上下达成了“招商引资是增长巩营经济实力的唯一出路”的共识。亿元以上项目先后落地县产业集聚区4个，投资1.79亿元的春韵食品、投资1.5亿元的晟达建安工程公司，厂房已建设完毕，设备正在进场，预计6月生产。投资1.21亿元的元和门业和投资1.1亿元的粮食烘干设备项目正在紧张建设中，预计年底投产。

党风廉政建设 2015年，巩营乡党委进一步规范和完善基层组织各项制度，促进村级各项工作跃上新台阶。要求各党支部建立了“党支部三年工作计划、组织建设三年规划、‘三会一课’制度、‘三级联创’活动制度、党员干部先进性教育管理制度”等。进一步完善了全乡1300余名党员的档案归档工作。把落实党风廉政建设责任制和反腐败工作作为政治任务，建立健全惩治和预防腐败体系，落实社会治安综合治理各项措施，确保了社会大局稳定，无一例赴京、省、市和县集体上访案件发生。

美丽乡村建设 2015年，巩营乡切实加强美丽乡村管理力度，狠抓城建执法，使全乡城镇管理水平得到了明显提高。一是完善了卫生基础设施。辖区现有垃圾中转池12个，各类垃圾箱桶351只。二是健全了卫生保洁网络。省道209沿线的村组建了专职卫生保洁队伍，做到常年保洁，形成了从乡到村的乡村环境卫生管理网络。三是加大执法力度，维持良好城管秩序。经常性开展各类城管专项整治活动，清理取缔乱设摊点20个，对10多个业主实施了严教重罚。特别是10月以来，巩营乡把209省道作为重点整治管理范围，使沿线面貌得到了明显改观。

社会管理 2015年，巩营乡各项社会事业始终坚持从实际出发，切实维护老百姓的根本利益，做到依法行政。一是加快计生服务职能转变，全面落实计划生育服务职能，重点做好孕前优生服务，确保优生优育。二是全面实施社会保障工程。进一步加强了对社保工作的宣传力度，提高了全乡参保率，农民养老保险参加人数达1.9万人。三是防控结合，加强社会治安综合治理。新组建了乡治安专职联防队，配备了治安巡防车和警用器械，规范了原有村级联防队建设，使全乡联防联控网络进一步健全。

文教卫生 2015年，巩营乡适龄儿童入学率100%。全面加强乡村两级医疗队伍的教育管理，新型农村合作医疗覆盖率达98%。大力推广实用致富技术，人力资源培训达1500余人次。

（谢彦坤）

马村乡

党委书记	葛国藏(2015年12月离） 弓晓飞（2015年12月任）
党委副书记 乡长	李　炜（2015年12月离）
人大主席	雷朝军
党委副书记	宋建岭
纪委书记	杨　震
党委委员 副乡长	程焕玲
副乡长	王俊广
副乡长 武装部长	李红业
党委委员	李　杰（2015年3月任）
副主任科员	王利民
综治办副主任	万公照

概况 马村乡位于清丰县城东北部，东临仙庄乡，南靠纸房乡，西连高堡乡，北与南乐县接壤，302省道横贯东西。全乡辖38个行政村、63个自然村，总面积58平方公里，耕地面积5.7万亩，总人口4.75万人。2015年，全乡生产总值完成36458万元，同比增长21%；规模以上工业产值8473万元，增长26%；公共财政预算收入341万元，增长14.95%；500万以上固定资产投资57188.5万元，增长28%；农民人均纯收入10798元，增长12%。

农业生产 2015年，马村乡粮食实现十连增，设施农业蓬勃发展。段庄蔬菜增产增收，留宁、大张家反季节草莓种植效益稳步增长，每棚收入3万余元。大力开展土地流转，新流转土地4000余亩。建成500亩以上基地5处，新建梦卜村山药种植基地1000亩，夏村、西马村山药种植基地600余亩。扩建总投资860万的段庄一边倒油桃种植二期工程。种植各种苗木28.68万株，实施土地整治区绿化工程，着力打造田成方、树成行、渠相通、路相边的新景观。大力发展经济林种植，新增西岳村300亩绿化种植基地，西马村、贾家、西岳村等五大经济林种植基地规模不断扩大。完成第二濮清南清淤及桥梁建设，重建危桥17座，维修桥梁2座，对河道途经的北张家、欧家等12个村进行了河坡护理。开展东二干清淤工程，增加有效灌溉面积3万余亩，极大缓解防汛抗旱压力，为打造旱涝保收高产田奠定良好的基础。

工业经济 2015年，马村乡党委、政府加大招商引资力度，广拓生财之道，招商引资再上新台阶。总投资2.1亿元的河南省华硕食品项目成功落户，预计2016年8月建成投用。以吉祥、吉利、龙凤家具为龙头的家具制造已达45家，投资200万的贝尔美家具加工基地扩建项目和投资100万元的国龙木器加工厂建成投产；杏鲍菇加工的香约美食品有限公司试生产成功；投资100万元大吕楼服装厂和投资100万元的岳麦服装厂建成投产；完成叶明农机厂扩建工程。梦卜村的线型彩灯加工基地、天顺熏香厂、夏村凡标农机制造一大批微小企业陆续投产运行。积极配合好上级部门与施工单位，顺利完成了14.2公里的中开输气工程；从仙庄和高堡两条线路引进燃气主管道入地工程，现主体已建设完毕。第三产业发展顺利，清丰县钲阳商行、丰田种业有限公司、玉马粮油有限公司、白马杨柳子戏剧团、白马杨二家弦剧团5个服务业已完成申报工作，超额完成第三产业发展任务。

发展环境 2015年，马村乡开展以乡政府所在地为重点的卫生整治及清除马路市场活动，以302省道和X08线沿线村为重点，大力开展美丽乡村建设，完成尚村、南街2个文化广场建设，夏村街道提升工程，马村整体形象又有新提升。信访工作大局稳定。马村强化源头排查，源头治理，本着“三到位一处理”的原则，以事要解决为出发点和落脚点，妥善办结了10余起案件，彻底解决了信访户的信访问题。同时，投资10余万元对现有信访接待场所进行了整修，开通了电话接访，网络接访，扩大了群众信访渠道，使群众感到情有可诉、事能解决，全乡信访形式大为好转。

民生工作 2015年，马村乡积极组织开展扶贫救助慈善活动。开展了“单位人员一日捐，农民每人捐一元”活动，全乡共捐款6万余元，兑现“五保”发放资金24.7万元，集中供养发放资金14.2万元；落实农村低保金112.2万元；优抚落实资金46.2万元；春荒救灾发放资金9000余元，为救危助困打下坚实基础。西岳村、大张家、北张家、坡里、西马村、葛家6个村级诊所获批新建，总投资60余万元；乡医院病房楼获批新建，12月底主体建成，群众看病难的问题得到有效解决。狠抓农村养老保险工作，全面完成38个村养老保险参保工作，参保人数达2.8万余人，参保资金280万元。

“雨露计划”农村实用技术培训

社会事业 2015年，马村乡认真落实农村义务教育经费保障政策，搞好两免一补工作，中小学适龄人口入学率达100%，中小学辍学率为零。着力提升办学条件，油房小学、宅刘小学餐厅建成投用；投资1300万元的乡一中教师周转房、学校餐厅、标准化操场获批新建。着力提升教育教学水平，中招升学104人，全县乡镇排名第一。进一步整合专职治安巡防队伍，提高了工资标准，由派出所干警带队进行昼夜巡防，各行政村打更队运行正常，加强村内巡逻和路口夜间值守。大力实施以“平安大喇叭”“路灯工程”和监控安装等科技防范措施。38个行政村用上了“平安大喇叭”，监控、路灯实现全覆盖。以责任到位、认识到位、落实到位三个到位为依托，对全乡开展不漏死角的大排查，通过安全生产大排查活动，共发现各类安全隐患778处，其中火灾隐患718处，全部消除安全隐患，全乡安全生产形势得到极大好转。

党建工作 2015年，马村乡“三严三实”“三讲一创”(讲学习、讲标准、讲规距，创一流)“一创双优”活动扎实开展。坚持抓班子、带队伍、促发展，切实加强党的建设，为科学发展、赶超发展提供组织保证。组织建设及服务群众方面的问题建立台账，上墙公布，严格督导落实，显著促进了干部作风好转，推动了各项工作开展。全乡共解决群众反映的热点难点问题45件，为群众办民生方面的好事20多件。同时以选好配强村一、二把手为重点，着力加强村级组织建设。同时采取领导承包、选派工作队等方式，对个别软瘫支部进行整顿，达到了“选准一个人、带好一个村”的效果。

廉政建设 2015年，马村乡把反腐倡廉建设放在更加突出的位置，坚决落实“八项规定”以惩治和预防腐败体系建设为统揽，以党风廉政建设责任制为抓手，以着力解决发生在群众身边的腐败问题为重点，强化措施，务实创新。着力推动廉政文化进农村，积极营造风清气正的工作氛围，切实开展“讲纪律、守规矩”活动和“懒政怠政、为官不为”专项治理活动，抓好了正反两面典型。着力加强制度建设，制定并下发了《马村乡党政领导班子党风廉政建设岗位职责》等制度，加强了责任制落实。强化违法案件查处力度，全年，乡纪委共查处违规案件5起，涉案人员5人，处分4人。

（董道宾）

高堡乡

党委书记 马石磊
党委副书记
乡长 宋振山
人大主席 武新勇
党委副书记 刘孟杰
纪委书记 王建平
党委委员
副乡长 魏昕
副乡长 马帅 郭会男
党委委员
武装部长 韩冠强
副主任科员 杨进军
综治办副主任 岳海军
副科级干部 刘同强

概况 高堡乡位于县城北8公里，106国道和302省道在乡域内交会，北与南乐县杨村乡接壤，东与马村乡相连，西与大流乡为邻。全乡辖30个行政村、40个自然村，总面积50.2平方公里，总人口3.99万人，耕地面积4.9万亩，村民小组147个，党员1618名，村两委干部162名。2015年获得河南省绿化模范乡、全市农业农村工作先进乡、“五好”乡镇党委、平安建设工作先进乡等多项荣誉。2015年完成规模以上工业增加值10.95亿元，同比增长21.92%；完成固定资产投资14.9亿元，增长51.6%；完成财政收入512万元，其中工商税收471万元，增长19.2%；农民纯收入达到11140元，同比增长13.8%。

经济建设 一是按照招大引强的工作思路，推动工业项目落地建设。汇鑫彩印包装一期项目建成投产，建省食品加工销售项目建成投产，康健食品甘薯产业园项目、中信乳鸽项目、食用菌深加工项目正在进行土建工程，华大分子育种项目正在建设实验室。二是以发展现代高效农业为引导，着力打造106国道现代农业示范区。2015年，新增流转土地2600亩，建设现代农业项目6个：辰希缘现代都市农业示范园一期项目、丰盛双孢菇生产基地一期项目、光明杏鲍菇生产基地项目、濮阳市国豫现代农业生态园项目、业丰珍稀食用菌项目、业丰二期扩建项目。

小城镇建设 2015年，高堡乡党委政府按照《高堡乡小城镇发展规划》，以美丽乡村建设为载体，扎实推进小城镇建设，着力改善农村人居环境。一是对106国道和302省道两侧进行综合提升，重点整治了三角店、高堡街及鲁家许家段，完成了马路砖铺设，下水道修建，路灯安装、垃圾箱安装，沿线经营店面规范整

村庄环境卫生整治

治，道路两侧绿化美化等。二是推进美丽乡村建设，栽植树木29万棵，新建及提升了辛集、北乜城、前孟固、樊堡、西侯5个文化广场，新整治了辛集、北乜城、殷庄3个示范村。三是新成立了乡环卫工作站，配备专业环卫工人47名，10个村纳入“一把扫帚扫到底”工程，建立了环境卫生长效保洁机制。

民生工程 一是争取节水灌溉、小农水、渠村灌区等上级项目资金1200万元，新打灌溉机井207眼、桥涵3座、机井配套255台、钢质井房242座、地埋线4万米、地埋管6.15万米、变压器台区26座、新建高堡村供水站1座、购置压力罐2个、维修提灌站1处、清淤河道280米。二是实施投资1000万元的农业综合开发项目，新修生产路10公里、提灌站14座、桥涵14座，维修提灌站2座。三是投资279万元，新建了樊堡小学教学楼及彭家、张拐、陶河、鲁家4所小学教室用房。四是投资290万元完成了乡卫生院病房楼建设、5所村标准化卫生室建设和卫生院职工周转房主体工程。五是总投资50万元，实施了乡敬老院综合提升工程。六是总投资3000万元的气化乡村工程，已完成南段主干线铺设，入户安装4个行政村。

平安建设 2015年，高堡乡积极开展“平安乡村”创建，新安装高清摄像头50个，织密视频监控网，切实发挥技防作用，配合到专业巡防队日常工作中，增强对违法犯罪行为的震慑和打击。加强对各项不稳定因素排查和整治，层层签订安全生产目标责任书，实行消防安全乡、村、组三级“网格化”管理，多次开展食品安全专项整治活动，确保全年无安全事故发生、无特大火灾事故发生、无食物中毒事件发生。持续深入开展依法逐级走访宣传，提高全乡群众依法维权的意识，充分发挥信访代理和基层人民调解员的作用，配合信访问题攻坚专项行动，调解或协调解决了各类矛盾纠纷，做到了小事不出村、大事不出乡，保持了社会大局稳定，群众安全感指数居全市各乡镇前列。

群众文化 2015年，高堡乡成立文艺队伍40余支，利用乡文化站、村文化活动广场、文化书屋等文化阵地，组织开展了以“欢乐乡村”为主题的秧歌、广场舞、舞龙舞狮等特色群众文化活动，成功举办了高堡乡第四届农民文体暨“农信杯”篮球邀请赛、高堡乡第四届农民文体节及趣味运动会。持续开展“清洁家园”“三关爱”志愿服务、“文明家庭”“好媳妇、好婆婆”“五星级文明户”评选、学雷锋和社会志愿服务等活动，进一步宣扬了社会主义核心价值观，提升了群众文化品位，提升了全乡文化氛围。

社会事业 劳动保障。2015年，高堡乡共参保21690人，其中已享受养老待遇人员5948人，发放养老金278.4384万元；办理小额贷款100余户，发放贷款500余万元。民政工作。完成全乡1891人的全国农村低保信息录入工作，发放220.4856万元；五保散养240人，发放67.2万元；五保集中供养22人，发放8.36万元；建设了5个村级幸福院。计生工作。扎实做好计划生育工作，为全乡371户共计687人发放独生子女父母奖励费16.488万元。农村改革。认真落实市委、县委关于全面深化农村改革工作的安排部署，积极开展农村土地制度改革；建设了农村产权交易平台，农村土地确权登记颁证工作有序推进。统战工作。把统战工作纳入年度工作计划和党委工作重要议事日程，实行目标管理，建立了党外人士联系信息库，积极稳妥地做好民族宗教工作，确保宗教场所和谐稳定，长治久安。积极开展武装、工会、青年团、妇联、科协、档案管理、地震等工作，按照上级要求完成了既定目标。

（李金平）

大流乡

党委书记	杨志俭
党委副书记 乡长	张振华
人大主席	袁宇飞
党委副书记 综治办主任	张现斋
纪委书记	杨哲要
党委委员 副乡长	郝瑞民
党委委员 副乡长 武装部长	谷顺超
副乡长	付小波
党委委员	王　琰（2015年5月任）
副主任科员	陈玉杰
综治办副主任	乔振华

概况　大流乡位于县城北部，东接高堡乡，西、南至古城乡，北与南乐县交界，全乡辖31个行政村，土地总面积45.4平方公里，其中耕地面积3.7万亩，总人口3.5万人。2015年，财政一般预算收入完成278万元；非公有制经济总产值完成3.6亿元；规模以上工业增加值完成5.6亿元；全社会固定资产投资完成4.5亿元；人均纯收入达到10340元。

党建工作　（一）“三严三实”教育活动扎实推进。切实加强对“三严三实”教育活动的领导、指导和督导。加强工作作风建设，实现了以点带面，推动全局目标。立足本乡实情，下发了活动实施方案，加大了宣传力度，查准、查实了党员干部在“四风”中存在的突出问题。认真组织了“三严三实”教育活动集中学习，及时治理了“四风”中的突出问题，认真解决了服务群众“最后一公里”和群众关心、关注的实际问题，党员干部作风明显好转，群众满意度大大提高。（二）注重加强干部队伍自身建设，不断提升班子的战斗力和凝聚力。一是抓学习，提高党性修养。为了提升班子的战斗力，以开展的“三严三实”教育活动和“一创双优”教育活动为契机，强化中心组理论学习，及时落实好市、县决策部署的学习贯彻，通过集中学习、自学、外出考察等方式加强自身理论素养。同时，班子成员还深入开展调查研究，查找突出问题，建立整改台账，撰写分析报告，为创造“学习型、干事型”党委打下了良好的基础。二是抓民主，增进团结。根据规定，凡属于本乡经济和社会发展的重大问题及决策，一律提交党委会或班子会研究通过。在执行决策的过程中，乡党委团结协作，加强沟通，充分发挥班子成员的积极性、主动性。同时，党委高标准召开“三严三实”专题教育活动民主生活会，深入开展批评与自我批评，查找问题原因，互相剖析、公开亮相，在批评中化解矛盾，增进团结，提高水平。三是抓载体，提高机关效能。统一出台了办事公开制度、首问负责制、一次性告知制、AB岗工作制、办事时限制等制度，同时结合工作实际制定了《大流乡机关非科级干部暨事业单位人员日常考核工作暂行规定》，将乡中心工作、线上工作、驻村工作实行量化考核，将考核结果作为个人年终评先评优的依据。

基层组织建设　2015年，大流乡加强农村基层组织建设，培养和造就了一支思想观念新、开创能力强的新型农村干部队伍。一是深入实施“双强”工程。以配齐配强村党支部书记为主线，将村中的经济能人、致富能手、企业老板以及有威望、能干事的优秀人才充实到党员队伍中来，全年共发展党员27名，培养积极分子122名，改善了党员队伍的结构，提升了党员的素质。二是开展好“创先争优”活动。乡党委和31个行政村的两委班子在工作中，高起点定位、高水平谋事、高标准要求，对照先进找差距，自我加压争一流，努力实现好“组织创先进、党员争优秀、群众得实惠”的目标。2015年全乡共培养李连成式支部书记1个，树立“双强五好”党支部2个，优秀党员10名，其中农村带头致富典型4个，企业生产先进典型3个，干部服务群众典型3个。三是开展四项基础制度示范村建设，着重突出大岳庄、邵圈、刘圈3个标准化示范村建设，并打造了韩桥、北岳庄、陈里固3个省级便民服务观测点。

经济发展 2015年，大流乡按照“种养结合、多业并举、全面发展”的工作思路，注重夯基础，进一步加大设施农业建设，拉长产业链条，增加农民收入，营造产业化经营新格局。一是夯实农业发展基础。立足于改善农业生产条件，着力在加强基础设施建设上下功夫，引进了投资1600万元的农业水价综合改革试点项目和总投资6000万元的土地整理项目，亩均投资1200元，村均投资236万元，解决了全乡农业生产的所有难题。农业水价综合改革试点项目于4月实施，埋设地埋管9.9万米，新建、维修硬化渠道1.6万米，引水渠清淤长4100米、2.8万立方米，惠及全乡24个行政村，马颊河、潴泷河两岸2.83万亩耕地，2.6万余人。经过测算，农业生产用水每年亩均节省300立方米，同比节水20%；亩均节约电费30元、夏秋两季增产300公斤、增收600元；项目可节约用水840万立方米、用电84万元、增收1680万元，使老

中信种鸽项目

百姓得到了实实在在的实惠。二是做强传统优势产业。积极培育优势产业，全乡各类养殖户达600余户，养殖大户120户，规模化养殖场5个，年创产值4000余万元。涌现出了一批畜牧养殖基地。其中：中信种鸽养殖有限公司现已繁育种鸽5万对，成为全市规模较大的种鸽繁育基地，扩建项目位于邵圈村东800米、黄金道北50米处，投资2400万元，建设占地89亩，养殖规模扩大了一倍；日增养殖有限公司项目，该项目投资5000万元，占地76亩，在大流乡刘圈村建设一个年出栏1万头肉羊的养殖场，采取公司加农户的模式，预计年产生1500余万元效益，带动附近100余农户发展养殖业，脱贫致富。三是大力发展优质高效农业。积极培育绿色产业，引进河南苏杭园林工程有限公司在刘圈村发展花卉基地，投资5800余万元，占地500亩，主要种植速生白蜡、栾树等品种，年产值将达1500余万元，可解决附近农户100余人就业问题；同时，全乡脱毒红薯种植面积增加到1500亩；优质麦面积扩展到3.4万亩；无公害蔬菜1200多亩；以青石礤、高村、罗屯、前李家为基础，全乡新增日光温室60座、拱棚1600亩。四是加强农村劳务输出。把农村人力资源作为一项产业来开发，不断扩大劳务输出，壮大劳务经济，努力拓宽劳务输出渠道。全年累计输出劳动力6000人次，实现劳务收入1.2亿元，劳务输出规模和数量逐年增长，成

为农民增收的重要渠道。

民营经济 2015年，大流乡按照“工业强乡、工业兴乡”的工作思路，立足本地资源优势，强化服务措施，助推工业项目上水平、上档次。一是传统优势产业进一步做大。应对市场经济低迷的新形势，大力引导金大流、乾雨、绿源等3家挂面加工企业通过技改、扩建等措施，扩大规模，大大提高了生产效益，增加了产品附加值。新上了海亮面粉厂，在全乡形成了宏海、伍钰泉、乾雨、绿源、海亮等五大面业企业，面粉日加工量突破1300吨，产品辐射全国，在全省有了一定的知名度。二是大力倡导“能人创大业、百姓创家业”。让群众树立上企业是创业、搞种、养、加小项目也是创业的观念，立足自身实际，上马一些短、平、快等项目。2015年全乡个体工商户达1127家，比2014年增加了135家。

新农村建设 2015年，大流乡始终把实现好、维护好、发展好全乡人民的根本利益作为一切工作的出发点和落脚点，不断提升公共服务职能，千方百计为民办实事、谋福祉，全面推进民生工程。植树造林方面。共植树25.24万株，其中环城林系及廊道绿化0.75万株、农田林网1.18万株、苗木花卉基地20.55万株、经济林2.76万株。美丽乡村方面。重点打造黄金路沿线美丽乡村示范带，投资5万元为刘圈村文化大院刷立面漆2290平方米，东西、南北大街刷墙7750平方米；为袁屯村平整主、次街道和胡同路面，并清理街道两侧，栽植柿子树，改善了人居环境；在韩桥、大岳庄新建两个文化活动广场，丰富了周围群众的文化娱乐生活。电力供应方面。积极争取投资648万元，完成乡变电站的扩容建设，电力容量扩大为2万千伏安，保证了大流乡发展用电几十年不落后，为赶超发展提供了强有力的电力保证。医疗卫生方面。新建乡卫生院病房楼投入使用，谢里固、后大流、店上、刘圈4座标准化卫生室基本竣工，医疗条件进一步改善。

社会事业 2015年，大流乡进一步加大硬件设施建设。暑假期间，大流乡中学硬化操场，丰富学校体育和文化生活；大岳庄小学扩建7亩，并投入资金修建操场，增加了学生活动空间，完善了办学条件；2015年建成两所标准化学校，便于更好地吸收师资力量和优质生源。新农合覆盖率达到100%，有效缓解了农民看病难、就医难的问题。新农保参保人数达到15560人，参保率达96%，社会保障体系进一步完善，基金会资金兑付工作持续进行，全年完成资金兑付20万元，进一步维护了社会稳定。计划生育工作。坚持“以人为本”，落实“三到位”，计生率达100%，出生统计准确率达100%，保持了全市一类乡的先进位次。信访稳定工作。紧紧围绕迎接庆祝抗战胜利70周年大阅兵活动和十八届五中全会召开这个中心，对全乡矛盾纠纷隐患、社会治安隐患、重点人员潜在隐患进行了深入细致的排查。共成功化解各类不稳定因素36件，信访形势趋于稳定。安全生产方面。开展了企业安全生产排查、液化气瓶、烟花爆竹、宗教场所、机井、敬老院安全隐患专项整治、中小学安全联合大检查，建立工作台账，限期整改。重点联合消防队进行全乡消防安全大检查，共排查各类安全隐患56处，整改率达到95%以上。“三夏”“三秋”期间，全乡干部职工坚持战斗在防火第一线，严防死守，责任到人，分包到地块，确保了夏粮、秋粮安全归仓。深入开展“平安大流”创建活动。设立了社会治安综合治理联调工作中心。在乡财政极其困难的情况下，挤出资金35万余元，更新监控设备，在全乡主要路口、村口安装监控探头35个。实施了反邪教知识进家庭、进校园等一系列活动，强化冬季打更工作，群众安全感进一步增强。

（张志杰）

古城乡

党委书记 韩学广（2015年7月离）
夏振涛（2015年7月任）
党委副书记
乡长 夏振涛（离） 马洪波（任）
人大主席 巩志超
党委副书记 杨茂川
纪委书记 娄胜利
党委委员
副乡长 李涛民
武装部长
副乡长 谷鹏飞 赵自伟
党委委员 邵青民
副主任科员 刘艳红（女）

概况 古城乡位于县城西北部，西接阳邵乡，东北与高堡乡、大流乡毗邻，南与大屯乡交界。总面积49平方公里，全乡辖25个行政村、33个自然村，耕地面积4.2万亩，3.9万人，属省级贫困乡。2015年全乡地区生产总值完成24.3亿元，农业总产值完成5.1亿元，非公有制经济完成19.2亿元，非公有制经济入库税金完成3785万元，财政收入完成720万元。全乡社会固定资产投资总额达到5.62亿元，投资超亿元以上项目1个。人均纯收入达到9520元，劳务输出总量达7580人。

濮阳市美松爱家家具公司

招商引资 （一）入驻县产业集聚区的美松爱家家具二期项目建设，投资315万元对入驻县产业集聚区美松爱家家具项目的办公楼进行了装修；投资1200万元，开工建设2号厂房。该项目一期已经正式投产运营。（二）投资1.8亿元的东源家具有限公司落户县产业集聚区开工建设。（三）卡卡门业家具项目正在洽谈对接。

农业农村重点项目 （一）美丽乡村建设。一是前囤上村综合提升项目。投资87万元，建成了320平方米的高标准村文化大院一座、占地1500平方米的文化广场一处，广场内安装了健身器材1套、景观石1块、石桌凳4套；修建了出村道路500米、村内下水道400米、铺设马路砖2000平方米、栽植绿化树木200余株、美化墙面5000平方米、新安装路灯80余盏。该项目的实施极大地改善了前囤上村的村容村貌，提高了居民生活质量，促进了生态文明，提升了群众幸福感。二是古城集村美丽乡村综合提升项目。该项目投资1600万元，审批工作已完成，正在进行招投标。该项目的实施，将会极大地改善古城乡城区环境，带动古城乡经济效益、社会效益、生态效益三头并进，为古城乡带来丰富的发展机会，古城乡经济产业结构将得到进一步改善，产业体系将得到进一步优化，经济实力不断壮大。三是农村环境综合整治工作。加强了集镇保洁员队伍的管理，实现了生活垃圾日清日运，达到了群众、商户的基本满意，强化了沿街住房、商户的城镇意识，改善了群众的生活条件。2015年，全乡共投资52万元，新建垃圾填埋场1处，各村按时进行村庄环境卫生整治，解决群众垃圾处理问题，改善群众生活条件。（二）造林绿化。2015年市定植树任务25.55万株，实际植树25.55万株，达成活率98%。其中：廊道绿化长43公里，植树3.138万株；花木基地547亩，植树12.9634万株；经济林基地660亩，植树4.893万株；农田林网2.05万亩，植树4.1万株；社区绿化

0.4556株。(三)水利设施建设。投资30万元，开挖梁村沟4公里，西佛店沟2公里。投资12万元，建成东佛店桥一座，改善了群众的出行条件。（四）农村改革。加快农村土地承包经营权确认登记颁证工作，全乡共25个行政村，已完成20个村。建设农村产权交易服务平台，服务大厅建设工作已完成。（五）扶贫开发。全乡共25个贫困村，2015年度完成张营、临河村等6个村的整体推进项目，加大扶贫开发培训力度，2015年共组织各类培训300人次。(六)圆满完成了禁烧秸秆工作。在护林防火、禁烧秸秆工作中，利用张贴、书写大小字标语、悬挂大字横幅、张贴责任书、出动宣传车等各种形式，大力宣传护林防火，禁烧秸秆的重大意义，全乡干部职工昼夜坚守田间地头，较好地完成了秸秆禁烧任务。

民生工作 （一）文化活动中心建设。投资40万元，完成官路边、乔营村文化活动中心建设，为群众文化娱乐提供活动场所，进一步推进了乡村文明。（二）危房改造项目。2015年计划改造30户，该项目正在申报中。（三）村卫生室建设项目。新建村卫生室6处，面积600平方米，极大地改善了群众的医疗条件。（四）农村公路建设和养护工作。依托“扶贫开发”项目资金，修建张营、临河村、西王庄村的道路3000米。该项目已完工，极大地改善了群众的出行条件。在做好新建道路工作的同时，保质保量按时完成了农村公路养护工作。

社会事业 2015年，古城乡认真落实各项涉农惠农政策，全乡发放惠农、强农、支农资金473万元。认真做好计划生育工作，切实稳定低生育水平。全乡新农合参合率100%，新农保参保率100%。共发放农村低保资金、五保资金、救济救灾款、优待抚恤金共计210万元。认真落实社会治安综合治理各项措施，确保社会稳定。严格落实安全生产责任制，关停违法企业2家，未发生特重大安全事故；治理违法占地6宗，有效地保护了耕地。切实加强党风廉政建设，无重大违法违纪案件发生；未发生赴中央、省、市和县集体上访事件。

（焦素丽）

阳 邵 乡

党委书记	武俭阔
党委副书记 乡长	师敬川
人大主席	张欢民
党委副书记	葛跃坤
纪委书记	秦孟军
党委委员 副乡长	白俊芳
副乡长	高俊波　张振锋
党委委员 武装部长	李庆伟
工会主席	徐瑞丽（女）
综治办副主任	乔海玉

概况 阳邵乡位于清丰县西北部，地处两省四县城交界处。北与南乐县、河北省魏县交界，西与安阳市内黄县相连，东、南分别与古城乡、大流乡，大屯乡毗邻，面积65平方公里，辖32个行政村、23个自然村，全乡耕地面积5.4万亩，人口5.2万人。2015年，全乡固定资产投资完成8.9亿元，规模以上工业产值完成17亿元，完成财政收入980万元，占全年任务的100%，其中工商税收完成823万元。

现代农业 2015年，阳邵乡围绕县委、县政府建设“阳子线现代农业示范区”的目标，以阳子线为轴，流转土地2万亩，在两侧大力发展设施农业、畜牧养殖、林果等产业，采取“龙头带动、集群发展”的理念，不断发展壮大。范石村“猪—沼—菜”模式示范园：规划面积

1000亩，一期占地600亩，现已搭建全钢架拱棚120座、日光温室36座，主要种植彩椒、黄瓜、西瓜、甜瓜、西红柿等；绿海万亩辣椒基地：规划面积1万亩，种植尖椒；陈庄、报录水果基地：占地2200亩，带动附近农户200余户，主要种植有梨、杏、桃、苹果等20余个不同品种的水果；聂庄沙地西瓜园区：园区规划面积达到160亩，已搭建育苗温室9座，拱棚70多座，主要种植西瓜、甜瓜，效益可观；绿海圆梦农业园已经完成了扩建工作，新建高效温室大棚58座、新修硬化道路2.3公里，改造线路500米，滴灌完成主管道铺设，景观台正在建设之中，路灯正在安装；新建占地200亩的清丰县润丰农场，建设钢架大棚60座，联栋温室3200平方米；西志节节水莲藕种植：种植莲藕面积300亩；东方园林、鼎盛苗木两个苗木培育基地：共流转土地3000余亩，用于银杏、楸树、海棠、红叶石楠等绿化苗木培育。总投资1300多万元的西部万亩“千亿斤粮食”项目基本完工，新修田间道路15公里，新打钢筋水泥管机井108眼，铺设地埋管6万米、地埋线8万米，修建排水沟3500米、U型渠2600米、板涵16座，新配变压器27台，有效改善了全乡西部粮仓的生产条件。

非公有制经济 2015年，阳邵乡党委、政府继续实施工业强乡战略，大力发展私营经济，加快推进工业化进程。其中，投资1000万元的学俊门业，实现年生产内门1万套，产值达到1500万元；投资1350万元的宏图塑钢厂，月加工塑钢450吨，实现产值2000万元；投资1000万元的占伟PVC管厂，月加工PVC管220吨，实现产值800万元；投资1000万元的西志节会军纸品公司，年生产卫生纸110吨，实现产值700万元。同时，利用边贸集地及吴黄线地理交通优势，努力营造优越招商环境，抽调精干人员组成招商小分队多次赴北京、上海等地进行招商，年内达成一个亿元以上项目投资意向。

林业 2015年，阳邵乡以建设“濮北绿色生态屏障”为目标，围绕全乡造林绿化任务，合理规划，按照“统一挖坑、统一购苗、统一栽植、统一浇水、统一看管”的原则。先后完成鼎盛苗木基地二期和绿海圆梦林业生态园建设，栽植各类绿化苗木1000余亩；新增翟固片林800多亩，补栽新栽廊道20公里，共计植树37万株。

新型城镇化建设 2015年，阳邵乡按照“绿化、美化、亮化、净化”的要求，以打造“冀豫两省明星乡镇”和建设“生态文明平安乡”为目标，重点实施“三路两区一学校”建设。“三路”即大阳路、海丰路和阳子路的绿化亮化工程；“两区”即阳紫花苑住宅小区和阳邵集综合商业区；“一学校”即阳紫小学建设。按照“四季常青、三季有花、七层绿

阳紫花苑社区

正阳大道

化、全乡亮化”的标准，投资110万元，完成海丰路及阳紫花苑住宅小区绿化工作，小区达到入住条件，高标准新建阳邵集和阳紫花苑小区文化广场游园两处，安装各类路灯38盏；阳紫小学全面建成，并顺利招生，已进入正常教学阶段。

民生项目 2015年，阳邵乡按照“阳光村务”流程落实民生项目，严格按照低保审核程序，重新核定低保发放对象2045人，全年共发放低保对象1393户、2045人，发放金额242.94元；2015年新农合参合率达100%，全乡农村养老保险参保率达93.5%。

基层组织建设 2015年，阳邵乡进一步健全落实领导体制和工作机制，积极开展“双联双创”活动，落实党建目标责任，形成一级带一级、各部门密切配合的工作机制。在基层党组织建设上，建立完善了便民服务制度，各村实行村干部轮流坐班制，全年共计办理服务事项2100余件，建立完善了基层便民服务制度。同时以“四议两公开”为抓手，解决群众关心的热点、难点问题100余件，进一步健全完善了基层民主科学决策制度。进一步促进农村经济发展，在村级组织中开展“双争”活动，通过技术培训，增强农村党员干部的致富能力，拓宽农民增收渠道。进一步转变领导方式和工作方法，引导农村基层干部转变职能，由指挥型向服务型工作转变，全年共投资100余万元，高标准打造乡村两级党群服务中心4个，构建起亲民惠民便民的服务新平台。乡党委大力开展后进党组织整顿，通过整顿，转化后进村级组织6个；积极做好党员发展工作。按照“坚持标准、保证质量、改善结构、慎重发展”的十六字方针，规范发展党员工作程序，严把党员“入口关”，积极稳妥地做好党员发展工作。全年培养积极分子78人，新发展党员26名，按期转正26人。

社会治安综合治理 2015年，阳邵乡加强治安联防网络建设，形成了以公安、司法、巡防为骨干的联防控制体系，加强与周边乡镇的联防联调工作；进一步健全了综治网络，落实了队伍保障。配齐配强了各村治保调解信息员，全乡共投入30余万元用于全乡综治网络建设，按照1000人以下的村不少于3个高清摄像头、其他村不少于4个高清摄像头的标准继续提升技防设施，在现有基础上（现有84个摄像头）增加摄像头60个，全乡摄像头增至144个。同时，继续完善村级监督平台建设，安装监控摄像头60个，高标准打造完成西志节、西阳邵一、阳邵集3个村的监控平台建设工作。

精神文明 2015年，阳邵乡加强村级文化大院建设。认真开展先进文化进基层、文化三下乡活动，举办科技法制讲座40余场，提高了群众的综合素质；认真开展五评五创活动，用积极向上的文化占领农村阵地。精心组织了阳邵乡“五四”农民篮球比赛、阳邵乡“文化戏曲进村巡演”等文化活动20多场，进一步丰富了群众文化生活，提升了文化内涵。

计划生育 2015年，阳邵乡深入开展计生各项工作。继续抓好优生优育政策宣传、流动人口管理、计生服务、社会抚养费征收等，各项工作按要求落到了实处。全年发放一胎准生证219个，二胎准生证21个，共出生201人，其中男105人、女96人，符合政策内出生187人，政策符合率93%，全年孕前优生491例，全乡药具率5.21%，环孕检93%。社会抚养费征收率66.54%。全乡无党员、干部职工违犯计划生育现象。

（王友丽）

大屯乡

党委书记 谭清波

党委副书记
乡　　长 徐进忠

人大主席 王瑞琴
党委副书记 曹叶坤
纪委书记 王　健
副乡长
武装部长 曹玉川
副乡长 徐双记　李怀刚
党委委员 王巨燮
工会主席 石建利
综治办副主任 刘云苍

概况　大屯乡位于清丰县城西北6公里处，东贯马颊河，西连加五支，北与古城、阳邵接壤，南与城关、韩村毗邻，呈带状东西分布，总面积45.2平方公里，共辖22个行政村、33个自然村，3.9万人，4.3万亩耕地。2015年生产总值完成49.12亿元，同比增长9.3%；公共财政预算收入384万元，同比增长10%。其中地税完成367万元，地税完成17万；规模以上工业增加值完成6.4亿元，同比增长10.3%；500万元以上固定资产投资7.94亿元，同比增长9.2%。

经济建设　2015年，大屯乡承接市农业植保站小麦、玉米良种示范基地项目，推广小麦、玉米良种种植2000亩、花生800亩；筛选申报"一事一议"项目，涉及南召市、东徐家、东赵楼、李纪庄四村。发放"一喷三防"补贴和三项补贴，涉及耕地4.1万亩，发放补贴420余万元。发放农机花生摘果机补贴10余万元，获得国家级农机安全示范乡镇荣誉称号。成立乡产权服务中心，统一安排全乡土地确权、登记、发证工作。协助县有关部门和中标公司，快速推进土地确权和宅基地确权工作，确保程序规范、数据翔实，做到群众满意。林业方面。持续推进植树造林建设，新栽植树木6.5万棵，丰富了阳子线绿色生态廊道建设。引导万相红梨基地扩展种植苹果600亩、建设百果园400亩，引导大屯集种植苹果60亩，波里种植花木30亩。协助开展美国白蛾防治，飞防面积3800亩。开挖大屯沟，完善沟渠建设；排查机电井、危桥安全，安排抗旱井9眼，改善了生产条件；推进水厂改制，实行对外承包。开展冬修水利工程，新建生产桥两座，挖渠2300米，出土8.5万立方米。

城乡建设　2015年，大屯乡推进新型农村社区建设。鑫苑社区和宏阁社区，项目一期均已完工，道路修建、雨水、污水、给水等基础设施配套基本完工，初步达到入住条件，部分住户已装修入住。实施"美丽乡村"建设工程。成立了大屯乡环卫工作站，招收了52名环卫工人并上岗工作，环境卫生得到很大改观。完善乡村路网建设。新修夏固—店上、大屯集—裴村—陈纪庄、东徐家—炉里3条乡道，共计6.8公里，方便了群众出行。维护乡村道路6.7公里，确保路面良好，路肩规整。进行扶贫综合开发。申报扶贫项目，在北召市、刘庄修路2100米；协助县有关部门，开展农业扶贫技术培训10次，受众达4000余人次。完善基础设施配备。投资67万元，新建贺庄便民服务中心及文化广场，为群众开展文化娱乐生活提供了场所。投资35万元，建设鑫苑社区文化活动广场，总占地5600平方米，绿化面积3700平方米，铺设水磨石路面1060平方米，建设标准化篮球场1所，安装健身器材10余件，安装高标准照明灯4具，是环境优美、设施健全的村级文化活动场所，已成为群众锻炼身体、观看电影、休闲娱乐的好

鑫苑社区

去处。投资60万元，新建黄营、刘庄、陈纪庄、贺庄4个村室；投资10万元高标准打造贺庄、东徐家、雷家3个村的党建服务中心，极大地方便了干部办公、群众办事。申报雷家村美丽乡村建设项目，已获批复，将大幅提升该村环境卫生面貌。

思想建设 2015年，大屯乡夯实党建基础，发挥战斗堡垒作用。结合“三严三实”教育活动，组织集中学习12次，提升了党员干部理论素养；加强后进村整顿，派人员、出点子、做工作，促使后进村正常开展工作；重点吸收致富带富能力强的青年入党，严格按照规范程序，高标准发展党员23名，充实了党员队伍。强制度，健全各项工作机制。进一步完善目标责任制，围绕工作重点与各支部签订了目标管理责任书，把各项工作任务层层分解，落到实处；修订了乡机关干部考勤制度、夜间值班制度、卫生制度和学习制度，提出了乡干部“评优评差”制度和村干部“末位淘汰”制度，提高了乡村干部管理水平。开展专题教育活动，优化党员干部作风。持续开展党的群众路线教育实践活动、“三严三实”聚焦“四风”问题，带动全乡27个党组织、1480余名党员紧紧围绕为民务实清廉主题，认真贯彻“照镜子、正衣冠、洗洗澡、治治病”的总要求，开展集中学习30余次，召开座谈会8次，征求意见建议900余条次，坚持即知即改，真改实改，活动成效显著。开展两项专项治理，推进党风廉政建设。年初，乡、村两级干部开展述职述廉，签订了党风廉政建设目标责任书，进行承诺并公示。积极监督党务、政务、财务公开和乡村便民服务，推动了阳光服务型政府建设。加强执纪问责力度，共查处违反“八项规定”和“四风”问题2例，分别给予党纪处分。扎实开展“严守纪律、严明规矩”专项治理和“党员干部作风突出问题”专项治理活动，进行集中学习12次，科级干部撰写学习笔记120余篇、心得体会30余篇，优化了干部作风，改善了干部形象。组织中层以上干部赴濮阳市廉政教育基地参观学习，提高了党员干部防腐拒变的能力。组织机关全体观看廉政戏剧《清吏郑板桥》，使广大党员领导干部在享受视觉盛宴受的同时受到教育。

重点项目 2015年，大屯乡狠抓重点项目建设，取得良好成效。万相红利基地一期、二期项目补植梨树1.2万棵，炉里基地栽植洋葱、土豆1500亩，修建炉里基地内道路2500米；三期项目，种植梨树2500亩，种植苹果、葡萄、杏树1000亩。大力推进引黄入冀补淀项目，成立指挥部，调配工作人员，在雷家、南召市开展4000米项目清障排查工作。配合县发改委，实施3000亩中低良田改造项目，在雷家、北召市新打机井56眼，铺设地埋线2.6万米，铺设地埋管1.2万米，架设变压器4台，极大地改善了群众生产条件。协助对投资13亿元的风力发电项目进行定点和路径规划。对3万亩高标准园区进行规划，制定计划。

民生事业 2015年，大屯乡做好计划生育优质服务，落实了奖励扶助工作，发放奖励扶助资金20余万元。农村低保、五保基本实现了应保尽保，特困户救助体系逐步健全。新型农村合作医疗进展顺利，参合率达100%。完成了县政府确定的防震减灾目标。做好了全乡企业的污染治理，彻底清除了“三废”整治工作。积极开展春季防疫，防疫肉鸡42万只、蛋鸡3.5万只。大力开展“三夏”和“三秋”防火禁烧工作，乡村干部协同配合，划片划块，分包到人，防火形势良好。

平安建设 2015年，大屯乡以争创平安示范乡镇为目标，着眼民生建机制，突出重点抓落实，广泛开展平安创建活动，创建平安村20个，创建率达90%以上，印发宣传用品6万余份，达到了家喻户晓、人人皆知；成立乡村矛盾调处中心机构，坚持每半月一排查，每月一梳理汇总的办法，扎实开展矛盾纠纷排查，调解矛盾纠纷32件；组建乡村巡防队伍23支，坚持昼夜巡逻，促使发案率明显下降；大力推进防控体系建设，投资50万元，新建监控平台，安装高清摄像头80台，实现全覆盖、无死角、无遗漏；全面加强邪教人员、非访人员等重点人员的稳控工作，持续开展重点地区排查整治，做到巩固一批、教育一批、转化一批、打击一批，确保了全乡经济社会大局和谐稳定。信访创新促稳定。提升乡信访接待中心，更新展板、配备设备，实行乡科级干部接访、中层以上干部陪访制度，全年接待群众120余人次；实行信访联席会议制度，落实信访例会制度，集中研究处理疑难信访案件，解决遗留信访难题4件；举行信访知识宣传活动4次，召开信访知识培训会2次，提升了乡村信访干部工作能力；坚持每月2次矛盾排查，及时发现问题、解决问题，排查出矛盾纠纷23件；创新信访工作方式，实行网上信访，做到了与上级信访部门网络互通、信息共享，全年共办理信访案件66件，保持了全乡社会和谐稳定。保障群众生产财产安全。强力推进安全生产，对全乡234个单位详细排查，发现安全隐患180个，其中重大安全隐患30个，全部登记造册，下达限期整改通知书，均已整改完毕。持续开展打非治违活动，发现5个违规加油站和1个违规加气站，对加油站采取停电停业整顿措施，对加气站进行了依法拆除。高度重视食品安全，对全乡250个超市、食品加工点进行了全面排查，逐个建档登记，纳入统一管理，要求对存在的问题限期整改。

（杨鸿举）

统计资料

2015年，面对错综复杂的宏观经济形势，在经济下行压力较大的情况下，清丰县委、县政府立足本县实际，主动适应经济发展新常态，多措并举、凝心聚力、克难攻坚，全县经济社会保持平稳较快发展的良好态势。

GDP运行态势良好　初步核算，2015年，全县实现地区生产总值（GDP）204.5亿元，同比增长11.7%，高于全市平均水平2.2个百分点，超出市定目标1.7个百分点。其中：第一产业完成40.2亿元，增长4.4%；第二产业完成115.7亿元，增长13%；第三产业完成48.6亿元，增长14.3%。第三产业增加值占GDP的比重达到23.8%。

农业生产稳步发展　2015年，全县粮食总产量57.61万吨，较去年增加1.68万吨，粮食单产达496.4公斤。其中：夏粮总产达到37.35万吨，较去年增加1.24万吨；秋粮总产达到20.26万吨，较去年减少0.44万吨。油料量总产达到6.76万吨；棉花总产量达到199吨。全县肉类总产量6.04万吨，较去年同期下降0.53%。其中：猪肉产量3.25万吨，较去年同期下降2.51%；禽蛋总产量7.11万吨，较去年同期增长7.44%。

工业生产稳步增长　2015年全部工业实现增加值123.13亿元，同比增长13.3%。其中：规模以上工业实现增加值113.72亿元，同比增长14.4%，高于全市平均水平5.1个百分点；规模以下工业实现增加值9.41亿元，同比增长5.0%。

2015年，全县规模以上工业累计完成主营业务收入505.26亿元，同比增长16%。累计实现利税65.01亿元，同比增长1.25%。其中：实现利润48.08亿元，同比增长2.6%；完成税金16.93亿元，同比下降2.3%。

固定资产投资增长放缓　2015年，全县500万元以上固定资产投资完成228.03亿元，同比增长15.4%，其中房地产开发投资11.94亿元，同比增长97.7%。分产业来看：第一产业完成投资12.39亿元，同比下降19.4%；第二产业完成投资145.86亿元，同比增长14%；第三产业完成投资69.78亿元，同比增长28.5%。

消费品市场健康发展　消费品市场稳步发展，零售总额平稳增长。2015年，全县社会消费品零售总额完成67.7亿元，同比增长13.0%。其中：限上企业实现零售额18.74万元，同比增长19.1%；限下企业实现零售额48.96万元，同比增长10.8%。批发零售业实现零售额58.61万元，同比增长12.3%；住宿餐饮业实现零售额9.09万元，同比增长17.3%。

外贸出口总额继续回升　2015年，全县外贸出口总额完成3986万美元，较去年同期增长1.3%，较全年目标3936万美元增加50万美元。

财政收支保持平稳　2015年，全县地方财政收入累计完成7.35亿元，较上年同期下降37.3%。其中：公共财政预算收入完成5.75亿

主要综合经济指标

指　标	单　位	目标 %	累计完成	增长 %
生产总值	万元	10	2045212	11.7
其中：第一产业	万元		402123	4.4
第二产业	万元		1157081	13.0
第三产业	万元	8	486008	14.3
第三产业占 GDP 的比重	%	18	23.8	—
农林牧渔业总产值	万元		726132	4.5
农林牧渔增加值	万元		411710	4.5
粮食总产量	万吨		57.61	3.0
肉类总产量	吨		60403	–0.53
禽蛋总产量	吨		71063	7.44
全部工业增加值	万元		1231332	13.3
其中：规模以上工业	万元	18	1137183	14.4
规模以上工业利润总额	万元		480808	2.6
高技术产业增加值增幅	%	10.2	18.9	—
高技术产业增加值占规上工业增加值比重	%	25.5	24.8	—
全社会固定资产投资额	万元	21	2318366	14.8
500 万元以上固定资产投资额	万元		2280311	15.4
产业集聚区完成固定资产投资	亿元	135	137.4	20.3
产业集聚区完成主营业务收入	亿元	195	222	35.5
社会消费品零售总额	万元	13	676988	13.0
外贸出口总额	万美元	3936	3986	1.3
城镇居民人均可支配收入	元		20183.32	9.3

指　标	单　位	目标 %	累计完成	增长 %
农民人均纯收入	元	10.5	11200.7	9.1
城镇化率	%	提高 2 个点	26.51	提高 1.85 个点
单位 GDP 能耗降低率	%	下降 2.0%	-2.24	—
地方财政总收入			73345	-37.3
其中：公共财政预算收入		11	57500	14.7
地方财政总支出	万元		282073	-6.5
其中：公共财政预算支出	万元		254651	10.7
全县税收收入（财政局）	万元		41343	13.9
其中：国税	万元		3320	-4.2
地税	万元		38905	18.2
金融机构各项存款余额	万元		1033351	—
金融机构各项贷款余额	万元		367121	—
城乡居民储蓄存款余额	万元		847287	—

元，较上年同期增长 14.7%，超出市定目标 3.7 个百分点。全县地方财政支出累计完成 28.21 亿元，较上年同期下降 6.5%。其中：公共财政预算支出完成 25.47 亿元，较上年同期增长 10.7%。

金融机构存贷款规模继续扩大　2015 年，全县金融机构人民币各项存款余额 103.34 亿元，余额较年初增加 10.53 亿元；城乡居民储蓄存款余额 84.73 亿元，余额较年初增加 7.53 亿元；金融机构各项贷款余额 36.71 亿元，余额较年初增加 2.5 亿元。

城乡居民收入稳定增长　2015 年，全县城镇居民人均可支配收入为 20183.32 元，较上年同期增长 9.3%。农民人均纯收入为 11200.7 元，较上年同期增长 9.1%。

注：

1. 生产总值、各产业增加值绝对数按现行价格计算，增长速度按可比价计算。

2. 涉及的部门数据，由对口单位提供。

附　　录

一、文献选编

中共清丰县委
关于建立县委巡察制度的实施意见

清发〔2015〕1号

（2015年5月19日）

为贯彻落实《中共河南省委关于建立市县党委巡察制度的意见》（豫发〔2015〕8号）（以下简称《意见》），推动全县巡察工作深入开展，结合实际，提出如下意见。

一、建立县委巡察制度的重要意义、指导思想和原则

（一）重要意义。建立县委巡察制度，是适应协调推进“四个全面”战略布局要求，充分发挥职能优势，强化对基层党组织和党员干部监督，把全面从严治党落实到基层的一项重要决策；是深入贯彻党的十八大精神，实现市县党委巡察全覆盖、层层传导压力的一项重要举措；是推动基层四项基础制度建设，解决存在的突出问题，实现纪律和作风建设常态化，巩固党的执政基础，密切党同人民群众血肉联系的一项机制体制创新。全县各级党组织和广大党员干部一定要站在政治和全局的高度，充分认识建立县委巡察制度的重要性和紧迫性，认真学习《意见》、贯彻落实《意见》，切实增强做好巡察工作的自觉性和主动性。

（二）指导思想和原则。巡察工作以邓小平理论、“三个代表”重要思想、科学发展观为指导，以“四个全面”战略布局为总引领，深入贯彻党的十八届三中、四中全会和习近平总书记系列重要讲话精神，贯彻中央、省委、市委巡视巡察工作方针，坚持纪在法前，严格纪律和规矩，聚焦党风廉政建设和反腐败斗争，及时发现和解决基层党组织和党员干部中存在的违纪违法问题，增强震慑、遏制和治本效果，形成上下联动的巡察工作格局，为建设富裕和谐美丽新清丰提供坚强保障。

巡察工作坚持统一领导、分级负责，依法依规、实事求是，聚焦问题、注重实效，发扬民主、依靠群众的原则。

二、县委巡察工作的组织架构、对象范围和主要任务

（一）组织架构。县委建立专门巡察机构，巡察监督下级党组织领导班子及其成员。用于巡察机构的人员编制，不得挪作他用，不得用于照顾性安排。

成立县委巡察工作领导小组。领导小组组长由县纪委书记担任，副组长由县委组织部部长担任，县纪委、县委组织部各1名主管领导和巡察工作领导小组办公室主任为成员，在县委领导下，负责组织实施全县巡察工作，对县委负责并报告工作。

成立县委巡察工作领导小组办公室（简称县委巡察办）。县委巡察办是县委巡察工作领导小组日常办事机构，设在县纪委，规格为正科级。主要承担综合协调、组织指导、制度建设、监督管理、服务保障等工作。

成立县委巡察组。根据实际需要设立5个巡察组，在县委巡察工作领导小组领导下承担巡察任务。县委巡察组规格为正科级，实行组长负责制，副组长协助组长工作，巡察组组长、副组长可专兼结合，根据每次巡察任务确定并授权。县委巡察组由正副科级巡察专员和其他职位组成。巡察组专职人员从县纪委、县委组织部机关优秀干部中选配，兼职人员从巡察专业人才库中选调。

建立巡察人才库。建立巡察组组长、副组长库，面向全县选拔原则性强、素质过硬、熟悉基层工作、具有相应工作经历、善于发现和分析研究问题的同志组成。兼职的巡察组组长、副组长，组织关系和后勤保障保留在原单位。建立巡察专业人才库，面向纪检机关和组织、检察、审计、公安、财税、国土等部门，遴选优秀工作人员。

（二）对象范围。根据党内监督条例和干部管理权限，按照县委巡察到乡、延伸到村的思路，确定巡察对象。

县委巡察对象范围主要是：县法院党组、县检察院党组、县委各部委、县直各局（委、办）党委（党组）、县各人民团体党组领导班子及其成员，二级机构党组织主要负责人；县属国有企业、事业单位党委（党组）领导班子及其成员；乡镇党政领导班子及其成员、人大主席；乡镇直机关办、所、站、中心主要负责人；行政村党组织、村委会主要负责人；县党委需要巡察的其他单位党组织领导班子及其成员。

（三）主要任务。对乡（科）级以下单位党组织领导班子及其成员的巡察监督，重点围绕反对腐败、端正作风等方面存在的突出问题展开。

县委巡察工作要着力发现以下问题：违反政治纪律、政治规矩问题；落实党风廉政建设“两个责任”不力问题；基层四项基础制度不落实，党务政务不公开，独断专行、我行我素等违反组织纪律问题；作风霸道、欺压群众、处事不公、不作为乱作为等作风问题；侵占集体资金资产资源，贪污贿赂、权钱交易、腐化堕落等违纪违法问题；虚报冒领、套取截留私分涉农惠民资金和救灾救济款物等侵害群众利益问题；上级党委巡视巡察反馈意见整改和移交事项办理中存在的问题。

三、建立健全县委巡察工作制度机制

巡察工作要在巡察对象每届任期内至少覆盖一遍，具体轮（批）次及巡察方式根据需要确定。巡察工作采取常规巡察与专项巡察相结合、以专项巡察为主的方式进行。常规巡察是根据年度工作安排，依照有关规定和上级要求，按计划开展巡察。专项巡察坚持问题导向，主要是针对某一领域、区域、系统或单位的某个方面存在的突出问题开展巡察，也可以是围绕一件事、一个部门、一个工程项目、一笔专项经费等开展巡察。

一是建立市县联动的工作机制。对于全局性或某一领域、区域、系统存在的重大问题，县委巡察机构要配合上级巡察机构进行联动，形成市、县联动的巡察机制。在不违反保密纪律的前提下，巡察机构的工作安排、发现的重大问题、文档资料等应当交流互通，实现信息资源共享。对上级巡视巡察提出的整改意见和移交事项，县委巡察机构应建立台账限时督办，跟踪了解，及时报告，配合做好回访督查等工作。县委巡察机构每年对巡察干部至少进行一次集中业务培训，加强日常工作经验交流。

二是建立定期研究汇报工作机制。县委常委会原则上每半年专题研究一次巡察工作；县委五人小组要及时听取巡察工作领导小组每轮巡察情况汇报；巡察工作领导小组要在每批次集中巡察结束一周内，听取各巡察组巡察情况汇报。县委书记听取汇报时的讲话，要报上级领导小组备案。

三是建立健全函询会商工作机制。巡察组开展工作前，应当以公函形式向纪检监察、检察机关和组织、信访、审计、财政、统计等有关部门了解被巡察党组织领导班子及其成员的有关情况，相关承办单位应当按要求提供。根据工作需要，巡察组组长可直接同同级纪委、组织部有关负责人约谈会商，深入了解被巡察单位有关情况。

四是建立健全巡察中发现问题线索的管理、移交、督办工作机制。制定巡察机构办理领导干部违纪违法问题线索办法，巡察组负责问题线索的受理、了解、研判、报告工作；巡察办负责问题线索的备案、移交、协调、督办、归档工作；同级纪委、组织部和被巡察单位分别负责对移交问题线索的办理。对向纪委、组织部移交的问题线索和事项，巡察办要建立台账，加强沟通协调，及时掌握办理情况。对移交被巡察单位的问题线索和事项，巡察办要按照时限和办理要求跟踪催办和督办，对未能及时办理或办理不力的事项要重点督办。每年1月底和7月底，县委巡察办要分别将巡察中发现的本级党委管理的党政主要负责人和后备干部违纪违法问题线索报上级党委巡视巡察机构备案。

五是建立巡察成果运用工作机制。巡察要与查办案件无缝对接，与纠正“四风”无缝对接，与严守纪律、严明规矩无缝对接，与干部工作有序衔接。有关部门要优先办理巡察移交的问题线索，每季度向巡察工作领导小组反馈一次移交问题线索的办理情况，确保件件有着落。纪委对正在接受集中巡察单位的领导班子成员实施立案审查时，应当采取适当方式向巡察组组长或巡察办通报。组织部要善于把巡察成果运用到对干部的经常性教育管理、班子配备和干部调整、违规用人案件的查处追责，以及深化干部人事制度改革上。正在接受巡察的单位领导班子原则上不作调整，必须调整的，要充分听取巡察组意见。在领导班子调整、干部选拔任用时，要注意听取巡察组的意见。

六是建立巡察干部管理监督工作机制。巡察机构干部由上级党委巡察机构、同级党委巡察工作领导小组、同级纪委和组织部共同管理，日常管理工作由巡察办负责。选配巡察机构工作人员，要按照忠诚、干净、担当的总体要求，坚持标准，严格条件。对优秀巡察干部符合条件的可优先提拔使用；因工作需要交流出巡察机构的优秀科级巡察干部，应当安排同职级领导职务；不适宜继续从事巡察工作的，应当及时交流调整出巡察机构。建立以巡察发现和报告的问题及领导干部违纪违法问题线索数量和质量为重要考核内容的绩效考评机制，对巡察组和巡察干部进行年度绩效考核。巡察干部提任上一级职务时，应当充分听取巡察机构意见。巡察工作人员应当按照规定定期轮岗交流，并实行公务回避、任职回避和地域回避。巡察机构要建立健全党组织，严格组织生活。建立巡察干部社会监督意见收集、反馈和巡访制度，加强对巡察干部的管理监督。巡察机构干部违纪违法的，要严肃处理。

四、加强对县委巡察工作的组织领导

县委巡察工作领导小组对全县巡察工作负总责，在建立巡察制度中发挥主导作用。要加强顶层设计，充分借鉴已有成果，尽快制定巡察工作办法，建立健全巡察工作相关制度。

建立巡察工作责任体系。强化党委抓巡察工作的主体责任和纪委的监督责任。巡察工作领导小组组长是巡察工作的第一责任人，巡察组组长是巡察监督的第一责任人，被巡察单位党组织主要负责人是落实巡察整改工作的第一责任人。对巡察工作主体责任缺失、监督责任缺位，巡察工作开展不力、有重大问题应当发现而没有发现、发现问题没有如实报告等问题，依据有关规定，严格追究有关责任人的责任。

各级党组织特别是主要负责同志要强化一盘棋意识，领会好、贯彻好、落实好省委、市委和县委的意见，自觉做到思想认识到位、领导力量到位、保障措施到位。各级党组织和党员干部要恪守党性，严明党纪，切实增强接受巡察监督的自觉性和主动性。县委巡察机构建立后，要迅速投入工作，主动与上级党委巡察机构搞好组织对接、制度对接和工作对接，确保各项工作有序推进。

附件：县委巡察工作领导小组成员名单

附件

县委巡察工作领导小组成员名单

组　长　蔡洪峰　县委常委、县纪委书记

副组长　祁炳杰　县委常委、组织部部长

成　员

赵传峰　县纪委常务副书记、县监察局局长

王付臣　县委组织部常务副部长

刘万玺　县纪委教育调研法规室主任

领导小组下设办公室，办公室设在县纪委，为县委巡察工作领导小组日常办事机构。办公室主任由刘万玺同志兼任。

中共清丰县委　清丰县人民政府
关于进一步加强和改进新时期群众信访工作的意见

清发〔2015〕2号

（2015年6月2日）

信访工作是党的群众工作的重要组成部分，是党和政府的一项重要工作，是构建社会主义和谐社会的基础性工作。做好新时期的群众信访工作，是落实全面依法治国、实践党的根本宗旨的必然要求，是转变干部作风、密切干群关系的关键环节，是化解社会矛盾、促进社会和谐稳定的根本保证。根据中央、省、市有关文件精神，结合我县实际，现就进一步加强和改进新时期群众信访工作提出如下意见：

一、指导思想及目标任务

深入贯彻落实党的十八大、十八届四中全会和习近平总书记提出的“四个全面”总要求，牢固树立为民宗旨，紧紧围绕全县工作大局，以维护群众合法权益、促进干部作风转变、构建和谐党群干群关系为目标，坚持积案化解与源头治理并重、畅通渠道与规范秩序并举、完善体制机制与创新思路办法并行，最大限度地增加和谐因素、减少新的矛盾发生，实现信访案件存量明显减少、增量有效控制、各级各部门齐抓共管、信访工作规范高效的良性发展态势，不断开创新时期我县群众信访工作新局面。

二、建立健全群众信访工作制度

（一）完善领导干部定期接访制度。县委、县政府主要领导定期约访，处理重大疑难问题，其他县级党政领导轮流接访。县直部门主要领导每月公开接访不少于3次，每天安排1名班子成员公开接访，做到随时有班子成员接待来访群众。各乡（镇）党委书记或乡（镇）长每周一公开接待群众来访，其他班子成员每天轮流接访。县级党政领导接访日程安排公示后，一般不得调整，确有特殊情况需要调整的，须经县委信访工作领导小组同意，并提前向社会公示。接访领导要认真履行信访事项首问首办责任制，严格落实“公示、接访、包案、处理、回访”五个环节要求，严禁一接了之、一批了之等不负责任的现象。同时要积极开展领导干部重点约访、带案下访，深入农村、社区、企业了解社情民意，最大限度地把信访群众吸附在当地，把信访问题及时解决在基层。

（二）完善领导包案制度。县级党政领导及包乡镇县级领导要带头分包重大信访问题和疑难信访案件，乡（镇）党政领导及县直单位主要领导分包信访案件。对涉及人数多、组织化倾向明显的群体性信访问题，包案领导要组织有关部门提出解决问题的意见和建议，情况复杂的可申请提交领导班子或信访联席会议研究。涉法涉诉案件统一由县委政法委协调处理。包案领导要按照解决信访问题“三到位一处理”（诉求合理的解决到位，诉求无理的思想教育到位，生活困难的帮扶救助到位，行为违法的依法处理）的原则，以及“四个弄清楚”（弄清楚历史事实、弄清楚问题性质、弄清楚有关政策、弄清楚处理原则）的工作要求，确保分包案件按期办结、信访群众息诉息访。对在京、省、市发生的重要信访事项，信访部门要及时报告党委、政府主要领导及分管信访工作的领导，同时还要及时报告分管系统或部门的领导、包案领导及信访事项责任单位。按照领导要求和责任分工，有关领导和责任单位要及时赶赴现场依法快速处置，包案领导和责任单位要认真调查处理，调查处理结果要在规定时间内及时告知信访人，并做好教育稳控等工作。

（三）完善信访积案化解制度。各级各部门要对本地本部门的信访积案进行排查摸底，逐一落实属地责任和领导责任，建立工作台账。要逐案研究制定针对性措施，明确时间节点、办理时限，实施定期通报制度。要采取集中会诊、评查听证、信访评议、教育疏导、困难帮扶、信访救助、依法处置等多种方式予以妥善化解。要坚持县联席会议研判制度，对存在的阶段性疑难复杂信访问题，在会同责任单位梳理案情、提出解决问题意见建议的基础上，每月由县联席会议召集人牵头召开信访联席会议，促进疑难复杂信访问题的解决。各级信访部门要进一步完善和落实好特殊疑难信访问题专项资金管理使用制度，最大限度地解决特殊疑难个案；要进一步做好依法终结信访事项的认定、审核和备案工作，切实减少信访积案。各责任单位要做好信访事项依法终结后的教育稳控等后续工作，坚决防止和纠正不负责任的“一结了之”的现象。

（四）完善矛盾纠纷排查化解制度。建立长效工作机制，坚持经常性排查与集中排查相结合，乡（镇）每半月排查一次，县直部门每月排查一次，随时了解、发现、掌握各种矛盾纠纷和苗头隐患；重大活动、重要节庆日期间，开展集中排查。对排查出的矛盾纠纷，逐件建立工作台账，明确责任领导、责任单位、具体责任人、化解稳控措施、化解时限，并将有关情况定期以文字和报表形式报送党委信访工作领导小组（联席会议）办公室和上级主管部门，重要敏感时期实行24小时值班和矛盾纠纷排查日报告制度。县、乡（镇）党委信访工作领导小组（联席会议）办公室要定期召开矛盾纠纷排查研判例会，听取工作汇报，研究解决突出问题，防止矛盾激化升级。对已经发生的信访事项，属于矛盾纠纷排查中漏排或排查后化解不力的，严格倒查责任。

（五）完善信访联席会议制度。认真落实《清丰县委办公室 清丰县人民政府办公室关于印发＜清丰县处理信访突出问题及事件联席会议定期群体性研究信访问题制度＞的通知》（清办〔2011〕25号）精神，县信访联席会议要按照程序，对发生的重大集体上访、非正常上访事项等重大疑难信访问题，信访稳定工作有关重要事项进行集中研究。对确定事项落实不力的，按照有关规定进行责任追究。

三、积极推进群众信访工作机制创新

（一）强化信访部门综合协调职能。各级党委政府要积极适应形势发展需要，坚持用群众工作统揽信访工作，以持续优化干部作风、转变领导方式推动信访问题解决；要充分发挥信访部门在推进工作督查、协调解决群众诉求、征集群众意见建议、干部任免监督、工作失职追究等方面的作用，提升信访部门的工作内涵，明确其综合协调部门地位，强化其综合协调职能，推动形成党委政府统一领导，各方面齐抓共管、协同配合的大信访格局。

（二）严格实施“双向规范”。一是规范各级党政机关工作人员的行为。重点以责任追究倒逼各级党政机关工作人员认真履职、严格依法行政。不仅要严格追究信访问题稳控责任单位及责任人的责任，还要严格追究矛盾纠纷排查化解工作不力、对群众正常反映问题不认真接访处理，导致群众越级上访、造成严重不良影响的责任单位及责任人和接访领导、包案领导的责任，更要严格追究引发矛盾和问题的单位及责任人的责任。对信访问题突出，尤其是赴京非正常上访多发频发，工作被动的，实行重点管理，限期整改。对已经发生的赴京非正常上访，县、乡（镇）党委信访工作领导小组要逐个倒查责任，严格查究。二是规范信访人的行为。在加强信访法规宣传教育的同时，对极少数反映问题已依法按政策解决到位，仍无理缠闹、“以访牟利”、屡接屡访，干扰正常办公秩序和社会公共秩序的信访人，特别是赴京非正常上访、到省委省政府门口、市委市政府门口及市领导驻地缠闹的信访人，发生一起，严格依法处置一起，促使信访人通过正常渠道依法合理有序反应诉求，维护正常信访秩序。

（三）健全考核奖惩机制。进一步完善信访工作“月通报、季讲评、年总评”考核方案，把信访工作考核结果纳入干部考核体系，把赴京到省到市来县上访作为主要考核内容，实行月通报、季讲评、年总评排名制度，乡（镇）信访工作连续三年获得全市先进的，县委信访工作领导小组向县委提出乡（镇）主要负责同志予以优先提拔使用的建议。对本年度内被两次挂牌整治或重点管理的单位，实行“一票否决”。

四、切实加强对群众信访工作的领导

各级党委、政府要把群众信访工作列入重要议事日程，定期听取群众信访工作汇报，及时研究解决群众信访工作中的重点、难点和热点问题。各级党委、政府和各部门主要领导是群众工作第一责任人，要亲自抓、负总责，分管领导是直接责任人，要具体抓、抓落实，其他领导承担分管工作范围内的责任。各级各部门要在党委的统一领导下，结合工作职责，明确任务，落实责任，形成各司其职、各负其责、齐抓共管的群众工作格局。

中共清丰县委 清丰县人民政府关于建立企业服务中心的意见

清发〔2015〕3号

（2015年6月4日）

为进一步提高行政效率，优化发展环境，建设职能科学、结构优化、廉洁高效、人民满意的服务平台，实现集中审批、一站式许可、一条龙服务，现就我县建立企业服务中心，提出如下意见。

一、指导思想

以“一个窗口受理、一个领导审批、一个公章办结”的运作模式，达到“进一个门、盖一枚章、办所有事”的总目标，打造公开、透明、廉洁、高效的行政审批绿色通道，真正把县企业服务中心建设成为吸引客商投资、助推经济发展、预防权力腐败的综合政务服务平台。

二、基本原则

（一）科学配置、整合资源。整合县级行政审批、行政服务、公共管理服务资源，建设效率高、服务优的企业服务中心。

（二）阳光运行、公开透明。经审定的行政审批、行政服务项目和收费标准要进入中心公开办理，并用板面上墙向社会公开。

（三）精简高效、流程优化。各类审批事项要按照“一审一核”（即行政审批机关授权本部门企业服务中心窗口工作人员对行政许可申请依法予以受理审查；窗口负责人审核把关直接签发，审查和审核除书面形式外还包括现场检验、勘验等。）两步办结的要求，优化审批流程，简化程序，缩短时限，提高效率。

（四）审管分离、一站办结。实行职能部门审批职能与管理职能分离，审批职能进驻中心一站式办结。

（五）代办服务、台账管理。对入驻产业集聚区重点项目指定代办员，按照流程节点全程代办审批事宜。

三、工作任务

（一）明确目标，打造一流企业服务中心

根据《中共中央办公厅 国务院办公厅关于深化政务公开加强政务服务的意见》（中办发〔2011〕22号）文件有关要求，清丰县企业服务中心负责对产业集聚区行政审批服务事项进行组织协调、监督管理和指导服务，对进驻中心窗口工作人员进行管理培训和考核。

按照建设服务政府、责任政府、法治政府和廉洁政府的要求，充分发挥企业服务中心综合服务平台的集中优势，大力推进行政审批服务标准化和并联审批运行机制建设，为经济社会发展营造一流的服务环境，提供优质的行政审批服务。

（二）实行“两集中、两到位”，一站式办结

1. 集中审批职能，集中到企业服务中心办公。各涉企部门其审批职能由多个股室审批的，向一个股室集中；审批职能合并后，成立行政审批局，并明确一名副局长任本单位行政审批局长，到县企业服务中心集中办公。

入驻企业服务中心的部门15个，其中县住

建局、县国土局、县发改委、县环保局、县工商局、县食药监局、县安监局、县房管局、县文化广电旅游局9个部门要分别成立行政审批局，局长进企业服务中心办公；县工信局、县质监局、县公安局、县地震局、县价格办、县人防办6个审批事项少、业务量小的单位，由中心设置综合服务窗口，负责代办其审批服务事项。

2. 部门审批项目进中心到位，对窗口工作人员授权到位。各部门要遵循“应进必进”原则，明确进入县企业服务中心办理的行政审批、行政服务项目。对进驻中心从事行政审批和行政服务的审批局局长及工作人员充分授权，全权负责窗口审批事宜，在中心一站式办结所有审批服务事项。

各相关部门根据工作任务，抽调工作人员从事行政审批和行政服务。县住建局4人、县国土局4人、县发展改革委2人、县工信局2人、县环保局2人、县工商局2人、县质监局2人、县公安局2人、县食药监局2人、县安监局2人、县房管局3人、县文化广电旅游局2人、县地震局2人、县价格办2人、县人防办2人。

3. 优化审批流程。各进驻中心部门对行政审批行政服务项目审批流程按“一审一核”原则从新编制，每个审批事项编制一个审批流程，受理、审核、审批等环节要责任到人，并限定审结时间，以达到环节少、时限短、效率高。

建立并联审批、同步审批工作机制。明确审批事项、审批程序和审批时限，变串联为并联，取消前置条件实行同步办理。按照“统一受理、抄告相关、同步审批、限时办结”的模式开展审批，各部门办结审批事项后，文件互换、审批结果互转，进行相互补充、完善审批条件。审批总时限压缩到30个工作日以内，大幅提高工程项目审批效率。

4. 实行专章审批。进驻部门在中心窗口启用审批专用章，审批专用章与行政公章具有同等法律效力，由县企业服务中心统一制作，各审批局局长保管、使用。

5. 窗口人员管理。各部门要选派政治思想好、业务素质高、工作能力强的业务骨干到窗口工作，选派的窗口工作人员应是单位正式在编人员。县产业集聚区党工委成立企业服务中心党组织，加强对企业服务中心及窗口工作人员的领导，统一组织年度考核。

（三）加强行政审批网络平台建设

加快建设行政审批、行政服务电子网络审批信息系统，将审批服务事项的名称、审批依据、申请条件、申报材料、办理程序、办结时限、示范文本及税费标准等向社会公开；将行政审批、行政服务事项办理情况全部录入网络平台，在中心电子显示屏上公示、在中心网站上滚动显示，使行政审批、行政服务办理过程“看得见、管得住”真正实现服务过程的阳光、透明、公开。同时，逐步建立网上审批系统，进一步提高审批效率和审批质量。

（四）建立“代办”工作机制

在企业服务中心成立代办中心，县委组织部明确一名副部长兼任代办中心主任，并负责抽调10名后备干部为代办员，脱离原单位工作，入驻县企业服务中心为企业代办各项审批业务。

四、保障措施

（一）加强组织领导。成立清丰县企业服务中心筹建工作领导小组，县长任组长，县委常委、常务副县长，县委常委、组织部长，县政府主管副县长，县政协副主席、县财政局局长，县产业集聚区党工委书记，管委会主任任副组长，相关职能部门主要负责同志任成员，切实加强县企业服务中心建设工作的领导。

（二）加大监督检查。县纪委监察局、县委县政府督查局对企业服务中心行政审批、行政服务进行全程监督检查。对未按要求入驻县企业服务中心办公的部门，严格追究责任，予以严肃处理。对进入中心的行政审批、行政服务事项，不能一站办结、仍然在原单位审批的，给予审批局长免职处理，给予相关责任人党纪政纪处分、并调离工作岗位。对不执行并联审批、办事拖拉、推诿扯皮、违反服务承诺、超时办结的，严肃追究窗口人员的责任，并通报其单位领导。

（三）健全约束激励机制。完善县企业服务中心窗口工作人员、代办员管理、考核机制，提升服务质量，提高行政效能和工作效率。切实加强考核结果运用，对工作成绩突出者优先提拔、重用。

（四）后勤保障。县财政每年拨付专项经费，纳入预算管理，加强县企业服务中心软硬件建设，切实打造现代化、规范化，便捷、高效的企业服务平台。

中共清丰县委
关于印发《全县2015年度“一创双优”集中活动实施方案》的通知

清发〔2015〕4号

（2015年10月8日）

各乡（镇）党委，县委各部委，县直各单位党组（党委、总支、支部）：

现将《全县2015年度“一创双优”集中活动实施方案》印发给你们，请认真贯彻执行。

全县2015年度“一创双优”集中活动实施方案

为推动清丰新一轮科学发展、赶超发展，落实好市委2015年度“一创双优”集中活动实施方案要求，县委决定在全县范围内开展“一创双优”集中活动，结合我县实际，特制定本方案。

一、总体要求

以习近平总书记系列重要讲话精神为指导，紧密结合“三严三实”专题教育，认真贯彻落实省委“三准三专三聚三提”、市委“保持态势、创新优势、转型升级、赶超发展”和县委“稳中求进、持续赶超、科学发展”总要求，以推进“三化”协调发展为中心，以开放招商和项目建设为抓手，突出“三个着力”，强力推进“两城两区”建设，做到产业更强、城市更靓、乡村更美、民生更实，顺应新常态，培植新亮点，实现新跨越，努力实现“三个确保”。

二、时间安排

本次集中活动从今天开始，至2016年1月20日结束。整个活动不划分阶段，围绕梳理出的突出问题，制定对策方案，进行强力攻坚，以解决问题推动重点工作任务落实，确保活动取得实效。

三、目标任务

（一）突出“三个着力”

1.创新服务举措，着力推动企业经营和效益取得新成效。解决项目在建设过程中恶意阻工等周边社会环境问题；帮助企业解决融资难等问题；支持和扶持民营企业、中小微企业发展，培植发展潜力，增强经营活力，提升经济效益。

2.提高行政效率，着力推动项目建设和招商引资取得新进展。解决企业在建设用地、安评、环评、开工许可等行政审批过程中政务环境问题；选择一批影响清丰经济社会发展全局、事关稳增长保态势的落地难、推进慢项目，查找根源，因企施策，促开工、督进度、见成效，以点带面，重点突破，推动项目落地见效。

3.提升干部精气神，着力使干部懒政怠政问题得到有效遏制。当前在一些干部身上仍存在出工不出力，不担当，不敬业，推诿扯皮，服务效率低等现象。结合重点项目推进，发现纠正解决干部的懒政怠政问题，扭转广大干部为官不为、为官不易的思想误区。加大督查力度，着力解决懒政怠政问题，严厉查处，绝不手软，绝不姑息，回应群众关切，提升群众满意度。

（二）实现“三个确保”

1. 确保年度赶超目标圆满完成。在全市经济社会发展目标考核评价、县区英雄榜评比、产业集聚区观摩评比中保持先进位次；全县各项经济社会发展指标增速在全市位次前移。

2. 确保高标准谋划明年工作、编制好“十三五”规划。谋划推进一批事关我县发展的大事要事，确保2016年纳入省重点项目的数量、投资规模继续保持在全市前列。准确把握发展趋势，立足清丰实际，强化项目支撑，科学编制“十三五”规划，指导全县经济社会发展。

3. 确保重点项目建设顺利推进。把省市县重点项目和“三个一批”攻坚项目分类建立台账，重点督导推进，对个别项目实行挂牌，确保重点项目建设取得新突破。

四、工作内容

（一）加强学习教育，炒热“大干”思想

组织党员干部集中学习党的十八大以来，特别是十八届三中、四中全会提出的新理论、新方针、新政策、新要求，学习省委、省政府和市委、市政府和县委主要领导讲话精神，引导广大党员干部认识新常态、把握新常态、引领新常态，认清发展形势，提振发展信心，在全县形成“早干、快干、多干”“干实、干好、干出效果”的浓厚氛围。采取举办李万升、孟瑞鹏事迹报告会、邀请专家学者讲课、创业典型现身说法等形式，开展“讲、问、查、比”活动。“讲”，每名党员干部谈体会、讲收获、论发展、表决心。“问”，围绕“是否具有担当精神”，开展系列自问自省活动。“查”，围绕“是否能担当、敢创新”，查找自身存在的问题和差距，切实抓好整改提升。“比”，在乡镇之间、单位之间、科室之间、岗位之间开展比担当、比敬业、比创新、比服务系列活动，树立工作标杆，提升工作标准，把各项工作做到极致，争先创优，晋位升级。在县广播电视台、清丰网开辟“炒热干群思想、奋力赶超发展”专栏，结合组织开展“汇聚新优势、应对新常态、促进新发展”大讨论活动，大力宣传在“一创双优”活动中涌现出的敬业典型和创业先锋，报道他们的先进事迹，弘扬社会正能量，为赶超发展提供强大精神动力。利用县广播电视台、清丰网等主流新闻媒体，曝光“不作为、乱作为、吃拿卡要”和“三强四霸”违纪人员，为全县营造良好发展环境。组织党员干部和职工深入学习《“一创双优”集中活动学习手册》，促进党员干部全面、系统、深入了解掌握党和国家的方针政策，抓好各项工作措施落实。

（二）改进工作作风，优化政务环境

1. 切实优化干部作风，破解懒政怠政难题。探索建立“法有规定必须为”的责任清单，明确责任主体，强化责任意识，督促党员干部尽心尽力履职尽责。扎实开展懒政怠政为官不为问题专项治理活动，切实解决服务企业发展、推进重点项目建设过程中的“重审批、轻管理，重处罚、轻监管”等问题，解决处理涉及群众切身利益具体问题过程中的“踢皮球”“中梗阻”等问题，解决不敢担当、不善创新、“不想为、不敢为、不会为”问题，建立健全懒政怠政、为官不为问题的追究问责机制。创新行政管理方式，加强市场监管，依法规范企业、社会组织和个人的行为，维护市场经济运行秩序，保障各类市场主体合法权益，提升政府公信力、执行力和权威性。

2. 提高行政审批效率，破解手续办理难题。探索建立“法无授权不可为”的权力清单，进一步清理规范行政审批事项、前置条件，把该放的权力放到位。强化服务意识，优化审批流程，实行联审联批，压缩审批环节，缩短审批时限，提升行政效率，实现所有事项网上集中管理和“一站式”办理。全面推行“网上审批”，提升网上审批服务平台，充分运用电子和网络等科技手段，提升服务和管理水平，改善政务环境。

3. 支持民营经济发展，破解市场准入难题。探索建立“法无禁止皆可为”的负面清单，清除投资壁垒，降低市场准入门槛，真正消除对民营企业的歧视、偏见。落实促进中小微企业发展和民间投资鼓励政策，推动公共基础设施、金融、环保、教育、卫生等领域向民间资本开放。加大对中小微企业扶持力度，制定切实可行的扶持政策，在证照办理、信贷资金、财政扶持、税收优惠、建立应急互助基金等方面给予帮助和扶持；推进中小微企业产品平等进入政府采购领域，提高政府采购中小微企业产品的份额比重。引导民营企业练好内功，完善内部治理结构，提高员工素质，加快自主创新和技术进步，提高产品和服务质量，增强市场竞争力。加快推进农村产权制度改革，建好投用县乡两级的产权交易场所和网络交易平台，扩大产权抵押贷款规模，促进资产向资本转化，拓展民营经济发展空间和领域。

（三）依法治理周边环境，严厉打击违法行为

1. 排查化解影响重点项目建设、企业发展环境突出问题。重点排查化解项目建设涉及土地征用、房屋拆迁引发的矛盾和问题，项目建设过程中的矛盾纠纷，企业生产经营与周边群众产生的矛盾和问题，切实做到早预见、早发现、早预防、早处理，及时消除影响项目建设、企业经营的不利因素。

2. 严厉打击危害重点项目、企业生产经营秩序的违法犯罪活动。严厉打击强揽工程、强装强卸、强拉强运、强买强卖以及寻衅滋事、封门堵路、阻碍施工、敲诈勒索等违法犯罪行为，为害一方、作恶多端的地痞、村霸和黑恶势力，危害客商或企业经营者人身、财产安全的违法犯罪行为，盗窃企业资产、哄抢企业财物、破坏企业生产设备等违法犯罪活动。

3. 依法处理城市发展和重点项目建设过程中的私搭乱建、乱栽乱种行为。依法处理城区已征土地、新修道路两侧、城中村内未经规划部门审批许可和城市管理部门备案的违法建筑；严重影响市容环境的违规建筑、到期的临时建筑和改变原批准使用性质的建筑；在拟征、待征的群众现有承包土地上出现的乱栽乱种现象；恶意改变土地用途，随意增加地面附着物，以此索取不合理收入、谋取不正当利益的单位和个人。

（四）帮助企业融资，解决企业难题

1. 加大企业信贷支持力度。加强银企沟通联系，强化金融机构服务本地企业的理念，加大信贷力度，提高存贷比。引导金融机构深入企业调查，摸清企业家底，搞好金融营销。鼓励金融机构用足用活国家信贷政策，提高审批效率，扩大贷款规模，做到不惜贷、不压贷、不抽贷，切实帮助企业走出困境，实现银企“双赢”。组织金融机构举办企业金融知识培训班，让企业了解金融政策，掌握金融知识，不断提高融资能力。

2. 加强信用环境建设。大力推进企业信用评级制度，督促企业加强内部财务制度管理，规范经营，依法经营，提升信誉度。强化信用保障效力，建立完善信用档案，加强授权与授信分级额度管理。加强政府与社会联合制裁，惩罚失信行为，打击恶意逃废债务行为。加大金融债权案件执行力度，集中清收盘活一批不良贷款。建立金融贷款协调机制，督促政府有关部门及时办理企业有关手续，为银行授信创造条件，着力解决“企业贷款难、银行难贷款”问题。

3. 拓宽企业融资渠道。积极争取技术改造项目资金、中小微企业发展扶持资金等各种政策性专项扶持资金，落实企业发展奖励政策，缓解企业资金困难。发挥“助保贷”“过桥资金”作用，放大资金效应，解决企业短期应急资金等问题。强化上市后备企业培育，助推企业直

接上市融资。

（五）推进重点项目建设，狠抓招商项目落地

1. 推进重点项目建设。对照全年建设目标任务，重排项目建设节点，倒排工期，加压推进。充分利用秋收土地腾空时机，集中开工10个项目。强化服务协调，特别是加强对省重点项目的协调服务工作，有针对性地对全县项目分类施策，对启动类项目、提速类项目、攻坚类项目建设情况进行严格督导、考核、奖惩，确保启动类项目尽早开工，提速类项目快速推进，攻坚类项目有效突破。抓好产业集聚区建设，突出主导产业，推动集群发展。同步完善基础设施配套建设，提升服务功能，促进集约发展，推动产城互动发展。

2. 狠抓招商引资项目落地。围绕年度招商引资目标，强化招商引资台账管理，确保按时间节点完成任务。重点考核赴北京及周边地区集中招商情况，严格考核奖惩。狠抓项目落地，按照“谁签约、谁负责、谁跟踪”的原则，逐个建立项目台账，强化督导督查，主动靠前服务，优化环境，提高效率，全力为项目开工建设提供要素保障，确保签约项目尽快落地。

3. 继续推进三项重点工作。继续推进“学校建设、保障性住房建设、农村改革”等三项重点工作，围绕工作台账，紧盯时间节点，确保完成年度目标任务。小学、初中新生抓紧完善学籍档案；加快概算投资1500万元的幸福路小学8800平方米综合楼建设；概算投资2200万元的第二初级中学学生餐厅和宿舍楼建设；概算投资2363万元的农村中小学16148平方米教学楼、餐厅和周转房建设；概算投资1073万元的农村6248平方米幼儿园建设和概算投资2281万元的农村薄弱学校改造等项目。城关镇孙庄村棚户区项目今年新建单体楼2栋125户，新建建筑面积13750平方米，完成投资3400万元；柳格镇五眼井村棚户区项目新建单体楼2栋200户，新建建筑面积2.3万平方米，完成投资3000万元。农村承包土地确权登记颁证工作，12月底前，完成47万亩确权登记颁证任务；农村集体建设用地使用权及宅基地使用权确权登记发证工作，年底前全部完成任务。农村金融改革工作，年底前，加快对接引进一家村镇银行，完成设立规划批复。

（六）解决信访问题，促进和谐稳定

1. 切实解决涉及群众利益的具体问题。县“一创双优”办公室、县委县政府督查局、县信访局要进一步畅通信访渠道，构建工作网络，受理信访群众反映的涉及利益的具体问题。要加强县乡两级领导定期接访制度，乡（镇）党委书记或乡（镇）长每周至少1天接访，其他工作日按排其他科级干部接访。县级领导接访加大解决问题力度，能现场解决的现场解决，不能现场解决的要落实专人进行跟踪处理。要继续实行领导包案责任制，重点案件由包乡县领导包案，责任单位主要领导要分包信访案件。要坚持矛盾纠纷排查化解制度，乡镇每半月，县直单位每月开展一次矛盾纠纷排查活动，县委群工部（信访局）每月召开信访工作例会，对重点矛盾纠纷进行集中研判。要加强驻京值班工作，对发生赴京上访的做到随接随返，确保北京不发生来自清丰的干扰。

2. 切实维护社会和谐稳定。按照“属地管理、分级负责，谁主管、谁负责，谁包乡（镇）、谁负责”的原则，集中交办一批疑难信访案件，加强督查督办，确保“诉求合理的解决问题到位、诉求无理的思想教育到位、生活困难的帮扶救助到位、行为违法的依法处理”。认真开展行业系统信访突出问题专项治理，加大非法集资、房产物业、劳动社保、土地征用等重点领域信访突出问题的治理力度，尽快改变这些领域信访问题多发高发的被动局面。

（七）抓好经济运行，完成或超额完成全年目标任务

抓好促进经济平稳健康发展30条、稳增长保态势27个重大专项等政策措施的贯彻落实，密

切关注国家政策导向和市场变化，加强监测分析，做好企业服务，强化要素保障，及时发现、解决苗头性、倾向性问题，努力保障经济平稳健康运行，力争主要经济指标增速位次前移。各乡（镇）、各职能部门要对照工作台账，全力抓好全年各项经济社会指标的落实。对难以完成的，要深入分析原因，研究对策，倒排工期，加压紧逼，快速推进。对难度大、推进慢、影响年度目标实现的重大事项，实行挂牌推进、强力攻坚，确保全面完成全年赶超目标。

（八）搞好明年各项工作和“十三五”规划的谋划编制

1. 高标准谋划明年各项工作。各乡（镇）和承担市、县重点工作的部门要围绕重点工作、重点项目进行高标准谋划。要组织系统分析评价，对各乡（镇）、县直有关单位谋划的2016年度的主要目标和重点工作进行对比讨论。没有体现赶超要求的，要重新制定。

2. 高起点编制“十三五”规划。全面总结“十二五”经济社会发展成绩，精准分析今后五年清丰面临的形势，科学提出“十三五”发展思路、目标和主要任务，编制好《清丰县经济和社会发展第十三个五年规划纲要》。积极融入国家“一带一路”战略，加强与国家、省、市“十三五”规划的对接，力争更多事关清丰全局的重大事项和重大项目纳入国家、省、市“十三五”规划。

五、保障措施

（一）加强组织领导，强化责任落实

县“一创双优”活动领导小组要切实加强对“一创双优”集中活动的领导。领导小组成员单位要各负其责、各尽其职，做好相关工作。县“一创双优”活动办公室要充分发挥好参谋助手作用，搞好整体谋划、统筹协调、督导检查，提高工作效率。各级各单位一把手要负总责，亲自抓，分管领导要具体抓，建立组织，强化措施，夯实责任，全力抓好各项工作任务的落实。

（二）搞好任务分解，建好工作台账

县“一创双优”活动办公室、县委督导领导小组办公室要对各项工作任务进行细化分解，建立工作台账，明确责任单位、责任人和时间节点，加强对项目的跟踪督查，确保各项工作顺利推进。各级各有关单位要根据本方案要求，紧密结合各自实际，认真梳理问题，研究制定本地本单位《“一创双优”集中活动实施方案》，逐项工作建立台账，细化到科室、量化到人，落实责任，明确时限，实行“时间倒排、任务倒逼、责任倒追”，盯人、盯事、盯结果并举，抢时间、赶进度，抓落实、求突破，确保各项工作取得实效。

（三）采取超常措施，精心组织实施

县“一创双优”活动办公室、县委组织部、县委督导领导小组办公室对各项工作任务要抓住不放、盯紧盯死，建立健全工作例会、信息通报、指挥部推进等工作制度，及时通报各项工作进展情况。特别是对难度大、进展慢、问题多的项目，要挂牌督办、重点突破。各级各单位也要采取强有力措施，综合运用早餐会、晚餐会和各种督导机制，加大工作力度，把重点工作抓紧抓好，抓出成效。

（四）搞好督促指导，严格效能问责

县委督导领导小组办公室和县派督导组要明确分工，相互协作，形成强大督导合力。县委督导领导小组办公室和县派督导组要为县委、县“一创双优”活动领导小组当好参谋助手，当好宣传员、信息员、督查员，深入了解工作情况，掌握工作进度，把握活动质量，对在督导中发现的问题，要认真督办；县委督导领导小组办公室和县派督导组督办仍难以解决的，交“一创双优”办公室挂牌督办；经挂牌督办还不能解决的，上交县委研究处理。通过这次活动，对思想不重视、开展活动不力、推进工作成效不明显或不敢担当、为官不为以及不作为、乱作为的单位主要领导和相关责任人，发现一批、处理一批、曝光一批懒政怠政的负面典型，以儆效尤。

（五）狠抓舆论宣传，营造浓厚氛围

县委宣传部要组织精干力量，撰写系列评论文章；要针对重点工作任务，组织电视、广播、网络等新闻媒体开辟专题专栏，大力宣传“一创双优”集中活动，营造声势，炒热思想，努力形成推进新一轮赶超发展的良好舆论氛围。要注重宣传工作创新，加强对外宣传，多作深度报道，多出重头精品，进一步树立清丰良好形象。

（六）认真总结考核，严格奖惩兑现

各级各单位要认真总结挖掘“一创双优”集中活动中好的工作做法、典型经验，为下一步活动开展提供有益借鉴。要制定“一创双优”集中活动考核办法，对各级各单位开展活动情况进行考核，考核结果与全县年度综合考评挂钩，与干部任用、评先评优挂钩，对实绩突出的单位和个人，进行表彰奖励；对活动组织不力、工作不到位、目标完不成的进行责任追究，问题突出的进行组织处理和纪律处分。

中共清丰县委关于再废止和宣布失效一批党的规范性文件的决定

清发〔2015〕5号

（2015年12月15日）

2014年9月，县委在完成党的规范性文件第一阶段清理工作的基础上，部署开展了第二阶段清理工作。经对新中国成立至1977年县委制定的109件党的规范性文件全面清理，县委决定，对其中59件存在同党章和党的理论路线方针政策相抵触、同宪法和法律不一致、明显不适应现实需要、已被新规定涵盖或者替代等内容的党的规范性文件，予以废止；对50件调整对象已消失、适用期已过、不需要继续执行的党的规范性文件，宣布失效。

一、凡废止、宣布失效的规范性文件，自本决定发布之日起一律停止执行，不再作为规范党组织工作、活动和党员行为的依据。同时，要按照档案、保密管理有关规定，做好相关文件的存档、查档利用等工作，发挥好这些文件的历史资料价值和资政育人作用。

二、各乡镇各有关部门要对照本决定，及时清理本单位出台的相关配套文件，作出废止、宣布失效等处理。

三、这次集中清理后，各乡镇各有关部门要将即时清理作为制定或者修改党的规范性文件的一个必经环节，健全工作制度和工作程序，在党内法规建设过程中同步维护党内法规制度的协调统一。

各乡镇各有关部门要认真贯彻执行本决定，加强组织领导，健全工作机构，积极推进规范性文件的立改废，夯实党内法规制度基础，不断提高党的建设制度化、规范化、程序化水平。

本决定自发布之日起施行。

附件：1. 决定废止的党的规范性文件目录

2. 宣布失效的党的规范性文件目录

附件1

决定废止的党的规范性文件目录

（共59件）

1. 对发展宣传员的几点意见（1951年6月）

2. 关于文件发放的宣传意见（1951年7月15日）

3. 县委关于提拔干部姓名职责的通知（1952年7月4日）

4. 县委关于提调干部姓名职责的通知（1952

年 11 月 25 日）

5. 县委关于建社工作的紧急指示（1954 年 2 月 25 日）

6. 中共清丰县委关于巩固整顿提高农村党的基层组织工作的精神与处理政策（1954 年 3 月 6 日）

7. 县委关于目前干部工作提出的几点意见（1954 年 6 月 26 日）

8. 关于加强对报刊发行和读报工作领导的意见（1954 年 8 月 31 日）

9. 中共清丰县委关于巩固发展党的意见（1954 年 12 月 24 日）

10. 中共清丰县委农村整顿与改造支部方案（1955 年 6 月 15 日）

11. 中共清丰县委关于整顿党的农村基层组织方案（1955 年 9 月 7 日）

12. 中共清丰县委对农村落后党员教育提高的意见（1956 年）

13. 中共清丰县委关于知识分子工作问题初步规划意见（1956 年 4 月 5 日）

14. 中共清丰县委关于必须爱护干部的意见（1956 年 7 月 4 日）

15. 中共清丰县委关于财贸系统加强政治工作的意见（1956 年 9 月 28 日）

16. 中共清丰县委关于做好专业复员军人安置工作的指示（1956 年 11 月 11 日）

17. 中共清丰县委关于共产党党员缴纳党费的规定（1957 年）

18. 中共清丰县委关于加强党对学校工作的领导加强学校政治思想工作的意见（1957 年 5 月 9 日）

19. 中共清丰县委关于加强农村政治思想教育工作的意见（1957 年 6 月 13 日）

20. 中共清丰县委对当前手工业情况的分析与今后开展社会主义大辩论的意见（1957 年 7 月 17 日）

21. 中共清丰县委对进一步在全县农村中广泛深入地开展社会主义教育运动的意见（1957 年 9 月 11 日）

22. 中共清丰县委关于对当前农村组织工作的意见（1957 年 11 月 22 日）

23. 中共清丰县委关于贯彻执行省地委关于改进商业财政管理体制，紧缩机构下放干部的方案（草案）的意见（1958 年）

24. 中共清丰县委关于在文教卫生系统中继续开展交心运动的方案（1958 年 5 月 29 日）

25. 中共清丰县委关于县联社组织机构设置和干部配备的方案（草案）（1958 年 11 月 7 日）

26. 中共清丰县委关于国家机关、企业、事业单位工作人员实行供给制方案（1958 年 11 月 9 日）

27. 关于进一步深入开展宣传运动的意见（1959 年）

28. 政法党组提出关于加强反坏分子管理，严格吸收人员手续，杜绝反、坏分子混入内部的意见（总号〔59〕062 号，1959 年 4 月 12 日）

29. 关于转递党员组织关系工作存在的问题及今后意见（1959 年 5 月 18 日）

30. 关于动员全党全民鼓足干劲，进一步开展多种经营生产的意见（1959 年 7 月 13 日）

31. 关于开展整风运动的方案（1959 年 11 月 5 日）

32. 县委关于目前机关整风运动的意见（1959 年 12 月 17 日）

33. 认真贯彻群众路线正确制定三包一奖（总号〔60〕002 号，1960 年 1 月 9 日）

34. 关于组织人民经济生活的意见（总号〔60〕011 号，1960 年 3 月 25 日）

35. 关于每个党员干部必须遵守的几条纪律（总号〔60〕005 号，1960 年 3 月 30 日）

36. 以学习毛主席著作为纲彻底转变干部作风（总号〔60〕064 号，1960 年 4 月 9 日）

37. 县工业部关于继续深入贯彻两参一改三结合和转变干部作风意见（总号〔60〕013 号，1960 年 4 月 18 日）

38. 围绕党的中心积极地开展党的监察工作的意见（总号〔60〕010 号,1960 年 4 月 28 日）

39. 中共清丰县委关于改造三类队工作的方案（草案）（总号〔60〕085 号,1960 年 5 月 24 日）

40. 关于调整行政机构编制、改进编制管理的方案（1960 年 5 月 25 日）

41. 中共清丰县委关于当前工作的十条决定（总号〔60〕090 号,1960 年 6 月 6 日）

42. 关于继续在全县交通、邮电战线上开展反官僚主义的运动意见（总号〔60〕017 号,1960 年 6 月 29 日）

43. 切实安排好人民生活的方案（总号〔60〕161 号,1960 年 10 月 24 日）

44. 实行以生产队为基本核算单位工作方案（清发〔60〕097 号,1960 年 12 月 19 日）

45. 县委常委会议关于几项政策的执行意见（总号〔60〕193 号,1960 年 12 月 22 日）

46. 档案保密信访和党刊发行工作意见（1961 年 2 月 21 日）

47. 关于坚决纠正会议和报表泛滥成灾问题的意见（清发字〔61〕025 号,1961 年 3 月 26 日）

48. 政法党组关于制止检查、扣留职工、群众信件的意见（清发〔61〕，1961 年 5 月 19 日）

49. 做好文书处理工作通知（1961 年 6 月 23 日）

50. 关于当前组织工作安排意见（总号〔61〕015 号，1961 年 11 月 6 日）

51. 严格保守党和国家机密的通知（总号〔61〕012 号,1961 年 11 月 15 日）

52. 关于继续深入地向干部群众进行社会主义教育的意见（总号〔61〕028 号,1961 年 12 月 19 日）

53. 中共清丰县委组织部、宣传部关于加强支部教育工作的初步意见（1962 年 3 月 1 日）

54. 中共清丰县委组织部关于进一步对农村党支部和训练党员的意见（总号〔63〕003 号，1962 年 4 月 19 日）

55. 关于对农村老党员救济工作的几点意见（1963 年）

56. 中共清丰县委组织部关于加强支部教育工作的初步意见（1963 年 2 月 11 日）

57. 中共清丰县委宣传部关于反对现代修正问题的学习意见（总号〔63〕015 号，1963 年 3 月 10 日）

58. 关于贯彻省人委批转省人事局关于国家机关工作人员升级工资意见的意见（1963 年 9 月 13 日）

59. 中共清丰县委宣传部关于制止农村业余示范团体混乱现象的意见（〔63〕012 号，1963 年 10 月 9 日）

附件 2

宣布失效的党的规范性文件目录

（共 50 件）

1. 县委关于对目前镇压反革命的意见（1951 年 3 月 29 日）

2. 关于建立劳改组织与抽调干部的规定（1952 年）

3. 关于目前农村整党“三反”工作中的几点意见（1952 年 12 月 22 日）

4. 清丰县委关于做好统购统销结束工作积极团结生产意见（1953 年 2 月 23 日）

5. 清丰县委关于目前农村建党工作情况与今后有关建党工作的几点意见（1953 年 6 月

10 日）

6. 中共清丰县委关于今冬农村整党计划与意见（1953 年 10 月 5 日）

7. 中共清丰县委保密委员会对当前保密工作的指示（1953 年 12 月 16 日）

8. 关于加强互助合作的政治思想工作的意见（1954 年 10 月 18 日）

9. 中共清丰县委农村工作部队当前现有新老社临时巩固意见（1954 年 12 月 18 日）

10. 中共清丰县委关于各区委认真研究执行地委十二月二十号电示的指示（1954 年 12 月 23 日）

11. 中共清丰县委关于当前工作紧急指示（1955 年 2 月 18 日）

12. 中共清丰县委关于继续深入贯彻县人民政府《关于合作化具体政策》布告的紧急指示（1955 年 6 月 8 日）

13. 中共清丰县委关于开展三年合作化运动规划初步意见（1955 年 9 月 7 日）

14. 中共清丰县委关于地委合乡后加强乡级领导、建立乡组织形式的意见的通知（1955 年 12 月 23 日）

15. 县委关于建立高级社的方针、政策与做法的意见（1955 年 12 月 28 日）

16. 县委关于建立高级社的方针、政策与做法的意见（1956 年）

17. 中共清丰县委关于建办集体农庄工作中国共产党党员应遵守的几项纪律（1956 年 1 月 30 日）

18. 中共清丰县委、清丰县人委会关于抽调干部以加强地方农业和工业的领导的通知（1957 年）

19. 中共清丰县委关于撤区并乡改进县委领导方法的工作方案（1957 年 7 月 19 日）

20. 清丰县委员会、清丰县人委会关于撤区并乡改变组织形式的意见(1957 年 10 月 14 日)

21. 中共清丰县委关于为适应新形势发展的需要，加强党对教育工作领导的通知（1957 年 12 月 13 日）

22. 中共清丰县委关于整顿巩固提高人民公社的意见（1957 年 12 月 15 日）

23. 中共清丰县委关于整党建社工作的意见（1957 年 12 月 24 日）

24. 中共清丰县委关于生产跃进和农村整党、整团、整社运动联系的提纲（1958 年 2 月 12 日）

25. 中共清丰县委关于开办“红专学校”的意见（1958 年 5 月 1 日）

26. 中共清丰县委关于巩固整顿提高人民公社的若干政策问题的意见（1959 年 4 月 16 日）

27. 中共清丰县委关于认真贯彻党的八届八中全会精神、反右倾、鼓足干劲全面开展冬春增产节约运动工作意见（1959 年 10 月 24 日）

28. 对各界中上层民主人士进一步加强社会主义改造教育意见（1960 年 2 月 7 日）

29. 开展学习毛著运动的基本情况与今后进一步深入开展的意见（总号〔60〕059 号 ,1960 年 4 月 6 日）

30. 干部在公共食堂和生产工作中的八项规定（总号〔60〕064 号 ,1960 年 4 月 18 日）

31. 调整社队关系的几项规定（1960 年 5 月 8 日）

32. 县委关于进一步办好公共食堂，切实安排好群众生活意见（1960 年 9 月 6 日）

33. 关于每个党员干部保粮保钢运动中必须遵守的几条纪律（总号〔60〕018 号，1960 年 9 月 14 日）

34. 关于贯彻执行省地委精简机构下放干部加强生产第一线决定的决定（总号〔60〕157 号，1960 年 10 月 21 日）

35. 关于贯彻执行“中共中央关于农村人民公社、当前政策问题的紧急指示信”的情况报告（总号〔60〕091 号，1960 年 11 月 13 日）

36. 县委关于组织干部学习毛著第四卷的意见（总号〔60〕176 号，1960 年 11 月 13 日）

37. 关于在整风整社运动中加强党的组织

建设工作意见（1961年3月6日）

38. 关于整风整社运动中组织处理工作的方案（1961年4月24日）

39. 关于人民公社体制变化中民兵组织整顿工作的实施方案（1961年5月1日）

40. 关于平反工作方案（1961年7月26日）

41. 关于平反试点工作的方案（1961年7月28日）

42. 对当前整风整社组织处理和甄别复议工作的意见（1961年9月29日）

43. 关于作好六恢复规划的意见（1962年7月9日）

44. 关于动员全党全民发展生产自救节约度荒运动的方案（1962年9月30日）

45. 贯彻执行中央和省委监察工作会议精神，积极做好我县党的监察工作的意见（1963年2月13日）

46. 关于组织全党认真学习"论共产党员的修养"的意见（1963年3月16日）

47. 关于认真作好整党整社特别是作好清财陪退工作的意见（清发〔63〕019号，1963年3月20日）

48. 关于对投机倒把分子抵交补税罚款财产处理的意见（清发〔63〕049号,1963年7月4日）

49. 关于在生产救灾运动中组织工作的几点意见（总号〔63〕007号,1963年9月25日）

50. 中共清丰县委财贸政治工作办公室关于以支援生产救灾为中心加强政治工作的意见（1963年12月5日）

2015年中共清丰县委文件目录

时间		拟文单位	文　号	文件标题（清发）
月	日			
5	19	县纪委	1	中共清丰县委关于建立县委巡察制度的实施意见
6	2	县群工部	2	中共清丰县委 清丰县人民政府关于进一步加强和改进新时期群众信访工作的意见
6	4	集聚区	3	中共清丰县委 清丰县人民政府关于建立企业服务中心的意见
10	8	县一创双优办公室	4	中共清丰县委关于印发《全县2015年度"一创双优"集中活动实施方案》的通知
12	15	县委办	5	中共清丰县委关于再废止和宣布失效一批党的规范性文件的决定

清丰县人民政府
关于印发清丰县城乡医疗救助实施意见的
通　　知

清政〔2015〕19号

2015年5月25日

各乡镇人民政府，县人民政府有关部门：

《清丰县城乡医疗救助实施意见》已经县政府同意，现印发给你们，请结合实际，认真贯彻落实。

清丰县城乡医疗救助实施意见

为健全完善我县城乡医疗救助制度，提高医疗救助工作水平，根据《社会救助暂行办法》（国务院令第649号）、《河南省财政厅河南省民政厅关于印发<河南省城乡医疗救助基金管理办法>的通知》（豫财社〔2014〕6号）等有关文件精神，结合我县实际，制定本实施意见。

一、指导思想

以党的十八大和十八届三中、四中全会精神为指导，认真贯彻落实中央、省、市关于改革和完善城乡保障制度的有关精神，建立和完善符合我县实际的城乡医疗救助制度，解决贫困群众就医方面的困难，促进社会和谐。

二、基本原则

（一）属地管理原则

县民政部门负责全县范围内医疗救助的组织实施和审批管理工作。乡镇民政部门负责本辖区医疗救助的具体工作，积极协助救助对象上报救助材料，妥善安排救助对象家庭生活。

（二）实事求是、因地制宜原则

从我县实际出发，医疗救助标准既要与我县经济社会发展水平和财政支付能力相适应，又要最大限度帮助贫困群众解决医疗困难问题。

（三）公开、公平、公正原则

县乡民政部门要严格按照程序组织实施，要切实做好政策的宣传和解释工作，做到救助对象和范围公开，救助标准公正合理，主动接受群众和社会各界监督。

（四）专款专用、量力而行原则

建立城乡医疗救助资金专户，实行专账核算、专项管理、专款专用。按照以收定支、收支平衡、量力而行的原则，合理确定救助对象和标准。

三、救助对象

（一）农村五保对象；

（二）城乡低保对象；

（三）政府确定的其他救助对象。

四、救助方式和标准

（一）参合参保救助

按照个人缴费标准，全额资助农村五保对象参加新型农民合作医疗，定额资助最低生活保障对象参加城镇居民医疗保险或新型农民合作医疗。

（二）门诊救助

对患有相关机构认定的特殊病种，需长期药物治疗不适合住院所产生的门诊费用，起付线为 1000 元（含 1000 元），超过起付线的个人负担部分给予 30% 的救助，每人每年累计救助不得超过 2000 元。

（三）住院救助

符合条件的救助对象在住院期间产生的医疗费用，经新型农村合作医疗、城镇居民医疗保险报销和社会帮助后，个人仍难以负担的，按以下比例救助：

1. 农村五保对象住院发生的费用。集中供养五保对象按 100% 给予救助，年封顶线 10000 元；分散供养五保对象按照 70% 给予救助，年封顶线 6000 元。

2. 城乡低保对象住院产生的医疗费用，起付线为 1000 元（含 1000 元），超过起付线的按 30% 给予救助，年封顶线 2000 元。

五、救助申请和审批程序

（一）参合参保救助

各乡镇政府将认定的参合对象报县民政局，由县民政局与新型农村合作医疗机构、城镇居民医疗保险经办机构将确认符合标准的医疗救助人数、参合参保资助标准及资金总额报县财政局，经县财政局审核后，从城乡医疗救助基金专户中将个人缴费核拨至新型农村合作医疗专户或城镇居民医疗保险专户。

（二）门诊救助

救助对象持本人身份证、医疗收费票据、必要的病例资料等相关材料向当地乡镇民政所提出书面申请，乡镇民政所及时初核后报县民政局。县民政局及时完成审批手续。救助资金由县民政局向县财政局提出申请，审核后通过城乡医疗救助基金专户拨付至医疗救助对象账户。对不符合救助条件的，由乡镇民政所通知申请人并说明理由。

（三）住院救助

1. 定点医疗机构住院。救助对象入院后，由医院按照医疗救助标准为救助对象垫付相应费用。定点医院定期将救助对象治疗费用同步结算报表报县民政局低保中心，审核无误后，将垫付补助资金从城乡医疗救助基金专户划转至定点医院账户。

2. 非定点医疗机构住院。救助对象住院治疗发生的医疗费用中的医疗救助部分由个人全额垫付。救助对象出院结算后持结算单、转诊证明、诊断证明、住院证等相关证明，到户籍所在地乡镇民政所提出申请，由乡镇民政所审核后报县民政局低保中心审批，无误后，将垫付补助资金从城乡医疗救助基金专户划转至个人账户。

3、农村五保对象住院按《关于加强农村五保供养对象住院病人管理的通知》（清纪发〔2014〕22 号）文件中关于首诊和转诊的规定执行，否则不给予医疗救助。

六、救助资金筹集与管理

医疗救助资金通过财政安排、专项彩票公益金、社会捐助等渠道筹集。

县财政部门要根据城乡医疗救助对象需求、工作开展情况等因素，科学合理安排城乡医疗救助补助资金；对城乡医疗救助资金实行分账核算、专款专用。县民政和财政部门要定期对城乡医疗救助基金使用情况进行监督检查，并自觉接受审计监督。对于虚报冒领、挤占挪用、贪污浪费等违纪违法行为的单位和个人，按照有关法律法规严肃处理。

本实施意见自下发之日起执行，《清丰县人民政府关于印发清丰县农村医疗救助实施方案（暂行）的通知》(清政〔2005〕57 号)、《清丰县人民政府关于印发清丰县城市医疗救助实施方案(暂行)的通知》(清政〔2006〕31 号)、《清丰县人民政府关于印发清丰县城乡医疗救助与新型农村合作医疗和城镇居民基本医疗保险同步结算实施方案（试行）的通知》（清政〔2009〕36 号）规定的救助比例和标准同时废止。

清丰县人民政府关于印发
清丰县城乡居民基本养老保险实施办法的通知

清政〔2015〕24号

2015年7月22日

各乡镇人民政府，县人民政府各部门：

《清丰县城乡居民基本养老保险实施办法》已经省人社厅审核批准，现印发给你们，请认真组织实施。

清丰县城乡居民基本养老保险实施办法

第一章　总　则

第一条　为进一步健全覆盖城乡居民的基本养老保险制度，保障城乡居民年老后的基本生活，根据《河南省人民政府关于建立城乡居民基本养老保险制度的实施意见》（豫政〔2014〕84号）、《濮阳市人民政府关于印发濮阳市城乡居民基本养老保险实施办法的通知》（濮政〔2015〕35号）精神，结合实际，制定本办法。

第二条　城乡居民基本养老保险（以下简称城乡居民养老保险）按照全覆盖、保基本、有弹性、可持续的方针，坚持和完善社会统筹与个人账户相结合的制度模式，巩固和拓宽个人缴费、集体补助、政府补贴相结合的资金筹集渠道，完善基础养老金和个人账户养老金相结合的待遇支付政策，强化长缴多得、多缴多得等激励机制，健全服务网络，提高管理水平，为参保居民提供方便快捷的服务。

第三条　城乡居民养老保险由各级人民政府负责组织实施，并将其列入经济社会发展规划和年度目标管理体系，切实加强组织领导；要优化财政支出结构，加大财政投入，为城乡居民养老保险制度建设提供必要的财力保障。县人力资源社会保障部门主管城乡居民养老保险工作，并会同发展改革、公安、民政、卫生计生、审计、监察、残联等有关部门或单位做好城乡居民养老保险工作的统筹规划、政策制定、统一管理、综合协调和监督检查等工作。

第二章　参保范围和基金筹集

第四条　具有本县户籍，年满16周岁（全日制学校在校学生除外），非国家机关和事业单位工作人员及不属于职工基本养老保险制度覆盖范围的城乡居民，可以在户籍地参加城乡居民养老保险。

第五条　城乡居民养老保险基金由个人缴费、集体补助、政府补贴构成。

（一）个人缴费。参加城乡居民养老保险的人员应当按规定缴纳养老保险费。缴费标准目前设为每年100元、200元、300元、400元、500元、600元、700元、800元、900元、1000元、

1500元、2000元、2500元、3000元、4000元、5000元16个档次。今后，将根据上级有关部门规定适时调整缴费档次标准，参保人自主选择档次缴费，多缴多得。

（二）集体补助。有条件的村集体经济组织应当对参保人缴费给予补助，补助标准由村民委员会召开村民会议民主确定。鼓励其他社会经济组织、公益慈善组织、个人为参保人缴费提供资助。补助、资助金额不超过设定的最高缴费档次标准。

（三）政府补贴。政府对符合领取城乡居民养老保险待遇条件的参保人全额支付基础养老金。

省、市财政对参保人缴费给予补贴。对选择100—400元档次标准缴费的，补贴标准为每人每年30元，其中省财政每人每年补贴20元，市财政每人每年补贴10元；对选择500元及以上档次标准缴费的，补贴标准为每人每年60元，其中省财政每人每年补贴40元，市财政每人每年补贴20元。

县财政为重度残疾人等缴费困难群体每人每年代缴个人养老保险费100元，代缴后参保人仍享受省、市两级政府缴费补贴；对参保缴费的烈士遗属、45—59周岁领证的独生子女父母和计划生育双女父母每人每年补贴100元。

各级财政对参保人的缴费补贴不能冲抵个人缴费。

第六条　城乡居民养老保险的缴费年度为每个自然年度的1月1日至12月31日，养老保险费以人民币形式缴纳。参保人缴费后，经办机构要及时为参保人出具缴费凭证。

第三章　建立个人账户

第七条　城乡居民养老保险经办机构为每个参保人建立终身记录的养老保险个人账户，个人缴费、政府补贴、集体补助及其他社会经济组织、公益慈善组织、个人对参保人的缴费资助全部记入个人账户。个人账户储存额按国家规定计息。

第八条　个人账户储存额只能用于个人账户养老金支付，除出国（境）定居、死亡等情形外，不得提前支取或挪作他用。

第四章　养老保险待遇及领取条件

第九条　城乡居民养老保险待遇由基础养老金和个人账户养老金构成，支付终身。

（一）基础养老金。在中央、省确定的基础养老金补助标准基础上，市、县对符合领取条件的参保人每人每月再增加补助2元基础养老金（按5:5比例分摊）。自2015年1月1日起执行。增加后，县基础养老金补贴标准为每人每月6元。今后，将根据上级要求和经济发展、物价变动等情况，适时调整基础养老金最低标准。

县政府对符合领取条件的重度残疾人、烈士遗属、领证的独生子女父母和计划生育双女父母，在基础养老金最低标准基础上，每人每月再增加10元。自2015年1月1日起执行。

（二）个人账户养老金。个人账户养老金的月计发标准，目前为个人账户全部储存额除以139（与现行职工基本养老保险个人账户养老金计发系数相同）。参保人死亡的，其个人账户资金余额可以依法继承。

第十条　参加城乡居民养老保险的个人，年满60周岁、累计缴费满15年，且未领取国家规定的基本养老保障待遇的，可以按月领取城乡居民养老保险待遇。

第十一条　我县新型农村社会养老保险或城乡居民社会养老保险制度实施时已年满60周岁，在本办法实施之日前未领取国家规定的基本养老保障待遇的，不用缴费，自本办法实施之月起，可以按月领取城乡居民养老保险基础养老金；距规定领取年龄不足15年的，应逐年缴费，也允许补缴，累计缴费不超过15年，补缴不享受政府补贴；距规定领取年龄超过 15 年的，应按年缴费，累计缴费不少于 15 年，中断年限可以补缴，补缴不享受政府补贴。

第十二条 城乡居民养老保险待遇领取人员死亡的，从次月起停止支付其养老金。城乡居民养老保险经办机构应当按时足额支付养老保险待遇，每年对待遇领取人员进行资格认证；村民委员会要协助经办机构开展工作，在行政村范围内对参保人待遇领取资格进行公示，并与职工基本养老保险待遇等领取记录进行比对，确保不重、不漏、不错；对于重复领取、骗取、冒领养老金待遇的，应及时追回。

第五章 转移接续与制度衔接

第十三条 参加城乡居民养老保险的人员，在缴费期间户籍迁移、需要跨地区转移城乡居民养老保险关系的，可在迁入地申请转移养老保险关系，一次性转移个人账户全部储存额，并按迁入地规定继续参保缴费，缴费年限累计计算；已按规定领取城乡居民养老保险待遇的，无论户籍是否迁移，其养老保险关系不转移。

第十四条 城乡居民养老保险制度与职工基本养老保险、优抚安置、城乡居民最低生活保障、农村五保供养等社会保障制度以及农村部分计划生育家庭奖励扶助制度的衔接，按有关规定执行。

第六章 基金管理和监督

第十五条 完善城乡居民养老保险基金财务会计制度和各项业务管理制度。将城乡居民养老保险基金纳入社会保障基金财政专户，实行收支两条线管理，单独记账、独立核算，任何部门、单位和个人均不得挤占挪用、虚报冒领。

第十六条 城乡居民养老保险基金按照国家统一规定投资运营，实现保值增值。 第十七条 县人力资源社会保障部门要会同有关部门认真履行监管职责，建立健全内控制度和基金稽核监督制度，对基金的筹集、上解、发放、存储、管理等进行监控和检查，并按规定进行公示，接受社会监督。县财政、审计部门要按各自职责，对基金的收支、管理和投资运营情况实施监督。对虚报冒领、挤占挪用、贪污浪费等违纪违法行为，有关部门要按国家有关法律、法规严肃处理。要积极探索有村（居）民代表参加的社会监督方式，做到基金公开透明。

第七章 经办管理服务

第十八条 要切实加强城乡居民养老保险经办能力建设，科学整合现有公共服务资源和社会保险经办管理资源，充实加强基层经办力量，做到精确管理、便捷服务。要注重运用现代管理方式和政府购买服务方式，降低行政成本，提高行政效率。要加强城乡居民养老保险工作人员专业培训，不断提高服务水平。城乡居民养老保险经办机构要认真记录参保人员缴费和领取待遇情况，建立参保档案，按规定妥善保存。各级各有关部门要为经办机构提供必要的工作场地、设施设备、经费保障。城乡居民养老保险工作经费纳入财政预算，不得从城乡居民养老保险基金中列支。

第十九条 各乡镇、各有关部门要认真做好城乡居民养老保险宣传工作，全面准确地解读政策，正确把握舆论导向，注重运用通俗易懂的语言和群众易于接受的方式，深入基层开展宣传活动，引导城乡居民踊跃参保、持续缴费、增加积累，保障参保人合法权益。

第二十条 要按照省、市统一部署，大力推广全国统一的社会保障卡，方便参保人持卡缴费、领取待遇和查询本人参保信息。

第二十一条 城乡居民养老保险金融服务合作机构要按照就地、就近、方便参保人缴费和领取待遇的原则，采取招投标或竞争性谈判方式选择确定。建立对合作金融机构考核评价制度及退出机制，定期对合作金融机构的服务进行评估，及时反馈参保群众对金融服务的意见。

第二十二条　城乡居民养老保险工作人员应当严格遵守国家法律法规和有关政策，严格执行各项制度，对经举报、信访等渠道实名反映和监督检查发现的工作人员违纪违法问题，相关部门应当认真组织核查，依照有关规定给予批评教育、纪律处分或者行政处理；涉嫌违法犯罪的，移交司法机关处理。

第八章　附　则

第二十三条　本办法自2014年2月21日起实施，我县已有规定与本办法不一致的，按本办法执行。

清丰县人民政府关于表彰2015年全县优秀教师和优秀教育工作者的决定

清政〔2015〕34号

2015年9月10日

一年来，在县委、县政府的正确领导下，全县教育战线广大教职员工积极贯彻党的教育方针，以党的十八届三中、四中全会精神为指导，以提高教育教学质量为中心，以实施素质教育为载体，勇于创新，开拓进取，我县教育教学质量显著提高。为表彰先进，激励广大教师和教育工作者以更大的热情投身教育事业，县政府决定对王爱青等154名优秀教师和武志勇等50名优秀教育工作者予以表彰。

希望受表彰的优秀教师和优秀教育工作者，珍惜荣誉，戒骄戒躁，百尺竿头，更进一步，为我县教育事业的发展做出新的更大的贡献。同时，号召全县广大教职员工，以先进为榜样，爱岗敬业，奋勇争先，勇创一流，进一步提高教育教学质量，推进我县教育事业再上新台阶。

附件：清丰县2015年优秀教师和优秀教育工作者名单

附件

清丰县2015年优秀教师和优秀教育工作者名单

（一）优秀教师(154人)

王爱青 曹静巧 韩晓慧 李永娟 裴现蕊
姬艳玲 赵令芳 李淑娟 李林静 乔朝恩
肖翠改 刘冠锋 赵彦青 韩国领 李伟伟
任世杰 杜风军 梁贵环 逯瑞红 杜社锋
刘红强 李中州 许自敏 殷秀玲 张春芳
杜淑丽 李贵清 户光辉 宋瑞玲 丁瑞玲
杨荷花 李秀丽 马雪锋 李艳芬 范忠义
杨会冉 师瑞丽 李艳伟 兰金钊 王军英
张社锋 闫社英 杜永强 王利英 王晓丹
卢慧芳 魏献玲 张晓静 周艳红 刘利平
侯卫钦 郝利敏 巩素花 古利红 孟丽平
任兆伟 丁娜娜 韩瑞玲 李智伟 常荣花
姚志芳 韩艳玲 王建敏 郝香芬 刘利花
金红霞 韩瑞华 张晓霞 姚振国 谷建省
袁利红 王永利 谢晓娜 尚红娟 刘素敏
韩艳丽 王鹏举 兑关蕊 刘保林 丁利广
李臻芳 岳景珂 史利娜 姚彩玲 黄向阳
户社敏 张献方 魏利蕊 张艳芳 范利英
王社锋 晁社芹 程志红 王焕阁 朱瑞娜

刘彦玲 董冠英 李殿忠 苏江燕 赵彦卿
张社兴 刘瑞利 朱艳芳 马瑞敏 赵社花
郭遂波 付艳芳 李广跃 李桂娟 岳瑞敏
翟光耀 谭红丽 谭焕可 丁永华 魏建平
李金艳 王社红 蔡利敏 高利敏 董秀英
刘卫锋 徐丽娟 刘巧玲 张东方 许亚琳
谢玉环 韩利刚 李广波 王伟锋 尹金成
史丽敏 宋巧蕊 杨媛媛 葛振中 杜建丽
罗彦伟 常传士 丁献玲 鲁雁冰 程慧君
逯文杰 王利峰 卢世刚 徐银海 孙好杰
续瑞芳 杨建广 张振芳 武利霞 李军利
赵彩红 王明慧 刘瑞芬 刘瑞涛

（二）优秀教育工作者（50人）

武志勇 高国军 赵瑞红 高国举 胡云鹏
申现波 李汉举 吴自强 高玉兰 翟庆远
马民亮 张淑彩 李相奎 李利民 聂瑞花
郝石宽 郭培防 任周强 李玉斋 贾叶红
陈海稳 宋晓董 孙景芮 赵洪涛 杨瑞丽
孙跃轩 任庆森 唐振涛 刘东亮 弓瑞学
尹彩九 靳俊强 雷景芬 刘志国 郝瑞杰
丁金强 魏怀军 杨怀峰 范俊峰 尚焕玲
李俊现 高　扬 雷现民 陆新春 刘运涛
骆江涛 冯晓健 苏晓勇 梁　洋 杨宗培

清丰县人民政府关于公布第五批清丰县县级非物质文化遗产名录的通知

清政〔2015〕42 号

2015 年 10 月 19 日

各乡镇人民政府，县人民政府各部门：

县文化广电旅游局确定的第五批清丰县县级非物质文化遗产名录（23 项）已经县政府批准，现予以公布。

各乡镇、各有关部门要按照“保护为主、抢救第一、合理利用、传承发展”的工作方针，切实做好非物质文化遗产的保护、管理和开发利用工作，传承弘扬民族文化，推动我县文化大发展大繁荣。

附件：第五批清丰县县级非物质文化遗产名录

附件

第五批清丰县县级非物质文化遗产名录

（共计 23 项）

一、传统美术（1 项）

序号	编号	项目名称	申报单位
1	Ⅱ—1	庵上剪纸	双庙乡东庵上村

二、传统音乐（1 项）

序号	编号	项目名称	申报单位
1	Ⅲ—1	旱船秧歌	双庙乡东庵上村

三、传统舞蹈（1 项）

序号	编号	项目名称	申报单位
1	Ⅳ—1	舞虎	双庙乡东庵上村

四、传统戏曲（1 项）

序号	编号	项目名称	申报单位
1	Ⅴ—1	清丰目连戏	固城乡旧城村

五、传统体育、游艺与竞技（5 项）

序号	编号	项目名称	申报单位
1	Ⅶ—1	大小洪拳	双庙乡东庵上村
2	Ⅶ—2	炮拳	双庙乡东庵上村
3	Ⅶ—3	四拳	双庙乡东庵上村
4	Ⅶ—4	进手拳	双庙乡东庵上村
5	Ⅶ—5	抢奔	双庙乡东庵上村

六、传统技艺（9 项）

序号	编号	项目名称	申报单位
1	Ⅷ—1	陈氏面人	双庙乡东庵上村
2	Ⅷ—2	打铁技艺	双庙乡泰家村
3	Ⅷ—3	王氏掐丝银胎景泰蓝	柳格镇良庙村

4 Ⅷ—4 宝香一品坊粉肚 城关镇西关村
5 Ⅷ—5 老周家蒸饺 六塔乡土石方村
6 Ⅷ—6 庵上五彩绣 双庙乡东庵上村
7 Ⅷ—7 庵上布老虎 双庙乡东庵上村
8 Ⅷ—8 唐记猪蹄 城关镇东街村
9 Ⅷ—9 乔氏御八珍熏鸡 古城乡乔营村

七、传统医药（4项）

序号 编号 项目名称 申报单位
1 Ⅸ—1 冯氏妇科 瓦屋头镇小集村
2 Ⅸ—1 谭氏接骨膏药 仙庄镇米家村
3 Ⅸ—3 赵郎中“黑药膏”马庄桥镇赵家村
4 Ⅸ—4 赵郎中“琥珀色”药水 马庄桥镇赵家村

八、民俗（1项）

序号 编号 项目名称 申报单位
1 Ⅹ—1 庵上庙文化 双庙乡东庵上村

清丰县人民政府办公室
关于印发清丰县乡镇敬老院综合提升工程
实施方案的通知

清政办〔2015〕44 号

2015 年 8 月 7 日

各乡镇人民政府，县人民政府有关部门：

《清丰县乡镇敬老院综合提升工程实施方案》已经县政府同意，现印发给你们，请认真贯彻执行。

清丰县乡镇敬老院综合提升工程实施方案

为全面改善集中供养五保对象的居住和生活条件，提高幸福指数，推进全县农村养老事业健康发展，根据《农村五保供养工作条例》（国务院令第 456 号）、《农村五保供养服务机构管理办法》（民政部令第 37 号）、《河南省实施〈农村五保供养工作条例〉办法》（省政府令第 111 号）和《濮阳市人民政府办公室关于印发濮阳市乡镇敬老院综合提升工程实施方案的通知》（濮政办〔2015〕35 号）的有关要求，结合我县实际，制定本实施方案。

一、指导思想和工作原则

（一）指导思想

紧紧围绕“以民为本、为民解困、为民服务”的民政宗旨，全面建立新型农村五保供养制度，加大资金投入，完善乡镇敬老院硬件，提高集中供养五保对象的生活质量与幸福指数，提高乡镇敬老院规范化建设、服务和管理水平，提高乡镇敬老院床位使用率和农村五保对象集中供养率，切实保障农村五保对象基本生活，推进全县农村养老事业健康发展，为加快建设和谐清丰做出应有贡献。

（二）工作原则

1. 政府主导。将乡镇敬老院建设纳入经济社会发展规划，列支敬老院建设资金、五保供养资金与工作经费。

2. 社会参与。动员和鼓励社会组织和个人对农村五保供养对象和供养工作提供捐助和服务。

3. 因地制宜。根据乡镇敬老院实际，搞好调研论证，科学确定采暖设施，原则上使用生物质燃料气化环保节能锅炉。

4. 科学规划。有条件的乡镇敬老院，要调整结构布局，大力发展院办经济，搞好以副补院，提高院民生活质量。

5. 分步实施。积极推行敬老院、民政所和院办经济实体“三位一体”模式，加强管理指导。

6. 确保实效。县民政部门和各乡镇政府要制定农村五保供养工作管理制度，并负责督促实施，确保工作实效。

二、目标任务与时间节点

（一）实施全县 17 所乡镇敬老院“一装、二改、三建”综合提升工程（一装：安装暖气；二改：改造餐厅厨房，改造旱厕为水厕；三建：建设娱乐室、医务室和洗浴室）。

完成时限：2015年9月30日前。

（二）确保敬老院工作人员不低于供养对象的10%，确保岗位工资不低于当地最低工资标准，确保每所敬老院每年工作经费不低于10万元。

完成时限：长期。

（三）完成乡镇敬老院事业单位法人登记工作。

完成时限：2015年11月30日前。

（四）积极推行敬老院建设“三位一体”模式，加强民政所对敬老院的管理和指导；大力发展院办经济，搞好以副补院，提高院民生活质量。

完成时限：长期。

（五）全面建立敬老院工作人员分包联系分散供养五保老人制度，确保分散供养五保老人的合法权益得到有效保障。

完成时限：2015年8月30日前建立制度，并长期坚持。

（六）建立乡镇、县直机关和企事业单位每月到敬老院献爱心活动制度，动员和鼓励社会组织和爱心人士为农村五保老人献爱心，形成“尊老爱老助老”的良好社会风尚。

完成时限：2015年8月30日前建立制度，并长期坚持。

三、提升标准

（一）锅炉

原则上使用生物质燃料气化环保节能锅炉。各乡镇要根据敬老院现有房间数量和供暖面积，科学选定生物质节能锅炉、燃煤数控锅炉、散煤锅炉、燃气锅炉、中央空调、数码无水地暖或元硕碳晶等。

（二）餐厅厨房

厨房、餐厅分设。厨房内设有灶台、储藏柜、冰箱、冰柜、食品罩等，生熟食品分柜存放，并分墩、分刀切割；设有排气扇、抽油烟机、纱窗、门帘等，室内无蚊蝇、老鼠，墙壁无灰尘、无油污；餐厅安装空调；设有灭火器。

要按照床位利用率100%的标准核定厨房、餐厅规模和桌椅数量，一人一位；设有洗碗池、碗筷消毒柜和储藏柜；设有开水炉、净水器。

（三）厕所

地面防滑，光线、通风良好，无臭味，夏季无蝇虫，冬季能保暖。供排水系统能满足水冲使用需要。男女厕坐便器数量要分别达到可供养男女老人总数的15%和20%，且要设立扶手；男厕小便器既可安装独立的，也可建成小便槽，均需安装扶手。配有手纸盒及手纸、废纸桶，安装排气扇。

（四）娱乐室

配备电视机、话筒、功放、音箱、DVD/PC等AV设备；配备相关书籍、画报、报刊及相关音像资料；配置棋类、球类、扑克等娱乐设施；配置健身、按摩、康复等器材；配置二胡、锣鼓等音乐器材和书法、绘画等文具；设有灭火器。

（五）医务室

配备听诊器、血压计、体温表、身高体重计、诊察床、诊察桌、出诊箱、药品柜、输液器材、换药器材、紫外线灯、污物筒、资料柜、输液椅床等，配齐基本药物，设有健康宣传栏或宣传窗。

与乡镇卫生院签订医疗协议，具备专业资格的医师每周不少于两次定期坐诊。

（六）洗浴室

洗浴室可不分男女部，固定男女开放时间。要设置浴池、淋浴器。地面要防滑，墙面要防水。浴池内要设置座位，且安装扶手；浴池外围地面要铺设防滑垫；淋浴器数量要达到可供养人数的20%；设有灭火器。

设立洗衣间，洗衣机和熨烫机各两套，分别用于一般衣物和特殊衣物的洗涤和熨烫；设有灭火器。

四、方法步骤

乡镇敬老院综合提升工程实施分为以下三个阶段进行：

（一）动员阶段（2015 年 8 月 1 日—8 月 11 日）

制定工作方案，成立领导小组，强化推进措施，搞好宣传发动。

（二）实施阶段（2015 年 8 月 12 日—9 月 30 日）

做好项目论证、工程预算、招标建设等工作，认真组织实施，督导完成采暖设施安装调试。

（三）验收阶段（2015 年 10 月 1 日—10 月 31 日）

县民政局联合县财政局、县督查局组织检查验收。

五、保障措施

（一）加强组织领导

乡镇敬老院是保障五保对象集中供养的基本载体，也是农村社会养老的主要平台，在农村基本公共服务体系中有着无可替代的重要作用。各乡镇要将乡镇敬老院综合提升工程纳入重要议事议程，做为当前重点工作强力推进，确保按时间节点完成工作任务。县财政、督查、宣传等部门要全力配合，切实做好资金保障、进度督导、舆论引领等工作；县民政部门要履行好牵头责任，加强统筹协调，及时总结经验，确保完成目标任务。

（二）强化监督管理

县民政部门要建立健全全程跟踪检查和情况公示公告制度，有计划地组织项目实施情况的监督检查，控制和防范资金风险，及时纠正项目实施过程中出现的偏差，确保资金安全、高效使用。县民政部门要联合县督查、财政部门采取随机抽查、引入独立第三方评估等方式，重点加大对综合提升工程建设进度与质量情况、资金拨付与使用情况等监督检查。

（三）确保规范运转

县财政部门要将乡镇敬老院综合提升工程建设资金（每所不低于 15 万元）、工作经费列入年度预算。各级各有关部门要坚持建设、使用与管理并重，落实设备和管理资金，配备必要工作人员，加强内部规范管理，拓展供养服务范围，充分发挥乡镇敬老院在农村社会养老中的重要作用。

（四）注重舆论宣传

县民政部门要配合宣传部门加大宣传工作力度，利用各种新闻媒介，重点宣传敬老院乡镇综合提升工程和工作目标实施成效，及时推广典型经验，充分发挥品牌效应，积极引导社会资金投入，进一步提高农村五保供养服务水平，切实保障农村五保对象的合法权益。

2015年清丰县人民政府文件目录

时间		拟文单位	文号（清政）	文件标题
月	日			
5	25	政府办	19号	清丰县人民政府关于印发清丰县城乡医疗救助实施意见的通知
7	22	政府办	24号	清丰县人民政府关于印发清丰县城乡居民基本养老保险实施办法的通知
9	10	政府办	34号	清丰县人民政府关于表彰2015年全县优秀教师和优秀教育工作者的决定
10	19	政府办	42号	清丰县人民政府关于公布第五批清丰县县级非物质文化遗产名录的通知
8	7	政府办	44	清丰县人民政府办公室关于印发清丰县乡镇敬老院综合提升工程实施方案的通知

二、专　文

见义勇为楷模——孟瑞鹏

孟瑞鹏（1991 ~ 2015 年），河南省濮阳市清丰县韩村乡孟焦夫村人，华北水利水电大学2012 级法语专业学生。

2015 年 2 月 26 日下午 2 时 30 分左右，孟瑞鹏前往清丰县韩村乡西赵楼村，在该村莲花池一带游走时，回西赵楼村探亲的两个女孩（一个 8 岁，一个 5 岁）不慎落入水中。在关键时刻，孟瑞鹏不顾自身安全，将衣物抛掷一边，立即跳入水中救人。闻讯赶来的张龙（濮阳市胡村乡张堆村人）和卢延章（清丰县韩村乡西赵楼村人）也参与施救，最终两个落水儿童获救了，而在消防人员和村民将孟瑞鹏救出时已停止了呼吸。孟瑞鹏同志在人民群众生命安全处于严重危险的紧要关头，不顾个人安危，挺身而出，勇救遇险群众，用年轻的生命展现了对人民的无限热爱，用舍己救人的行动弘扬了文明、健康、向上的中原人文精神，用侠义的壮举诠释了当代河南青年高尚的道德品质，事件被《人民日报》、央视新闻等各大主流媒体关注。为表彰孟瑞鹏同志舍己救人的英勇壮举，弘扬见义勇为精神，他先后被追授为“河南省见义勇为先进个人”“河南省优秀大学生”“河南省见义勇为青年英雄”“全国优秀大学生”等荣誉称号，2015 年 7 月被河南省政府评为烈士。荣获全国第五届道德模范提名奖。

三、光荣榜

2015年清丰县荣获市（厅）级以上表彰先进个人

姓　名	单位名称	表彰单位	荣誉称号
李濮兵	政法委	国务院防范或处理邪教问题办公室	防范处理邪教工作
潘剑勇	统战部	中央统战部宣传办、中国统一战线《杂志社》	中国统一战线宣传先进个人
范军民	县委办	省委办公厅	全省党委系统信息工作先进个人
马俊鹏	政府办	河南省政府办公厅	全省政府系统政务信息工作先进个人
南　阳	文化广电旅游局	河南省文化厅	2014—2015年度全省文化市场管理工作优秀个人
徐拥军	商务局	河南省商务厅	全省商务系统先进工作者
甘永生	疾控中心	河南省卫生和计划生育委员会	艾滋病防治工作先进个人
于利强	林技中心	河南省林业厅	全省林业工作站建设和林业科技推广工作先进个人
曹兆谦	林业局	河南省绿化委员会	河南省绿化奖章
刘现华	国土资源局	河南省国土资源厅	2011—2015年河南省国土资源管理系统“六五”普法先进个人
王　健	大屯乡	河南省科学技术协会	河南省农村科普宣传工作先进个人
常小军	固城乡	河南省科学技术协会	河南省农村科普宣传工作先进个人
李　永	组织部	濮阳市委、市政府	全市“一创双优”活动先进个人
于兴飞	发改委	濮阳市委、市政府	支持服务全市重点项目建设先进个人
谢晓飞	保密局	濮阳市委、市政府	全市“一创双优”先进个人
葛孟军	财政局	濮阳市委、市政府	全市平安建设先进个人
李金玲	法　院	濮阳市委、市政府	全市人民满意的政法干警
侯美中	法　院	濮阳市委、市政府	全市维护稳定工作先进个人

续表 1

姓　名	单位名称	表彰单位	荣誉称号
孙丽君	法　院	濮阳市委、市政府	全市涉法涉诉信访工作先进个人
杨杰英	法　院	濮阳市委、市政府	全市平安建设先进个人
武顺杰	督查局	濮阳市委、市政府	支持服务全市重点项目建设先进个人
冯向刚	督查局	濮阳市委、市政府	濮阳市先进个人
蒋应忠	县市政园林局	濮阳市委、市政府	全市城镇基础设施建设管理工作先进个人
张怀波	县房管局	濮阳市委、市政府	全市住房和城乡建设工作工作先进个人
洪道坤	科技局	濮阳市委、市政府	2014—2015 年度全市科技工作先进个人
高志明	科技局	濮阳市委、市政府	2014—2015 年度全市科技工作先进个人
郭振峰	科技局	濮阳市委、市政府	2014—2015 年度全市科技工作先进个人
胡瑞红	科技局	濮阳市委、市政府	2014—2015 年度全市科技工作先进个人
张　丽	畜牧局	濮阳市委、市政府	濮阳市优秀科技工作者
丁洪涛	县综合执法局	濮阳市委、市政府	全市住房和城乡建设管理工作先进个人
陈广利	瓦屋头镇	濮阳市委、市政府	“龙乡精神杯”竞赛活动先进个人
陈进周	瓦屋头镇	濮阳市委、市政府	“龙乡精神杯”竞赛活动先进个人
刘圣建	瓦屋头镇	濮阳市委、市政府	乡村医疗机构标准化建设工作先进个人
申永杰	瓦屋头镇	濮阳市委、市政府	全市信访工作先进个人
靳卫军	柳格镇	濮阳市委、市政府	党管武装好书记
李淑丽	妇幼保健院	濮阳市委、市政府	濮阳市优秀科技工作者
刘景信	固城乡	濮阳市委、市政府	濮阳市和平建设先进工作者
纪泉水	招商局	濮阳市委、市政府	全市招商引资工作先进个人
黄兆锋	招商局	濮阳市委、市政府	全市招商引资工作先进个人
孙平周	家具办	濮阳市委、市政府	全市招商引资工作先进个人
李国增	工信委	濮阳市委、市政府	全市招商引资工作先进个人 维护稳定工作先进个人
孙自明	发改委	濮阳市委、市政府	支持服务重点项目建设先进个人
马石磊	高堡乡	濮阳市委、市政府	支持服务重点项目建设先进个人
蒋智敏	马庄桥镇	濮阳市委、市政府	支持服务重点项目建设先进个人
崔永杰	农　办	濮阳市委、市政府	全市农业农村工作先进个人
昝　键	蔬菜办	濮阳市委、市政府	全市农业农村工作先进个人
何占利	林业局	濮阳市委、市政府	全市农业农村工作先进个人

续表 2

姓　名	单位名称	表彰单位	荣誉称号
梁瑞群	水利局	濮阳市委、市政府	全市农业农村工作先进个人
葛自启	扶贫办	濮阳市委、市政府	全市农业农村工作先进个人
朱瑞玲	国土局	濮阳市委、市政府	全市农业农村工作先进个人
王占周	畜牧局	濮阳市委、市政府	全市农业农村工作先进个人
逯志广	计生委	濮阳市委、市政府	全市人口和计划生育工作先进个人
李卫红	计生委	濮阳市委、市政府	全市人口和计划生育工作先进个人
张宏洁	计生委	濮阳市委、市政府	全市人口和计划生育工作先进个人
杨　柳	计生委	濮阳市委、市政府	全市人口和计划生育工作先进个人
李红涛	计生委	濮阳市委、市政府	全市人口和计划生育工作先进个人
张自力	计生委	濮阳市委、市政府	全市人口和计划生育工作先进个人
夏振涛	古城乡	濮阳市委、市政府	全市信访工作先进个人
王伟力	六塔乡	濮阳市委、市政府	全市信访工作先进个人
李宇峰	人社局	濮阳市委、市政府	全市信访工作先进个人
唐志轩	政法委	濮阳市委、市政府	全市信访工作先进个人
冯曙光	公安局	濮阳市委、市政府	全市平安建设先进个人
宋国耀	古城派出所	濮阳市委、市政府	全市涉法涉诉信访工作先进个人
王洪勋	双庙乡	濮阳市委、市政府	全市文化产业发展先进个人
袁克俭	公安局	濮阳市委、市政府	全市民族宗教工作先进个人
冯曙光	公安局	濮阳市委	优秀共产党员
徐安聚	信访局	濮阳市委	濮阳市优秀党务工作者
冯志龙	产业集聚区	濮阳市委	优秀共产党员
宋国选	仙庄镇	濮阳市委	优秀共产党员
王江涛	仙庄镇	濮阳市委	优秀共产党员
李淑丽	妇幼保健院	濮阳市委	濮阳市优秀共产党员
靳卫军	柳格镇	濮阳市委	优秀党务工作者
常志超	柳格镇	濮阳市委	濮阳市优秀党务工作者
苏庆法	仙庄镇	濮阳市委	优秀村党支部书记

续表 3

姓　名	单位名称	表彰单位	荣誉称号
申永杰	瓦屋头镇	濮阳市委	优秀共产党员
王　涛	人　大	濮阳市人民政府	先进工作者
刘建军	政协办公室	濮阳市人民政府	劳动模范
王利娟	政府办	濮阳市人民政府	濮阳市先进个人
付洪轩	发改委	濮阳市人民政府	濮阳市先进个人
马秀军	法制办	濮阳市人民政府	濮阳市先进工作者
李　剑	法制办	濮阳市人民政府	濮阳市依法行政工作先进个人
袁克俭	公安局	濮阳市人民政府	濮阳市安全生产先进工作者
周艳红	公安局	濮阳市人民政府	濮阳市民族团结进步模范个人
刘建军	工　会	濮阳市人民政府	濮阳市劳动模范
殷守常	统计局	濮阳市人民政府	濮阳市先进工作者
魏彦生	质监局	濮阳市人民政府	濮阳市先进工作者
杨永钦	畜牧局	濮阳市人民政府	濮阳市劳动模范
李勤斌	农技中心	濮阳市人民政府	濮阳市劳动模范
刘兆勇	林技中心	濮阳市人民政府	濮阳市劳动模范
郑要强	县委党校	濮阳市人民政府	先进工作者
刘建省	油区办	濮阳市人民政府	全市油区工作先进个人
赵锡浩	油区办	濮阳市人民政府	全市油区工作先进个人
申永杰	瓦屋头镇	濮阳市人民政府	全市油区工作先进个人
王伟力	六塔乡	濮阳市人民政府	全市油区工作先进个人
闫战民	县教师进修学校	濮阳市人民政府	濮阳市先进工作者
王俊斋	固城乡	濮阳市人民政府	濮阳市民族团结进步模范个人
苏庆法	仙庄镇	濮阳市人民政府	濮阳市劳动模范
陈志芹	瓦屋头镇	濮阳市人民政府	信息联络点先进个人
王献法	城关镇	濮阳市人民政府	全市消防工作先进个人
陈英浩	卫生局	濮阳市人民政府	全市消防工作先进个人
李俊杰	残　联	濮阳市人民政府	全市残疾人工作先进个人
梁瑞群	水利局	濮阳市人民政府	全市农田水利基本建设“龙乡精神杯”先进个人
徐保忠	水利局	濮阳市人民政府	全市农田水利基本建设“龙乡精神杯”先进个人

续表 4

姓　名	单位名称	表彰单位	荣誉称号
赵继军	水利局	濮阳市人民政府	全市农田水利基本建设“龙乡精神杯”先进个人
谭清波	大屯乡	濮阳市人民政府	全市农田水利基本建设“龙乡精神杯”先进个人
徐进忠	大屯乡	濮阳市人民政府	全市农田水利基本建设“龙乡精神杯”先进个人
陈广利	瓦屋头镇	濮阳市人民政府	全市农田水利基本建设“龙乡精神杯”先进个人
陈进周	瓦屋头镇	濮阳市人民政府	全市农田水利基本建设“龙乡精神杯”先进个人
葛跃坤	阳邵乡	濮阳市人民政府	全市农田水利基本建设“龙乡精神杯”先进个人
白俊芳	阳邵乡	濮阳市人民政府	全市农田水利基本建设“龙乡精神杯”先进个人
李英杰	城关镇	濮阳市人民政府	全市环境保护先进个人
刘邦勇	安监局	濮阳市人民政府	全市安全生产先进个人
刘社奇	工信委	濮阳市人民政府	全市服务企业先进个人
李社强	卫生局	濮阳市人民政府	全市基层医疗卫生服务体系建设先进个人
黄志勇	发改委	濮阳市人民政府	全市基层医疗卫生服务体系建设先进个人
张素芬	卫生局	濮阳市人民政府	全市新型农村合作医疗基本公共卫生服务工作先进个人
李淑丽	妇幼保健院	濮阳市人民政府	全市新型农村合作医疗基本公共卫生服务工作先进个人
李宇峰	人社局	濮阳市人民政府	全市就业创业工作先进个人 全市社会保险工作先进个人
鲁红兵	人社局	濮阳市人民政府	全市社会保险工作先进个人
王宏伟	食药监局	濮阳市人民政府	全市食品安全工作先进个人
程志学	城关镇	濮阳市人民政府	全市食品安全工作先进个人
李艳霞	县第一高级中学	濮阳市人民政府、濮阳市教育局	濮阳市优秀教师

四、专业技术人员

2015年清丰县具备中高级专业技术职务任职资格人员

单位名称	姓名	性别	出生年月	申报级别	申报职称	申报专业
大流乡小学	高利英	女	1977.10	副高级	中小学高级教师	小学语文
瓦屋头镇中学	弓瑞学	男	1978.9	副高级	中小学高级教师	语文
马村乡中学	冯叶固	男	1973.12	副高级	中小学高级教师	体育
马村乡中学	冯雪枫	男	1975.11	副高级	中小学高级教师	教育管理
高堡乡中学	张勇强	男	1976.7	副高级	中小学高级教师	历史
第一高级中学	王彦斌	男	1974.5	副高级	中小学高级教师	英语
城关镇小学	朱翠玲	女	1970.10	副高级	中小学高级教师	小学语文
马庄桥镇中学	刘利花	女	1975.7	副高级	中小学高级教师	美术
双庙乡中学	王志芳	女	1978.12	副高级	中小学高级教师	政治
古城乡中学	张淑彩	女	1974.3	副高级	中小学高级教师	数学
巩营乡中学	杨广欣	男	1972.12	副高级	中小学高级教师	语文
仙庄乡中学	曹仁杰	男	1972.4	副高级	中小学高级教师	物理
第三实验小学	许艳丽	女	1974.9	副高级	中小学高级教师	小学语文
高堡乡中学	孟繁茂	男	1975.11	副高级	中小学高级教师	数学
仙庄乡中学	孙学恩	男	1972.12	副高级	中小学高级教师	物理
马庄桥镇中学	杨雪姣	女	1965.12	副高级	中小学高级教师	语文
实验初级中学	史利娜	女	1979.7	副高级	中小学高级教师	语文
大流乡中学	裴志玲	女	1977.9	副高级	中小学高级教师	历史
实验初级中学	齐卫平	女	1977.10	副高级	中小学高级教师	数学
阳邵乡中学	刘卫锋	女	1977.9	副高级	中小学高级教师	语文

续表 1

单位名称	姓名	性别	出生年月	申报级别	申报职称	申报专业
第一实验小学	史欣茂	男	1972.6	副高级	中小学高级教师	教育管理
古城乡小学	齐社红	女	1970.7	副高级	中小学高级教师	小学数学
双庙乡小学	赵景社	女	1975.9	副高级	中小学高级教师	英语
大屯乡小学	李震芳	男	1965.5	副高级	中小学高级教师	体育
固城乡小学	刘建民	男	1969.9	副高级	中小学高级教师	小学数学
双庙乡中学	李振民	男	1973.3	副高级	中小学高级教师	体育
行知学校	郝 伟	男	1976.10	副高级	中小学高级教师	语文
第一初级中学	徐爱社	女	1971.11	副高级	中小学高级教师	语文
古城乡卫生院	范忠录	男	1969.9	副高级	副主任医师	西医口腔
城关镇卫生院	卢庆伟	男	1977.5	副高级	副主任医师	西医骨科
第二人民医院	宋毅峰	男	1971.2	副高级	副主任医师	西医骨科
疾控中心	张福超	男	1971.11	副高级	副主任医师	流行病
人民医院	赵 刚	男	1977.5	副高级	副主任医师	神经外科
人民医院	安红霞	女	1968.10	副高级	副主任护师	内科护理
中医院	刘瑞丽	女	1977.9	副高级	副主任中医师	中医内科
人民医院	晁代飞	男	1974.9	副高级	副主任医师	西医普外
人民医院	李翠峰	女	1972.7	副高级	副主任护师	内科护理
人民医院	周利英	女	1969.2	副高级	副主任医师	西医普内
植保植检站	董彦防	男	1971.4	副高级	高级农艺师	植保
农技中心	欧阳照	男	1972.8	副高级	高级兽医师	兽医
畜牧局	史立鹏	男	1968.9	副高级	高级畜牧师	畜牧
财政局	撒 蔚	女	1977.8	副高级	高级经济师	财政税收
财政局	肖宏强	男	1973.1	副高级	高级经济师	财政税收
财政局	武慧敏	女	1971.1	副高级	高级经济师	财政税收

续表 2

单位名称	姓名	性别	出生年月	申报级别	申报职称	申报专业
党校	贾志标	男	1966.7	副高级	高级讲师	政治
兴盛混凝土有限公司	张相栓	男	1980.4	中级	工程师	建材
兴盛混凝土有限公司	郑建习	男	1972.3	中级	工程师	建材
龙源苗木有限公司	于　伟	男	1963.9	中级	工程师	电气
实验初级中学	陈想花	女	1974.11	副高级	中小学高级教师	数学
第一实验小学	康金焕	女	1977.2	副高级	中小学高级教师	小学数学
教师进修学校	武利霞	女	1970.7	副高级	高级讲师	教育心理学
巩营乡中学	巩瑞姣	女	1978.10	副高级	中小学高级教师	数学
古城乡中学	逯林山	男	1964.9	副高级	中小学高级教师	物理
柳格镇小学	骆海朋	男	1977.4	副高级	中小学高级教师	小学数学
马村乡中学	刘文龙	男	1975.1	副高级	中小学高级教师	政治
第一实验小学	李艳芳	女	1976.4	副高级	中小学高级教师	小学语文
纸房乡中学	李桂娟	女	1977.9	副高级	中小学高级教师	英语
马村乡小学	何荷花	女	1978.1	副高级	中小学高级教师	小学数学
实验初级中学	李晓红	女	1975.11	副高级	中小学高级教师	数学
大屯乡小学	胡云鹏	男	1973.2	副高级	中小学高级教师	小学语文
马村乡中学	贾叶红	男	1972.4	副高级	中小学高级教师	语文
六塔乡中学	韩献敏	女	1978.6	副高级	中小学高级教师	语文
第一高级中学	关改峰	女	1974.9	副高级	中小学高级教师	语文
固城乡中学	朱红杰	男	1975.9	副高级	中小学高级教师	英语
龙源苗木有限公司	陈加飞	男	1975.12	中级	工程师	电气
龙源苗木有限公司	马继萍	女	1969.4	中级	工程师	电气
龙源苗木有限公司	陈静云	女	1981.8	中级	工程师	电气
龙源苗木有限公司	李　军	男	1967.6	中级	工程师	电气

续表 3

单位名称	姓名	性别	出生年月	申报级别	申报职称	申报专业
龙源苗木有限公司	李校文	男	1969.4	中级	工程师	电气
龙源苗木有限公司	刘　坤	男	1981.10	中级	工程师	电气
龙源苗木有限公司	李新锋	男	1977.4	中级	工程师	交通
龙源苗木有限公司	赵清林	男	1967.1	中级	工程师	电气
龙源苗木有限公司	宋云飞	男	1977.4	中级	工程师	电气
龙源苗木有限公司	何美娟	女	1970.11	中级	工程师	电气
龙源苗木有限公司	王继海	男	1968.8	中级	工程师	林业
龙源苗木有限公司	孙　刚	男	1969.12	中级	工程师	电气
龙源苗木有限公司	王　栋	男	1978.11	中级	工程师	电气
龙源苗木有限公司	原清峰	男	1972.9	中级	工程师	城建
龙源苗木有限公司	冯中三	男	1969.8	中级	工程师	电气
龙源苗木有限公司	拜晓萍	女	1971.6	中级	工程师	电气
龙源苗木有限公司	卢建国	男	1981.4	中级	工程师	电气
龙源苗木有限公司	田泽河	男	1966.12	中级	工程师	电气
龙源苗木有限公司	张世强	男	1977.8	中级	工程师	城建
龙源苗木有限公司	侯二朋	男	1982.12	中级	工程师	交通
龙源苗木有限公司	马秋菊	女	1983.9	中级	工程师	电气
龙源苗木有限公司	王万山	男	1984.3	中级	工程师	交通
龙源苗木有限公司	张海涛	男	1976.10	中级	工程师	交通
龙源苗木有限公司	王　琨	男	1979.1	中级	工程师	交通
龙源苗木有限公司	田　亮	男	1981.9	中级	工程师	林业
龙源苗木有限公司	王文豪	男	1986.4	中级	工程师	林业
龙源苗木有限公司	张建华	男	1973.1	中级	工程师	交通
龙源苗木有限公司	薛惠军	男	1966.6	中级	工程师	电气

续表 4

单位名称	姓名	性别	出生年月	申报级别	申报职称	申报专业
龙源苗木有限公司	胡英绍	男	1967.5	中级	工程师	电气
龙源苗木有限公司	刘恒福	男	1962.8	中级	工程师	电气
龙源苗木有限公司	李德林	男	1973.1	中级	工程师	电气
龙源苗木有限公司	李　岩	女	1980.8	中级	工程师	城建
龙源苗木有限公司	王宏斌	男	1978.3	中级	工程师	交通
龙源苗木有限公司	崔利娟	女	1982.8	中级	工程师	交通
龙源苗木有限公司	陈建光	男	1975.10	中级	工程师	电气
龙源苗木有限公司	李　捷	女	1974.12	中级	工程师	林业
龙源苗木有限公司	袁　军	男	1978.8	中级	工程师	交通
龙源苗木有限公司	李　鹏	男	1979.4	中级	工程师	城建
濮阳市广泽建筑安装公司	王亚杰	男	1988.1	中级	工程师	城建
濮阳市广泽建筑安装公司	郭承孜	男	1986.12	中级	工程师	城建
濮阳市广泽建筑安装公司	朱云江	男	1968.11	中级	工程师	城建
濮阳市广泽建筑安装公司	李邦曜	男	1985.6	中级	工程师	城建
濮阳市广泽建筑安装公司	王冠涛	男	1987.8	中级	工程师	城建
濮阳市广泽建筑安装公司	宋燕燕	女	1985.1	中级	工程师	城建
濮阳市广泽建筑安装公司	刘　杰	男	1986.7	中级	工程师	城建
濮阳市广泽建筑安装公司	李志勇	男	1987.3	中级	工程师	城建
濮阳市广泽建筑安装公司	常永志	男	1986.3	中级	工程师	城建
濮阳市广泽建筑安装公司	熊泽成	男	1972.6	中级	工程师	交通
濮阳市广泽建筑安装公司	王世立	男	1987.5	中级	工程师	城建
濮阳市广泽建筑安装公司	相国勇	男	1986.3	中级	工程师	城建
濮阳市广泽建筑安装公司	王永斌	男	1978.3	中级	工程师	城建
濮阳市广泽建筑安装公司	雷军伟	男	1979.4	中级	工程师	城建

续表 5

单位名称	姓名	性别	出生年月	申报级别	申报职称	申报专业
濮阳市广泽建筑安装公司	孙　杰	男	1985.7	中级	工程师	城建
濮阳市广泽建筑安装公司	陈　慧	女	1972.4	中级	工程师	城建
濮阳市广泽建筑安装公司	杨　涛	男	1987.4	中级	工程师	城建
濮阳市广泽建筑安装公司	曹　阳	男	1987.4	中级	工程师	城建
濮阳市广泽建筑安装公司	于刘学	男	1986.10	中级	工程师	城建
龙源苗木有限公司	朱述营	男	1985.8	中级	工程师	水利
韩村乡农业区域站	刘丽霞	女	1977.3	中级	农艺师	农学
水利局	郝雪敏	女	1976.5	中级	工程师	水利
濮阳市人民检察院	赵进明	男	1970.2	副高级	高级会计师	行政事业
广播电视台	芦红霞	女	1972.2	中级	工程师	广播电影
广播电视台	杨继勇	男	1974.9	中级	工程师	广播电影
行知学校小学	季晓艳	女	1985.9	中级	中小学一级教师	小学语文
明月湖小学	任艳丽	女	1979.4	中级	中小学一级教师	音乐
明月湖小学	尚素红	女	1980.12	中级	中小学一级教师	小学语文
幸福路小学	郭瑞淑	女	1976.12	中级	中小学一级教师	小学语文
幸福路小学	刘培政	男	1976.2	中级	中小学一级教师	音乐
大屯乡小学	刘建强	男	1979.11	中级	中小学一级教师	小学语文
大屯乡小学	赵淑娟	女	1980.9	中级	中小学一级教师	小学语文
大屯乡小学	张　欣	女	1981.11	中级	中小学一级教师	小学语文
阳邵乡小学	李慧峰	女	1983.3	中级	中小学一级教师	小学数学
阳邵乡小学	高利敏	女	1982.3	中级	中小学一级教师	小学数学
阳邵乡小学	陈立波	男	1981.12	中级	中小学一级教师	小学数学
阳邵乡小学	郝瑞英	女	1981.1	中级	中小学一级教师	小学数学
阳邵乡中学	徐洪泽	男	1982.8	中级	中小学一级教师	语文

续表 6

单位名称	姓名	性别	出生年月	申报级别	申报职称	申报专业
古城乡小学	刘志广	男	1982.8	中级	中小学一级教师	小学语文
古城乡中学	田艳玲	女	1978.3	中级	中小学一级教师	小学数学
古城乡中学	李艳春	女	1979.11	中级	中小学一级教师	政治
古城乡中学	马雪锋	女	1977.9	中级	中小学一级教师	英语
大流乡小学	吴利萍	女	1980.10	中级	中小学一级教师	小学语文
大流乡小学	孟令洁	男	1982.6	中级	中小学一级教师	小学语文
大流乡小学	李贵忠	男	1964.7	中级	中小学一级教师	小学语文
大流乡中学	栗瑞莹	女	1982.4	中级	中小学一级教师	化学
大流乡中学	刘胜伟	男	1979.9	中级	中小学一级教师	物理
高堡乡小学	梁英刚	男	1978.9	中级	中小学一级教师	小学数学
高堡乡小学	李占粉	女	1980.9	中级	中小学一级教师	小学语文
高堡乡小学	殷秀玲	女	1977.3	中级	中小学一级教师	小学语文
高堡乡小学	杨相法	男	1966.3	中级	中小学一级教师	小学语文
高堡乡小学	李政芳	女	1981.3	中级	中小学一级教师	小学语文
高堡乡中学	程志锋	女	1979.7	中级	中小学一级教师	英语
高堡乡中学	程洪恩	男	1974.4	中级	中小学一级教师	生物
马村乡小学	黎胜超	男	1979.9	中级	中小学一级教师	美术
马村乡小学	袁慧玲	女	1982.10	中级	中小学一级教师	小学语文
马村乡小学	姚志芳	女	1981.2	中级	中小学一级教师	思想品德
马村乡小学	李春利	女	1978.9	中级	中小学一级教师	小学语文
马村乡中学	冯鲜蕊	女	1978.10	中级	中小学一级教师	数学
仙庄乡小学	罗永利	女	1980.9	中级	中小学一级教师	小学数学
仙庄乡小学	魏俊平	女	1978.10	中级	中小学一级教师	科学
仙庄乡小学	曹献蕊	女	1978.2	中级	中小学一级教师	小学数学

续表 7

单位名称	姓名	性别	出生年月	申报级别	申报职称	申报专业
仙庄乡小学	李志平	女	1980.10	中级	中小学一级教师	小学语文
仙庄乡小学	高淑敏	女	1981.3	中级	中小学一级教师	小学语文
仙庄乡中学	任瑞敏	女	1983.6	中级	中小学一级教师	语文
巩营乡小学	宋利花	女	1980.3	中级	中小学一级教师	小学语文
巩营乡小学	崔占利	女	1979.9	中级	中小学一级教师	小学数学
巩营乡小学	苏丽娜	女	1982.5	中级	中小学一级教师	小学语文
巩营乡中学	丁国桥	男	1981.2	中级	中小学一级教师	英语
巩营乡中学	韩世谦	男	1979.12	中级	中小学一级教师	语文
巩营乡中学	刘利强	女	1975.6	中级	中小学一级教师	生物
巩营乡中学	王士伟	男	1982.9	中级	中小学一级教师	体育
瓦屋头镇小学	赵淑钦	女	1982.9	中级	中小学一级教师	小学语文
瓦屋头镇小学	刘相娟	女	1980.6	中级	中小学一级教师	小学语文
瓦屋头镇小学	尹红娟	女	1979.9	中级	中小学一级教师	小学语文
瓦屋头镇小学	郭存瑞	男	1971.7	中级	中小学一级教师	小学语文
瓦屋头镇中学	许利芬	女	1982.12	中级	中小学一级教师	英语
瓦屋头镇中学	陈进献	男	1977.10	中级	中小学一级教师	数学
六塔乡小学	古利红	女	1978.3	中级	中小学一级教师	小学数学
六塔乡小学	左改真	女	1977.12	中级	中小学一级教师	小学语文
六塔乡小学	任兆伟	男	1981.12	中级	中小学一级教师	音乐
六塔乡小学	马永蕊	女	1977.4	中级	中小学一级教师	小学语文
六塔乡小学	张文平	女	1979.3	中级	中小学一级教师	小学语文
六塔乡中学	杨丽	女	1984.5	中级	中小学一级教师	语文
纸房乡小学	晁建玲	女	1981.7	中级	中小学一级教师	小学语文
纸房乡小学	赵社花	女	1973.12	中级	中小学一级教师	小学语文

续表 8

单位名称	姓名	性别	出生年月	申报级别	申报职称	申报专业
纸房乡小学	王向荣	女	1976.7	中级	中小学一级教师	小学数学
纸房乡小学	佀俊玲	女	1978.1	中级	中小学一级教师	科学
纸房乡小学	佀庆福	男	1966.5	中级	中小学一级教师	小学数学
纸房乡中学	刘志国	男	1978.10	中级	中小学一级教师	语文
双庙乡小学	南亚莉	女	1980.5	中级	中小学一级教师	小学语文
双庙乡小学	王素英	女	1979.4	中级	中小学一级教师	小学语文
双庙乡小学	翟瑞彩	女	1980.12	中级	中小学一级教师	小学数学
双庙乡中学	南瑞霞	女	1979.10	中级	中小学一级教师	数学
双庙乡中学	郭艳婷	女	1986.2	中级	中小学一级教师	物理
双庙乡中学	黄向阳	男	1983.8	中级	中小学一级教师	数学
柳格镇小学	于金花	女	1978.10	中级	中小学一级教师	小学数学
柳格镇小学	赵芹英	女	1971.1	中级	中小学一级教师	小学语文
马庄桥镇中学	付改艳	女	1976.3	中级	中小学一级教师	物理
固城乡小学	赵　丹	女	1985.5	中级	中小学一级教师	小学语文
固城乡小学	王利英	女	1978.4	中级	中小学一级教师	小学语文
固城乡小学	李相芬	女	1979.12	中级	中小学一级教师	小学数学
固城乡中学	王晓丹	女	1985.3	中级	中小学一级教师	化学
固城乡中学	杨桥敏	女	1984.6	中级	中小学一级教师	音乐
固城乡中学	苏园园	女	1987.8	中级	中小学一级教师	数学
韩村乡小学	卢艳红	女	1978.10	中级	中小学一级教师	小学数学
韩村乡小学	秦红霞	女	1979.4	中级	中小学一级教师	小学语文
韩村乡小学	任中娜	女	1983.10	中级	中小学一级教师	小学语文
韩村乡小学	杨志改	女	1980.6	中级	中小学一级教师	小学语文
韩村乡中学	贾　丽	女	1985.4	中级	中小学一级教师	英语

续表 9

单位名称	姓名	性别	出生年月	申报级别	申报职称	申报专业
韩村乡中学	赵彦卿	男	1982.8	中级	中小学一级教师	数学
韩村乡中学	陈永周	男	1977.12	中级	中小学一级教师	物理
城关镇小学	王静娜	女	1983.4	中级	中小学一级教师	小学语文
城关镇小学	武志勇	男	1978.8	中级	中小学一级教师	小学数学
清丰第一初级中学	张志朋	男	1975.10	中级	中小学一级教师	语文
第一初级中学	王青利	女	1973.11	中级	中小学一级教师	地理
第一初级中学	王敬华	女	1977.3	中级	中小学一级教师	英语
第一初级中学	王建民	男	1966.2	中级	中小学一级教师	历史
第一初级中学	刘艳立	男	1978.9	中级	中小学一级教师	英语
人才交流中心	张丽娟	女	1984.3	中级	中小学一级教师	化学
第三实验小学	王想民	女	1975.7	中级	中小学一级教师	小学数学
第一实验小学	王利峰	女	1978.3	中级	中小学一级教师	小学数学
实验初级中学	孙言勇	男	1978.5	中级	中小学一级教师	语文
第一高级中学	蔡建森	男	1980.5	中级	中小学一级教师	英语
第一高级中学	张　云	女	1983.2	中级	中小学一级教师	数学
第一高级中学	王建芳	女	1980.1	中级	中小学一级教师	英语
第一高级中学	高　婷	女	1974.11	中级	中小学一级教师	历史
第一高级中学	昝训飞	男	1981.9	中级	中小学一级教师	物理
第一高级中学	赵自伟	女	1980.4	中级	中小学一级教师	生物
第一高级中学	孙晓静	女	1985.4	中级	中小学一级教师	生物
第一高级中学	陈志信	男	1980.8	中级	中小学一级教师	政治
第一高级中学	史丽敏	女	1986.12	中级	中小学一级教师	数学
第一高级中学	吴彩萍	女	1975.4	中级	中小学一级教师	生物
第一高级中学	樊明伟	男	1982.9	中级	中小学一级教师	政治

续表 10

单位名称	姓名	性别	出生年月	申报级别	申报职称	申报专业
第一高级中学	李修广	男	1982.5	中级	中小学一级教师	历史
第一高级中学	刘淑云	女	1979.10	中级	中小学一级教师	数学
第一高级中学	闫智彬	女	1982.6	中级	中小学一级教师	语文
第一高级中学	张怀亮	男	1980.9	中级	中小学一级教师	物理
国土资源局	张彦波	男	1979.7	中级	工程师	测绘
住房和城乡建设局	孙军芳	女	1978.2	中级	工程师	城建
国土资源局	乔风玲	女	1973.7	中级	工程师	测绘
林技推广中心	柳晓艳	女	1981.8	中级	工程师	林业
住房和城乡建设局	刘艳蕊	女	1980.3	中级	工程师	城建
水利局	刘　杰	男	1983.11	中级	工程师	水利
城市管理综合执法局	李丽娜	女	1981.9	中级	工程师	城建
林技推广中心	和亚宾	男	1982.9	中级	工程师	林业
畜牧局	马双斋	女	1964.4	中级	兽医师	兽医
畜牧局	胡荣花	女	1969.9	中级	兽医师	兽医
林技推广中心	潘艳敏	女	1980.9	中级	农艺师	农学
林技推广中心	吕玉锋	男	1980.3	中级	农艺师	农学
林技推广中心	晁代伟	男	1973.5	中级	农艺师	农学
城关镇	杨义敏	女	1972.11	中级	农艺师	农学
仙庄乡农业区域站	张雯涵	女	1984.10	中级	兽医师	兽医
六塔乡农业区域站	李芳科	男	1979.3	中级	农艺师	农学
科技情报服务中心	史爱忍	女	1980.3	中级	农艺师	农学
食用菌办公室	程瑞芳	女	1981.2	中级	农艺师	农学
委党校	刘瑞涛	男	1984.1	中级	中专讲师	政治
委党校	刘辉艳	女	1978.2	中级	中专讲师	政治

索　引

A

爱国卫生……217
爱国卫生概况……217
爱国卫生月宣传……217
安监概况……194
安全生产……159
安全生产监督管理……194
按比例就业……234
案件查办及管理……57
案件查处……186
案件审理及信访……58

B

办学条件改善……204
保健食品化妆品专项整治……193
保密概况……71
保密工作……71
保密工作督导……72
保密工作宣传……72
保密知识培训……72
编制概况……69
标准化管理……189
表彰奖励……88
病媒生物防治……217
补贴发放……229
不良贷款清收……178
部分招商项目……156

C

财　政……169
财产保险……179
财税·金融……168
财税收支……39
财税体制改革……170
财务状况……175
财险概况……179
财政概况……169
财政支农……169
参与新农村建设……96
参政议政……96
餐饮服务食品安全监管……192
残疾人康复……234
残疾人事业……233
残联概况……233
测土配方施肥……144
查办和预防职务犯罪……116
拆除违法建设……123
产城融合……165
产学研对接……167
产业集聚……165
产业集聚区……164

产业集聚区概况…………………………… 164
产业集聚区建设…………………………… 164
场地建设………………………………… 227
诚信建设………………………………… 187
诚信体系建设……………………………… 182
城关镇…………………………………… 236
城关镇概况……………………………… 236
城建 · 环保……………………………… 121
城市管理………………………………… 122
城市管理概况……………………………… 123
城市规划………………………………… 120
城市综合服务……………………………… 236
城乡概况………………………………… 120
城乡环境卫生整洁………………………… 217
城乡建设………………………………… 120
城乡医疗救助……………………………… 231
惩防体系及宣传教育……………………………57
处理环境投诉举报………………………… 125
窗口服务………………………………… 179
创新工作模式……………………………… 183
村民中心建设………………………………76

D

打防管控……………………………………66
打击环境违法企业………………………… 124
打击效能………………………………… 114
打击刑事犯罪……………………………… 116
大流乡…………………………………… 270
大流乡概况……………………………… 270
大流乡经济发展…………………………… 271
大流乡民营经济…………………………… 272
大流乡新农村建设………………………… 272
大事记……………………………………25
大屯乡…………………………………… 276
大屯乡城乡建设…………………………… 277
大屯乡概况……………………………… 277
大屯乡经济建设…………………………… 277
大屯乡民生事业…………………………… 278
大屯乡平安建设…………………………… 278
大屯乡思想建设…………………………… 278
大屯乡重点项目…………………………… 278
大学生村干部管理…………………………62
代表工作……………………………………81
单拐革命旧址………………………………38
党风政风监督………………………………58
党史概况……………………………………73
党史宣传……………………………………74
党务政务公开………………………………89
党校教育……………………………………72
党校科研……………………………………73
党员电化教育………………………………62
党员队伍建设………………………………59
党员救济……………………………………59
党政教育概况………………………………72
档案概况……………………………………74
档案管理……………………………………74
档案开发利用………………………………75
档案资源……………………………………74
道路运输管理……………………………… 131
德育工作加强……………………………… 203
地　貌……………………………………32
地　质……………………………………32
地方病防治……………………………… 217
地方经济概况……………………………… 183
地方经济社会调查………………………… 183
地方税务………………………………… 172
地籍管理………………………………… 190
地税概况………………………………… 172
地震紧急应对……………………………… 207

地震小区划项目……………………………… 206
地震应急避难场所…………………………… 207
第二人民医院………………………………… 220
第三人民医院………………………………… 221
第一高级中学………………………………… 200
电力概况……………………………………… 150
电力工业……………………………………… 150
电视宣传……………………………………… 214
电网安全运行………………………………… 150
电网建设……………………………………… 150
电信通信……………………………………… 134
电信通信概况………………………………… 134
电业安全生产………………………………… 151
电子商务……………………………………… 214
调控概况……………………………………… 181
动物疫病防控………………………………… 141
动植物资源……………………………………33
督查概况………………………………………58
督查工作………………………………………58
短险业务……………………………………… 178
队伍建设……………………………………… 220
对外协作……………………………………… 222

E

二院概况……………………………………… 220

F

发挥财政职能………………………………… 169
发展现代服务业……………………………… 182
法律服务……………………………………… 119
法制概况………………………………………83
法制工作………………………………………83
法制宣传………………………………………84
反恐维稳……………………………………… 114
反映社情民意…………………………………95
防范邪教………………………………………67
防火工作……………………………………… 109
防空概况……………………………………… 109
防汛抗旱……………………………………… 148
防震减灾……………………………………… 206
防震减灾概况………………………………… 206
房地产管理…………………………………… 126
房地产开发…………………………………… 121
房地产市场管理……………………………… 127
房管概况……………………………………… 126
非物质文化遗产保护………………………… 213
扶贫开发……………………………………… 235
扶贫开发概况………………………………… 235
服务“三城”创建…………………………… 236
服务产业集聚区建设………………………… 182
服务产业集聚区建设………………………… 246
服务发展……………………………………… 118
服务型行政执法建设…………………………84
服务中心……………………………………… 157
服务重点项目………………………………… 123
服务重点项目建设…………………………… 157
妇　联…………………………………………99
妇联概况………………………………………99
妇幼保健……………………………………… 215
妇幼保健院…………………………………… 223
妇幼保健院概况……………………………… 223
妇幼卫生保健………………………………… 224
附　录……………………………………… 283

G

干部监督管理…………………………………61
干部教育培训…………………………………61

干部教育培训……72
干部人事制度改革……60
干部状况……59
高堡乡……268
高堡乡概况……268
高堡乡经济建设……268
高堡乡民生工程……269
高堡乡小城镇建设……268
高标准粮田建设……137
高标准农田建设工程……143
高招工作……199
耕地保护……190
耕地保护与质量提升……144
工　业……149
工会概况……97
工商概况……185
工商联概况……96
工商行政管理……185
工商业联合会……96
工商银行……174
工信概况……149
工行概况……174
工业和建设业……40
工业和信息化……149
工业科技……204
工业项目建设……149
工业运行监测分析……149
公　安……113
公安概况……113
公共卫生……215
公共卫生服务……219
公积金贷款与增值……128
公积金概况……128
公积金归集……128
公积金提取……128
公路概况……132
公路管护……132
公路管理……132
公路建设……132
公务员管理……87
供电服务……151
供水服务……129
供水概况……128
供水建设……128
供水设施……128
供销合作……159
巩营乡……264
巩营乡概况……265
巩营乡现代农业……265
巩营乡主要企业……265
构建和谐劳动关系……89
构筑青少年精神支柱……102
孤儿及特殊群体救助……230
古城乡……273
古城乡概况……273
古城乡民生工作……274
古城乡农业农村重点项目……273
古城乡招商引资……273
固城乡……240
固城乡服务重点项目……242
固城乡概况……241
固城乡美丽乡村建设……241
固城乡农村集体土地确权……241
固城乡招商引资……242
固定资产投资……39
关爱“三留守”群体……95
关注民生热点问题……95
馆舍建设……75
光荣榜……319
广播　电视……214

广播电视概况…………………………214
广播宣传……………………………214
规范行政行为…………………………89
规范性文件审核备案…………………84
国家税务……………………………170
国家卫生县城创建……………………217
国家园林县城创建……………………125
国民经济和社会发展…………………39
国内外贸易……………………………40
国税概况……………………………170
国土概况……………………………190
国土资源管理…………………………190

H

韩村乡………………………………237
韩村乡概况……………………………238
韩村乡美丽乡村建设…………………238
韩村乡农业……………………………238
韩村乡小城镇建设……………………238
宏观调控……………………………181
护理管理……………………………222
环保概况……………………………124
环保宣传……………………………125
环境保护……………………………124
环境监测……………………………125
环境监察……………………………124
环境应急……………………………125
火隐患排查整治………………………109
货币政策……………………………173

J

机构编制………………………………69
机构改革……………………………193
机关安全保卫…………………………85
机关后勤服务…………………………85
机关节能管理…………………………85
机关事务概况…………………………85
机关事务管理…………………………85
机关卫生绿化…………………………85
基层党组织……………………………59
基层工会组织建设……………………97
基层基础……………………………119
基层基础建设…………………………114
基层所建设……………………………192
基层政权……………………………233
基础工作……………………………173
基础建设……………………………133
基础教育……………………………196
基础设施……………………………223
基础设施建设…………………………164
基础设施建设…………………………219
基地建设……………………………166
疾病防控……………………………216
疾控概况……………………………216
集体工业……………………………152
集体工业概况…………………………152
计量监管……………………………189
纪检队伍建设…………………………57
纪检概况………………………………57
纪检监察………………………………57
纪念抗战胜利70周年系列宣传………74
加强对外联络…………………………96
家具产业……………………………165
家具产业概况…………………………165
家具招商……………………………165
价格监测……………………………188
价格监督……………………………188
价格认证……………………………188

监督工作……80
监督评议……95
检　察……116
检察概况……116
建设银行……176
建设用地管理……191
建行概况……176
建议提案办理……58
建置沿革……34
建筑工程设计……122
建筑工程质量监督……122
健全民生保障机制……169
健身技能培训……226
降本增效……153
降水概况……208
交通・信息……130
交通概况……130
交通运输……130
教　育……196
教材教辅发行……213
教师进修学校……199
教师进修学校概况……199
教师培训机构……200
教学质量提升……202
教育・科技……196
教育概况……196
节能减排……182
节水灌溉和千亿斤粮食工程……182
巾帼成才支持行动……99
巾帼创业建功行动……99
巾帼文明建功行动……100
金融服务创新……177
经济管理……180
经济统战……65
经济责任审计……185
经销概况……159
经营渠道创新……178
精神文明创建……64
警报试鸣和演练活动……110
竞技体育……227
救灾救济……230
就业再就业……86
举办濮阳家博会……149
卷烟销售……161

K

抗战胜利 70 周年邮票发行式……133
抗震设防监管……207
科　技……204
科　协……104
科技创新……166
科技概况……204
科协概况……104
课堂教学改革……201
快速通道绿化……146
困难职工帮扶救助……98

L

垃圾处理……126
老干部概况……70
老干部工作……70
老干部作用发挥……71
立法监督……77
立体化防控……115
联通通信……134
联通概况……134
粮　食……158
粮安工程……159

粮食概况……………………………………… 158
粮食经营……………………………………… 158
粮食流通监督检查…………………………… 159
粮食增产行动计划…………………………… 143
粮油高产创建………………………………… 137
林　业………………………………………… 146
林技推广概况………………………………… 146
林区建设与管理……………………………… 146
林业概况……………………………………… 146
林业技术推广………………………………… 146
柳格镇………………………………………… 245
柳格镇概况…………………………………… 245
柳格镇农业…………………………………… 246
柳格镇招商引资……………………………… 246
六塔乡………………………………………… 252
六塔乡概况…………………………………… 252
六塔乡林业工作……………………………… 253
六塔乡美丽乡村建设………………………… 254
六塔乡农业工作……………………………… 253
六塔乡水利工作……………………………… 253
六塔乡重点项目……………………………… 253
路灯管理……………………………………… 122
路政管理……………………………………… 132
落实惠农政策………………………………… 137

M

马村乡………………………………………… 266
马村乡概况…………………………………… 266
马村乡工业经济……………………………… 266
马村乡农业生产……………………………… 266
马村乡社会事业……………………………… 267
马庄桥镇……………………………………… 243
马庄桥镇保障措施…………………………… 245
马庄桥镇概况………………………………… 244
马庄桥镇环境治理…………………………… 245
马庄桥镇民生改善…………………………… 244
马庄桥镇造林绿化…………………………… 244
马庄桥镇招商引资…………………………… 244
马庄桥镇重点项目建设……………………… 244
慢性病防治…………………………………… 217
美丽乡村建设…………………………………76
免疫规划……………………………………… 217
民　政………………………………………… 230
民政概况……………………………………… 230
民族工作………………………………………91
民族宗教………………………………………65
民族宗教………………………………………90
名胜古迹………………………………………37

N

内涵建设……………………………………… 220
内涵建设……………………………………… 224
内贸工作……………………………………… 155
农　业………………………………………… 136
农场发展……………………………………… 138
农场概况……………………………………… 138
农场经济……………………………………… 139
农场农业发展………………………………… 138
农村产权制度改革…………………………… 127
农村党建………………………………………61
农村电商培训………………………………… 133
农村工作………………………………………75
农村公路……………………………………… 130
农村经纪人…………………………………… 160
农村能源建设………………………………… 145
农村五保供养………………………………… 230
农村信用合作联社…………………………… 177
农村幸福院建设……………………………… 232

农村专业合作社建设……76
农发行概况……174
农机概况……141
农机购置补贴……142
农机建设补助资金……142
农机修造……153
农机修造概况……153
农机专业合作社……142
农技推广概况……144
农技推广区域站建设……138
农开概况……143
农民技术培训……145
农田水利……147
农信社概况……177
农行概况……175
农业……39
农业产业化……137
农业产业化财政补助项目……143
农业发展银行……174
农业概况……75
农业高产创建……144
农业机械管理……141
农业技术推广……144
农业科技……205
农业农村工作……76
农业生产和农村经济调查……184
农业银行……175
农业综合开发……143
农作物绿色防控……144
女职工特殊权益维护……99
暖民心工程……133

P

培训创新……200
棚户区改造……121
破解金融服务难题……177
普法依法治理……119
普照寺大雄宝典……37

Q

期交业务……178
企业转型改制……152
气　候……32
气候影响评价……210
气候状况评价……207
气象服务……207
墙体材料改革……122
“亲子爱·邮政情”温暖微行动……133
《清丰年鉴》编纂出版……91
清丰亭……37
《清丰县志》（1986～2000）出版发行……91
清收处置委托资产……175
区划地名管理……233
全县2015年度“一创双优”集中活动督导工作方案……22
全县2015年度“一创双优”集中活动实施方案……17
群众体育……226

R

人才队伍建设……61
人才工作……87
人大工作概况……80
人防工程安全管理……110
人防工程质量监督……110
人口抽样调查……183
人口和计划生育……228

人口计生概况…………………………………228
人口民族……………………………………39
人民防空……………………………………109
人民武装……………………………………107
人民医院……………………………………218
人民医院概况………………………………218
人民银行……………………………………173
人社概况……………………………………86
人事代理……………………………………88
人事劳动保障………………………………86
人事任免……………………………………81
人寿保险……………………………………178
人物…………………………………………41
人行概况……………………………………173
任免工作……………………………………88
日照概况……………………………………209

S

“三服务一加强”…………………………104
三院概况……………………………………221
商　务………………………………………154
商标广告整治………………………………186
商务概况……………………………………154
商务招商……………………………………155
商业概况……………………………………156
商业贸易……………………………………154
商贸工作……………………………………156
设施农业……………………………………139
社会保障……………………………………87
社会救助标准提高…………………………230
社会民生……………………………………228
社会事务管理………………………………233
社会事业……………………………………40
社会团体……………………………………97
社会宣传……………………………………63
深松整地……………………………………142
审　计………………………………………184
审　判………………………………………117
审计概况……………………………………184
审计信息化建设……………………………185
审判概况……………………………………117
生活待遇提高………………………………71
省道209线现代农业示范区………………140
施工管理……………………………………121
石油安全生产………………………………162
石油概况……………………………………162
石油经营……………………………………162
实施公关战略………………………………175
实验初级中学………………………………201
实验中学概况………………………………201
食品安全……………………………………193
食品安全概况………………………………193
食品安全监管………………………………194
食品药品监督管理…………………………192
食盐概况……………………………………160
食盐专营……………………………………160
食药监概况…………………………………192
食用菌产业…………………………………166
食用菌产业招商……………………………166
食用菌概况…………………………………166
史志概况……………………………………91
史志工作……………………………………91
市场监督管理………………………………186
市容管理……………………………………126
市容市貌管理………………………………123
市政公用事业发展…………………………126
市政基础设施建设…………………………121
市政园林……………………………………125
市政园林概况………………………………125

事务服务……………………………………………56
事业单位管理……………………………………70
事业单位绩效工资改革……………………88
事业单位人事制度改革……………………86
室内装饰装修管理……………………… 122
收费管理……………………………………… 188
首届集藏文化品鉴会…………………… 133
寿险概况……………………………………… 178
“瘦肉精”排查…………………………… 141
书画艺术活动……………………………… 105
蔬菜概况……………………………………… 139
蔬菜研发……………………………………… 139
树立市场意识……………………………… 175
数字化城市管理…………………………… 123
双庙乡………………………………………… 247
双庙乡概况………………………………… 248
双庙乡农村土地确权…………………… 250
双庙乡农业………………………………… 248
双庙乡畜牧园区…………………………… 248
水　利………………………………………… 147
水　文…………………………………………33
水利概况……………………………………… 147
水利工程……………………………………… 147
税收服务……………………………………… 171
税源管理……………………………………… 171
司　法………………………………………… 118
司法改革……………………………………… 118
司法概况……………………………………… 118
司法监督……………………………………… 118
司法为民……………………………………… 118
思想政治工作………………………………96
“四部五员”建设………………………… 108
诉讼监督……………………………………… 117
素质教育提升……………………………… 201
4G 发展 ……………………………………… 133

T

特色民企服务………………………………96
特殊人群管理……………………………… 119
特载……………………………………………… 1
特种设备安全监察………………………… 189
提升“青”字号活动价值……………… 102
提升服务质量……………………………… 135
提升征管质量……………………………… 172
体　育………………………………………… 226
体育概况……………………………………… 226
贴近青少年需求…………………………… 103
统　计………………………………………… 182
统计方法制度改革………………………… 183
统计概况……………………………………… 182
统计资料……………………………………… 280
统战队伍建设………………………………66
统战概况………………………………………65
统战工作………………………………………65
投资合同审查………………………………84
图书发行……………………………………… 213
图书发行概况……………………………… 213
图书销售……………………………………… 213
土地承包经营权确权登记颁证……… 138
土地利用……………………………………… 190
土地土壤………………………………………33
土地整理……………………………………… 191
土地资源……………………………………… 190
团县委………………………………………… 102
团县委概况………………………………… 102

W

瓦屋头镇……………………………………… 255

瓦屋头镇概况…… 256
瓦屋头镇工业…… 256
瓦屋头镇美丽乡村建设…… 259
瓦屋头镇三地携手发展…… 257
瓦屋头镇招商引资…… 256
外贸工作…… 155
完善基层监管网络…… 193
完善考核机制…… 175
完善通信网络…… 135
网络建设…… 134
网络维护…… 134
危房改造…… 121
维护稳定……66
维权关爱服务行动…… 100
卫　生…… 215
卫河防汛…… 148
卫河水务…… 148
卫河水务概况…… 148
卫生概况…… 215
卫生监测…… 217
未成年人思想教育…… 101
位置与面积……32
文　联…… 105
文化　旅游…… 212
文化·卫生·体育…… 211
文化场馆建设…… 212
文化建设……64
文化礼堂建设…… 213
文化旅游概况…… 212
文联概况…… 105
文物勘探与保护…… 213
文献选编…… 283
文学艺术活动…… 105
污水处理费征收管理…… 122
武装…… 107
武装概况…… 107
物　价…… 187
物价概况…… 187
物资供应…… 157
物资供应概况…… 157

X

仙庄镇…… 260
仙庄镇概况…… 260
仙庄镇林业生产…… 262
仙庄镇农村经济…… 262
仙庄镇水利建设…… 262
县产业集聚区领导……53
县法院领导……52
县检察院领导……53
县情概览……32
县人大领导……43
县人武部领导……51
县委办概况……56
县委办公室工作……56
县委领导……41
县委群工部领导……51
县政府领导……46
县政协领导……48
县总工会领导……53
乡（镇）敬老院综合提升…… 232
乡镇概况…… 236
乡镇志工作……92
项目建设…… 164
项目建设…… 215
项目建设…… 236
项目谋划储备…… 181
项目审批…… 181
消　防…… 109

消防概况…………………………………… 109
小麦最低价收购…………………………… 158
新技术新机具……………………………… 142
新农合……………………………………… 215
新农家书屋建设…………………………… 213
新网工程…………………………………… 159
信贷基础管理……………………………… 174
信贷业务创新……………………………… 178
信访概况……………………………………68
信访工作……………………………………68
信访工作不断加强…………………………68
信访工作机制完善…………………………69
信息化建设…………………………………75
行政服务……………………………………89
行政服务概况………………………………89
行政复议应诉………………………………84
行政区划……………………………………36
行政事业审计……………………………… 184
行政执法监督………………………………84
畜产品质量监管…………………………… 141
畜牧概况…………………………………… 140
畜牧业……………………………………… 140
宣传概况……………………………………63
宣传思想工作………………………………63
学科建设…………………………………… 222
学术交流…………………………………… 105
巡察工作……………………………………58

Y

烟草概况…………………………………… 161
烟草专卖…………………………………… 161
盐业市场监管……………………………… 160
盐业资金管理……………………………… 161
阳邵乡……………………………………… 274
阳邵乡概况………………………………… 274
阳邵乡林业………………………………… 275
阳邵乡现代农业…………………………… 274
阳邵乡新型城镇化建设…………………… 275
阳子现代农业示范区……………………… 140
药品安全监管……………………………… 193
药品稽查…………………………………… 193
药品流通监管……………………………… 193
业务创新…………………………………… 176
业务发展…………………………………… 179
业务拓展…………………………………… 176
业余训练…………………………………… 227
“一创双优”活动……………………………13
一高概况…………………………………… 200
一事一议财政奖补………………………… 138
医改和公务用车制度改革………………… 182
医护队伍建设……………………………… 218
医疗管理…………………………………… 222
医疗科室…………………………………… 223
医疗器械监管……………………………… 193
医疗质量提升……………………………… 218
依法理财…………………………………… 170
依法履职…………………………………… 117
依法行政…………………………………… 229
依法行政规范……………………………… 192
依法治安…………………………………… 195
依法治教…………………………………… 199
移动通信…………………………………… 133
移动通信概况……………………………… 133
银保业务…………………………………… 179
应急救援…………………………………… 195
应急平台建设……………………………… 110
应急数据收集……………………………… 207
应急装备配备……………………………… 207
营销业务拓展……………………………… 178

优抚工作…………………………………… 231
优化建设…………………………………… 124
优化金融发展环境……………………………95
优质服务…………………………………… 228
邮　政…………………………………… 133
邮储银行概况……………………………… 176
邮政概况…………………………………… 133
油区概况………………………………………90
油区工作………………………………………90
油区管道保护…………………………………90
油区综合治理…………………………………90
有害生物防疫……………………………… 146
有线宣传…………………………………… 215
雨露计划…………………………………… 235
预算执行审计……………………………… 184
园林绿化…………………………………… 125
孕前优生…………………………………… 229
106 线现代农业示范区 …………………… 139
“12315”工作创新 ……………………… 187

Z

杂技志编纂……………………………………92
在全县经济工作会议上的讲话………………… 1
在全县“一创双优”集中活动动员大会上的讲话………………………………………13
招商概况…………………………………… 156
招商引资…………………………………… 156
震情监视…………………………………… 206
争取上级投资项目………………………… 182
整村推进…………………………………… 235
正规化建设和后勤保障…………………… 108
政　务…………………………………………82
政法队伍建设…………………………………68
政法工作………………………………………66
政法基层基础建设……………………………67
政法纪工工作…………………………………68
政法宣传………………………………………68
政府办概况……………………………………83
政府办公室工作………………………………83
政府工作报告…………………………………… 6
政府机构改革…………………………………69
政府金融………………………………………83
政府投资审计……………………………… 184
政府文秘………………………………………83
政府文书………………………………………83
政府职能转变…………………………………69
政务信息………………………………………83
政协九届十二次常委会议……………………94
政协九届十三次常委会议……………………94
政协九届十四次常委会议……………………94
政协九届十五次常委会议……………………94
政协九届四次全体会议………………………94
政协清丰县委员会……………………………94
政协委员提案办理……………………………95
政治待遇落实…………………………………70
政治协商………………………………………93
知识产权…………………………………… 204
执法规范化建设…………………………… 114
职称评定………………………………………88
职工“读书建功”活动………………………97
职工教育和文体活动…………………………99
职业卫生督查……………………………… 195
职业与民办教育…………………………… 197
职责调整…………………………………… 122
纸房乡……………………………………… 250
纸房乡概况………………………………… 250
纸房乡教育事业…………………………… 252
纸房乡农业农村重点工作………………… 251
纸房乡医疗卫生…………………………… 252

纸房乡招商引资…………………………………… 250
治安·司法………………………………………… 111
治安防控体系建设…………………………………67
质监概况…………………………………………… 188
质量管理…………………………………………… 189
质量技术监督……………………………………… 188
中长期贷款………………………………………… 174
中共地方组织………………………………………54
中国银行…………………………………………… 175
中行概况…………………………………………… 175
中医院……………………………………………… 223
中原银行…………………………………………… 177
种植业……………………………………………… 137
仲裁工作……………………………………………85
重大事项……………………………………………81
重点公共建筑项目………………………………… 121
重点项目…………………………………………… 155
重点项目建设……………………………………… 181
重点项目建设……………………………………… 224
重点支持项目……………………………………… 175
主食产业化………………………………………… 158
主要工作……………………………………………80
主要会议……………………………………………77
主要天气气候事件分析…………………………… 209
主要指标完成……………………………………… 181
住房安监与维修管理……………………………… 127
住房保障…………………………………………… 126
住房公积金管理…………………………………… 128
助残维权…………………………………………… 233
注册登记…………………………………………… 186
驻村任职帮扶………………………………………62
专　文……………………………………………… 318
专卖管理…………………………………………… 162
专题督查……………………………………………58
专项查办……………………………………………58
专项调查…………………………………………… 183
专业合作社………………………………………… 159
专业技术人员……………………………………… 325
宗教工作……………………………………………91
综合协调……………………………………………57
综合治理…………………………………………… 229
总工会………………………………………………97
总量减排…………………………………………… 124
组工调研信息宣传…………………………………62
组工信访……………………………………………62
组织概况……………………………………………59
组织工作……………………………………………59
组织机构代码管理………………………………… 189
组织建设……………………………………………63
组织建设……………………………………………96
组织开展统战工作活动……………………………65
组织实施考核………………………………………59

说明：

本卷索引各部门均按汉语拼音顺序排列。

内容有交叉或完全不同而标题相同的，标明不同页码。